Mis DE BOISGELIN

LES

ADHÉMAR

GÉNÉALOGIE

PREMIÈRE PARTIE

DRAGUIGNAN
IMPRIMERIE C. & A. LATIL
Boulevard de l'Esplanade, 4

AIX-EN-PROVENCE
MAKAIRE, LIBRAIRE
Rue Thiers

1900

AVIS

LES TITRE, PRÉFACE & TABLES

SERONT PUBLIÉS AVEC LA DEUXIÈME PARTIE

TIRAGE A PART

DES

Esquisses généalogiques sur les Familles de Provence

GÉNÉALOGIE

DES

ADHÉMAR

DUCS DE TERMOLI, Ctes DE CAMPOBASSO, ETC. *en Italie;*
Ctes[1] DE GRIGNAN[1], Vtes DE MARSEILLE[2], SGRS D'ALLAN[3], ARTIGUES[4], AUBAGNE[5], CHANTEMERLE[7], CEYRESTE[8], COLONZELLE[9], CUREL[10], GARDANNE[11], GÉMENOS[12], GINASSERVIS[13], MANOSQUE[14], MONTSEGUR[15], PLAN-D'AUPS[16], POURCIEUX[17],

---

[1] Grignan, ainsi qu'Allan, Chantemerle, Colonzelle, Montségur, Réauville et Salles, formaient par leur réunion le Cté de Grignan (Lacroix, *Arr. de Mont.*, I., 97). Bien qu'enclavés dans le Dauphiné, ces pays faisaient partie de la Provence, étaient soumis à son gouverneur et à son Parl. Mais ils formaient avec les Baux, Mondragon, Salon, Arles, Marseille et quelques autres, ce que l'on nommait en Provence les *terres adjacentes*. Ils n'étaient pas représentés aux Etats généraux de la Provence, parce qu'ils n'entraient point aux impositions ordinaires, avaient leur administration particulière et ne relevaient pas, comme le reste de la Province, de celle de l'archevêque et des consuls d'Aix, *procureurs nés et administrateurs du pays de Provence*. Toutefois les députés d'Arles et de Marseille avaient l'entrée aux États par années alternatives, mais pour l'honneur seulement et sans voix délibérative.

[2] Chef-lieu de canton, arr. de Montélimar (Drôme).

[3] B.-du-Rh. V. note 1.

[4] Canton de Montélimar (Drôme). V. note 1.

[5] Vig. d'Aix, canton de Rians (Var).

[6] Vig. d'Aix, chef-lieu de canton (Bouches-du-Rhône).

[7] Canton de Grignan (Drôme). V. note 1.

[8] Vig. d'Aix, canton de la Ciotat (Bouches-du-Rhône).

[9] Canton de Grignan (Drôme). V. note 1.

[10] Canton de Noyers (B.-A.).

[11] Vig. d'Aix, chef-lieu de canton (Bouches-du-Rhône).

[12] Vig. d'Aix, canton d'Aubagne (Bouches-du-Rhône).

[13] Vig. de Barjols, canton de Rians (Var).

[14] Vig. de Forcalquier, chef-lieu de canton (B.-A.).

[15] Canton de St-Paul-Trois-Châteaux (Drôme). V. note 1.

[16] Vig. de St-Maximin, canton *id* (Var).

[17] Vig. de St-Maximin, canton *id* (Var).

Pourrières[1], Réauville[2], Rians[3], Roquevaire[4], Rousset[5], St-Julien-le-Montagnier[6], Salles[7], Vinon[8], etc. *en Provence;*

Alançon[9], Aleyrac[10], Ancone[11], Aoste[12], Ballons[13], La Batie-du-Verre[14], La Batie-Rolland[15], Bécone[16], Blacons[17], Bonlieu[18], Chamaret[19], Chaponnay[20], Chateauneuf-de-Mazenc[21], Chateauneuf-du-Rhône[22], Clansayes[23], Cléon-d'Andran[24], Condillac[25], Crest[26], Diemoz[27], Divajeu[28], Donzère[29], Espeluche[30], Eygalayes[31], Eyzahut[32], La Garde[33], Les Granges-Gontardes[34], Grillon[35], Hauterives[36], Lachamp[37], Lachau[38], Marennes[39], Marsanne[40], Maubec[41], Mévouillon[42], Meysses (*ou* Meissas)[43], Mirabel[44], Mirmande[45], Mollans[46], Montauban[47], Montboucher[48], Montélimar[49], Montfroc[50], Montpensier[51], Nyons[52], Orpierre (Vallée d')[53], Le Pègue[54],

---

[1] Vig. de St-Maximin, canton *id* (Var).
[2] Canton de Grignan (Drôme). V. note 1.
[3] Vig. d'Aix, chef-lieu de canton (Var).
[4] Vig. d'Aix, chef-lieu de canton (B.-du-Rh.).
[5] Vig. d'Aix, canton de Trets (B.-du-Rh.).
[6] Vig. de Barjols, canton de Rians (Var).
[7] Canton de Grignan (Drôme). V. note 1.
[8] Vig. de Barjols, canton de Rians (Var).
[9] Près la Roche-St-Secret, canton de Dieulefit (Drôme).
[10] Canton de Dieulefit (Drôme).
[11] Canton de Montélimar (Drôme).
[12] Canton de Crest (Drôme).
[13] Canton de Séderon (Drôme).
[14] Près Mirmande, canton de Loriol (Drôme).
[15] Canton de Montélimar (Drôme).
[16] Canton de Dieulefit (Drôme).
[17] Près la Roche-St-Secret, canton de Dieulefit (Drôme).
[18] Canton de Marsanne (Drôme).
[19] Canton de Grignan (Drôme).
[20] Canton de St-Symphorien-d'Ozon (Isère).
[21] Canton de Dieulefit (Drôme).
[22] Canton de Montélimar (Drôme).
[23] Canton de St-Paul-Trois-Châteaux (Drôme).
[24] Canton de Marsanne (Drôme).
[25] Canton de Marsanne (Drôme).
[26] Chef-lieu de canton (Drôme).
[27] Canton d'Heyrieux (Isère).
[28] Canton de Crest (Drôme).
[29] Canton de Pierrelatte (Drôme).
[30] Canton de Montélimar (Drôme).
[31] Canton de Séderon (Drôme).
[32] Canton de Dieulefit (Drôme).
[33] Canton de Pierrelatte (Drôme).
[34] Canton de Pierrelatte (Drôme).
[35] Canton de Valréas (Vaucluse).
[36] Canton de Grand-Serre (Drôme).
[37] Canton de Marsanne (Drôme).
[38] Canton de Séderon (Drôme).
[39] Canton de St-Symphorien-d'Ozon (Isère).
[40] Chef-lieu de canton (Drôme). Nous suivons ainsi l'orthographe officielle. Mrs Lacroix et de Coston écrivent *Marsane*, à cause de l'étymologie de ce nom (Lacroix, *Arr. de Mont.*, V, 47).
[41] Commune de Montélimar (Drôme).
[42] Canton de Séderon (Drôme).
[43] (Vivarais), canton de Rochemaure (Ardèche).
[44] Canton de Nyons (Drôme).
[45] Canton de Loriol (Drôme).
[46] Canton du Buis (Drôme).
[47] Canton de Séderon (Drôme).
[48] Canton de Montélimar (Drôme).
[49] Chef-lieu de canton (Drôme).
[50] Canton de Séderon (Drôme).
[51] Commune de Châteauneuf-du-Rhône, canton de Montélimar (Drôme).
[52] Chef-lieu de canton (Drôme).
[53] Chef-lieu de canton (Htes-Alpes).
[54] Canton de Grignan (Drôme).

Pierrelatte[1], Pierrelongue[2], Portes[3], Le Puy-St-Martin[4], Rac[5], La Roche-St-Secret[6], La Rochette[7], Roynac[8], Roussas[9], St-Auban[10], St-Gervais[11], Sarson[12], Sauzet[13], Savasse[14], Suze[15], Taulignan[16], La Tour-de-Verre[17], Les Tourrettes[18], Tullins[19], Valaurie[20], Vers[21], Vinsobres[22], etc. *en Dauphiné;*

Aioux[23], Aps[24], Aubignas[25], Le Coiron[26], Lombers[27], Mercoiras[28], La Roche-d'Aps[29], Rochemaure[30], St-Andéol-de-Berg[31], St-Maurice-d'Ibie[32], St-Pons[33], Sceautres[34], Le Teil[35], Verfeuil[36], etc. *en Languedoc;*

Ablas, Aubin, Auzitz[37], La Barbin, Beauven, Bruejouls, Capdenaguet[38], Cailleret, Caves, Cavignac, Cransac, Fermy[39], La Garinie[40], Grand-val, Grisolles, Lantagnac, Marsan, Montfalcon, Panat, Pechpeyrou, Peiralès, Pradelles, La Roque-Rocozel[41], St-Circq, St-Christophe, St-Georges de Savignac, St-Salvy, La Serre, Vagnerolles, Villelongue (*alias* Malemort)[42], etc.

---

[1] Chef-lieu de canton (Drôme).
[2] Canton du Buis (Drôme).
[3] Canton de Montélimar (Drôme).
[4] Canton de Crest (Drôme).
[5] Canton de Montélimar (Drôme).
[6] Canton de Dieulefit (Drôme).
[7] Canton du Buis (Drôme).
[8] Canton de Crest (Drôme).
[9] Canton de Grignan (Drôme).
[10] Ancien diocèse de Gap, (vallée de *Rugna*, ou *Ruegna ?*), canton du Buis (Drôme).
[11] Canton de Marsanne (Drôme).
[12] Près Grignan (Drôme).
[13] Canton de Marsanne (Drôme).
[14] Canton de Marsanne (Drôme).
[15] Canton de Crest (Drôme).
[16] Canton de Grignan (Drôme).
[17] A Mirmande, canton de Loriol (Drôme).
[18] Canton de Marsanne (Drôme).
[19] Chef-lieu de canton (Isère).
[20] Canton de Grignan (Drôme).
[21] Canton de Séderon (Drôme).
[22] Canton de Nyons (Drôme).
[23] (Vivarais), canton de Privas (Ardèche).
[24] (Vivarais), canton de Viviers (Ardèche).
[25] (Vivarais), canton de Viviers (Ardèche).
[26] (Vivarais), canton d'Aubenas (Ardèche).
[27] (Albigeois), canton de Réalmont (Tarn).
[28] (Vivarais), commune de Valvignières, canton de Viviers (Ardèche).
[29] (Vivarais), canton de Viviers (Ardèche).
[30] (Vivarais), chef-lieu de canton (Ardèche).
[31] (Vivarais), canton de Villeneuve-de-Berg (Ardèche).
[32] (Vivarais), canton de Villeneuve-de-Berg (Ardèche).
[33] (Vivarais), canton de Villeneuve-de-Berg (Ardèche).
[34] (Vivarais), canton de Rochemaure (Ardèche).
[35] (Vivarais), canton de Viviers (Ardèche).
[36] Canton de Lussan (Gard).
[37] Diocèse de Rodez.
[38] Guyenne (Rouergue).
[39] Diocèse de Rodez.
[40] Paroisse de Lugan, diocèse de Rodez.
[41] Diocèse d'Alby.
[42] Diocèse de Rodez.

Armes anciennes : *d'or à trois bandes d'azur.*

Branche de la Garde : de gueules à troix croix de Toulouse d'or.

Armes actuelles : *parti au 1er d'azur semé de fleurs de lys d'or, qui est de France ancien ; au 2e de gueules à la croix d'or vidée, cléchée et pommetée, qui est de Toulouse ; sur le tout d'Adhémar ancien*[1].

Couronne de comte.

Cimier : *un lion d'or issant du timbre, portant une lance au fer de laquelle est attachée une banderole ayant pour légende :* Lancea sacra.

Devise : *Plus d'honneur que d'honneurs.*

(NOBILIAIRES. — PREUVES POUR MONTER DANS LES CARROSSES DU ROI)

Noble et illustre famille éteinte. L'illustre famille d'Adémar était de la plus ancienne et de la principale noblesse du royaume. On y trouve un Duc de Gênes; c'était le Chevalier Adémar, fameux par ses hauts faits d'armes, sous le règne de Charlemagne. Cet empereur l'établit Duc à Gênes. Il avait chassé les Sarrasins de l'Isle de Corse, et les tailla tous en pièces avec le petit corps d'armée qu'il commandait. Celui-ci est la tige de la maison d'Adémar qui lui a donné son nom. Elle a eu depuis un évêque de Mayence et un évêque du Puy. Celui-ci fut légat apostolique en la croisade de la Terre-Sainte de l'an 1096. Il était accompagné de deux de ses frères, Hugues de Monteil et Hercule, vicomte de Polignac. Ils portaient le grand étendard de la croisade à la tête de 30.000 Provençaux Dauphinois et Auvergnats. (Le Moine Hardoin, en son *Hist. des Croisades*). *Les Adémar étaient puissants en terres. Ils possédaient la baronnie de Grignan en Provence, les principautés d'Orange et de Montélimar, qu'ils tenaient en souveraineté, aussi bien que les forteresses de Barry, de Chabry et de Boulenne. Mabille, vicomtesse de Marseille, épousa Gérard Adémar, souverain de Monteil, en l'an 1165, dont la maison d'Adémar avait possédé une portion de la vicomté de Marseille. Elle avait joui en souveraineté de la baronnie de Grignan jusques à Charles 1^r d'Anjou, qu'Adémar, fils de Gérard, fut contraint*

---

[1] Ces armes sont celles des anciens sgrs de Lombers d'où descendent les ADHÉMAR actuels et dont un sceau du XIIIe siècle est donné par D. Vaissette, *Histoire de Languedoc*, V, pl. 7. Mais avant le mémoire de Beaujon, les sgrs de Montfalcon et de Panat portaient : *d'or à trois fasces de gueules* (D'Hozier, I, 42); et ceux de Cransac : *d'azur à trois fasces d'or, accompagnées de trois têtes de chérubin de même, 2 en chef et 1 en pointe* (M^{ss} d'Aubais, *Jug. de nob. Toulouse*, 5).

par la loi du plus fort d'en faire hommage à Béatrix, comtesse de Provence, épouse de Charles I^r, et de plusieurs autres places, l'an 1251. Cette princesse lui assigna, en échange de cet hommage, une pension de 50 l. coronats sur les revenus de sa ville de Marseille, lui laissa la liberté d'imposer sur ses sujets, lesquels ne seraient pas obligés de contribuer aux impositions générales du pays ; qu'il pourrait créer tous les officiers, même les notaires dans toute l'étendue de ses terres.

Cette maison illustre est entièrement éteinte en mâles depuis le XVe siècle, par la mort de Louis Adémar de Monteil, comte de Grignan, gouverneur du Lyonnais, Forêts et Beaujolais, dernier mâle de la famille. Gaspard de Castellane, baron d'Entrecasteaux, épousa l'an 1448 Blanche d'Adémar, sœur de ce Louis d'Adémar, elle recueillit toute la succession de son frère. Les enfants issus de ce mariage prirent le nom et les armes d'Adémar. Ils recueillirent cette grande succession de la part de Blanche d'Adémar, leur mère. Elle est encore possédée aujourd'hui par le chef de leurs descendants, en la personne de François Adémar de Monteil de Castellane d'Ornano, comte de Grignan, chevalier de l'ordre royal du St-Esprit, lieutenant général des armées du Roi, et son lieutenant en Provence. Il jouit encore de cette pension de 50 l. coronats qui fut donnée à Gérard Adémar par la Reine Béatrix, comtesse de Provence, l'an 1251, en reconnaissance de l'hommage à elle fait des terres que les Adémar possédaient en Provence en souveraineté.

La branche de la maison de Castellane, en qui s'est fondue celle de Grignan Adémar en biens, en nom et en armes, a renouvelé son lustre et son éclat ; j'en parlerai plus au long sur le chapitre du nom de Castellane. Le comte de Grignan, qui en est le chef, a trois frères : Charles Adémar, maréchal des camps et armées du Roi ; N. Adémar, archevêque d'Arles, et le 3me N. Adémar, évêque de Carcassonne. N. Adémar de Monteil, fils aîné du comte de Grignan, est aujourd'hui colonel d'un régiment de cavalerie[1].

Adémar porte d'or à trois bandes d'azur. (BARCILON DE MAUVANS).

Voilà effectivement ce qu'on pensait des Adhémar au moment où écrivait Barcilon. Les différents auteurs qui s'en étaient occupés renchérissaient les uns sur les autres et acceptaient, sans aucune critique, les assertions les plus hasardées pour coudre entre elles des chartes remontant jusqu'en 790.

Le premier qui ait fait une étude sérieuse sur cette famille est Pithon-Curt, dont le travail parut en 1750. Il élimina d'abord tout ce qui était antérieur au XIe siècle et donna ensuite, d'après les titres déposés au château de la Garde

[1] *Il n'a laissé qu'une fille mariée dans la maison de Simiane. De ce mariage il n'en est sorti aussi que deux filles : l'une est entrée dans la maison de Villeneuve, Barons de Vence, et l'autre dans la branche de Castellane-Esparron. (Add. à la Critique).*

et dont il dit avoir pris connaissance[1], une généalogie fort détaillée de toutes les branches de cette antique maison. Il y ajouta, comme appendice, la généalogie de diverses familles s'en disant issues, mais ne pouvant prouver leur jonction, les Monteil, les Adhémar de Fulhan, de Treilles et de Vires, les Grignan, et les Escalin d'Adhémar. Comme tout le monde le disait alors, il déclarait la véritable maison d'Adhémar complètement éteinte en 1559.

Quinze ans après l'apparition du travail de Pithon-Curt, en 1764, Jean-Balthazar AZÉMAR de Montfalcon présenta ses titres pour être admis aux honneurs de la cour et obtint de M. Beaujon, généalogiste des ordres du Roi, un mémoire remontant sur preuves jusqu'en 1237 et le reconnaissant descendu de la famille des Adhémar, sgrs de Grignan et de la Garde. Dès lors, il reprit le nom d'ADHÉMAR, ainsi que les membres des autres branches de sa famille, les Seigneurs de Panat, Cransac, Lantagnac, etc., qui, eux aussi, obtinrent à leur tour les honneurs de la cour en 1781, sur un nouveau mémoire rédigé par Chérin, se basant sur le travail de Beaujon. La Chenaye Desbois publia en 1770 la généalogie de ces différentes branches d'Adhémar, dans le premier volume de son *Dictionnaire de la noblesse* (édition in-4°).

Il existait plusieurs autres familles du nom d'Azémar[2]. L'une d'elles, des sgrs de St-Maurice, qui avait obtenu de M. de Bezons, intendant de Languedoc en 1669, une maintenue de noblesse remontant jusqu'en 1477, fit dresser en 1815 par M. Chérin de Barbimont (neveu et héritier de Chérin, généalogiste du Roi sous Louis XVI), une généalogie remontant jusques à Rigal ADHÉMAR, un des auteurs des Adhémar de Montfalcon, etc... qui testa et mourut en 1473. Ces MM. d'AZÉMAR demandèrent en même temps de reprendre le nom d'ADHÉMAR que leurs ancêtres avaient porté, disaient-ils. Une ordonnance du Roi, admettant leur prétention généalogique, autorisa ce changement. Mais les Adhémar de Panat, Cransac et Lantagnac s'y étant opposés, cette ordonnance fut annulée. Il s'ensuivit de longs procès, et MM. de St-Maurice ayant fini par retirer devant la cour de Nîmes leurs prétentions au sujet de leur origine commune avec les autres Adhémar, obtinrent un arrêt le 6 juin 1839, confirmé par la cour de cassation le 8 mars 1841, les autorisant simplement à changer leur nom d'AZÉMAR en celui d'ADHÉMAR[3]. Plus tard en 1861, ils ont fait imprimer un travail[4] reproduisant leur généalogie d'après le mémoire de M. Chérin de Barbimont.

---

[1] IV, 16.

[2] La Chenaye, II, 145.

[3] V. de Coston, *Existe-t-il encore des Adhémar de Monteil?* appendice à la *Notice sur Châteauneuf de Mazenc*. Montélimar, s. d. (1862), in-12.

[4] *Généalogie de la maison d'Adhémar-Casevieille*. Montpellier, Gras imp.-lib., 1861, in-4°, 64 pp., préc. de II pp. p^r introd.; 6 pp. *A* à *K* let. de M. d'Hozier et XXIII pp. doc. hist., suivis de 4 pp. *61 a* à *63 a*; 4 pp. *53 b* à *56 b*; 6 pp. *51 c* à *55 c* et V pp. p^r arbre généal.

Pendant ce temps, en 1816, St-Allais[1] réédita à peu près le travail de La Chenaye sur les Montfalcon, Panat, etc. Il le fit suivre d'une généalogie des Azémar de St-Maurice sous le même nom d'Adhémar, les disant de la même famille, mais n'en donnant pas la soudure et remontant *à part* jusqu'en 1138, selon une filiation toute différente de celle adoptée plus tard dans la généalogie de la maison d'Adhémar–Casevieille.

De leur côté, en 1824, les Adhémar de Panat, Cransac et Lantagnac firent insérer par Courcelles, dans son *Histoire des Pairs* (tome III), une généalogie des Adhémar, reproduisant le travail de Pithon-Curt sur les branches de Grignan et de la Garde et y ajoutant, suivant le mémoire de Beaujon, celle de Montfalcon avec tous ses rameaux, sans y admettre les Adhémar–Casevieille.

Plus, tard en 1858, l'abbé Nadal[2], dans une étude fort soignée sur le château de Grignan et Me de Sévigné, acceptant comme généalogie des anciens Adhémar à peu près tout ce qu'en avaient dit Pithon-Curt et Courcelles, parla des branches actuelles en note seulement[3], mais reconnut leur soudure prouvée par le mémoire de Beaujon.

Enfin, dans ces dernières années, MM. A. Lacroix archiviste de la Drôme, et de Coston, étudiant plus à fond et sans parti pris les anciennes chartes citées au sujet des Adhémar, ont prouvé la fausseté de plusieurs d'entre elles et se sont appuyés sur d'autres qui changent complètement pour l'origine de cette maison tous les systèmes admis précédemment. En même temps la publication de l'*Inventaire des archives* de M. Morin Pons[4], de l'*Inventaire.... des chartes de la maison de Baux*[5], du *Trésor généalogique de D. Villevieille*[6] et de divers

---

[1] *Nobil. univ.* VII-481.

[2] *Essai historique sur les Adhémar et sur Me de Sévigné*, par l'abbé Nadal, 1858, in-8°, 266 pp. préc. de t., let. et autog.

[3] P. 241.

[4] *Inventaire des archives dauphinoises de M. Henri Morin Pons, rédigé et publié par Ulysse Chevalier et André Lacroix*. Lyon imp. Alf.-Louis Perrin et Marinet, rue d'Amboise, 6, MDCCCLXXVIII, in-8° de 308 pp., préc., de VIII pr. titres et avant propos. Ce volume ne contient que les lettres A-C. Espérons que l'heureux possesseur d'un pareil trésor se décidera à donner au public la connaissance de ce qui reste entre ses mains.

[5] *Inventaire chronologique et analytique des chartes de la maison de Baux, accompagné de quinze planches de sceaux, cinq tableaux généalogiques et d'une carte des possessions françaises de cette maison et suivi d'un appendice relatif à la branche des Baux d'Arborée*, par le Dr L. Barthélemy... Marseille, Typ. et Lith. Barlatier-Feissat, père et fils, rue Venture, 19, 1882, in-8°, préc. de XXX pp. titres et introductions, et 1 f. errata.

[6] *Trésor généalogique de Dom Villevieille, publié par Henry et Alphonse Passier*. Paris, librairie Honoré Champion, 15, quai Malaquais; s. d., imprimerie Bluzet-Guinier à Dôle (Jura). Ce travail n'a malheureusement pas été continué et ne le sera peut-être jamais. Il n'en a paru que 8 fascicules, comprenant 2 vol. et la moitié du 3e et s'arrêtant à la famille BADEN. Le manuscrit original est à la Bibl. Nat., n°s 108 à 155 ^bis.

documents inédits, insérés au *Journal de Die* par M. l'abbé Fillet[1], est venue apporter des matériaux nouveaux pour reconstruire l'histoire de cette illustre maison.

Dès lors tout a paru suspect dans les généalogies établies sur les pièces fournies par les archives des anciens sgrs de Grignan et de la Garde, et il devient bien difficile de démêler la vérité, même sur ces premiers Adhémar qu'on appelait communément les *vrais* Adhémar.

En l'état et dans l'impossibilité d'établir une dissertation sur chaque point controversé, nous nous bornerons à réunir, en résumé, tout ce qui a été publié jusqu'à présent sur ce sujet.

Nous donnerons donc la généalogie proprement dite, d'après les travaux de M. A. Lacroix, qui a bien voulu nous autoriser à le prendre pour guide et nous fournir lui-même le cadre de ce travail, résultat des nombreuses et savantes études faites par lui sur diverses communes du département de la Drôme et plus spécialement de l'arrondissement de Montélimar. Il nous permettra de regretter ici qu'il n'ait pas fait entièrement cette rédaction et qu'après avoir jeté tant de lumière sur des questions si embrouillées, il n'ait pas réuni en un seul corps, des recherches disséminées dans un ouvrage de longue haleine, écrit au jour le jour, à mesure qu'il découvrait ou recevait de nouveaux renseignements[2]. Peut-être a-t-il craint d'être obligé d'attribuer sans assez d'exactitude des faits certains à des personnages douteux comme identité. Il a bien fallu le faire ainsi nous-même, à sa place, et c'est plus que jamais *sauf erreur*, que nous avons établi une filiation telle qu'elle nous a paru le plus probable, là où des renseignements bien certains ne nous guidaient pas sûrement. Nous souderons à cette généalogie, suivant les indications du mémoire de Beaujon, les Adhémar de Languedoc (dont M. Lacroix ne s'est pas occupé, son étude étant spéciale au départ[t] de la Drôme), et les poursuivrons jusqu'à nos jours.

---

[1] Il est bien regrettable que ces articles de journaux n'aient pas été publiés à part, et bien rares doivent être ceux qui ont pu s'en procurer la collection. Elle nous a été signalée par M. Lacroix, qui a eu l'obligeance de nous prêter momentanément la sienne. Plus tard nous avons été assez heureux pour entrer en possession d'un exemplaire que nous a procuré M. Fillet, en même temps qu'avec une bienveillance toute particulière, il mettait à notre disposition 5 vol. de notes précieuses, vrai trésor recueilli par lui chez les notaires et dans les archives de Grignan et des environs pendant les quelques années où il desservait cette paroisse. Quand nous aurons recours à ces notes nous les désignerons par le simple nom (Fillet).

[2] Les personnes désireuses de connaître à fond ces questions, pourront consulter plus spécialement les pages qu'y a consacrées M. Lacroix (*L'Arrondissement de Montélimar*, IV, V, VI), en traitant des communes de la Garde, de Grignan et de Montélimar. Il y fait remarquer avec justesse que, s'il enlève aux Adhémar les degrés fabuleux qu'on leur avait faussement attribués, il leur donne une origine réelle, non moins illustre, dont le souvenir, conservé par tradition dans la famille, a pu porter un prétendu savant, trop complaisant, à fabriquer les titres imposteurs qui ont si longtemps égaré le public et qui jettent encore bien du trouble sur tout ce sujet.

Nous donnerons ensuite en *Appendice* la généalogie des branches anciennes, telle que l'avait dressée Pithon-Curt pour les degrés qui diffèrent de notre travail, en y ajoutant les variantes de ceux qui ont écrit après lui[1]. Nous donnerons aussi celle des Adhémar, sgrs de St-Maurice, telle qu'ils l'ont dressée eux-mêmes en 1861, en y joignant ce que d'autres généalogistes y avaient ajouté[2]. Nous ferons ensuite une mention sommaire des Adhémar de Fulhan, Treilles, Vires etc., indiqués par Pithon-Curt comme supposés descendus de l'ancienne race des Adhémar, et de quelques fragments d'autres familles de ce nom[3].

On pourra ainsi se faire une idée de ce qui est certain, ou seulement problématique et de ce qui était complètement faux dans les anciennes généalogies.

Remarquons du reste que le nom d'*Adhémar*, écrit quelquefois en Dauphiné *Adzémar* et en Languedoc *Azémar*[4], est évidemment un prénom. Il a été porté comme tel de tout temps dans beaucoup de familles et s'emploie même encore ainsi de nos jours. Il n'y a par conséquent rien d'extraordinaire à ce qu'à l'époque où les noms propres se sont fixés, plusieurs familles, entièrement différentes les unes des autres, aient gardé comme nom patronymique ce prénom illustré par quelqu'un de leurs membres, ou porté successivement par plusieurs générations. Moins donc que pour d'autres familles, ce nom d'*Adhémar* pourrait-il être par lui-même une preuve de souche commune.

I. Ismidon de ROYANS, sgr. de Peyrins[5], est nommé dans la transaction intervenue, le 31 oct. 1097, entre Lambert François, son petit-fils et le chapitre de Romans[6];

d'où : 1. Odon ou Eudes, dont l'article suit.

---

[1] V. App. I.

[2] V. App. II.

[3] V. App. III.

[4] On admet unanimement aujourd'hui que ce sont là différentes orthographes du même nom. M. de Coston, qui le contestait d'abord (*Existe-t-il encore des Adhémar?...* p. 51), en est lui-même convenu depuis (*Hist. de Montélimar*, I, p. 71).

[5] Admettre cette origine pour les Adhémar c'est les faire descendre de la maison des BERENGER-SASSENAGE. Il aurait donc fallu logiquement donner ici la généalogie de cette illustre famille. Mais outre qu'elle n'a aucun rapport avec la Provence, nous n'aurions eu presque aucun renseignement nouveau à ajouter à l'article assez étendu que lui a consacré Courcelles (*Hist. des Pairs*, IV). M. de Pisançon (*Etude sur l'allodialité dans la Drôme* 231 et suiv. 391 et suiv.), fait observer avec beaucoup de sagacité que les ADHEMAR comme les BERENGER étaient évidemment d'origine Bourguignonne puisqu'ils suivaient en famille la *loi Gombette*. La façon toute spéciale dont, sous le régime de cette loi, les fiefs de la famille étaient possédés presque simultanément par les chefs de chaque branche, expliquerait l'obscurité jetée sur les premiers degrés de la famille par la similitude des prénoms jointe à cette simultanéité du titre des fiefs.

[6] P. E. Giraud, *Essai historique sur l'abbaye de St-Barnard et sur la ville de Romans*, II. (Cartul.) 169. Ce cartulaire existe en original aux arch. de la Drôme.

II. Odon ou Eudes, est dit[1] avoir ép. Ahaldisie *(alias* Adhalisie) ;
d'où : 1. Lambert (surnommé François)[2] de ROYANS, sgr. de Peyrins, où il avait de grandes propriétés ainsi que sur les deux rives de l'Isère, approuva, en 1086[3], la donation que les fils de Guillaume de CHAPEVERSE firent des églises de St-Laurent et Ste-Eulalie au chapitre de Romans; est dit petit-fils d'Ismidon dans une charte, sans date[4], où il parait comme sgr. de Pisançon, sous la directe de l'abbaye de l'église de Romans; est dit neveu d'Odon de PISANÇON, fils de Didier *(Desiderii)*, dans une charte de 1095[5]; est appelé (conjointement avec Guillaume de CLÉRIEU), *nobilitas vestra* dans un bref du pape URBAIN II[6]; est encore dit petit-fils de f. Ismidon[7] et frère d'Aimar, év. du Puy, alors à la croisade de Jérusalem, dans une charte du 31 oct. 1097[8] portant transaction avec le chapitre de Romans; parait être allé lui-même à la croisade[9] et à son retour donna, avec sa mère Ahaldisie, le 12 mai 1100[10], à l'église de Romans, les droits qu'ils avaient dans les églises du château de Peyrins et son mandement; — passa transaction vers 1100[11], ainsi que Guillaume de CLÉRIEU, à l'occasion du château de Pisançon, sous la directe de l'abbaye de St-Barnard (Guillaume reçut de l'abbaye ce château en totalité, comme vassal, et en transmit la moitié à Lambert François), donna, avec son fils Rainold et sa mère Ahaldisie, la moitié des dîmes de l'église de St-Paul près Romans, à l'abbaye de St-Barnard, le 20 août 1108[12], du consentement des feudataires desdites dîmes, Amé AMBLARD et son frère Ismidon. Il avait fait tant de donations à l'église de Romans que son *vehier (vicaire)* ARCHINGAUD, fils de Truan[13], se plaignit des pertes qu'il en résultait dans son administration, ce qui fit l'objet d'une transaction passée sous la médiation de Guillaume de CLÉRIEU[14].

---

[1] P. E. Giraud, *loc. cit.*, Cartul., 169, note. Lacroix, *Arr. de Mont.*, IV, 33. Mais M. de Pisançon croit que ce fils d'Ismidon s'appelait Hector et qu'il aurait eu de sa 1re femme, Cana, l'évêque Aimar. (*Etude sur l'allodialité*, 111).

[2] P. E. Giraud, *loc. cit.* Cartul. 172.

[3] Id. 161.

[4] Id. 164 bis.

[5] Id. 168.

[6] Id. 7 bis.

[7] M. de Coston fait observer que Lambert François pourrait être petit-fils d'Ismidon par sa mère Ahaldisie, rien dans les chartes citées n'indiquant qu'il fut fils d'Odon. S'appuyant en outre sur la chronique du monastère du Puy (*Hist. générale de Languedoc*, II, preuves, p. 8), il donne pour père à l'évêque Aimar et à ses frères, le c^te^ de Valentinois, ce qui ferait descendre les ADHÉMAR de l'illustre race des Poitiers. (*Hist. de Mont.*, I, 48).

[8] P. E. Giraud, 169.

[9] Id. 210.

[10] Id. 172.

[11] Id. 174 et 269.

[12] Id. 155.

[13] Valbonnais (*Hist. de Dauphiné*, 116, 143, 146), dit que cette famille ARCHINGAUD s'est perpétuée dans la charge de châtelain de Peyrins jusqu'au 14e siècle.

[14] P. E. Giraud, *loc. cit.*, Cartul., 102.

Il fut témoin dans une charte du 31 mars 1123[1] et mourut vers 1138. Il avait ép. Etiennette[2] ;

d'où : A. Raynald François, qualifié neveu de Guy de BOURGOGNE (le pape CALIXTE II), et cousin de Guigues d'ALBON, premier Dauphin[3], passa avec l'abbaye de St-Barnard divers actes en 1138[4], 1150[5], en 1160[6], et en 1174[7] ;

d'où : *a*. François, paraît avec son père dans l'acte ci-dessus de 1160 ; cède pour 3.200 sous aux moines de l'abbaye de St-Barnard, les fiefs de Lantelme, son oncle, qui vivait encore en 1247, et leur vend également sa part de l'hérédité paternelle[8] ;

d'où : Raymonde[9], ép., en 1204, Raymond de BÉRENGER[10] ;

b. Bérillon, nommé, avec son père et son frère, à l'acte de 1160 ;

B. François[11] ;

2. Aimar, évêque du Puy en 1087, se rendit célèbre à la première croisade, où il était légat du Pape et mourut de la peste à Antioche, le 1er août 1098[12] ;

3. Guillaume-Hugues, dont l'article suit.

III. Guillaume-Hugues, sgr. de Monteil[13], mentionné comme frère d'Aymar, év. du Puy, par Raymond d'EYGALIERS (des Agiles), participa à la 1re croisade[14] ; fut présent vers 1100[15], à Pierrelatte, au partage des biens de Draconet ; en 1107, à la charte d'absolution donnée à St-Marcel-lez-Sauzet en faveur du Cte Bertrand, par le pape Pascal II[16], et en 1130, à la cession de divers immeubles aux fils de Bernard ATON, par le Cte de TOULOUSE[17] ;

d'où : *N*. (probabl. *autre* Guillaume-Hugues), dont l'article suit ;

---

1 P. E. Giraud, 166.

2 Coston, *Hist. de Montélimar*, I, 51.

3 P. E. Giraud, *loc. cit.*, Cartul. 210.

4 Id. 292.

5 Id. 294.

6 Id. 303.

7 Id. 348.

8 Pisançon, *Etude sur l'allodialité*, 113.

9 *Cartul. de Léoncel*, 73.

10 Armes : *gironné d'or et de gueules de 8 pièces.*

11 Pisançon, *Etude sur l'allodialité*, 112.

12 V. Michaud, s. U. I, 176. C'est probablement l'illustration de ce personnage historique qui fit prendre par ses neveux et garder par leurs descendants le nom d'ADHÉMAR, autre forme de celui d'*Aimar*.

13 Lacroix, *Arr. de Mont.*, IV, 34.

14 Coston, *Hist. de Mont.*, I, 50.

15 *Revue des sociétés savantes*, 5e S^e. II, 368.

16 D. Bouquet, *Recueil des historiens des Gaules*, XV, 38.

17 D. Vaissette, *Hist. gén. de Languedoc*, II, 404, 452. — Peut-être faudrait-il appliquer ceci à son fils, du même nom que lui.

IV. *N.* (*probab.* Guillaume-Hugues), sgr. de Monteil, mentionné avec son fils Hugues dans l'acte de fondation de l'abbaye de Bonlieu, en 1173[1], avait, d'après Spon[2], son sceau attaché à la charte lapidaire de 1198 à Montélimar où cependant il ne figure pas, ce qui ferait supposer qu'il était mort depuis peu à cette époque et que son fils se servait encore de son sceau[3] ;
d'où : 1. Giraud, dont l'article suit ;
2. Hugues, mentionné dans une charte de 1173, relative à la fondation de l'abbaye de Bonlieu[4].

V. Giraud (*alias* Géraud, ou Guirau) ADHÉMAR[5], sgr. de Monteil, le Puy-St-Martin, etc., est caution en 1164 des libertés de Moirans[6] ; reçut, le 12 avril 1164[7], de l'empereur FRÉDÉRIC I, alors à St-Sauveur près Pavie, l'investiture de tout le territoire et de tous les vassaux possédés autrefois par son père et son aïeul, et spécialement du Puy-St-Martin, pour les tenir désormais directement de lui ; reçut (*probab.*) cet empereur à son passage à Montélimar en 1178, quand il vint en Provence se faire couronner roi de Bourgogne ; passa transaction, le 31 mars 1184, avec l'abbé de St-Chaffre au sujet du droit de gîte de Cléon-d'Andran, du consentement et en présence de son épouse et de son fils Giraudet[8] ; fut assiégé dans Montélimar et pris par RICHARD *Cœur-de-Lion*, roi d'Angleterre, allant à la croisade en 1190[9]. Il avait ép. (*probab.*)[10] *N.* de POITIERS, dame de Grignan ;
d'où : 1. Giraud, dont l'article suit ;

---

[1] Lacroix, *Arr. de Mont.*, IV, 168.

[2] *Voyage d'Italie*, III, 19—23.

[3] Coston, *Hist. de Mont.*, I, 109.

[4] Id. I, 52, 81. Moulinet le dit un des compagnons de Jean de BRIENNE, dit le Cte de Vienne, devenu plus tard roi de Jérusalem.

[5] Ce Giraud est le premier qu'on trouve avoir pris comme nom patronymique le nom d'AIMAR (AESMAR), que sa postérité a gardé sous la forme ADHÉMAR. Etait-ce en souvenir d'AIMAR, évêque du Puy, son grand oncle, appelé souvent aussi ADHÉMAR ? Etait-ce par suite d'une parenté avec les C^tes de Poitiers, chez lesquels le prénom d'ADHÉMAR était très fréquent (Lacroix IV, 38) ? Ses descendants, dans les deux branches des sgrs de Roquemaure et de Grignan de la maison d'ADHÉMAR, ont presque tous porté, pendant deux cents ans, le prénom de *Giraud*, en sorte qu'il est bien difficile, souvent même impossible, de distinguer ce qui doit être attribué à chacun d'eux, quand rien ne le spécifie exactement.

[6] Valbonnais, *Hist. de Dauphiné*, I, 16. (Lacroix, *Arr. de Mont.*, IV, 39 et 169).

[7] *Cartul. de Montélimar*, 19.

[8] Abbé Chevalier, *Cartul. de St-Chaffre*, 37.

[9] Lacroix, *Arr. de Mont.*, IV, 39.

[10] Cela paraît aussi être l'avis de M. Lacroix (*Arr. de Mont.*, IV, 179), et nous semble résulter de ce que : 1° leur fils Giraud est le premier des ADHÉMAR qui se soit qualifié sgr de Grignan (test. de sa femme Mabile de Marseille) ; 2° ce même fils, alors appelé Giraudet, est qualifié neveu (ou petit-fils, *nepos*) d'Adhémar de POITIERS, c^te de Valentinois, dans un acte de 1210 (Lacroix, *Arr. de Mont.*, V, 242. *Cartul. St-Chaffre*, 39) ; 3° Aimar de POITIERS est qualifié *cousin* de Giraud ADHÉMAR de Rochemaure le 3 des cal. de janv. 1250 (Voir plus loin VIIIe degré). Cette alliance, jointe à celle du degré suiv. avec les V^tes de MARSEILLE et les BAUX, confirmerait l'origine princière des ADHÉMAR sortis des princes de ROYANS, de la maison de SASSENAGE-BÉRENGER.

2. Lambert, tige des sgrs de la Garde, rapportés plus loin ;
3. *(probab.)* Aymar, abbé d'Aiguebelle[1] ;
4. Adalasie, est nommée comme fille de Guirau ADHÉMAR, sgr de Monteil, dans une vente que son mari fit, en juil. 1212, à Guillaume, abbé de Montmajour[2]. Elle avait ép. Rostang IMBERT.

VI. Giraud ADHÉMAR, v^te^ en partie de Marseille, sgr de Monteil, Grignan, Aubagne[3], Châteauneuf-du-Rhône, Cléon-d'Andran, Donzère, Gardanne, Gémenos, Mirmande, Le Plan-d'Aups, Rochemaure, Roquevaire, etc...., paraît avec sa femme à la transaction, du 31 mars 1184, passée par son père avec l'abbé de St-Chaffre; souscrivit en 1198, avec son frère Lambert ADHÉMAR, sgr. de la Garde, une charte, dite *lapidaire* parce qu'elle fut gravée sur un marbre existant encore aujourd'hui dans l'Hôtel-de-Ville de Montélimar, reconnaissant à leurs vassaux de Monteil[4] certains droits et privilèges ; avait pour viguier à Marseille, en 1208[5] et en 1211[6], Hugues FER ; donna, le 1er juil. 1209[7], tous ses droits au château de Rochemaure à Burnon, év. de Viviers, qui les lui rétrocéda, moyennant hommage et serment de fidélité ; est nommé avec son frère Lambert dans une lettre du pape INNOCENT III, à l'abbé de Citeaux, en 1210[8] ; confirma cette même année[9] la vente faite par son père à Aimar de POITIERS, c^te^ de Valentinois, de la redevance de Cléon-d'Andran au prix de 9.000 sous viennois, et y est dit petit-fils (ou neveu) du Cte[10]; partagea la vicomté de Marseille, le 14 juin 1212[11], avec Roncelin, son beau-frère et Hugues de BAUX, mari de Barrale de MARSEILLE, et reçut pour sa part Gardanne, Roquevaire, Gémenos, le Plan-d'Aups et un tiers d'Aubagne ; vendit avec sa femme cette part de la vicomté de Marseille à la communauté de ladite ville, moyennant 5.000 sous coronats et une pension annuelle de 100 l.[12] ; émancipa son fils Giraudet, en mars 1227[13], et lui fit donation de tout ce qu'il tenait et possédait aux châteaux de Rochemaure et Mirmande; confirma, le 20 déc. 1228[14], les franchises

---

[1] Lacroix, *Arr. de Mont.*, I, 318.

[2] *Ms. p. la N. de P.*, 58. (Archives de Château-Renard); chez M. Paul Arbaud, à Aix.

[3] En partie.

[4] On ne disait pas encore Montélimar.

[5] Dr Barthélemy, *Invent. chronol. et analytique des chartes de la maison de Baux* n° 127.

[6] id n° 155.

[7] *Inventaire des Archives Dauphinoises de M. Henri Morin-Pons* n° 1.

[8] Lacroix, *Arr. de Mont.*, II, 192.

[9] Lacroix, *Arr. de Mont.*, II, 316.

[10] Abbé Chevalier, *Documents inédits... Cartul. St-Chaffre*, 39.

[11] Dr Barthélemy, 156. La date donnée par lui est le 17 mai, Ce jour là en effet le partage fut convenu; mais il ne fut rédigé en acte que le 11 juin, et ce partage ne fut même exécuté que le 13 oct. Cela résulte d'une note que M. Barthélemy a bien voulu nous communiquer.

[12] De Coston, *Hist. de Mont.*, I, 131. Gaufridy *(Hist. de Provence)*, témoigne qu'elle était encore payée de son temps. Lacroix, *Arr. de Mont.*, IV, 40.

[13] Lacroix, *Arr. de Mont.*, IV, 172.

[14] *Cartul. de Mont.*, 26.

accordées aux habitants de Montélimar dans la charte de 1198, et paraît être mort avant les nones de mai 1232[1]. Il avait ép., avant 1184, Mabile de Marseille[2], fille de Guillaume-le-Gros et de Laure ;

d'où : 1. Giraud, dont l'article suit ;

2. Guy, ép. Aiglette de Puyclair, de Nice[3] ;

3. Aimar, tige des sgrs de Grignan, rapportés plus loin ;

4. Barral, est nommé comme décédé au test. de sa mère, du 1er juin 1249;

5. Eudiarde *(Eldoarda)*, fut promise en mariage par ses parents, le 14 oct. 1213[4], à Raymond de Baux pour son fils Bertrand, lorsqu'elle serait nubile, en lui donnant en dot les châteaux de Gardanne, Roquevaire, Gémenos et le Plan-d'Aups, plus la moitié de ce que sa mère avait de sa propre mère Laure, à St-Julien-le-Montagnier, Artigues, Vinon, Ginasservis, Manosque, Rousset, Ceyreste, Rians, Pourcieux et Pourrières; eut en legs, au test. de sa mère du 1er juin 1249, une rente de 50 l. de royaux coronats ; confirma, ainsi que sa mère, le 18 avril 1247[5], au monastère de St-Pons, près Gémenos, la possession des domaines, situés à Roquevaire, tenus en arrière-fief par Audibert et Hugues, d'Auriol ; fit son test. le 7 mai 1257[6], étant malade, en la chambre de sa fille Mabile, au couvent de St-Pons de Gémenos, y nomme son père et sa mère, élit sa sépulture audit couvent de St-Pons, et institue son fils Hugues de Baux, héritier universel de ses terres et sgries de Gardanne, Roquevaire, Gémenos et le Plan-d'Aups et de celles qu'elle avait eues en héritage de Laure, son aïeule, après la mort de sa mère Mabile; elle lègue à sa fille Mabile 100 marcs d'argent fin, à prendre sur ses biens; si son fils meurt sans enfants, Mabile sera héritière universelle de ses domaines, qui lui seront livrés pour sa dot, et, dans ce cas, elle donnera 100 marcs d'argent au couvent de St-Pons; si elle meurt sans enfants, elle substitue à sa fille son frère Aimar, qui sera obligé de payer 100 marcs d'argent au susdit monastère. Elle avait ép., suiv. contrat passé à Montélimar le 14 oct. 1213[7], Bertrand de Baux[8], fils de Raymond et d'Alasacie de Marseille ;

---

[1] Acte passé entre ses fils Giraud, Aimar et Barral et ses neveux Hugues et Lambert (Arch. du château de Panat — *Mémoire de Beaujon)*.

[2] Fit son test. le 1er juin 1249, Bernard, not. à Ceyreste (Arch. de M. de Gallier; — Dr Barthélemy, *Invent.*, 347), dans lequel elle nomme son mari, son fils Barral, décédé, ses filles Eudiarde, Giraude, Marie et Rixende, et institue pr héritier son fils Aimar. Elle ne nomme pas Giraud. Est-ce parce qu'il avait été émancipé en 1227 ?

[3] Papon, *Hist. de Provence*, cité par de Coston.

[4] Acte passé à Montélimar (Dr Barthélemy, 159).

[5] Dr Barthélemy, 326 (La Major, B.-du-R.).

[6] Dr Barthélemy, 410 (Bibl. Nat. *Fonds latin*, no 9239, ch. no 4, parch.).

[7] Dr Barthélemy, 159 (B.-du-R. — B. 308).

[8] Ep., en 2es noces, Alix N. (Dr Barthélemy, 464).

6. Giraude, eut au test. de sa mère, le 1er juin 1249, un legs de 25 l. et la cession de tous ses droits à Aubagne. Elle vendit, le 9 déc. 1262[1], à Barral de BAUX, et pour le prix de 4,000 l. tournois, cette troisième partie de la sgrie et juridict. du château d'Aubagne et des terres qui en dépendaient, la bastide qui est devant le château d'Allauch et tout ce qu'elle possédait dans son territoire. Elle avait ép. Guillaume ANSELME[2], de la ville de Marseille ;
7. Marie, religieuse au monastère de St-Pons, eut un legs de 20 l. au test. de sa mère du 1er juin 1249 et était abbesse en 1264[3];
8. Rixende, religieuse à l'abbaye de Bouchet, eut un pareil legs de 20 l. au même test.

VII. Giraud ADHÉMAR, sgr. de Monteil, Rochemaure, Mirmande, émancipé par son père en mars 1227[4], confirma avec lui, le 20 déc. 1228[5], les libertés de Montélimar, fit accords, ainsi que ses frères Aimar et Barral et leur mère Mobile, par acte passé dans l'église du Temple, aux nones de mai 1232[6], avec ses cousins Hugues et Lambert ADHÉMAR de la Garde, et mourut avant mars 1248. Il avait ép. Maragde[7] ;
d'où : 1. Giraud, dont l'article suit ;
2. (Autre) Giraud, frère mineur, vers 1228, au couvent fondé à Montélimar par sa famille ;
3. Adhémar, religieux cordelier, est témoin, le 10 janv. 1263[8], à une reconnaissance passée à Giraud ADHÉMAR, sgr de Rochemaure ;
4. Agnès, était religieuse à Bonlieu, en 1239[9] ;
5. *(probab.)* Giraude[10], ép. Bermond d'UZÈS, fils de Raymond, dit *Rascas*.

VIII. Giraud ADHÉMAR, sgr de Monteil, Aubignas, Condillac, Rochemaure, Sceautres etc.., reçut de Pons des DEUXCHIENS, le 18 déc. 1247, donation des châteaux d'Aubignas et de Sceautres, fut présent, avec Hugues ADHÉMAR, sgr de la Garde, à l'hommage rendu à Aimar de POITIERS, cte de Valentinois et Dyois, son cousin[11], par Decan d'UZÈS, le 3 des calendes de janv. 1250, fit son

---

[1] Chartes de la Major (B.-du-R.). Acte passé à Marseille en l'église des F. Mineurs.
[2] Mourut avant le 9 déc. 1262.
[3] Dr Barthélemy, 482.
[4] Lacroix, *Arr. de Mont.*, IV, 172.
[5] *Cartul. de Mont.*, 26.
[6] Rainald et Isoard notres. — Original avec sceaux, aux Arch. du château de Panat. — (*Mémoire de Beaujon*).
[7] Elle est nommée à la sentence rendue le 7 des ides de mars 1240 par Raymond de BAUX, prince d'Orange, comme veuve ayant la tutelle de Giraud et de ses autres enfants (original aux Arch. du Vte d'Adhémar en 1765. *Mémoire de Beaujon*).
[8] Morin-P., 3.
[9] Lacroix, *Arr. de Mont.*, IV, 172.
[10] *Gallia christiana*. — Vie de Robert, év. d'Avignon. — Arch. ducales d'Uzès. — (Albiousse, *Hist. des Ducs d'Uzès*, 21).
[11] Chambre des Cptes de Dauphiné. Reg. *Certa hommagia recepta per Reymundum Humberti*. (*Trésor généalogique de D. Villevieille*).

test. le 11 avril 1262[1], par lequel il élit sa sépulture dans le couvent des Fr. Mineurs à Montélimar, nomme sa femme, ses enfants Giraud, Guillaume, Aimar, Guigonnet, Giraudet, Méraude, Adhémar, Marcelline, Tiburge, Agnès, Laurette, Giraudette ADHÉMAR et Aimar ADHÉMAR, sgr de Grignan, *son oncle paternel*. Il avait ép. Tiburge AMIC de SABRAN ;

d'où : 1. Giraud, dont l'article suit ;

2. Guillaume, religieux, nommé au test. de son père[2] ;

3. Aimar, gardien du couvent des Frères Mineurs de Montélimar, nommé au test. de son père, paraît à la transaction de 1288[3] entre son frère Giraud et les consuls de Montpellier ;

4. Guigonnet (*alias* Guigues, dit *de Tournel*), nommé au test. de son père, est désigné comme chev. de l'ordre du Temple dans les actes consentis par son frère Giraud, les 30 déc. 1280[4] et 25 janv. 1281[5], en faveur des habitants de Montélimar et passa reconnaissance, en 1296[6], à Hugues ADHÉMAR, sgr de Lombers et de Montauban, héritier de Ronsolin de LUNEL ;

5. Giraudet, destiné par son père à l'état ecclésiastique, paraît s'être marié[7], puisque ses enfants sont cités au test. de son frère Giraud du 3 nov. 1310 ;

d'où : A. Guigues, sgr de Monteil, mourut avant le 3 nov. 1310 ;

B. Tiburge[8], eut en dot 3.000 fl., que son beau-père assura, le 13 mai 1304[9], sur sa maison de Seugères (*Seugeriès*), en lui assignant 150 l. de revenu annuel et en fut payée partiellement les 16 janv. 1307[10] et 8 avril 1317[11]. Elle avait ép. Eustache, sgr de MONTBOISSIER,[12] fils d'autre Eustache, et de Marguerite de Maymont ;

6. Méraude (ou Maragde)[13], eut un legs de 10 liv. viennoises au test. de son père, outre les 25.000 sous viennois qu'elle avait eus en dot.

---

[1] *Cartul. de Mont.*, 35.

[2] C'est peut-être lui qui, prévôt de Valence, passa transaction en 1267 (*Société de statist. de l'Isère*, I., 259)., avec Lambert ADHÉMAR, sgr de Montélimar et le Cte de Valentinois.

[3] Coston, *Hist. de Mont.*, I, 141.

[4] *Cartul. de Mont.*, 51.

[5] Id. 51.

[6] *Invent. des Dauphins*, 836.

[7] Pit.-C. (IV, 57), le dit marié, sans enfants, avec Dragonette de MONTDRAGON ;

[8] Pit.-C. (IV, 44), la dit fille de Lambert ADHÉMAR de la Garde et de Méraude ADHÉMAR de Monteil ; mais le test. de son oncle, Giraud, du 3 nov. 1310, la nomme expressément fille de Giraudet, frère dudit Giraud, testateur.

[9] En présence de Guillaume de MONTLAUR, chan. du Puy, Guillaume de MONTREVEL, Guy, sgr de TOURNON etc. (Morin-P., 16).

[10] Morin-P., 17.

[11] Morin-P., 28.

[12] Il avait ép., en 1res noces, Alix, fille de Robert, c[te] de CLERMONT, Dauphin d'Auvergne. (V. Append. IV).

[13] Est probab. la même qui est nommée Marguerite au test. de son frère Giraud, du 3 nov. 1310. (Morin-P., 22).

Elle avoit ép. Lambert ADHÉMAR[1], fils de Hugues, sgr de Lagarde, csgr de Montélimar, et d'Adalasie ;

7. Adhémare, eut de son père le même legs que sa sœur Maragde. Elle avoit ép. Guillaume de TOURNON, fils de Guy, sgr dudit lieu ;

8. Marcelline, relig., eut 60 l. viennoises au test. de son père ;

9. Tiburge, *id.* *id.*;

10. Agnès, *id.* *id.*;

11. Laurette, destinée à être religieuse, aux termes du test. de son père, se maria néanmoins, et eut pour dot 11.000 sous. Elle avoit ép. François ALLEMAN, sgr d'Uriage[2] ;

12. Giraudette, religieuse, nommée au test. de son père ;

13. Marguerite, nommée au test. de son frère Giraud, du 3 nov. 1310[3].

IX. Giraud ADHÉMAR, sgr de Montélimar, Rochemaure, Alanson, Allan, Aps, Blacons, Condillac, Divajeu, Espeluche, Lachamp, Meissas, Le Pègue, Pierrelatte, La Roche-d'Aps, La Roche-St-Secret, La Rochette, St-Andéol-de-Berg, St-Auban, St-Pons, Sauzet, Sceautres, Le Teil, Les Tourrettes, etc..., fit un traité avec les habitants de Montpellier, le 25 août 1265[4], au sujet du commerce de ces derniers avec ceux de Montélimar ; prit parti pour le Cte de Valentinois contre l'Év. de Valence; consentit, moyenant 5.000 sous viennois, à prêter hommage à ce dernier ; passa transaction, le 14 oct. 1275[5], ainsi que Raymond de BAUX, prince d'Orange, et Gaucher de SABRAN, sgr de Céreste, au nom de Lambert (ADHÉMAR), csgr de Montélimar, avec les habitants de ladite ville ; fit à ces derniers concession de diverses libertés en 1280[6] ; garantit, en 1285, un accord intervenu entre Robert II de BOURGOGNE et Humbert de la TOUR, mari de la Dauphine[7] ; confirma en 1288 le traité fait avec les consuls de Montpellier en 1265; échangea Allan, en 1292, avec Giraud ADHÉMAR, sgr de Grignan, contre 100 liv. de revenu sur le péage de Montélimar et fut, cette même année, héritier de sa 2e femme Draconnette de MONTAUBAN ; passa transaction, le 9 juin 1308[8], avec Giraud ADHÉMAR, père et fils, sgrs de Grignan et d'Aps, en confirmation de l'ancien partage des terres de la famille, Montélimar d'un côté et

---

[1] Acte du 8 déc. 1285 (*Cartul. de Mont.*, 51 et 61), nommant leur fils Guigues, neveu de Giraud [ADHÉMAR] de Monteil, frère de Méraude.

[2] Morin-P., 22. La Chenaye (I., 349), la nomme Giraudette, la dit mariée en 1279 et fille de Tiburge *Amy* (V. Append. V).

[3] Morin-P., 22.

[4] Coston, *Hist. de Mont.*, I, 140.

[5] *Cartul. de Mont.*, 22 (Dr Barthélemy, *Inv.*, 588).

[6] *Cartul. de Mont.*, 44, 47.

[7] Lacroix, *Arr. de Mont.*, V, 256.

[8] Morin-P., 18. Acte passé à Grignan en présence de Guillaume de TOURNON, Guillaume de CHATEAUNEUF, Giraud AMIC [de SABRAN], sgr. de Rochefort, Guillaume de BEAUMONT, chev., Adhémar de GRIGNAN, doyen de Colonzelle, Raymond de CHAMARET, abbé de Cruas, Barral de GRIGNAN, précenteur, maître de la milice du Temple à Montélimar, Pierre CERMANCHI, sgr de Chamaret, etc..

Grignan, de l'autre, assurant aux enfants mâles d'une branche, l'héritage de l'autre branche qui n'aurait pas de postérité masculine ; fit son test., le 3 nov. 1310[1], en faveur de Giraud, son fils, avec substitution en faveur de Guigonet, Hugonet, Guillermet, ses fils, de Guy, sgr de TOURNON, son neveu, et de Giraud ADHÉMAR de Monteil, sgr de Grignan et d'Aps, fait en outre des legs pieux, reconnait avoir reçu 4.000 l. viennois sur la dot de sa femme Artaude, devoir 2.000 l. à Tiburge, sa nièce, mariée avec Eustache de MONTBOISSIER, 11.000 sous, dot de sa sœur Laurette, femme de François ADHÉMAR, veut que son héritier paye les legs et dettes de Guigues ADHÉMAR, son neveu défunt, sgr de Monteil, de Tiburge, sa mère, de Giraud, son frère, et de Marguerite, sa sœur, donne à Guigonnet, son fils, le château de St-Auban, dans la vallée de *Ruina*, veut qu'il soit clerc séculier, que Hugonnet et Guillermet entrent en religion, laisse 3.000 l. à Mabile pour la marier et destine Maragdone à Bonlieu ou à Bouchet ; figure en 1311, au mariage de Robert, cte d'AUVERGNE, avec Catherine, sœur du Dauphin de Viennois, et garantit, l'année suivante, la dot d'Ademaronne, fille de Guy de TOURNON[2]. Il fit un autre test., le 25 mai 1315[3], où il nomme de même ses enfants, y ajoutant Cécile, *probab.* née depuis 1310, et mourut avant le 16 nov. 1319[4]. Il avait ép., en 1res noces, Marguerite de NARBONNE-LARA[5], fille d'Aimeri, sgr de St-Gervais, et de Marguerite de MONTMORENCY, sa 2e femme; en 2es noces, Draconette de MONTDRAGON[6], fille de Draconet, sgr de Montauban ; et, en 3es noces, Artaude *N* ;

[1] Fait à Bourg-lès-Valence (Morin-P., 22).

[2] Lacroix, *Arr. de Mont.*, V, 258.

[3] Fait à Monteil, en présence de Guy, sgr de TOURNON, et de Guy de CHATEAUNEUF, fils de Guillaume (Morin-P., 26).

[4] Quittance par Artaude, sa veuve, à leur fils Giraud (Morin-P., 30). On pourrait même induire que Giraud, mari d'Artaude, mourut dès 1315, de ce qu'on trouve le 27 avril 1316 (arch. B.-du-R.) un hommage prêté, pour Allan, au sénéchal du roi Robert, cte de Provence, par Giraud ADHÉMAR, probablement le fils d'Artaude qui venait d'hériter (Nostradamus, 336. *Ms. p' la N. de P.*, 9, Arch. P. Arbaud.)

[5] Mourut en 1272 (P. Anselme, VII ; 763). La maison de NARBONNE porte pour armes : *de gueules plein*. Les NARBONNE-LARA, qu'on devrait appeler LARA-NARBONNE, descendent de Manrique LARA, qui épousa en 1140 Ermessinde de NARBONNE, héritière des anciens Vtes de NARBONNE. Quant aux NARBONNE-PELET, qui ajoutent aux armes des NARBONNE, *un écusson en abîme d'argent au chef de sable*, les uns les font descendre directement de ces mêmes Vtes de NARBONNE, les autres des Vtes de NIMES (V. pour les anciens Vtes de NARBONNE : P. Anselme, VII, 778 ; Barrau, I, 352 ; La Chenaye, XIV, 806 ; Courcelles, *Hist. des P.*, VIII. Pour les NARBONNE-LARA : P. Anselme, VII, 760 ; IX, 479 ; 2e p. 693; Barrau, I, 352; Borel d'H., *Ann.*, V, 141; X, 252 ; XXVI, 168 ; XXVII, 387 ; La Chenaye, XIV, 833 ; Courcelles, *Hist. des P.*, IX; Add., 17; Magny, *Liv. d'or*, II, 81 ; L. de la Roque, *Arm. de Lang. Montp.* I, 376, etc. Pour les NARBONNE-PELET : P. Anselme, VII, 780 ; IX, 479 ; 2e p. 700; Borel d'H., *Ann.*, V, 139 et années suiv.; La Chenaye, XIV, 811 ; Courcelles, *Hist. des P.*, VIII, Notices, 53; L. de la Roque, *Arm. de Lang. Montp.*, I, 392., etc.).

[6] Fit son test. le 27 janv. 1291 (Morin-P., 8), en faveur de Giraud ADHÉMAR, son mari. Elle y fait divers legs pieux et élit sa sépulture chez les Franciscains de Valréas, dans la tombe de Randone, sa sœur. Il parait qu'elle n'eut pas d'enfants, puisqu'elle n'en nomme aucun dans son test. Elle avait ép., en 1res noces, Bertrand de

d'où : du 3e lit,

1. Giraud, dont l'art. suit ;
2. Guigonet, sgr de St-Auban[1], légataire de son père aux tests. des 3 nov. 1310 et 25 mai 1315, chan. de Valence et de Metz[2], assista, le 10 mars 1320[3], à la quittance donnée à son frère Giraud par leur mère Artaude ; le 5 août 1343, au contrat de mariage de son neveu Giraud ADHÉMAR, et le 17 mars 1349[4], à une quittance reçue par son frère Giraud ; eut un legs de 50 flor. au test. de son frère Giraud, du 7 juil. 1351 et assista, le 2 fév. 1354, à l'acte de reconnaissance des franchises de Montélimar par Giraud ADHÉMAR, sgr de Rochemaure, son neveu[5]. Il eut un fils naturel :
   Garin, légataire au test. d'Aimar ADHÉMAR, sgr de Rochemaure, du 7 sept. 1374[6], avait une maison à Montélimar en 1381[7] ;
3. Hugonet, sgr du Teil et de Sceautres, chan. de Valence, archid. de Ruel (ou Rivel)[8], nommé au test. de son père, le 3 nov. 1310, assista, le 5 août 1343, au contrat de mariage de son neveu Giraud ADHÉMAR ; eut le château de Sceautres[9] en legs de son père, au test. de 1315, un legs de 50 fl. au test. de son frère Giraud, du 7 juillet 1351 et assista, le 2 fév. 1354, à l'acte de reconnaissance des franchises de Montélimar par Giraud ADHÉMAR, sgr de Rochemaure, son neveu[5] ;
4. Guillermet, nommé au test. de son père du 3 nov. 1310 ;
5. Laurette (?) ;
6. Mabile, eut un legs de 3.000 l. au test. de son père du 3 nov. 1310 ;
7. Maragde, nommée audit test., ép. Jourdan d'URRE[9], fils de Guenis (*alias* Guercis) ;
8. Cécile, nommée au test. de son père du 25 mai 1315.

X. Giraud ADHÉMARD, sgr de Montélimar, Rochemaure, Allan, Aps, Condillac, Espeluche, Lachamp, Maubec, Le Pègue, Pierrelatte, La Roche-St-Secret, St-Andéol, St-Auban, St-Pons, Sauzet, Sceautres, le Teil, etc...., reçut quittance, le 16 nov. 1319[11], d'Artaude, sa mère, veuve, de 600 livres vien-

BAUX, prince d'Orange. Armes des MONTDRAGON, sgrs de Montauban, d'après un sceau attaché à la charte 1128 du *Cartulaire de St-Victor*, du 12 des calendes de février 1249 (21 et 29 janvier 1250) : *deux dragons monstrueux ailés, couronnés et affrontés, à face humaine de profil, à la queue terminée en serpent se rongeant le dos* (Blancard, *Iconographie des sceaux et bulles.... des archives départementales des B.-du-Rhône*, pl. 33, nos 2, 3). V. Append. VI.

[1] Dans la vallée de *Ruyna*, diocèse de Gap. (Morin-P., 67).

[2] Morin-P., 62.

[3] Morin-P., 31.

[4] Coston, *Hist. de Mont.*, I, 243.

[5] Lacroix, *Arr. de Mont.*, V, 261.

[6] Coston, *Hist. de Mont.*, I, 322, 338.

[7] *Cartul. de Mont.*, 103.

[8] *Sentro*. Morin-P., 20.

[9] Moulinet. Notes chez Morin-P., (V. Append. VII).

[11] Morin-P., 30.

noises pour payement, tant des legs à elle faits que de sa nourriture et vêtements; et, le 10 mars 1320[1], de la même, autre quittance de 3.875 livres viennoises sur les 4.000 l. de sa dot; fut nommé cons. d'Etat, par lettres du Roi, du 18 juin 1320[2]; acquit en 1323, la cinquième partie de Maubec[3]; fit hommage au Cte de Valentinois p^r^ Aps, St-Andéol-de-Berg, St-Pons etc..., le 3 sept. 1324[4]; céda, le 21 juil. 1328[5], certains droits de suzeraineté sur Espeluche à Pierre de Vesc; acquit, le 3 déc. 1335[6], de Béatrix Audoard, fille et héritière de n. Jean, chev., de Montélimar, femme d'Aimar de Taulignan, sgr de Rochefort, les droits appartenant à ces époux sur les péages de Monteil et de Rochemaure, droits qui avaient été cédés par le sgr de Monteil, au père de ladite Béatrix; paya, le 1er fév. 1337[7], 24.000 turons d'argent à Aimar de Taulignan, sgr. de Rochefort, et Guillaume Rostaing, du Puy-St-Martin, mandataire de Béatrix Audoard, femme dudit Taulignan, en suite de l'obligation qu'il en avait contractée le 17 août 1331[8]; vendit, le 12 janv. 1338[9], à Robert, roi de Jérusalem et de Sicile, c^te^ de Provence, une portion de sa csgrie d'Allan; vendit un quart de la sgrie de Montélimar[10] au pape Benoit XII, le 6 oct. 1340, au prix de 24.000 florins, réduits plus tard à 22.800 fl.[11]; transigea, le 28 fév. 1341[12], avec Giraud Adhémar, sgr de Grignan, sur un échange fait le 20 juil. 1292, de la parerie d'Allan, contre le droit de prendre annuellement 100 l. sur le péage du Rhône à Montélimar; assista, le 5 août 1343[13], au contrat de mariage de son fils Giraud, émancipé, et lui fit donation de ses châteaux de Monteil, Rochemaure, Le Teil et Allan, sauf les droits de ses autres enfants et d'Alasie sa femme; fit son test. le 7 juil. 1351[14], par lequel il lègue la baillie de Montélimar à Hugues de *Monteil,* son cousin[15], nomme ses enfants Amédée, Louis, Aimar, Guigues, Marguerite et institue pour héritier son fils ainé Giraud. Il avait ép., vers 1309[16], Alasie de Poitiers[17], fille d'Aimar, c^te^ de Valentinois et *(prob.)* de Marguerite de Genève, sa 2e femme;

d'où : 1. Giraud, dont l'art. suit;

2. Amédée, év. de Grasse avant le 17 mars 1349[18], reçut ce jour là, avec

---

[1] Morin-P., 31.

[2] Pr. de M. Varadier, 1674.

[3] Lacroix, *Arr. de Mont.*, V, 258.

[4] Fillet, *Bulletin de la société... de la Drôme*, XV, 63.

[5] Lacroix, *Arr. de Mont.*, III, 370.

[6] Morin-P., 39.

[7] Morin-P., 41. Acte fait à Espeluche, chez Pierre de Vesc, devant Hugues de Mirabel, Pierre de la Roche, Hugues (Adhémar ?) de Monteil, Damoiseaux, etc...

[8] Morin-P., 40.

[9] Lacroix, *Arr. de Mont.*, 197.

[10] Il dit qu'il en possède les trois quarts. Lambert Adhémar, de la Garde, en possédait donc un quart seulement.

[11] *Cartul. de Mont.*, 103, 108.

[12] Morin-P., 42.

[13] Morin-P., 46.

[14] Morin-P., 63.

[15] *Probabl.* Hugues Adhémar de Monteil, sgr de la Garde.

[16] *Cartul. de Mont.*, 85. (Coston, *Hist. de Mont.*, I, 188).

[17] V. Append. VIII.

[18] Morin-P., 62.

son père, quittance de 800 fl. d'or ; eut au test. de son père, en 1351, un legs de 100 l. sur le péage de Rochemaure et mourut de la peste dans l'abbaye de Cruas, vers 1370[1] ;

3. Louis, csgr de Montélimar, Rochemaure, etc..., eut un legs de 100 l. au test. de son père de 1351 et un de 50 fl. d'or au test. de son frère Giraud, en 1358; succéda aux biens de sa maison comme substitué à son neveu Giraud Adhémar ; transigea, le 19 juin 1362[2], avec sa belle-sœur, veuve, Tacette de Baux, et lui abandonna la moitié des revenus de Rochemaure, jusqu'à restitution de sa dot ; vendit, le 4 fév. 1365, sa forteresse de Montélimar au pape Urbain V, pour le prix de 5.045 florins ; avait contestation avec ses frères Adhémar et Guy les 1er oct. 1366 et 3 juil. 1367[3] ; autorisa, en 1369[4], la levée d'un impôt à Montélimar pour la réparation des murailles ; rendit hommage au Pape en 1372[5] et mourut avant le 7 sept. 1374 ;

4. Aimar (*alias* Adhémar), csgr de Montélimar, Rochemaure, etc..., eut un legs de 100 l. au test. de son père du 7 juil. 1351 et un de 50 fl. d'or au test. de son frère Giraud, en 1358 ; hérita des biens de la famille, par substitution, après la mort de son frère Louis; fit son test. le 7 sept. 1374[6], par lequel il institue pour héritier son frère Guigues, avec substitution pour St-Auban, à sa nièce Sibille, fille de Giraud, son frère, et femme de Jean de Pontevès ; pour le Teil, à Guillaume de Laudun, sgr de Montfaucon ; pour le reste de ses biens, à Giraud Adhémar, sgr de Grignan, et à ses enfants mâles[7] ;

5. Guigues (*alias* Guy), csgr de Montélimar, Rochemaure, etc..., eut un legs de 100 l. au test. de son père, en 1351, hérita de son frère Aimar et, peu de jours après la mort de celui-ci, dès le 11 sept. 1374[8], disposa de ses biens en faveur de Giraud Adhémar, sgr de Grignan et d'Aps, afin de se conformer aux substitutions établies dans la famille d'une branche à l'autre, ajoutant la clause que, si Giraud refusait d'accepter les charges de son héritage, le château et la forteresse de Montélimar feraient retour au Pape, et le château de Rochemaure au Duc d'Anjou[9]. Il mourut peu après, le dernier de sa branche, et le sgr de

[1] Coston, *Hist. de Mont.*, I, 310.
[2] Morin-P., 73.
[3] Morin-P., 75.
[4] Coston, *Hist. de Mont.*, I, 272.
[5] *Cartul. de Mont.*, 172.
[6] Morin-P., 78.
[7] Lacroix (*Arr. de Mont.*, V, 261), ajoute cette analyse, donnée par l'Inventaire des arch. de Morin-P., des legs à Garin Adhémar, fils naturel de Guigues, oncle du testateur, et à Baudon Adhémar, sgr de St-Gervais.
[8] Lacroix, *Arr. de Mont.*, V, 261.
[9] Lacroix, *Arr. de Mont.*, IV, 197.

Grignan prit possession de Rochemaure les 4 oct. 1374 et 9 oct. 1375[1] ;

6. Marguerite, eut sa légitime fixée à 100 fl. d'or au test. de son père, en 1351, et fit elle-même son test. le 9 mai 1363[2], dans lequel elle nomme ses deux maris, lègue à ses frères Adhémar et Guigues, à son neveu Jean de Polignac, nomme son frère Amédée parmi ses exécuteurs testamentaires et institue pour héritier son deuxième mari. Elle avait ép., en 1res noces, Lauthard, sgr de Solignac[3]; et, en 2es noces, Odilon-Garin (ou Guérin) de Chateauneuf-Randon[4], fils *d'autre* Odilon, sgr de Tournel ;
7. Tiburge[5], ép., le 9 mai 1333, Raimond de Laudun, sgr de Montfaucon[6];
8. Paule, religieuse à l'abbaye de Bonlieu-lez-Marsane.

XI. Giraud Adhémar, sgr de Montélimar, Rochemaure, Allan[7], La Bâtie-du-Verre[8], Condillac, Espeluche, Lachamp, Mirmande, St-Auban, Sauzet, Le Teil, La Tour-du-Verre[9] etc..., émancipé avant le 6 oct. 1340[10], s'engagea, ainsi que son père, le 13 mai 1345[11], à garantir Guillaume de Vesc, sgr d'Espeluche, Pierre du Pin, Guillaume de Marsanne, etc., de leur serment pour la restitution de la dot de Tacette de Baux, sa femme; fit hommage, le 28 mai 1353[12], au Dauphin, pour le château de St-Auban ; fit son test. le 10 mars 1358[13], par lequel il lègue à ses frères Aimar et Louis, à sa fille, à sa femme et institue pour héritier son fils Giraud ; et mourut avant le 29 oct. 1359[14]. Il avait ép., en 1res noces, Mathilde *N*[15] et, en 2es noces, à Châteauneuf-du-Rhône, suivant contrat

---

[1] Morin-P., 85, 89.

[2] Morin-P., 74.—Lacroix (*Arr. de Mont.*, V. 261), dit 1373.

[3] *(Solempniaci* et *Solloniaci)*. Il donna quittance, le 4 mars 1341 (Morin-P., 43), à son beau-frère Giraud Adhémar, de 1.600 fl. d'or, pr. la dot de sa femme, et, le 16 fév. 1346 (Morin-P., 58), encore de 200 fl. d'or. Pithon-C. (IV, 55), dit qu'il fit son test. le 14 sept. 1357. Armes : *coticé d'azur et d'argent de dix pièces* (V. Chorier, IV, 191 ; La Chenaye, XVIII, 651 ; Rivoire de la Bâtie, 707).

[4] Veuf en 1res noces de Isoarde de Simiane (P. Anselme, III, 812). Les armes des Chateauneuf-Randon sont : *d'or à trois pals d'azur, au chef de gueules.* (V. Append. IX).

[5] N'est pas nommée au test. de son père, non plus que sa sœur Paule. Pithon-C. les mentionne, et l'on trouve en effet, en 1376, le sgr de Montfaucon réclamant ses droits à l'héritage que Guigues Adhémar de Monteil venait de laisser à Giraud Adhémar de Grignan.

[6] V. Append. X.

[7] Pr sept dix-huitièmes (Lacroix, *Arr. de Mont.*, III, 26).

[8] Coston, *Hist. de Mont.*, I, 250.

[9] Lacroix, *Arr. de Mont.*, III, 26.

[10] *Cartul. de Mont.*, 103.

[11] Morin-P., 56.

[12] Morin-P., 67.

[13] Morin-P., 70.

[14] *Cartul. de Mont.*, 103.

du 5 août 1343[1], Tacette de BAUX[2], fille de f. Raymond, sgr de Puyricard, et de Béatrix BERMOND d'Anduze de la Voulte ;

d'où : 1. Giraud, né vers 1344[3], héritier institué au test. de son père en 1358, mourut entre ledit jour et le 19 juin 1362 ;

2. Sibille, légataire de 5.000 fl. au test. de son père, paraît en 1374 et 1375 avec sa mère dans diverses procédures[4]. Elle avoit ép., en 1res noces, Louis BERMOND d'Anduze, sgr de la Voulte[5] et, en 2es noces, le 15 oct. 1366, Jean de PONTEVÈS[6], fils de Fouquet[7], sgr de Bargème et de Bérengère de Fos.

BRANCHE DES COMTES DE GRIGNAN [8]

VII. Aimar (*alias* Adhémar et Adzémar) ADHÉMAR, sgr de Grignan, 2e fils de Giraud et de Mabile de MARSEILLE, confirma, le 15 août 1244[9], un accord antérieur fait avec Pons, prieur de St-Saturnin ; fut, le 2 juin 1247, garant de la dot de Galburge de MÉVOUILLON, lorsqu'elle épousa Lambert ADHÉMAR, fils de Hugues, sgr de Monteil et de la Garde[10] ; fut désigné comme héritier de sa mère au test. de celle-ci du 1er juin 1249 ; délimita avec Lambert (ADHÉMAR), sgr de Lombers, le territoire de Frenouillet (ou Fenouillet), sur Pierrelatte[11], le

---

[1] Morin-P., 47. Témoins : Huguet de MONTEIL, Pierre d'HAUTEVILLE, damoiseaux. Cette date est celle du contrat. Le mariage a dû s'accomplir plus tard, puisque, dans un acte du 24 du même mois (Morin-P., 48, 49 et 50), Giraud promet d'épouser Tacette et de restituer sa dot en cas de dissolution du mariage ; acte fait à La Voulte, en présence de Hugues de MAUBEC, de Hugues ADHÉMAR, sgr du Teil, de Hugues de MONTEIL, etc., et sous le cautionnement d'Audebert d'ISTRIE, d'Audebert du PUY, de Rostang de SOLIERS, etc...

[2] Dot 6.500 fl. d'or. Le 29 oct. 1359 (Dr Barthélemy, 1383), étant veuve, elle se mit, ainsi que son fils Giraud, sous la protection du prince Charles, dauphin, fils du Roi de France. En 1360, avec l'assentiment d'Hugues ADHÉMAR, archid. de Tulle, et de Louis ADHÉMAR, chan. d'Orléans, elle transigea avec le pape INNOCENT VI, et lui abandonna les droits de son fils sur Montélimar, Allan, Sauzet, Lachamp, La Tour-du-Verre, Mirmande et Condillac, sous la réserve des droits de l'év. de Valence (Lacroix, *Arr. de Mont.*, III, 27). On trouve aux archives de Morin-P., 98, le test. de Tacette de BAUX, du 6 déc. 1391, noté comme suspect. Pourtant le Dr Barthélemy (*Inv. de la maison de Baux*, 1639), marque ce même test. comme mentionné dans le manuscrit 9243, f° 205, *fonds latin* de la Biblioth. Nation. Il est passé à Rochemaure. La testatrice y lègue 1.000 fl. à Antoinette de PONTEVÈS et institue pour héritier Fouquet de PONTEVÈS, fils de sa fille Sibille, avec substitution à Louis [de BERMOND] d'Anduse de la Voulte.

[3] Cela résulte de l'acte par lequel sa mère le mit en 1359 sous la protection du Dauphin, protection qu'on lui accorda pour 10 ans, jusqu'à sa majorité de 25 ans.

[4] Morin-P., 79, 80, 81, 83, 84, 87.

[5] V. Append. XI.

[6] Fit son test. le 7 mars 1410.

[7] T. de l'A. R.

[8] En latin : *Graina*, *Grainan*, *Grainnat*, *Grasinan*, *Graynhan*, *Greynhan*, etc.

[9] Lambert, *Catalogue descriptif et raisonné de la bibliothèque de Carpentras, III*, 137.

[10] *Cartul. de Mont.*.

[11] Arch. Drôme, E. 3442.

2 des ides d'août 1253[1] ; prêta hommage, en 1257, pour sa sgrie de Grignan au Cte de Provence qui, en retour, lui assigna sur le domaine de Marseille une rente de 50 l. viennoises, « dont la maison (d'ADHÉMAR) a toujours joui[2] » ; est nommé comme oncle paternel de Giraud ADHÉMAR, csgr de Montélimar (époux de Tiburge AMIC de SABRAN), le 11 avril 1262[3] ; passa transaction, ainsi que Guillaume, son fils, avec le Chapitre de Valence, le 20 nov. 1267[4] et fit son testament le 5 des ides de janv. 1273[5] ;
d'où : Guillaume, dont l'article suit.

VIII. Guillaume ADHÉMAR (dit le Gros), sgr de Grignan, csgr de Monteil, Colonzelle, etc.., prêta hommage au Cte de Provence, le 23 avril 1265, pour Grignan et ses dépendances[6] ; avait, en 1276[7], des contestations avec le doyen de Colonzelle prenant le parti des habitants dudit lieu; anoblit, le 25 mars 1278[8], Pons et Bertrand BARASTI, frères ; paraît comme caution à l'acte du 27 (ou 28) fév. 1280[9] et fit son test. le 19 oct. 1282[10], en faveur de son fils Giraud. Il avait ép. Garsende[11] de SABRAN, fille de Rayne (ou Raimond)[12], sgr de la Tour-d'Aigues[13] ;
d'où : 1. Giraud, dont l'article suit ;
2. Aimar[14], moine de St-Benoit, doyen de Colonzelle vers 1283[15] ; légataire de son père, assista, le 23 août 1301[16], à la transaction passée entre son frère Giraud et le prieur de Sauzet et Sarsons, confirmant autre transaction, du 12 janv. 1294, passée entre le même Giraud et le prieur Raymond HUGOLEN ; assista, le 9 juin 1308[17], à la transaction passée entre son frère Giraud et leur cousin Giraud ADHÉMAR, sgr de Rochemaure ;
3. Barral[18], chev. du Temple ;

---

[1] C'est *probabl.* lui aussi qui reçut en inféodation, en 1255 (Lacroix, *Arr. de Mont.*, I, 362), de Guillaume et Raymond de CHAMARET, leur part dans la sgrie dudit lieu, moyennant 100 l. vien.

[2] Pithon-C., IV, 26.

[3] *Cartul. de Mont.*, 35.

[4] Morin-P., 6.

[5] Lambert Boniceri, not. à Grignan (Fillet, *Journal de Die*, 16 mai 1869).

[6] Lacroix, *Arr. de Mont.*, IV, 183.

[7] Lacroix, *Arr. de Mont.*, II, 383. IV, 184. Arch. Drôme, E. 5671.

[8] Lacroix, *Arr. de Mont.*, IV, 185.

[9] *Cartul. de Mont.*, 44.

[10] Lacroix, *Arr. de Mont.*, IV, 186. Etienne Mirapedis, not. à Grignan (Fillet, *Journal de Die*, 6 juin 1869, dit à tort 19 sept.).

[11] Dot 1.000 l. vien. Elle survécut à son mari (Morin-P., 11).

[12] Ce Raimond était *probab.* l'époux de Philippine de MAMOLÈNE.

[13] Pithon-C.

[14] Lacroix, *Arr. de Mont.*, II, 384.

[15] Morin-P., 15.

[16] Morin-P., 18.

[17] Morin-P., 12.

4. Raynet (ou René)[1], fit son test., à Grasse, le 9 oct. 1288[2], étant novice chez les FF. Mineurs, par lequel il se réserve 5.000 sous coronats de Provence pour achat de livres à son usage et à celui du couvent de Valréas; laisse à Giraud ADHÉMAR, son frère, le tiers de ses autres biens et fait héritière universelle Garsende de SABRAN, sa mère; fut témoin, à Avignon, le 2 oct. 1319[3], à la vente que Mabile de SIMIANE, veuve de Fouquet de PONTEVÈS, fit au Cte de Provence;
5. Giraude, reçut donation de son frère Giraud, en 1276[4]. Elle avait ép. Bertrand de TAULIGNAN[5], fils d'autre Bertrand;
6. Laure, religieuse à l'abbaye de Bouchet-lez-Marsanne; reçut un legs de sa mère Garsende de SABRAN[6].

IX. Giraud ADHÉMAR, bar.[7] de Grignan, sgr d'Ajoux, Aps, Aubignas, Colonzelle, Montségur, La Roche-d'Aps, St-Andéol-de-Berg, St-Maurice-d'Ibie, St-Pons, Salles, Taulignan, Verfeuil, etc...; fit donation à sa sœur Giraude, en 1276[8]; passa transaction, avec ses vassaux de Grignan, en oct. 1283[9] et, le 22 juin 1291[10], avec Hugues de BAUX de Meyrargues, au sujet de la dot d'Eudiarde ADHÉMAR, femme de Bertrand de BAUX; reçut donation de tous les biens de sa mère à cause de mort, en 1292[11], et lui donna lui-même les revenus du château de Montségur[12]; obtint, le 8 avril de la même année[13], des lettres de Charles II, c[te] de Provence, par lesquelles il serait soumis désormais à la juridiction d'Avignon, au lieu de l'être à celle de Réauville; reçut, le 18 juin 1294[14], de Hugues de BAUX, sgr de Meyrargues, quittance de 170 l. cor. de Provence sur la légitime d'Eudiarde ADHÉMAR, mère dudit Hugues; paya, le

---

[1] Vers ce même temps un Raimond ADHÉMAR (serait-ce le même que Raynet?), fut témoin à la donation faite par Matheude (de Rhezza?), dame de Cotignac, de tous ses biens à Barralet et Fouquet, fils de Foulques de PONTEVÈS, sgr dudit lieu, son cousin. Acte passé au château de Tavernes, le 17 mai 1294 (arch. des Condé, D. Villevieille, 50).

[2] Pierre Attenoul, gardien du couvent de Marseille (Morin-P., 17).

[3] Arch. B.-du-R., Reg. *Pergamenorum*, 122.

[4] Lacroix, *Arr. de Mont.*, IV, 186. Il dit ailleurs (*Arr. de Mont.*, II, 42), que Giraude apporta Châteauneuf-de-Mazenc à son mari. Il serait alors à supposer que c'était une portion de sgrie, ou un arrière-fief; car, à cette époque, Châteauneuf-de-Mazenc appartenait aux ADHÉMAR de la Garde.

[5] Il rendit hommage à son beau-père, en 1282. V. Append. XII.

[6] Morin-P., 12.

[7] C'est le premier qui prit ce titre (Lacroix, *Arr. de Mont.*, IV, 186).

[8] Lacroix, *Arr. de Mont.*, IV, 186.

[9] Lacroix, *Arr. de Mont.*, IV, 187. Cet acte fut passé par la médiation de Raymond d'ANCEZUNE (Fillet le donne presque en entier, *Journal de Die*, 27 juin 1869).

[10] Dr Barthélemy, 712. Bibl. Nat., *Fonds latin*, cart. 9239, ch. 12.

[11] Acte passé à Montségur, en présence d'Elzéar de Sabran, chan. de St-Ruf (Morin-P., 11).

[12] Morin-P., 10.

[13] Fillet, *Journal de Die*, 8 août 1869.

[14] Morin-P., 12. Acte passé à Aix, devant la maison de Raymond de BAUX, père dudit Hugues, en présence de Bertrand LATAUD, chev., Bertrand de BAUX, Imbert de SALLES, etc...

5 mai 1295[1], 1.000 l. vien. pour la dot de sa sœur Giraude, femme de Bertrand de TAULIGNAN, fils d'autre Bertrand, qui en donnèrent quittance tous deux ; reçut, le 3 des nones de mai 1295, l'hommage d'Adhémar de POITIERS, c[te] de Valentinois, csgr de Taulignan, pour la moitié indivise dudit château[2], son territoire et sa juridiction ; donna quittance, le 14 nov. 1298[3], à Jean de BARRE, archid. d'Uzès ; passa nouvelle transaction avec ses vassaux de Grignan, le 29 déc. 1305[4] ; eut, en 1306[5] et les années suivantes, de violents démêlés avec ses vassaux de Colonzelle ; prêta hommage, avec Blonde des DEUX-CHIENS, sa femme, et Giraud, leur fils, à Giraud ADHÉMAR, sgr de Montélimar, pour Aps, St-Pons, La Roche-d'Aps, St-Andéol-de-Berg, St-Maurice-d'Ibie, etc., le 8 juin 1308[6] ; donna, le lendemain[7], son consentement au pacte de famille signé par son fils Giraud avec leur cousin Giraud ADHÉMAR, csgr de Montélimar ; avait, cette même année, contestation avec le prieur de St-Amans[8], et reçut, avec sa femme, l'hommage de divers particuliers, le 8 sept. 1317[9]. Il avait ép., vers 1272[10], Blonde des DEUX CHIENS[11], dame d'Aps, Ajoux, Aubignas, St-Pons, La Roche-d'Aps, St-Andéol-de-Berg et Verfeuil ;
d'où : Giraud, dont l'article suit[12].

X. Giraud ADHÉMAR[13], bar. de Grignan, Ajoux, Allan, Aps, Aubignas,

---

[1] Morin-P., 13. Acte passé à St-Paul-Trois-Châteaux, dans le palais épiscopal, devant Hugues ADHÉMAR, sgr de Lombers *(Lumbercio)* et de Montauban.

[2] Arch. B.-du-R. Acte passé à S-Paul-Trois-Châteaux, en la maison de l'Evêque, transcrit le 11 fév. 1333.

[3] Morin-P., 11.

[4] Cette transaction est transcrite presque en entier par Fillet, *Journal de Die*, 18 juil. 1869.

[5] Lacroix, *Arr. de Mont.*, II, 284.

[6] Morin-P., 350.

[7] Lacroix, *Arr. de Mont.*, IV, 189.

[8] Morin-P., 20, 21.

[9] Pierre Chapus, not.. Acte mentionné à l'*Inventaire des papiers du château d'Aps*, d'après Moulinet. (Note prise par Fillet aux arch. de Morin-Pons).

[10] Lacroix, *Arr. de Mont.*, IV, 188.

[11] Armes : *deux chiens debout* (de Coston, *Hist. de Mont.*, I, 187). Blonde était nièce et héritière de Pons des DEUX-CHIENS, le même, peut-être, qui avait donné à Giraud ADHÉMAR, sgr de Monteil, les châteaux de Sceautres et Aubignas, le 18 décembre 1247 (Lacroix, *Arr. de Mont.*, IV, 188), et qui, ayant reçu, le 27 mars 1240, d'Agnès de RAC, fille de Guigues, donation de la douzième partie du fort de La Roche-d'Aps, lui en prêta hommage, ainsi qu'à Pons de la BAUME, son mari, en avril 1243 (Morin-P., 350). Ce même Pons des DEUX-CHIENS avait encore reçu, le 31 mars 1245 (Morin-P., 350), de Bertrand de SENTRES (SCEAUTRES), fils de Bertrand et de Poncie de RAC, donation de la huitième partie du château de la Roche-d'Aps, et, le 22 avril 1249 *(id)*, de Guillaume de la TOUR, autre huitième partie du même château. Blonde a dû mourir vers 1318, le dernier acte où elle paraît étant de sept. 1317 (Fillet, *Bulletin de la société départementale de la Drôme*, XV, 62).

[12] Pithon-Curt donne à ce Giraud un frère, nommé de même Giraud, qu'il qualifie bar. de Grignan et dit être mort sans postérité. Peut-être faudrait-il appeler ce dernier Guillaume. Ce serait lui alors, qualifié bar. de Grignan et de Montségur, dont le juge, Pierre ROCH, rendit une sentence, le 22 oct. 1316 (Morin-P., 27). Il ne paraît aucun autre Guillaume, à cette époque, dans cette branche des ADHÉMAR.

[13] Lacroix, *(Arr. de Mont.*, IV, 201), serait d'avis de joindre ce degré au précédent, en supposant que le même Giraud ép.: 1° en 1272, Blonde

Chamaret, Chantemerle, Colonzelle, Eyzahut, Montségur, La Roche-d'Aps, St-Auban, St-Andéol-de-Berg, St-Pons, Salles, Taulignan, Valaurie, Verfeuil, etc. . ; émancipé à Grignan, le 13 juin 1297[1]; reçut, le même jour, donation de sa mère ; signa, le 9 juin 1308, avec son cousin Giraud Adhémar, csgr de Montélimar, le pacte de famille « approuvant l'ancien partage qui « attribue Montélimar à une branche et Grignan à l'autre ; assurant, en cas de « mort sans héritier mâle légitime, la terre du prémourant à son frère, éta- « blissant une substitution graduelle et masculine, un arbitrage mutuel dans « les différends et pourvoyant à la dot des filles[2] », et de même suite, prêta hommage audit Giraud Adhémar, sgr de Montélimar[3], avec Giraud, son père, et Blonde des Deux-Chiens, sa mère; transigea, le 20 janv. 1313, avec Guillaume des Armands, damoiseau, de Montségur ; reçut, le 3 mars suivant[4], dénombrement de Douce des Armands, femme d'Antoine du Puy-Montbrun, pour ce qu'elle possédait audit Montségur, comme donataire de son frère Guillaume, ci-dessus mentionné ; prêta hommage au Cte de Provence pour Grignan, en 1316[5], et pour Aps et St-Pons à Giraud Adhémar, sgr de Monteil et Roquemaure, le 21 juil. 1320[6]; réclamait[7] et obtint, le 28 mai 1320[8], de Robert, c^te de Provence, des lettres confirmant celles du 8 avril 1292, le plaçant sous la juridiction d'Avignon, à l'exclusion de celle de Réauville ; donna quittance, le 19 oct. 1328[9], de 362 l. pour lui et son fils Giraudon, à Ermengan de St-Privat, lieut. de Robert, v^te d'Uzès, sur les dots de Dalmase et Decane d'Uzès, femmes desdits Adhémar, père et fils ; prêta hommage, les 20 juil. 1320 et 17 mai 1333[10], à Giraud Adhémar, sgr de Montélimar ; rendit hommage, en 1334, au Dauphin pour la terre de St-Auban ; ratifia, en 1338, la vente d'une moitié de la sgrie d'Allan faite au Cte de Provence[11], et mourut vers 1341[12]. Il avait ép. en 1res noces, le 19 mars 1312, Cécile Adhémar[13], fille de

---

des Deux-Chiens ; 2e Dalmase d'Uzès. Mais il ne connaissait pas la date de ce dernier mariage, béni en 1326, ce qui mettrait 54 ans de distance entre les deux, chose peu probable. D'un autre côté, comme Giraud, marié en 1326 avec Dalmase d'Uzès, a dû forcément l'épouser en 2e noces puisque son fils Giraud se mariait en même temps que lui, il paraît naturel d'admettre pour son 1er mariage, celui indiqué par Pithon-Curt, du 19 (ou 20) mars 1312, avec Cécile Adhémar de la Garde, fille d'Hugues et de Mabile du Puy, alliance indiquée aussi dans une note de l'*Invent. des arch. dauphinoises* de Morin-P., 344.

[1] Lacroix, *Arr. de Mont.*, IV, 188.

[2] Lacroix, *id.* 189.

[3] Morin-P., 176.

[4] Vincent Arnaud, not. (Fillet, *Journal de Die*, 1er août 1869).

[5] Fillet, *Journal de Die*, 1er août 1869.

[6] Fillet, *Bulletin de la société départementale... de la Drôme*, XV, 63.

[7] Morin-P., 32.

[8] Lacroix, *Arr. de Mont.*, IV, 190.

[9] Morin-P., 36.

[10] Morin-P., 350.

[11] Arch. B.-du-R. B., 515.

[12] Morin-P., 44.

[13] Ce premier mariage est prouvé par le fait même du deuxième, où le père et le fils épousèrent le même jour deux sœurs, Dalmase et Décane d'Uzès (V. note 13, p. 26 ci-dessus).

Hugues, sgr de la Garde, et de Mabile du PUY (MONTBRUN), et, en 2es noces, suiv. contrat du 3 juin 1326[1], Dalmase d'UZÈS[2], fille de Bermond et de Alix (ou Hermesinde[3]) ;

d'où : du 1er lit,

1. Giraud, dont l'article suit ;

 et du 2e lit,

2. Blonde (*alias* Briande), eut en dot 6.000 fl. d'or. Elle avait ép., en 1res noces, le 25 janv. 1342[4], Raymond de BAUX[5], fils de Guillaume, sgr de Puyricard et de Béatrix d'ANDUZE de la Voulte, et, en 2es noces, le 7 juil. 1351[6], Raymond de NOGARET[7], fils d'autre Raymond, sgr de Calvisson, et de Hélix de CLERMONT-LODÈVE ;
3. Vierne, eut un legs de 300 fl. d'or au test. de son père et se les colloqua en dot, à son contrat de mariage ; elle avait ép., en 1res noces, avant le 17 déc. 1348[8], Eustache de MARSANNE[9], et, en 2es noces, avant le 26 juin 1376[10], Hugues FRANC de Nicia.

XI. Giraud ADHÉMAR, bar. de Grignan, sgr d'Aps, Chantemerle, Colonzelle, Eyzahut, Montségur, Salles, Taulignan, Valaurie, etc... ; reçut, le 6 avril 1342[11], quittance de 1.000 fl. d'or sur 6.000 qu'il avait assurés en dot à sa sœur Blonde ; paya, le 18 sept. 1342[12], un legs fait par son père au couvent des Frères Mineurs de l'Isle ; fit son test., le 28 avril 1343[13], par lequel il laisse à

---

[1] *Begon*, not. Acte passé à Avignon, dans le prè des FF. Prêcheurs, en présence de Rostaing de SABRAN, prieur de St-Nazaire, etc., et portant obligation de demander au Pape des dispenses pour la parenté entre les époux (renseignements tirés des arch. des ducs d'UZÈS et fournis par M. d'ALBIOUSSE, rectifiant le nom du not., faussement imprimé *Bezon*, dans son *Histoire des ducs d'Uzès*, 31).

[2] Le 12 juil. 1344, étant veuve, elle prêta hommage pour Aubignas, à l'évêque de Viviers et donna quittance, le 8 nov. 1349 (Fillet, *Bulletin de la société départementale..... de la Drôme*, XV, 64). Pithon-C., Fillet (*Journal de Die*, 8 août 1869), etc..., la nomment à tort Dalmase de SABRAN, la disant fille de Bermond et de Douceline de SABRAN. V. App. XIII.

[3] *Sic* : d'Albiousse (*Hist. des ducs d'Uzès*, 31), d'après les arch. du Duché.

[4] Dr Barthélemy, 1206.

[5] Fit son test., le 17 mars 1349, et mourut avant le 11 janv. 1352 (Dr Barthélemy, Supp. 27. B.-du-R. B. 759, fo 31 vo).

[6] P. Anselme, VI, 300. Il se trompe en appelant *Bertrand* le premier mari de Blonde. Il a confondu celle-ci avec sa petite-nièce, du même nom, qui ép., en 1366, Bertrand de BAUX, sgr de Gigondas.

[7] Ep., en deuxièmes noces, le 10 avril 1377, Marie ROGIER de Beaufort (veuve de Guérin de CHATEAUNEUF d'APCHIER), fille de Guillaume et de Marie de CHAMBON, sa première femme. V. Append. XIV.

[8] *N.*, not. à Grignan. Reg. *Magnam*, fol. 56 (Fillet). Giraud ADHÉMAR, mari de Jeanne de JOYEUSE, qui paraît dans cet acte, y est dit petit-fils de Giraud, père de Vierne.

[9] Fit son test., le 6 sept. 1351 (*N.*, not. à Grignan. Reg. *Magnam*, Fillet). V. Append. XV.

[10] Hommage prêté à Giraud ADHÉMAR de Grignan et Monteil par Pierre de FONTAYNES, du diocèse de Grenoble (Barasti, not. à Grignan. Reg. *Atque*, fo 12, Fillet).

[11] Morin-P., 1206.

[12] Morin-P., 44.

[13] Morin-P., 45.

sa femme la tutelle de ses enfants mineurs et l'administration de leurs biens[1] et mourut peu après[2]. Il avait ép., suiv. contrat du 3 juin 1326[3], Décane d'Uzès[4], fille de Bermond et d'Alix (ou Hermesinde) ;

d'où : 1. Giraud, dont l'article suit ;

2. Jean, né vers 1344, héritier universel de sa mère[5], était placé, le 6 déc. 1357[6], sous la curatelle de son frère Giraud, et mourut peu de jours après, par suite, dit-on, du chagrin que lui causa la mort tragique de sa mère ;

3. Cécile[7], dame d'Aps, Aubignas, Coiron, La Roche, St-Pons, etc... ; reçut, avec son mari Guillaume de St-Amans, avant le 2 janv. 1349[8], 50 fl. d'or sur sa dot, puis, de même, 150 fl., le 16 juin de la même année, et, encore, 80 fl. le même jour[9]; donna, le 27 juin 1357[10], avec Bertrand de Tournemire, son 2e mari, quittance de 100 fl., à cpte de 500 fl. de sa dot et, le 16 juin 1400[11], fit donation à Miracle de Combret, qui allait épouser Guyot Adhémar de Grignan, son petit neveu, des terres et sgries d'Aps, Aubignas, Coiron, la Roche, St-Pons, qu'elle avait reçues elle-même en dot, lors de son 1er mariage. Elle avait ép., en 1res noces, avant le 2 janv. 1349, Guillaume de St-Amans[12] ;

---

[1] Lacroix, *Arr. de Mont.*, IV, 193.

[2] Sa veuve Décane d'Uzès, avec l'autorisation de Giraud Adhémar (Morin-P., 52), fit requête, le 2 juin 1344 (Morin-P., 53), à la cour d'Avignon, pour avoir la tutelle de ses enfants mineurs, Giraudet, Garcenette, Burjette, Dalmacette et Clémencette. Puisqu'elle ne nomme pas Jean, il paraîtrait qu'il naquit posthume.

[3] V. page 28, note 1.

[4] Mourut assassinée par Lambert Fabri, vers 1357 (Lacroix, *Arr. de Mont.*, IV, 193).

[5] Fillet, *Journal de Die*, 12 sept. 1869.

[6] N., not. à Grignan, f° 22 (Fillet).

[7] Cette Cécile n'est peut-être pas bien placée à ce degré, car nulle part elle n'est désignée avec le nom de sa mère; néanmoins elle ne paraît pas pouvoir être mise ailleurs. Il est vrai, que, dans l'*Inventaire des archives dauphinoises* de M. Henry Morin-P., n° 68, l'analyse de l'acte du 27 juin 1357, que nous citons plus loin, la dit *fille* du Giraud qui paye, tandis que nous la marquons comme sa sœur ; mais *fille* est *probab.* un mot *ajouté*, car l'analyse de ce même acte, extraite du *Catalogue des archives de la maison de Grignan....*, rédigé par M. Vallet de Viriville, (chapitre VI, n° 163, p. 27), ne porte pas de qualification pareille. D'ailleurs un acte du 2 janv. 1349 (Bibl. Nat., *Fonds latin*, 9239, n° 27), la dit expressément *sœur* de Giraud qui contracte (note communiquée par l'abbé Fillet). Pourtant elle n'est pas nommée parmi les enfants dont Décane d'Uzès réclamait la tutelle en 1344. Serait-ce parce qu'elle était déjà mariée à cette époque et par conséquent émancipée ? Pithon-C. la dit bien, comme nous, fille de Décane d'Uzès ; mais il lui fait épouser Guillaume de Laudun, et ne parle ni de Guillaume de St-Amans, ni de Bertrand de Tournemire. Y aurait-il eu deux Cécile Adhémar de Grignan ?

[8] Acte passé, à Avignon, par Giraud Adhémar de Grignan (Bibl. Nat., *Fonds latin*, 9239, n° 27. Fillet).

[9] Bibl. Nat., *Fonds latin*, 9239, n°s 28 et 30 (Fillet).

[10] Catal. Viriville, VI, 163, p. 27 Morin-P., 68.

[11] Jacques Fournier, not. (*Invent. d'Aps*, p. 105, Fillet). Morin-P., 103.

[12] Donna quittance, en sept. 1354, de 6.000 fl. de Florence pour dot de sa femme (*Catalogue...*, Vallet de Viriville, VI, 162, p. 26).

et, en 2es noces, avant le 27 juin 1357, Bertrand de TOURNEMIRE, sgr dudit lieu[1] ;

4. Garcenette, nommée au test. de sa mère, ép. vers 1340, Bertrand de TAULIGNAN, sgr de Cléon-d'Andran et de Marches[2] ;
5. Dalmacette, relig. à Bouchet, nommée au test. de sa mère, déclare, en 1359, avoir reçu le legs de son père[3]. C'est elle *probabl.* qui, abbesse de son couvent, paraît dans un acte du 2 nov. 1403[4] ;
6. Burgette[5], eut en dot 1.200 fl. constitués par son frère Giraud, le 12 fév. 1354[6]. Elle allait épouser Louis de MORIÈRES ;
7. Clémencette, nommée au test. de sa mère, religieuse à Bouchet, déclare, en 1359, avoir reçu le legs de son père[3].

XII. Giraud ADHÉMAR, bar. de Grignan, sgr d'Aps, Aubignas, Chamaret, Chantemerle, Colonzelle, Eyzahut, Mercoiras, Montségur, La Roche-d'Aps, St-Andéol-de-Berg, St-Maurice-d'Ibie, St-Pons, Salles, Sarson, Taulignan, Les Tourrettes, Valaurie, etc...; autorisa, le 5 août 1345[7], avec Décane d'UZÈS, sa mère, la commune de Grignan à plaider contre le prieur des Tourrettes ; reçut, le 16 du même mois[8], hommage d'Aimar de POITIERS, fils du Cte de Valentinois, pour la moitié du château de Taulignan ; céda, le 17 déc. 1348[9], ses droits sur le territoire de Cordi à Eustache de MARSANNE, mari de Vierne ADHÉMAR, sa tante ; donna quittance, le 20 juin 1350, à Draconnet de PLAISIANS, csgr de Salles, de 250 fl. d'or pour le prix de divers biens et droits qu'il lui avait vendus, provenant de l'hoirie de Rodolphe de SALLES, csgr dudit lieu[9] ; reçut hommage d'Aimar de POITIERS, fils de f. Amédée, pour une moitié de Taulignan, les 27 juin 1351 et 10 déc. 1357[10] ; passa reconnaissance à Giraud ADHÉMAR, sgr de Monteil, le 14 mai 1352[11], pour Aps, St-Pons, St-Andéol-de-Berg, St-Maurice-d'Ibie, Mercoiras, renouvelant la promesse de respecter la

---

[1] Diocèse de St-Flour. V. Append. XVI.

[2] Il reçut en engagement, comme représentation de la dot promise, la sgrie d'Aps, au sujet de laquelle Jean de TAULIGNAN transigea, le 12 fév. 1433, avec Giraud ADHÉMAR, sgr de Grignan, mari de Blanche de PIERREFORT (Lacroix, *Arr. de Mont.*, IV, 217).

[3] Lacroix, *Arr. de Mont.*, IV, 196.

[4] Lacroix, *Arr. de Mont.*, I, 322.

[5] On trouve (Lacroix, *Arr. de Mont.*, I, 318), une Galburge ADHÉMAR, religieuse à Bouchet, avec ses sœurs Dalmase et Clémence. Ce serait peut-être alors une autre fille de Giraud et de Décane d'Uzès, à moins que ce ne fût la même que cette Burgette sortie du couvent, avant ses vœux, puis mariée.

[6] N., not. à Grignan, f° 30 (Fillet).

[7] Lambert, *Catal... de la bibliot. de Carpentras*, II, 458.

[8] Morin-P., 57.

[9] Fillet, *Journal de Die*, 15 août 1869.

[10] Fillet, *Journal de Die*, 22 août 1869. On trouve un acte du 10 nov. 1358, au sujet d'un nouvel hommage à prêter à Giraud ADHÉMAR par un autre Aymar de POITIERS, cousin et successeur du précédent. Présents : Gaucher ADHÉMAR, sgr de Monteil et la Garde, Giraud ADHÉMAR, sgr de Monteil, Hugues ADHÉMAR, sgr du Teil, Bertrand de TAULIGNAN, sgr de Cléon, Amalric de NARBONNE, sgr de Talairan, etc.

[11] Morin-P., 63.

transaction du 9 juin 1308, au sujet de la substitution des biens de la famille d'une branche à l'autre ; reçut hommage de Décan, vte d'Uzès, le 27 août de la même année[1], pour la quatrième partie de Valaurie, de Pierre Corneillan, au nom de l'ordre de St-Jean-de-Jérusalem, pour deux parts du château d'Eyzahut, le 4 sept. 1352[2], et du doyen de Colonzelle, le 24 juil. 1353[3] ; concéda, le 12 fév. 1354[4], 1.200 fl. d'or pour dot à sa sœur Burgette ; fit enregistrer, le 4 déc. 1354[4], chez Pierre Barasti, not. à Grignan, les divers actes lui accordant d'être sous la juridiction d'Avignon ; réclamait, le 8 sept. 1357[5], 250 fl. d'or sur la dot de sa femme Jeanne (de Chateauneuf) de Joyeuse ; reçut, le 27 juin 1357[6], quittance de 100 fl. d'or sur la dot de Cécile Adhémar, sa sœur, femme de Bertrand de Tournemire ; reçut hommage de Philippe des Armands de Montségur, le 12 mars 1359[7] ; puis, le 1er sept. suiv.[8], de Boniface de Blacas, commandeur de Poët-Laval, châtelain d'Eyzahut, au nom de l'ordre de St-Jean-de-Jérusalem, pour deux parts de la esgrie dudit lieu ; fit cession, le 20 nov. 1360[9], des revenus d'Aps, Aubignas et St-Pons, valant 150 fl. à Bertrand de Tournemire, sgr dudit lieu, en payement de la dot de Cécile Adhémar, sa sœur, femme dudit Bertrand ; se reconnut vassal du Dauphin pour les sgries de Chamaret, Les Tourrettes et Sarson, le 20 nov. 1363[10] ; reçut hommage, le 28 juin 1370[10], de Maximien Venterol, commandr de Poët-Laval, châtelain d'Eyzahut, pour les deux parts de la esgrie dudit lieu appartenant à l'ordre de St-Jean-de-Jérusalem et reçut, le 25 août 1375[11], quittance de 4.000 fl., dot de sa fille Blonde. Il avait ép., en 1343[12], Jeanne (de Chateauneuf) de Joyeuse, fille de Bernard et d'Alexandrine de Peyre ;

d'où : 1. Giraud, dont l'article suit ;

2. Blonde, eut en dot 4.000 fl. et reçut de son mari, le 25 août 1375[11], donation de 300 fl. Elle avait ép., le 8 mars 1366[13], Bertrand de Baux, sgr de Gigondas, fils de Raymond, prince d'Orange et de Anne de Viennois[14].

---

[1] Fillet, *Journal de Die*, 15 août 1869.

[2] Lacroix, *Arr. de Mont.*, III, 395.

[3] Lacroix, *Arr. de Mont.*, II, 384.

[4] Lacroix, *Arr. de Mont.*, IV, 195. Fillet, *Journal de Die*, 8 août 1869. Acte passé au château de Grignan, en présence de Bertrand de Mont, sgr dudit lieu (dioc. de Nîmes), Bertrand de Blacons, Guigues de Joyeuse, prieur de Visan, Milet d'Audefret, etc... (N., not. à Grignan, Reg. *Magnam*, 30).

[5] Fillet, *Journal de Die*, 8 août 1869.

[6] Barasti, not. à Grignan (Fillet).

[7] Morin-P., 68.

[8] Fillet, *Journal de Die*, 19 sept. 1869.

[9] Hugon Vernisson, not., *Inventaire d'Aps*, cité par Moulinet (Fillet).

[10] Lacroix, *Arr. de Mont.*, I, 365.

[11] Dr Barthélemy, 1518. Morin-P., 88.

[12] P. Anselme, III, 835. Si cette date est exacte, Giraud Adhémar, mari de Jeanne de Joyeuse, est-il bien le même que Giraudet, déclaré par sa mère Décane d'Uzès encore mineur en 1343 et qui, le 5 août 1345, est déclaré majeur dans l'autorisation donnée à la communauté de Grignan, pour plaider contre le prieur des Tourrettes?

[13] Dr Barthélemy, 1518. Bibl. Nat. *Fonds latin*, 9242, fo 44.

[14] Leur fille Marguerite ép., le 1er fév. 1390, Hugues de Saluces.

XIII. Giraud Adhémar, bar. de Grignan, csgr de Montélimar, Rochemaure, Aps, Allan, Chamaret, Colonzelle, Eyzahut, St-Auban, le Teil, etc...; émancipé par son père, le 24 juil. 1358[1]; reçut de lui, le même jour, donation des châteaux de Grignan, Montségur, Chantemerle, Salles, Sarson, Les Tourrettes et de 180 l. sur le péage de Montélimar, en vue de son prochain mariage avec Marguerite de Narbonne, fille d'Amolut (ou Amalric?), sgr de Talairan; avait contestation, le 7 fév. 1374[2], avec l'évêque de St-Paul-Trois-Châteaux; hérita des biens de la branche de Rochemaure et prit possession de ce château, les 4 oct. 1374[3] et 9 oct. 1375[4]; reçut, la même année, l'hommage de Pierre de Vesc, pour Espeluche[5]; donna quittance, le 28 mars 1375[6], de 3 000 fl., dot de sa femme, Jeanne de Prohins; reçut du pape Grégoire XI, le 28 juin 1376[7], permission et ordre de prêter hommage à Louis de Poitiers, c^te de Valentinois, pour la portion de Montélimar dont il venait d'hériter; donna, le 24 oct. 1378[8], à Didier de Bésignan, sgr dudit lieu, 25 l. de revenu annuel sur les péages de Lachau et Ballons, pour l'indemniser de ses dépenses; fit nommer, le 20 mars 1380[9], au sujet des différents existant entre lui et les habitants de Colonzelle, des arbitres qui rendirent, le 28 du même mois, leur sentence, ratifiée le lendemain par les habitants de Colonzelle et le 25 avril suiv., par Giraud Adhémar, fils émancipé; fit son test., le 16 sept. 1380[10], par lequel il élit sa sépulture au tombeau de ses ancêtres, en l'église des Frères Mineurs de Valréas[11]; lègue à ses fils Giraud, Aymar, Yvon, Guyot, à ses filles Brande *(sic)*, dame de Montfaucon, Décane, dame du Chastelar, Billette, non mariée, Catherine, destinée au cloître, nomme sa femme Philippe, enceinte, institue pour héritier son fils Giraud, lui substituant Guyot et Yvon, à charge de nourrir ses bâtards, Rolland et Lancelot, et nomme ses exécuteurs testamentaires, Hugues Adhémar, sgr de la Garde, Guillaume de Laudun[12], sgr de Montfalcon, et Didier de Bésignan, sgr dudit lieu; enfin se fit relever ainsi que sa femme, par son curé de Grignan, suiv. acte du 21 sept. 1380[13], de toutes excommunications qu'ils avaient pu encourir, en ne pas obtempérant aux ordres des légats du Pape. Il avait ép., en 1res noces, en 1358[14], Marguerite de Narbonne[15], fille

---

[1] Acte passé à Avignon (Morin-P., 69).
[2] Morin-P., 77.
[3] Morin-P., 85. Coston, *Hist. de Mont.*, I, 313.
[4] Morin-P., 89.
[5] Lacroix, *Arr. de Mont.*, III, 371.
[6] Acte passé à Avignon (Morin-P., 86).
[7] Morin-P., 90.
[8] Morin-P., 91. Acte passé à Clansayes.
[9] Lacroix, *Arr. de Mont.*, II, 384. Arch. de Colonzelle (Fillet).
[10] Arch. de Condé (D. Villevieille, 61).
[11] *Valriaco.*
[12] *Laudino.*
[13] Barasti, not. à Grignan (Fillet).
[14] Acte passé à Avignon (Morin-P., 69). Cet acte pourtant ne porte que fiançailles, et rien ne prouve que le mariage ait été conclu.
[15] Des Narbonne-Lara. Armes : *de gueules plein.*

d'Amolut (Amalric?), sgr de Talairan ; en deuxièmes noces, Jeanne de PROHINS[1], fille (ou sœur) de Guy, sgr dudit lieu; et, en troisièmes noces, Philippine de MORGES[2], des sgrs de Vercoiran ;

d'où : 1. Giraud, bar. de Grignan, sgr de Montélimar, Rochemaure, Becone, Chamaret, Chantemerle, Grillon, Montségur, Salles, Valaurie, etc.; émancipé par son père le 15 juin 1378[3] et son héritier; reçut hommage, le 26 janv. 1382[4], de Philippe des ARMANDS, sgr de Chantemerle et Montségur ; rendit hommage pour Chamaret, etc., à Louis d'Anjou, en 1382[5] ; échangea sa part de sgrie à Montélimar[6], avec le pape Clément VII, le 24 oct. 1383, contre la sgrie de Grillon[7]; reçut quittance, les 28 sept. 1388[8] et 7 sept. 1390[8], de partie de la dot de Décane, sa sœur, femme de Guillaume de MORGES ; reçut hommage, le 2 juin 1389[9], de Philippine de CONDORCET, veuve de Nicolas de ROCHEFOURCHAT, pour tout ce qu'elle possédait à St-Auban ; leva, en 1390, avec ses deux frères, 25 hommes d'armes pour défendre le pape, aux gages de 500 fl. d'or par mois[10]; fit accord, ainsi que ses frères, Guyot et Yvon, avec Dauphine de la ROCHE, veuve d'Alzias (Elzéar), vte d'Uzès, et ses fils, au sujet de Valaurie, les 31 oct. et 1er nov. 1392[11] ; fut assiégé et pris dans la forteresse de Grignan, en avril 1395, par les bandes de Raymond ROGIER de BEAUFORT, vte de Turenne, puis délivré, en août[12], par les troupes du roi de France, Charles VI, sous les ordres de Talabar, son chambellan ; fit donation, le 3 août 1395[13], aux villes d'Avignon et d'Orange, de 600 fl., en considération des services qu'elles lui avaient rendus, pendant sa captivité ; reçut, en 1406[14], l'hommage de Luc de POITIERS pour Grillon ; fit son test., le 13 sept. 1410[15], par lequel il élit sa sépulture en l'église des Frères Mineurs de Valréas, devant le grand autel ; lègue 10 fl. à son frère, Aymar, 10 à Clémence, prieure d'Aleyrac, 25 à Décane, dame de Chatelar, 1.000 à Jean de SALUCES, fils de f. Hugues, payables quand il aura 18 ans, à Rolland, bâtard de Grignan, l'usufruit de ses revenus sur Mirmande, et institue pour héritier son frère, Guyot ADHÉMAR,

---

[1] *Prohinis.*

[2] V. Append. XVII.

[3] Lacroix, *Arr. de Mont.*, V, 66. Invent. de la chambre des comptes, Grenoble. Art. Marsanne.

[4] Fillet, *Journal de Die*, 3 oct. 1869.

[5] Lacroix, *Arr. de Mont.*, I. 366.

[6] C'était la moitié de la sgrie totale.

[7] Morin-P., 166. Il y eut par la suite discussion sur cet échange (Lacroix, *Arr. de Mont.*, IV, 203. Coston, *Hist. de Mont.*, I, 312).

[8] Morin-P., 96.

[9] Morin-P., 97.

[10] Coston, *Hist. de Mont.*, I, 416.

[11] Morin-P., 99, 100.

[12] Nadal, 52 et suiv.

[13] Morin-P., 102.

[14] Lacroix, *Arr. de Mont.*, IV, 214.

[15] Guillaume de Pomeriis, not. à Valréas. Acte reçu au château de Grignan (Morin-P., 110).

sgr d'Aps, avec substitution successive en faveur de Jean et Bertrand-François de Salluces, Guigues et Jean de Morges, frères, et mourut peu après. Il avait ép., vers 1396, Marie de la Buissière[1]; S.P.;

2. Aimar, moine de Cluny[2], eut un legs de 10 l. au test. de son frère Giraud, du 13 sept. 1410;
3. Guyot, dont l'article suit;
4. Yvon, paraît à l'hommage prêté à son frère Guyot, le 30 janv. 1383[3];
5. Brande (*alias* Bertrande)[4], fut légataire de son père, le 16 sept. 1380. Elle avait ép. Guillaume de Laudun, sgr de Montfaucon;
6. Décane, reçut les 28 sept. 1388[5] et 7 sept. 1390[6], une portion de sa dot qui fut de 3000 fl. d'or, puis au test. de son frère Giraud, du 13 sept. 1410, un legs de 25 fl. Elle avait ép., suiv. contrat du 3 août 1373[7], Guillaume de Morges, sgr du Chatelar;
7. Clémence, prieure du monastère des Bénédictines d'Aleyrac, eut un legs de 10 fl. au test. de son frère Giraud, du 13 sept. 1410, et fit quittance de 3 fl. à son frère Guyot, le 23 oct. 1414[8];
8. Catherine (du 3e lit), destinée au cloître dans le test. de son père, ép., suiv. contrat passé à Grignan, le 11 juin 1394[9], Raymond Bernard[10], docteur ès-lois;
9. Billette, légataire de son père, le 16 sept. 1380, fut religieuse à Bouchet[11].

Giraud eut en outre deux fils naturels :

1. Rolland, nommé au test. de son père, eut l'usufruit de Mirmande en legs, au test. de son frère Giraud, du 13 sept. 1410, et l'échangea avec son frère Guyot contre le lieu et place de Chantemerle, par transaction du 11 oct. 1415[12];

---

[1] *Busseria* (Lacroix, IV, 214). Il paraît qu'elle mourut peu après et sans postérité, puisque Giraud ne nomme dans son test. ni femme, ni enfants. D'après Rivoire de la Batie (p. 117), les armes de cette famille sont : *tranché d'azur et de gueules, à une bande d'or chargée d'un buis de sinople.*

[2] Morin-P., 94.

[3] Peut-être faudrait-il mettre ici, comme Pit.-C., un *autre* Guyot, dont au reste il ne donne pas la destinée. Ce serait alors ce Guyot qui, selon J. Bastet (*Essai historique sur les évêques du diocèse d'Orange* 1837, p. 180), aurait été chan. de St-Paul et protonotaire apostolique, puis élu évêque d'Orange, malgré son *grand âge*, le 10 janv. 1466, sacré à Arles, et serait mort deux ans après.

[4] Pithon-C. la nomme *Blonde* et lui donne pour premier mari Bertrand de Baux, la confondant avec sa tante, fille de Jeanne de Joyeuse.

[5] Morin-P., 96.

[6] Morin-P., 97.

[7] Le mariage ne se fit qu'après le 13 du même mois (Fillet, *Journal de Die*, 19 sept. 1869).

[8] *Catal.* Viriville (Fillet).

[9] Morin-P., 101.

[10] Dit *Flamengi*, que Pith.-C. et Courcelles traduisent par le *Flamenc*, ou le *Flamand*.

[11] Lacroix, *Arr. de Mont.*, I, 318.

[12] Barasti, not. à Grignan (Fillet, *Journal de Die*, 21 nov. 1869).

2. Lancelot, nommé au test. de son père.

XIV. Guyot ADHÉMAR de Monteil, bar. de Grignan, sgr d'Aps, Aubignas, Chamaret, Clansayes, Colonzelle, Grillon, Montségur, La Roche, St-Auban, St-Pons, Valaurie, etc. ; reçut, le 10 janv. 1383[1], comme sgr d'Aps, en présence de ses frères Giraud, Aymar et Yvon, hommage d'Etienne de BRUNE, jurisconsulte du lieu de l'Argentière, et de sa femme Catherine d'AUBIGNAS[2], fille de n. Adhémar ; transigea, le 31 oct. 1392[3], avec Dauphine de la ROCHE, veuve d'Alzias, v^te^ d'UZÈS, sgr de Valaurie, Roussas et Ancone, mère de Robert, Pierre et Décane, au sujet de ses prétentions sur Valaurie ; était poursuivi, en 1407, par le gouverneur du Dauphiné pour s'être emparé de la terre de Clansayes; fut chambellan du roi de Sicile, c^te^ de Provence, par lettres du 16 sept. 1408[4] ; transigea, le 19 déc. 1409[5], avec Hector du CHEYLARD (ou du CAYLAR[6]), recteur à Colonzelle, pour le cardinal de THUREI, doyen, au sujet des empiètements commis par les habitants de ce lieu ; reçut, le 5 janv. 1410[7], un don de ses vassaux de Montségur, pour l'aider à payer les dettes de son frère Giraud dont il venait d'hériter ; rendit hommage au Cte de Provence, en 1411 et en 1418, pour Grignan, en 1413, au Dauphin, pour Chamaret, Clansayes et St-Auban ; reçut lui-même hommage, en 1414, d'Antoine des ARMANDS, pour Montségur et Chantemerle[8] et mourut en mai 1419[9]. Il avait ép. à Broquiès[10], le 4 juin 1400[11], Miracle de COMBRET[12], fille de Raymond Pierre, sgr de Broquiès et de Hélix de CLERMONT (Lodève ?) ;

d'où : 1. Giraud, dont l'article suit ;

2. Delphine, dame de St-Auban, enlevée en 1421, puis épousée par Lancelot de POITIERS, sgr d'Allan et de Châteauneuf-de-Mazenc[13], fils naturel de Louis, c^te^ de Valentinois et de Catherine LIAUTARD, son amie.

---

[1] Morin-P., 94.

[2] *Albiniaco.*

[3] Morin-P., 99. Guillaume de St-JUST, sgr de St-Alexandre, et Lambert ADHÉMAR, sgr de la Gar[illegible] sont nommés arbitres.

[4] Pr. de M. VARADIER, 1671. Lacroix, *Arr. de Mont.*, IV, 215.

[5] Lacroix, *Arr. de Mont.*, II, 383.

[6] *De Caylario.*

[7] Pris à l'Incarnation. *N...*, not. à Grignan (Fillet).

[8] Lacroix, *Arr. de Mont.*, I, 366 ; IV, 215. Arch. B.-du-R., B. 619

[9] Une délibération du conseil de Grignan, du 1er juin 1419, vote six torches p^r^ son bout de mois (Lacroix, *Arr. de Mont.*, IV, 215).

[10] Au diocèse de Rodez.

[11] Cette date est donnée par de Barrau (*Documents histor. et généal. sur les familles.... du Rouergue*, II, 61). Mais Fillet (*Bulletin de la société dép^le^... de la Drôme*, XV, 119), place ce mariage à la date du 16 juin. Il s'est basé sans doute sur la donation faite ce jour là (V. ci-dessus p. 93), par Cécile ADHÉMAR, ép., de TOURNEMIRE, à Miracle de COMBRET. Or, comme dans cet acte Miracle est dite *femme* de Guyot ADHÉMAR, le mariage est forcément antérieur au 16 juin.

[12] Elle vivait encore en juil. 1426 (test. de son fils Giraud). V. Append. XVIII.

[13] Lacroix, *Arr. de Mont.*, IV, 216.

Guyot eut un fils naturel :

Antoine, vivait le 22 janv. 1428[1] et mourut vers 1461.

XV. Giraud ADHÉMAR de Monteil, bar. de Grignan, sgr d'Aleyrac, Allan, Aps, La Baume-Transit, Chamaret, Chantemerle, Colonzelle, Eyzahut, Grillon, Marsanne, Montségur, Roussas[2], St-Auban, Salles, Taulignan[3], Valaurie[4], etc. ; rendit hommage au Cte de Provence, le 4 sept. 1419[5], pour Grignan, Montségur, Allan, Salles, Eyzahut, Colonzelle, Taulignan, Chantemerle, Valaurie, Roussas, etc; reçut de ses vassaux de Grignan un don gracieux de 60 fl., suiv. délibération du conseil de cette communauté, du 4 déc. de la même année, à l'occasion de sa prise de possession de la sgrie à la mort de son père ; prêta hommage pour St-Auban et Chamaret[6], en 1420 ; transigea, le 8 sept. 1421[7], avec ses vassaux de Montségur; fit un premier test., en juil. 1426[8], par lequel il élit sa sépulture en l'église des Frères Mineurs de Valréas et, s'il meurt en pays éloigné, dans l'église du couvent des Franciscains la plus rapprochée, lègue 4.000 fl. à Jeanne, sa fille ainée, 3.000 à Elpide, sa deuxième fille, la baronnie d'Aps et tous les biens au-delà du Rhône à son fils posthume, 100 fl. à Miracle, sa mère, le fief de St-Auban à Blanche, sa femme, et institue pour héritier Giraud, son fils, avec substitution successive à son deuxième fils, aux enfants d'Alziar de MORIÈRES, son oncle, de Guyotte FLAMENC, du fils ainé de f. Henri de SASSENAGE et d'Antoinette de SALUCES, et de Randon de (Châteauneuf de) JOYEUSE, sous condition de porter ses noms et armes ; acquit, le 26 avril 1428[9], la terre et juridiction d'Aleyrac et son monastère ; transigea, le 12 fév. 1432[10], avec Jean de TAULIGNAN, au sujet de la dot de Garcende ADHÉMAR, sœur de son bisaïeul ; donna à prix fait, le 22 juil. 1432[11], les réparations urgentes du pont du Lez à Montségur, sur le chemin Royal *allant des parties d'Allemagne*[12] *à Avignon* ; obtint, le 11 mars 1440[13], des lettres de Louis, duc d'Orléans, l'autorisant à porter le collier et les éperons d'or, insignes de l'ordre du Porc-Epic ou du Camail, institué par ce Duc en

---

[1] Délibération de l'assemblée municipale de Grignan (Fillet).

[2] Pour un tiers.

[3] Pour la moitié.

[4] Pour un quart.

[5] Morin-P., 111.

[6] Lacroix, *Arr. de Mont.*, I, 366.

[7] Barasti, not. à Grignan (Fillet, *Journal de Die*, 12 déc. 1869); présents Antoine des ARMANDS, Antoine SAUVAGE, époux de Burgette de NOVEYSAN, etc.

[8] Morin-P., 115.

[9] Lacroix, *Arr. de Mont.*, I, 75.

[10] Balenty, not. à Valréas (Fillet, *Journal de Die*, 12 déc. 1869). Lacroix, *Arr. de Mont.*, IV, 217.

[11] Morin-P., 116.

[12] A cette époque, et longtemps encore plus tard, toute la rive gauche du Rhône était censée relever de l'Empire.

[13] Lacroix, *Arr. de Mont.*, IV, 219 Pr. de M. VARADIER, 1671.

1394 ; fit quittance, le 22 déc. 1440[1], aux habitants de Grignan, de 150 fl. qu'ils lui avaient offerts, à l'occasion du mariage de sa fille Jeanne; transigea, en mai 1447[2], avec Louis, dauphin, fils du roi Charles VII, et le pape Nicolas V, celui-ci abandonnant au Dauphin tous ses droits sur Montélimar contre retour en ses mains de la sgrie de Grillon, et Giraud ADHÉMAR recevant, en échange dudit Grillon, la sgrie de Marsanne et la moitié du péage de Lène et des Anses de Savasse; hérita, vers 1461[3], d'Antoine ADHÉMAR, son frère naturel ; obtint, le 2 sept. de la même année[4], de ses vassaux de Grignan, un don de 100 fl. pour l'aider à aller à la cour du roi de France ; fit un dernier test., en 1462[5] ; rendit hommage au Cte de Provence, en 1467[6], et mourut peu après. Il avait ép., suiv. contrat du 8 août 1422[7], Blanche de PIERREFORT[8], fille de Bertrand, bar. de Ganges[9] ;

d'où : 1. Giraud, bar. de Grignan, Aps, Aubignas, csgr de Châteauneuf-de-Mazenc, né avant 1426 ; confirma, le 4 janv. 1455[10], comme fils émancipé, les franchises d'Aubignas ; paya, le 27 nov. 1469[11], 2.400 l. pour la dot de sa sœur Catherine, mariée à Henri de RYE, sgr de Cherrin[12] ; donna, le 7 mars 1472[13], 2.500 fl. de 24 sous pièce, en dot, à Antoinette, sa sœur ; fit, à l'occasion de ce mariage, quittance de 25 l. aux syndics de Chantemerle, le 7 mai 1473[14], et de 60 fl. de 12 gros l'un, aux syndics de Grignan, le 12 juil. suiv.[15] ; transigea, avec ses vassaux de Grignan, le 1er oct. 1477[15], et mourut peu après. Il avait ép., le 21 mars 1470[16], Aglaé de LESTRANGE[17], des sgrs de Bologne, en Vivarais ; S. P. ;

2. Gaucher, dont l'article suit ;
3. Guyot, chan. de Viviers, protonotaire apostolique, le 8 mai 1443[18], prieur de St-Esprit de Tourrettes et de St-Maurice[19], abbé de St-Pierre de Beaulieu[20], prieur de St-Amand[21], archidiacre de St-Paul[21],

---

[1] Morin-P., 119.
[2] Morin-P., 130.
[3] Morin-P., 136.
[4] Délibération de la communauté (Fillet).
[5] Lacroix, *Arr. de Mont.*, IV, 216.
[6] Pithon-C., IV, 31.
[7] Morin-P., 112. Acte passé à Ganges. Il paraît que les deux époux étaient parents au 4e degré et qu'ayant été mariés sans dispenses, ils furent obligés de demander des lettres d'absolution, qui leur furent délivrées, le 25 nov. 1424, par l'év. de Vaison, suiv. dispenses données à Rome par Jordan ORSINI, cardinal, év. d'Albano, le 8 oct. précédent (Morin-P., 113).
[8] V. Append. XIX.
[9] *Agantico.*
[10] Fillet, *Bulletin de la Société déple... de la Drôme*, XV, 121.
[11] Morin-P., 139.
[12] Diocèse de Besançon.
[13] Morin-P., 144.
[14] Morin-P., 145
[15] Fillet, *Journal de Die*, 20 janv. 1870.
[16] Pithon-C., IV, 31.
[17] V. Append. XX
[18] Morin-P., 126.
[19] Fillet, *Journal de Die*, 9 janv. 1870.
[20] Ordre de St-Benoît, en Limousin (Lacroix, *Arr. de Mont.*, IV, 217).
[21] Diocèse de St-Paul (Lacroix, *Arr. de Mont.*, II, 290).

donna procuration, le 17 mai 1487[1], et résigna son abbaye, en 1492, en faveur de son frère Guillaume, qui ne put entrer en possession de ce bénéfice;

4. Bertrand, sgr d'Aps, Aubignas, Bonlieu, Clansayes, Marsanne, La Roche-d'Aps, St-Pons, etc...; nomma Nicolas FERMET, chapelain de Clansayes, le 21 nov. 1468[2]; rendit hommage pour Marsanne, en 1479; passa transaction, le 18 avril 1482[3], avec les habitants dudit lieu; eut au test. de sa sœur Jeanne, le 20 juil. 1502[4], un legs de 300 fl. pour le mariage de sa fille Catherine; fournit dénombrement pour Aps, etc..., au sénéchal de Nimes, le 18 avril 1504[5]; passa transaction, le 17 déc. 1517[6], avec les habitants de Montélimar; fit son test., le 16 déc. 1518[7], en faveur de son fils François, et mourut peu après. Il avait ép., suiv. contrat passé à Grignan, le 31 déc. 1485[8], Béatrix ALLEMAN de Toligny[9], fille de f. Guillaume, sgr de Lers[10];

d'où : A. François, sgr d'Aps, reçut hommage, le 20 mars 1519[11], de Louis GUYON; reconnut, le 29 mai suiv., devoir 200 écus[12] à Diane ADHÉMAR, sa sœur, épouse de Raynaud de FAY, et mourut jeune; S. A.;

B. Catherine, bar. d'Aps et de Marsanne, eut un legs au test. de son cousin Louis ADHÉMAR, sgr de Grignan, du 12 déc. 1552. Elle avait ép., le 9 juil. 1508, Jacques BRUNIER, fils d'*autre* Jacques, sgr de Larnage, et d'Isabeau de THEYS[13];

C. Diane, ép., en 1517[14], Reynaud (*alias* Raymond) de FAY[15], sgr de Gerlande, en Dauphiné, fils d'Artaud, sgr de St-Quentin, et de Blanche de VAUGELAS de Gerlande;

5. Guillaume, doyen de Colonzelle[16], prieur de St-Pierre de Beaulieu[17], était chan. de St-Paul-Trois-Châteaux en 1472[18], en devint évêque

---

[1] *N...*, not. à Grignan (Fillet).

[2] Fillet, *Journal de Die*, 9 janv. 1870.

[3] Coston, *Hist. de Mont.*, II, 18.

[4] Fillet, *Bulletin de la Société... de la Drôme*, XV, 122.

[5] Note de Fillet.

[6] Coston, *Hist. de Mont.*, II, 18.

[7] Morin-P., 350.

[8] Devant Antoine de MÉVOUILLON, Guy ALLEMAN, sgr de Champs, Pierre CLARET, sgr d'Esparron, etc... (Morin-P., 152). Pithon-C. donne à ce mariage la date du 31 août 1486. Serait-ce celle de la bénédiction nuptiale?

[9] Dot 4.000 l. (Lacroix, *Arr. de Mont.*, V, 80), fournies par son frère Louis (Fillet, *Bulletin de la société... de la Drôme*, XV, 121).

[10] Au diocèse d'Orange.

[11] Morin-P., 350. Claude Barbier, not. (Fillet, *Bulletin de la Société... de la Drôme*, XV, 122).

[12] Valant chacun 3 fl., le fl. 12 sous tournois, et le sou 4 liards de monnaie courante; *N...*, not. à Grignan, vol. *Videre*, f° 14 (Fillet).

[13] Leurs descendants ont pris le nom d'ADHÉMAR de Monteil. V. Append. XXI.

[14] La Chenaye dit à tort 1482.

[15] V. Append. XXII.

[16] Lacroix, *Arr. de Mont.*, II, 385.

[17] Diocèse de Limoges.

[18] Arch. Drôme, E. 2504.

en 1482 ; fut recteur du Comtat Venaissin, en 1483, et prieur de St-Amand, après son frère Guyot ; se qualifiait, le 5 sept. 1502[1], d'abbé commandataire de St-Pierre de Beaulieu; obtint, par bulle du 21 mars 1515, l'union de ce prieuré à l'église de St-Paul ; fit son test. en juil. 1516[2], par lequel il lègue ses propres à son frère Gaucher et ses acquets à son église ; mourut peu après et fut enseveli dans la chapelle de l'Assomption de son église cathédrale ;

6. Louis, sgr de St-Auban, tué en 1484, au siège de Perpignan ;
7. Jeanne, née avant 1426, veuve en 1472[3], paraît dans un acte du 28 avril 1492[4] ; fit son test., le 20 juil. 1502[5], par lequel elle élit sa sépulture en l'église des Frères Mineurs de Valréas, dans la chapelle de N.-D. des Anges ; lègue à Diane de MONTFORT, sa belle-sœur, la moitié de ses biens et 300 fl. à son frère Bertrand ADHÉMAR, sgr d'Aps, pour le mariage de sa fille. Elle avait ép., le 21 mars 1439[6], Pierre de GLANDEVÈS[7], sgr de Châteauneuf-le-Charbonier, fils d'Hélion, sgr de Faucon, et de Philippe de GLANDEVÈS-Châteauneuf, sa première femme ;
8. Alisette[8], ép. Catherin d'ANCIAC, sgr de Dième ;
9. Catherine, reçut 2.400 fl. sur sa dot, le 27 nov. 1469[9]. Elle avait ép., en premières noces, le 15 janv. 1455[10], Henry de RYE de Varambon, sgr de Costebrune et Cherrin (?), au diocèse de Besançon[11]; et, en deuxièmes noces, Antoine de CLERMONT ;
10. Louise, ép., le 15 janv. 1455[10], Antoine de RYE de Varambon, sgr de Costebrune (ou Cottebrune)[12] et Charrieux(?) en Franche-Comté ;
11. Isabelle, ép., en 1470, Pierre[13] VIARRON, csgr de Velleron ;

---

[1] *N...*, not. à Grignan. Vol. *Dare*, f° 54 (Fillet).

[2] Pithon-C., IV, 32.

[3] Arch. Drôme, 2504.

[4] Fillet, *Journal de Die*, 9 janv. 1870.

[5] *N...*, not. à Grignan (Fillet, *Bulletin de la Société... de la Drôme*, XV, 122).

[6] *Catal.* Viriville (Fillet).

[7] Mourut avant 1472 (Arch. Drôme, E. 2504).

[8] Serait-ce la même qu'Elpide, nommée par son père au test. de 1426 ?

[9] Morin-P., 139. La quittance porte que la dot avait été constituée le 20 fév. 1469; mais cette constitution peut avoir été faite après le mariage, dont la date de 1455, donnée par Pithon-C., n'est pas pour cela nécessairement fautive.

[10] *Catal.* Viriville (Fillet).

[11] *Sic*, quittance du 27 nov. 1469 (Morin-P., 139). Pithon-C. le dit sgr de Costebone, en Franche-Comté.

[12] *Sic*, P. Anselme, IV, 860, E. Il dit que leur fille Anne, dame de St-Léger, ép. en 1500, Celse de CHOISEUL, dit de Traves, fils de Jacques, sgr de la Porcheresse et de Catherine de POCQUIÈRES de Vauteau. On trouve dans Moréri (IX, 445), une généalogie de la famille de Rye, où ne sont pas mentionnées ces deux alliances avec les ADHÉMAR. On y voit pourtant trace de la branche de Costebrune. V. encore: J. Chiflet, *Traité de la maison de Rye...*, et D. Urbain Plancher, *Hist. générale et particulière de Bourgogne* (Joannis Guigard, 4366 et 2286).

[13] Pithon-C. le nomme à tort Antoine (IV, 33) ; mais il lui donne son vrai nom de Pierre à l'article très écourté qu'il consacre à la famille VIARRON (III, 542). V. Append. XXIII.

12. Antoinette, eut en dot 2.500 fl. de 24 sous pièce. Elle avait ép., suiv. contrat passé à Valréas, le 7 mars 1472[1], André d'URRE, esgr d'Urre, sgr de Vercoiran[2] ;

13. *Autre* Jeanne, fit règlement de sa dot de 2.900 fl. avec son frère Gaucher, étant veuve le 16 déc. 1494[3]. Elle avait ép., le 2 sept. 1475[4], Louis LOUET, bar. de Calvisson[5], fils de Jean, présid. en la Cour des Comptes de Provence ;

14. Marguerite, eut en dot 3.600 fl. valant 2.400 l. t. Elle avait ép., suiv. contrat fait à la Voulte, le 18 juil. 1477[6], Claude de PIERREGOURDE, sgr dudit Pierregourde-sur-Gilhac[7] ;

XVI. Gaucher ADHÉMAR de Monteil, duc de Termoli, c^te^ de Campobasso, bar. de Grignan, sgr d'Alcyrac, Aps, Aubignas, Chamaret, Chantemerle, Châteauneuf-du-Rhône, Clansayes, Colonzelles, Montségur, St-Auban, Salles, Taulignan, etc...[8]; échanson du Dauphin en 1456[9], racheta, le 29 avril 1471[10], de n. Antoine ASTARD, un domaine au mandement d'Aps qui avait été acquis autrefois du sgr du Pin par Giraud ADHÉMAR ; reçut, le 17 mars 1473[11], hommage du doyen de Colonzelle ; écuyer du roi Louis XI en 1475[12], fonda la chapelle de St-Sébastien à Grignan en 1476 ; dota sa sœur Marguerite, le 18 juil. 1477[13] ; prêta hommage au Roi, le 14 fév. 1481[14] ; dota, en 1484, la chapelle St-Sébastien en l'église St-Jean de Grignan ; passa transaction, le 24 juin 1494[15], avec Louis de GROLÉE, abbé d'Aiguebelle, au sujet des limites de

---

[1] Chez Mermet de CLARET, sgr de Trescheau; en présence de Raymond de ROZANS, sgr de Bonneval, Michel de St-JALLE, esgr de Vinsobres, Nicolas de PRACOMTAL, etc... (Morin-P., 143).

[2] Pithon-C. (III, 589) le nomme à tort Antoine et le croit fils de Dalmas, sgr de Venterol, donnant faussement au contrat la date du 3 mars, qu'il avait pourtant donnée exacte à l'article ADHÉMAR (IV, 33). Il paraît, d'après l'abbé Fillet, que les notes de Moulinet contiennent la même erreur.

[3] Fillet, *Journal de Die*, 9 janv. 1870.

[4] Pierre de Viens, not. à Grignan et Gonet Sobolis, not. au Pont-St-Esprit. (Acte du 16 déc. 1495, Hervé Liponartz, not. à Grignan, Fillet).

[5] Mourut avant le 16 déc. 1494. Il avait ép., en premières noces, Marguerite de MURAT, dame de Calvisson.

[6] Devant BERMOND de la Voulte, Jean de CAYRES, com^r^ de Valence et de Montélimar, Firmin de SURVILLE (Morin-P., 149).

[7] Bouillet (*Nobil. d'Auv.*, I, 156), dit cette famille éteinte dans celle de BARJAC. La sgrie de Pierregourde a bien passé effectivement dans la famille de BARJAC; mais par l'alliance au XVIe siècle de François de BARJAC avec Claudine de la MARETTE, dame de Pierregourde (La Roque, *Arm. de Lang. Montp.*, 49).

[8] C'est lui qui commença la reconstruction du château de Grignan. Son livre d'heures est encore religieusement conservé par M. FAURE, actuellement possesseur des restes de ce château.

[9] Lacroix, IV, 219.

[10] Fillet, *Bulletin de la Société dép^le^... de la Drôme*, XV, 121.

[11] Lacroix, *Arr. de Mont.*, II, 385.

[12] Morin-P., 149.

[13] Pr. de M. VASADIER, 1674.

[14] Fillet, *Journal de Die*, 9 janv. 1870.

Grignan et de Réauville; obtint de l'Év. de Valence, le 27 mai 1495[1], la permission de faire avec sa sœur, Jeanne, dame de Châteauneuf, agrandir l'église de St-Jean-Baptiste, à Grignan; paya 100 l. t., le 12 mars 1498[2], à Gabriel (de LAUDUN) de Montfaucon, sgr dudit lieu, sur le douaire de Brande ADHÉMAR, sa trisaïeule, en vertu d'une transaction du 18 juin 1483; prêta hommage au Roi, le 31 juil. 1499[3], pour ses terres et baronnie de Grignan, Montségur, Taulignan, Valaurie, Roussas, etc.; fit, dès le 3 août 1505[4], donation de la baronnie de Grignan à sa fille Blanche, au mari de celle-ci, Gaspard de CASTELLANE, sgr d'Entrecasteaux, et à leur premier enfant mâle, voulant que ladite donation devint nulle si Louis ADHÉMAR, son fils héritier, avait des enfants; fit son test., le 18 août 1506[5], par lequel il élit sa sépulture en l'église des FF. mineurs de Valréas, dans le tombeau de ses prédécesseurs; lègue à ses quatre filles et à sa femme et institue pour héritier son fils Louis, lui substituant successivement, en cas de mort sans enfants, son propre frère Bertrand, sgr d'Aps, François, fils de celui-ci, et enfin son autre frère Guillaume, év. de St-Paul-Trois-Châteaux; fit un codicille à Grignan, le 10 juin 1511[6], par lequel il confirme le don de Montségur à sa femme; lègue 100 fl. à Melchionne et Gaspard de CASTELLANE et à Marguerite d'URRE, ses petits enfants; érigea, en 1512[7], d'accord avec le légat du Pape à Avignon, un chapitre dans l'église paroissiale de St-Jean à Grignan[8]; transigea, le 22 juil. 1514[9], avec les habitants d'Aleyrac; prêta hommage au Roi par l'intermédiaire de son fils, Louis, et de Gaspard de CASTELLANE, son gendre, le 15 fév. 1516[10], pour Grignan, Montségur, Allan, Salles, Colonzelle, Taulignan, etc...; fit un dernier codicille, le 20 avril 1516[11], et mourut sur la fin de cette même année[12]. Il avait ép. Diane de MONTFORT[13], fille de Nicolas, Duc de Termoli, c^te de Campobasso et de Artabella de SANGRO;

---

[1] Morin-P., 151.

[2] Morin-P., 155.

[3] Reg., 11, *Homagiorum*, f° 92.

[4] Laurent de Fabricis, not. à Barjols. Témoin : Isnard CLAPIER, prévôt d'Aups (Morin-P., 162).

[5] Liponartz et Chazal, not. à Grignan, et Jean de Borgeto, not. à Valréas. Présent : Amédée de la BAUME, sgr de Suze (Morin-P., 163). L'analyse de cette pièce, donnée dans les notes de l'A. Fillet, nous a paru plus détaillée et plus exacte que celle de l'*Inventaire* imprimé, et nous l'avons suivie. Une copie de ce test. existe aussi à la Bibliot. de Carpentras (V. Lambert, *Catalogue descriptif...de la Bibliot. de Carpentras*, II, 158).

[6] Bernardin Marquisi, not. (Fillet). Morin-P., 170.

[7] Nadal, *Essai historique sur les Adhémar*, 61.

[8] La fondation de ce chapitre fut confirmée par le Pape, en 1516, sous le nom de St-Sauveur (Morin-P., 174). En 1539, il fut transféré dans l'église nouvellement bâtie sous ce vocable par Louis ADHÉMAR, fils de Gaucher.

[9] Lacroix, *Arr. de Mont.*, I, 75.

[10] Reg., 29, *Homagiorum*, f°s 107 v° et 117 v°.

[11] *N...*, not. à Grignan (Fillet). Morin-P., 173.

[12] Lacroix, *Arr. de Mont.*, IV, 223. Nadal et Pithon-C. disent : *en 1519*. Son fils Louis agit comme bar. de Grignan dès le 28 sept. 1516 (Fillet, *Journal de Die*, 6 fév. 1870).

[13] Eut en dot 6.000 fl. et 1.500 ducats d'or; herita, plus tard, de 60.000 ducats de revenu. Les généalogistes donnent à tort à son contrat la date du 29 nov. 1450. V. Append. XXIV.

d'où : 1. Giraud, mourut avant son père ;
2. Louis, dont l'article suit ;
3. Anne, eut en dot 5.000 fl. Elle avait ép., suiv. contrat du 1er oct. 1493[1], Jean de BEAUVOIR du Roure[2], sgr de Beaumont-Brisson[3], fils d'autre Jean et de Hélène de CHATEAUNEUF de Rochebonne ;
4. Blanche, reçut de son père, le 3 août 1505, donation de la baronnie de Grignan et ses dépendances, pour elle et ses enfants, à défaut de postérité de son frère Louis, à charge de porter les nom et armes d'ADHÉMAR ; recevait de son fils, comme veuve, le 20 mars 1547[4], une pension de 600 fl. ; certifia par devant not., le 11 avril 1554[5], n'avoir pas assisté à l'acte passé par son père, le 3 août 1505, devant Laurent de Fabricis, not. à Barjols ; arrenta, le 21 déc. 1554[6], la baronnie d'Aps, par procuration de son frère Louis, pour quatre ans, au prix de 353 l. ; donna quittance, le 23 avril 1555[7], et mourut peu après[8]. Elle avait ép., suiv. contrat passé au château de Grignan, le 6 janv. 1498[9], Gaspard de CASTELLANE[10], fils d'Honoré, sgr d'Entrecasteaux, et de Jeanne de GLANDEVÈS de Faucon ;
5. Gabrielle, prêta hommage pour une portion de Dieulefit, en 1540[11], au nom et comme tutrice de son fils Louis d'URRE. Elle avait ép., suiv. contrat du 12 sept. 1506[12], Claude d'URRE de Cornillan, fils d'Antoine, sgr du Puy-St-Martin, et de Françoise de VESC d'Espeluche ;

---

[1] *N...*, not. à Grignan (Fillet).

[2] Fit son test. le 2 mai 1520. Il avait ép., en deuxièmes noces, le 9 mars 1537, Anne de COMTES, dame de Sivagnes. V. Append. XXV.

[3] Dioc. de Viviers.

[4] Silhol, not. à Grignan (Fillet).

[5] Silhol, not. à Grignan, f° 714 (Fillet).

[6] Fillet, *Bulletin de la Société dépie... de la Drôme*, XV, 121.

[7] Silhol, not. à Grignan, f° 126 (Fillet).

[8] Ses descendants, se conformant à la clause de la donation ci-dessus, furent beaucoup plus connus sous le nom d'ADHÉMAR de Grignan que sous celui de CASTELLANE et s'éteignirent, le 30 déc. 1714, par la mort, sans postérité mâle, de François de CASTELLANE-Ornano-Adhémar de Grignan, veuf en troisièmes noces de Françoise-Marguerite de SÉVIGNÉ. Sa fille Pauline, mise de SIMIANE, vendit Grignan et ses dépendances à Jean-Baptiste FÉLIX, mis du Muy, dont le fils Louis-Nicolas, connu sous le nom de Maréchal du Muy, mourut sans postérité, et laissa son héritage à son parent Jean-Baptiste-Louis-Philippe FÉLIX d'Ollières. Quoique ce dernier fut général au service de la République pendant la Révolution, ses biens furent confisqués et son château de Grignan démoli, en 1793, par ordre des autorités de Valence et Montélimar. Plus tard, ces biens furent restitués à leur propriétaire ; mais le château ne fut jamais rétabli, et, lorsque l'héritier du Général du Muy vendit toutes ses propriétés de Grignan à une *bande noire*, les ruines du château furent achetées, en 1838, par M. Léopold FAURE, qui s'est fait un devoir de les conserver de son mieux.

[9] *N...*, not. à Grignan, f° 43 (Fillet).

[10] Fit son test., le 17 juil. 1531.

[11] Lacroix, *Arr. de Mont.*, III, 123.

[12] Léonard, not. à Grignan, f° 55. Fillet (*Journal de Die*, 6 fév. 1870), dit : *le 17 sept.* Peut-être est-ce la date de la bénédiction nuptiale, car dans ses notes le contrat est bien cité au 12 sept.

6. Françoise, ép., le 4 juil. 1509[1], François, sgr de la QUEILLE, bar. d'Iles, en Auvergne.

XVII. Louis ADHÉMAR de Monteil, duc de Termoli, c[te] de Campobasso et de Grignan, bar. d'Aps, La Garde, sgr d'Aleyrac, Aubignas, Ballons, La Bâtie-Rolland, Bonlieu, Chamaret, Chantemerle, Chapponay, Châteauneuf-du-Rhône, Clansayes, Cléon-d'Andran, Colonzelle, Diemoz, Les Granges-Gontardes, Hauterives, Lachau, Marennes, Marsanne, Montségur, La Roche-d'Aps[2], St-Martin, St-Andéol-de-Berg, St-Auban, St-Gervais, St-Maurice, St-Pons, Salles, Taulignan, etc...[3]; échangea, en 1517[4], Châteauneuf-du-Rhône, avec le Roi, contre St-Maurice-aux-Baronnies; reçut hommage, le 9 janv. 1521[5], de Louis d'AUBIGNAS, pour St-Pons; le 21 du même mois[5], de n. Louis GUYON, pour ce qui était contenu en un acte de 1378, et de Hélix de VERRE, veuve et héritière de n. Bernard NICOLAY, lieut. du sénéchal de Nîmes, pour un mas; le 25 du même mois[5], de Jean de VOGUÉ, sgr de Roche-Colombe, pour des propriétés, à St-Maurice; le 29 du même mois[5], de Josseran de GEIS, sgr de Pampelonne, pour ses biens de la Roche-d'Aps; le lendemain[5], de François de BLOU, sgr de St-Andéol-de-Berg, pour le château dudit lieu; le même jour[5], il délimita les biens par lesquels il confrontait ceux de Blaise de MARETTE, sgr de Fourchade, csgr de la Roche-d'Aps; reçut, en 1525, l'hommage de ses vassaux de Grignan[6]; fut honoré, en 1533, dans son château de Grignan, de la visite du roi François I, revenant de Marseille; gentilhomme ordinaire de la chambre du Roi, gouverneur de Marseille, des forts de N.-D. de la Garde et château d'If, en 1537[7], surintendant de la maison de M[e] la Dauphine, ambassadeur à Rome, en 1539[8], obtint du Pape Paul III, sur la recommandation du roi François Ier, une bulle, donnée à Ancône, le 27 sept. de cette même année[9], portant transfert en l'église St-Sauveur de Grignan, nouvellement bâtie, et au besoin, érection nouvelle, du chapitre antérieurement fondé par Gaucher ADHÉMAR, en 1512, dans l'église paroissiale de St-Jean, joignant pour son entretien les prieurés de Tourrettes, Le Val-des-Nymphes, St-Pierre de Colonzelle, N.-D. du Revest à Esparron de Pallières[10], etc...; surintendant de la marine

[1] *Sic*, Pithon-C. (IV, 31). Nadal, 62, donne la date de 1502.

[2] Pour moitié.

[3] Il continua la reconstruction du château de Grignan et fit établir entre autres la grande terrasse au-dessus de l'église.

[4] Lacroix, *Arr. de Mont.*, IV, 223.

[5] Notes de l'A. Fillet prises dans l'*Invent. d'Aps.*

[6] Lacroix, *Arr. de Mont.*, IV, 303.

[7] Lacroix, *Arr. de Nyons*, I, 347.

[8] Lacroix, *Arr. de Mont.*, IV, 223.

[9] Visée en cour de Parlement de Provence, le 4 janv. 1540, en cour du Parlement de Dauphiné, le 17 avril 1545, et enregistrée à la cour des Comptes de Provence, le 2 avril 1569.

[10] M. Lacroix s'est trompé en faisant de ce bénéfice les trois prieurés du Revest, d'Esparron et de Pallières (Var).

du levant, par lettres du 29 fév. 1540[1], prêta hommage au Roi Dauphin, le 20 nov. 1540[2], pour sa terre d'Aleyrac, d'un revenu approximatif de 100 l., pour ses terres de Marsanne et Bonlieu, d'un revenu de 400 l. environ[3], pour sa terre de Chamaret, d'un revenu de 120 l. environ[4] ; lieut. de roi en Provence après Antoine Filhol[5], arche. d'Aix, par lettres données à Blois, en 1540[6] ; reçu en cette charge l'année suivante ; gouverneur de Provence par lettres du 15 août 1541[7]; chev. de l'ordre du Roi, en 1543; hérita, cette même année, de la branche des Adhémar, sgrs de la Garde ; fit donation, le 28 juil. 1543[8], des terres et châteaux de la Garde, Ballons, etc..., à Antoine Escalin (dit Adhémar ou des Aimars et autrement cap. *Poulin)*, pour en jouir sa vie durant ; ambassadeur à la diète de Worms, suiv. lettres du 6 fév. 1544[9] ; fit un 1er test., le 9 fév. 1544, et des codicilles, les 13 sept. et 17 déc. suiv.[10]; ordonna, en 1545, sur le commandement de François Ier, la célèbre expédition contre Cabrières et Mérindol ; fit donation perpétuelle et irrévocable, le 26 déc. 1544[11], de la sgrie de la Garde à Antoine Escalin (dit Adhémar), sgr de Pierrelatte ; poursuivi et emprisonné sous le règne d'Henri II pour l'affaire de Cabrières et Mérindol, fut élargi et absous par ordre du Roi, en 1551 ; prêta hommage, le 18 janv. 1552, pour ses terres de Grignan, Montségur, Allan, les Salles, Colonzelle, Taulignan, Valaurie, Roussas, etc...[12]; déclarait, dans un acte du 17 août 1552[13], son intention d'attaquer la donation faite à sa sœur Blanche par f. leur père Gaucher ; fit son test., le 12 déc. 1552[14], par lequel il lègue l'usufruit de ses biens à sa mère, puis à sa femme, divers biens à sa sœur Blanche, puis à Louis et Antoine de Castellane, fils de celle-ci, et, à leur défaut, à Louis

[1] Confirmées par autres lettres des 26 oct. suiv. et 29 fév. 1543 (Pr. de M. Varadier, 1671).

[2] Lacroix, *Arr. de Mont.*, I, 65.

[3] Lacroix, *Arr. de Mont.*, I, 305.

[4] Lacroix, *Arr. de Mont.*, I, 366.

[5] Fisquet *(La France Pontificale*, diocèse d'Aix, 133), dit qu'il s'appelait Imbert, et prit le nom de Fillioli (ou Filleul), par reconnaissance pour son prédécesseur et bienfaiteur, Pierre Fillol, mort à Paris, en 1540, âgé de 102 ans.

[6] De Haitze *(Hist. d'Aix*, II, 195), dit qu'il fut le premier lieut. nommé directement par le Roi, les autres l'étant auparavant par les gouverneurs de Provence. Il fut remplacé, en 1544, par Jean Maynier, bar. d'Oppède, premier président au Parlement.

[7] En remplacement de Claude de Savoie, cte de Tende, qui le remplaça à son tour, en 1547 (Robert, I, 8).

[8] Cordier Bernard, not. à Marseille. *Bulletin de la Société dépte... de la Drôme*, 2e Se, I, 117 et 121.

[9] V. *Pièces tirées du portefeuille de Sébastien de l'Aubespine*, par L. Paris (Nadal, 64).

[10] Morin-P., 192.

[11] Cayreyre, not. à Mont. *(Bulletin de la Société dépte... de la Drôme*, 1887, p. 119). L'acte porte 1545, mais il dit nommément que c'est à partir de la nativité (25 déc.) ; le 26 était donc encore en 1544, style moderne. Cette donation fut confirmée, le 9 juil. 1552 (Morin-P., 198) ; acte passé avec l'assistance de Louis d'Urre, sgr du Puy-St-Martin, Louis de Castellane, sgr de Moissac, Gaspard Viarron, sgr de Velleron, etc.

[12] Reg., 15, *Homagiorum*, 94.

[13] *N...*, not. à Grignan, fo 701 (Fillet).

[14] Silhol, not. à Grignan, fo 702 (Fillet). Exécuteurs testamentaires : Rostaing de la Baume, év. d'Orange, et Imbert de Beaumont, sacristain du chapitre de Grignan.

d'Urre, son neveu ; lègue encore à Catherine Adhémar, dame de Larnage, sa cousine, et institue pour héritier, François de Lorraine, duc de Guise, et ses fils, leur substituant la fille ainée dudit François et sa postérité; fit un codicille, le 12 mai 1553[1] ; fut autorisé, par lettres du 29 juin 1553, à accepter sous bénéfice d'inventaire l'héritage de son père Gaucher[2]; transigea, en 1554, avec la communauté de Marsanne, et, le 17 fév. 1555[3], avec celle de Châteauneuf-du-Rhône; fit un codicille, le 22 oct. 1555[4], et un autre, le 14 juin 1556[5]; nommé, le 23 août 1557[6], lieutenant général du Roi au gouvernement de Lyonnais, Forez, Beaujolais, etc., en absence de Jacques d'Albon de St-André, maréchal de France, gouverneur auxdits pays ; fit son dernier test., le 8 oct. 1557[7], par lequel il élit sa sépulture en l'église de St-Sauveur à Grignan, lègue à sa femme l'usufruit de tous ses biens et les sgries de Diemoz, Chapponay et Marennes, à sa sœur Blanche, une rente de 200 l. pendant la vie d'Anne, sa femme, et, après le décès de celle-ci, les sgries d'Aps, Aubignas, Roche-d'Aps, St-Pons, et la moitié du péage de Montélimar, à Louis d'Urre, les terres de Marsanne et de Bonlieu, à Antoine Escalin des Aimars, bar. de la Garde, 12.000 l., etc..., ratifie la donation qu'il a déjà faite de St-Maurice à Claude d'Urre, et le test. de Diane de Montfort, sa mère, et institue pour son héritier universel, François de Lorraine, duc de Guise[8] ; échangea, le 1er avril 1558, avec Charles de Coursas, et sa femme, Philippe Isnard (ou des Isnards), une redevance que lui faisait la communauté de Marsanne contre diverses parcelles de terre et donna 400 l. de soulte ; fit ériger sa baronnie de Grignan, jointe à Aleyrac, Chamaret et Clansayes, en comté, par lettres du roi Henri II données à Villers-Coterets,

---

[1] Silhol, not. à Grignan (Fillet).

[2] Et, par suite, un arrêt du Parl. de Grenoble, du 28 nov. suiv. (Morin-P., 199, 200), ajourna le payement de tous les créanciers, y compris Gaspard de Castellane. Un inventaire fut dressé, le 20 fév. 1555 (cf. Morin-P., 201 ; Lacroix, *Arr. de Mont.*, IV, 221 et suiv.), et fut suivi de diverses procédures contre ce dernier.

[3] Silhol, not. à Grignan, f° 386 (Fillet).

[4] Rappelé dans celui du 14 juin 1556.

[5] Silhol, not. à Grignan, f° 633 (Fillet).

[6] Lacroix, *Arr. de Mont.*, IV, 227.

[7] Morin-P., 210. Acte passé à Lyon par Raynod, not. de Vienne, à ce autorisé, suivant permission de la veille (Morin-P., 209), donnée par le lieut. général en la Sénéch. de Lyonnais. Tém. Jean de Morvilliers, év. d'Orléans, Antoine d'Albon, abbé de l'ile Barbe, etc...

[8] On donne comme motif à cette libéralité l'alliance, éloignée et même contestée, entre le testateur et Anne d'Este, fille du duc de Ferrare, duchesse de Guise ; mais surtout la protection que le duc avait accordée à Louis Adhémar pour le faire libérer des poursuites intentées contre lui, lorsqu'il fut incarcéré à Melun et accusé de haute trahison. Ce test. fut attaqué par Gaspard de Castellane, neveu du défunt, et la cause ayant été renvoyée par le Roi devant le Parlement de Toulouse, celui-ci, par arrêt du 27 mars 1563 (Morin-P., 213), cassa le test. dans ses dispositions contraires à la donation du 3 août 1505 et, laissant aux Lorraine de Guise les biens personnels du testateur, mit les Castellane en possession des biens donnés par Gaucher à sa fille Blanche. Cet arrêt fut ratifié, par transaction du 19 mars 1565 (*Catal.* Viriville, V, 133), entre Anne d'Este, veuve de François de Lorraine, duc de Guise, d'une part, et Gaspard et Louis de Castellane de Grignan d'Entrecasteaux, père et fils, d'autre part.

en juin 1558, vérifiées, le 22 oct. suiv.[1], et mourut à Lyon, le 9 nov. de la même année[2]. Il avait ép., suivant accords faits à Grignan, le 4 oct. 1508[3], et contrat du 13 nov. 1513[4], Anne DURGEL de St-Priest[5], fille de Jean, sgr de St-Chamond, et de Louise de SAULX ; S. P.

BRANCHE
DES BARONS DE LA GARDE

VI. Lambert ADHÉMAR, sgr de Monteil, La Garde, Châteauneuf-du-Rhône, Clansayes, Donzère, Pierrelatte, etc..., deuxième fils de Giraud, sgr de Monteil ; signa, en 1198, avec son frère Giraud, sgr de Monteil et Grignan, la charte *lapidaire* des libertés de Montélimar ; parait, en janv. 1221[6], avec sa femme, Guillemette de DONZÈRE, dans un accord ménagé par Draconet (de MONTDRAGON ?), au sujet du domaine direct de la moitié du château et tènement de Montpensier[7] ; est garant, le 10 août 1224[8], au traité de paix entre Garin de MONTAIGU, gd-maître de l'Hôpital de St-Jean de Jérusalem, et Guillaume de

---

[1] Reg. *Lettres royaux*, 947 (Arch. B.-du-R.).

[2] Cette date est ainsi donnée par Lacroix (*Arr. de Mont.*, IV, 227) ; mais [illegible] vertit que d'autres disent : *le 19 oct. 1559*. Parmi ces autres, nous trouvons Nadal (p. 72), disant très expressément : *le 19 oct. 1559* ; et Coston (*Hist. de Mont.*, II, 224), disant simplement : *en 1559*, ainsi que Pithon-C. et Courcelles. Nous avons vainement cherché quelque document fixant cette date d'une manière précise. Pourtant M. l'A. Fillet qui, lui aussi, s'était tenu au terme vague de : *en 1559*, dans son étude sur Grignan, publiée par le *Journal de Die*, est revenu de ce sentiment et a bien voulu nous communiquer une note expliquant son changement d'opinion. Il se fonde, pour prouver que Louis Adhémar est *certainement* mort en 1558, sur Le Laboureur qui, dans ses *Masures de l'Isle Barbe* (II, 7), donne la date du 8 déc. 1558, aux lettres patentes du Roi nommant Antoine d'ALBON, abbé de Savigny et de l'Isle Barbe, pour commander à Lyon, en l'absence du gouverneur et à la place de Louis ADHÉMAR, cte de Grignan, mort *peu de jours auparavant*. M. l'A. Fillet a vu, en outre, des actes des 2 janv. 1559, 14 et 23 fév. de la même année, etc... où la Csse de Grignan, née DURGEL de St-Chamond, parait comme *veuve usufruitière*, et le Duc de LORRAINE comme se portant héritier. On doit donc supposer que le 9 nov. 1558 est la date réelle du décès. Peut-être celle du 19 oct. 1559 serait-elle celle du transport des restes du Cte pour son ensevelissement à Grignan. Une note des *Arch.* de Morin-P., 339, dit que les frais de ce transport et de ces funérailles montèrent à 10.000 l., somme énorme pour ce temps là.

[3] Morin-P., 164. Pithon-C. donne à tort la date de 1504, ne parle pas du contrat de 1513 et nomme faussement Jeanne de TOURNON, la mère de la future.

[4] Morin-P., 172. Acte passé à Grignan devant Guillaume ADHÉMAR, év. de St-Paul, Claude de TOURNON, év. de Viviers, Charles de la BAUME, abbé de Mazan, Guy ALLEMAND, sgr de Champs, Pierre de la BAUME, sgr de Suze, Jean de BRIANÇON, sgr de Varces, Pierre VIARRON, sgr de Velleron.

[5] Dot 3.000 écus d'or de 35 sous tournois, avec coffres pareils à ceux de sa sœur Gabrielle, 2.000 écus d'or donnés par Théodore (DURGEL de St-PRIEST) de St-Chamond, abbé de St-Antoine (son oncle), la moitié des biens de la mère en Bourgogne et Franche-Comté, sous réserve de l'usufruit ; Clansayes étant désigné pour douaire, ou 400 l. de revenu. Anne mourut vers août 1574 (V. Append. XXVI).

[6] Morin-P., 2.

[7] A Châteauneuf-du-Rhône.

[8] Dr Barthélemy, 211.

BAUX, prince d'Orange, et est nommé comme défunt dans l'accord passé, le 17 des calendes d'oct. 1237[1], entre Hugues et Lambert, ses enfants. Il avait ép., en premières noces, en 1190[2], Tiburge[3] de BAUX[4], fille de Bertrand, prince d'Orange, et de Tiburge de MONTPELLIER, princesse d'Orange, et, en deuxièmes noces, Guillemette de DONZÈRE[5], dame de Pierrelatte et de Châteauneuf-du-Rhône;

d'où : 1. Hugues, dont l'article suit;
2. Lambert, tige des sgrs de Lombers[6], rapportés plus loin;
3. Louis, est mentionné avec ses frères Lambert et Hugues, dans un hommage rendu à ce dernier, le 12 fév. 1230[7];
4. Briande, ayant reçu la terre de Lombers en héritage de son premier mari dont elle n'avait eu qu'un fils, Lambert, mort jeune, la porta en dot à son deuxième mari. Celui-ci n'ayant eu qu'un fils, Guy de MONTFORT, mort sans postérité, en 1254, la terre de Lombers revint à Briande, puis à son frère Lambert ADHÉMAR. Elle avait ép., en premières noces[8], Lambert de THUREY (ou TURY)[9], sgr de Lombers, et, en deuxièmes noces, Guy de MONTFORT, sgr de la Ferté[10], frère de Simon, c^te^ de Toulouse.

VII. Hugues ADHÉMAR, sgr de Monteil, La Garde, Châteauneuf-du-Rhône,

---

[1] *Mémoire de Beaujon*, en 1765.

[2] Lacroix, *Arr. de Mont.*, II, 278.

[3] Nommée, avec son mari, dans une sentence arbitrale du 26 sept. 1215 (Dr Barthélemy, 178).

[4] Dr Barthélemy, 178 et tableau I.

[5] On ne connait pas les armes de cette famille, et c'est à peine si l'on en cite quelques membres:

Tiburge de DONZÈRE, dame dudit lieu, ép., vers 1199, Adhémar de PIERRELATTE, fils de Jourdain et d'Astorie (Lacroix, *Arr. de Mont.*, III, 257). Elle avait pour sœur, Guillaumette, qui ép. Guy, sgr de Châteauneuf (Bruguier-Roure, *La Chartreuse de Valbonne*, 38), peut-être la même qui aurait ép., en deuxièmes noces, Lambert ADHÉMAR;

Guillaume de DONZÈRE, sgr dudit lieu et de Pierrelatte, paraît dans un acte de 1211, où Bertrand de DONZÈRE, chan* de St-Paul-Trois-Châteaux, est témoin (Lacroix, *Arr. de Mont.*, III, 257);

Pétronille de DONZÈRE, était religieuse à l'abbaye de Bonlieu, en 1239 (Lacroix, *Arr. de Mont.*, I, 298);

Vers le même temps, Raymond de DONZÈRE mourait, après avoir légué toute sa part de la dîme à l'église de Pierrelatte, et fait choix pour sa sépulture de l'abbaye d'Aiguebelle où il fut enseveli malgré l'opposition des chanoines de St-Paul-Trois-Châteaux (Bruguier-Roure, *loc. cit.* 81);

Guillaume de DONZÈRE, csgr dudit lieu et de Pierrelatte, sgr du Teil, vendit le château de Donzère et ses droits sur Pierrelatte, vers 1295 (Lacroix, *Arr. de Mont.*, II, 193), à Guillaume (*alias* Raymond) de FALGAR (de *Falgario)*, év. de Viviers. Il vendit encore vers cette époque à Giraud ADHÉMAR de Rochemaure, la sgrie du Teil pour 70.000 sous, et reçut, pour partie du payement, le fief de la Bâtie-de-Verre (Coston, *Hist. de Mont.*, I, 188).

[6] D'après le *Mémoire de Beaujon*.

[7] Morin-P., 3.

[8] Coston, *Hist. de Mont.*, I, 125.

[9] Il avait fait la conquête de cette sgrie, et Simon de MONTFORT, c^te^ de Toulouse, la lui donna en fief.

[10] Fut tué en 1228, au siège de Vareille. V. Append. XXVII.

Clansayes, etc... ; reçut, le 12 fév. 1230[1], en présence de ses frères Lambert et Louis, hommage de Guion de CHATEAUNEUF, fils d'autre Guion, pour la moitié de Montpensier ; inféoda, en 1233, à son frère Lambert, partie des châteaux de Clansayes et de Châteauneuf-du-Rhône ; fit son test., le 6 des calendes de février 1237[2], par lequel il élit sa sépulture à Aiguebelle, lègue à sa femme la dot qu'il en avait reçue, plus 4.000 sous vien., la nomme tutrice de ses enfants mineurs, lègue 300 l. à son fils Roger et veut qu'il soit Hospitalier, 300 l. à son fils Guillaume-Hugues et veut qu'il soit moine à Aiguebelle, 100 l. au fils dont sa femme est enceinte et veut qu'il soit Templier, et, si c'est une fille, lui lègue 12.000 sous, et, s'il y en a plusieurs, 300 l. à chacune, et institue pour héritier son fils Lambert, lui substituant ses autres fils, l'un après l'autre, mettant sa terre et ses enfants sous la garde de Lambert, son frère, et de Raimond de BAUX, et mourut avant les nones de mars 1240[3], époque à laquelle sa veuve transigea avec la veuve de Giraud ADHÉMAR, sgr de Monteil. Il avait ép. Adalasie *(alias* Alesie)[4] ;

d'où : 1. Lambert, dont l'article suit ;
2. Roger, légataire au test. de son père, en 1237, chev. de St-Jean de Jérusalem ;
3. Guillaume-Hugues, légataire de son père, en 1237, moine à Aiguebelle.

VIII. Lambert ADHÉMAR, sgr de la Garde, csgr de Montélimar, Montpensier, sgr d'Aoste, Ballons, Châteauneuf-de-Mazenc, Crest[5], Curel, Divajeu, Lachau, Montfroc, Rac, Roussas, Roynac, Sauzet[6], Savasse, Vers, etc... ; fit rendre une sentence arbitrale, en 1254[7], entre lui et Bertrand RAIMBAUD[8], sgr de Lachau, au sujet des droits réciproques de leurs vassaux de Vers et de Gaudissard ; confirma, le 21 août 1258[9], les privilèges de Montélimar ; passa transaction, le 17 mars 1265[10], avec les consuls de Montpellier ; passa convention, en 1267[11], avec Guillaume ADHÉMAR de Monteil, prévôt de Valence, et le Cte de Valentinois ; fut déclaré, par sentence arbitrale du 1er déc. 1271[12], avoir dans sa

---

[1] Morin-P., 3. Acte passé à Châteauneuf, devant Ponce de St-JUST, Pierre de St-PASTEUR, Pierre GONTARD, Guillaume de RAC, Pierre RIPERT, Armand ARMAND, etc...

[2] Original aux arch. du château de Panat *(Mémoire de Beaujon,* en 1765).

[3] Original aux arch. du château de Panat *(Mémoire de Beaujon).*

[4] Est nommée comme veuve de Hugues dans la transaction qu'elle passa, en mars 1240, avec Lambert ADHÉMAR de Clansayes, son beau-frère (original aux arch. des ADHÉMAR de Montfalcon, d'après le *Mémoire de Beaujon).*

[5] Pour 1/2 (Coston, *Hist. de Mont.,* I, 146).

[6] Pour 1/4 (Coston, *Hist. de Mont.,* I, 146).

[7] Arch. Drôme, E. 3093.

[8] *Probab.* de la maison de SIMIANE.

[9] *Cartul. de Mont.,* 32.

[10] Coston, *Hist. de Mont.,* I, 139.

[11] *Société de Statistique de l'Isère,* I, 259.

[12] Lacroix, *Arr. de Mont.,* II, 39.

mouvance de Châteauneuf-de-Mazene, les biens qu'y possédait Jacquemet de Chateauneuf ; ratifia, le 14 oct. 1275[1], une transaction passée en son nom avec les habitants de Montélimar, par Giraud Adhémar, esgr de Montélimar, Raymond de Baux, prince d'Orange, et Gaucher (de Sabran de Forcalquier), sgr de Céreste ; autorisa, le 27 fév. 1280, les mariages de ses vassales avec les vassaux de Giraud Adhémar, sgr de Rochemaure, et promit audit Giraud de protéger sa personne et ses biens, le 30 déc. suiv.[2], le tout à charge de réciprocité[3]. Il avait ép., en premières noces, le 2 juin 1247[4], Galburge de Mévouillon[5], dame de Ballons, Curel, Montfroc, Vers, etc.., fille de Raymond, *le bossu*, et, en deuxièmes noces, Méraude Adhémar, fille de Giraud, sgr de Rochemaure, et de Tiburge de Sabran ;

d'où : 1. Hugues, dont l'article suit ;

2. *Autre* Hugues, maître des Templiers, paraît à un acte, du 18 nov. 1296[6] ;

3. Guigues[7], était en contestation, en 1283[8], avec son frère Hugues, dont il détenait les terres de Châteauneuf-de-Mazene, Portes, La Bâtie, Rac, etc... ; confirma, le 8 déc. 1285[9], les franchises de Montélimar, et passa transaction, *apud Sanctum Saturninum*, le jeudi après la fête de St-Michel 1292[10], avec Hugues Adhémar, sgr de Lombers, au sujet de l'hommage de Clansayes.

IX. Hugues Adhémar, sgr de la Garde, Montélimar, La Bâtie, Châteauneuf-de-Mazene, Châteauneuf-du-Rhône, Cléon, Lachau, Montboucher, Portes, Rac, Roynac, Savasse, St-Gervais, etc... ; émancipé par son père, le 16 juin 1272[11] ; se soumit, en 1283[12], à tenir portion de sa terre de Châteauneuf-de-

[1] Dr Barthélemy, 588.

[2] Coston, *Hist. de Mont.*, 156.

[3] *Cartul. de Mont.* (Lacroix, *Arr. de Mont.*, IV, 46. Coston, *Hist. de Mont.*, I, 156).

[4] *Cartul. de Mont.*, 29.

[5] M. de Pisançon (*Etude sur l'allodialité*, 267), la dit, à tort, veuve en 1250. V. Append. XVIII.

[6] Ms. du Dr Millet (Dr Barthélemy, 774).

[7] C'est probab. lui qui scella de son sceau, le 16 des calendes de fév. 1285 (Arch. du Mis de Pracomtal, D. Villevieille, 49), un acte de vente par Guillaume Galiges, à Guillaume de Pracomtal et à Guillemet, son neveu, et la veille des nones de juil. 1290 (*id.*), un acte d'achat d'un hôtel à Montélimar, par les mêmes de Pracomtal.

[8] Lacroix, *Arr. de Mont.*, II, 40.

[9] *Cartul. de Mont.*, 56 et 61. Il y est dit fils de Lambert, sgr de la Garde, petit-fils d'Hugues et frère de f. Hugues, dont la veuve, Mabile du Puy, est tutrice de leur fils Hugues. Ce même acte, portant que Giraud (Adhémar), sgr de Monteil, est oncle dudit Guigues, confirme le mariage (indiqué par Pithon-C.), de Lambert, père de Guigues, avec Méraude Adhémar de Monteil et Rochemaure.

[10] Barthélemy St-Pons, not.. Original aux arch. de la Garde.

[11] *Cartul. de Mont.*, 38. Coston (*Hist. de Mont.*, I, 146), dit : *en 1271*.

[12] Lacroix, *Arr. de Mont.*, II, 39.

Mazene en fief d'Aimar de POITIERS, et mourut avant le 10 déc. 1285[1]. Il avait ép.[2], Mabile du PUY;

d'où : 1. Hugues, dont l'article suit;

2. Agoult, sgr de la vallée d'Orpierre, est témoin à un acte du 7 juin 1320[3], par lequel son frère Hugues règlemente le commerce des draps à Montélimar.

X. Hugues ADHÉMAR[4], sgr de la Garde, Montélimar, Châteauneuf-de-Mazene, Cléon-d'Andran, Eygalayes, Les Granges-Gontardes, Mévouillon, Mollans, Pierrelatte, Pierrelongue, Portes, Le Puy-St-Martin, Rac, Roussas, St-Auban, Sauzet, Savasse, Valaurie, etc...; né vers 1278, passa transaction, le 22 janv. 1291[5], avec le recteur du Comtat Venaissin; reconnut, le 1er juil. 1292[6], étant sous la tutelle de sa mère, avoir reçu 1.500 l. viennoises sur la dot de sa femme; passa reconnaissance au Dauphin pour St-Auban, en 1294[7]; donna quittance avec sa mère, le 6 août 1295[8], à Aimar de POITIERS; échangea, avec le Cte de Valentinois, sa sgrie de Châteauneuf-de-Mazene contre celle du Puy-St-Martin[9]; avait fiancé son fils Lambert avec Marguerite ADHÉMAR, fille de Hugues, sgr de Lombers, et rompit ce traité, d'accord avec ledit Hugues, par acte du 9 des calendes de mars 1305[10]; donna les château et revenus de Cléon-d'Andran à Bertrand de TALIGNAN, père et fils, sauf l'hommage lige, le 1er mai 1318[11]; acheta, en 1323[12], de Giraud de MÉDICIS, la terre de Mollans, au prix de 4.932 l.; se porta caution, en 1326, avec plusieurs autres seigneurs, de la somme de 100.000 fl., montant de la rançon de Guichard de BEAUJEU, prisonnier du Dauphin[13]; donna en fief, le 6 déc. 1332[14], à n. Hugues RIPERT, ses droits de juridiction sur le château du Puy-St-Martin; confirma, la même année, les libertés de Lachau[15]; prêta hommage, en 1334, au Dauphin, pour la moitié de Mévouillon, et reçut, cette même année, l'hommage d'Aimar GONTARD, pour les Granges-Gontardes[16]; fit son test., le 11 janv, 1334[17], en faveur de

---

[1] Mabile du PUY, sa veuve à cette date, confirme, avec son beau-frère Guigues, les libertés de Montélimar. Elle ne peut donc pas s'être mariée en 1296, comme le marque Pithon-C.

[2] Pithon-C. lui donne pour première femme, Mabile de MÉVOUILLON.

[3] *Cartul. de Mont.*, 88. Lacroix, *Arr. de Mont.*, V, 337.

[4] A partir de ce degré, Pithon-Curt, qui paraît avoir eu entre ses mains les archives du château de La Garde, n'étant plus entièrement contredit par les actes récemment mis au jour, nous avons cru, suivant du reste en cela l'avis de M. Lacroix, pouvoir l'accepter pour guide, sauf quelques rectifications et additions indiquées.

[5] *Cartul. de Mont.*, 74. Cottier, 30.

[6] Il y est dit âgé de 14 ans (*Cartul. de Mont.*, 83, 84).

[7] *Invent. des Dauphins*, 1368.

[8] *Cartul de Mont.*, 84, 85.

[9] Lacroix, *Arr. de Mont.*, II, 42.

[10] Original chez le Vte d'Adhémar (*Mémoire de Beaujon*).

[11] Lacroix, *Arr. de Mont.*, II, 321.

[12] Arch. Drôme, E. 4286.

[13] Coston, *Hist. de Mont.*, I, 199.

[14] Dr Barthélemy, 1113.

[15] Lacroix, *Arr. de Nyons*, I, 346.

[16] Lacroix, *Arr. de Mont.*, IV, 127.

[17] *Cartul.* 98.

Lambert, son fils aîné, avec substitution au profit de Gaucher et d'Hugonnet, ses autres fils, et mourut avant le 8 juil. 1336[1]. Il avait ép.[2], en premières noces, Sibille (*alias*[3] Constance) de Poitiers[4], fille d'Aimar, et, en deuxièmes noces, avant le 21 juil. 1314[5], Etiennette de Baux[6], fille de Bertrand, prince d'Orange[7], et d'Eléonore de Genève ;

d'où : du 1er lit,

1. Lambert, dont l'article suit ;
2. Aimar[8], archid. de Reims, prieur de St-Pierre-du-Palais[9], élu év. de Metz, en 1327, fit la guerre à Raoul, duc de Lorraine ; reçut en son palais l'empereur Charles IV, qui y publia la fameuse bulle d'or, en 1356; mourut à Metz, le 12 mai 1361, et fut enseveli dans sa cathédrale, en la chapelle des évêques ;
3. Gaucher[10], esgr de Montélimar, Montboucher, Cléon-d'Andran, etc.; reçut, le 4 fév. 1347, l'hommage d'Aimar de Taulignan, pour Cléon-d'Andran; prêta lui-même hommage aux Poitiers, pour Montboucher, le 23 fév. 1347[11], et au Dauphin, en 1348[12]; confirma, en 1352, les privilèges de Montélimar[13]; obtint, le 21 déc. 1356[14], de l'emp. Charles IV, différents droits et privilèges[15]; donna 2.000 fl. en dot à Fillette de Mévouillon, fille de Raybaud, sgr de St-Laurent[16], mariée avec Raimond de Baux, sgr de Suze, et lui légua, dans son test., Château-Neuf-de-Pierrelongue[17], pour solde de ladite dot ; accorda, le 31 janv. 1360[18], exemption du droit de péage à Montboucher, aux gens de Dieulefit se rendant à Montélimar ; fit son test., le 9 nov. 1360[19], en faveur du fils posthume qu'il pourrait avoir, ou du fils aîné de ses filles, pour moitié, et de Hugues Adhémar, sgr de Lachau, son neveu,

---

[1] Hommage prêté par son fils Lambert.

[2] Ils avaient été fiancés en 1280 (*Cartul. de Mont.*, 83).

[3] Pithon-C. et P. Anselme.

[4] Dot 1.900 l. (Lacroix, *Arr. de Mont.*, V, 269).

[5] Test. de Bertrand de Baux (Dr Barthélemy, 992).

[6] Eut un legs de 50 l. au test. de son père, du 21 juil. 1314 (Dr Barthélemy, 992).

[7] *Sic*, Dr Barthélemy, 992. Pithon-C. la dit, à tort, fille de Raimond et de Béatrix de Genève.

[8] Aimar, placé ici par Pithon-C., n'est pourtant pas nommé au test. de son père Hugues.

[9] Près Châteauneuf-du-Rhône.

[10] Il paraîtrait que, son frère Lambert étant mort jeune, Gaucher agit désormais comme chef de famille au lieu et place de son neveu Hugues, qu'il fit son héritier, suivant en cela la *loi Gombette*.

[11] Lacroix, *Arr. de Mont.*, II, 319.

[12] *Cartul. de Mont.*, 131.

[13] *Id.* 132.

[14] *Cartul. de Mont.*, 150. Pithon-C. et Courcelles disent donc, à tort : *1346*.

[15] Parmi ces privilèges, les généalogistes mentionnent celui de battre monnaie, qui cependant ne s'y trouve pas ; mais en fait, on a plusieurs florins frappés à son coin (Lacroix, *Arr. de Mont.*, IV, 50).

[16] Près Sisteron (Basses-Alpes).

[17] Diocèse de Vaison.

[18] Lacroix, *Arr. de Mont.*, III, 93.

[19] Morin-P., 72. Dr Barthélemy, 1394.

pour l'autre moitié, avec des legs à sa femme, etc... Il avait ép., suiv. contrat du 12 mars 1337, Jeanne d'ASPREMONT, fille de Godefroy (ou Geoffroy), c^te^ d'ASPREMONT, en Lorraine[1]; S. P.

Gaucher, eut un fils naturel :

Jean, écuyer de son père, en 1347.

4. Mabile, donna quittance de sa dot, en 1334, et fit son test. en faveur de sa sœur, Eléonore. Elle avait ép., Rambauld (ou Reybaud), sgr de MÉVOUILLON ;
5. Eléonore, dame de Mévouillon, par l'héritage de sa sœur Mabile, imposa aux enfants de son deuxième mariage de prendre le nom de MÉVOUILLON. Elle avait ép., en premières noces, Pierre de BARRES[2], et, en deuxièmes noces, Pierre de LACHAU ;

et, du 2e lit,

6. Hugonnet, esgr de la Garde, passa transaction, le 2 juil. 1341[3], avec sa mère, veuve, et fit donation de ses biens à son frère Gaucher, le 17 avril 1350. Il avait ép., en 1323, Rossoline d'AGOULT[4], fille de Raimond, bar. de Sault, et de Consoline de Fos, sa première femme ;
7. Amédée, mourut en bas âge ;
8. Eléonore, dame de Montrigaud, héritière de sa mère, suiv. test. du 2 août 1361[5], fit elle même son test., le 27 du même mois[6], par lequel elle élit sa sépulture dans le monastère d'Aiguebelle, nomme son mari défunt, institue pour héritier, Raimond de BAUX, prince d'Orange, son cousin, et mourut avant le 17 juin 1370[7]. Elle avait ép., Jean de MONTLUEL, sgr de Montrigaud[8] ;
9. Mabile, ép. Giraud, sgr de Crussol[9], fils de Jean, et de Béatrix de POITIERS ;

---

[1] Armes : *de gueules à la croix d'argent.* Cette alliance fut sans doute formée par les soins d'Aimar ADHÉMAR, év. de Metz, frère de Gaucher. V. pour ASPREMONT : Caumartin, *Recherche de la nobl. de Champagne*, I, 126; D. Calmet, *Hist. de Lorraine*, III; L. d'Harchies, *Généalogie de la maison d'Aspremont* (Joannis Guigard, 3412).

[2] Dans la Marche.

[3] Dr Barthélemy, 1197.

[4] Courcelles, *Hist. des Pairs*, VII, AGOULT, 21. Elle fit son test., le 8 sept. 1372, en faveur de ses neveux (d'AGOULT ?).

[5] Dr Barthélemy, 1398.

[6] Id. 1399.

[7] Id. 1487.

[8] Armes : *d'or à six trangles de sable, au lion de gueules, armé, lampassé et couronné d'argent, brochant sur le tout* (V. Rivoire de la Bâtie, 436). La Chenaye (XIX, 363), donne des armes différentes : *(Burelé d'or et de gueules de dix pièces au lion de gueules, armé, lampassé et couronné d'argent, brochant sur le tout)*, qui sont *probab.* des brisures des branches cadettes dont il s'occupe. M. Reverend du Mesnil *(La Valbonne, étymologie et histoire*, Lyon 1876, in-8°), donnant (p. 95), un fragment généalogique assez étendu sur cette famille, lui attribue les mêmes armes que Rivoire de la Bâtie. Il la dit éteinte en un Jean de MONTLUEL, mort après 1331, sans enfants de ses deux femmes. Serait-ce le même qui aurait ép., en troisièmes noces, Eléonore ADHÉMAR de la Garde ? Aucun des généalogistes cités ci-dessus ne mentionne cette alliance.

[9] En Vivarais. V. Append. XXIX.

10. Béatrix, ép. Guillaume de Crussol, *autre* fils de Jean, et de Béatrix de Poitiers ;
11. Catherine, mourut jeune.

XI. Lambert Adhémar, sgr de la Garde, Montélimar, Ancone, Ballons, La Bâtie-Rolland, Chabre, Cléon-d'Andran, Lachau[1], Montboucher, Montfroc, Puy-St-Martin, Roynac, St-Gervais, Sauzet, Savasse[2], Vers, etc... ; assista, en 1309[3], à l'élection des syndics d'Etoile ; fit hommage à Aimar de Poitiers, le 8 juil. 1336[4], et à Louis de Poitiers, le 17 janv. 1339[5] ; confirma les libertés de Montélimar, le 8 oct. 1340[6] ; prêta encore hommage, le 27 déc. 1345[6], et paraît comme sénéchal de Beaucaire, en 1357 et 1358[7]. Il avait ép. Douce Gaucelin[8], fille de (*probab.* Raymond), sgr de Graveson ;

d'où : 1. Hugues, dont l'article suit ;

2. Louis, mourut à l'âge de 14 ans ;

3. Raymond (dit Baudon)[9], sgr de St-Gervais, Lachamp, etc., prieur de la cathédrale de Metz, quitta l'état ecclésiastique, cautionna de 206 francs Louis d'Escluseau, pour le faire mettre en liberté, puis, le 5 mars 1347, lui abandonna cette somme[10] ; paraît avec son frère Hugues, en 1367[11], dans un appel interjeté par des marchands de Dieulefit, d'une sentence qui les avait condamnés, et défendait Montélimar, en 1374. Il avait ép. Fauconne Roux[12], fille de Martin[12];

d'où : Gaucher, sgr de St-Gervais, fut désigné avec son père au test. de Raimond Pelet, sgr de la Verune[14], leur cousin[15], pour en hériter au cas de subtitution, et donna, en 1392, aux Cordeliers conventuels, une maison sise à Valréas. Il avait ép., *N.*;

d'où : Raibaud (*alias* Baudon), sgr de St-Gervais, Montfroc, Curel, St-Vincent, etc...; fit son test., le 18 oct. 1466[16],

---

[1] Pour huit-neuvièmes;—le neuvième restant à Guillaume de Mévouillon.

[2] Pour la moitié.

[3] Archiv. Drôme, E. 3966.

[4] Lacroix, *Arr. de Mont.*, IV, 50.

[5] Chambre des Cptes de Dauphiné. Reg. *de homagiis Valentiniensis et Dyensis (diœcesis), receptis per Reymundum Humberti* (f° 15) (D. Villevieille, 58); présents : Amédée de Poitiers ; Ponce, sgr de Montlaur, religieux ; Guillaume de Poitiers, moine, prieur de la Charité; Aymar de Taulignan, sgr de Rochefort ; Guillaume Fabri ; Olivier de Laye ; Pierre de Serre, etc..

[6] Lacroix, *Arr. de Mont.*, V, 169.

[7] Coston, *Hist. de Mont.*, I, 256.

[8] Charvet (*La première maison d'Uzès*), a donné quelques degrés des Gaucelin, sgrs de Lunel, mais il n'y paraît aucun sgr de Graveson.

[9] Ce rameau est donné presque uniquement d'après Pithon-C.

[10] Lacroix, *Arr. de Mont.*, I, 150.

[11] Lacroix, *Arr. de Mont.*, III, 94.

[12] Pithon-C. la dit veuve de Guy de Morges, sgr de Rosans.

[13] Du bourg de Moirenc en Dauphiné.

[14] Près Montpellier.

[15] Il était fils de Bernard, csgr d'Alais et de Guillote Gaucelin (fille de Raymond, sgr de Graveson).

[16] Cité par Moulinet (Fillet).

dans lequel il nomme sa femme et ses deux filles. Il avait ép. Béatrix de VESC[1], fille de Guillaume, sgr d'Espeluche, et de Catherine de POITIERS ;

d'où : A. Blanche, acheta, avec sa sœur Catherine et Antoine d'URRE, sgr du Puy-St-Martin[2], une pension de 400 fl. de 12 gros, au prix de 6.666 fl., d'Aimar de POITIERS, sgr de St-Vallier, le 5 déc. 1478[3], et fit partage avec sa sœur, le 15 juin 1499[4]. Elle avait ép. Aimar d'URRE, sgr d'Ourches, fils d'Antoine, sgr du Puy-St-Martin, et de Marguerite BERLION, sa 2e femme ;

B. Catherine, dame de Montfroc, Curel et en partie de St-Vincent, Mirmande, Vesc, Gigors, Beaufort, etc..., acheta la pension ci-dessus avec sa sœur et fit son test. au château de Vauvanès, le 23 janv. 1531, par lequel elle institue pour héritier son fils, Claude de Clermont, avec substitution éventuelle en faveur de Giraud d'URRE, sgr de St-Gervais et d'Ourches, et Louis d'URRE, sgr de Beaufort, ses neveux. Elle avait ép., en premières noces, Claude d'URRE[5], fils de Jean ; et, en deuxièmes noces, suiv. contrat du 6 fév. 1498[5], Antoine de CLERMONT[6], fils de Claude, bar. de Montoison, sgr de la Roche-Baudin et Félines, et de Jeanne de GROLÉE de Châteauvillar.

4. Lambert, csgr de Montélimar et la Garde, transigea avec ses frères, le 26 mai 1377[7], et fit son test. en faveur de son frère, Raimond. Il avait ép. Isoarde de BAUX[8]; S. P. ;

5. Marguerite, fit son test., le 26 sept. 1387. Elle avait ép. Giraud Amic de SABRAN, sgr de Châteauneuf ;

---

[1] V. Append. XXX.
[2] *Probab.* son beau-frère.
[3] Morin-P., 150.
[4] Cité par Moulinet (Fillet).
[5] Pithon-C.
[6] V. Append. XXXI.
[7] C'est *probab.* lui qui est nommé arbitre à l'acte du 31 oct. 1392 (Morin-P., 99), et paraît comme témoin au contrat du mariage du 11 juin 1394 (Morin-P., 101).
[8] Cette alliance est-elle vraie ? Elle n'est pas indiquée par le Dr Barthélemy.

6. Catherine, ép. en 1366, Guillaume Rogier, c[te] de Beaufort et d'Alais[1];
7. Eléonore, religieuse ;
8. Alexine, religieuse.

Lambert Adhémar, eut encore deux enfants naturels :

1. Jean, vivant en 1360 ;
2. Sybille, vivante en 1360.

XII. Hugues Adhémar, sgr de la Garde, Montélimar, Ancone, La Bâtie-Rolland, Cléon-d'Andran, Clansayes, Lachau, Montboucher, Montfroc, Portes, Rac, Roussas, Roynac, St-Gervais, Suze, Tullins[1], Vers, etc..., hérita de son oncle Gaucher Adhémar ; prêta hommage, le 28 mai 1338[3], pour sa parerie de Montpensier, à l'év. de Viviers ; transigea, le 12 mars 1340, avec Decan-Hugues Aimeric, év. de St-Paul, au sujet de certains droits qu'ils avaient sur leurs terres respectives ; prêta hommage au Cte de Valentinois, pour Montélimar, le 6 mars 1357[4] ; sénéchal de Nimes, en 1360[5], prêta hommage pour Cléon-d'Andran, le 22 janv. 1361, et pour Vers, le 4 janv. 1380[6] ; reçut lui-même, le 6 fév. 1361, hommage de Bertrand de Taulignan, pour Cléon-d'Andran ; transigea, le 17 juin 1370[7], avec Raimond de Baux, prince d'Orange, au sujet de l'héritage d'Etiennette de Baux, sa grand'mère, et d'Eléonore Adhémar, veuve de Jean de Montluel, sa tante ; reçut en inféodation, le 3 avril 1378[8], les huit-neuvièmes des châteaux de Clansayes et Lachau ; donna, le 24 oct. suiv.[9], à Didier de Bésignan, sgr dudit lieu, 25 l. de revenu sur les péages de Lachau et Ballons ; obtint du pape Clément VII, le 10 mars 1382, un ordre enjoignant au Cte de Valentinois de lui restituer le quart de la sgrie de Montélimar, dont celui-ci s'était emparé et qui ne fut rendu qu'à l'époque de sa mort, en 1419, à Louis Adhémar, fils de Hugues[10] ; fit son test., le 26 sept. 1387[11], par lequel il institue pour héritier son fils Louis et ses enfants mâles, auxquels il substitue Lambert, son fils aîné et ses enfants mâles, puis Baudon (*alias* Raimond), son frère, puis Gaucher, son filleul, fils dudit Baudon, puis Guillaume de Mévouillon, sgr de Pomet, son neveu, et ses enfants mâles, à

---

[1] Mourut avant le 24 juil. 1383, date de l'invent. que fit faire sa veuve. Il avait ép., en premières noces, Marie Chambon, et, en deuxièmes noces, Guérine de Canilhac. V. Append. XXXII.

[2] D. Villevieille, 60 (Arch. du m[is] de Pracomtal).

[3] Lacroix, *Arr. de Mont.*, II, 199.

[4] Lacroix, *Id.*, V, 71.

[5] Coston, *Hist. de Mont.*, I, 263.

[6] Lacroix, *Arr. de Mont.*, II, 310.

[7] Dr Barthélemy, 1487.

[8] Lacroix, *Arr. de Mont.*, II, 282.

[9] Morin-P., 91. Acte passé à Clansayes.

[10] Coston, *Hist. de Mont.*, I, 180.

[11] Morin-P., 93. Pièce non authentique et suspecte. Ce test. est pourtant confirmé par l'analyse qui en est contenue à la transaction passée, le 17 avril 1507, entre Antoine Escalin des Aimars, bar. de la Garde, et Thomas Adhémar de la Garde, le dernier de sa branche (Coston, *Hist. de Mont.*, I, 454).

charge de porter les nom et armes du testateur, puis Bertrand de Mévouillon, frère dudit Guillaume, et ses enfants mâles, puis Giraud Adhémar, sgr de Grignan, son (beau-) frère, et ses fils, à charge de porter ses armes *mi-parti*, et, s'ils ne sont plus sgrs de Grignan, de les porter en plein, puis Guyot Adhémar, sgr d'Aps, son cousin, et ses fils, puis Yves Adhémar, frère desdits Giraud et Guyot, et ses fils, à charge de porter ses nom et armes, puis les filles de Lambert et de Louis, puis Raimond (Rogier) de Beaufort, v^te de Valernes, son neveu, et ses enfants, à charge de porter ses armes *mi-parti*, puis Jacques Gautier, sgr de Graveson, son cousin[1], lègue à Delphine, sa petite-fille, fille de Lambert, 6.000 fl. pour son mariage, à la fille à naître de sa belle-fille Constance, femme dudit Lambert, 5.000 fl., de même aux filles de Louis, etc..; et rendit hommage au Roi-Dauphin, en 1389[2], pour Eygalayes, etc... Il avait ép., le 26 oct. 1349, Mabile du Puy[3], fille de Bastet, sgr de Montbrun et de Marguerite de Montauban ;

d'où : 1. Lambert, sgr de Montélimar, La Garde, Ancone, Cléon-d'Andran, Lachau, Montboucher, Roynac, etc...; brouillé, dit-on, avec son père, s'empara de force de ces divers châteaux ; confirma les libertés de Montélimar, en 1340[4]; prêta hommage au Pape pour Montélimar, le 9 juil. 1372[5]; reçut, le 24 sept. 1389[6], de Louis de Poitiers, c^te de Valentinois, investiture des terre et château d'Ancone ; était viguier de Marseille, en 1394 ; fut arbitre, en 1395, dans le différend entre Giraud Adhémar de Grignan et les Sgrs d'Uzès, au sujet de Valaurie[7]; prêta hommage, pour Cléon-d'Andran, au Cte de Valentinois, le 23 juil. 1400[8]; fit son test., le 17 déc. 1404, en faveur de son parent Guyot Adhémar, bar. d'Aps et de Grignan[9], et, le 13 déc. 1405, fit donation de Montboucher et Roynac, à Guillaume de Mévouillon. Il avait ép., le 26 oct. 1375, Constance de Thian, fille de Louis, v^te de Tallard[10], et de Mabile d'Agoult, sa deuxième femme ;

d'où : Dauphine, eut un legs de 6.000 fl. au test. de son aïeul Hugues Adhémar, du 26 sept. 1387[11], et mourut avant son père.

2. Louis, dont l'article suit ;

---

[1] *Probab.* par quelque alliance avec les Gaucelin.

[2] Lacroix, *Arr. de Nyons*, 296.

[3] V. Append. XXXII.

[4] *Cartul de Mont.*, 113.

[5] Cottier, 87.

[6] Note de l'abbé Nadal, communiquée par l'abbé Fillet. Lambert y est dit fils d'Hugues et de Mabile du Puy.

[7] Morin-P., 99.

[8] Lacroix, *Arr. de Mont.*, II, 319.

[9] Néanmoins, par suite des substitutions antérieures, l'héritage de Lambert vint à son frère Louis, sauf la cosgrie de Montélimar, dont le Cte de Poitiers s'empara, mais que le Cte de St-Vallier, héritier de ce dernier, restitua à Louis Adhémar de Grignan, en 1422 (Coston, *Hist. de Mont.*, I, 330).

[10] Neveu du pape Jean XXII.

[11] Morin-P., 95. V. ci-dessus p. 55, note 11.

3. Hugues ;
4. Gaucher ;
5. Baudouin ;
6. Mabile ;
7. Aimare, mourut jeune.

XIII. Louis Adhémar, sgr de la Garde, Montélimar, Ancone, Ballons, La Bâtie-Rolland, Clansayes, Cléon-d'Andran, Eygalayes, Montfroc, Savasse, etc...; ratifia, le 13 juin 1405[1], la donation faite par son père, en 1378, aux sgrs de Bésignan ; reçut l'hommage de Humbert de Beaumont, en 1420[2], pour la terre de la Bâtie-Rolland ; prêta hommage pour Cléon-d'Andran, le 7 août 1422, au Cte de Poitiers[3], qui lui rendit le quart de la sgrie de Montélimar usurpée sur son père, et, après avoir confirmé les privilèges des habitants de cette ville, le 16 sept. suiv., reçut leur serment de fidélité, le 30 du même mois[4]; prêta hommage pour Ballons, Eygalayes, Montfroc, etc., le 25 août 1423[5], et, pour Clansayes, le 25 du même mois[6]; fit donation à son fils Hugues, dit *Gonon*, en 1424[7] ; autorisa, en 1425, l'élection des consuls de Montélimar[8], et prêta hommage au Dauphin, le 10 mars 1427[9]. Il avait ép., le 1er avril 1406, Dauphine de Glandevès, fille d'Isnard, dit *le Grand*, sgr de Pourrières, et de Aude (Bermond ?) d'Anduze, sa première femme ;
d'où : 1. Hugues, dont l'article suit ;
2. Isnard, sgr de Rac, assista, le 8 février 1425[10], à la donation faite à son frère Hugues Adhémar, par leur père Louis ;
3. Marguerite, fit son test., le 25 juil. 1452, et mourut peu après. Elle avait ép., le 22 avril 1434, Bertholdo Bascii, sgr de St-Estève[11], fils de Guichard et de Jacquette Farnèse ;
4. Françoise, ép., en premières noces, André du Puy[12], et, en deuxièmes noces, Galéas de Saluces[13] ;

---

[1] Note de Fillet, d'après Moulinet.

[2] Lacroix, *Arr. de Mont.*, I, 176.

[3] Lacroix, *Arr. de Mont.*, II, 319.

[4] Coston, *Hist. de Mont.*, I, 480. A cette époque le Pape avait une moitié de la sgrie de Mont., le Cte de Poitiers un quart, et le Bar. de la Garde un quart.

[5] *Invent. de la Cham. des Cptes, Baronnies*, II ; Lacroix, *Arr. de Nyons*, I, 88.

[6] Lacroix, *Arr. de Mont.*, II, 280.

[7] *Cartul. de Mont.*, 259.

[8] *Id.* 260.

[9] Chambre des Cptes de Dauphiné, Reg. *Panneti*, fº 283 (D. Villevieille, 64); en présence de Guillaume Artaud, sgr d'Aps et de Gresse, Raimond de Montauban, sgr de Montmaur Siffrey d'Arces, bailli de Briançon, et Sibued Rivoire, bailli de Viennois et de la terre de la Tour.

[10] Coston, *Hist. de Mont.*, I, 485.

[11] Fit son test. le 19 oct. 1461. Il avait ép., en premières noces, Philippe de Pontevès du Castellar et ép., en troisièmes noces, le 7 mars 1453, Catherine Allamanon.

[12] De Carpentras.

[13] Du lieu de Malaucène, au comtat Venaissin (Pithon-C.). V. Append. XXXIV.

5. Billette ;
6. Laure ;
7. Perrade ;
8. Dauphine ;
9. Louise ;

} donnèrent leurs biens à Antoine, Pierre et Thadée BASCH, leurs neveux, par test. des 28 mars 1443 et 5 mars 1448.

XIV. Hugues (dit *Hugonon* et *Gonon*) ADHÉMAR, bar. de la Garde, sgr de Montélimar, Ballons, Curel, Lachau, Mollans, Montfroc, Pierrelongue, Vers, etc...; reçut, le 8 fév. 1425[1], en donation de son père, les droits d'indemnité qu'il réclamait du Cte de Valentinois pour la démolition de son château de Montélimar, et obtint de ce chef 120 écus d'or, suiv. transaction du 2 avril de la même année[2]. Il avait ép., le 17 sept. 1422, Catherine d'AGOULT, fille de Raimond, sgr de Mison, et de Louise de GLANDEVÈS de Faucon ;
d'où : 1. Charles, dont l'article suit ;
2. Jeanne, ép., suiv. contrat du 31 déc. 1456, Thibaud de BÉZIERS, sgr de Venezan[3] ;
3. Louise, ép., le 9 juil. 1461, Barthélemy MARQUIS (ou MARQUÈS), de la ville d'Arles.

XV. Charles ADHÉMAR, bar. de la Garde, sgr de Montélimar, Lachau, Rac, Valaurie, etc...; viguier d'Arles, confirma, en 1446[4], une transaction entre les habitants de la Garde et le prieur de N.-D.-du-Val-des-Nymphes[5]; ayant pris le parti du roi Charles VII contre Louis XI, alors dauphin, eut partie de ses biens confisqués par arrêt du parlement de Grenoble, du 30 juin 1463, et autorisa, en 1469[6], la vérification des limites entre Pierrelatte et la Garde. Il avait ép. (avant 1460), Marguerite de ROMIEU, fille de Étienne, sgr de Maillane, et de Catherine de MONTEYNARD ;
d'où : 1. Christophe, dont l'article suit ;
2. Jean, religieux de St-Antoine ;
3. Étienne, chan. de Viviers, puis relig. de St-Antoine, ratifia le 18 août 1507[7], avec son frère Christophe, une ancienne convention de 1230, au sujet des eaux du Jabron ;
4. Anne, ép., en premières noces, Philippe de REBIAC[8], et, en deuxièmes noces, suiv. contrat du 9 août 1505[9], Antoine BOCHE, sgr de Vers, fils de Bremond et de Honorade ARCUSSIA de Tourves ;
5. Marthe, ép., le 9 sept. 1476, Thomas de BÉZIERS, sgr de Venezan,

---

[1] Coston, *Hist. de Mont.*, I, 185.
[2] Coston, *id.* 186.
[3] V. Append. XXXV.
[4] Lacroix, *Arr. de Mont.*, IV, 99.
[5] Près la Garde.
[6] Arch. Drôme, E. 3411.
[7] Coston, *Hist. de Mont.*, I, 411.
[8] De la ville de Crest.
[9] Jacques Rohardi, not. à Arles.

son cousin germain, fils de Thibaud, et de Jeanne ADHÉMAR de la Garde ;

6. Jeanne, abbesse de St-Césaire, à Arles, en 1501, fit donation à sa sœur Anne, le 9 août 1505, et mourut le 11 janv. 1521 ;
7. Marguerite, relig. à la même abbaye ;
8. Antoinette, relig. à la même abbaye.

Charles ADHÉMAR, eut en outre un fils naturel :
Pierre, légitimé par lettres du 27 janv. 1474.

XVI. Christophe ADHÉMAR, bar. de la Garde, sgr de Montélimar, Ballons, Eygaloyes[1], Les Granges-Gontardes, Lachau, Mollans, Pierrelongue, Rac, Vers, etc...; cons. du Roi et son chambellan[2], assista au serment que Guillaume ADHÉMAR de Grignan, év. de St-Paul, prêta en 1482, pour la conservation des priviléges de cette ville ; prêta hommage au Roi pour Ballons, Eygaloyes, etc., le 3 janv. 1487[3]; est mentionné dans des actes de 1493, 1501 et 1504[4], et fit son test. le 3 sept. 1510[4], par lequel il élit sa sépulture en l'église des Frères Mineurs de Montélimar, dans la tombe de Charles, son père, et de ses autres ancêtres, et institue pour héritier son fils Jean, avec substitution en faveur de Louis. Il avait ép., en premières noces, le 10 fév. 1481, Nicole de MONTCHENU[5], fille de Philibert, sgr de Montchenu, et de Bonne de RIVOIRE, et, en deuxièmes noces, Louise de LA BOISSIÈRE[6] ;

---

[1] Pour un quart, le reste à la maison (AGOULT) de Sault (Lacroix, *Arr. de Nyons*, I, 296).

[2] Lacroix, *Arr. de Mont.*, V, 274.

[3] Lacroix, *Arr. de Mont.*, IV, 53 ; *Arr. de Nyons*, I, 88, 296.

[4] Arch. Drôme, E. 3144, 2153, 3181.

[5] En présence de Jean de MONTCHENU, év. de Viviers, d'Amédée et de Lancelot de MONTCHENU, ses frères. V. Append. XXXVI.

[6] Rivoire de la Bâtie ne donne pas les armes de cette famille et dit seulement qu'elle est venue du Vivarais s'établir à Montélimar. On trouve en effet dans l'*Histoire de Mont.*, par le baron de Coston, II, 102 :

N... de LA BOISSIÈRE, lieut. du Bailliage de Villeneuve-de-Berg ;

d'où : Joseph-Louis de LA BOISSIÈRE, avocat gén. au Parl. de Grenoble, puis cons. à la cour de Nîmes, publia, en 1811, *Les Commentaires du Soldat du Vivarais*. Il avait ép., vers 1773, Jeanne-Françoise-Louise-Angélique PISTRE de Chambonnet, fille de Joseph (lieut. au régim. de Picardie, vendit ses biens du Vivarais pour s'établir à Montélimar, où il fut consul en 1764, et mourut en 1774 ; il avait pour frère, Philippe, capit., tué en duel ; leur père, Jacques PISTRE, était né à Vallon, Ardèche), et de Jeanne-Françoise-Louise SAUVAIN (née en 1710, mourut en 1791, fille de Antoine, procureur du Roi en l'Élection, et de Louise GEOFFRE) ;

d'où : (trois fils, entre autres) Hippolyte, S.-préfet de Montélimar de 1814 à 1830, ép. Emma de BELLEVAL ;

d'où : 1. Henri, capit. d'état-major, tué à l'assaut de Sébastopol, en 1855 ;
2. Armand, inspecteur principal du chemin de fer à Lyon ;
3. Raymond, inspecteur des forêts ;
4. Marie, ép. Adolphe PAVIN de la Farge de Montélégier (veuf en premières noces de Céleste du ROURE), fils de Claude-Joseph-Auguste et de Louise-Olympe BERNON de Montélégier.

d'où : du 1er lit,

1. Jean, bar. de la Garde, sgr de Montboucher[1], vendit Montboucher, le 17 déc. 1511, à Arnaud Odoard, sgr de Barcelonne[2], pour le prix de 3.100 écus; fit son test. en 1513, et mourut à Paris. Il avait ép., suiv. contrat du 22 janv. 1511[3], Anne Quiqueran[4], fille de Gaucher, sgr de Beaujeu, et de Louise de Castellane de la Verdière, sa deuxième femme. S. P. ;
2. Louis, bar. de la Garde après son frère Jean, gouverneur du château de Roda[5], tué dans les guerres de François Ier contre les Suisses ;
3. Antoine, dont l'article suit ;
4. Thomas, protonotaire apostolique, prieur de N.-D.-du-Val-des Nymphes et de St-Martin-de-Miséré[6] ; céda ses droits sur l'héritage de sa famille à Louis Adhémar de Grignan, le 14 août 1531[7]; voulut ensuite les faire valoir contre Antoine Escalin des Aimars, donataire de Louis Adhémar, après la mort de ce dernier, et, par transaction du 17 avril 1567[8], se désista de ses prétentions, moyennant une pension viagère de 50 l. ;
5. Charles, mourut à 10 ans ;
6. Gabrielle, ép., le 30 janv. 1509, Robert Arbalestrier[9], sgr de Beaufort ;
7. Louise, S. A. ;

et du 2e lit,

8. Talabard, sgr de Rac. S. A.

XVII. Antoine Adhémar, bar. de la Garde, sgr de Montélimar, Ballons, Eygalayes, Les Granges-Gontardes, Lachau, Rac, Savasse, etc...; hérita de ses frères; reçut hommage de Gaspard Faure, en 1516[10]; afferma, le 13 sept. 1519[11], à Bermond de Moreton, le péage du pont de la Berre aux Granges-

---

[1] Par sa femme, héritière des Mévouillon, dit Lacroix (*Arr. de Mont.*, V, 173) ; mais cela nous semble difficile du moment que cette femme est Quiqueran et non Mévouillon, comme il le croyait.

[2] Près Chabeuil (Drôme).

[3] Jean d'Angières, not. à Arles, f° 1 (F. V.); dot, 3.000 fl. de 16 sous.

[4] Lacroix avait d'abord indiqué cette alliance, avec tous les généalogistes (*Arr. de Mont.*, IV, 53); mais plus tard (*ibid.*, V, 173), il dit cette *Anne* de la famille de Grolée et fille de Catherine d'Oraison (veuve en premières noces de Gaucher Quiqueran de Beaujeu). C'est une erreur : *Anne*, mariée en 1511, ne pouvait être fille de Catherine, mariée en premières noces, en 1512, et, en deuxièmes noces, en 1550.

[5] Au royaume de Naples.

[6] Près Grenoble.

[7] Coston, *Hist. de Mont.*, I, 434.

[8] Cayreyre, not.

[9] Armes : *de gueules au chevron d'argent chargé de cinq pommes de pin de sinople et accompagné de trois étoiles d'or.* V. Guy Allard, 12; La Chenaye, I, 647; Chorier, III, 52; Rivoire de la Bâtie, 16; La Roque, *Arm.... de Languedoc, Montp.*, I, 23.

[10] Lacroix, *Arr. de Mont.*, IV, 121.

[11] Id. *id.* 126.

Gontardes ; passa transaction avec ses vassaux d'Eygalayes, le 9 oct. 1527[1] ; fit son test. à Gap, le 10 oct. 1527, en faveur de sa femme, et fut tué peu après à la guerre dans le Milanais, où il commandait une légion. Il avait ép., suiv. contrat du 30 nov. 1525, Geneviève Odoard[2], fille d'Arnaud, sgr de Barcelonne et Montboucher, et de Jeanne d'Hostun de la Baume. S. P.

Il avait eu, de Catherine Viager[3], 5 enfants naturels, auxquels il fit des legs dans son test. du 10 oct. 1527 :

1° Jacques ;
2° Guillaume ;
3° Nicole ;
4° Claudine ;
5° Duénone.

BRANCHE

DES SGRS DE LOMBERS, LA GARINIE, MONTFALCON, ETC

VII. Lambert Adhémar, sgr de Monteil, Lombers, Châteauneuf-du-Rhône, Clansayes, Montboucher, etc..., 2e fils de Lambert, sgr de La Garde ; qualifié prévôt de St-Paul à l'acte du 12 fév. 1230 ; passa transaction le 13 des calendes de mai de la même année[4], avec frère Bernard, de la maison du Temple à Montélimar, au sujet des eaux du Jabron, pour l'usage d'un moulin ; donna, en 1233[5], les dîmes de Clansayes à Laurens, év. de St-Paul ; passa transaction avec Hugues Adhémar, son frère, le 17 des cal. d'oct. 1237 ; en reçut pour tous ses droits le château de Clansayes (*alias* Clarensayes), avec ses attenances et lui en prêta hommage ; délimita, le 2 des ides d'août 1253[6], le territoire de Frenouillet, avec Adzemar (*sic*) Adhémar, sgr de Grignan ; fit hommage, le 2 nov. 1274[7], dans le château de Lombers, à Bertrand Adhémar de Clansayes, év. de St-Paul, son fils, de la sixième partie du fief de Clansayes, qu'il avait acheté de Bertrand de Chateauneuf et qui avait appartenu à Giraud d'Alaman (ou Aleman), ledit Bertrand représenté par Durand Dubois, son mandataire ; et, encore la même année[7], à Louis IX, roi de France, sous la tutelle de sa mère, la reine Blanche de Castille, pour la sgrie de Lombers[8], héritage de sa

---

[1] Arch. Drôme, E. 3003.

[2] Malgré le test. de son mari qui la faisait héritière, et d'accord avec son beau-frère Thomas, protonotaire, pour respecter les stipulations intervenues entre les diverses branches des Adhémar, le 9 juin 1308, elle céda tous ses droits sur cet héritage à Louis Adhémar, bar. de Grignan. Mais, en 1567, elle demandait à être réintégrée dans la baronnie de la Garde. Les Odoard portaient pour armes : *de gueules au lion d'or*. V. Rivoire de la Bâtie, 175.

[3] Du lieu de la Garde.

[4] Coston, *Hist. de Mont.*, I, 411.

[5] Lacroix, *Arr. de Mont.*, II, 274.

[6] Arch. Drôme, E. 3142.

[7] Lacroix, *Arr. de Mont.*, II, 277.

[8] Lacroix, *Arr. de Mont.*, II, 277. La baronnie de Lombers comportait plus de 30 villages.

sœur Briande[1], et mourut avant le 29 sept. 1292[2]. Il avait ép.[3] Bérengère de Lautrec[4] ;

d'où : 1. Hugues, sgr de Lombers, Bécone, Clansayes, Mirabel, Montauban, Nyort, Peirelès, St-Georges, Villelongue *(alias* Malemort)[5], Vinsobres, etc...; fut présent, le 2 nov. 1274, à l'hommage que son père rendit à l'Év. de St-Paul et le ratifia; fut condamné par arrêt de la cour du Roi, du mois d'août 1279, à faire hommage à Beg de la Barrière *(Barreria)*, fils de Guillaume, pour les biens qu'il avait aux châteaux de Peirelès et Villelongue *(alias* Malemort), que ledit Guillaume avait achetés d'Alphonse, cte de Poitiers et de Toulouse, et de sa femme Jeanne ; reçut en donation, de Ronsolin de Lunel, en 1284, la baronnie de Bécone (qu'il retrocéda au dauphin Humbert Ier [6]), et celle de Montauban[6]; avait procès, en 1290[7], avec Bertrand de l'Isle, contre Jean de Montfort et Bertrand de Comminges, touchant les château et terre de Lombers ; transigea, en 1291[8], comme tuteur de Bertrand de l'Isle, damoiseau, avec Jourdain de l'Isle, frère dudit Bertrand, tous deux fils de f. *autre* Jourdain (ce qui n'empêcha pas leurs différents de continuer, puisqu'en 1296[8], Hugues Adhémar et Bertrand de l'Isle recevaient du viguier d'Alby, défense, de par le Roi, de poursuivre leur citation en cour de Rome contre f. ledit Jourdain) ; passa transaction, *apud Sanctum Saturninum*, le jeudi après la fête de St-Michel 1292[9], avec Guigues Adhémar, sgr de Monteil et de la Garde, fils de f. Lambert et petit-fils de Hugues, au sujet de l'hommage de Clansayes, que ledit Guigues réclamait, en vertu des conventions passées entre lui et son frère Hugues ; fit accord avec le dauphin, en 1295[10] ; est dit, la même année[11], avoir eu dans l'héritage de Ronsolin de Lunel, les châteaux de Nyons et Vinsobres ; assista, le 5 mai 1295[11], à la quittance donnée par Bertrand de Taulignan à Giraud Adhémar, bar. de Grignan ; reçut encore, cette même année, reconnaissance d'Aimar de Poitiers[12] ; céda, vers 1302[13], au Dauphin, la baronnie de Montauban qu'il avait

---

[1] V. ci-dessus, branche de la Garde, p. 47.

[2] Transaction de son fils Hugues avec Guigues Adhémar.

[3] Lacroix, *Arr. de Mont.*, II, 278.

[4] Armes : *de gueules au lion d'or* (ou *d'argent*). V. P. Anselme, II, 349.

[5] Commune de Cabanès (dioc. de Rodez), canton de Sauveterre (Aveyron).

[6] Lacroix, *Arr. de Mont.*, I, 268.

[7] Bibl. nat., *Ms.* Doat, IV, 128 (D. Villevieille, 49).

[8] Bureau des Finances de Montauban, dossier de l'Isle, 183. (D. Villevieille, 50).

[9] Barthélemy de St-Pons, not. Original aux arch. de la Garde.

[10] *Invent. des Dauphins*, 1267.

[11] D. Barthélemy, *Invent. de la maison de Baux*, 753, 754.

[12] Morin-P., 13.

[13] *Invent. des Dauphins*, 135.

[14] Lacroix, *Arr. de Mont.*, II, 278.

eue dans la même hoirie de Ronsolin de LUNEL ; passa transaction, la veille des cal. de janv. 1304[1], avec Eléonore de MONTFORT, veuve de Jean, c^te de VENDÔME, pour finir leurs différents au sujet de Lombers, par laquelle transaction, il fut convenu qu'un des plus jeunes fils de la Comtesse (Pierre ou Jean), épouserait Marguerite ADHÉMAR, fille de Hugues, à la charge par ce dernier de donner en dot, à ladite Marguerite, la moitié de ses biens, en l'instituant héritière de la totalité, au cas où il n'aurait pas d'autre enfant[2], et mourut en 1307. Il avait ép., en premières noces, Elise (ou Hélix) de LAUTREC, fille de Guy, et, en deuxièmes noces[3], Agnès de PENNE ; d'où : du 1er lit,

Marguerite, dame de Lombers, mourut en 1313[4]. Elle avait d'abord été fiancée, comme nous l'avons dit, à l'un des fils du Cte de VENDÔME ; mais elle ép., suiv. contrat du 8 des ides de janvier 1309[5], Gui de COMMINGES, fils de Bernard, c^te de Comminges[6], et de Laure de MONTFORT ; S. P.

2. Bertrand, dit de Clansayes, év. de St-Paul-Trois-Châteaux[7], de 1252 à 1286 ;

---

[1] Arch. de Montp. (Beaujon).

[2] Il paraît que le désir de conserver ses biens à la famille Adhémar, avait porté Hugues à fiancer sa fille, Marguerite, avec Lambert ADHÉMAR, fils de Hugues, sgr de la Garde; mais soit que cet accord fut antérieur à celui passé avec la Comtesse de VENDÔME, et dût céder devant la nécessité d'assurer à sa fille elle-même un héritage fortement contesté, soit que les deux pères eussent compris que la différence d'âge devait rendre cette union impossible (Marguerite était cousine issue de germain du *grand-père* de son fiancé), ils rompirent ces accords en 1303, comme nous l'avons dit ci-dessus (p. 50). Du reste, Hugues étant mort en 1307, Marguerite ne tint aucun compte de tout cela et ép., en 1309, Gui de COMMINGES, ainsi qu'on va le voir.

[3] Courcelles, *Hist. des Pairs*, III, *Adhémar*, 25.

[4] Après sa mort, il y eut de grands procès pour sa succession entre les VENDÔME, les COMMINGES, Briand ADHÉMAR, son oncle, et Adhémar, fils de celui-ci. Par arrêt du Parlement de Paris, du mois d'août 1332, la succession fut divisée entre les VENDÔME et les MONTFORT, à l'exclusion des ADHÉMAR (D. Vaissette, *Hist. de Languedoc*, IV, 159, 187, 252).

[5] Raimond Gervasi de Asiliano, not. royal en la Sénéch. de Carcassonne et Béziers. Présents audit contrat, du côté de la future : Agnès de PENNE, sa belle-mère ; Adhémar (ADHÉMAR) de Clansayes, son cousin germain ; Pierre COLONNA, cardinal diacre ; Bertrand de GOTH, sgr de Durassio (puis v^te de Lomagne, Lautrec, etc..., par Béatrix de LAUTREC, sa femme ; neveu de Bertrand de GOTH, élu pape en 1305, sous le nom de Clément V) ; N... de BLANCHEFORT, son oncle ; Sicard, v^te de LAUTREC, son oncle ; Lambert de THURYS, sgr de Saxiati, son oncle : Béatrix de LAUTREC, sa tante ; Jeanne de LAUTREC, sa tante, abbesse de Vielmur (*Veterimuro*) ; Guillaume de LAUTREC, son cousin ; Pons de St-JUST, archidiacre de Lombers, etc... ; et, du côté du futur : Bernard de COMMINGES, v^te de Turenne, et Pierre Raymond de COMMINGES, ses frères (Arch. du château de Foix, Beaujon).

[6] Armes : *d'argent à la croix patée de gueules*, alias *de gueules à quatre otelles d'argent*. V. P. Anselme, II, 629 ; IX (P. de C.), 159 ; Borel d'Haut., *Ann.*, V, 195 ; La Chenaye, IV, 515 ; VI, 82 ; XVIII, 859 ; Magny, *Livre d'Or*, IV, 138 ; *Nobil. Univ.*, XI ; Moreri, III, 882 ; Rivoire de la Bâtie, 168.

[7] Lacroix, *Arr. de Mont.*, II, 274.

3. Giraud[1], fut présent, le 2 nov. 1274, à l'hommage que son frère rendit à l'év. de St-Paul et le ratifia ;
4. Briand, dont l'article suit ;
5. Tiburge, donna, en décembre 1302[2], une quittance signée de son sceau, *parti de France et Toulouse ;*
6. Vacquérie[3], nommée comme fille de Lambert (ADHÉMAR) de Monteil, dans un titre de 1269[4], mourut avant août 1332. Elle avait ép., en premières noces, Pierre, c^te de LAUTREC[5], S. P. ; et, en deuxièmes noces, Jourdain, bar. de l'ISLE-JOURDAIN[6].

VIII. Briand ADHÉMAR, sgr de Lombers, Peirelès, Villelongue *(alias* Malemort)[7] ; fut condamné avec son frère Hugues, en août 1279, à rendre hommage à Beg de la BARRIÈRE *(Barreria) ;* soutint aussi avec lui les procès au sujet de Lombers, et mourut avant 1293. Il avait ép. *N...* ;
d'où : 1. Adhémar, dont l'article suit ;
2. *(Peut être)*[8] Bertrand, servait, avec son frère Adhémar, en 1281, dans l'armée de Navarre.

IX. Adhémar ADHÉMAR (dit de Clansayes), sgr de Lombers, Villelongue, etc... ; assista, le 8 des ides de janv. 1309, au contrat de mariage de Marguerite ADHÉMAR, dame de Lombers, avec Gui de COMMINGES, et y est qualifié *son cousin germain ;* se porta comme héritièr de ladite Marguerite, suiv. lettres pat. de S. M., du 5 juin 1318 ; fut débouté, par l'arrêt de 1332[9], de tous ses droits sur cet héritage, qui fut adjugé aux maisons de VENDÔME et de COMMINGES, et mourut avant le 17 août 1355. Il avait ép. Fine RATTIER[10] ;
d'où : Galvan, dont l'article suit.

---

[1] N'est pas mentionné dans le mémoire de Beaujon.

[2] Lacroix, *Arr. de Mont.*, II, 278.

[3] Lacroix, *Arr. de Mont.*, II, 278. Courcelles, *loc. cit.*, 25.

[4] *Hist. de Languedoc*, III, 584 (Beaujon).

[5] Mourut en 1267.

[6] (Mourut avant août 1332). Leurs enfants furent à cette date condamnés, par arrêt de la cour du Roi, à rendre à Aliénor de MONTFORT, comtesse de Vendôme, la moitié du tiers des sgries de Lombers, etc... (Beaujon). Armes : *de gueules à la croix de Toulouse d'or.* V. P. Anselme, II, 703.

[7] Toute la filiation de cette branche et des rameaux qui en sont issus est donnée d'après les mémoires de Beaujon et de Chérin de Barbimont.

[8] Lacroix, *Arr. de Mont.*, II, 280.

[9] V., pour les détails de ce procès, Lacroix *(Arr. de Mont.*, II, 279 et suiv.), et La Chenaye (I, 96).

[10] Le 17 août 1355 (Guiberti, not.), *étant veuve* et tutrice de son fils Galvan, elle reçut quittance de 15 écus, légués par son mari à l'église du château de Lombers, pour la rédemption de son âme et de celle de Hugues et Briand ADHÉMAR, ses ancêtres (Beaujon).

X. Galvan ADHÉMAR, csgr de Villelongue[1], présent, le 10 juil. 1396, à la constitution de dot faite par Gaillard de SERVIÈRES *(Serrycira)*, en faveur du mariage de Marquise de SERVIÈRES, sa fille, avec Giraud de la BARRIÈRE, sgr de Firmy[2]; fit hommage, le 14 juil. 1399, à Guillaume de la BARRIÈRE, sgr de Peirelès[3], et mourut avant le 23 fév. 1420[4]. Il avait ép. Elipde[5];
d'où : Rigal, dont l'article suit.

XI. Rigal ADHÉMAR, damoiseau, csgr de Ausitio, Firmy, Le Gignac (ou Lesignac), Ponts, La Roque-Rocozel, Villelongue, etc...; prêta hommage, pour Villelongue[6], à Guillaume de SOLAGE, sgr de Peirelès, le 23 fév. 1420[7]; ratifia, le 22 fév. 1428[8], une donation faite par Hugues et Jean de COFFINHIEYRES (La Chenaye dit *Cossinhiegres)*, frères; fut nommé exécuteur testamentaire, le 2 oct. 1452[9], au test. d'Arnaud de CASTANET, sgr de Castanet, époux de Alde ADHÉMAR (?), fit son test. à Firmy, le 12 mai 1473[10], par lequel il élit sa sépulture en l'église de ce lieu, auprès de sa femme, nomme son aïeule Fine RATTIER, lègue à ses filles Fine, Elipde, Marquise, Bertrande, Marguerite, *N*..., à ses fils Rigal (religieux), Pierre *le jeune*, Guillaume, Pierre *l'aîné*, et institue pour héritier son fils Jean, lui substituant successivement Pierre *l'aîné*, Guillaume et Pierre *le jeune*. Il vivait encore le 26 juin 1473[11], et mourut avant le 17 déc. de la même année[12]. Il avait ép., suiv. contrat postérieur du 13 août 1411[13],

---

[1] La Chenaye cite un acte de 1384, par lequel ce Galvan réclamait aux ADHÉMAR de la Garde la terre de Clansayes; mais Galvan ne paraît pas en avoir rien obtenu et, par suite, cette branche, entièrement dépourvue de fortune, devint tout à fait étrangère au Dauphiné et aux parents qu'elle y avait laissés.

[2] Guillaume Guiberti, not. (Arch. de Panat).

[3] Arch. de Panat.

[4] Hommage de son fils Rigal (arch. de Panat).

[5] Le 2 janv. 1424 (Guil. Guiberti, not.), elle fit donation à son fils Rigaud (arch. de Panat). Le Mémoire de Beaujon ne contient pas autre chose; mais La Chenaye (I, 104) et Barrau (II, 583), disent que Galvan ép., en premières noces, vers 1370, Hélène de BÉRENGUIER (armes : *coticé d'or et d'azur en barres*. V. Barrau, II, 578.), dame en partie de Malemort, S. P.; et, en deuxièmes noces, Hélipde ADHÉMAR (?) qui, devenue veuve, fit donation, le 2 janv. 1424, à son fils Rigal, de tout ce qu'elle possédait au mandement de Brousse, près de Broquiès (canton de St-Rome, Tarn).

[6] D'après La Chenaye, Rigal perdit contre les héritiers de sa belle-mère, Hélène BÉRENGUIER, un procès qui le força à leur restituer la terre de Villelongue, ce qui acheva de ruiner sa famille.

[7] Acte passé au château de Séverac, par Bertrand Inerii, not. (arch. de Panat).

[8] Arch. de Panat.

[9] Arch. du m^is de Castanet (D. Villevieille, 64). Le testateur élit sa sépulture à Castanet, auprès de ses ancêtres, lègue à sa femme, à Antoine et Louis, ses fils, à Cébelie et Isabelle, ses filles, femmes de Jean PALHAIROLS et de Ramon d'ISSOULIERO, et institue pour héritier son fils Jean.

[10] Jean Broa, not. d'Albin (arch. de Panat).

[11] Procuration à son fils Jean (Hugues de Solo, not.. Arch. de Panat).

[12] Compromis entre Jean et Pierre, ses enfants (arch. de Panat).

[13] Guillaume Guiberti, not.

Cébelie de LA BARRIÈRE[1], dame de Firmy[2], fille de Giraud et de Marquise de SERVIÈRES ;

d'où : 1. Jean, sgr de Firmy, héritier de son père et de sa mère, passa transaction avec son frère Pierre le Jeune, le 29 déc. 1474; fit son test., le 16 sept. 1491[3], par lequel il élit sa sépulture dans le tombeau de ses père et mère, qu'il nomme, lègue à ses filles Gabrielle, Borguette, Louise, *autre* Gabrielle, à ses fils Jean, Pierre, *autre* Jean, Galvan, et institue pour héritier Gaspard, son fils aîné. Il avait ép., en premières noces, suiv. contrat du 21 janv. 1457[4], Marguerite de LA TOUR, fille de Bernard, sgr de Chavarens, et de Jacquette du PUEL ; et, en deuxièmes noces, Borgine (ou Bourguine) d'HÉRAIL[5], fille de Jean, sgr de Lugan ;

d'où : du 1er lit,

A. Gaspard, sgr de Firmy, héritier de son père, mourut avant le 12 déc. 1515. Il avait ép., en premières noces, suiv. contrat du 20 janv. 1493, Jeanne d'HÉRAIL[6], et, en deuxièmes noces, Delphine de DURFORT[7], fille d'Antoine, sgr de Boissières, et de Jeanne de LUZECH, sa première femme ;

d'où : du 1er lit,

a. Jean, mourut après son père ; S. A. ;

b. Pierre mourut après son père ; S. A. ;

c. Louise, mourut après ses frères germains ;

---

[1] Majeure de 13 ans, mineure de 25. Elle fit son test. le 11 déc. 1461 (Jean Broa, not.), dans lequel elle nomme son père et son mari, élit sa sépulture à l'église de Firmy, auprès de son père, lègue à ses filles Marguerite, Fine, Elipde, Marquise, Jeanne *l'aînée*, Bertrande, Jeanne *la jeune*, à ses fils Rigal, Pierre *l'aîné*, Guillaume, Pierre *le jeune*, et institue pour héritier son fils Jean. Armes : *d'or à deux fasces de gueules, accompagnées de six fleurs de lys d'azur*. V. Barrau, II, 155. Courcelles, *Hist. des Pairs*, V. LUR SALUCES, 16.

[2] Cette terre (canton d'Aubin, Aveyron), avait été donnée à son grand-père maternel, en 1283, par Pierre de la BARRIÈRE, cardinal, év. d'Autun.

[3] De Solo, not.

[4] Jean Broa, not.. Présent, Raymond de la TOUR, aïeul de la future. Dot : 1.500 écus d'or (arch. de Panat).

[5] Elle avait ép., en premières noces, en 1436, Guigues de BORNE d'Altier, sgr du Champ. (Armes : *d'or au chêne de Sinople*. V. Barrau, III, 383, 788).

[6] La Chenaye nomme cette première femme, Marguerite HÉBRARD de St-Sulpice.

[7] Elle transigea, étant veuve, le 12 déc. 1515, avec Louise ADHÉMAR, sa belle-sœur consanguine, et plus tard, âgée de 60 ans, ép., en deuxièmes noces, Antoine de GUEYRAC (*alias* GAYRAC). Le P. Anselme (V, 720; IX [P. de C.], 316), dit Delphine de DURFORT mariée en premières noces, avec *Azema*, sgr de Formez (au lieu de Gaspard AZÉMAR, sgr de Firmy), et, en deuxièmes noces, avec Anthoine de GAYRAC, lui donnant pour mère, Jeanne de LUZECH, première femme d'Antoine de DURFORT. La Chenaye (VII, 86), dit Delphine mariée avec Jean de PELEGRY, sgr et bar. du Vigan, ne parlant pas des alliances mentionnées par le P. Anselme et disant Jeanne de LUZECH, deuxième femme d'Antoine de DURFORT. Armes de Durfort : *d'argent à la bande d'azur*.

et, du 2e lit,

d. Autre Jean, fit son test. en faveur de sa mère, ce qui fit sortir de la famille la terre de Firmy et tous les biens de cette branche[1] ;

B. Jean, légataire de son père au test. du 16 sept. 1491 ;

C. Pierre, id. ;

D. *Autre* Jean, id. ;

E. Galvan, ayant survécu à tous ses frères et à son neveu, Jean ADHÉMAR, fils de Gaspard, se porta comme héritier des substitutions apposées aux contrats de mariage de son père Jean et de son aïeul Rigal ADHÉMAR ; fit donation de tous ses biens, en 1527, à son cousin germain, Gaspard ADHÉMAR, fils de Pierre le Jeune, et confirma ladite donation par son test. du 10 sept. 1531 ; S. P. ;

D. Gabrielle, légataire au test. de son père du 16 sept 1491 ;

E. Borguette, id. ;

et, du 2e lit,

F. Louise, religieuse au monastère de Noningues, passa transaction avec sa belle-sœur, Delphine de DURFORT, le 12 déc. 1515[2] ;

G. *Autre* Gabrielle, légataire au test. de son père du 16 sept. 1491.

2. Rigal, religieux au monastère de Conques[3] ;

3. Pierre *l'aîné*[4], sgr de la Roque-Rocozel, qu'il avait eu en legs au test. de son père. Sa branche finit à Jacques ADHÉMAR, sgr de la Roque-Rocozel et de Nages, qui ép. Jeanne d'ARJAC[5], fille de Antoine, bar. du Cayla, sgr de Brussac, et de Marie EBRARD de la Bastie ;

d'où : Jeanne, ép., en 1582, Jean-Pierre de MONTAZET, sgr de la Motte ; leurs descendants possédaient encore la terre de la Roque-Rocozel[6], en 1765;

4. Guillaume, dont l'article suit ;

5. Pierre *le jeune*, tige des sgrs de Cransac et de Lantagnac, rapportés plus loin ;

---

[1] Par suite des transactions de 1538 et 1563, mentionnées plus loin aux degrés XIV des branches de la Garinie et de Cransac.

[2] Aimery Bissolet, not. (arch. de Panat).

[3] En 1473, d'après Courcelles.

[4] C'est à ce Pierre ADHÉMAR que les MM. ADHÉMAR de Cazevieille ont prétendu se rattacher, ce qui les ferait les aînés des ADHÉMAR actuels. V. Append. II.

[5] Courcelles, *loc. cit.*, 28. Barrau, III, 5. Armes : *d'azur au pairle d'argent accompagné en chef d'une molette d'éperon d'or.*

[6] Diocèse d'Alby.

6. Fine *(probab.* Joséphine), ép. Antoine de BELLOC[1] ;
7. Elipde, ép., suiv. contrat du 26 fév. 1445[2], Olivier de MARTIN, sgr de Solar, Camares, etc... ;
8. Marquise, ép., suiv. contrat du 26 fév. 1445[3], Bertrand de MARTIN, fils d'Olivier[4] ;
9. Jeanne, ép., suiv. contrat du 3 fév. 1476[5], Jean GRAND (ou GRAN), du bourg de Salés ;
10. Bertrande, ép. *N...* de St-ANTOINE ;
11. *(Autre)* Jeanne, ép. Adhémar de MANSO (ou du MAS) ;
12. Marguerite, eut un legs de 100 écus d'or au test. de sa mère, du 11 déc. 1461.

XII. Guillaume ADHÉMAR, sgr de la Barrière et la Garinie, mourut avant le 23 nov. 1491. Il avait ép., suiv. contrat du 29 déc. 1475[6], Souveraine de SALGUES[7], fille de f. Jean, sgr de Salgues[8] et de la Garinie[9] ;
d'où : 1. Raymond, dont l'article suit ;
2. Marc, fit donation à son frère Raymond, le 4 mai 1506[10], et fut reçu, le 7 du même mois, chev. de St-Jean de Jérusalem au Grand Prieuré de Saint-Gilles.

XIII. Raymond ADHÉMAR, sgr de la Garinie, mourut entre le 5 nov. 1526[11] et le 12 mars 1542[12]. Il avait ép., en premières noces, suiv. contrat du 23 oct. 1491[13],

---

[1] Mourut avant le 12 mai 1473.

[2] Jean Broa, not. (arch. de Panat, d'après Beaujon). Courcelles donne à ce mariage la date du 4 fév. 1445.

[3] Jean Broa, not. (arch. de Panat, d'après Beaujon).

[4] Le mari de sa sœur (Courcelles, *loc. cit*, 28).

[5] Jean Broa, not. (arch. de Panat, d'après Beaujon). Courcelles donne à ce mariage la date du 3 fév. 1445.

[6] Passé à Montbazens (dioc. de Rodez), devant Jean Broa, not.. Les fiançailles avaient eu lieu le 12 avril 1474, en présence d'Antoine de SALGUES, frère de la future.

[7] Ve de Pierre MERCIER *(Mercerii)*, éc. V. Barrau, III, 558. Il ne donne pas les armes de cette maison de SALGUES, qu'il dit fondue dans celle de LAPARRA, au 16e siècle. Courcelles *(Hist. des Pairs*, X, LESCURE, 1), donne bien les armes d'une maison de SALGUES, substituée à celle de LESCURE, mais nous ne savons si c'est la même famille. Ces armes seraient : *d'azur au lion d'or.*

[8] Diocèse de Rodez.

[9] Commune de Lugan, canton de Montbazens (Aveyron).

[10] Il y est dit majeur de 14 ans, et mineur de 25, et y est nommé *Azémar,* tandis que son frère y porte le nom d'ADHÉMAR, ainsi qu'il l'avait pris dans son contrat de mariage.

[11] Donation de sa femme à leur fils Balthasar.

[12] Test. de sa deuxième femme, se disant veuve. *Sic* au Mémoire de Beaujon. Les généalogistes se trompent donc en donnant cette date comme celle du test. de Raymond ADHÉMAR.

[13] Dot : 1.200 l., à charge de renoncer à tous ses droits sur les successions de ses père et mère, en faveur de son frère Antoine. En présence de Pierre ADHÉMAR, de la paroisse de Rivières. Cette même date du 23 oct. (ou nov.) 1491, est faussement donnée au contrat du deuxième mariage de Raymond ADHÉMAR, dans les preuves de noblesse de Marguerite-Catherine *Azémar* (ADHÉMAR) de Montfalcon, pour son entrée à St-Cyr, en avril 1693 (Morin-Pons, 369).

Claire de Peyrusse[1], fille de Beg (ou Bègon), sgr du repaire de la Caze et de Bez ; et, en deuxièmes noces, Hélix Séguy[2] ;
d'où : du 2e lit,

1. Balthasar, dont l'article suit ;
2. Marc, relig. à Moissac, vivait le 1er mai 1553[3] ;
3. Charles, chan. de Conques[4], vivait le 1er mai 1553[3] ;
4. Antoine, mourut avant le 12 mars 1542[5] ;
5. Jean, prieur de Conques[6] ;
6. Anne[7], mourut avant le 12 mars 1542[5]. Elle avait ép. Raymond de Metges, de la ville de Caylus-sur-Bonnette[8] ;
7. Florette[9], ép. François Viguier, marchand à Asprières.

XIV. Balthasar Adhémar, sgr de la Garinie, Ponts, La Roque-Rocozel, etc... ; passa compromis, le 5 juil. 1532, avec Gaspard Adhémar, sgr de Cransac, au sujet du procès contre Delphine de Durfort, puis transaction, le 14 avril 1538[10], avec Delphine de Durfort elle-même, alors femme d'Antoine de Queyrac (*alias* Gayrac) sgr de Firmy, veuve en premières noces de Gaspard Adhémar, fils de Jean, et petit-fils de Rigal et de Cebelie de Barrière, par laquelle il céda à ladite Delphine, tous les droits auxquels il pouvait prétendre sur l'hoirie de Jean Adhémar, qui avait institué pour héritier ladite Delphine, sa mère, et s'engagea à faire ratifier cette transaction par Hélix Séguy, sa propre mère, par Catherine Glandières, sa femme[11], et par ses frères et sœurs ; fut héritier de sa mère ; fit son test. au château de la Garinie, le 1er mai 1553[12], par lequel il élit sa sépulture dans l'église paroissiale de St-Géraud-de-Montbazens, en la chapelle de St-Antoine, et dans le tombeau de ses prédécesseurs, lègue à ses fils Antoine, Marc, Jean et Pierre, et à ses filles Anne, Françoise, Fleur, Antoinette et Adrienne, institue pour son héritière, sa femme, à charge de remettre son hérédité entière à l'un de leur fils, et mourut avant le 21 fév. 1571.

---

[1] Armes : *d'azur au lion d'argent, au chef cousu de gueules, chargé de trois besants d'or.* V. O'gilvy, *Nobil. de Guyenne*, II, 105.

[2] Fit son test., le 12 mars 1542 (Guirbal, not. à Aubin, en Rouergue), par lequel elle élit sa sépulture à Montbazens, dans le tombeau de son mari, lègue à ses petites filles de Metgès, à sa fille Florette, à ses fils Marc, Charles, Jean, et institue pour héritier, son fils Balthazar. Armes, selon Courcelles (*Hist. des Pairs*, III, Adhémar, 29) et Barrau (III, 321) : *de gueules au levrier passant d'argent ; au chef cousu d'azur, chargé d'une étoile d'or.*

[3] Test. de son frère Balthasar.

[4] (Dioc. de Rodez), chef-lieu de canton, Aveyron.

[5] Test. de sa mère.

[6] Test. de son frère, Balthasar. Barrau et Courcelles le disent prieur de Colonges.

[7] Au lieu de cette Anne, Barrau et Courcelles mettent : Marie ép. Bérenger de St-Paul, sgr de Bonneval, en Albigeois.

[8] En Quercy : d'où des filles indiquées au test. de leur grand-mère, Hélix Séguy, dame de la Garinie.

[9] Au lieu de cette Florette, Barrau et Courcelles mettent : N... ép., en 1530, Jean de Cornière, sgr du Mas.

[10] Ramond de Caseau, not. à Marcillac.

[11] Elle la ratifia, en effet, le 27 août 1539 (même not.).

[12] Borey, not. à Montbazens.

Il avait ép., suivant contrat passé à Balzac[1], le 21 juin 1526[2], Catherine GLANDIÈRES[3], fille de Antoine, sgr de Prades (Pratis), csgr de Balsac et d'Hélène de RESSÉGUIER ;

d'où : 1. Antoine, sgr de Firmy, était un des 50 hommes d'armes de la compagnie du Duc de Gènevois, en 1569, et mourut avant le 21 fév. 1571, puisqu'il n'est pas nommé au test. de sa mère ;
2. Marc, dont l'article suit ;
3. Jean, parait aussi être mort avant le 21 fév. 1571 ;
4. Pierre, éc.[4], fit donation, le 15 mai 1592, à sa belle-sœur, Françoise de NARBONNE, et à son neveu, Jean ADHÉMAR, fils de celle-ci ;
5. Anne, légataire de son père, le 1er mai 1553, mourut, *probab.*, avant le 21 fév. 1571, date du test. de sa mère, où elle n'est pas nommée ;
6. Françoise, légataire de sa mère, au test. du 21 fév. 1571, avait ép., avant ledit jour, *N*... ;
7. Fleur (ou Florette), ép., avant le 21 fév. 1571, Jean FILHOLI, licencié ès-droits, demeurant à Conques ;
8. Antoinette, légataire de sa mère, le 21 fév. 1571 ;
9. Adrienne, id.

XV. Marc ADHÉMAR, sgr de la Garinie, légataire de son père, et héritier de sa mère, mourut avant le 16 sept. 1588[5]. Il avait ép., suiv. contrat passé au château de Puyliones[6], le 6 nov. 1572[7], Françoise de NARBONNE[8], fille de f. Balthasar, bar. de Puyliones, et de Louise de BEAULAT de St-Gery ;
d'où : Jean, dont l'article suit.

XVI Jean ADHÉMAR, sgr de la Garinie, transigea, le 29 déc. 1632[9], avec Louis de la GARDE, sgr de Saignes, son beau-frère, sur le supplément de légitime qui revenait à ses enfants du chef de leur mère, décédée, dans l'héritage des père et mère de celle ci ; donna quittance, le 8 déc. 1644, de 140 l. dues à ses enfants, pour leur quote-part, dans les 1.000 l. accordées par S. M. aux gentilshommes et aux officiers qui avaient soutenu le siège dans Ville-

[1] Diocèse de Rodez.

[2] Fontenerie, not.. Dot 2.000 l. t.

[3] Fit son test., le 21 fév. 1571 (Borey, not. à Montbazens), par lequel elle élit sa sépulture au tombeau de son mari, lègue à son fils Pierre, à ses filles Antoinette et Adrienne, non mariées, à Françoise et Fleur, mariées, et institue pour héritier son fils Marc. Armes : *d'azur à trois glands d'or, deux en chef et un en pointe*. V. Barrau, II, 407.

[4] Barrau, et Courcelles le disent écuyer d'Henri IV.

[5] Ordre d'Antoine de BUYSSON, sénéchal et gouverneur en Rouergue, de procéder à l'inventaire des biens de Marc AZÉMAR, à la requête de sa veuve (Morin-P., 368), qui, le 15 déc. 1592, était encore tutrice de leur fils, Jean.

[6] Paroisse de Lyrac, en Quercy.

[7] Pierre Carrel, not., dot 3.000 l. Présent : Jean de NARBONNE, sgr de Puyliones, frère de la future.

[8] Armes : *de gueules plein*.

[9] Doumergue, not.

franche en Rouergue, et mourut avant le 24 sept. 1649[1]. Il avait ép., suiv. contrat passé au château de Saignes, le 6 oct. 1603[2], Isabeau de LA GARDE[3], fille de René, sgr de Saignes, etc..., gentilh. ordinaire de la chambre du Roi, et de Madeleine de GAULEJAC ;

d'où : 1. Pierre, dont l'article suit ;

2. René-Marc, tige des sgrs de Panat, rapportés plus loin ;

3. Balthasar, sgr de la Borie, lieut. de la compagnie de Pierre, son frère, sgr de Montfalcon, soutint avec son frère René, le siège de Villefranche, et fut maintenu dans sa noblesse, avec ses frères, le 26 avril 1668[4] ;

4. Louis, sgr d'Elcayron, prit part à la transaction du 24 sept. 1649, avec ses frères, au sujet de l'héritage de leurs père et mère.

XVII. Pierre ADHÉMAR, sgr de la Garinie, Montfalcon, St-Cirq, né vers 1612, cap. de 100 hommes d'armes de pied dans le régiment de Vaillac, par commission datée de Chantilly, le 14 mars 1635 ; transigea avec ses frères, le 24 sept. 1649[5], au sujet de l'héritage de leur père, mort à peu près insolvable ; aide de camp des armées du roi, par brevet daté de Paris, le 3 mai 1657, et son lieut. en la ville de Perpignan, par commission donnée à St-Germain, le 30 août 1662 ; fut maintenu dans sa noblesse, ainsi que ses frères par jugement de M. Pellot, intendant en Guienne, le 26 avril 1668 ; assista, le 29 janv. 1671, au contrat de mariage de son fils René ; fit son test., le 20 janv. 1675[6], et mourut avant le 28 mars 1683[7]. Il avait ép., suiv. articles accordés au château de Prirezac[8], le 21 sept. 1642[9], Dorothée de TUBIÈRES[10], fille de f. François, sgr de la Vacaresse, et de *N*... de BLÈS ;

d'où : 1. René, dont l'article suit ;

2. Balthasar, sgr de Montfalcon, St-Cirq, Vacqueiroles, etc., brigadier des gardes du corps du Roi dans la compagnie du duc de Noailles, reçut, le 28 mars 1663[11], de son frère René, la somme de 7.400 l. à lui léguée par ses père et mère, était capit. exempt des gardes du

---

[1] Transaction entre ses enfants.

[2] Jacques Taulhac, not., dot 6.300 l.

[3] Mourut avant le 20 déc. 1632. Armes: *d'azur à l'épée d'argent en bande*. V. Lainé, *Archives général.*, VI ; VII, add.

[4] Barrau (II, 589), dit qu'il avait ép. Madeleine de MALVESIN de Juignac, et eut pour fille : Cécile, ép. Dominique de COMBRET.

[5] Jacob le Veruhe, not. à Montbazens.

[6] Pierre de la Veruhe, not. à Montbazens.

[7] Quittance reçue par son fils René.

[8] En Rouergue.

[9] Jacob le Veruhe, not. à Montbazens ; dot, 7.000 l.

[10] Fit son test. le 25 sept. 1656 (Jean Dupuy, not.), dans le château de François de TUBIÈRES, sgr de la Vacaresse, son frère, par lequel elle élit sa sépulture dans la chapelle et le tombeau de ses prédécesseurs, ou dans l'église de Montbazens, et institue pour héritier son mari, à charge de nommer un de leurs enfants, léguant 2.400 l. à l'autre. Armes : *d'azur à 3 mollettes d'éperon d'or, au chef du même*. V. Barrau, I. 559 ; Bouillet, *Nobil. d'Auvergne*, VI. 413 ; La Chenaye, XIX, 243 ; Courcelles, *Hist. des Pairs*, IV, BONNE, 10.

[11] De la Veruhe, not.

corps, le 29 avril 1695, lorsqu'il présenta requête au lieut. gén. de Pontoise pour rectifier les énonciations fautives de son contrat de mariage ; chev. de St-L., commandant pour le roi de la ville et citadelle de Nîmes[1] ; ép., suiv. contrat du 10 oct. 1679[2], Jeanne DAGNEAUX, fille de Nicolas, not. à Pontoise, et de Catherine BOUDEAUX ;

d'où : *a*. Balthasar, sgr de Montfalcon, La Barbin, Vagnerolles, etc..., major de la ville et citadelle de Nîmes, mourut en 1761[3]. Il avait ép., en premières noces, le 29 nov. 1723, Marie du BOUSQUET[4]; et, en deuxièmes noces, suiv. contrat du 29 avril 1735[5], Marie de CAMBIS, fille de f. Louis, bar. de Fons, et de f. Gabrielle de RANCHIN ;

d'où : du 1er lit,

aa. Balthasar, lieut. en second dans le régim. de Noailles (plus tard St-Chaumont)-inf., le 1er mars 1738, lieut., le 22 juil. 1739, capit., le 25 juil. 1747, fut tué à la bataille de Rosbach, en 1758 ;

et, du 2e lit,

bb. Jean-Balthasar (dit le v^te^, puis le c^te^ ADHÉMAR[6]), sgr de Montfalcon, La Barbin, Evêquemont[7], Thun[8], Vagnerolles, etc...; né à Nîmes[9], le 10 fév. 1736, bapt. le 16 du même mois, cap. d'inf., chev. de St-L., major de la citadelle de Nîmes, ayant fait ses preuves de noblesse, fut admis, le 4 mars 1765, à monter dans les carosses du Roi ; fut présenté à la Cour, le 13 juin suiv. ; col. du régim. de Chartres-inf., en juin 1765 ; brigadier d'inf., le 1er mars 1780 ; maréc. de camp, le 5 déc. 1781 ; gouverneur de Dax, Ste-Sévère[10], Dieppe[11], Arques[12] ; 1er écuyer de

---

[1] Courcelles (*loc. cit.*, 33), dit qu'il mourut âgé de 97 ans.

[2] Hugues Dauvray, not. à Pontoise ; dot, 1.000 l.

[3] Barrau (II, 595).

[4] Armes : *d'or à la croix vidée et cléchée de gueules* (Courcelles, *Hist. des Pairs*, III ; ADHÉMAR, 33).

[5] Charles de Montfaucon, not. à Nîmes ; dot : 10.000 l., y compris 3.000 l. reçues du Roi comme élève de St-Cyr.

[6] Se qualifiait, le 20 mai 1789, *des 1ers C^tes^ souverains d'Orange, Montélimar et Grignan* (Morin-P., 394). Voyez dans Barrau (II, 595 e suiv.), comment il fut amené à chercher et à prouver sa descendance des ADHÉMAR de la Garde.

[7] Estimée 80.100 fr. le 9 juin 1810 (Morin-P., 404).

[8] Près Meulan.

[9] St-Baudille.

[10] Morin-P, 374.

[11] Id., 384.

[12] Id., 394.

Me Elisabeth de FRANCE[1]; ambassadeur près S. M. Britannique[2], en juin 1783; ministre plénipotentiaire près des Pays-Bas autrichiens[3]; mourut à Thun, le 17 nov. 1790[4]. Il avait ép., en mars 1772, Gabrielle-Pauline LE BOUTHILLIER[5], dame de Bordes-Quénant, fille de Louis-Léon, c[te] de Beaujeu, et de Pauline-Hortense LE BOUTHILLIER de Chavigny[6], sa première femme. S. P.;

b. Jean-Louis, archid. de l'église cathédrale de Nimes, mourut à Nimes, en nov. 1765;

c. François, sgr de La Borie, exempt des gardes du Roi. Il avait ép. *N*... DONESSARGUES;

d. *N*..., } morts au service du Roi;
e. *N*..., }

f. Marguerite-Catherine, née à Pontoise[7], le 6 octobre 1682, reçue à St-Cyr, le 30 avril 1693, sur preuves remontant à 1481[8]. Elle ép., en 17.., *N*... DORMAC;

g. Jeanne-Angélique, née le 21 janv. 1688[9], reçue à St-Cyr, le 7 mars 1695, mourut le 12 mai 1697;

h. Jeanne, née en 1688, bapt. le 8 mars 1696[9], reçue à St-Cyr, en janv. 1704.

XVIII. René ADHÉMAR, sgr de la Garinie, Montfalcon, etc...; reçut quittance de son frère, le 28 mars 1683, et mourut avant le 7 juil. 1719[10]. Il avait ép., suiv. contrat du 29 janv. 1671[11], Jeanne de SEGUY[12], fille de Antoine, sgr de Lasmaries, et de Anne de SALES (*alias* del SALÈS);

d'où : 1. Pierre, dont l'article suit;

2. Balthasar, sgr de La Bourrezie et St-Cirq, mourut le 9 mars 1744.

---

[1] Morin-P., 394.

[2] Morin-P., 384.

[3] Morin-P., 392.

[4] V. Courcelles, *Diction. hist... des généraux Français*, I, 22. Il paraît être mort insolvable; on nomma un curateur à sa succession, qui était réclamée par Marie de CAMBIS, sa mère (Morin-P., 402).

[5] Née le 23 nov. 1735, mourut vers 1820. Elle avait ép., en premières noces, en 1752, Joseph-Ignace-Cosme-Alphonse-Roch de VALBELLE, m[is] de Tourves. V. Append. XXXVII.

[6] Nièce, à la mode de Bretagne, de son mari. Barrau et Courcelles la nomment, à tort, Lucie GODDES de Varennes, la confondant avec sa mère, ép. de Armand-Victor LE BOUTHILLIER, c[te] de Chavigny.

[7] Morin-P., 369

[8] Bibl. nat., *d'Hozier récent*, 87.

[9] Morin-P., 370.

[10] Contrat de mariage de son fils Pierre.

[11] Foulelhe, not.. Dot : 7.000 l.

[12] Mourut entre le 7 juil. 1719 et le 6 fév. 1723 (contrats de mariage de ses deux fils).

Il avait ép., suiv. contrat du 6 fév. 1723[1], Louise de SAUSSES[2], fille de f. Jacques, sgr de Montblanc, et de f. Gabrielle de FALEHET ;

d'où : A. Balthasar-François, sgr de La Bourrezie et St-Cirq, né le 26 déc. 1723, bapt. le même jour, dans l'église paroissiale de Drulhes[3], garde du corps du Roi dans la comp. de Noailles, en 1770 ;

B. Louis, né le 20 sept. 1728, volontaire au régim. d'Aubigny-dragons, mourut jeune ;

C. Marc-Antoine, sgr de Montfalcon, né à La Bourrezie, le 23 juil. 1730, bapt. le 26 du même mois, lieut. au régim. de Bourbonnais, le 16 août 1755 ; aide-major, le 6 oct. 1760, avec rang de cap. le 14 juin 1762 ; major du régim. de Chartres-infanterie ;

D. Antoine, sgr de Montfalcon, né à La Bourrezie, le 8 août 1733, bapt. le lendemain, garde du corps du Roi, en la comp. de Noailles, en 1770.

XIX. Pierre ADHÉMAR, sgr de La Garinie, né en 1676, cap. d'inf., mourut le 2 déc. 1744. Il avait ép., suiv^t contrat passé à St-Martin-de-Cassagnes-Begonhès[4], le 7 juil. 1719[5], Anne de BONNE[6], fille de f. Sébastien, sgr de Rouel, et de f. Marie-Madeleine de PUEL de Parlan ;

d'où : 1. Louis, dont l'article suit ;

2. Joseph, né à La Garinie, le 1er avril 1730, bapt. le lendemain, chan. de Rodez, prieur de St-Pantaléon[7] ;

3. Pierre, né à La Garinie, le 7 juin 1731, bapt. le lendemain, volontaire au régim. de Bourbonnais, en 1770 ; était retiré du service et habitoit à Thun, où, le 14 juin 1784[8], il passait acte de bail pour le compte et avec procuration de Jean-Balthasar ADHÉMAR de Montfalcon. On croit qu'il est mort vers 1820[9] ;

4. Marie-Anne, née le 18 mai 1720, ép. *N...* ;

5. Louise, née le 12 mai 1726 ;

---

[1] Puechoulerès, not.

[2] Mourut le 12 juin 1744.

[3] Sénéch. de Rouergue.

[4] En Rouergue.

[5] Bernard Veruhe, not.. Dot:3.800l.. Présent: Sébastien de BONNE, frère de la future.

[6] Armes : *de gueules à la bande d'or, chargée d'un ours de sable*. Elles sont ainsi données par Courcelles (*Hist. des Pairs*, III, art. ADHÉMAR, 32), Rietstap et La Chenaye. Mais Courcelles soutenant ailleurs (*Hist. des Pairs*, IV, art. BONNE), avec Barrau (III, 429), que cette famille est la même que celle du Duc de Lesdiguières, lui donne, en cet endroit, les armes de cette dernière : *de gueules au lion d'or, au chef cousu d'azur, chargé de trois roses d'argent*.

[7] En Limousin.

[8] Morin-P., 378.

[9] D'après une note des papiers de famille.

6. Jeanne, née le 20 oct. 1732, ép. François d'ORSAL, sgr de La Soulière ;
7. Catherine, née à La Garinie, le 27 avril 1734, bapt. le lendemain, religieuse à l'abbaye royale de St-Jean-du-Buis, à Aurillac.

XX. Louis ADHÉMAR, sgr de La Garinie, Montfalcon, etc.., né à La Garinie, le 5 fév. 1725, bapt. le lendemain, en l'église de N.-D.-de-Lugan ; garde du corps du Roi, comp. de Noailles, en 1745 ; brigadier, chev. de S. L. Il avait ép. *N*... de LAVAUR de Charri ;
d'où : une fille, ép. *N*... JOULIÉ de La Salle[1].

BRANCHE

DES SEIGNEURS DE PANAT[2]

XVII. René-Marc ADHÉMAR de La Garinie, sgr de Panat, Bruéjoulx, Capdenaguet[3], St-Cirq, deuxième fils de Jean, sgr de La Garinie, et de Isabeau de LA GARDE, enseigne, puis successivement lieut., cap., lieut.-col. au régim. de Vaillac, le 17 avril 1645 ; rendit hommage au Roi, le 20 juil. 1666, pour Panat et Capdenaguet, en parerie avec *N*... (BUISSON ?), mis de Bournazel ; aide de camp de S. M. ; fut maintenu dans sa noblesse, avec ses frères, suiv. jug. de M. PELLOT, intendant de Guyenne, le 26 avril 1668 ; fit son test., le 21 mai 1686, par lequel il élit sa sépulture au lieu et tombeau de ses devanciers, lègue à ses fils Charles, Pierre, René et Ignace, à ses petits-fils René-Marc et Charles, enfants de Pierre-Jean, et institue pour héritier ledit Pierre-Jean, son fils aîné. Il avait ép., suiv. contrat passé au château de Capdenaguet, le 14 avril 1648[4], Delphine de FONTANGES[5], fille de f. Pierre-Jean, sgr de Capdenaguet, et de Louise de BUSCAYLET, dame de Panat et de Capdenaguet ;
d'où : 1. Pierre-Jean, dont l'article suit ;
2. Charles, cap. au régim. de Crussol, fut tué à la bataille de Nerwinde ;
3. Pierre, sgr de La Serre, écuyer de S. A. R. Me la Duchesse d'Orléans, mourut à Paris et fut enseveli en l'église St-Eustache, le 21 avril

---

1 Près Aubin, chef-lieu de canton (Aveyron). Ces derniers détails sont tirés de Barrau (II, 590).

2 Près Clairvaux, canton de Marcillac (Aveyron). Cette terre importante donnait la huitième place aux états de Rouergue. V. sur l'ancienne famille de Panat : Append. XXXVII.

3 Commune de Clairvaux, canton de Marcillac (Aveyron).

4 Baules, not.. Apport du futur, 40.000 l. Dot : moitié de tous biens. En présence de Charles de BUSCAYLET, sgr de Panat, et de Louise de la SOULIÈRE, aïeul et aïeule maternels de la future.

5 Fit son test. à Rodez (déposé chez Caneti, not.), le 12 mars 1663, par lequel elle élit sa sépulture en l'église de Panat, lègue à Pierre-Jean, Charles, Pierre, Balthasar et François-René, ses fils, à Dorothée, sa fille, à l'enfant dont elle est enceinte, et institue pour héritier son mari, à charge de remettre à un de ses fils. Armes : *de gueules au chef d'or, chargé de trois fleurs de lys d'azur*, etc... V. de Barrau, I, 727 ; II, 356 ; Bouillet, III, 77, etc...

1720. Il avait ép., suiv. contrat passé au château de Versailles, le 5 fév. 1690[1], Suzanne de Trécourt, fille de f. Etienne, sgr de Siervy, cap. de caval., et de Marie de Pascal ;

d'où : A. *N*..., page de S. A. R. M[e] la Duchesse d'Orléans, officier au régim. de Conty-inf., fut tué au siège de Fontarabie, en 1719 ;

B. François *(dit* le Cte de La Serre), sgr de Morson-sur-Seine, héritier de son père, avec ses sœurs, sous bénéfice d'inventaire, par sentence du 3 sept. 1720 ; maréchal de camp, le 1er janv. 1748, gouverneur de Dunkerque, puis de l'Hôtel Royal des Invalides, le 3 nov. 1753 ; lieut. gén., en 1758 ; inspecteur gén. d'inf. et grand croix de S. L., par provisions du 1er avril 1761[2]. Il avait ép., en 1748, Éléonore-Marie-Josèphe d'Aigneville[3], fille de Charles, sgr de Millencourt, et de Marie-Sophie de Dreux-Nancré ;

C. Jeanne-Louise, } paraissent, avec leur frère François, à
D. Marie-Suzanne, } la sentence du 3 sept. 1720 ;

4. Balthasar, lieut. au régim. de Crussol, fut tué en Candie ;
5. François-René, sgr de Raucourt, cap. au régim. de Crussol, le 14 nov. 1684, blessé d'un coup de canon à la jambe, à la bataille de Nerwinde, le 29 juil. 1693, fit son test. le 5 août suiv., en faveur de son frère Ignace, et mourut, peu après, des suites de sa blessure[4] ;
6. Ignace, sgr de Bruéjouls, cap. au régim. de Crussol, héritier de son frère François-René, en 1693, major de la ville et citadelle de New-Brissach ;
7. Dorothée, religieuse au couvent de N.-D., à Aurillac.

XVIII. Pierre-Jean Adhémar, sgr de Panat, Bruéjoulx, Capdenaguet, etc. ; sergent-major, par brevet donné à Versailles, le 1er janv. 1689, au régim. d'inf. levé à Montauban, par le Mis de Bournazel ; rendit hommage au Roi, le 22 janv. 1704, pour ses diverses terres, et mourut après le 27 fév. 1713[5]. Il avait ép., suiv. contrat passé au château de Reyrière[6], le 20 (ou 29) nov. 1680[7], Marie de

[1] Torinon, not. au Châtelet de Paris. Dot : les biens de son père et 1.500 l.

[2] V. Courcelles, *Diction. histor. des généraux Français*, I, 20.

[3] Armes : d'*argent à l'orle d'azur*. Devise : *la droicte voie !* V. Mis de Belleval, *Nobil. de Ponthieu*, II.

[4] Le Roi nomma, le 29 août 1693, à sa compagnie, vacante par décès.

[5] Contrat de mar. de son fils René-Marc.

[6] Près Sansac-sous-Marinicisse (?).

[7] Esquirou, not. Dot : 25.000 l. En présence de Louise de Bonax de Flory, veuve de Hugues de Senneterre, aïeule paternelle de la future.

SENNETERRE, dame de Caylaret[1], fille de f. François, sgr de Veyrières, etc..., et de f. Françoise de THESAL ;

d'où : 1. René-Marc, dont l'article suit ;

2. Charles, lieut. dans le régim. Royal-Dragons; cap. réformé à la suite du régim., le 1er avril 1719 ; assista, le 6 juil. 1737, au contrat de mariage de son neveu Pierre-Jean ADHÉMAR ;

3. Pierre-Jean, légataire au test. de sa mère du 10 déc. 1694, mourut jeune ;

4. Louis, prieur commandataire de St-Pantaléon, en Limousin, chan. de Béziers et de Rodez ; fut présent, le 6 juil. 1737, au contrat de mariage de son neveu Pierre-Jean ADHÉMAR.

XIX. René-Marc ADHÉMAR, sgr de Panat, Abbas[2], Bruéjoulx, Capdenaguet, Pradels, etc... ; rendit hommage au roi pour ses diverses terres, les 9 fév. 1724 et 22 avril 1735 ; servit dans la 2e comp. des mousquetaires ; fut ensuite cap. d'inf. au régim. de Gondrin[3]. Il avait ép., suiv. contrat passé au château de Triadou[4], le 27 fév. 1713[5], Claudine d'ALBIGNAC[6], fille de f. Jean-François, sgr de St-Gervais, et de Lucrèce de LASTIC de St-Jal ;

d'où : 1. Pierre-Jean, sgr de Panat, Abbas, Bruéjoulx, Caylaret, Granval, Pradels, St-Christophe, St-Georges, Savignac, etc... ; page du Roi en sa grande écurie, en mai 1729[7] ; lieut. au régim. d'inf. de Mgr le Dauphin, suiv. lettres données à Marly, le 29 janv. 1733 ; lieut. des Maréchaux de France en la Sénéchaussée de Villefranche[8], le 10 janv. 1752 ; commissaire de la noblesse en l'Élection de Rodez, le 22 avril 1755. Il avait ép., suiv. contrat passé au château d'Amparre[9], le 6 juil. 1737[10], Marie-Jeanne-Félicité de CORN[11], fille de Arnaud

---

[1] Fit son test., au château de Panat, le 10 déc. 1694 (déposé chez Boysse, not., ouvert après décès, le 18 sept. 1706, par Jean Auzouy, not. à Valady), par lequel elle élit sa sépulture en l'église dudit lieu, lègue 3.000 l. à chacun de ses 4 fils, et institue pour héritier son mari, à charge de choisir lui-même un héritier, désignant, à défaut, son fils Marc. Armes (d'après Courcelles) : d'*azur à 5 fusées d'argent, en fasce.*

[2] Canton de Rodez (Aveyron).

[3] D'Hozier lui a consacré un article sous le nom d'AZÉMAR (I, 42) et lui donne pour armes celles que sa branche portait alors : *d'or à 3 fasces de gueules.*

[4]. Commune de Peyreleau, chef-lieu de canton (Aveyron).

[5] Auzouy, not., Dot : 22.000 l., Présent : François d'ALBIGNAC, Mis de Triadou, frère de la future.

[6] Armes : *d'azur à trois pommes de pin d'or.* Couronne de *marquis*. Supports : *deux griffons*. Devise : *Nihil in me nisi valor*. V. Barrau, III, 231.

[7] Sur preuves remontant jusqu'à Guillaume leur 7e aïeul, époux de Souveraine de SALGUES.

[8] En Rouergue.

[9] Paroisse de St-Julien, canton d'Asprières (Aveyron).

[10] Auzouy, not., Dot : 40.000 l.

[11] Armes : *d'azur à 2 cors de chasse d'or, liés, enguichés et virolés de gueules et contreposés, au chef bandé d'argent, et de gueules.* Couronne de *marquis*. Supports : *à dextre un chevalier soutenant de son épée une couronne royale, à senestre un ange portant une croix*. Cimier : *un château*

Louis, m[is] d'Amparre, etc..., lieut. des Maréchaux de France, et de Anne-Françoise *(alias* Aimée-Françoise) de Bar ;

d'où : Louis-Elisabeth, né à Panat, le 31 mars 1746, bapt. à Rodez, le 4 avril suiv.[1], page en la petite écurie du Roi, mousquetaire en la 2e compagnie ;

2. François-Louis, dont l'article suit ;
3. François-René, prêtre, pensionné de 800 l. sur l'abbaye de Tiron, le 21 juin 1745 ; aumônier de Mmes Henriette et Adelaïde de France, le 28 déc. 1750 ; abbé de Ste-Foi-de-Conques[2], en 1754 ;
4. Elisabeth, reçue, en 1735, relig. bénédictine à l'abbaye royale de St-Cernin, près Rodez ;
5. Charlotte, S. A.

XX. François-Louis Adhémar (dit le chev.) de Panat, né à Panat[3], le 10 déc. 1715 ; reçu page du Roi en sa grande écurie, en août 1732 ; cornette au régim. d'Aumont-cav., le 12 déc. 1739 ; aide major, le 9 fév. 1741 ; major avec rang de cap., le 1er mai 1743 ; lieut. col. au régim. royal, le 1er mai 1748, puis au régim. Royal-cravates, le 8 juin 1764 ; commandant en chef à Metz, le 1er oct. 1764 ; brigadier de cav., le 16 avril 1767 ; com[r] de S. L., le 25 août 1779 ; maréchal de camp, le 1er mars 1780 ; député de la noblesse de Rouergue aux États généraux de 1789 ; mourut à Limbourg, le 12 avril 1792[4]. Il avait ép. *N...* de Spada[5] ;

d'où : Charles-Louis, dont l'article suit.

XXI. Charles-Louis (Vte) Adhémar de Panat, officier de Dragons sous Napoléon Ier, ép. Joséphine de Spada[6], sa cousine ;

d'où : *Sidonie*-Marie-Caroline, ép., en premières noces, à Rodez, le 16 janv. 1838, *Édouard*-Joseph-Simon Adhémar de Cransac, fils de Simon-Joseph-Louis et de Jeanne-Josèphe-Félicité Léotard ; et, en deuxièmes noces, *N...* c[te] de Frogen de l'Eguille[7].

---

flanqué de deux tours carrées, celle à dextre sommée d'une tourelle de même, d'où sort un étendard aux armes de l'écu, derrière lequel deux autres étendards sont passés en sautoir, l'un à dextre, d'azur à deux cors de chasse d'or, l'autre à senestre, bandé d'argent et de gueules. Devise : *Dieu est tout.* V. de Barrau, III, 169 ; Courcelles, *Hist. des Pairs,* IX.

[1] Par., Louis Adhémar de Panat ; mar., Elisabeth de Corn d'Amparre, c[sse] de Cruzy de Marcillac.

[2] Diocèse de Rodez.

[3] Morin-P., 405.

[4] V. Courcelles, *Diction. hist. des Généraux Français,* I, 22. Nous croyons que la *Biogr. Michaud* (I, 178), en fait à tort deux personnages, l'un mort le 1er mai 1791, l'autre le 12 avril 1792.

[5] Famille de Lorraine, originaire d'Italie.

[6] Mr de Spada vivait, en 1802, à St-Mihiel, près Verdun, en Lorraine *(Souvenirs et correspondance du Cte de Neuilly,* 363).

[7] Originaire de Bretagne. Armes : *d'argent au chevron de gueules, accompagné de deux merlettes affrontées de sable en chef et de trois bisses de sinople en pointe.*

BRANCHE

DES SEIGNEURS DE CRANSAC

XII. Pierre ADHÉMAR (dit *le jeune*), csgr de Cransac[1], etc..., 5e fils de Rigaud, sgr de Firmy, etc..., et de Cébélie de la BARRIÈRE, légataire au test. de sa mère du 11 déc. 1461, et à celui de son père du 12 mai 1473; donna quittance, le 17 sept. 1473[2], à Jean ADHÉMAR, sgr de Firmy, son frère, de 100 ducats d'or, payés en déduction du legs de leur père; lui céda, le 29 déc. 1474[2], les droits qu'il pouvait prétendre sur les biens de Cébélie de la BARRIÈRE, leur mère, et mourut avant le 10 sept. 1531[3]. Il avait ép.[4] Marie de BRUYÈRES[5]; d'où : Gaspard, dont l'article suit.

XIII. Gaspar ADHÉMAR, sgr de Cransac, donna quittance de 1.000 l., le 23 janv. 1523, à Guillot VALETTE, sur la dot que celui-ci constituait à Louise VALETTE, sa sœur, fiancée audit Gaspar; héritier de Galvan ADHÉMAR, son cousin germain, suiv. test. du 10 sept. 1531; passa compromis, le 5 juil. 1532[6], avec Balthasar ADHÉMAR, sgr de la Garinie, son neveu à la mode de Bretagne, au sujet du procès qu'ils poursuivaient contre Delphine de DURFORT, veuve de Gaspar ADHÉMAR, au sujet de la terre de Firmy qui avait appartenu à Rigal ADHÉMAR, époux de Cébélie de la BARRIÈRE; obtint, le 23 fév. 1537, lettres royaux le recevant opposant à un arrêt du Grand Conseil prononcé contre lui, le 18 sept 1532[7], pendant qu'il était absent au service du Roi, comme lieut. du Sénéchal de Rouergue, conduisant 1.000 hommes de pied au siège de Barcelonette, et mourut à Albin avant le 4 avril 1538[8]. Il avait ép., suiv. contrat du 23 janv. 1523[9], Louise VALETTE, fille de f. Antoine, sgr de Coulonjac (ou Toulousac);
d'où : Guillot, dont l'article suit.

XIV. Guillot ADHÉMAR, sgr de Cransac, né vers 1532, servit sous les ordres du Cte de Tende, de M. de Cypières, du baron de Bournazel, etc...[10]; transigea,

---

[1] Canton d'Aubin (Aveyron).

[2] Hugues de Solo, not..

[3] Test. de Galvan ADHÉMAR, son neveu germain, fils de Jean.

[4] Ce mariage, donné par Courcelles, n'est pas indiqué dans le mémoire de Chérin.

[5] Armes : *d'or au lion de sable, ayant la queue fourchée, nouée et passée en sautoir* (Courcelles).

[6] Pierre Bolaroti, not. à Toulouse.

[7] Cet arrêt l'avait condamné à mort pour s'être emparé par force de l'héritage en litige et avait confisqué tous ses biens, ce qui explique comment, dans une enquête faite le 15 fév. 1565 et dont il sera parlé au degré suivant, on constata qu'il était mort dans la plus grande pauvreté.

[8] Transaction entre sa veuve et Balthasar ADHÉMAR, de La Garinie.

[9] Agrégi, not..

[10] Ainsi qu'il résulte d'une enquête faite le 15 fév. 1565 où il est constaté qu'il est fils unique, que son père mourut vers 1541 dans une grande pauvreté et que le s[r] de Mirabel, ayant fait inhumer ce dernier par charité, fit ensuite élever ledit Guillot et le poussa au service du Roi.

le 22 mars 1563[1], avec Jacques de GAYRAC, sgr de Montayral, héritier de Delphine de DURFORT, veuve de Gaspar ADHÉMAR, au sujet de la terre de Firmy; reçut des lettres du Roi, données à Paris en mai 1567, lui remettant les biens confisqués sur son père par l'arrêt du 18 sept. 1532, et mourut avant le 6 juil. 1601. Il avait ép., au château de Mirabel, suiv. contrat du 4 fév. 1567[2], Antoinette d'ALBADE, dite de La Motte, fille de n. Armand, dit de La Motte, et de Antoinette de LA GARDE;

d'où : 1. Jean, mourut jeune avant son père[3];

2. Charles, dont l'article suit;

3. Antoine, csgr de Cransac, habitait à Cabanial[4], lorsque, le 31 janv. 1636[5], il fit faire l'ouverture du test. de Ramonde BORN, décédée chez lui, fille de f. Jean BORN de Chobles, veuve de Gerva de ROME; fut institué héritier de Catherine JOFFREN, veuve de Bernard SOUBBIN, du lieu de Cabanial, suiv. test. du 19 nov. 1643[6]; prit possession, le 18 mai 1644[7], d'une maison et de divers biens mentionnés dans une sentence rendue contre Gérard de CESTELLAUZES, du lieu de Cabanial et assista, le 13 oct. 1647, au contrat de mariage de son neveu Pierre ADHÉMAR, sgr des Caves. Il avait ép., suiv. contrat du 25 fév. 1615[8], Charlotte RIGAUD[9], fille de Jean, sgr de Vaudreuil, et de Louise de VERNEUIL.

XV. Charles ADHÉMAR, sgr de Cransac, présenta requête, en oct. 1599, comme représentant Galvan et Louise ADHÉMAR, frère et sœur, enfants de Jean ADHÉMAR, sgr de Firmy, celui-ci fils de Rigal ADHÉMAR et de Cébélie de la BARRIÈRE, leurs auteurs communs, pour reprendre la suite du procès que lesdits Galvan et Louise avaient eu avec Delphine de DURFORT, au sujet de l'héritage de Jean ADHÉMAR, fils de cette dernière, héritage qui avait été adjugé à Galvan, par arrêt du Parl. de Toulouse, du 5 avril 1530, confirmé par arrêt du Conseil, du 18 mai 1534; transigea sur ce procès, le 26 juil. 1601[10], ainsi que son frère Antoine, avec Marie (*alias* Louise) LÉZIGNEM (*alias* LUSIGNAN), veuve

---

[1] Lecamus, not. au châtelet de Paris.

[2] Bernard Dufau, not. à Albin. En présence de Charles d'ALBADE, frère de la mariée, qui lui donne 1.000 l.; du s[r] de Mirabel; de Pierre de la PANOUSE, s[r] de Miramon; de Balthasar de CASTELPERS, s[r] de la Salle; de Jean ADZEMAR, s[r] de St-Miquel, etc...

[3] Bibl. Nat., *Hozier récent*, 74.

[4] Canton de Villefranche-Lauraguais (H[te]-Garonne).

[5] Morin-P., 360.

[6] Morin-P., 361.

[7] Morin-P., 362.

[8] Escaffre, not. à Cabanial, dioc. de Toulouse. Anne Rigaud, tante de la future, assiste à ce contrat.

[9] Armes: *d'argent au lion de gueules couronné, lampassé et armé de même.* V. Lachenaye, XVII, 77; L. de la Roque, *Arm..... de Lang. Toulouse*, 294.

[10] Pierre Dupuy, not. à Castres.

du s[r] de Pilles, mère et administreresse de Samuel de CLERMONT, bar. dudit lieu, qui se porta héritier de Delphine de DURFORT, et abandonna tous ses droits moyennant la somme de mille écus, comptés par la dame de Pilles; fit son test., le 2 août 1614[1], et mourut avant le 14 fév. 1638[2]. Il avait ép., suiv. contrat passé à Montjoire[3], le 3 janv. 1595[4], Jeanne du BOUSQUET[5], fille de Jean, csgr de Montastruc, et de Marguerite JAGOT ;

d'où : 1. Jean, dont l'article suit ;

2. François, sgr de Lantagnac[6], exempt des galères du Roi en oct. 1641; légataire de sa mère ; sergent-major des gens de guerre de Monthulin, en Boulonnais, par com[on] donnée à Paris, le 12 mai 1644[7] ; mourut *probab.* avant 1670, puisqu'il ne paraît pas avec ses frères au jugem. de nob. cité plus bas ;

3. Pierre, tige des sgrs de Lantagnac, rapportés plus loin ;

4. Guillaume, sgr de Cransac, né vers 1615, légataire de sa mère, cap. au régim. de Linières ; sergent-major de la ville de St-Quentin, par com[on] donnée à Paris, le 9 juin 1651 ; est dit âgé de 51 ans dans une déclaration faite par lui à l'intendance d'Amiens, le 19 oct. 1666; fut maintenu dans sa noblesse, suiv. jugement du 13 janv. 1670. Il avait ép., suiv. contrat du 7 mars 1654, Marguerite de GRAVE[8] ;

5. Madeleine, légataire de sa mère. Elle avait ép., avant le 3 mai 1643, Jacques BARAST (*alias* BAROUST), sgr de la Roquette ;

6. Marguerite, légataire de sa mère ;

7. Jeanne, légataire de sa mère ;

8. Dauphine, légataire de sa mère. Elle avait ép., Etienne de GASTOY, sgr de Cambiac.

XVI. Jean ADHÉMAR, sgr de Cransac, héritier de sa mère, fit son test., le

---

[1] Seguy, not. (Bibl. Nat., *Carrés d'Hozier*, 32 ; *Hozier récent*, 82 et suiv.).

[2] Date du contrat de mariage de son fils Jean.

[3] Canton de Fronton (H[te]-Garonne).

[4] Pierre Carrery, not. à Vaquières. Dot : moitié des biens paternels et maternels. Présent: Jean de JAGOT, év. de Lescar, oncle maternel de l'épouse.

[5] Fit son test. au château de La Roquette-du-Puy-d'Escarpy (Rouergue), le 3 mai 1643 (Joffre, not.), par lequel elle élit sa sépulture au cimetière de Puyminhion, dans le tombeau de Jacques de BARAST, son gendre, fait des legs à ses enfants, et institue pour héritier Jean, son fils aîné. Courcelles donne pour armes à cette Jeanne du BOUSQUET, ainsi qu'à Marie du BOUSQUET (V. ci-dessus p. 72, note 4), *d'or à la croix vidée et cléchée de gueules*, qui sont à peu près celles des BOUSQUET de Montlaur. Nous ne voudrions pas les garantir.

[6] Le mémoire de Chérin que nous avons suivi jusqu'ici, étant fait spécialement pour la branche de Lantagnac, s'arrête à ce degré pour celle de Cransac. Nous donnons la suite de cette dernière, d'après Courcelles, jusqu'à la fin du 18e siècle, et nous l'avons continuée jusqu'à nos jours, d'après les indications que nous avons pu recueillir.

[7] Bibl. Nat., *Carrés d'Hozier*, 35.

[8] Veuve de Jean de MÉOILLE, cap. de la comp. de chevau-légers du duc de Guise.

7 juil. 1658[1], et mourut avant le 13 janv. 1670[2]. Il avait ép., suiv. contrat du 14 fév. 1638[3], Claude de MILANÈS, fille de Claude, sgr de Beauven, et de Germaine de GOUTZ *(alias* de GONTZ) ;

d'où : 1. Joseph, dont l'article suit ;

2. Jeanne,
3. Marie,
4. Madeleine,
5. Charlotte,
6. Gabrielle,

} légataires de leur père, le 7 juil. 1653.

XVII. Joseph ADHÉMAR, sgr de Cransac, maintenu dans sa noblesse avec Pierre et Guillaume ADHÉMAR, ses oncles, suiv. jug. de M. BAZIN de Bezons, du 13 janv. 1670[4] ; cap. de grenadiers au régim. de Languedoc, le 6 nov. 1677 ; assista, le 11 fév. 1683, au contrat de mariage de Jean ADHÉMAR de Lantagnac; lieut. col.; mourut le 20 janv. 1725 et fut enseveli dans l'église de St-Clément de la ville de Montfort[5]. Il avait ép., suiv. contrat du 16 nov. 1680, Jacquette de ROQUETTE[6], fille unique de Jean-Pierre, sgr de Canet, et d'Hippolyte de MAURISY *(alias* MAURICES) ;

d'où : 1. Charles, sgr de Cransac, Beauven[7], Grisolles, etc...; né le 6 déc. 1687 ; cap. de cav., chev. de S. L.; fit son test. à Toulouse, le 14 déc. 1763, mourut le 13 janv. 1764, et fut enseveli en l'église paroissiale de Fronton[8]. Il avait ép., suiv. contrat du 5 oct. 1715, Sabine de MACKAU[9], fille de François-Guillaume, prêteur de la ville de Strasbourg, et de Catherine-Barbe d'ISTRESHEIM ;

d'où : A. Antoine-Guillaume, né le 31 oct. 1718, cap. au régim. Royal-Lorraine, lieut. col. de cav., le 21 mai 1766 ;

B. Jean-Baptiste-Pierre, né le 23 juin 1732, comt d'un bataillon de volontaires étrangers, le 22 mars 1759 ;

C. Joseph-Charles-Emmanuel, né le 15 oct. 1724, fut légataire de son père, le 14 déc. 1763. Il avait ép. à la

---

[1] Bibl. Nat., *Hozier récent*, 81.

[2] Date du jugement de nobl. en faveur de ses frères et de son fils, et où il ne figure pas.

[3] Raymond d'Albaret, not. à Fronton (Sénéch. de Toulouse). Le Mis d'Aubaïs se trompe en donnant à ce contrat la date de 1643.

[4] Dans ce jugement, les armes de cette branche, dont le nom s'écrivait alors ASÉMAR, sont marquées : *d'azur à trois fasces d'or, accompagnées de trois têtes de chérubin de même, deux en chef et une en pointe.*

[5] Dioc. de Lectoure.

[6] Elle fit son test. à Toulouse, le 23 mai 1744. Courcelles donne ainsi ses armes : *écartelé aux 1 et 4 d'azur à la bande d'argent, aux 2 et 3 d'or à deux fasces de gueules ;* mais La Roque *(Armorial de Languedoc: Toulouse,* 277), blasonne les quartiers 1 et 4 : *d'azur au roc d'échiquier d'or.*

[7] Près Fronton (Hte-Garonne).

[8] Chef-lieu de canton (Hte-Garonne).

[9] Armes : *écartelé aux 1 et 4 d' , au cheval de sable ; aux 2 et 3 de gueules, à la couronne antique d'or.*

Martinique, le 10 juin 1754, Jeanne-Rose LYNCH[1], fille de Gauthier et de Madeleine-Rose MASSON;

d'où : huit enfants, entre autres,

AA. Guillaume-Jean-Baptiste-Charles, né jumeau à la Dominique, le 25 août 1765, baptisé à St-Pierre de la Martinique, le 30 mai 1773, servit dans l'armée de Condé et fut tué à la Martinique étant sous les ordres de M. de Behague ;

BB. Jean-Baptiste-Antoine-Emmanuel (dit le Cte ADHÉMAR de Cransac), né jumeau à la Dominique, le 25 août 1765, baptisé à St-Pierre de la Martinique, le 30 mai 1773, servit dans l'armée de Condé; fut chef d'escadron et chev. de S. L.;

CC. Jean-Baptiste-Joseph, né à la Martinique[2], le 6 mai 1767; col. d'État major, puis général de brigade, chev. de S. L., officier de la Légion d'honneur, mourut à Fronton, le 12 avril 1841. Il avait ép. à Liége[3], le 1er août 1792[4], Philippine-Marie-Thérèse VANDERMAESEN[5];

d'où : *a*. Charles-Joseph-Guillaume, né à Liége[3], baptisé le 19 mai 1793[7], adjudant-major de la légion des Deux-Sèvres, chev. de l'ordre de Charles III d'Espagne; mourut, sous les drapeaux, à Cadix[8], le 17 janv. 1827. S. P.;

b. Jean-Ferdinand-Auguste, né à Liège[3], le 13 juin 1794[9], sous-lieut. dans les

---

[1] Nièce de l'évêque de Québec. Armes : *d'azur au chevron d'or accompagné de trois trèfles du même, au chef d'argent chargé de trois roses de gueules; un croissant de sable brochant sur la cime du chevron et sur le chef.* Courcelles, qui blasonne ainsi ces armes à l'art. ADHÉMAR (*Hist. des Pairs*, III), donnant plus loin (VII, Notice des Pairs, 234), quelques détails sur la famille LYNCH, ajoute, pour le Pair de France, aux armes ci-dessus : *au franc canton d'azur chargé d'un mur crénelé d'or, maçonné de sable.* Cimier : *un lynx passant ayant la tête de front.* Devise : *Semper fidelis.*

[2] N.-D.-du-Bonport du mouillage de St-Pierre.

[3] Belgique.

[4] St-Gangulphe.

[5] On trouve dans Rietstap (II, 127), deux familles de ce nom à armes différentes; nous ne pouvons donc avec certitude donner les armes de celle-ci.

[6] N.-D. aux Fonts.

[7] Par., Jean-Joseph Vandermaesen et mar., Marie-Joséphine-Elisabeth de PARFONDRY, née VANDERMAESEN.

[8] Espagne.

[9] Mêmes par. et mar. que ci-dessus.

dragons de la Seine, puis cap. de cuirassiers, chev. de la Légion d'honneur, mourut à Toulouse. Il avait ép., Marguerite PREISSER ;

d'où : *aa*. Aristide, mourut à Toulouse. S. P. ;

bb. Hippolyte, enseigne de vaisseau, mourut sur les côtes de Guinée ;

cc. Ulysse, mourut à Toulouse. S. P. ;

dd. Marie, mourut à Toulouse.

c. Emmanuel, né à Toulouse, le 17 sept. 1799, chef de bataillon au 47e de ligne, chev. de la Légion d'honneur, mourut à Fronton, le 12 janv. 1880[1]. Il avait ép. à Fronton, le 5 janv. 1831, *Eulalie* Sylvie GUILHEM, fille de *N*..., et de Blanche de BLANC[2] ;

d'où : *aa*. François-Jean-Baptiste-Emmanuel-Gustave, né à Fronton, le 6 juil. 1836; cap. aide-major d'inf., chev. de la Légion d'honneur ; ép. à Noyon[3], le 3 juil. 1871, Marie-Charlotte-Alice de MORY de Neuflieux[4], fille de *N*... et de Isaure-Alexandrine de la FONS[5] :

d'où : *aaa*. Sophie, née à Lille, le 4 juin 1872 ;

bbb. Octavie-Louise-Renée, née à Lille, le 20 avril 1873.

---

[1] C'est lui que Borel d'H. (*Ann*. XXXVII, 285) fait, à tort, mourir le 16 janv. à Coppy (près Péronne, Somme), où habitait son fils Gustave.

[2] Fille de *N*... de BLANC, membre du Parlement de Toulouse.

[3] Oise.

[4] Armes : *d'or à la fasce d'azur chargée de trois étoiles d'or*.

[5] Armes : *d'argent à trois hures de sanglier de sable*. Supports : *deux lions*.

bb. Philippine-Joséphine-Amélie, née à Fronton, le 14 oct. 1833, ép. à Fronton, le 8 juin 1858, Albert COUSIN de Mauvaisin[1].

DD. Marie-Charlotte, née à la Dominique, en mai 1760 ;

EE. Marie-Marthe-Elisabeth, née à la Dominique ;

FF. Marie-Rose, née à la Dominique, le 14 mai 1769.

D. Marie-Elisabeth, légataire de son père, ép.[2] Paul de MADRON, sgr de Villenouvelle.

2. Joseph, dont l'article suit ;
3. Antoinette, baptisée le 13 juin 1684, vivait veuve en 1718. Elle avait ép. Jules-César d'IZARN[3].

XVIII. Joseph ADHÉMAR de Cransac, né le 9 juin 1693, lieut. de cav. au régim. de Luynes, en 1718 ; mourut le 16 sept. 1779, et fut enseveli en l'église paroissiale de Peyrolières. Il avait ép., suiv. contrat du 18 août 1728, Jeanne de BÉROT[4], fille de Jean-Baptiste, csgr de Calogne[5], et de Isabeau d'ARSON ; d'où : entre autres,

1. Charles-Dominique, né le 28 déc. 1732 ;
2. Paul-Marie, né à Montfort[6], le 10 déc. 1734 ;
3. Simon, né à Montfort, le 18 avril 1736 ;
4. Denis-Joseph-Marie, dont l'article suit ;
5. Guillaume-Marie, né à Toulouse, le 3 oct. 1746, ingénieur à Lavaur[7] ; mourut à Lavalette[8], le 4 mars 1821. Il avait ép. à Lavaur, le 13 juil. 1799, Catherine-Emilie de FERRAND[9], fille de Joseph-Alexandre et de Marguerite de RIVALS ;

d'où : A. Marie-Léon, né à Lavaur, le 3 mai 1801, chanoine de la cathédrale de Toulouse, mourut à Lavalette, le 4 mai 1869;

B. Joseph-Marie-Guillaume-Casimir (Cte), né à Lavaur, le

---

[1] Né en 1820. Il avait ép., en premières noces, en 1846, Thérèse GUIRAUD, et eut pour enfants : du 1er lit, 1. Roger, né en 1853 ; et du 2e lit, 2. Marguerite, née en 1860 ; 3. Gabrielle, née en 1861. Armes : *d'or au chevron de gueules accompagné de trois cousins au naturel, deux en chef et un en pointe.*

[2] Note de famille.

[3] Mourut avant 1718.

[4] Courcelles la nomme, à tort, *Berat.*

[5] Dioc. de Toulouse.

[6] Gers.

[7] Chef-lieu d'arr. (Tarn).

[8] Canton de Verfeil (H^te^-Garonne).

[9] Armes : *de..... à trois bandes de gueules, au chef de..... chargé de trois étoiles de......* Supports : *deux lions* (blasonné, sans garantie, sur une empreinte peu distincte).

8 août 1802, mourut à Toulouse, le 24 nov. 1854. Il avait ép. à Rabastens, le 29 avril 1833, Pauline CHASTENET[1], fille de Auguste-Athanase, v[te] de Puységur, et de Amélie-Éléonore-Joséphine O'KELLY-FARELL ;
d'où : *a.* Marie-*Victor*, né à Toulouse, le 21 février 1836, ép. à Saliès[2], le 20 août 1861, Sophie de BANCALIS de Maurel[3], fille de Charles-Armand-François, Mis d'Aragon, et de Thérèse-Virginie-Séraphine VISCONTI d'Aragona ;
d'où : *aa.* René-Henry, né à Saliès, le 14 juin 1862 ;
bb. *Guillaume-Aymar*, né à Lavalette, le 8 juin 1867, officier de marine ;
cc. Henry-Gaspard-Alexandre, né à Toulouse, le 19 avril 1872 ;
dd. Charles-Fernand-Albert, né à Toulouse, le 27 déc. 1876 ;
ee. *Marguerite*-Marie-Thérèse-Éléonore, née à Toulouse, le 16 fév. 1874 ;
b. Marie-*Henri*, né à Toulouse, le 2 mars 1838, admis à l'École Polytechnique, en 1858 ; cap. d'artillerie, tué à la bataille de Gravelotte, le 16 août 1870 ;
c. Marie-*Alfred*, né à Toulouse, le 2 mars 1838, prêtre de la Cie de Jésus.
6. Dorothée, née en 1729 ;
7. Marie-Thérèse, née à Toulouse, le 12 nov. 1749.

XIX. Denis-Joseph-Marie ADHÉMAR de Cransac, né à Montfort, le 18 avril 1739, ingénieur, mourut à Toulouse, en 1825. Il avait ép., suiv. contrat du 7 avril 1774, Marie-Rose de LOZES[4], fille d'Armand[5], et de Marie du PRAT ;
d'où : entre autres,
1. Simon-Joseph-Louis, dont l'article suit ;

[1] Née le 11 fév. 1811, mourut le 22 fév. 1887. Armes : *d'azur au chevron d'or, accompagné en pointe d'un lion d'or, au chef d'or* (Courcelles, *Hist. des P.*, VI, notices, 145).

[2] Tarn.

[3] Armes : *écartelé aux 1 et 4 d'azur, à l'aigle d'or au vol déployé,* qui est de BANCALIS ; *aux 2 et 3 d'azur au chevron d'or, accompagné de trois étoiles d'argent,* qui est de MAUREL d'Aragon. Couronne de *marquis*. Supports : *deux griffons* (V. Borel d'H., *Ann.* XXVIII, 221 ; Courcelles, *Hist. des P.*, VI, notices 22 ; VIII, *ad.* 8 ; Barrau, II, 450 ; III, 778).

[4] Courcelles la nomme à tort *Loyette*.

[5] Ancien capitoul de Toulouse.

2. Anne-Marie-Charlotte-Guillemette, née le 9 fév. 1777, mourut à Toulouse ;
3. Victoire, née à Vendines[1], le 2 nov. 1780, mourut à Toulouse ;
4. Flavie-Françoise, née à Toulouse, le 3 mai 1782, mourut à Lavalette, le 3 juin 1864.

XX. Simon-Joseph-Louis, c^te^ ADHÉMAR de Cransac, né à Léguevin[2], le 5 août 1779, mourut à Toulouse, en novembre 1821. Il avait ép. à Toulouse, en mai 1808, Jeanne-Josèphe-Félicité LIOTARD[3], fille de *N*... et de Rosalie des ESSARS ;

d'où : 1. *Édouard*-Joseph-Simon, dont l'article suit ;

2. Charles-Guillaume-Hippolyte (v^te^), né à Toulouse, le 20 avril 1815, mourut à Taffy[4], le 6 août 1876. Il avait ép. à Paris, le 28 oct. 1841, Marie-Caroline LAWLESS[5], fille de *N*..., baron LAWLESS, maréchal de camp, et de Marie EVANS ;

   d'où : A. Aymar (Vte), né à Paris, le 17 août 1847, cap. au 105e inf., ép. à Pau[6], le 3 fév. 1875, Jeanne de BARBOTAN[7], fille de f. Charles, Cte de BARBOTAN, et de Louise de DUFAU ;

   d'où : *a*. Gabrielle, née à St-Etienne, le 19 mai 1876 ;

   b. Jeanne, née à St-Etienne, le 23 mars 1878.

   B. Anne-Marie-Marguerite, née à Paris, le 10 juil. 1843, ép. à Toulouse, le 23 avril 1873, Bernard-Marie-Jean-*Charles* de RAYMOND de Cahusac[8], fils de Louis-Marie-Adolphe[9], et de Amélie de GUILHERMY ;

3. Albanie, née à Toulouse, en 1809, ép. à Toulouse, le 29 nov. 1838, Hippolyte GARDEY de Soos[10], fils de Jean, et de Constance BUZON d'Astugue[11] ;

---

[1] Canton de Caraman (H^te^-Garonne).

[2] Chef-lieu de canton (H^te^-Garonne).

[3] Sœur de la c^sse^ AUDIBERT de Lussan.

[4] Près Cornebarrieu, canton ouest de Toulouse (H^te^-Garonne).

[5] Mourut à...., le 22 février 1872. Elle avait une sœur (Marguerite) et un frère William, marié avec Mary SKERRETT (d'où : 1. William ; 2. Édouard ; 3. Aymar ; 4. Élisa). Armes : *d'or au chef d'azur chargé de trois gerbes d'or.*

[6] B.-Pyrénées.

[7] Armes : *de sinople à trois canards d'argent.*

[8] Né le 19 sept. 1831, s.-préfet à Aix-en-Provence, à Castres, puis préfet, chev. de la Légion d'honneur et de St-Grégoire-le-Grand, officier de l'Instruction publique. D'où : 1. Bernard-Pie-Adolphe-Jean-Hippolyte-Édouard, né à Toulouse, le 23 avril 1878 ; 2. Ignace-François-Dominique-Adolphe, né à Toulouse, le 4 juil. 1880 ; 3. *Aymar*-Emmanuel-Henri-Charles, né à Avignonet, le 15 oct. 1882 ; 4. Caroline-Amélie-Marie-Marguerite, née à Aix, le 4 mars 1874 ; 5. Marie-Joséphine-Germaine-Amélie, née à Toulon, le 3 mai 1876 ; 6. Noémi-Joséphine-Marie-*Marguerite*, née à Toulouse, le 3 juin 1885. Armes : *d'azur au lévrier d'argent passant surmonté d'un croissant de même, au chef de gueules chargé de trois étoiles d'or.*

[9] Né vers 1805, mourut à Toulouse, le 30 mai 1880.

[10] Armes : *écartelé au 1 et 4 d'azur à la colombe portant au bec un rameau d'olivier ? au 2 et 3 de gueules au lion d'or.* (Nous ne garantissons pas ces armes, blasonnées d'après une empreinte en cire peu distincte).

[11] D'où : 1. Noémi ; 2. Claire.

4. Henriette, née à Toulouse, en 1810 ;
5. Marie-Étiennette-Joséphine, née à Toulouse, le 6 janv. 1820 ; ép. à Toulouse, le 24 nov. 1840, Jean-Marie-Émile GARDEY de Soos[1], fils de Jean, et de Constance BUZON d'Astugue[2].

XXI. *Édouard*-Joseph-Simon, c^te^ ADHÉMAR de Cransac, né à Toulouse, en

---

[1] Né à Haget (H^tes^-Pyrénées), le 10 mars 1811, mourut à Tillac (Gers), le 20 avril 1883.

[2] D'où : 1. *Alfred*-Félicité-Marie, né à Toulouse, le 12 déc. 1841 ;
2. *Joseph*-Jean-Baptiste-Marie, né à Toulouse, le 28 avril 1845 ;
3. *Louis*-Marie-Noémi, né à Blousson-Sérian (Gers), le 28 mars 1850 ; ép. dans la chapelle du château de Beaudanger, à Nohic (Tarn-et-Garonne), le 25 sept. 1883 (acte civil passé à la mairie de Toulouse), Françoise-Marie-Jeanne-*Blanche* de FALGUIÈRE (née à Toulouse, le 15 avril 1854) ;
d'où : A. Jean-Cyrille-Joseph, né à Nohic (Tarn-et-Garonne), le 14 oct. 1887 ;
B. Jeanne-Louise-Marie, née à Toulouse, le 13 oct. 1884 ;
C. Marie-Élisabeth, née à Toulouse, le 19 nov. 1885.
4. *Paul*-Marie-Joseph, né à Blousson-Sérian, le 10 juin 1855 ; ép. à Toulouse, le 10 août 1886, Marcelle-Marie Joséphine-Madeleine DELQUIÉ (née à Villefranche-Lauraguais — H^te^-Garonne — le 3 sept. 1860) ;
5. *Gabrielle*-Joséphine-Marie, née à Toulouse, le 14 avril 1843 ; ép. à Toulouse, le 11 oct. 1864, Jean-*Emile* FAUGÈRE (né à Agen, le 28 nov. 1832) ;
d'où : A. Arnaud-*Henri*-Marie, né à Tillac, le 3 juil. 1869 ;
B. *Charles*-Joseph-Marie, né à Talence (Gironde), le 9 août 1882 ;
C. *Marguerite*-Marie-Thérèse, née à Tours, le 6 oct. 1865 ;
D. *Marie*-Germaine-Bernarde, née à Tillac, le 16 juil. 1867.
6. *Caroline*-Catherine-Marie, née à Toulouse, le 1er mai 1846 ; ép. à Tillac (Gers), le 25 avril 1881, *Gustave*-Pierre-Marie DUBOURG (né à Albi, le 20 avril 1825) ;
d'où : A. *Alfred*-Léon-Joseph, né à Toulouse, le 16 juin 1883 ;
B. *Paule*-Marie-Juliette-Joseph, née à Tillac, le 20 oct. 1884 ;
C. *Alix*-Félicie-Joseph, née à Tillac, le 22 mars 1888.
7. Joséphine-Marie-*Germaine*, née à Blousson-Sérian, le 19 mars 1848 ; ép. à Tillac, le 6 août 1871, Gilbert PRADAL de Farguettes (né à Réalmont — Tarn — le 4 fév. 1838) ;
d'où : A. Pierre, né à Tillac, le 13 sept. 1879 ;
B. *Marie*, née à Tillac, le 22 avril 1872 ;
C. *Mathilde*, née au château de la Bancalié, à St-Antonin (Tarn), le 16 avril 1873.
8. *Valérie*-Marie-Maximie, née à Blousson-Sérian, le 16 déc. 1852 ;
9. *Elisabeth*-Marie-Thérèse, née à Blousson-Sérian, le 12 sept 1856 ; ép. à Tillac, le 24 nov. 1885, *Hector*-Joseph-Paul, Cte d'AUSSAGUEL de Lasbordes (né au château de Mailhac — Tarn — le 4 oct. 1835) ;
d'ou : A. Gérard, né au château de Lasbordes (près Albi, Tarn), le 11 oct. 1886 ;
B. *Pierre*-Victor, né au château de Lasbordes, le 1er août 1888 ;
10. *Henriette*-Joséphine-Marie, née à Blousson-Sérian, le 1er janv. 1861.

1811, mourut à Colomiers[1], le 13 oct. 1845. Il avait ép. à Rodez, le 16 janv. 1838, *Sidonie*-Marie-Caroline ADHÉMAR de Panat[2], fille de Charles-Louis et de Joséphine de SPADA ;
d'où : 1. Albert, né à Toulouse, en déc. 1839, habitant au château de Panat[3];
2. Raoul, né en 1843, mourut à Rodez vers 1856 ;
3. *Gaston*-Germain-Hippolyte-Marie, dont l'article suit ;
4. Louis, né à Toulouse, en 1845, tué à la bataille de Baume-la-Rollande, en 1870. Il avait ép. à Castelmaurou[4], le 24 mai 1868, Noémie DUPLAN, fille de Charles, et de Caroline FARGUES ;
d'où : Hugues, né à Castelmaurou, en 1869.
5. Marguerite, née à Toulouse, en 1842, religieuse de la Société de Marie-Auxiliatrice, mourut à Toulouse, le 1er oct. 1870.

XXII. *Gaston*-Germain-Hippolyte-Marie, cte ADHÉMAR de Cransac, né à Colomiers, le 18 sept. 1844, chev. de la Légion d'honneur ; ép. à St-Germain-en-Laye, le 5 juil. 1873, Joséphine-Marguerite LABROT[5], fille d'Auguste-André, et d'Élisabeth-Anne CROMWELL ;
d'où : *Raoul*-Louis-Charles, né à Pau[6], le 6 mai 1874.

BRANCHE

DES SEIGNEURS DE LANTAGNAC

XVI. Pierre ADHÉMAR, esgr de Cransac, des Caves (ou d'Escaves), St-Salvy[7], 3e fils de Charles, sgr de Cransac, et de Jeanne du BOUSQUET ; cap. d'inf., par commission donnée à St-Germain, le 4 mars 1637[8] ; maintenu dans sa noblesse[9], suiv. jugem. de M. BAZIN de Bezons, intendant de Languedoc, du 13 janv. 1670 (avec ses fils, son frère Guillaume et son neveu Joseph) ; fit son test. en la ville de l'Isle-d'Albi[10], le 31 mars 1677[11], par lequel il élit sa sépulture en l'église de St-Salvy, auprès de sa femme et d'un de leur fils, lègue à ses enfants, institue pour héritier son fils aîné Jean ; mourut le 2 avril 1683, et fut enseveli le lendemain en l'église de St-Salvy. Il avait ép., suiv. contrat passé en la ville

---

[1] Hte-Garonne.
[2] Née en 1820, ép. en deuxièmes noces, à Rodez (?), vers 1846, Édouard, cte de FROGER de l'Éguille ; S. P..
[3] Près Clairvaux (Aveyron).
[4] Près Toulouse.
[5] Née à Cincinnati (États-Unis d'Amérique), le 22 juin 1848.
[6] B.-Pyrénées.
[7] (De Coutens), canton de l'Isle-d'Albi (Tarn).
[8] Bibl. Nat., *Carrès d'Hozier*, 33.
[9] Sous le nom d'ASÉMAR et les armes : *d'azur à trois fasces d'or accompagnées de trois têtes de chérubin.*
[10] Chef-lieu de canton (Tarn).
[11] Mercadier, not..

de Revel[1], dans la maison du sgr de Vaudreuil, le 13 oct. 1647[2], Anne RIGAUD[3], fille de Jean-Louis, sgr de Vaudreuil, Auriac, etc..., et de Marie de CHATEAUVERDUN ;

d'où : 1. Jean, sgr de Lantagnac, né à St-Salvy, le 30 oct. 1651, bapt. le même jour[4] ; maintenu dans sa noblesse, avec son père, le 13 janv. 1670 ; premier cap. au régim. des fusilliers du Roi ; fit son test., le 27 août 1720[5], par lequel il élit sa sépulture en l'église de l'Isle, à côté de f. sa femme, lègue à son fils Charles, à M. de BOINOND, anciennement cap. avec lui aux fusilliers du Roi, et institue pour héritier son fils aîné Hyacinthe ; mourut le 7 sept. 1723, et fut enseveli en l'église de St-Salvy. Il avait ép., suiv. contrat du 11 fév. 1683[6], Françoise de MONTREDON[7], fille de Jacques, sgr de la Bastide-Paredon, et de Madeleine RENAUT (*alias* REBOUL) ;

d'où : A. Hyacinthe, sgr de Lantagnac, reçut, en son contrat de mariage, donation de tous les biens de son père, sous charge de remettre à son frère Charles les droits lui revenant, et assista au contrat de mariage de ce dernier, le 26 janv. 1716. Il avait ép., suiv. contrat du 1er juin 1711[8], Marie de

---

[1] Chef-lieu d'arr. (Hte-Garonne).

[2] Pierre Castaing, not. à Auriac. Témoins pour le futur : Jean ADHÉMAR, sgr de Cransac, son frère ; Antoine ADHÉMAR, sgr de Cransac, son oncle (qui fit donation de la moitié de ses biens) ; Jacques-Georges de St-POL, sgr de Lorac ; Claude de MÉLANES, sgr de Bobens ; Jean de CHAMBOS, sgr dudit lieu ; Jean de GOUTZ, sgr de Villeneufve, etc... ; et pour la future : son père ; ses frères ; Armand de CHATEAUVERDUN ; Charlotte Rigaud de Vaudreuil, sa tante, ép. d'Antoine ADHÉMAR ; Pierre de CLAVERIE, sgr de Rinigès, prêtre ; Jean de NADAL, sgr de Massaguel ; Pierre de MONTFALCON, sgr de Rogles, etc... Dot : la terre et sgrie de Beaupuy de Grauiagne (en Gascogne).

[3] Fit son test. à St-Salvy, le 10 mars 1670 (Mercadier, not. à l'Isle-d'Albi), par lequel elle élit sa sépulture en l'église de St-Salvy, dans le tombeau d'un de ses fils mort depuis peu, lègue à ceux qui lui restent et institue pour héritier son mari, révoquant un précédent test. du 11 avril 1663 (même not.), et mourut peu après.

[4] Par., Jean ADHÉMAR, sgr de Cransac, son oncle ; mar., Françon de BERNON, veuve de N... de LAURAGERIE, aïeule maternelle.

[5] Dumas, not. à l'Isle-d'Albi.

[6] Bardet, not à Carcassonne. Dot : 14.000 l.. Présents : Pierre ADHÉMAR, père du futur, qui lui fait donation de tous ses biens, sous réserve d'une pension viagère ; Antoine RIGAUD de Vaudreuil, oncle maternel ; Joseph ADHÉMAR, sgr de Cransac, cap. de grenadiers au régim. de Languedoc ; Jacques et Hyacinthe de MONTREDON, père et frère de la future ; Étienne de FOUCAUD, sgr de Cailhavel ; Jean de NIGRIN, sgr de St-Estève ; Antoine de NIGRIN, sgr de Duguiac ; Antoine-Scipion de VOISINS, sgr de la Vernède, etc...

[7] Fit son test., le 1er août 1713 (Bernard Dumas, not. à l'Isle), et mourut avant le 17 janv. 1716.

[8] Jean-François Mercadier, not. à l'Isle-d'Alby. Dot : 12.000 l. (Marie de GOUNET, aïeule maternelle, testa le 12 juin 1707 ; Jean-François Mercadier, not.). Présents : Charles ADHÉMAR de Lantagnac, frère ; Jean-François de RABAUDI, cousin germain de la future ; Pierre de CLÉDIER de Beljoyeuse, sgr de Quint ; Joseph CHEREAU, trésorier de France en la généralité de Montauban, etc...

BOISSET[1], fille de Jean-François, lieut.-col. des milices bourgeoises du diocèse d'Albi, et d'Anne de BOUGINAC; d'où : Jean-Honoré, servit dans la compagnie des cadets, et mourut âgé d'environ 24 ans;

B. Charles, sgr de Lantagnac, Pechpeyrou[2], né à St-Salvy, le 27 juil. 1687, bapt. le 31 du même mois[3]; reçu mousquetaire gris, le 30 oct. 1711; fit son test., le 22 avril 1766; mourut au château de Fonclamouse[4], le 25 oct. 1768, et fut enseveli le lendemain en l'église paroissiale de St Jean-Baptiste de Granejouls[1]. Il avait ép., suiv. articles passés au château de Fonclamouse, le 26 janv. 1716[5], Marie-Anne de CAHUSAC[6], fille de f. Jean[7], sgr de Fonclamouse, et de f. Marie TURPIN de St-Martin-de-Moncornet[8];

d'où : AA. Jean-Baptiste, mourut jeune;

BB. Alexandre, sgr de Fonclamouse, mourut jeune;

CC. Joseph, sgr de Borredon, mourut jeune;

DD. Antoine-Joseph, sgr de Lantagnac[9], né au château de Fonclamouse, le 15 déc. 1740, bapt. le lendemain en l'église de St-Jean-Baptiste de Granejouls[10]; enseigne à drapeau, puis lieut. au régim. d'inf. Rohan-Rochefort (devenu Poitou), le 1er fév. 1763; se retira du service pour se marier; devenu veuf, embrassa l'état ecclésiastique, et mourut vers 1815. Il

---

[1] Survécut à son mari, puis à son fils, dont elle recueillit les biens ainsi que les papiers de famille.

[2] (*Alias* Pechpeyroux), commune de Cézac, canton de Castelnau-de-Montratier (Lot).

[3] Par., Charles de NOGARET, sgr de Roqueserière; mar., Jeanne ADHÉMAR, ép. de N... FOURNIER, avocat.

[4] Commune de Cahusac-sur-Vère (Tarn).

[5] Présents : Jean ADHÉMAR, sgr de Lantagnac, père du futur; Hyacinthe ADHÉMAR, frère; Arnaud-Ambroise ADHÉMAR de Lantagnac, oncle; Jean de CAHUSAC, oncle de la future; Jean-François de BOISSET, col. d'inf.; Guillaume de VERDUN, sgr de St-Bar, lieut.-col. au même régim.; Louis GUÉRIN, sgr du Cayla; Joseph-René de CLERGUE, sgr de Linardier, etc...

[6] Fit son test., le 20 avril 1769 (Boudet, not. à Cahusac), par lequel elle lègue à ses filles encore vivantes : Marianne, Charlotte, Rose, Marie, Suzanne, Madeleine, Hippolyte, et institue pour héritier son fils, Antoine-Joseph.

[7] Servit 33 ans comme cap. de caval. et fut tué à la guerre.

[8] En Thiérache, dioc. de Laon.

[9] Courcelles et St-Allais mentionnent tous deux, comme vivant vers cette époque, et sans le rattacher à aucune branche, Jean ADHÉMAR, col. du régim. de Cambrésis, chev. de S.-L., massacré à Versailles avec ses deux fils, le 9 sept. 1792. Michaud (I, 178) le mentionne parmi les ADHÉMAR de Cransac.

[10] Par., Antoine BONNAVENC, beau-frère (?); mar., Charlotte ADHÉMAR, sœur.

avait ép. à Cahuzac, suiv. contrat du 4 mai 1768[1], Marguerite de VERDUN[2], fille de Jean de VERDUN de Fontès, et de f. Marguerite de VERDUN ;

d'où : *a.* Jean-Joseph, né à Cahusac[3], le 5 mai 1769, bapt. le lendemain[4] en l'église de St-Thomas ; économe au séminaire de Montpellier, chan. de la même ville ; partagea, le 3 juil. 1815[5], avec ses frères Guillaume-Alexandre, Jacques-Charles-Auguste, Jean-Victor, et ses sœurs Charlotte-Marguerite et Julie-Madeleine, les biens de leur père commun[6] ;

b. Guillaume-Alexandre, né à Cahusac, le 6 juillet 1770, bapt. le lendemain[7] ; cap. ; mourut à Lavaur[8], vers 1840. Il avait ép. à Lavaur, Sophie de VILLENEUVE[9] ; S. P. ;

c. Jacques-Charles-Auguste, né à Cahusac, le 10 juil. 1771, bapt. le lendemain[10] ; entré au service en 1789, cap., le 21 fév. 1813, mis à la retraite, le 24 mars 1824, chev. de S.-L. ;

---

[1] (Boudet, not. à Cahusac). Les époux étaient parents au 4e degré. Dot : 15.000 l.. Présents : Marie-Anne CAHUSAC, mère, qui fit donation à son fils de la moitié de tous ses biens et de ses droits sur la succession de la D[lle] de TUPIGNY, de Laon, en Picardie ; Charles ADHÉMAR, père, qui fit donation de tous ses biens ; Jean de VERDUN de Fontès, père de la future, qui fit donation de la moitié de ses biens ; Guillaume de VERDUN de Fontès, prieur de Salettes ; Joseph de VERDUN, sgr de Cahusac ; Jacques de VERDUN, sgr de St-Vincent, oncles de la future ; Joseph d'HAUTPOUL, sgr de Salettes ; Joseph de GRAVE, sgr de Vitrac ; Jean-Hélie de BOUSQUET ; Jacques du CAYLA de Sept-Fons ; Philippe FONTAINE, substitut du procureur du Roi à Cahusac, etc...

[2] Mourut au château de Fonclamouse, le 30 sept. 1777, et fut enseveli en l'église de Granéjouls. Armes : *parti au 1er d'or à trois oiseaux d'azur, au 2e de gueules au lion d'or rampant, au chef d'azur chargé de trois étoiles d'or.*

[3] Canton de Castelnau-Montmiral (Tarn).

[4] Par., Jean (de VERDUN) de Fontès, aïeul ; mar., Marianne de CAHUSAC (grand'mère).

[5] Arnail, not. à Cahusac.

[6] On croit qu'il mourut dans une maison de santé.

[7] Par., Guillaume de VERDUN de Fontès, prêtre, prieur de Salettes ; mar., Marie-Anne ADHÉMAR, tante, ép. François-Marie ROZAT (ou BOZAT), habitant à Montmiral.

[8] Chef-lieu d'arr. (Tarn).

[9] Mourut après son mari. Armes : *de gueules à l'épée d'argent garnie d'or posée en bande la pointe en bas.*

[10] Par., Jacques de VERDUN, sgr de St-Vincent ; mar., Marie-Catherine de VERDUN, tante, ép. de Joseph de St-MARTIAL de Sucre.

mourut à Cahusac, le 16 mai 1830; S. A.;

d. Jean-Victor, né à Cahusac, le 21 oct. 1773, bapt. le lendemain[1]; entré au service en 1793, cap., le 22 mars 1812, licencié, le 31 juil. 1814, chev. de S.-L., le 18 août 1819; rentra en activité, au 57e de ligne, le 19 janv. 1821, chev. de la Légion d'honneur, le 25 avril suiv., admis à la retraite, le 24 mars 1824; mourut à Gaillac, vers 1839. Il avait ép., en premières noces, en Italie, Hyacinthe CANERA[2], et, en deuxièmes noces, à St-Antonin[3], le 9 janv. 1826, Marie-Suzanne-Françoise-Zoé d'ALBENAS[4], fille de Jean-Joseph, vte d'Albenas, et de Sophie-Élisabeth de PANNETIER de Montgranier;

d'où: du 1er lit,

aa. } deux filles;
bb. }

et du 2e lit,

cc. Victor-Prosper-Charles, né à Cahuzac, le 23 nov. 1827, ondoyé le même jour, bapt. le 27 oct. 1828[5]; sergent au 40e de ligne, décoré de la médaille militaire, s.-lieut. aux volontaires, en 1870; mourut à St-Barthélemy, près Marseille, le 3 juin 1887; S. A.;

---

[1] Par., Jean-Guillaume de GUÉRIN du Cayla; mar., Marie-Rose ADHÉMAR, tante.

[2] Mourut à Montdauphin (Htes-Alpes), le 13 mars 1821.

[3] Tarn-et-Garonne.

[4] Avait une sœur (ou cousine), mariée à M. de MIRMAN. Armes: *de gueules au demi-vol senestre d'argent, accompagné de trois étoiles d'or.* V. L. de La Roque, *Arm. de Languedoc Montp.*, I, 9.

[5] Par., Charles d'ALBENAS, lieut.-col., chev. de S.-L. et de la Légion d'honneur, oncle maternel, représenté par Félix, cte d'HAUTPOUL, cap. de cav., chev. de la Légion d'honneur; mar., Louise-Henriette ARNAIL, née de VERDUN, cousine.

dd. Marie-Suzanne-Sophie-Athenaïs, née à Cahusac, le 18 oct. 1826 ; ép. à Rabastens[1], le 28 déc. 1852, Marie-Félix-*Léopold* COSTECAUDE de St-Victor[2], fils de Pierre-Félix-Marie-Ferdinand, et de Marie CLAUSADE ;

e. Joseph-Henri, né à Cahusac, le 17 nov. 1774, bapt. le même jour[3], prêtre, mourut jeune ;

f. Jean-Pierre-Joseph, né à Cahusac, le 20 nov. 1775, bapt. le même jour[4], mourut jeune au château de Clamouse ;

g. Charlotte-Marguerite, née à Cahusac, le 31 août 1772, bapt. le lendemain[5], mourut à.... Elle avait ép. François BOUSQUET[6] ;

h. Julie-Madeleine, née à Cahusac, le 21 mai 1777, bapt. le lendemain[7], mourut à Cestayrols[1], en 1839. Elle avait ép. Joseph-Michel BOUDET[8] ;

EE. Marie-Anne, ép. avant 1769, François-Marie ROZAT (ou BOZAT) ;

FF. Charlotte, légataire de sa mère au test. du 25 janv. 1769, fit quittance de 1.200 l. à son frère Antoine-Joseph ADHÉMAR de Lantagnac, le 8 mars 1776[9] ;

GG. Rose, mourut le 24 juin 1783 ;

HH. Geneviève, mourut à l'âge de 5 ans ;

II. Marie, mourut avant le 20 avril 1769, à l'âge

---

[1] Tarn.

[2] Né à Rabastens, le 1er mai 1803 (11 floréal, an XI), chev. de la Légion d'honneur et de St-Grégoire, mourut à Rabastens, en 1878 ; S. P.

[3] Par., Joseph de HAUDPONT (HAUTPOUL ?) ; mar., Suzanne ADHÉMAR, tante.

[4] Par., Jean-Pierre d'HAUTPOUL de Salettes ; mar., Reyne-Sabine-Liberate de VERDUN.

[5] Par., Joseph de St-MARTIAL de Suere ; mar., Charlotte ADHÉMAR de Granéjouls, tante.

[6] Habitait au domaine de Fonclamouse, en 1815 ; d'où : une fille, ép. N... BENAVENT.

[7] Par., Antoine de RESCLAUX (?) ; mar., Madeleine ADHÉMAR, tante.

[8] Frère d'un notaire.

[9] Boudet, not. à Cahusac.

de 22 ans. Elle avait ép. Jean-François Chabert ;

JJ. Suzanne,
KK. Madeleine,
LL. Hippolyte, } légataires au test. de leur mère, du 27 janv. 1769 ;

2. Antoine, dont l'article suit ;
3. Jean-Pierre, né le 12 août 1658, bapt. le même jour, mourut avant le 10 mars 1670 ;
4. Armand *(alias* Arnaud)-Ambroise, né le 7 avril 1662[1], légataire de son père ; assista, le 26 janv. 1716, au contrat de mariage de son neveu, Charles Adhémar de Lantagnac-Pechpeyrou ;
5. Joseph, sgr de St-Salvy, né le 11 oct. 1665, légataire de son père ; cap. au régim. de Piémont, mourut à Paris, avant le 1er mars 1712[2]. Il avait ép., suiv. contrat du 15 avril 1693[3], Denise Barbé, de St-Astrebère[4], fille de f. Thomas, sgr de Kerbeuf, et de f. Marie le Jumel ; S. P. ;
6. Thomas-Balthazar, né le 16 oct. 1668 ;
7. Anne, légataire de son père ;
8. Marie-Anne, légataire de son père, mourut le 5 juin 1713. Elle avait ép., Jean de Peyrolles *(alias* Peyral) ;
9. Marie,
10. Jeanne-Marie, } désignées au test. de leur père comme religieuses professes au monastère N.-D. du Refuge, à Toulouse, depuis le 27 août 1669.

XVII. Antoine Adhémar (dit le chev.) de Lantagnac, né le 21 fév. 1656, ondoyé le surlendemain, baptisé à l'Isle-d'Albi[5], le 14 mai suiv.[6] ; maintenu dans sa noblesse, avec son père et ses frères, le 13 janv. 1670, par jugem. de M. de Bezons, intend. du Languedoc ; cap. au régim. de Languedoc-infant., par commission du 29 sept. 1677 ; gouverneur de Menton pour S. A. S. le Prince

[1] Les dates de naissance données ici pour les fils de Pierre Adhémar, ne concordent pas avec celles rapportées par d'Aubaïs ; nous avons cru devoir suivre celles de Courcelles, dont l'article est évidemment dressé sur des notes de famille.

[2] Inventaire après décès (Lemoine et Savigny, not. à Paris).

[3] Legrand, not. à Paris. Acte passé chez la Csse de Monceaux, en présence de Charlotte de Biencourt, veuve de François (de France) d'Orléans, sgr de Rothelin, Madeleine Jubert, ép. de François d'Auxy, cte de Monceaux, etc...

[4] Fit partage, étant veuve, le 5 juin 1713 (Lemoine et de Savigny, not. à Paris, Bibl. Nat., *Carrés d'Hozier*, Adhémar, 60), avec 1° Antoine Adhémar de Lantagnac (représenté par Dominique Bernardony, auditeur de la principauté de Monaco, suiv. procuration du 20 juil. 1712, Brès, not. à Menton) ; 2° Jean Adhémar de Lantagnac ; 3° Armand-Ambroise Adhémar ; 4° Marie-Anne Adhémar, ép. de Jean de Peyral (héritiers pour un quart dudit Joseph Adhémar, acte du 16 juil. 1712, Dumas, not. à l'Isle-d'Alby).

[5] N.-D. de la Joncquière.

[6] Par., Antoine de Chateaumodon *(sic,* sur une vieille copie ; ce doit être Chateauverdun), sgr de la Susclonie(?) ; mar., Jeanne de Bousquet, veuve du Sr de Villeneuve.

de Monaco, suiv. brevet du 2 juin 1701 ; commandant pour le roi des troupes détachées dans la ville et le fort de Menton, par commission donnée à Marly, le 6 mai 1707 ; réformé à la suite de la comp. franche du Prince de Monaco, par commission donnée à Versailles, le 24 juin 1710 ; officier des gardes de S. A. S. le Prince de Monaco ; passa transaction, le 5 juil. 1713, avec la veuve de son frère Joseph ; se démit en faveur de son fils de la charge de fourrier de la forteresse de Monaco et du gouvernement de Menton ; mourut à Menton, le 5 août 1744, et fut enseveli le même jour en l'église paroissiale de St-Michel. Il avait ép. à Monaco, le 6 sept. 1678, *Jeanne*-Antoinette de TRUCHY[1], fille de f. François, procureur fiscal du Prince de Monaco, et de Camille de BRESSAN ;

d'où : 1. Gaspar-Balthasar[2], passa au Canada ; fut chev. de S. L. et gouverneur de Montréal. Il y avait ép., *N*... de LINO, nièce de l'évêque de Québec ;

d'où : A. *N*..., officier au service du Roi, ép. à St-Domingue, *N*...[3] ;

d'où : *a. probab.* Joseph-Gaspar (dit le v^te^ d'ADHÉMAR), né à St-Domingue, le 14 mai 1754 ; s.-lieut. au régim. Dauphin Dragons[4], le 24 mars 1774 ; rayé des contrôles, le 2 sept. 1784, n'ayant jamais rejoint ;

B. *N*..., officier au service du Roi ;

C. *N*..., officier au service du Roi ;

D. E. F. G. H. I. J. sept filles, dont on ignore la destinée ;

2. Louis-Antoine, dont l'article suit ;

3. Catherine, à qui son père fit une donation, le 26 fév. 1737 ;

4. Marie-*Rose*, née à Monaco, le 10 fév. 1696, bapt. le 14 du même mois[5] ; ép. à Monaco, le 19 fév. 1720[6], suiv. articles signés le 14 du

---

[1] (On prononce en italien *Trouquy*) née à Monaco, le 1er août 1662, bapt. le 6 du même mois [par., Jean de la GRANGE de la ville de Jargeau (diocèse d'Orléans), lieut. en la comp. du c^te^ de Soveni (?) ; mar., Jeanne-Antoinette de BRESSAN, fille du chev. Hyacinthe BRESSAN (oncle maternel de la baptisée), secrét. d'état du Prince Honoré II, son chargé d'affaire à Paris, gouverneur de Menton, chev. de St-Michel, en 1646] ; mourut à Menton, le 20 sept. 1739, et fut ensevelie le même jour en l'église de St-Michel. Jeanne-Antoinette TRUCHY avait deux sœurs : 1. Angélique, avec laquelle, sous l'autorisation de son mari et du consentement de son fils, Antoine-Louis ADHÉMAR, elle vendit, le 22 nov. 1728 (Jean-Vincent de Monléon, not. à Menton), à Antoine-Louis PETRARDI, une partie de maison à Menton, pour la somme de 1.100 l. ; 2. Isabelle, qui, avec son mari Pierre ALEXANDRE, s^r^ de Roussel, assista, le 16 fév. 1729, au contrat de mariage de son neveu Antoine-Louis ADHÉMAR, et lui fit donation de 8.000 l.. Armes de Truchy : *d'azur au palmier d'or, accosté de deux lions affrontés de même.*

[2] Tous les détails de ce rameau sont pris d'une note ancienne de famille.

[3] Ép., en deuxièmes noces, *N*... GIRAUD.

[4] Dont était colonel son parent *N*... RIGAUD de Vaudreuil.

[5] Par., Charles de la GARDE, gouverneur de la Turbie ; mar., Marie-Rose MARRANA, de la ville de Gênes, ép., en troisièmes noces, de l'avocat CAVALLO.

[6] Tém., Guillaume-Alphonse de BEAUCHAMP,

même mois, passés en acte public le 27 oct. 1729[1], Pierre-Antoine de BOISGELIN[2], fils de Robert, sgr de Kerdu, et de Jeanne AUDREN de Kerantour ;

5. Marion, ép. Guillaume-*Alphonse* de BEAUCHAMP, fils de Guillaume[3].

XVIII. Louis-Antoine ADHÉMAR de Lantagnac, né à Menton, le 3 oct. 1702, bapt. le lendemain[4]; cap. lieut. de la comp. franche de Monaco, en 1728; fourrier de la forteresse de Monaco; s'obligea, le 9 déc. 1734[5], à nourrir et entretenir, leur vie durant, sa mère, sa sœur Catherine et sa tante Angélique TRUCHY ; gouverneur de la ville et forteresse de Menton, suiv. brevet du 2 fév. 1737, par suite de la démission de son père; fit procuration, ainsi que sa femme, le 11 fév. 1757[6], à son fils Pierre-Antoine-Alexandre, pour recevoir la somme de 8.000 l. à eux donnée par les f. sr et dame ALEXANDRE du Rousset ; mourut intestat à Menton, le 15 déc. 1759, et fut enseveli le lendemain dans l'église St-Michel. Il avait ép., suiv. contrat passé à Paris, le 16 fév. 1729[7], Françoise de VOISINES[8], dame de Fontaine-Jean, fille de f. Eustache, sgr de Chaussepoix, etc..., et de Marie-Françoise ALEXANDRE ;

d'où : 1. Pierre-Antoine-Alexandre, dont l'article suit;

2. Pierre-Antoine (dit le chev. d'ADHÉMAR), né à Menton, le 4 fév. 1732, bapt. le surlendemain[9]; lieut., puis cap. au régim. de Belsunce ; fit procuration à son frère Pierre-Antoine-Alexandre ADHÉMAR, le 5 fév. 1760[10]; cap. au régim. de Cambrésis, chev. de S.-L., passa en garnison au môle St-Nicolas[11]; fut maintenu dans sa noblesse (avec le titre de cte), par le conseil supérieur de l'île St-Domingue, le 25 nov. 1786; son nom figurait encore, en 1789, aux assemblées de district ;

3. Antoine-Philippe (dit de Monteil), né à Menton, le 25 fév. 1733, bapt.

1er secrét. de S. A. S. le Prince de Monaco ; Louis-Antoine ADHÉMAR de Lantagnac, frère de l'épouse.

[1] Charles-Antoine de Monléon, not. à Menton (Bibl. Nat., *Carrés d'Hozier*, 64).

[2] Mourut en 1756.

[3] V. Append. XXXIX.

[4] Par., Antoine-Louis CAVALLO ; mar., Paule de PRETTI.

[5] Francois Ferran, not. à Menton. Un nouvel acte, du 26 fév. 1737, confirma ces arrangements.

[6] Antoine Masson, not. à Menton.

[7] (De Monchy et Bouron, not. au Châtelet). Consentement des père et mère du futur, donné par acte du 26 déc. 1728 (Charles-Antoine de Monléon, not. à Menton). Ils étaient représentés au contrat par Pierre ALEXANDRE, sr du Rousset, major de caval., oncle du futur, comme époux d'Isabelle TRUCHY.

[8] Famille originaire du Gâtinais. Armes : *d'azur au chevron d'or, accompagné de trois étoiles du même.* Françoise de VOISINES fit donation de ses biens à ses enfants et les leur partagea, le 16 déc. 1765 (Félix Pasteur, not. à Menton). Elle avait deux sœurs, Françoise et Marguerite de VOISINES, demeurant à Château-Landon, en Gâtinais.

[9] Par., Antoine de BOISGELIN ; mar., Marie-Rose ADHÉMAR, son épouse.

[10] Bernard et Droit, not. à Metz (Bibl. Nat., *Carrés d'Hozier*, 87).

[11] Ile St-Domingue.

le surlendemain[1]; lieut. au régim. de Belsunce, mourut à Bruxelles vers 1748[2];

4. Marie-Félicité (dite Félicie), mourut jeune,
5. Marie-Catherine (dite Mlle de Lantagnac), née à Menton[3], le 17 juil. 1744, bapt. le surlendemain[4]; reçue élève à St-Cyr[5], le 1er fév. 1756; eut en dot 7.000 l.. Elle avait ép. Auguste MACARI[6].

XIX. Pierre-Antoine-Alexandre ADHÉMAR de Lantagnac, né à Menton, le 25 oct. 1730, ondoyé le même jour, bapt. le surlendemain[7]; cap. au régim. de Monaco, le 30 oct. 1746, puis au régim. de Belsunce; chev. de S. L., le 14 fév. 1759; reçu par le c^te de St-Germain, le 26 du même mois; gouverneur de Menton, après la mort de son père, le 22 nov. 1764; gouverneur du Duc de Valentinois, fils aîné du Prince de Monaco; passa transaction, le 16 déc. 1765, avec son frère, sa sœur et leur mère, portant partage des biens de la famille[8]; fut adjoint au gouverneur général de Monaco, le 10 août 1773, et mourut entre sept. 1781[9] et le 7 sept. 1785[10]. Il avait ép. à Menton, suiv. contrat du 1er oct. 1766[11], Anne-Marie-*Rose*-Madeleine DANIEL[12], fille de Jean-Balthasar[13], et de *N*...[14];

d'où : 1. Maurice, né à Menton, le 12 juin 1772, ondoyé le même jour, bapt. le 21 du même mois[15]; page du roi Louis XVI, le 1er août 1787;

[1] Par., Jean-Antoine de ROSTAING, cap. des gardes du Prince de Monaco; mar., Marie ADHÉMAR, veuve de BEAUCHAMP.

[2] Cela résulte des certificats mentionnés plus bas, produits pour l'entrée de sa sœur, Marie-Catherine, à St-Cyr. Courcelles se trompe donc en le faisant vivre jusqu'en 1765.

[3] Morin-P., 365.

[4] Par., Jean-Antoine ADHÉMAR de Lantagnac; mar., Marie-Catherine ADHÉMAR de Lantagnac.

[5] Pour obtenir cette réception, on produisit deux certificats, des 27 et 31 mai 1751 (Bibl. Nat., *Carrés d'Hozier*, 83 et 85), dont un signé Emmanuel du VERNET, chev. de S. L., gouverneur pour le Roi et commandant de Monaco, constatant: que Antoine ADHÉMAR de Lantagnac était mort à 91 ans, sans biens, laissant deux fils et trois filles; que l'aîné, Gaspar, servait le Roi depuis plus de 46 ans, étant établi au Canada, où il avait la charge de lieut. de Roi à Montréal; que le cadet, Louis-Antoine, gouverneur de Monaco, avait fait de grandes dépenses pour élever ses enfants, payer les dettes de son père, entretenir sa mère et sa sœur, et élever ses enfants, ayant eu trois garçons (l'aîné, cap.; le cadet, lieut.; le 3e, mort à 15 ans au service du Roi), et une fille pour laquelle on sollicitait une place à St-Cyr.

[6] D'où : deux filles.

[7] Par., Antoine de BOISGELIN; mar., Jeanne-Marie de BEAUCHAMP.

[8] Lesdits biens estimés à 14.160 l.. La mère se réserve une pension de 400 l., et la sœur, Marie-Catherine, une dot de 7.000 l. (Antoine-Félix Pasteur, not. à Menton).

[9] Date des preuves de Chérin.

[10] Date d'une expédition des preuves de Chérin, délivrée au cabinet du Roi par Berthier.

[11] Dot : 30.000 l., assurées par le père et par le frère Jacques-Antoine-Marie DANIEL (Pasteur, not. à Menton).

[12] Armes : *de gueules au lion d'or tenant une épée d'argent, au chef cousu d'azur chargé de trois étoiles à huit rais d'or.*

[13] Mourut à Menton, le 10 oct. 1766.

[14] Elle n'est pas nommée au contrat de mariage de sa fille.

[15] Par., S. A. S. Honoré-Anne-Charles-Maurice GRIMALDY, duc de Valentinois; mar., Rosalie de BEAUCHAMP.

s.-lieut. d'infant. au régim. de Flandres, le 1er nov. 1789; émigré, le 2 oct. 1791; officier de la Légion d'honneur, le 24 août 1814; chev. de S. L., le 16 oct. suiv.; col. de la légion du Haut-Rhin, le 11 oct. 1815; maréchal de camp à l'armée des Pyrénées, le 3 oct. 1823; commandant de place à Badajoz, le 6 nov. de la même année; décoré de l'ordre de St-Ferdinand d'Espagne, le 23 du même mois; commandant le camp de St-Omer, en 1830; retraité par ordonnance du 11 mai 1833; et mourut au château de Courteilles[1], le 7 sept. 1837. Il avait ép. *Isbergue*-Thérèse HÉCART[2], fille de Gabriel et de Thérèse RICHARD;

2. Antoine-Pierre-Louis, dont l'article suit;
3. Joseph-Louis, né à Menton, le 9 fév. 1778, bapt. le lendemain[3]; chev. de la Légion d'honneur; mourut à Nice, le 25 mai 1857;
4. François-Antoine-Camille-*Charles* (cte), né à Menton, le 9 fév. 1779, bapt. le lendemain[4]; s.-lieut. à la comp. des gardes de la prévôté de l'hôtel, le 1er fév. 1815; chev. de S. L.; lieut. de caval., le 20 nov. 1816; cap. à la comp. des B.-du-Rhône, le 13 mai 1825; passé à la comp. des Pyrénées-Orientales, le 19 sept. 1828; mis en non activité, le 15 sept. 1830; mourut au château des Planes[5], le 19 août 1857. Il avait ép., en premières noces, à Menton (?), Marie FORNARI[6], fille de *N*..., avocat, et de *N*... FARALDO; et, en deuxièmes noces, à Céret[7], le 14 avril 1830, Thérèse-Charlotte-Françoise DELCROS de Rodor[8], fille de Joseph[9] et de Marguerite de COSTA[10];
   d'où: du 1er lit,
   A. Alexandre-Joseph-*Maurice* (cte), né à Menton, le 15 avril 1807; élève à l'école de St-Cyr, en 1824; officier au 63e régim. de ligne; périt en mer, à bord du vaisseau américain *Ahrty*, entre l'île de Cuba et la Floride, pendant une tempête qui dura du 30 sept. au 2 oct. 1843. Il avait

---

[1] Eure.

[2] Née à Valenciennes (Nord), mourut à Paris, le 6 oct. 1872. Elle avait ép., en premières noces, Antoine-Joseph-Nicolas de ROSNY.

[3] Par., S. A. le prince Joseph GRIMALDY; mar., Louise, duchesse de Valentinois.

[4] Par., Jean-Balthasar DANIEL, intendant royal; mar., Camille ADHÉMAR de Lantagnac, par procuration de Jean-Baptiste-Charles de CANTU (demeurant à Paris), et d'Antoinette-Camille de BEAUCHAMP, son épouse.

[5] Commune de St-Laurent-de-Cerdans, arr. de Céret (Pyrénées-Orientales).

[6] Née à Menton, en 1782, mourut à Marseille, le 2 avril 1826.

[7] Pyrénées-Orientales.

[8] Née à Céret, le 2 juin 1802, mourut au château des Planes, le 16 août 1864.

[9] Directeur de la monnaie à Perpignan. Ses enfants étaient: 1. Joseph, ép. *N*... de MIRMAN; 2. Jean, ép. Elisa BERLAND; 3. Marguerite, ép. *N*... de RIBAS; 4. Rosalie, ép. *N*... ESTRADE; 5. Félicité, ép. *N*... DELMAS; 6. Thérèse, ci-dessus.

[10] Mourut à Perpignan, le 18 déc. 1826.

ép. à Paris, en 1833, Rebecca-*Marie* DUFF[1], fille d'Alexandre-Samuel, esq., et de Mary FIULAY ;

d'où : AA. Abdomar-Alexandre-*Maurice*-Eugène-William (c[te]), né à Tours[2], le 8 février 1834 ; lieutenant de vaisseau, chevalier de la Légion d'honneur ; mourut à Paris, le 27 avril 1878. Il avait épousé à Boulogne[3], le 6 juil. 1870, Fernande-Marie-Louise-Caroline-*Madeleine* MARIANI[4], fille de Joseph-Louis-Thomas-Maurice-Jérôme, bar. MARIANI, et de Thérèse-Auguste-Amélie-Caroline-Amanda-Victorine-Allésina de SCHWEITZER ;

d'où : *a.* Anne-Marie-Caroline-Josèphe-*Thérèse,* née à Paris, le 25 fév. 1872 ;

b. Marie-Josèphe-*Blanche*, née à Paris, le 16 oct. 1874 ;

BB. Marie-*Blanche*-Angéline, née à Versailles, le 4 décembre 1838 ; épousa à Londres, le 12 avril 1859, *Adrien*-Trophime-Henri PERCHERON de Monchy[5], fils de Adrien, et de Victoire MALOUET[6] ;

et du 2e lit,

B. *Blanche*-Léontine, née à Céret, le 29 janv. 1834, ép. à Perpignan, le 18 avril 1853, Gaspard-*Jules* DESPRÈS[7], fils de Hippolyte, bar. DESPRÈS[8], et de Jenny d'ARNAUD ;

5. *Camille*-Éléonore, née à Menton, le 17 mars 1768, bapt. le même jour[9], mourut à Paris[10], le 17 mars 1831. Elle avait ép. Guillaume DELATTRE ;

---

[1] Née à Bath (Angleterre) vers 1815, mourut à Versailles, le 12 juin 1854. Elle avait ép., en deuxièmes noces, N... WILKINSON ; S. P.. Sa sœur, Nina DUFF, ép. le bar. de GABY ; d'où : 1. un fils ; 2. une fille, mariée avec N... OTTLEY.

[2] Indre-et-Loire.

[3] Seine.

[4] Née à Paris, le 27 déc. 1850.

[5] Né à Brest en 1819 ; recev. gén. successivement à La Rochelle, Toulon et Marseille, mourut à Paris, le 18 avril 1884. Il avait une sœur qui ép. N... DURAND de Corbiac ; d'où : N... DURAND de Corbiac, ép. N...; d'où : 1. Albert; 2. Louis; 3. Henri; 4. Paul; 5. Caroline; 6. Alice. Armes de PERCHERON de Monchy : *de gueules à trois maillets d'or posés 2 et 1.*

[6] D'où : 1. *Maurice*-Adrien, né à Rodez (Aveyron), le 21 mars 1860, enseigne de vaisseau; 2. *Charles*-Alexandre, né à Troyes, le 15 nov. 1863, s.-lieut. au 20e chasseurs.

[7] Né le 3 janv. 1824, mourut le 11 déc. 1880.

[8] V. Append. XL.

[9] Par., S. A. S. le Prince de Monaco; mar., Camille MILLO.

[10] Rue Mont-Thabor, 6.

6. *Baptistine*-Charlotte-Félicité, née à Menton, le 26 août 1769, bapt. le même jour[1], mourut à Menton. Elle avait ép., à Menton, *N*... PRETÉ de St-Ambroise[2] ;
7. *Rose*-Anne-Françoise, née à Menton, le 13 janv. 1771, bapt. le même jour[3] ; reçue élève à St-Cyr, sur preuves faites devant d'Hozier, le 6 oct. 1780 ; mourut à Menton, le 20 oct. 1846. Elle avait ép. à Menton, le 12 oct. 1799, Jean-Baptiste de BOTTINI[4], bar. de Ste-Agnès.

XX. Antoine-Pierre-Louis cte d'ADHÉMAR de Lantagnac, né à Menton, le 6 mai 1774, bapt. le lendemain[5] ; cap. de caval., chev. de St-Louis ; mourut à Nice, le 27 avril 1850. Il avait ép., à Menton (?), Innocente-*Léonide* CARLES, fille de Joseph, et de Claire BOLGETTI ;
d'où : 1. Alexandre-Louis-Joseph, dont l'article suit ;
2. Elphège, né à Menton, le 15 janv. 1813 ; s.-lieut. au 16e inf., le 10 oct. 1831 ; lieut., le 30 mai 1837 ; cap., le 2 janv. 1842 ; major au 13e inf., le 14 janv. 1853 ; lieut.-col. au 3e inf., le 17 mars 1858 ; col. du 17e, le 12 août 1860 ; mis à la retraite, le 11 août 1864 ; mourut à Paris, le 30 mars 1885 ;
3. Théodore, né à Menton (?), en 1816.

XXI. *Alexandre*-Louis-Joseph cte d'ADHÉMAR de Lantagnac, né à Menton, le 19 avril 1810 ; reçu élève à l'école polytechnique, le 5 nov. 1828 ; s.-lieut. élève d'artil. à l'école d'application, le 22 nov. 1831 ; démissionnaire, le 19 juin 1832 ; mourut à Menton, le 8 juin 1879. Il avait ép. à Paris, le 10 nov. 1838, Angéline de MAUTORT[6], fille de *N*..., bar. de MAUTORT[7], et de Adelaïde PAYS ;
d'où : 1. Léon-Joseph, né à Paris, le 24 sept. 1839 ; reçu à l'école forestière, en 1860 ; mourut à Menton, le 31 oct. 1861 ;

---

[1] Par., S. A. Charles-Maurice de GRIMALDY, cte de Valentinois ; mar., Baptistine CHASSEIL (*alias* CHOMEIL), épouse de *N*... DANIEL, intendant de la citadelle de Monaco.

[2] Gouverneur de Menton ;
d'où : 1. Caroline, née à Menton, mourut à Vintimille, en 1879. Elle avait ép., à Menton, en 1811, Pierre Raoul-Augustin, mis ORENGO ;
d'où : A. Paolo-Gerolamo ORENGO, amiral dans la marine italienne ;
B. Ottobone-Léone ORENGO, chef de division au ministère des finances, à Rome ;
C. Achille-Prospero ORENGO ;
D. Modestina ORENGO, ép. *N*... BORRIGLIONE ;
2. Rosette, née vers 1816, habitant à Menton.

[3] Par., Jean-Balthasar DANIEL ; mar., Marie-Françoise de VOISINES, aïeule.

[4] Mourut à Menton, le 17 janv. 1828. Armes : *d'azur au tonneau de... placé en fasce accompagné de quatre roses de..., trois en chef et une en pointe.* Devise : *nulla nos via tardat euntes.*

[5] Par., Antoine GRIMALDY, gouverneur général de Monaco ; mar., Jeanne-Marie-Thérèse CAPPONI.

[6] Armes : *d'azur au chevron d'or, au chef du même chargé d'un lion léopardé de sable, armé et lampassé de gueules.*

[7] Ancien maire de Paris.

2. Fernand-Charles, dont l'article suit.

XXII. *Fernand*-Charles c^te d'Adhémar de Lantagnac, né à Bologne, le 28 oct. 1846 ; ép. à Livourne, en 1866, Annina Banchéro ;
d'où : 1. Léon-Alexandre-Eusèbe, né à Livourne, le 7 nov. 1870 ;
2. Georges-Joseph, né à Livourne, le 15 nov. 1873 ;
3. Aymar-Léandre-Victor-Hugo, né à Livourne, le 15 déc. 1877 ;
4. Gaston, né à Menton, le 12 fév. 1880 ;
5. Dolorès-Marie-Clémentine-Jeanne, née à Livourne, le 13 avril 1868 ;
6. Marguerite-Clélia-Annita, née à Livourne, le 18 fév. 1876 ;
7. Carmen-Alice-Angèle-Claire-Marie, née à Menton, le 30 déc. 1882.

Mis d'Aubaïs, Jug. de Toulouse, 5 (Cransac). — Auriac, VII (Cransac actuels). — Barrau, II, 583 (Lombers, Garinic, Montfalcon, Panat). — Borel d'Haut., *Ann.* XXVI, 117 ; XXVII, 453 (Lantagnac). — La Chenaye, I, 91 (Lombers, Garinic, Montfalcon, Panat). — Coston, *Hist. de Montélimar. Notice histor. sur Châteauneuf-de-Mazenc ; Existe-t-il encore des Adhémar de Monteil ?* — Courcelles, *Dict. univ. de la nobl.*, III, 5; *Hist. des Pairs*, III et add., 5 ; IV, add.. — Hozier, I, 42. — La Croix de Pisançon, *Etude sur l'Allodialité dans la Drôme.* — Lacroix, *l'Arrondissement de Montélimar ; l'Arr. de Nyons.* — Louvet, *Add. à l'hist. des troubles*, II, 70. — Maynier, I, 36. — * Milleville, 6. — Moréri, VII, 711 (Monteil). — Nadal, *Essai hist. sur les Adhémar.* — Pithon-C., IV, 7 (Monteil, Grignan, la Garde, Rochemaure). — Robert, I, 244. — St-Allais, *Nobil. univ.*, VII, 481 (Lombers, Garinic, Montfalcon, Panat, Cransac, Lantagnac). — Tourtoulon, 64.

APPENDICE

I.

ADHÉMAR

(Selon Pithon-Curt)

Pithon-Curt qui, le premier, a donné une généalogie détaillée des Adhémar, l'a établie sur des titres et pièces que nous n'avons plus. Sans doute, plusieurs de ces pièces ne méritaient pas toute confiance, mais ce n'est pas une raison pour rejeter en entier le travail de ce généalogiste. Nous n'avons admis ci-dessus, dans le nôtre, que ce qui nous a paru prouvé ; mais il peut et doit y avoir dans le sien plusieurs détails vrais dont nous n'avons pas les preuves en ce moment. Nous donnons donc ici le cadre de la généalogie Adhémar telle qu'il l'avait établie, afin qu'on puisse avoir tout ce qui a été dit sur cette illustre famille et y recourir au besoin comme renseignement.

Et d'abord Pithon-C. croit devoir reconnaître les anciens sgrs d'Orange comme étant de la famille des ADHÉMAR de Monteil; il n'en fournit pourtant pas la soudure, ni par conséquent la preuve, mais en donne la filiation comme suit:

I. Giraud ADHÉMAR Ier, c^te^ d'Orange, vivait vers la fin du Xe siècle ;
d'où :

II. Rambaud ADHÉMAR ;
d'où :

III. Bertrand ADHÉMAR, c^te^ d'Orange, vivait vers 1062. Il avait ép. Adélaïde ;
d'où :

IV. Raimbaud ADHÉMAR, c^te^ d'Orange, prit part à la 1re croisade et y mourut ;
d'où : 1. Giraud, assiste, en 1107, à l'assemblée qui rétablit le siège épiscopal de St-Paul-Trois-Châteaux ;
2. Tiburge (1122-1150), dame héritière d'Orange, ép., vers 1130, Guillaume de MONTPELLIER, sgr d'Omelas, fils de Guillaume et d'Ermesinde ;
d'où : 1. Guillaume, qui suit ;
2. Rambauld, sgr d'Omelas, Popian, Pouget, Frontignan, csgr d'Orange pour moitié, etc... ; légua ses droits sur Orange à sa sœur Tiburge ; S. P. ;
3. Tiburge, dame d'Orange pour la moitié, ép., en premières noces, Geoffroy de MORNAS ; et, en deuxièmes noces, en 1160, Bertrand de BAUX[1] ;
4. Tiburgette, ép., en 1150, Aimar de MURVIEIL.

Guillaume de MONTPELLIER, c^te^ d'Orange pour moitié ;
d'où : 1. Guillaume, qui suit ;
2. Rambauld, év. de Carpentras ;
3. Tiburge, dame d'Orange pour un quart, donna ce quart à l'ordre de St-Jean-de-Jérusalem. Elle avait ép. Rambauld GUIRAN ; S. P. ;
4. *N...*, ép. Raimond de MÉVOUILLON.

Guillaume de MONTPELLIER, c^te^ d'Orange pour un quart, ép. Sanche (de SIMIANE ?) ;
d'où : Rambauld de MONTPELLIER, c^te^ d'Orange pour un quart, donna ses droits sur Orange à l'ordre de St-Jean-de-Jérusalem[2], qui eut ainsi la moitié de cette seigneurie.

---

[1] Une moitié de la sgrie d'Orange vint ainsi à la maison de BAUX.

[2] Par contrat d'échange du 22 oct. 1307, Charles II d'ANJOU, c^te^ de Provence, acquit cette moitié de la sgrie d'Orange, et la transporta à Bertrand de BAUX. Celui-ci déjà prince d'Orange, comme possédant l'autre moitié, en devint ainsi seigneur en totalité. Plus tard, en 1382,

Pithon-Curt mentionne ensuite les divers ADHÉMAR que les anciens auteurs se sont plu à accumuler sans ordre et sans preuves depuis le VIIe siècle ; il en fait bon marché pourtant et commence sa filiation à[1] :

I. Giraud-Hugues, sgr de Monteil, vers 1045 ;
d'où : 1. Giraud, dont l'article suit ;
2. Aimar, év. du Puy, légat du Pape à la 1re croisade ;
3. Gaucher, premier abbé d'Aiguebelle ;
4. Guillaume-Hugues, prieur de la Garde ;
5. Hugues, sgr de Lombers[2], après lequel on trouve des ADHÉMAR en Albigeois, sans pouvoir en établir la filiation.

II. Giraud ADHÉMAR, sgr de Monteil, Grignan, La Garde, etc... ; mourut avant 1095 ;
d'où : 1. Lambert, tué au siège de Jérusalem, le 16 juil. 1099 ;
2. Giraud, dont l'article suit ;
3. Giraudet, tige des sgrs de la Garde ;
4. Giraudonnet, sgr de Rochemaure, tué au siège de Jérusalem, en 1099.

III. Giraud ADHÉMAR, mourut avant 1120 ;
d'où : 1. Giraud, dont l'art. suit ;
2. Raimond, vivant en 1125.

IV. Giraud ADHÉMAR, sgr de Monteil, Grignan, etc...; vivait en 1128 ;
d'où : 1. Giraud, dont l'article suit ;

Marie de BAUX d'Orange, héritière de sa branche, porta cette principauté à son mari, Jean de CHALONS, sire d'Arlay. Les Princes de NASSAU en héritèrent ensuite par substitution, et, à leur extinction, le Roi de France s'en empara par droit de retrait féodal.

[1] Courcelles, mentionnant aussi le dire de ces vieux auteurs, semble regretter d'en abandonner les légendes et, plus courageux que Pithon-Curt, donne hardiment Giraud-Hugues ADHÉMAR comme 2e fils de Giraud ADHÉMAR Ier, c^{te} d'Orange ci-dessus. Cette soudure prétendue, qu'il motive seulement en disant que, *suivant l'ordre des temps*, il en doit être ainsi, fournit à sa généalogie un degré de plus qu'à celle de Pithon-Curt. Elle en est du reste la reproduction presque intégrale : nous signalerons les points où ces deux auteurs diffèrent.

[2] Cet Hugues est mis là en vertu d'une charte fausse du 26 déc. 1095 ; mais Pithon-Curt rapporte presque exactement, à la fin de son art. sur les ADHÉMAR de Lombers, ce que nous en avons dit nous même à partir du degré VI de Lambert ADHÉMAR, sgr de la Garde. Il faut remarquer qu'à la page 62, il parle déjà de Pierre ADHÉMAR (de Lantagnac), époux de Anne RIGAUD de Vaudreuil, comme étant *peut-être* issu de ces sgrs de Lombers. Courcelles mentionne ici quelques uns des personnages nommés par Pithon-Curt, ayant soin de leur fabriquer une filiation quelconque ; mais il réserve ce qui en est bien connu et réel pour le placer plus loin, comme nous, à la branche des sgrs de Lombers et de Garinie, suivant le mémoire de Beaujon.

2. Guillaume, poète ;
3. Rohaise, 1164 ;
4. Pétronille, ép. en 1168, Pierre des ARMANDS.

V. Giraud ADHÉMAR, sgr de Grignan, esgr de Monteil, etc...; reçut investiture de l'empereur Frédéric Barberousse. Il avait ép., vers 1150[1], Agnès ;
d'où : 1. Giraud, dont l'article suit ;
2. Giraudet.

VI. Giraud ADHÉMAR, sgr de Grignan, esgr de Monteil, etc...; auteur de la charte lapidaire de Montélimar, en 1198 ; fit son test., en 1232. Il avait ép. Mabile de MARSEILLE ;
d'où : 1. Giraud, sgr de Grignan, mourut après 1230 ;
2. Aimar, dont l'article suit ;
3. Giraudet, sgr de Nyons ;
d'où : Giraudet, sgr de Grignan ; S. P. ;
4. Aimar, était archev. de St-Paul-Trois-Châteaux, en 1230 ;
5. Barral, sgr de Montauban, en 1229 ;
6. Guillaume, sgr d'Aix, en Dauphiné ;
7. Giraude, ép. Guillaume ANSELME, noble marseillais ;
8. Aldéarde, ép., le 13 oct. 1200, Bertrand de BAUX de Meyrargues ;
9. Rixende, religieuse à Bouschet ;
10. Marie ;
11. Garsende ;
12. Barcende.

VII. Aimar *(alias* Giraudet) ADHÉMAR, sgr de Grignan, esgr de Monteil, etc...; rendit volontairement hommage au Cte de Provence, en 1257 ; fit son test., en 1273, et avait ép. Clémence ;
d'où : 1. Guillaume, dont l'article suit ;
2. Aimar, bénédictin au Pont-St-Esprit ;
3. Mabile, veuve en 1281, avait ép. Bertrand-Rambauld de SIMIANE ;
4. Laure, vivait en 1272. Elle avait ép. Raimond de BAUX, prince d'Orange ;
5. Walpurge *(alias* Galpurge), ép. Jean, sgr de VERFEUIL ;
6. Guiramande, vendit, en 1262, à Barral de BAUX, vte de Marseille, la portion qu'elle avait en la sgrie d'Aubagne.

VIII. Guillaume ADHÉMAR, dit *le gros*, sgr de Grignan, esgr de Monteil, etc...; fit son test., en 1282. Il avait ép. Garcende ;
d'où : (les six enfants marqués en notre généalogie, p. 24).

---

[1] Courcelles dit : vers 1160.

IX. Giraud ADHÉMAR, bar. de Grignan, csgr de Monteil, etc..., ép. Blanche des DEUX-CHIENS ;
d'où : 1. Giraud, bar. de Grignan, en 1310 ; S. P. ;
2. Giraudet, dont l'article suit ;
3. Yves ;
4. Galburge ;
5. Aimarrone ;
Enfants naturels : Marguerite, ép. Jean du BUIS ;
Victoire, ép. Jacques de MARSANNE.

X. Giraud ADHÉMAR, bar. de Grignan, csgr de Monteil, etc...; ép. 1°, suiv. contrat du 19 mars 1312, Cécile ADHÉMAR (fit son test., le 26 avril 1326) ; et, en deuxièmes noces, Dalmase de SABRAN d'Uzès ;
d'où : du 1er lit,
1. Giraud, dont l'article suit ;
et du 2e lit,
2. Briande, ép., le 25 janv. 1342, Raimond de BAUX de Puyricard ; et, en deuxièmes noces, le 7 juil. 1354, Raimond de NOGARET de Calvisson.

XI. Giraud ADHÉMAR, bar. de Grignan, csgr de Monteil, etc... ; signa l'accord familial du 9 juin 1308, et mourut avant le 5 août 1345. Il avait ép. Décane d'UZÈS-SABRAN ;
d'où : 1. Giraud, dont l'article suit ;
2. Jean, mourut à 14 ans du chagrin causé par l'assassinat de sa mère;
3. Cécile, ép., le 21 mars 1346, Guillaume de LAUDUN ;
4. Garcende, ép. Bertrand de TAULIGNAN ;
5. Burlette, ép. Louis, sgr de MORIÈRES ;
6. Dalmase, religieuse ;
7. Clémence, id. ;
8. Galburge, id..

XII. Giraud ADHÉMAR, bar. de Grignan, etc...; viguier de Marseille, en 1368. Il avait ép., en premières noces, en 1343, Jeanne de JOYEUSE ; en deuxièmes noces, Jeanne de BRION ; et en troisièmes noces, Philippine de MONCUS ;
d'où : du 1er lit,
1. Giraud, bar. de Grignan, etc...; vivait encore le 20 janv. 1385. Il avait ép. Catherine d'AGOULT ;
2. Aimar, moine bénédictin ;
3. Guyot, dont l'article suit ;
4. Cécile, ép. Bertrand, sgr de TOURNOIRE, en Auvergne ;
5. Blonde, ép. 1° Bertrand de BAUX de Gigondas ; 2° Guillaume de LAUDUN de Montfaucon ;

et du 3e lit,

6. Giraudet, donna ses biens à son frère Guyot ;
7. *Autre* Guyot ;
8. Yves ;
9. Décane, ép., le 3 août 1373, Guillaume de MORGES ;
10. Catherine, ép. Raimond BERNARD, dit *le Flamenc ;*
11. Billette, religieuse.

XIII. Guyot ADHÉMAR, bar. de Grignan, etc....

(A partir de ce degré, la filiation donnée par Pithon-Curt pour la fin de la branche de Grignan étant la même que la nôtre, il est inutile de la reproduire ici[1]).

---

[1] Louvet (*Additions sur les troubles de Provence*, II, 70), donne la généalogie des ADHÉMAR de Grignan dressée, dit-il, par *Durand Arnaud, prêtre et archiviste de la comté de Grignan*, l'auteur de toutes les chartes démontrées fausses par M. Lacroix. Il dit toutefois ne pas vouloir remonter plus haut que le père de l'évêque du Puy, légat à la 1re croisade. Pithon-Curt ayant fait de même doit avoir aussi suivi cette généalogie de l'abbé Arnaud. Voici les quelques points sur lesquels Louvet diffère de Pithon-Curt:

I. Giraud Ier, vte de Marseille, bar. de Grignan, etc..., ép. Marthe de TOULOUSE ;
d'où : ... 5. Hugues, ép. Agathe de FOIX.

II. Giraud II, vte de Marseille, bar. de Grignan, etc..., ép. Anne-Dauphine d'ALBON ;
d'où : ... 5. Véronique, ép. *N*... de POITIERS, cte de Valentinois (père de Guillaume et d'Eustache).

III. Giraud III, vte de Marseille, bar. de Grignan, etc..., ép. Maragde de CLERMONT ;
d'où : ...

IV. Giraud IV, vte de Marseille, bar. de Grignan, etc..., ép. Dorothée de GENÈVE ;
d'où : ...

V. Giraud V, vte de Marseille, bar. de Grignan, etc..., ép. Agnès ;
d'où : ...

VI. Giraud VI, vte de Marseille, bar. de Grignan, etc..., ép. Mabile ;
d'où : 1. Giraud VII ; ...
6. Eldéarde, étant veuve, fut abbesse de St-Césaire d'Arles, le 13 oct. 1200.

VII. Aimar, vte de Marseille, bar. de Grignan, etc..., ép. Clémence ;
d'où : ...

VIII. Guillaume (dit le Gros), vte de Marseille, bar. de Grignan, etc..., ép. Garsende d'AGOULT de Sault ;
d'où : ...

IX. Giraud VIII, vte de Marseille (c'est le dernier ainsi qualifié, sans qu'il en soit donné la raison), bar. de Grignan, etc..., ép. Blonde de DEUX-CHIENS ;
d'où : ...

X. Giraud IX, bar. de Grignan, ép. Cécile ADHÉMAR, de la Garde ;
d'où : ... 2. Clémence, abbesse de Ste-Claire d'Avignon ;

XI. Giraud X, bar. de Grignan, ép. 1° *N*... ; 2° Dalmace d'UZÈS ;
d'où : ... du 2e lit, ...
2. Blonde, ép. 1°, en 1366, Bertrand de BAUX.

XII. Giraud XI, bar. de Grignan, etc... ;
d'où : ... ; il eut en outre deux bâtards :
A. Rolland ;
B. Lancelot.

XIII. Giraud XII, ép.... 2° Jeanne de PRIONNE ;
d'où : du 1er lit, ...
4. Cécile, ép. Bertrand de TOURNEMIER, sgr dudit lieu, en Auvergne....

BRANCHE

DES BARONS DE LA GARDE

III. Giraudet ADHÉMAR, sgr de Rochemaure, csgr de Monteil, la Garde, etc..., 3e fils de Giraud, sgr de Grignan, Monteil, la Garde, etc..., ép. Alix de POLIGNAC ;

d'où : 1. Guillaume-Hugues, dont l'article suit ;

2. Giraud, sgr de Rochemaure, csgr de Monteil, etc..., ép. Tiburge de PELET-ALAIS ;

d'où : A. Giraud, sgr de Rochemaure, csgr de Monteil, etc...; testa, en 1232. Il avait ép. Méraude de BELVÈZE *(alias* BEAUVOIR);

d'où : *a.* Giraud, sgr de Rochemaure, csgr de Monteil, etc...; testa, en 1262. Il avait ép. Tiburge Amic de SABRAN ;

d'où : *aa.* Giraud, sgr de Rochemaure, csgr de Monteil, donna ses biens à son frère Giraudet; vivait en 1277. Il avait ép. Marguerite de NARBONNE-PELET, fille d'Aimeri, sgr de St-Gervais, et de Marguerite de MONTMORENCY, sa 2e femme ;

bb. Giraudet, sgr de Rochemaure, csgr de Monteil, donna ses biens, en 1323, à Guigues ADHÉMAR, fils de sa sœur Méraude. Il avait ép. Dragonette de MONTDRAGON, veuve de Bertrand de BAUX d'Avellin ;

cc. Guigonet, mourut en bas âge ;

dd. Guillaume, religieux ;

ee. Aimar, id.;

ff. Méraude, ép. Lambert ADHÉMAR, sgr de la Garde ;

gg. Aimare, ép. Guillaume, sgr de TOURNON;

hh. Ronseline, ép. Guillaume-Amic de SABRAN ;

ii. Giraudette, ép., en 1279, François ALLEMAND, sgr d'Uriage ;

jj. Tiburge, religieux ;

kk. Agnès, religieuse ;

a. Laurette, religieuse ;
b. Guillaume, chev. du Temple ;
c. Aimar, moine à l'Isle-Barbe ;
d. Laure, religieuse à St-Pons, de Gémenos :
e. Agnès[1], religieuse à Bonlieu ;
B. Giraude, ép. Bermond d'UZÈS ;
C. Aimarre, ép. en 1198, Berlion, sgr de MORNEXC, en Dauphiné;
D. *Autre* Giraude ;
E. Garcende, religieuse[2].

IV. Guillaume-Hugues ADHÉMAR, sgr de la Garde, csgr de Monteil, vivait en 1156. Il avait ép. Laure de GENÈVE ;
d'où : 1. Lambert, dont l'article suit ;
2. Aimar, abbé d'Aiguebelle ;
3. Huguet, tué à la défense du château de la Garde, avant 1173 ;
4. Josserane.

V. Lambert ADHÉMAR, sgr de la Garde, csgr de Monteil, etc... (1177-1216) ; dévoué aux C^tes de Toulouse, prit pour armes, ou reçut d'eux en concession, les armes de ces C^tes : *de gueules à trois croix de Toulouse ;* ép. Tiburge de BAUX, fille de Bertrand et de Tiburge de MONTPELLIER ;
d'où : 1. Hugues, dont l'article suit ;
2. Lambert, prévôt de St-Paul-Trois-Châteaux, en 1224[3] ;
3. Agoult, prieur de Donzère et de St-Martin-de-Miséré, près Grenoble.

VI. Hugues ADHÉMAR, sgr de la Garde, csgr de Monteil, etc... ; fit son test., le 11 avril 1268. Il avait ép. Alix de BELVÈZE ;
d'où : 1. Lambert, dont l'article suit ;
2. Roger, chev. de St-Jean-de-Jérusalem ;
3. Guillaume-Hugues, abbé d'Aiguebelle.

VII. Lambert ADHÉMAR, sgr de la Garde, csgr de Monteil, etc... ; fit son test., le 28 juin 1290. Il avait ép. Méraude ADHÉMAR, dame de Rochemaure, fille et héritière de Giraud, sgr de Rochemaure, et de Tiburge de SABRAN-Amic ;
d'où : 1. Lambert, sgr de la Chaux, ép. Galburge de MEOILLON, fille de Raimond, sgr de MEOILLON, et de Comtesse *N...* ; S. P. ;

---

[1] Courcelles, ne mentionne pas cette Agnès.

[2] Courcelles ajoute ici comme 3e enfant de Giraud ADHÉMAR de la Garde et de Alix de POLIGNAC : 3. Briande, ép., vers 1125, Hugues-Sacristain des PORCELLETS.

[3] Courcelles rattache comme nous, à ce Lambert ADHÉMAR, d'après le mémoire de Beaujeu, les sgrs de Lombers et de la Garinie ; en outre, il supprime à ce degré : Agoult ADHÉMAR, prieur de Donzère, et y place Briande, qui ép. 1° Lambert de THUREY ; 2° Gui de MONTFORT.

2. Hugues, dont l'article suit;
3. Hugues, sgr de Rochemaure; S. A.;
4. Giraud, sgr de Rochemaure, csgr de Monteil; testa, le 3 nov. 1310. Il avait ép. Artaude *N*...;

d'où : A. Giraud, sgr de Rochemaure, csgr de Monteil; fit son dernier test., le 9 mai 1363. Il avait ép., suiv. contrat du 17 fév. 1368[1], Alix de POITIERS, fille de Guillaume et de Lucie de BEAUDINER;

d'où : *a*. Giraud, sgr de Rochemaure, csgr de Monteil; ép. Tassette de BAUX, fille de Guillaume, sgr de Puyricard, et de Béatrix d'ANDUZE de la Voûte;

d'où : *aa*. Giraud, sgr de Rochemaure, csgr de Monteil; S. A.;

bb. Sibile, ép. 1° Louis d'ANDUZE, sgr de la Voûte; 2° le 15 oct. 1366, Jean de PONTEVÈS, sgr de Bargème;

b. Amédée, évêque de Grasse, en 1363;

c. Louis, sgr de Rochemaure;

d. Aimar, sgr de Rochemaure, testa le 7 sept. 1378; d'où : Philippon, mourut à 15 ans;

e. Guigues, csgr de Rochemaure, testa le 11 sept. 1374;

f. Tiburge, ép., le 9 mai 1333, Raimond de LAUDUN, sgr de Montfaucon;

g. Marguerite, fit son test., le 9 mai 1363, en faveur de son deuxième mari. Elle avait ép. 1° Liautaud de SOLIGNAC; 2. Odilon-Guérin de CHATEAUNEUF, sgr de Tournel;

h. Paule, religieuse à Marsanne;

B. Hugues, év. de St-Paul-Trois-Châteaux, le 10 sept. 1328, mourut en 1340[2];

C. Guigonet;

D. Guillaume, vendit la 3e partie de Monteil au Pape;

E. Mabile;

F. Maragde, ép. Jourdain d'URRE;

---

[1] Pithon-Curt remarque lui-même plus bas que cette date doit être fausse. Courcelles remplace 1368 par 1318.

[2] L'abbé Albanès, dans son *Histoire des Evêques de St-Paul-Trois-Châteaux au quatorzième siècle*, a démontré (p. 14), que ce Hugues ADHÉMAR, mis par le P. Boyer de Ste-Marthe (*Histoire de l'église de St-Paul-Trois-Châteaux*), au nombre des évêques de cette ville, n'a jamais existé.

5. Guigues, g^d-maître de la milice du Temple en Provence, vivait en 1290 ;
6. Tiburge, ép. Eustache de MONTBOISSIER ;
7. Vachette, ép. Raimond BÉRENGER, sgr du Pont-en-Royans.

VIII. Hugues ADHÉMAR, sgr de la Garde, csgr de Monteil, vivait en 1306. Il avait ép. 1° Mabile de MÉOILLON, sœur de la femme de son frère ; 2° suiv. contrat du 30 déc. 1296, Mabile du PUY, fille de Gaucher, sgr des Tours ;
d'où : du 1er lit,

1. Hugues, dont l'article suit ;
2. Agoult, sgr de la Chaux ;

et du 2e lit,

3. Cécile, testa le 26 avril 1326 Elle avait ép., le 29 mars 1312, Giraud ADHÉMAR, sgr de Grignan.

IX. Hugues ADHÉMAR, sgr de la Garde, csgr de Monteil, etc...

(A partir de ce degré, la filiation donnée par Pithon-C. est celle que nous avons adoptée nous-même).

A l'occasion de la généalogie des ADHÉMAR, Pithon-Curt en a donné plusieurs autres s'y rattachant :

Nous parlerons nous-mêmes plus loin (Appendice III), des sgrs de Fullian et de Vires.

On trouve en outre dans les généalogies de diverses familles, des ADHÉMAR plus ou moins authèntiques, ne se rattachant à aucun degré certain. Nous citerons entre autres :

Mabile ADHÉMAR, ép. (vers 1240), Bertrand-Rambauld de SIMIANE, fils de Rostain et de Roscie de MARSEILLE[1] ;

Giraud ADHÉMAR, csgr de Graveson, ép., en 1333, Cécile d'AGOULT, fille de Raimond, sgr de Sault, et de Consoline de Fos[2], etc..

Alde ADHÉMAR[3], ép. (vers 1410), Arnaud ARMAGNAC, fils de Pierre, sgr de Castanet, et de Réale de FAUDOAS[4] ;

Jeanne ADHÉMAR, dame en partie de Mollans (ce qui semble la rattacher aux sgrs de la Garde), ép., suiv. contrat du 24 mai 1535, Dominique PARPAILLE, sgr de Montessargues, fils d'Arnoul et de Catherine de BUNI[5].

---

[1] Pithon-Curt, III, 291.

[2] Courcelles, *Hist. des P.*, VII, AGOULT, 22.

[3] Nous l'avons mentionnée nous même (p. 129), au degré XI (Rigal ADHÉMAR), des sgrs de la Garinie, où elle est nommée au test. de son mari. Les termes de ce test. semblent indiquer une parenté très rapprochée. Alde serait donc sœur ou tante de Rigal.

[4] Courcelles, *Hist. des P.*, I, ARMAGNAC, 3.

[5] Pithon-Curt, IV, 551.

II.

ADHÉMAR

SEIGNEURS DE CASEVIEILLE, ETC...

Armes (anciennes) : *d'argent à la bande de gueules chargée de trois croissants d'argent accompagnée d'un lion d'or en chef*[1] ;

(actuelles) : *mi-parti de France et de Toulouse, sur le tout, d'or à trois bandes d'azur*[2].

Guérin ASÉMAR, habitant d'Euzet, au dioc. d'Uzès, justifia de sa noblesse devant Bazin de Bezons, intendant de Languedoc, le 11 janv. 1669, par une généalogie de VI degrés remontant à Pierre ASÉMAR, nommé au contrat de mariage de son fils Anglès, du 15 juin 1477, aux armes anciennes rapportées ci-dessus. Ses descendants se succédèrent, sous les mêmes nom et armes, jusqu'au commencement de ce siècle, où ils étaient connus sous le nom d'AZÉMAR de Casevieille.

La Chenaye avait publié, en 1770, la généalogie détaillée des ADHÉMAR de Lombers et de toutes les branches s'y rattachant. Il donna, plus loin, un article à part pour les AZÉMAR, sgrs de Gignac, St-Martin-de-Londres, la Baume,

---

[1] Mis d'Aubais, *Jug. de Lang. Montp.*, 17.

[2] St-Allais, le premier, a établi la généalogie des sgrs de Casevieille, comme se rattachant, ainsi que ceux de St-Martin-de-Londres et ceux de Montréal, aux anciens ADHÉMAR dont ils auraient été des cadets; toutefois il n'en marque pas la soudure. Il leur donnait pour armes : *mi-parti de France et de Toulouse, à la bordure engrelée d'argent, chargée de huit billettes d'or (qui est la brisure des cadets des maisons du nom d'Adhémar), sur le tout, d'azur à la bande d'argent, chargée de trois croissants de sable et en chef, d'un lion armé et lampassé de gueules.* Mais les ADHÉMAR de Casevieille se disant maintenant les aînés de la famille, ont supprimé la prétendue brisure ci-dessus et pris les armes des ADHÉMAR actuels. Remarquons que ce *sur le tout*, qui était les armes des AZÉMAR de Casevieille en 1816, n'était pas semblable, pour les émaux, aux armes mentionnées au jug. de 1669.

etc..., y mentionnant les sgrs de Casevieille, les faisant remonter jusqu'au IXe siècle et sortir des V^tes de TOULOUSE. Il n'osa pourtant pas compter les générations depuis cette origine (il y en aurait eu VII de plus), et ne les compta qu'à partir de Pierre AZÉMAR, vivant en 1213, cinquième aïeul d'autre Pierre, auteur reconnu des sgrs de Casevieille, dans le jugement susrelaté de 1669. Toutefois il ne faisait qu'indiquer Anglès AZÉMAR, fils de ce dernier, et ne donnait pas la suite de sa filiation. Le tout disait-il, extrait d'un mémoire *certifié conforme* (il n'est pas dit par qui) à *toutes les preuves qui y sont énoncées*, et sans aucune prétention de rattacher ces AZÉMAR aux ADHÉMAR dont il avait déjà donné la généalogie.

En 1816, St-Allais donna le premier la généalogie détaillée des AZÉMAR de Casevieille, à partir de Pierre, père d'Anglès, et, la rattachant au travail publié par La Chenaye, remonta les degrés non seulement jusqu'au cinquième aïeul de ce Pierre, ainsi que l'avait marqué La Chenaye, mais à quatre degrés plus haut, en sorte que pour lui, Pierre, père d'Anglès, est au Xe degré, tandis que, dans La Chenaye, il est marqué au VIIe (tout en étant en réalité au XIVe, si l'on compte les degrés le rattachant aux V^tes de TOULOUSE). St-Allais, d'ailleurs, ne parlait pas de cette extraction des V^tes de TOULOUSE, mais en revanche disait cette famille issue des ADHÉMAR de Monteil, sans en marquer la soudure.

A cette même époque, les messieurs de Casevieille étaient en instance pour changer leur nom d'AZÉMAR en celui d'ADHÉMAR. Désireux de se rattacher en même temps à la famille de ce nom, ils remarquèrent que, vers 1477, époque du mariage d'Anglès AZÉMAR, il y avait deux Pierre ADHÉMAR, fils de Rigal et de Cébélie de la BARRIÈRE. Dès lors, abandonnant les ancêtres que La Chenaye et St-Allais leur avaient attribués, ils se rattachèrent à celui de ces Pierre ADHÉMAR (l'aîné) dont la descendance est éteinte. Ils appuyèrent leurs prétentions sur un mémoire de Chérin de Barbimont, neveu de l'ancien généalogiste du roi Louis XVI, et obtinrent, le 18 juin 1817, une ordonnance royale les autorisant à s'appeler désormais ADHÉMAR, comme se rattachant à l'ancienne famille de ce nom. Les représentants de celle-ci formèrent opposition, et une nouvelle ordonnance, du 2 juin 1819, cassa la première. L'affaire vint alors devant les tribunaux. Celui d'Alais s'étant déclaré incompétent, elle fut portée devant le tribunal de la Seine, et celui-ci déclara, le 26 juil. 1826, que, si le contrat de mariage d'Anglés AZEMAR prouvait qu'il était fils de Pierre, rien ne prouvait l'identité de ce Pierre avec un des deux Pierre, fils de Rigal, et de Cébelie de la BARRIÈRE[1]. Ce jugement fut confirmé par arrêt de la cour de Paris.

---

[1] On observait en outre : 1° que Pierre (l'aîné) n'était marié ni en 1461 (date du test. de sa mère lui léguant 150 moutons d'or, *payables à son mariage*), ni en 1473 (date du test. de son père qui ne mentionne pas qu'il le fut), et que par conséquent Anglés, marié en 1477, et ayant un frère aîné, Arnaud, qui dans son contrat lui fait donation, ne pouvait être fils de ce Pierre ;

Les messieurs de Casevieille n'en continuèrent pas moins à porter le nom d'ADHÉMAR, et, attaqués à leur tour de ce chef par les ADHÉMAR de Lantagnac et consorts, devant le tribunal d'Alais et la cour de Nîmes, ils obtinrent de cette dernière un arrêt, du 6 juin 1839, confirmé par la cour de cassation (chambre des requêtes, le 8 mars 1841), les autorisant à prendre le nom d'ADHÉMAR, sans qu'il fut rien spécifié sur leur descendance de Pierre AZÉMAR, père d'Anglès, prétention *dont ils avaient déclaré se désister*[1].

Nous n'avons donc pas cru devoir joindre les ADHÉMAR de Casevieille au degré des fils de Rigal ADHÉMAR; mais nous allons en donner la généalogie d'après celle qu'ils ont fait imprimer[2] et où ils admettent cette soudure; tout ce qui suit le degré d'Anglès devant être considéré comme prouvé, tant par le jugement de 1669 que par les pièces énoncées ensuite. Nous y joindrons ce que nous avons pu recueillir depuis 1861, date de l'impression de cette généalogie; et, afin de compléter tout ce qui concerne cette famille, nous donnerons sommairement l'analyse de ce que portent les articles de La Chenaye et de St-Allais, pour les degrés antérieurs à Pierre, père d'Anglès:

I[3]. ADHÉMAR[4], v[te] de Toulouse, vivait en 961;
d'où:

II. ADHÉMAR, v[te] de Toulouse et de Bruniquel, mourut en 1050;
d'où: 1. Artman;
2. Adhémar, dont l'article suit;
3. Pons;
4. Raymond.

III. ADHÉMAR, v[te] de Toulouse et de Bruniquel (1074-1093), ép. Guillemette de TRENCAVEL;
d'où: 1. Guillaume, v[te] de Toulouse;
d'où: Guillaume, v[te] de Montclar-Toulouse;
d'où: Pons ADHÉMAR, vivait en 1163;
2. Aton, arch. d'Arles;

2° que la terre de la Roque-Rocozel ayant été substituée par le test. de Rigal ADHÉMAR aux mâles de la descendance de son fils Pierre (l'aîné), ne serait pas venue par alliance aux MONTAZET, s'il était resté des mâles dans cette descendance.

[1] V. ci-dessus p. 70, note 3. Devilleneuve, *Jurisprudence de la cour de cassation*, 1841, I[e] P., 189; Dalloz, 1841, I[e] P., 151.

[2] V. ci-dessus p. 6, note 4.

[3] Ainsi que nous l'avons dit plus haut, LA CHENAYE ne numérote pas les VII premiers degrés de cette généalogie.

[4] La Chenaye et St-Allais écrivent tantôt ADHÉMAR, tantôt ADEMAR, AZEMAR ou ASÉMAR, sans motif apparent. Puisqu'aujourd'hui les représentants de ces familles ont tous pris le nom d'ADHÉMAR, comme étant celui de leurs ancêtres, nous avons cru devoir l'employer sous cette forme partout dans leur généalogie et dès l'origine.

3. Pierre, dont l'article suit ;
4. Bernard, vivait en 1067 ;
5. Frotard, v[te] de Brusques et d'Eyssenne, prêta hommage, en 1134.

IV. Pierre ADHÉMAR, v[te] de Brusques et Vinassan (1106-1126), ép. *N*... de FOIX ;
d'où : 1. Guillaume-Pons, dont l'article suit ;
2. Armand, v[te] en partie de Bruniquel et Vinassan, vendit ces terres, en 1156, à Raymond de TRENCAVEL, sgr de Béziers, son cousin ;
3. Adhémar, v[te] en partie de Bruniquel et Vinassan, vendit ces terres, comme son frère, et fonda, en 1163, l'abbaye de St-Marcel en Quercy.

V. Guillaume-Pons ADHÉMAR[1], sgr de Marcillan, Pisan, etc..., vendit ces sgries, en 1138, à Raymond de TRENCAVEL ;
d'où : 1. Guillaume, mourut le 8 des calendes de juil. 1167 ;
2. Raymond, dont l'article suit.

VI. Raymond ADHÉMAR, vivait en 1135 ;
d'où : 1. Bernard, vivait en 1174 ;
2. Guiraud, vivait en 1216 ;
3. Guillaume, vivait en 1244 ;
4. Pons, dont l'article suit.

VII. Pons ADHÉMAR, vivait en 1243 ;
d'où : 1. Bernard, tige des sgrs de l'Escure et de Rosières[2] ;
2. Pierre, dont l'article suit.

VIII. Pierre ADHÉMAR[3], prêta serment de fidélité, en 1249, au Cte Alphonse de TOULOUSE. Il avait ép., vers 1234, Marie-Élisabeth de MANDAGOT ;
d'où : 1. Pierre, fut à la croisade de St-Louis, à Tunis, et ép., en Andalousie, Ermirarde de CARPIO, fille de Gaston, d'où sont issus les C[tes] d'AZÉMAR ou d'AZUMAR, répandus en Espagne et en Portugal ;
2. Raymond, dont l'article suit.

IX. Raymond ADHÉMAR, csgr de Montarnaud, sgr de Londres, etc... ; suivit le roi St-Louis à la croisade de Tunis, et rendit hommage, en 1312, à Jacques,

---

[1] C'est à ce degré seulement que remonte St-Allais (*Nobil. univ.*, VII, 511), disant, mais sans preuves, que Guillaume-Pons ADHÉMAR descend de Giraud ADHÉMAR, auteur des sgrs de Monteil, Grignan, etc... Il continue ensuite la filiation presque identiquement dans les mêmes termes que La Chenaye, jusqu'à Pierre AZÉMAR, csgr de St-Martin-de-Londres (notre degré XIV plus loin).

[2] Il eut un fils nommé Gaillard.

[3] C'est à partir de ce Pierre que La Chenaye compte les degrés et déclare *commencer la généalogie suivie des différentes branches de cette maison.*

roi de Majorque. Il avait ép., en 1287, Antoinette de TRENCAVEL, fille de Raymond, c^te de Carcassonne ;
d'où : 1. Jean, dont l'article suit ;
2. Guillaume, prévôt de Maguelonne ;
3. Bernard, csgr de Montarnaud, St-Georges, etc... ;
d'où : A. Ermirarde, fit vente, en 1300, aux habitants de St-Georges;
B. Isabeau, ép., en 1360, Gaston ADHÉMAR, son cousin germain, fils de Jean, et de Brigitte du TERRAIL ;

X. Jean ADHÉMAR, sgr de St-Martin-de-Londres[1], csgr de Montarnaud, Brignac, etc...; rendit hommage à l'évêque de Montpellier, le 23 avril 1395. Il avait ép., en 1320, Brigitte du TERRAIL ;
d'où : 1. Gaston, dont l'article suit ;
2. Quatre autres fils ; S. P..

XI. Gaston ADHÉMAR, sgr de St-Martin-de-Londres, etc... ; ép., en 1360, Isabelle ADHÉMAR, sa cousine germaine, fille de Bernard, csgr de Montarnaud; d'où : entre autres,

XII. Jean ADHÉMAR, sgr de St-Martin-de-Londres, etc...; ép., en 1403, Diane-Delphine de BARJAC, fille de *N*..., bar. de Rochegude[2] ;
d'où : entre autres,

XIII. Jean ADHÉMAR, sgr de St-Martin-de-Londres, etc..., vivait en 1446. Il avait ép. Mingette, dame de Cornonterrail[3] ;
d'où :

XIV. Pierre ADHÉMAR[4], sgr de St-Martin-de-Londres, St-Martin-de-Vignogue, etc..., vivait en 1480. Il avait ép., en 1476, Gabrielle d'Aurillac ;
d'où : 1. Bertrand, dont l'article suit;
2. Arnaud, assista, le 15 juin 1477, au contrat de mariage de son frère Anglès ;

---

[1] Chef-lieu de canton, arr. de Montpellier (Hérault).

[2] Au dioc. d'Uzès.

[3] Fit son test., en 1464 (Blanchi, not. à Cornonterrail), en faveur de son fils Pierre.

[4] C'est ce Pierre que les MM. de Casevieille voulaient identifier avec Pierre (l'aîné), sgr de la Roque-Rocozel, fils de Rigal ADHÉMAR, sgr de Firmy, et de Cébélie de la BARRIÈRE. Jusqu'à ce degré, les deux généalogistes que nous suivons se reproduisent presque dans les mêmes termes. Mais, après ce degré, La Chenaye continue la branche aînée de Bertrand, sgr de St-Martin, telle que nous allons la reproduire, indiquant seulement qu'Anglès ADHÉMAR, 2e fils de Pierre, est la tige des sgrs de Casevieille ; tandis que St-Allais, se contentant d'indiquer Bertrand, comme tige des sgrs de St-Martin, donne en détail les sgrs de Casevieille, auxquels nous reviendrons nous-mêmes en les plaçant à leur rang.

3. Anglès, tige des sgrs de Casevieille, rapportés plus loin ;
4. Hector, prieur de Riviès et du Bousquet, vivait en 1534 ;
5. et 6. Deux filles, mentionnées au contrat de mariage de leur frère Anglès[1].

XV. Bertrand Adhémar, sgr de St-Martin, etc... ; testa les 20 mars 1530 et 21 juil. 1534. Il avait ép. 1° Catherine de Lavagnac, fille de *N*..., sgr de Mirman, etc..., trés. gén. de France en Languedoc ; et 2°, suiv. contrat du 15 mars 1511[2], Malive de Barjac, fille de Louis, sgr de Rochegude ;
d'où : 1. Antoine, dont l'article suit ;
2. Tristan, cap. de 50 hommes d'armes, testa en 1548, et vivait en 1567. Il avait ép., suiv. contrat du 26 nov. 1543[3], Françoise Pelet, fille de *N*..., sgr d'Alais ;
d'où : Blaise, sgr de Montlaur, qui a laissé postérité ;
3. Guillaume, massacré par les Huguenots, en juil. 1573 ;
4. Diane.

XVI. Antoine Adhémar, sgr de St-Martin, la Baume, etc..., testa en 1582. Il avait ép. Marie Adhémar, sa parente ;
d'où : 1. Raymond, dont l'article suit ;
2. Roland, tige des sgrs de Montréal, rapportés plus loin[4] ;
3. Marie.

XVII. Raymond Adhémar, sgr de St-Martin, la Baume, etc... ; eut sa maison et ses papiers pillés par les Huguenots, en 1621. Il avait ép., en 1600, Suzanne Barthélemy, fille de *N*..., sgr de Gramont, cons. au Parl. de Toulouse ;
d'où : 1. Raymond, dont l'article suit ;
2. Antoine, cons. en la Cour des Comptes de Montpellier, le 1er sept. 1659 ; S. A. ;
3. Guillaume, trés. gén. en Languedoc, testa le 5 juin 1680[5]. Il avait ép., le 19 avril 1635, Antoinette Hugues, fille de Louis, colonel d'inf. ;
d'où : A. Jean, nommé cap. d'inf. au régim. du Roi, le 7 sept. 1694 ; S. P. ;

---

[1] Ainsi le porte, et sans les nommer, la généalogie imprimée des MM. de Casevieille. C'est sans doute parce qu'on trouve dans ce contrat (V. La Roque, *Arm. de Languedoc* Montp., II, 355), ces mots : *tam de bonis paternis, maternis, fraternis, quam sororinis.*

[2] Christophe Blanchi, not. à Cornonterrail.

[3] Pontier, not. à Montpellier.

[4] On trouve vers cette époque : François Azemar, éc., habitant à Gignac, nommé, le 22 fév. 1630, lieut. d'Honor. Gondin d'Aramon (Boisseron ?), prévôt gén. de la Connétablie et Maréchaussée de France en Languedoc (Morin-P., 353).

[5] Bellot, not. à Grignan.

B. Louis, archid. d'Embrun, tué d'un coup de carabine au siège de cette ville par le duc de Savoie, en 1692 ;
C. Joseph, nommé cap. au régim. Royal-inf., le 20 août 1688. Il avait ép., suiv. contrat du 7 sept. 1673[1], Marie BONNEFOUX, fille de Henri, sgr de Fabrègues ;
d'où : *a*. Guillaume, prêtre, mourut âgé de 80 ans ;
b. c. d. e. f. g. Six filles ;
D. Marie, ép , en 1660, Etienne de COTTE, éc., sgr de la Tour;
E. Brigitte.

XVIII. Raymond ADHÉMAR, sgr de St-Martin, la Baume, Gignac, etc... ; gentilhomme ordinaire de la chambre du Roi, le 30 janv. 1649 ; cap. de cav. au régim. de Thoiras ; acquit, en 1670, la terre de Gignac. Il avait ép. 1°, le 29 sept. 1654, Delphine de LAMAUSANS ; et 2°, le 24 oct. 1668, Anne de GRASSET ;
d'où : 1. Antoine, dont l'article suit ;
2. Antoine-Pierre, cons. en la Cour des Cptes de Montpellier ; S. A. ;
3. Raymond, chev., id. id. ;
4. Elisabeth.

XIX. Antoine ADHÉMAR, sgr de Gignac, la Baume, etc... ; ép., le 3 nov. 1706, Françoise AZÉMAR ;
d'où : entre autres,

XX. Guillaume ADHÉMAR, sgr de Gignac, la Baume, etc... ; cons. à la Cour des Comptes de Montpellier, mourut le 27 avril 1757. Il avait ép., le 28 oct. 1744, Jeanne de VIOLS ;
d'où : 1. Antoine-Guillaume, dont l'article suit ;
2. Raymond, s[r] de St-Geniès ;
3. Guillaume, s[r] de la Baume ;
4. François, s[r] de St-Martin ;
5. Jacques-Gabriel, s[r] de la Coste, né vers 1755, mourut en 1760 ;
6. Jeanne.

XXI. Antoine-Guillaume ADHÉMAR, sgr de Gignac, la Baume, etc... ; né en 1745.

Là s'arrête La Chenaye.

Cette famille subsiste encore actuellement, mais nous n'avons pu en avoir la suite. Nous avons trouvé seulement :

---

[1] Bellaud (ou Bellot), not. à Gignac.

Guillaume ADHÉMAR de la Baume (peut-être Antoine-Guillaume ci-dessus, né en 1745), ép., le 30 sept. 1782, Julie de MARIN[1].

Jean-de-Dieu-Louis-Gustave c[te] d'ADHÉMAR de la Baume, ép. Marie-Madeleine-Anne-Augustine LE NORMAND de Morando ;
d'où : Gustave-Jules d'ADHÉMAR de la Baume, ép. à Paris, en août 1879, Augustine NAIROT[2].

BRANCHE

DES SEIGNEURS DE MONTRÉAL

XVII. Roland ADHÉMAR, csgr de St-Martin-de-Londres, etc... ; fils puîné d'Antoine et de Marie ADHÉMAR, ép. (à Lodève ?), Marguerite de GARRIGUE[3];
d'où : 1. Jacques, chan. de la cathédrale de Vabres[4] ;
2. Michel, dont l'article suit.

XVIII. Michel ADHÉMAR, csgr de St-Martin-de-Londres et de Gourgues, sgr de Montréal, etc...; juge de la ville de Lodève ; ép., en premières noces, suiv. contrat du 21 août 1649, Jeanne de VEYRIER[5] ; et, en deuxièmes noces, Françoise DICHER, fille de *N*..., sgr de la Bastide, Fonds[6], etc...;
d'où : du 1er lit,
1. Fulcrand, dont l'article suit,
et du 2e lit,
2. Jérôme, csgr de Privat, ép., suiv. contrat du 15 août 1701[7], Marie de JOUVENTE ;
d'où : Claire, ép. Jacques de FLOTARD, lieut. au régim. de Vendôme;
3. Jeanne, assista, le 15 août 1701, au contrat de mariage de son frère Jérôme ;
4. 5. 6. Trois autres filles.

XIX. Fulcrand ADHÉMAR, sgr de Montréal, etc...; juge de Lodève ; ép., suiv. contrat du 19 fév. 1689, Françoise de CARCASSONNE[8], fille de Anne, sgr de Soubès, etc..., et de Françoise de PEIROTTES ;
d'où : 1. Roger, csgr de Soubès, lieut. au régim. de Champagne, puis en la

[1] Bibl. Nat., Ms., *Hozier récent*, 115.
[2] Borel d'Haut., *Ann.* XXXVI, 256.
[3] Sœur de Jean de GARRIGUE, chan. théologal du chapitre de Lodève, fondateur de la chapelle de St-Joseph de Lodève.
[4] Canton de Ste-Afrique (Aveyron).
[5] Veuve de Charles de TOURAINE, et sœur de Jean de VEYRIER, qui lui fit don de tous ses biens.
[6] Au dioc. de Vabres.
[7] Vedel, not. à Sérignan. Présents: Fulcrand et Jeanne ADHÉMAR, frère et sœur ; Pierre de ROQUEFEUIL, sgr de St-Etienne, cousin germain ; Henri de ROQUEFEUIL, sgr de la Roque.
[8] Cousine germaine utérine d'André-Hercule de FLEURY, év. de Fréjus, cardinal, ministre d'état sous Louis XV.

maréchaussée de Tournon, major de la ville d'Aigues-Mortes; reçu à l'hôtel royal des Invalides, le 17 oct. 1748; mourut à Cornus[1], le 3 sept. 1751. Il avait ép. à Cornus, Suzanne GOUTEZ de Caussanel;

d'où : A. *N*... codame de Soubès, ép. Noël-Marie d'AZÉMAR, bar. de Popian, sgr de St-Bauzile de la Silve, etc...;

B. Suzanne, mariée à Creyssels;

C. Catherine, pensionnée du Roi, mourut au couvent de Ste-Afrique, en Rouergue, en 1763;

2. Guillaume, sgr de Montalégre, etc...; mourut en 1743. Il avait ép., suiv. contrat du 1er août 1731[1], Marie-Claude de BÉGUIN[2]; S. P.;
3. Raymond, sgr de la Prade, mourut au service du Roi; S. P.;
4. Hyacinthe, dont l'article suit.

XX. Hyacinthe ADHÉMAR, sgr de Montréal, etc...; lieut. au régim. de Rochepierre-dragons, mourut en 1738. Il avait ép., en 1721, Françoise d'URRE, fille unique, héritière de Louis c^te d'URRE, sgr de Mézerac, la Garrigue, l'Issirou, Eyssène (en Rouergue), etc...;

d'où : 1. Jean-Louis, dont l'article suit;
2. Jean-Joseph (dit le chev. de Mézerac), né en 1723, major des troupes nationales du quartier de la grande Rivière, dans l'île de St-Domingue, en Amérique;
3. Catherine-Françoise (dite Mlle de Mézerac);
4. Marie-Rose (dite Mlle d'Azémar);
5. Marie (dite Mlle de la Garrigue);
6. Marie-Jeanne (dite Mlle de l'Issirou);
7. Marie-Marthe (dite Mlle de Montréal), honorée par S. M., le 25 août 1754, du brevet de Régale, pour être reçue chanoinesse régulière de l'abbaye royale du St-Esprit, à Béziers, en Languedoc, où elle a été admise, en ses vœux, par l'év. de cette ville, en 1759.

XXI. Jean-Louis ADHÉMAR, sgr de Montréal, etc..., né le 23 juin 1722; ép., suiv. contrat du 12 août 1765, Anne-Adelaïde ROGER, fille de Philippe-Vincent, sgr de Plessis, Glain et de la Mouchetière (en Bretagne), lieut. gén. de l'amirauté à Nantes, et d'Anne de LAURENCIN;

d'où : Louis-Philippe-Marie, né le 11 juil. 1767, mourut le 14 avril 1768.

Cette branche portait pour armes, d'après La Chenaye : *écartelé au 1er d'argent à la bande de gueules, chargée de trois étoiles d'or, qui est d'*URRE; *au 2e d'azur à trois fleurs de lys d'or, posées 2 et 1, à un bâton péri en barre,*

---

[1] Dioc. de Vabres (chef-lieu de cant., Aveyron).
[1] Henri, not. à Vervins, en Picardie.

[2] Ep., en deuxièmes noces, *N*... c^te de St-ASTIER, brigadier des armées du Roi.

de gueules, qui est de BOURBON-ROUSSILLON ; *au 3e d'azur, semé de fleurs de lys d'or, à la tour d'argent brochant sur le tout, qui est de la* TOUR d'AUVERGNE; *et au 4e d'or, à quatre pals de gueules, qui est de* CARCASSONNE ; *et sur le tout d'azur à une bande d'argent chargée de trois croissants de sable et surmontés d'un lion d'or grimpant, armé et lampassé de gueules, qui est d'*AZÉMAR.

La Chenaye ajoute : « il y a encore plusieurs branches de la maison d'AZÉMAR, qui ont existé en 1503 et 1539, dont on n'a pu trouver la jonction. Telles sont celles : 1° des Barons de Sueilles, qui s'éteignit vers le milieu du XVIe siècle, dans la personne de Jeanne d'AZÉMAR, qui porta cette baronnie à François de la CROIX de Castries, sgr de St-Brès et de Figaret ; 2° d'Aimargues ; 3° des sgrs de Pompignan ; 4° d'Alzet ; 5° des csgrs de Duras ; 6° d'Ussel ; 7° de la Baulace-Thoman ; 8° d'Arras ; 9° des sgrs de St-Just ; 10° des sgrs de Montaut ; et 11° des sgrs de Montlaur. »

BRANCHE

DES SEIGNEURS DE CASEVIEILLE

XV. Anglès ADHÉMAR[1], du manoir de Suelhes[2], fils puîné de Pierre, sgr de St-Martin-de-Londres, et de Gabrielle d'AURIAC ; assista, le 30 sept. 1520, au contrat de mariage de son fils Pierre. Il avait ép., suiv. contrat du 15 juin 1477[3], Isabelle de la ROQUE (de *Roca)*, fille de n. Firmin, du mas de *Colobrinis*[4]; d'où : 1. Pierre, dont l'article suit ;

2. Etienne, noble verrier, assista, le 30 sept. 1520, au contrat de mariage de son frère Pierre, et prêta hommage avec lui, pour leur *mas* du Colombier, au Prévôt de la cathédrale d'Uzès, le 11 juin 1536[5].

XVI. Pierre ADHÉMAR, du lieu d'Euzet[6], fit son test. au *mas* du Colombier, le 13 nov. 1565[7], dans lequel il nomme sa femme, ses enfants, et institue pour héritier son fils Thibaud. Il avait ép., suiv. contrat du 30 sept. 1520[8], Louise (*alias* Dauphine) de BERENGUIER (*Bringaire)*[9], fille de f. n. Pierre, du lieu de Lione[10] ;

[1] C'est cet Anglès ADHÉMAR que les MM. de Casevieille disent fils de Pierre ADHÉMAR, sgr de la Garinie, et de Cébélie de la BARRIÈRE, dans leur généalogie imprimée que nous allons suivre désormais.

[2] Paroisse Ste-Marie-de-Londres, dioc. de Maguelonne.

[3] Jacques Verdellan, not.. Acte passé à Vaquières devant la porte de Bertrand de BARJAC.

[4] Paroisse de St-Césaire-de-Gausignan *(Gausinhano)*, dioc. d'Uzès.

[5] Antoine Domergue *(alias* Brun), et Jean Gajaigne, not. à Uzès.

[6] Dioc. d'Uzès.

[7] Antoine Brun, notaire.

[8] Calmeli, not..

[9] Assistée de Durand de BÉRENGUIER, son frère, stipulant pour Bernard de BÉRENGUIER, leur aïeul commun et tuteur. Dot : 100 l. t., pour tous biens paternels et maternels.

[10] Dioc. de Nîmes.

d'où : 1. Thibaud, dont l'article suit ;

2. Gaspar, ép., avant le 8 avril 1549[1], Gabrielle PÉLEGRIN, fille de François, sgr de la Bastide-d'Ornols[2] ;

3. Jeanne, mariée avant le 13 nov. 1565 ;

4. Bonne, id. ;

5. Louise, id..

XVII. Thibaud ADHÉMAR, éc., gentilh. verrier à St-Maurice-de-Casevieille, puis à Rouen, à Colle en Normandie ; faisant profession de la religion prétendue réformée ; fit son test., le 31 mars 1612[3], dans lequel il nomme ses deux femmes, ses enfants, et institue pour héritier Jacques, son fils du 1er lit, lui substituant ses autres fils Jean, Etienne, Pierre, et mourut avant le 31 oct. 1618. Il avait ép., en premières noces, suiv. contrat post-nuptial du 29 mai 1558[4], Jeanne REY[5], fille de Arnaud, du lieu de Marvejols ; et, en deuxièmes noces, Isabeau BONNET[6] ;

d'où : du 1er lit,

1. Jacques, dont l'article suit ;

2. Jean, légataire de son père, vivait le 6 sept. 1634[7] ;

3. Etienne, légataire de son père, mourut avant le 31 oct. 1617[8] ;

4. Pierre, légataire de son père, vivait le 6 sept. 1634 ;

5. Louise, légataire de son père, mariée avant le 31 mars 1612 ;

6. Catherine, id. id. ;

7. Pierrette, id. id. ;

8. Philippe, id. id. ;

et du 2e lit,

9. Philippe, légataire de son père, non mariée le 31 mars 1612 ;

10. Suzanne, id. id. ;

---

[1] Quittance donnée à Lussan, le 8 avril 1549 (Antoine Gelibert, not.), par Pierre ADHÉMAR, son père.

[2] Près Godargues, dioc. d'Uzès.

[3] Jean Lafont, not. à Uzès.

[4] Pierre Astier, not. à Uzès.

[5] Majeure de 15 ans, mineure de 25. Dot : 264 l. et 6 robes pour tous droits paternels et maternels.

[6] Vivait le 31 oct. 1618 (sentence du Sénéchal de Nîmes).

[7] C'est peut-être lui qui, qualifié sr de Suelhes et cap. de deux comp. de gens de pied du régim. de Nerestan, passa, le 16 mars 1607 (Morin-P., 406), obligation de 600 l., à Guillaume CHARRIER et Mathurin GALLIER, marchands de Lyon, et une autre de 1.100 l., à Raymond de BOMPARD (id. 407). On trouve encore plus tard Marc-Antoine AZÉMAR, qualifié sgr de Suelhes, mousquetaire de la garde ordinaire du Roi, qui, conjointement avec Charles-Henri GALLARD (aussi mousquetaire), Charles-René GALLARD (gendarme de la garde ordinaire du Roi), pour Léonarde-Suzanne GALLARD, leur femme *(sic)*, et pour Marc GALLARD, éc., interdit, donnent à N... MOREAU, en bail amphytéotique une maison à Paris, faub. St-Marcel, à la cense de 50 sous tournois, etc... (Morin-P., 407).

[8] Transaction (Hilaire de la Baume, not. à Lédignan).

11. Catherine, légataire de son père, encore mineure le 31 oct. 1618 ;
12. Diane, id. id..

XVIII. Jacques ADHÉMAR, éc., de St-Maurice-de-Casevieille, suivait le culte de la religion prétendue réformée ; fit son test., à St-Maurice, le 14 déc. 1621[1], par lequel il lègue à ses enfants, et institue pour héritière sa femme, à charge de remettre à leur fils Pierre ; obtint, le 2 juin 1626, des lettres d'exemption de logement des gens de guerre pour ses maisons de St-Maurice, Colombier, Pigeolas, et mourut avant le 6 sept. 1634[2]. Il avait ép., suiv. contrat passé au château de Cardet, le 1er juillet 1601[3], Elisabeth de RECOLIN[4], fille de f. Jacques et de Madeleine de VALLETTE[5] ;

d'où : 1. Pierre, héritier appelé par son père, transigea, le 6 sept. 1634[2], avec ses oncles Pierre et Jean ADHÉMAR, et mourut avant le 14 août 1668 ;
2. Gaspard, légataire de son père au test. du 14 déc. 1621, mourut avant le 14 août 1668 ;
3. Jacob, légataire de son père au test. du 14 déc. 1621, mourut avant le 14 août 1668 ;
4. Jean, légataire de son père au test. du 14 déc. 1621, mourut avant le 14 août 1668 ;
5. Guérin, dont l'article suit ;
6. Bernardine, légataire de son père au test. du 14 déc. 1621, et de son frère Guérin au test. du 22 mars 1668[7] ;
7. Jeanne, légataire de son père, vivait le 22 mars 1668. Elle avait ép., avant le 2 nov. 1658[6], Pierre de CASTELVIEIL.

XIX. Guérin ADHÉMAR, du lieu de St-Maurice-de-Casevieille, légataire de son père ; fit un test. à Mézamics, le 22 mars 1668[9], par lequel il élit sa sépulture en la forme de la rel. prét. réf.; lègue à ses enfants, à sa sœur Bernardine, et institue pour héritière sa femme ; fut maintenu dans sa noblesse, par jug. de Bazin de Bezons, du 11 janv. 1669, remontant la filiation jusqu'à Pierre, père d'Anglès ci-dessus, et par autre jug. de Lamoignon, du 14 août 1697 ; fit un dernier test., le 17 avril 1707[10], par lequel il établit pour héritier son fils aîné Claude, et assista, le 14 juil. de la même année, au contrat de mariage de

---

[1] Mathieu, not..
[2] Transaction passée par son fils Pierre.
[3] Présents : Hilaire LA BAUME, not. et viguier de la baronnie d'Aigremont, oncle maternel du futur ; Etienne de RECOLIN, frère de la future ; Marc de VALLETTE, s^r de Cardet, son oncle ; César-Guillaume de RECOLIN, id.; Jean de BRUNIS, son cousin germain (Roquette, not.).
[4] V. pour Recolin : L. de la Roque, *Arm. de Lang. Montp.*, II, 51.
[5] De la ville d'Anduze, dioc. de Nîmes.
[6] Hilaire de la Baume, not. à Lédignan.
[7] Test de son frère Guérin.
[8] Contrat de mariage de son frère Guérin.
[9] Gaspard Chastagnier, not. à Bousquet.
[10] Camroux, not.

son fils Melchior. Il avait ép., en premières noces, au Sauzet, suiv. contrat du 2 nov. 1658[1], Marguerite de FAUCON[2], fille de f. Claude[3] et de Jeanne de BOURGUET (*alias* BOUSQUET); et, en deuxièmes noces, suiv. contrat passé en la maison du sgr de St-Christol, le...[4], Françoise DODE, fille de f. Jacques, doct. ès-droits, sgr de St-Christol et d'Oleyrargues[5];

d'où : du 1er lit,

1. Claude, légataire de ses père et mère, résidait à la verrerie de la Calmette et mourut à St-Maurice, le 16 mars 1732. Il avait ép., suiv. contrat passé à St-Geniès-de-Malgloire, le 19 oct. 1698[6], Olympe d'ALBIN, fille de f. Jean et de Alix de FAUCON;
2. Jean, s^r^ du Colombier, établit une constitution de rente de 106 l. sur les échevins de Paris, le 29 déc. 1711[7]; fit son test., le 4 oct. 1736[8], par lequel il institue pour héritier Claude d'ADHÉMAR, son neveu, et mourut à St-Maurice, le 23 fév. 1740;
3. Françoise, légataire de son frère Jean, au 4 oct. 1736, avait ép., avant le 17 avril 1707, Daniel CHABERT[9];

et du 2e lit,

4. Melchior, dont l'article suit;
5. Marguerite, légataire de son père, pour 400 l., au 17 avril 1707.

XX. Melchior ADHÉMAR, sgr de Cauvillargues, né le 25 juin 1681, bapt. le 29 du même mois[10], habitant à St-Maurice-de-Casevieille; acquit, le 10 sept. 1751[11], tant pour lui que pour son fils Claude, et pour le prix de 2.050 l., une maison, à St-Maurice, appartenant à Charles-Xavier de RIBEIROLS, sgr d'Entremaux, etc..., habitant à Alais. Il avait ép., à Montclus[12], suiv. contrat du 14 juil. 1707[13], Marguerite PÉLEGRIN[14], fille de Pierre, sgr de la Trillade, et de Claude de THOMAS;

---

[1] Présents : Jean de FAUCON, s^r^ de la Devèze, frère de l'épouse. Dot : 2.700 l. (Rossières, not.).

[2] Elle fit son test. avec son mari, le 22 mars 1668.

[3] Armes : *d'azur à deux tours d'argent, maçonnées de sable, posées en fasce, accompagnées en chef d'un faucon d'or, et d'un croissant d'argent en pointe* (L. de la Roque, *Arm. de Lang. Montp.*, I, 200).

[4] Dot : 3.100 l.. Présents : Melchior DODE, sgr de St-Christol, frère de l'épouse; Michel-Barthélemy de SERRES, not. de Cavilhargues, son beau-frère; mariage à faire selon le rit de la rel. prét. réf. (Fontanilhe et Roux, not.).

[5] Dioc. d'Uzès.

[6] Guiraudet, not..

[7] Morin-P., 358.

[8] Rouvière, not..

[9] Mourut avant le 4 oct. 1736; d'où : 1. Louis-Melchior; 2. Antoine, au service du Roi; 3. Marie.

[10] Consistoire de Lussan.

[11] Marc-Antoine Ribot, not. à St-Maurice.

[12] Canton du Pont-St-Esprit (Gard).

[13] Dot : 3.000 l. en une métairie à Mezaunes (Jean-Pierre Dupin, not. à St-André-de-Roquepertuis).

[14] Elle fut héritière de son père, suiv. test. du 27 janv. 1732, fait à Montclus en la maison de Louis de PÉLEGRIN, sgr d'Ussel, neveu du testateur. (V. pour PÉLEGRIN : L. de la Roque, *Arm. de Lang. Montp.*, I, 392).

d'où : 1. Claude, dont l'article suit ;

2. Jacques-Guérin, né le 14 oct. 1709, grand-maître de la maison de Frédérique-Sophie-Wilhelmine de HOHENZOLLERN (sœur de Frédéric dit *le grand*, roi de Prusse), épouse de Frédéric-Guillaume de HOHENZOLLERN, margrave de Brandebourg-Bareith, mourut en Prusse ; S. P..

XXI. Claude ADHÉMAR, né le 12 juin 1708, bapt. à Montclus, le 15 du même mois ; assista, le 27 déc. 1762, au contrat de mariage de son fils Pierre-Melchior ; et fut condamné à 1.000 l. d'amende et à la prison, pour avoir fait baptiser ses enfants *au désert*[1]. Il avait ép., en premières noces, vers 1733, Madeleine de BOUSQUET[2], fille de Pierre et de Catherine du PUGET ; et, en deuxièmes noces, le 2 sept. 1772, *N...*;

d'où : du 1er lit,

1. Pierre-Melchior, dont l'article suit ;
2. Louis-Guérin, né à St-Maurice-de-Casevieille, le 3 janv. 1746 ; lieut. au bataillon de milice de Montpellier, le 21 fév. 1766 ; aide-major au régim. de l'Ile de France, le 21 janv. 1780 ; chev. de S. L., le 21 mai de la même année ; mis à la retraite avec pension de 2.000 l., en 1787 ; mourut à l'île de France, en 1826[3]. Il avait ép. *N*... JORRÉ de Longchamp ;
3. Jean-David, mourut en bas âge ;
4. Catherine, ép., en 1758, *N*..., sgr de Seynes.

XXII. Pierre-Melchior bar. ADHÉMAR, vte d'Héran, sgr de St-Jean-de-Ceirargues, Teillan[4], Bagard, Colombier, St-Maurice-de-Casevieille, Chirac, etc..., né le 15 juil. 1740, bapt. le surlendemain[5] ; lieut. au régim. de Flandres, le 26 oct. 1755 ; s.-préfet d'Uzès, préfet du Var, le 31 janv. 1806 ; créé baron de l'Empire[6], le 15 août 1810 ; chev. de l'ordre de la réunion ; obtint, le 2 août 1816, d'être reconnu par Jean-Baptiste-Joseph cte ADHÉMAR de Cransac, comme étant de sa famille ; une ordonnance royale, du 18 juin 1817, l'autorisa à changer le nom d'AZÉMAR, qu'il avait porté jusqu'alors, en celui d'ADHÉMAR ; mais cette ordonnance, attaquée par les ADHÉMAR de Lantagnac et de Panat, fut révoquée par une autre du 2 juin 1819. Cependant le bar. d'AZÉMAR fut encore reconnu par Louis-Élisabeth ADHÉMAR de Panat, chef de sa branche,

---

[1] On appelait ainsi les assemblées secrètes où les protestants faisaient les cérémonies de leur culte.

[2] Mourut avant le 27 déc. 1762, date du mariage de son fils Pierre-Melchior.

[3] Il est auteur de : 1. *Les deux Miliciens*, Paris, 1772, chez Duchesne ; 2. *Les Souliers mordorés*, comédie lyrique, Paris, 1776, Vente ; 3. Divers poèmes imprimés dans les recueils du temps.

[4] Commune d'Aimargues, canton de Vauvert (Gard).

[5] Paroisse de St-Maurice-de-Casevieille.

[6] Sous le nom d'AZÉMAR.

comme étant de sa famille, suiv. acte du 25 fév. 1819; puis mourut en son château de Teillan, le 2 sept. 1821, et fut inhumé le lendemain, dans le tombeau de sa famille, suiv. le rite de la religion protestante, dont il faisait profession. Il avait ép., suiv. contrat passé au château de St-Hippolyte, le 27 déc. 1762[1], Marie-Charlotte de MONTOLIEU[2], fille de Jacques-Philippe, v[te] d'Héran, sgr de St-Hippolyte-de-Caton, St-Jean-de-Ceirargues, Teillan, etc..., et de f. Françoise-Henriette d'ALBENAS;

d'où : 1. Jacques-Philippe, dont l'article suit;

2. Antoine-Frédéric-Louis, né à St-Maurice, le 6 juil. 1768, bapt. le 13 du même mois; fit ses preuves de nob., le 1er mai 1784, devant M. Chérin, qui vérifia ses titres remontant à Jacques d'AZÉMAR, son 4e aïeul, époux de Isabeau de RECOLIN; lieut. en second au régim. de Metz, artil.; cap. au régim. d'artil. du Doubs; cap. com[t], le 10 juil. 1792; suspendu, le 13 oct. 1793 (23 brum. an II); adjoint à la mairie d'Anduze; com[t] d'artil. au Pont-St-Esprit; passa transaction, le 7 mai 1822[3], avec ses neveux d'ADHÉMAR qui lui reconnurent la propriété du domaine de St-Maurice, à lui légué par son père, et du domaine de Colombier; chev. de St-Louis, le 24 juil. 1825; mourut au château de Brignon, le 23 janv. 1858. Il avait ép., suiv. contrat passé au domaine de Chirac[4], le 8 juil. 1796 (20 messidor an IV)[5], Rose BOISSON[6], fille de n. Jean-Louis et de Elisabeth-Flore de la FARELLE, du lieu d'Anduze;

d'où : A. Frédéric-Marc-Maurice, né le 4 mars 1802 (13 vent. an X), mourut au Château-Bon[7], le 7 oct. 1875;

B. Antoine-Gabriel-Henri (v[te]), né à Anduze, le 3 avril 1805 (13 germinal an XIII). Il avait ép. Charlotte-Etiennette-*Amélie*-Veret[8], fille de Samuel et de Pauline de QUATREFAGES de Bréau;

d'où : *a.* Auguste-Gabriel-*Arthur*, né à Montpellier, le 5 avril 1839, admis à l'école spéciale militaire de St-Cyr, en 1859; cap. d'Etat-major, attaché au cabinet du ministère de la guerre pendant le siège de Paris; mourut à Paris, le 10 nov. 1870;

b. Louis-Gabriel-*Edmond*, né à Montpellier, le 7 déc.

---

[1] Claude-Lazare Chervau, not. à St-Geniès.

[2] En elle et sa sœur, Mme PANDIN de Biarges, finit cette branche des Montolieu.

[3] D'Arlhac, not. à Nîmes.

[4] Commune de Bagard, canton d'Anduze (Gard).

[5] Teissier, not. à Anduze.

[6] Sa belle-sœur, veuve de Jacques-Philippe ADHÉMAR de Casevieille. Elle mourut le 8 août 1826.

[7] Près Montpellier.

[8] Née vers 1811, mourut à Montp., le 7 janv. 1874.

1842, admis à l'école spéciale militaire de St-Cyr, en 1860 ; s.-lieut., puis lieut. au 2e cuirassiers ; cap. à la suite de la bataille de Reischoffen ; mourut à Montpellier, le 1er mai 1872 ;

c. Selima-Charlotte-*Isabelle*, née à Montpellier, le 20 déc. 1837 ; ép., à Paris, le 1er août 1866, Marie-Frédéric-Edmond-Philippe v[te] d'ADHÉMAR[1], son cousin germain[2], fils de Louis-Pierre-Alexis et de Jeanne-Pierrette-Honorine MARTIN de Choisy ;

3. Adelaïde-Jeanne, vivait le 19 août 1789 ;
4. Alix-Sophie-Madeleine, vivait le 19 août 1789.

XXIII. Jacques-Philippe ADHÉMAR, né vers 1764, garde marine, à Toulon, le 10 fév. 1780 ; lieut. de vaisseau, le 5 fév. 1788 ; chevalier de l'ordre de Cincinnatus ; s'enrôla dans les cavaliers volontaires du Gard, pour sauver son père emprisonné à Nîmes comme noble, en eut le commandement, se distingua à leur tête, en Cerdagne, et y reçut une blessure à la suite de laquelle il mourut à Montpellier, le 17 nov. 1793. Il avait ép., suiv. contrat passé au château de Chirac[3], le 19 août 1789[4], Rose BOISSON[5], héritière de Bagard, fille de n. Jean-Louis, sgr de Bagard, et de Elisabeth-Flore de la FARELLE[6] ;

d'où : 1. Louis-Pierre-*Alexis*, dont l'article suit ;

2. Louis-Frédéric-Gaston, né à Anduze, le 31 août 1793, garde du corps du Roi, comp. de Noailles, en 1814 ; lieut. au 5e escadron des dragons de la Saône, puis aux chasseurs à cheval du Gard ; chev. de la légion d'honneur, le 30 oct. 1830. Il avait ép., suiv. contrat du 6 juil. 1824[7], Aline SABATIER, fille de Louis, et de *N*... VIALA ;

d'où : A. Gaston, né le 24 juil. 1834, ép., le 9 mai 1861, Ernestine MURJAS ;

d'où : *a.* Fernand, maréchal-des-logis, au 4e cuirassiers ;

b. Lucie, ép. *N*... TEISSIER-SOLIERS, banquier à Ste-Afrique (Aveyron) ;

---

[1] Veuf, en premières noces, de Mathilde SARRUS.

[2] Par leur grand'mère commune, Rose BOISSON de Bagard.

[3] Paroisse de Bagard, dioc. d'Alais.

[4] Tém. : Gaspard de PELET, anc. cap. d'inf., chev. de St-Louis, sgr de la Rouvière, hab. d'Anduze ; Jean-Jacques-Victor bar. de MONTOLIEU, col. d'inf., sgr de Méjannes ; Marc-Antoine BOISSON, chev. de Bagard, anc. cap. d'inf., oncle de la future (Jacques-Bernard Perez, not. à Anduze).

[5] Mourut le 8 août 1826. Elle avait ép., en deuxièmes noces, Antoine-Frédéric-Louis d'ADHÉMAR (AZÉMAR), frère dudit Jacques-Philippe ADHÉMAR.

[6] Alliée à la maison de BA[illegible] par sa grand'tante, Catherine BOISSON, mariée à François BASCHI de Junas-d'Aubaïs, le 1er nov. 1673 [La Chenaye dit (II, 441) : Louis de BASCHI ép., le 4 nov. 1673, Anne BOISSON].

[7] Antoine Teissier, not. à Anduze.

B. Léopold, né le 17 oct. 1838; entré aux chasseurs d'Afrique, le 17 oct. 1855; ép. *N*... GABALDA, fille de *N*..., cap. d'Etat-major, et de *N*... MERMET; S. P.;

C. Marius, né au château de Chiroc, le 24 août 1844, receveur de l'Enregistrement; engagé volontaire, en 1870; ép., à Nîmes, Louise-Wilhelmine GRAND d'Esnom, fille de Daniel-Henri (baron), et de Jeanne-Juliette de BOILEAU-CASTELNAU; d'où : *a*. *Robert*-Jules-Louis, né à St-Hippolyte, le 1er nov. 1874;

b. Rose-Ernestine-*Germaine*, née à Anduze, le 5 sept. 1877;

D. Rose-Gabrielle, née à Anduze, le 11 sept. 1825, ép., le 8 déc. 1841, Charles de MANOEL-SAUMANE, fils de Charles, et de *N*... le BLANC de la Tourette;

E. Fanny, née le 31 déc. 1828, ép., le 4 août 1849, Auguste LANTRÉ;

F. Elisabeth-*Rosa*, née le 12 nov. 1830, ép. Armand SABATIER[1], son cousin germain, fils de Louis et de Clara d'ESTIENNE.

XXIV. Louis-Pierre-*Alexis* d'ADHÉMAR (c^te), bar. de l'Empire, né à Anduze, le 21 juin 1790, bapt. le 29 du même mois; élève à l'école spéciale militaire de Fontainebleau, le 12 fév. 1807; s.-lieut. à la 4e lég., infant.; aide de camp du général bar. GUILLOT, et lieut. au 10e hussards, le 13 sept. 1809; cap. adjudant-major au 2e hussards; chev. de la Légion d'honneur, le 1er nov. 1814; gravement blessé à Dannemarie; adjudant-major aux chasseurs à cheval de la Meuse; cap. au corps royal d'état-major à la création de ce corps, en 1818; chef d'état-major du corps d'observations d'Aragon, pendant la guerre d'Espagne; mis à la réforme par suite de ses sept blessures; chev. de 2e classe de St-Ferdinand d'Espagne, le 29 sept. 1824; chev. du mérite militaire, le 14 nov. 1827; col. de la garde nationale de Montpellier, le 19 oct. 1830; vendit au nom de ses enfants, le 3 mai 1834[2], le domaine de Soriech[3]; obtint, le 6 juin 1839, arrêt de la cour de Nîmes, confirmé par la cour de cassation, le 8 mars 1841, le maintenant, ainsi que ses frères et son oncle, dans le nom d'ADHÉMAR, sans rien spécifier sur sa descendance prétendue de Rigal ADHÉMAR par Pierre, père d'Anglès; officier de la légion d'honneur, le 30 oct. 1852; médaillé de Ste-Hélène;

[1] Professeur aux facultés de médecine et des sciences de Montpellier, chev. de la légion d'honneur; il avait ép., en premières noces, Laure GERVAIS de Rouville.

[2] Bonfils, not. à Montpellier.

[3] Commune de Lattes. Sur le prix de cette vente, 40.000 fr. furent désemparés à Jacques-David MARTIN, bar. de Campredon, lieut. gén. du génie, pair de France, grand-oncle maternel des fils du vendeur.

fit son test. au château de Teillan, le 12 avril 1863[1], et mourut à Montpellier, le 21 fév. 1864. Il avait ép., suiv. contrat du 29 sept. 1817[2], Jeanne-Pierrette-*Honorine* MARTIN de Choisy[3], fille de Pierre-Jacques-Eustache, cons. à la Cour de Montp., et de Françoise-Claire-Suzanne POMIER[4];

d'où : 1. Pierre-Melchior-Louis-Edmond, né le 20 août 1818, mourut le 13 mai 1822;

2. Pierre-Elisabeth-*Roger*, dont l'article suit;

3. Marie-Edmond-Frédéric-*Philippe* (v^te^), né à Montpellier, le 22 sept. 1822; reçu à l'école spéciale militaire de St-Cyr, le 24 mars 1841; successivement s.-lieut., lieut., capit.; puis, le 10 mai 1854, cap.-commandant au 9e dragons; mourut à Montpellier, le 26 mars 1879. Il avait ép., en premières noces, suivant contrat du 25 sept. 1855[5], Mathilde SARRUS[6], fille de f. Jean-Pierre et de Emilie-Elisabeth-Adrienne TISSIÉ; et, en deuxièmes noces, à Paris, le 1er août 1866, Sélina-Charlotte-*Isabelle* d'ADHÉMAR, sa cousine germaine[7], fille de Antoine-Gabriel-Henri et de Charlotte-Etiennette-Amélie VERET; d'où : du 1er lit,

A. *Pierre*-Elisabeth-Lambert (v^te^), né à Montpellier, le 10 fév. 1857;

et, du 2e lit,

B. Pierre-Roger-Gabriel-*Raoul*, né à Montpellier, le 29 mai 1867; reçu à St-Cyr, en 1886;

C. Jean-Pierre-*Amaury*, né à Montpellier, le 21 juil. 1868;

D. Charlotte-Gabrielle-*Madeleine*, née à Montpellier, le 25 nov. 1871;

4. Antoinette-Louise-Marguerite-*Pauline*, née à Montpellier, le 21 fév. 1825, mourut à Montpellier, le 15 nov. 1843. Elle avait ép., à Montpellier, Jean-Auguste-Louis TISSIÉ, fils de André, banquier, et de Fanny SARRUS[8].

XXV. Pierre-Elisabeth-*Roger*, c^te^ d'ADHÉMAR, bar. de l'Empire, né à Montpellier, le 15 fév. 1821; légat. au test. de sa grand'tante maternelle, Pauline MARTIN, bar. de PUIMISSON, du 20 juil. 1842[9]; partagea au nom de sa

---

[1] Déposé chez Bonfils, not. à Montp., le 24 fév. 1864, enreg. le lendemain.

[2] Pierre-Charles Caizergues, not. à Montp..

[3] Née à Montp. (v. L. de la Roque : *Arm. de Lang. Montp.*, II, 181, 226).

[4] Sœur de Jeanne POMIER, qui donne à sa nièce, en contrat de mariage, trois maisons, ile du Cygne, à Montpellier.

[5] Bonfils, not. à Montpellier.

[6] Née vers 1834, mourut à Château-Bon (Hérault), le 6 juin 1864.

[7] Par leur grand'mère commune, Rose BOISSON de Bagard.

[8] D'où : 1. François-Alexis-*Alphonse*; 2. Fanny-Denise-Honorine-*Suzanne*.

[9] Bonfils, not. à Montpellier.

femme, le 18 déc. 1849[1], avec Alfred de CHAPEL et Marie de CHAPEL, épouse de Albert d'AMBOIX de Larbont, les biens de son beau-père, aux termes du test. de celui-ci, du 15 avril 1846; partagea de même, le 1er déc. 1857[2], la succession du grand-oncle de sa femme, le chev. de BUISSY, comm[t] de la garde royale, chev. de S.-L.[3]. Il avait ép., en premières noces, à Alais, suiv. contrat du 12 mai 1846[4], Anna-Lucie-Denise de CHAPEL[5], fille de Jacques-Marie-*Denis*, député, chev. de la Légion d'honneur, et de Clarisse-Athénaïs-*Coraly* de BOSANQUET de Cardet; et, en deuxièmes noces, à Nîmes, le 10 sept. 1864, suiv. contrat du même jour[6], Charlotte-*Gabrielle*-Marguerite ROLLAND[7], fille de Edouard et de Antoinette-Hédelmone-*Rosa* des HOURS de Calviac; d'où : du 1er lit,

1. Louis-*Robert*-Alexis, né à Montp., le 27 déc. 1846, mourut à Montp., le 19 janv. 1847;
2. Paul-Louis-*Jacques*, né à Montp., le 29 juil. 1848, mourut à Montp., le 4 juil. 1854;
3. Denis-Marie-*Olivier*, dont l'article suit;
4. Charles-Auguste-René, né à Montp., le 24 oct. 1850; reçu à St-Cyr, en 1868; cap.-comm[t] au 15e régim. de chasseurs à cheval; ép., à Bordeaux, le 9 avril 1881, Louise-Julie-*Gabrielle* SILVESTRE de Ferron, fille de *Edouard*-André et de Marie-Clémence Bosc;
   d'où : A. Marie-Armand-*Roger*, né à Fontainebleau, le 19 mai 1882;
   B. Agathe-Andrée-*Denise*, née à Fontainebleau, le 25 mars 1885;
   C. Marie-Olivier-*Guy*, né à Fontainebleau, le 10 mars 1887;
5. Mathilde-Pauline-*Agathe*, née à Montp., le 22 avril 1858; ép. à Montp., le 27 nov. 1883, Louis-Auguste Cte de CLERVAUX, fils de f. Auguste-Benjamin-*Jules* et de Amélie VOYER de Paulmy d'Argenson;

et, du 2e lit,

6. Suzanne-Blanche-*Hélène*, née au château de Teillan, le 8 juil. 1865; ép. à Montp., le 12 mai 1885, Quirin-Maurice-Arthur de CAZENOVE[8],

---

[1] Goutier, not..

[2] Boisset, not. à Paris.

[3] Fils de Maximilien, 1er président au Parlement de Douai.

[4] Tém. : Marie-François-Louis de BÉRARD, m[is] de Montalet-Alais-St-Paul (Etienne-Auguste-Jules Duclaux-Monteil, not. à Alais).

[5] Née à Paris, le 28 mars 1826, mourut à Montp., le 10 mars 1861. Son test. olog., du 29 avril 1860, a été déposé, le 14 mars 1861, aux écritures de Bonfils, not. à Montpellier.

[6] Canonge, not. à Nîmes.

[7] Née vers 1828, mourut au château de Teillan, le 6 oct. 1877. Elle avait ép., en premières noces, Alexandre LACOSTE.

[8] S.-lieut. au 140e rég. inf., puis lieut. au 59e.

fils de Quirin-Jules-Raoul et de *Lucie*-Antoinette-Henriette-Jeanne DUMAS de Marveille[1] ;
7. Anna-Marie-Alice-*Isabeau*, née au château de Teillan, le 11 sept. 1866, mourut à Montp., le 5 mai 1871.

XXVI. Denis-Marie-*Olivier* v[te] d'ADHÉMAR, né à Montpellier, le 20 nov. 1849 ; partagea avec son frère et sa sœur germains les biens de leur mère, les 26 fév. 1873 et 13 mai 1879[2] ; lieut. de réserve d'Etat-major d'artillerie à Montpellier. Il avait ép., à Avignon[3], le 5 juin 1871[4], Séraphine-Nelly VERDET, fille de Etienne-Gabriel, nég[t], et de Adélaïde-Hortense VERDET ;
d'où : 1. *Jean*-Marie-René, né à Avignon, le 2 mars 1875 ;
2. Adèle-Emilie-Elisabeth-*Marcelle*, née à Avignon, le 13 mars 1872 ;
3. Denise-Gabrielle-*Edmée*, née à Sorgues[3], le 26 juin 1873 ;
4. *Marie*-Antoinette-Agathe, née à Avignon, le 1er mai 1877.

Mis d'Aubaïs, *Jug. Montp.*, 17. — La Chenaye, II, 145. — L. de la Roque, *Arm. de Lang. Montp.*, I, 28 ; II, 197, 355. — St-Allais, *Nobil. Univ.*, VII, 57.
Généalogie de la maison d'Adhémar-Casevieille, Montpellier, Gras impr.-libr., 1861, in-4° 64 p. préc. de : II pour introd. ; 6 cotées *a* à *k*, *lettres de d'Hozier* — XXIII *doc. hist.* ; suiv. de 4 cot. 61 *a* à 63 *a*, 4 cot. 53 *b* à 56 *b*, 6 cot. 51 *c* à 55 *c* et V pour *arbre généalogique*.

III.

ADHÉMAR

(DIVERS)

---

1. ADHÉMAR

(D'ARLES)

Les ADHÉMAR, et surtout les sgrs de la Garde, ont toujours eu beaucoup de rapports avec la Provence, spécialement avec la ville d'Arles. Dès le commencement du XIVe siècle, une alliance avec les BAUX ouvre ces rapports qui se continuent par d'autres alliances avec les AGOULT, GAUCELIN de Graveson, GLANDEVÈS, ROMIEU, BOCHE, QUIQUERAN, etc.... Faudrait-il rattacher à ces ADHÉMAR ceux que l'on trouve à Arles à la fin du XIVe et au commencement

---

[1] D'où : Quirin-Raoul-Arnaud, né à Lyon, le 15 sept. 1886.
[2] Bonfils, not. à Montpellier.
[3] Vaucluse.
[4] Tém. : Léonce de SEYNES, cousin de l'épouse.

du XVe siècle ? En tous cas, nous n'en avons pas la soudure et voici le peu de notes qu'il nous a été donné de recueillir sur leur compte.

Durand (*alias* Jean-Durand) ADHÉMAR, élu syndic d'Arles, le 13 déc. 1349[1], avait ép., *prob.*, en premières noces, *N...*[2]; et, en deuxièmes noces, Bertrande JORDAN[3] ;

d'où : du 1er lit,

1. Jean, reçut, le 19 février 1365[4], de Louis de TARASCON, quittance de 20 fl. d'or pour solde de la dot de sa sœur Bertrandette ;

   d'où : A. Jacques ;

   B. Durand, fit quittance avec son frère Jacques, en avril 1392[5], à leur tante Bertrandette, veuve de Louis de TARASCON, et femme de Pierre de VILLA ;

2. Bertrandette, vivait veuve le 27 juillet 1387[6], et cite son père dans un acte de vente du 10 mars 1391[7]. Elle avait ép., en premières noces, avant le 19 fév. 1366[8], Louis de TARASCON, damoiseau de la ville d'Arles ; et, en deuxièmes noces, avant avril 1392, Pierre de VILLA[9] ;
3. Garcende, fit procuration, le 20 août 1380[10], à Louis de TARASCON. Elle avait ép., après 1346, Jacques BOIC (*alias* BOYC)[11] ;

et du 2e lit,

4. Jeanne, fit son test., le 20 août 1344[12]. Elle avait ép. Raymond QUIQUERAN[13], fils de Pierre et de *N...*, sa première femme.

On trouve encore, sans filiation suivie :

Pierre ADHÉMAR, du lieu de Fos, passa obligation, le 27 nov. 1387[14], en faveur de Guidon de Fos, fils de Jean, esgr dudit lieu ;

---

[1] Rodelli, not. à Arles (*N. ex R. N. A.* 37).

[2] Ce premier mariage est à supposer, puisque les enfants qui en sont issus ne sont pas nommés dans le test. de Bertrande JORDAN, la deuxième femme de Durand ADHÉMAR.

[3] Fit son test. en sept. 1338 (B. de Lanciaco, not. à Arles, F. V.), dans lequel elle nomme ses deux maris, sa fille Jeanne ADHÉMAR, institue pour héritier son fils Guillaume QUIQUERAN, et nomme exécuteur testamentaire son petit-fils Durand QUIQUERAN. Elle avait ép., en deuxièmes noces, Pierre QUIQUERAN.

[4] Jean Rogati, not. (*N. ex R. N. A.* 135).

[5] Ant. Olivari, not. à Arles (*N. ex R. N. A.* 162).

[6] Louis Seguin, not. à Arles (*N. ex R. N. A.* 147).

[7] Bernard de Podio, not. à Arles (Fonds Nicolaï, 104, n° 13, Arch. des B.-du-Rhône).

[8] 1365. *Ab incarn.*

[9] Est qualifié esgr de Barbegal avec Jean le MEINGRE de Boussicaud, sgr de Boulbon, le 10 sept. 1401 (Bernard de Podio, not. à Arles, 133, *N. ex R. N. A.*, 212). Cette famille transforma plus tard son nom en *Urbana*. On trouve, dès le 6 janv. 1393, le mariage de Pons de CAMARGUS, damoiseau de St-Remy, avec Bertrande de VILLA, *alias* de URBANA.

[10] Louis Seguin, not. à Arles (*N. ex R. N. A.* 141).

[11] Marchand à Arles, mourut avant le 20 août 1380. Il avait ép., en premières noces, Alasacie GIRARD, qui testa le 8 sept. 1346 (Vincent de Aureliaco, not. à Arles).

[12] Pierre de Lanciaco, not. à Arles.

[13] Mourut avant sept. 1338.

[14] Etienne Barrati, not. à Arles (*N. ex R. N. A.* 191).

François ADHÉMAR, prêtre, recteur, le 29 avril 1392[1], de la chapellenie fondée à Arles dans l'église de St-André, par f. Bertrand RAYNAUD.

N... ADHÉMAR, ép. Sanxie de FAYCIS[2];
d'où : Louis, est nommé comme fils de Sanxie dans un acte du 24 août 1405[3].

Arnaud ADHÉMAR, bachelier du diocèse de Saintes, prieur de St-Vincent d'Angoulême; fut nommé procureur fiscal de l'archevêché d'Arles, le 10 mai 1405[4], par l'archevêque *Artaud ;*

Madeleine ADHÉMAR *(alias* AIMAR), ép. (vers 1590), Charles de RAOULX, lieut. princ. au siège d'Arles [mariage de leur fils, 14 janv. 1612 *(Pr. de M.* RAOUSSET, 1724), avec Françoise de GRAS].

---

2. ADHÉMAR

SEIGNEURS DE FULHAN[5], HORTOULX[6], TREILLES[7], TRÉBAS
VIRES, TAUREAU[8], etc...

Armes : *au 1 et 4 d'or à trois bandes d'azur, au 2 d'argent à la croix de gueules, au 3 d'azur à la bande d'argent accompagnée en chef d'une fleur de lys d'or et en pointe d'une rose d'argent*[9].

Pithon-Curt intitule son article : *Famille du nom d'*ADHÉMAR *au Diocèse de Narbonne qu'on prétend être sortie des Seigneurs de Monteil.*

I. « Pierre ADHÉMAR, dit-il, seigneur de Fulhan et d'Hortoulx en Albigeois, originaire de Seyne en Provence suivant un Certificat du Juge de cette Ville du 19 Mars 1511, s'établit à Narbone et obtint du Roi François I. des Lettres Patentes du deux d'Avril 1516 portant ordre au Sénéchal de Carcassone, *de le maintenir dans les honeurs et les Privilèges de la Noblesse, attendu qu'il descendait de l'ancienne Race des Adhemars.* Il fit son Testament le 14 Août

---

[1] L. Seguin, not. à Arles *(N. ex R. N. A.*, 148).

[2] Elle avait ép., avant ou après, N... ESMIRLE, de la ville de Salon; d'où: Guillemette, ép. Elzéar RAYNAUD, de la ville d'Arles.

[3] Ant. Olivari (puis Blanchet), not. à Arles.

[4] Pierre Bertrand (puis Jean), not. à Arles *(N. ex R. N. A.*, 321).

[5] Ou Feuillan.

[6] Ou Ortoux.

[7] Ou Trelhes.

[8] Ou Tauran.

[9] Telles sont les armes de cette famille, d'après Pithon-Curt. Le Mis d'Aubaïs les décrit autrement. Pour les sgrs de Vires : *au 1 et 4 d'azur à deux bandes d'or, au 2 et 3 d'azur à la bande d'argent, accompagnée d'une fleur de lis d'or en chef et d'une rose d'argent en pointe ;* et pour les sgrs de Fulhan : *au 1 et 4 d'azur à trois bandes d'or, au 2 d'argent à une croix de gueules, au 4 d'azur à une bande d'or, accompagnée d'une rose en chef et d'une fleur de lis de même en pointe.*

de la même année 1516, par lequel il institua son fils ainé son héritier avec subtitution à ses autres enfans, à la charge de porter le Nom et les Armes d'*Adhémar*. »

Le Mis d'Aubaïs, qui donne cette famille, d'après les jugements de noblesse[1], sous le nom d'AUTEMAR et AUTHEMAR[2], est beaucoup moins explicite. « Pierre *Autemar*, dit-il, obtint une attestation devant le Juge de Seyne en Provence le 19 Mars 1511 portant que la maison d'Autemar est de fort ancienne noblesse, et que lui résident à Narbonne était issu de cette famille. François I lui accorda des lettres patentes le 11 Avril 1516 portant injonction au Sénéchal de Carcassonne de le faire jouir de tous les privilèges de noblesse. » Il ajoute plus loin que Pierre *Authemar* testa le 14 août 1516, mais il ne parle nullement de la clause des *nom et armes d'*ADHEMAR. Pierre fut héritier d'*André*, prêtre de l'église de St-Paul de Narbonne. On ne connait pas sa femme.

Pithon-Curt lui donne pour enfants :

1. Simon, dont l'article suit ;
2. Sébastien, nommé à l'acte du 19 nov. 1520, dont il va être parlé ;
3. Marguerite, nommée au même acte.

II. Simon ADHÉMAR, sgr de Fulhan, Hortoulx, Treilles, etc..., héritier de son père ; transigea, le 19 nov. 1520, au sujet du test. du prêtre *André* ; fut envoyé en possession de la sgrie de Treilles par sentence du sénéchal de Carcassonne, du 14 fév. 1539 ; fit son test., le 3 août 1546, en faveur de ses enfants, les substituant les uns aux autres, « toujours, dit Pit.-C., à condition de garder le Nom et les Armes d'ADHÉMAR[3] » ;

d'où : 1. Jacques, dont l'article suit ;
2. Louis, tige des sgrs de Vires, rapportés plus loin.

III. Jacques ADHÉMAR, sgr de Fulhan, Hortoulx, Treilles, etc..., héritier de son père, fit son test. le 13 juil. 1572 ;

d'où : 1. Simon, dont l'article suit ;
2. François[4] ;
3. Henri, mourut le 22 avril 1622 ;
d'où : Jean, avocat du Roi au Siège de Narbonne, ép., le 10 avril 1617, Isabelle SCLAVARI ;

---

[1] Il en fait deux articles ; un sous le nom d'*Autemar*, au dioc. de Narbonne ; l'autre sous le nom d'*Authemar*, au dioc. d'Alby. L. de la Roque (*Arm. de Languedoc*. Toulouse, I, 32), rétablit le nom d'ADHEMAR ; mais il avait conservé d'abord (*Arm. de Languedoc*. Montp. I, 37), le nom d'*Autemar*, d'après les indications du Mis d'Aubaïs, qui sont bien confuses et ne paraissent pas exactes. Nous avons préféré suivre Pithon-Curt, dont l'article est mieux ordonné.

[2] Le vrai nom ne serait-il pas AUDEMAR, nom très commun dans la haute Provence ?

[3] Les jug. de nob., rapportés par le Mis d'Aubaïs, sont encore muets à cet égard.

[4] D'après le Mis d'Aubaïs, Pithon-Curt ne le nomme pas.

d'où : Jean, s[r] de Lante et de la Planesse, fut maintenu dans sa nob. par jug. du 24 janv. 1671. Il avait ép., à Narbonne, le 15 juin 1648, Madeleine GLEIGUES ;

4. Pierre.

IV. Simon ADHÉMAR, sgr de Fulhan, etc..., mourut avant le 18 mai 1618. Il avait ép. Marquise DEXEA *(peut-être* d'EXEA)[1];

d'où : 1. Jean, dont l'article suit ;

2. *Autre* Jean, sgr de Rochecourbe, fit son test., le 22 fév. 1666, en faveur de sa femme. Il avait ép., le 11 fév. 1640, Marie DESTOURNET *(peut-être* d'ESTOURNEL) ;

d'où : A. Jacques, sgr de Rochecourbe, résidant à Narbonne, fut maintenu dans sa nob., ainsi que son frère et leur mère, par jug. du 3 janv. 1669 ;

B. Bernardin.

V. Jean ADHÉMAR, sgr de Fulhan, etc...; prêta hommage, le 4 août 1631, et fit un codicile le 2 janv. 1638, dans lequel il déclare avoir testé précédemment en faveur de son fils. Il avait ép. Simone RIDON ;

d'où : Joseph, dont l'article suit.

VI. Joseph ADHÉMAR, v[te] de la Roque, sgr de Fulhan, Treilles, Trébas[2], etc..., cap. des châteaux de Treilles et de la Palun, par lettres des 4 août 1636 et 27 sept. 1639 ; rendit hommage pour les sgries de Trébas et d'Aigre, le 14 mai 1668, et fut maintenu dans sa nob., avec ses enfants, par jug. du 20 sept. 1668. Il avait ép., le 22 nov. 1640, Madeleine de GINÉBROUSE[3], fille de Nicolas, sgr de St-Amant, Boisserson et Ledergues, et de Sara de CHALOUS ;

d'où : 1. François-Scipion, dont l'article suit ;

2. Jacques-Achille ;

3. Anne-Angélique, « fut substituée à ses frères, dit Pit.-C., à condition qu'elle et ses enfants porteraient le Nom et les Armes d'ADHÉMAR[4]. »

VII. François-Scipion ADHÉMAR, sgr de Trébas, etc.. ; cap. de dragons au régim. Vieux-Languedoc ; mourut avant le 11 mai 1720. Il avait ép. Jacquette BARTHÉLEMY de Gramont[5] ;

d'où : Mathieu, dont l'article suit.

---

[1] D'Aubaïs la nomme : Marguerite BANCA. Elle fit son test., étant veuve, le 18 mai 1618.

[2] Diocèse d'Alby.

[3] Armes : *au 1 et 4 de gueules à trois fasces ondées d'or, au 2 et 3 de gueules à trois épis d'argent en pal.*

[4] Pithon-Curt s'arrête ici.

[5] Parait comme héritière de son mari, sous bénéfice d'inventaire, dans un acte du 11 mai 1720 (Sicard, not. à Toulouse). V. pour BARTHÉLEMY de Gramont ; La Chenaye, II, 406. Armes : *d'azur à trois bandes d'or.*

VIII. Mathieu ADHÉMAR, sgr de Trébas, etc..., cap. de dragons au régim. Vieux-Languedoc ; vivait le 18 déc. 1750[1].

BRANCHE

DES SEIGNEURS DE VIRES, etc...

III. Louis ADHÉMAR, sgr de Vires, 2e fils de Simon, sgr de Fulhan, etc...; transigea, le 20 janv. 1551, avec Gabriel de St-JEAN, son beau-frère; et mourut avant le 13 nov. 1592. Il avait ép., en premières noces, suiv. contrat du 3 juil. 1546, Jeanne de St-Jean ; et, en deuxièmes noces, le 7 janv. 1560, Jacquette de BOUQUIER[2] ;

d'où : 1. Henri, dont l'article suit ;

2. Michel, mourut avant le 22 oct. 1601 ; S. P. ;

3. François, sgr de Vires et de Taureau ; transigea avec son frère Henri, le 13 nov. 1592, sur l'héritage de leur père, et le 22 oct. 1601, sur celui de leur frère Michel. Il avait ép., suiv. contrat du 20 oct. 1595, Marie du MAS ;

d'où : Jean, sr de Taureau, Livière, Gimbret, ép., le 20 fév. 1625, Anne de TOULOUSE ;

d'où : François, sr de Taureau, etc...; émancipé par son père, le 9 août 1664, et habitant à Narbonne, fut maintenu dans sa nob. par jug. du 12 déc. 1668.

IV. Henri ADHÉMAR, sgr de Vires, commissaire des guerres en Languedoc, secrétaire du Duc de Joyeuse, mourut avant le 28 avril 1627. Il avait ép., le 5 fév. 1596, Anne SABATTIER[3], fille de Pierre, président au Parlement de Toulouse, et d'Isabelle BARTHÉLEMY de Gramont ;

d'où : 1. Rollin, dont l'article suit ;

2. Antoine, sr de Vires, mourut avant le 13 janv. 1662. Il avait ép., suiv. contrat du 17 juin 1630[4], Marie de CŒUR-DE-CHESNE ;

d'où : A. Henri, transigea avec son frère, le 13 janv. 1662[5], sur l'héritage de leur père, et fut maintenu avec lui dans leur nob. par jug. du 3 janv. 1669 ;

B. Jean-Pierre.

V. Rollin ADHÉMAR, sgr de Vires, fit son test., le 2 nov. 1654, en faveur de sa femme. Il avait ép., le 7 fév. 1622, Anne du Bosc ;

---

[1] Bib. Nat. ms. *Pièces originales*, ADHÉMAR, 79.

[2] D'Aubais la nomme BAUQUIA.

[3] Fit son test., le 28 avril 1627.

[4] Gleize, not. à Narbonne.

[5] Bompar, not. à Narbonne.

d'où : 1. Henri, s[r] de Vires, maintenu dans sa noblesse, avec ses frères et cousins, par jug. du 3 janv. 1669 ;
2. François ;
3. Joseph, fit ses preuves de nob., le 1er avril 1666, pour être reçu moine à l'abbaye de la Grâce[1].

M[ss] d'Aubaïs *(Autemar et Authemar) : Jug. de Montp.*, 23 ; *Toulouse*, 8. — Pit.-C., IV, 63. — L. de la Roque, *Arm. de Lang. Montp.*, I, 37 ; *Toulouse*, I, 32.

---

3. ADHÉMAR

Seigneurs du Roc, etc...

I. Jacques Adhémar, éc., sgr du Mayne et du Roch *(alias* Roc ou Rocq)[2], fit son test. mystique le 21 août 1642, par lequel il élit sa sépulture en son tombeau dans l'église de St-Pardoux-de-Dronne[3] ; lègue à sa femme l'usufruit de ses biens tant qu'elle restera veuve ; lègue à ses sept enfants puînés, et institue pour héritier son fils aîné Poncet, lui substituant son autre fils Jacques, puis ses filles par ordre de primogéniture ; il mourut peu après et avait ép. Judith de Philipes[4] ;

d'où : 1. Poncet, héritier de ses père et mère, transigea, le 3 mars 1654[5], ainsi que sa sœur Diane, et, au nom de tous ses frères et sœurs, avec Louis du Breuil de Malère, son beau-frère, veuf de sa sœur Hélène; fut maintenu dans sa nob., le 1er janv. 1667, ainsi que son frère Jacques, par ordonnance du subdélégué Pellot, commissaire pour la recherche des faux nobles en la généralité de Bordeaux, et mourut avant 1696 ; S. P. ;
2. Jacques, dont l'article suit ;
3. Hélène, eut une chaîne et des bracelets en or en legs de sa marraine *N...* de Philipes ; fut légataire de son père, au test. du 21 août 1642[6], d'une somme de 1.350 l., et mourut avant le 3 mars 1654. Elle

---

[1] Diocèse de Carcassonne.

[2] Paroisse de Mauzac (arrond. de Bergerac, Dordogne).

[3] Canton et arrond. de Ribérac (Dordogne).

[4] Fit son test. olographe, le 4 fév. 1643 (déposé, le 9 déc. suiv., chez Donzac, not.), par lequel elle lègue, entre autres, à son fils Jacques ses biens en la paroisse de Mauzac, juridiction de Milhac, sénéchaussée de Périgueux, avec la métairie de Ste-Colombe, et institue pour héritier son fils aîné Poncet. Elle mourut avant le 9 déc. 1643.

[5] Chamynade, not..

[6] Elle y est nommée la première dans l'énumération des filles, ce qui la fait supposer leur aînée, quoiqu'elle ne fut pas encore mariée et que deux de ses sœurs le fussent déjà. D'ailleurs son legs est plus considérable que celui de ses sœurs non mariées.

avait ép., en 1650, Louis du BREUIL de Malère, éc., sgr de la Renaudie[1];

4. Françoise, eut en dot 2.000 l. et un legs de 5 s. au test. de son père ; vivait le 4 fév. 1643 et le 3 mars 1654. Elle avait ép., en premières noces, Berthommie (Barthélemy ?) de NADAL[2] ; et, en deuxièmes noces, avant le 21 août 1642, *N*... de la BOURGONNIE ;
5. Jehanne, eut en dot 2.000 l. et un legs de 5 s. au test. de son père ; vivait le 4 fév. 1643, et mourut avant le 3 mars 1654. Elle avait ép., avant le 21 août 1642, *N*... de COURBEBRUNE[3] ;
6. Diane, légataire de son père pour 1.000 l. au test. du 21 août 1642, et de 50 l. à celui de sa mère du 4 fév. 1643; mourut avant le 3 mars 1654;
7. Antoinette, légataire de son père pour 1.000 l. en 1642, et de sa mère pour 50 l. en 1643 ; vivait le 3 mars 1654 ; institua pour héritier son frère Jacques, et mourut avant le 13 déc. 1695. Elle avait ép. Jérôme de BONNEAU, sgr de Beaufort[4] ; S. P. ;
8. *Autre* Hélène, dite Madeleine, légataire de son père pour 1.000 l. en 1642, et de sa mère pour 50 l. en 1643 ; religieuse aux dames de la Visitation de Périgueux ; mourut avant le 23 janv. 1701.

II. Jacques ADHÉMAR, éc., sgr du Roc, légataire de son père pour 1.500 l. et de sa mère pour les biens qu'elle avait en la paroisse de Mauzac et de la métairie de Ste-Colombe, fut héritier de tous deux, par substitution, en suite de la mort de son frère Poncet, sans postérité ; héritier testamentaire de sa sœur Antoinette, transigea, à ce sujet, le 13 déc. 1695[5], avec Jérôme de BONNEAU, sgr de Beaufort, veuf de ladite Antoinette ; fut déchargé comme noble du payement des tailles dans la paroisse de Mauzac, suiv. arrêt du Conseil du 17 janv. 1696[6]; paya, le 27 janv. 1701[7], par procuration donnée à son fils Charles, le 23 du même mois, une somme de 76 l. aux dames de la Visitation de Périgueux, pour solde de la pension de f. Madeleine, sa sœur, religieuse audit couvent ; fit donation, le 17 nov. 1701, à son fils Charles de la moitié de ses biens, sous réserve d'usufruit; passa procuration, avec son fils Charles, le 16 nov. 1704[7], à Me Poirier, avocat à Paris, pour accepter le délaissement que Henry de SALIS, chev., sgr de Labatut, voulait leur faire de sa métairie de Barom[8]. Il avait ép., suiv. contrat du 12 oct. 1664, Anne de SALIS[9] ;

---

[1] Paroisse de St-Privat-des-Prés, canton de St-Aulaye (Dordogne).

[2] Mourut avant 1642.

[3] D'où postérité.

[4] De la paroisse de St-Front-de-Pradoux, canton de Mussidan (Dordogne).

[5] Rousseau, not. à Périgueux.

[6] Enregistré au greffe de l'Élection de Périgueux, le 26 oct. suiv..

[7] Paschier, not..

[8] Paroisse de Castels, juridiction de Meyrals, en Sarladois.

[9] Fit son test. mystique le 21 oct. 1697 (écrit de la main de Jean de Salles, sgr de la Gibertie, avocat, déposé chez Mazalrey, not., ouvert le 5 mars 1701), par lequel elle élit sa sépulture en

d'où : 1. Charles, dont l'article suit ;
2. Pierre-Antoine, capitaine au régim. de Miromesnil, légataire de 1.000 l. au test. de sa mère en 1697 ; assista, le 17 nov. 1701, au contrat de mariage de son frère Charles ;
3. Clémence, légataire de 1.000 l. au test. de sa mère, en 1697 ;
4. Isabeau, eut un legs de 800 l. au test. de sa mère, en 1697. C'est elle *probab.* qui, sous le nom de dame du Fraysse, légua 1.000 l. à François ADHÉMAR, son neveu. Elle serait morte avant le 27 oct. 1739 ;
5. Marie, eut un legs de 800 l. au test. de sa mère, en 1697.

III. Charles ADHÉMAR, sgr du Roc, Ste-Colombe, etc..., héritier de sa mère; émancipé par son père, le 16 nov. 1701 ; mourut avant le 27 oct. 1739. Il avait ép., suiv. contrat du 17 nov. 1701[1], Marie d'ARCHER[2], fille de f. Gédéon, sgr du Saule[3], et de Esther de BRIANSON[4] ;
d'où : 1. Daniel, sgr du Roc, habitant à Bordeaux, fut nommé, le 27 oct. 1739[5], par sa mère, veuve, pour recueillir le tiers des biens paternels et maternels auquel ses parents s'étaient réservé, dans leur contrat de mariage, d'appeler un de leurs enfants[6] ;
2. François, reçut de sa mère, en l'acte du 27 oct. 1739, sa légitime, fixée à 3.000 l., augmentée de 1.000 l. à lui léguées par Elisabeth ADHÉMAR, dame du Fraysse ; et encore de la même, le 16 août 1745[7], sa légitime des biens maternels, estimée à 4.500 l., à prendre avec ses frères Georges et *autre* François sur le domaine du Saule, estimé 13.500 l. ;
3. Georges, sgr de la Capelle, bapt. à Mauzac, le 18 fév. 1718 ; reçut, le 27 oct. 1739, 3.000 l. pour sa légitime paternelle, et, le 16 août 1745, 3.500 l. sur le domaine du Saule, pour sa légitime maternelle; vendit,

---

l'église de Mauzac, dans le tombeau de la famille; lègue à son mari l'usufruit de ses biens, tant qu'il restera en viduité ; lègue à ses enfants, et institue pour héritier son fils aîné Charles.

[1] Paschier, not.. Dot : tous ses biens et droits ; sa mère lui donne le tiers de ses biens, sous réserve d'usufruit, et lui abandonne l'usufruit qu'elle avait elle-même sur les biens de f. Gédéon d'ARCHER, son mari.

[2] Elle était *probab.* fille unique et vivait encore le 16 août 1745.

[3] Paroisse de Lalinde, baillage de Molières, en Périgord.

[4] Ep., en deuxièmes noces, avant le 17 nov. 1701, Georges d'ARCHER, avocat, juge royal de Lalinde (Périgord).

[5] Mazalrey, not..

[6] C'est *probab.* lui qui, qualifié sgr de Paleyral, ép. Catherine GRANDIS ; d'où : Jean-Félix, né à Mauzac, le 17 janv. 1741 (servit sous le nom de chev. d'ADHÉMAR), enseigne au régim. de Belsunce, en 1755 ; lieut., en 1756 ; cap., en 1760 ; cap.-commt au régim. de Cambrésis, en 1777 ; lieut.-col., le 25 juil. 1791 ; chev. de S.-L.; mourut le 14 janv. 1793.

[7] Laville, not..

ainsi que ses deux frères François, le 10 déc. 1751[1], à Jean-Pierre BOUSCARAT, sgr de Fontenille, habitant au village des Maignes (ou du Maine), paroisse St-Sulpice, une pièce de vigne sise en cette paroisse, pour le prix de 212 l.. Il avait ép., à Mauzac, le 6 fév. 1755[2], Toinette NOUILLANE ;

d'où : A. Raymond, né à Périgueux, bapt. en l'église de St-Front, le 12 avril 1751 ;

B. Mathieu, né à Bergerac, bapt. en l'église de St-Jacques, le 17 oct. 1754 ;

C. Jérôme, né au Saule, le 11 avril 1761, bapt. à Lalinde, le lendemain ;

4. *Autre* François, dont l'article suit ;

5. Anne, reçut de sa mère en l'acte du 27 oct. 1739, sa légitime paternelle fixée à 3.000 l. ; assista à l'acte précité du 16 août 1745, et avait déjà ép. François de LABORIE, sgr de Labatut ;

6. *Autre* Anne, reçut de sa mère, en l'acte du 27 oct. 1739, sa légitime paternelle fixée à 3.000 l..

IV. François ADHÉMAR, sgr du Roc, etc..., chevalier, né à Pontours[3], le 17 sept. 1720, bapt. le 21 du même mois[4]; eut sa légitime paternelle fixée à 3.000 l. par l'acte précité du 27 oct. 1739 ; lieut. d'inf. au bataillon de Bergerac; était en garnison à Strasbourg lorsqu'il donna procuration, le 28 avril 1745[5], à Jean DESTOUX (?), sgr de Salibourne, pour le représenter à l'acte sus-mentionné du 16 août suiv., par lequel il reçut sa légitime maternelle sur le domaine du Saule ; lieut., puis cap., par commission du 1er sept. 1755, au régim. de Belsunce-inf.; chev. de S.-L.. Il avait ép., le 22 nov. 1763, selon contrat post-nuptial du 7 oct. 1764[6], Anne de REGNAL *(alias* REINAL)[7], fille de f. Jean-Jacques, cap. au régim. de Piémont, et de Marie-Françoise de REGNAL ;

d'où : 1. Jean, né le 12 juil. 1766, ondoyé le même jour, bapt. le 29 du même mois[8], en l'église de Belvès[9]; s.-lieut. par brevet du 19 déc. 1782 ;

2. François, né le 4 août 1767, bapt. le 7 du même mois, à Mauzac ; aspirant garde de la marine.

Bibl. Nat. ms., *Collection Chérin*, Adhémar, 71.

---

[1] Meynardié, not..

[2] Dans cet acte de mariage ils reconnaissent avoir eu antérieurement deux enfants: Raymond et Mathieu.

[3] Bailliage de Molières, dioc. de Sarlat.

[4] Par., François ADHÉMAR, son frère.

[5] Laquiante, not. à Strasbourg.

[6] Bardinat, not..

[7] Eut en dot la moitié des biens de ses père et mère.

[8] Mar., Catherine GRANDIS d'ADHÉMAR de Saintous.

[9] Diocèse de Sarlat.

4. ADHÉMAR

Seigneurs de Montsnaiz, etc...

Armes : *d'or à trois bandes d'azur, sur mi-parti de France et de Toulouse.*

I. Antoine Adhémar, sgr de Montsnaiz, ép., en 1400, Gaillarde de Luzençon;
d'où : 1. Charles, dont l'article suit;
2. Gaillarde;
3. Jeanne.

II. Charles Adhémar, sgr de Montsnaiz, ép., en 1491, Louise de Merle, fille de Garin, sgr de Montpeiros, etc... ;
d'où : 1. Guillaume, sgr de Montsnaiz, ép. *N*... ;
d'où : des enfants ;
2. Louis, dont l'article suit.

III. Louis Adhémar, sgr de Montsnaiz, Creissel, etc..., ép. Jeanne Martin;
d'où : Jean, dont l'article suit.

IV. Jean Adhémar, sgr de Montsnaiz, etc...; ép., le 1er février 1654, Gabrielle de Currière, fille de *N*..., sgr de Vabres, et d'Isabeau de Corneillan ;
d'où : François, dont l'article suit.

V. François Adhémar, sgr de Montsnaiz, ép., le 16 janv. 1696, Françoise de Teinières ;
d'où : 1. Joseph, dont l'article suit;
2. Thomas, servit le Roi à la Havane ;
3. François.

VI. Joseph Adhémar, sgr de Montsnaiz, etc, mourut en 1781. Il avait ép., en premières noces, le 11 oct. 1736[1], *N*. Dubos ; et, en deuxièmes noces, Catherine Lurat ;
d'où : du 2e lit ;
1. Pierre, ecclésiastique, né vers 1766 ;
2. Pierre-Clément, né vers 1769 ;
3. Catherine, née vers 1768 ;
4. Marie, née vers 1770.

La Chenaye, I, 112.

---

[1] *Sic*, La Chenaye, *Etat de la noblesse*, 1781, p. 245. Badier, son continuateur au *Diction. de la nob.*, dit, évidemment à tort, 1706. Son article diffère aussi en quelques points de celui de l'*Etat de la nob.*.

5. ADHÉMAR

Seigneurs de Toraine

I. *N*... Azemar, sgr de Toraine (*alias* Torène) ;
d'où : 1. Jean, dont l'article suit ;
2. Bringuier, sgr de Toraine, Mandrigot, etc...; fit hommage au Roi, le 9 juil. 1399, pour la sgrie de Toraine, entre les mains de Jean de Bonnebaut, sgr dudit lieu et de la Condamine ; puis au Cte d'Armagnac, le 4 avril 1405[1], pour ce qu'il possédait au château de Sales-Comtals, comme donataire, le 2 juil. 1404, de Castel-Vassal, damoiseau (fils de Guillaume, esgr de Balaguier[2]), qui en avait prêté hommage, le 15 juil. 1396, comme héritier de Guillaume Leu, sgr dudit Sales-Comtals.

II. Jean Azemar, sgr de Toraine, fit une vente avec son frère Bringuier, avant le 1er mars 1391[3], à Ramon Ebrard. Il avait ép., suiv. contrat du 26 janv. 1373[4], Mascaronne de Carrière, fille de n. Pierre, sgr dudit lieu ;
d'où : Gilard, dont l'article suit.

III. Gilard Azemar, sgr de Toraine, ép. Antoinette de Maledin ;
d'où : Jean, dont l'article suit.

IV. Jean Azemar, sgr de Toraine, fut mis, le 4 mars 1454[5], par le juge de Lunel, sous la curatelle de Valentin de Mauboisson, sgr d'Auteribe ; donna, le 1er fév. 1503, au nom de son fils Blaise, au sénéchal de Beaucaire, dénombrement de la baronnie de Montlaur. Il avait ép. Catherine de Montlaur ;
d'où : Blaise, dont l'article suit.

V. Blaise Azemar, sgr de Toraine, bar. de Montlaur et de St-Just ; fit son test., le 17 avril 1545[6], par lequel il lègue à sa femme, et institue pour héritier son fils Iolerand. Il avait ép. Louise Bossavin de Signan ;
d'où : 1. Iolerand ;
2. Marthe, ép., suiv. contrat du 17 nov. 1556[7], Jean de Gozon[8].

Bibl. Nat., ms. *Dossiers bleus* n° 31, p. 35. — D. Villevieille, *Trésor généalogique*, I.

---

[1] Bureau des finances de Montauban, Reg. des hommages du comté de Rodez, n° 17, f° 30 (D. Villevieille, I, 62).

[2] Diocèse de Vabres.

[3] Bureau des finances de Montauban, Reg. des hommages du comté de Rodez. n° 17, f° 298 (D. Villevieille, I, 63).

[4] Pierre Garignan, not. et greffier de l'official de Rodez.

[5] Gui Guffart, not..

[6] Claude Bonnet, not..

[7] De Mausso, not. à Montpellier.

[8] D. Villevieille donne encore diverses notes isolées sur des Adhémar, *Adémar, Adzemar, Azemar*, etc... Nous ne croyons pas utile de les rapporter ici.

III *bis*

ADHÉMAR

(DU TEIL)

Armes : *d'or au chevron de gueules, accompagné en pointe d'un tilleul de sinople, au chef de gueules chargé d'une fleur de lys d'argent accostée de deux étoiles du même.*
Supports : *deux lions.*
Couronne de *baron.*

Il vient de nous tomber sous la main un volume, non mis dans le commerce, intitulé : *Généalogie historique de la maison du Teil et de son tronc primordial Adhémar de Monteil remontant par ses ascendants directs jusqu'à l'origine de la nationalité française et les temps des Rois mérovingiens,* par le baron du Teil[1]. Ce volume, qui porte en faux titre : *Essais généalogiques tirés de l'histoire de France*[2], prend plus loin un deuxième titre : *Histoire généalogique de la maison Adhémar de Monteil et de sa branche du Teil depuis le Ve siècle de l'ère chrétienne*[3].

Nous croyons, pour compléter tout ce que nous avons dit sur les ADHÉMAR, devoir analyser ce volume curieux, après avoir fait observer que nous ne connaissons aucun nobiliaire ancien ayant parlé de la famille du TEIL[4]. De nos jours, elle a été mentionnée dans plusieurs ouvrages. Borel d'Hauterive qui, dans sa *Revue historique de la noblesse*[5], en avait donné une généalogie paraissant assez complète, puisqu'il la faisait remonter en 1215, en a parlé encore plusieurs fois dans son *Annuaire de la noblesse*[6], sans faire aucune allusion à une origine commune avec les ADHÉMAR.

Le volume que nous avons sous les yeux remonte hardiment beaucoup plus haut[7], et jusqu'à *St-Teil,* compagnon, en 510, du voyage fait en Palestine par *St-Paterne* et *St-David* de Menève. Il rattache même la famille *(ou plutôt* les familles) dont il va parler, à Tonantius *Ferréol,* préfet du prétoire des

---

[1] Paris, imprimerie Emile Martinet, hôtel Mignon, rue Mignon, 2, 1879, gd in-8° de 112 p.

[2] L'auteur dit, à la dernière page de son ouvrage : *Je termine ce premier essai généalogique.....*

[3] Puis, de suite après, comme intitulé de paragraphe : *Tronc principal de toutes les branches indiquées ci-après, ou des familles non encore recherchées qui en descendent.*

[4] Pit.-C. donne, il est vrai (III, 404), la généalogie d'une famille TILLIA ; mais cette famille, quoique portant le nom latinisé des du TEIL, n'a pas les mêmes armes et ne s'y rattache pas.

[5] IV, 400.

[6] V. *Annuaire* XXXIII (de 1877), 179.

[7] Un chapitre préliminaire est sous le titre de : *Etymologie historique du nom de Monteil et de Teil porté par la ville du Dauphiné qui fut le chef-lieu de l'apanage donné par l'empereur Charlemagne à son cousin Giraud-Hugues Adhémar vers l'an 812, après l'expédition de Corse, en récompense de ses services.*

Gaules, vers 450, qui faisait sa résidence habituelle dans son château de Prusiane, près Nîmes, mais alla mourir dans celui de Trévidon, sur les bords du Tarn, du côté d'Albi. Il avait ép. *Industria* (ou *Deuteria*), fille de l'empereur *Avitus*, et sœur de *Papianilla*, femme de Sidoine *Apollinaire*.

I. *Ansbert*, petit-fils de *Tonantius Ferréol*, est celui auquel on commence la descendance directe[1]. Il est qualifié sénateur d'Austrasie, et vivait en 550[2]. Il avait ép. *Blithilde*, fille de *Clotaire I*, roi de France ;
d'où : 1. *Bodegisile*, dont l'article suit ;
2. *Hernan*.

II. *Bodegisile* (ou *Boggis*), vivait en 580. Il avait ép., au château de Lay, dioc. de Tulle, *N*..., de nation suève ;
d'où : St *Arnulf*, dont l'article suit.

III. St *Arnulf*[3], cons. des rois d'Austrasie, Théodebert II et Clotaire II, fut sacré évêque de Metz vers 612[4] ; se démit de son évêché pour venir vivre dans les Vosges, et mourut le 16 août 640. Il avait ép. *Doda* ;
d'où : 1. *Clodulf* ;
2. *Anchise*, dont l'article suit.

IV. *Anchise*, leude de *Sigebert II* (le *jeune*), roi d'Austrasie, fut tué dans une querelle par *Godwin*, en 679. Il avait ép. *Begga*[5], fille de *Pepin* de Landen, dit le *vieux*, maire du palais d'Austrasie ;
d'où : 1. *Pepin*, dont l'article suit ;
2. *Martin*, assassiné par l'ordre d'*Ebroïn*, vers 688[6].

V. *Pepin*, dit le *gros* ou d'*Héristal*[7], duc et prince des Francs, maire du palais, mourut le 16 déc. 714. Il avait ép., en premières noces, *Plectrude* ; et, en deuxièmes noces[8], *Alpaïde*[9] ;

---

[1] Puisque l'auteur dit cet *Ansbert* petit-fils de *Tonantius Ferréol*, pourquoi ne le marque-t-il pas comme formant le IIIe degré ?

[2] « Il avait un frère, *Eonius* (ou *Peonius*), c[te] d'Auxerre, père d'*Eonius Mummolus*, patrice de Provence, gouverneur d'Avignon et sgr de Lille, en Venaissin ; tige de quelques-unes des familles qui terminent ce volume. »

Ce que nous mettons ici entre guillemets, comme ce qui sera mis plus tard de la même façon, est tiré à peu près mot à mot du volume que nous analysons. On le distinguera ainsi de nos propres observations.

[3] « Depuis lequel l'histoire donne authentiquement une descendance avérée. » Les degrés précédents ne seraient donc pas prouvés ?

[4] « Sa femme s'étant, de son côté, faite religieuse à Trèves. »

[5] « Fonda le monastère d'Ardenne, en 680. Elle avait un frère unique, *Grimoald*, tué par les ordres de *Clovis*, roi de Neustrie, en 658. »

[6] « Il doit être la souche d'autres familles. »

[7] « Près de Liège, en Belgique, sur les bords de la Meuse. »

[8] « Ou bien eut pour concubine. »

[9] « Fonda un monastère à Orps-le-Grand, en Brabant, s'y retira et y mourut. »

d'où : du 1er lit,

1. *Drogon* (ou *Dreux*), duc de Champagne vers 698, mourut en 708. Il avait ép. *Anstrude*[1], fille de *Waraton*, maire du palais ;
d'où : A. *Arnulf*, mis en prison, en 723, par ordre de *Charles-Martel*, y mourut la même année ;
B. *Hugues*, arch. de Rouen, prisonnier aussi de *Charles-Martel*, en 723, mourut le 8 avril 730 ;
2. *Grimoald*, assassiné dans l'église de St-Lambert de Liège, en avril 714. Il avait ép. *Teutsende* (ou *Théodosinde*), fille de *Ratbod*, duc des Frisons ; S. P. ;
Il avait eu un fils naturel :
Thibaud, maire du palais de *Dagobert III*, mourut en 741 ;

et, du 2e lit,

3. *Charles-Martel*, tige des Rois de France de la race *carolingienne ;*
4. *Childebrand*, dont l'article suit[2].

VI. *Childebrand*, aida *Charles-Martel* dans ses guerres ;
d'où : *Nebelond*, dont l'article suit.

VII. *Nebelond*, mourut jeune ;
d'où : 1. *Theodebert*, « dont la descendance semble reparaître dans les anciens comtes de Provence » ;
2. Lambert ADHÉMAR, dont l'article suit.

VIII. Lambert ADHÉMAR, cte de Gênes, mourut dans l'île de Corse, en 799, en combattant les Sarrasins. Il avait ép. Marie de BOURGOGNE ;
d'où : 1. Giraud-Hugues, dont l'article suit ;
2. Hugues, religieux Bénédictin, chapelain de Charlemagne.

IX. Giraud-Hugues ADHÉMAR de Monteil, duc de Gênes, chassa les Sarrasins de Corse, en 810. Il avait ép. Brigitte d'ALBRET ;
d'où : 1. Lambert-Giraud, dont l'article suit ;
2. Aimar, arch. de Mayence, fit le partage des biens de ses frères à Barcelone, le 6 juin 830[3] ;

---

[1] « Veuve, en premières noces, de *Berthaire*, maire du palais d'Austrasie. »

[2] L'auteur place ici une note indiquant que tout ce qui précède est tiré de l'*Histoire de France* de Michelet. Il ajoute : « Les *Apollinaire* se sont continués jusqu'à nos jours par les ALÈGRE, les CHALENÇON, les CHANALEILLES, les POLIGNAC, etc... ; quant à la race des *Acitus*, elle existe, selon moi, dans les ARCHON, FAY, MOTTIER de la Fayette, MONTBOISSIER, MONTMORIN, SAIGNE, la TOUR-D'AUVERGNE et la TOUR-DU-PIN ».

[3] L'auteur reconnaît que cette charte est fausse, mais il fait une dissertation pour prouver que les faits y relatés n'en sont pas moins vraisemblables. On y lit que « les ADHIMARI de

3. Charles, sgr de St-Paul-Trois-Châteaux, filleul de Charlemagne;
4. Giraud, sgr d'Orange.

X. Lambert-Giraud ADHÉMAR de Monteil, duc de Gênes, passa à Barcelone, le 6 juin 830, sous la médiation de son frère Aimar, arch. de Mayence, transaction portant partage, avec ses autres frères Charles et Giraud, des biens de leur père commun ;

d'où : 1. Aimon (ou Emeno), dont l'article suit ;
2. Ranulfe, v^te de la Marche, en 887, tige de la maison d'AUBUSSON, ducs de la Feuillade, v^tes de Monteil, etc...;
3. Turpion, c^te d'Angoulême, tué en 863, dans un combat contre les Normands, tige des CHABANNES, des ROCHEFORT d'Aurousse, des la QUEILLE, des le TEIL, du Poitou, des CHAPT de Rastignac.

XI. Aimon[1] (ou Emeno) ADHÉMAR de Monteil, c^te de Poitiers, v^te du Bas-Limousin, bar. de Bourbon, fonda l'abbaye de Souvigni, en 921, et fit son test. en 930;

d'où : 1. Adhémar, c^te de POITIERS, tige des c^tes de Valentinois, St-Vallier, etc.;
2. Aimon, dont l'article suit ;
3. *N...*, tige des SULLY, CULANT, etc...

XII. Aimon ADHÉMAR de Monteil, v^te de Limoges, sgr de Bourbon en 953;

d'où : 1. Archambaud, tige des 1ers sgrs de BOURBON (et par eux des BLOT, la ROCHE-AIMON, MONTLUÇON, Mis del MONTE) terminés en Mahaut (ou Mathilde), qui ép. Guy de Dampierre, d'où est sortie la 2e maison de BOURBON ;
2. Adhémar, moine du St-Ciboire à Angoulême, vers 1010, auteur d'une Chronique d'Aquitaine;
3. Giraud, dont l'article suit.

XIII. Giraud ADHÉMAR de Monteil, c^te d'Orange vers 980;

d'où : 1. Rambaud[2], tige des c^tes d'ORANGE, éteints dans la maison de BAUX ;
2. Giraud-Hugues, dont l'article suit.

XIV. Giraud-Hugues ADHÉMAR de Monteil, sgr de Grignan, ép. Marthe de TOULOUSE;

Florence, qui se sont continués sans interruption, descendaient d'un des fils de Giraud ADHÉMAR de Monteil. Avec fort peu de recherches, on établirait que les « PORTE d'Issertieux, du Berri, et les VALORY, en sont deux branches...»

[1] « Même nom que Raymond. »

[2] « Même nom qu'Archambaud. »

d'où : 1. Giraud, dont l'article suit ;
2. Adhémar, né à Valence vers 1025, évêque du Puy, légat du Pape à la 1re croisade, mourut à Antioche, le 1er août 1098 ;
3. Gaucher, 1er abbé, en 1045, de l'abbaye d'Aiguebelle, fondée par son père ;
4. Guillaume-Hugues ;
5. Hugues, ép. Agathe de Foix, et fut la tige des Adhémar de Lombers, dont les descendants subsistent encore aujourd'hui.

XV. Giraud Adhémar de Monteil, sgr de Grignan, la Garde, etc..., ép. N. Dauphine d'Auvergne ;
d'où : 1. Lambert, sgr de Grignan, etc..., dont le dernier descendant, Louis Adhémar, cte de Grignan, légua ses biens à François de Lorraine, duc de Guise[1] ; mais ce test. fut cassé et son héritage passa à son neveu Gaspar de Castellane ;
2. Giraud, mourut avant 1120 ;
3. Giraudet, dont l'article suit ;
4. Giraudonnet.

XVI. Giraudet Adhémar de Monteil, sgr de Rochemaure, la Garde, etc..., ép., le 18 avril 1104, Alix de Polignac, sœur d'Héraclée, vte dudit lieu ;
d'où : 1. Guillaume-Hugues, tige des sgrs de la Garde, le Teil[2], etc... ;
2. Giraud, dont l'article suit.

XVII. Giraud Adhémar de Monteil, sgr de Rochemaure, le Teil, etc..., ép. Tiburge Pelet d'Alais ;
d'où : Giraud-Hugues, dont l'article suit.

XVIII. Giraud-Hugues de *Monteil*, sgr dudit lieu, ép. Talesa de Moncade ;
d'où : Guillaume-Raymond, dont l'article suit.

XIX. Guillaume-Raymond de *Monteil* ou du Teil[3], tué à la bataille de

---

[1] L'auteur veut voir la cause de ce test. dans la parenté des maisons de Lorraine et d'Adhémar comme remontant à St *Arnulf*.

[2] L'auteur suppose que la terre du Teil (Ardèche), a été portée par quelque alliance dans la famille de Chastel, où on la trouve en 1428, et d'où elle vint ensuite, toujours par alliance et successivement, aux Rye, Vesc, Bannes, Hilaire de Joviac. Il suppose aussi que l'on doit rattacher à ce degré ou au suivant les familles de Monteil, du Teil (en Auvergne), etc...

[3] C'est à ce Raymond du Teil que Borel d'Hauterive (*Revue hist. de la Nob.*, IV, 411), rattache les commencements de cette famille. Il la dit originaire des environs d'Apt, et ajoute que *Tillia*, terre du nom de la famille, située près de Manosque, a passé en 1619, dans la famille de Garidel.

Majorque. Il avait ép. Alix de SABRAN, fille de Rostaing, connétable du c^te de Toulouse ;
d'où : Rostaing, dont l'article suit.

XX. Rostaing du TEIL, sgr dudit lieu et de Ste-Croix, fit donation, ainsi que sa femme et ses enfants, à l'église d'Apt, en déc. 1250, pour le repos de l'âme de son père Raymond. Il avait ép. Elisabeth de SIMIANE, fille de Bertrand ;
d'où : 1. Hugues, *probab.* père de ;
A. Pons, } passèrent acte de vente, le 15 janv. 1272 ;
B. Pierre, }
2. Jean, nommé à la donation de déc. 1250, mentionnée ci-dessus ;
3. Raymond, dont l'article suit.

XXI. Raymond du TEIL, sgr dudit lieu, de Ste-Croix, esgr de St-Martin, reçut hommage de Raymond ARTAUD, le 17 août 1282[1]. Il avait ép. Douce de GIRONDE[2] ;
d'où : 1. Bertrand, dont l'article suit ;
2. Hugues.

XXII. Bertrand du TEIL, consul de Nîmes, en 1276 et 1280 ; reçut hommage de Pons d'ALBIGNAC, en 1318. Il avait ép. *N...* de CRUSSOL ;
d'où : Guigues, dont l'article suit.

XXIII. Guigues du TEIL, parait dans des actes de 1307 à 1343 ;
d'où : 1. Jean, dont l'article suit ;
2. Isnard, chambellan de Louis III, roi de Sicile, c^te de Provence, obtint, le 24 fév. 1426, des lettres patentes, confirmant la donation qu'il avait faite pour la fondation d'un hôpital.

XXIV. Jean du TEIL, viguier de St-André et de Villeneuve-les-Avignon, ép. Jeanne de SANCERRE[3], fille de Louis, maréchal de France ;
d'où : Jean, dont l'article suit.

XXV. Jean du TEIL *(alias* Jamet du *Tillai)*[4], parait de 1429 à 1469. Il avait ép. Apollonie le GROING, fille d'Elion, gouverneur d'Armagnac ;

---

[1] Guillaume de Ponteterve, not. de Charles d'Anjou, roi de Sicile.

[2] Petite-fille, ou nièce d'*autre* Douce de GIRONDE, qui fit donation aux Templiers de Richerenches, en 1160 et 1180.

[3] Le P. Anselme (II, 852), la disant fille naturelle, nomme son mari Jean de la TEILLAYE, et non Jean du TEIL.

[4] C'est seulement à partir de ce Jean que Borel d'Haut. *(loc. cit.,* 416), établit une filiation suivie qui parait authentique et concorde avec celle du vol. que nous analysons ; mais il ne dit pas que ce Jean du TEIL soit le même que Jamet du *Tillai,* et le dit fils, non d'*autre* Jean et de Jeanne de SANCERRE, mais d'Isnard du TEIL, dont il ne donne pas l'alliance. Il ne nomme pas non plus

d'où : 1. Bertrand, chambellan du roi Louis XI, par lettres données à Solesmes, le 16 oct. 1476. Il se maria en Touraine (ou en Berri)[1] ;
d'où : Jean (de *Taye)*, g[d]-maître de l'artillerie, colonel général d'inf. à la bataille de Cérisolles, en 1544, fut tué au siège d'Hesdin, en 1553 ;
d'où : Charlotte, ép., en premières noces, Claude des ESSARTS; et, en deuxièmes noces, René c[te] de SANZAI ;
2. Jean, dont l'article suit.

XXVI. Jean du TEIL, de la ville de Manosque, licencié en droit, viguier de Forcalquier, en 1512, mourut le 2 mars 1538, et fut enseveli dans le *tombeau de ses ancêtres*[2], au couvent des PP. Observantins de Manosque. Il avait ép., en premières noces, suiv. contrat du 29 août 1507[3], Jeanne LOUET[4], fille de Louis, sgr de Nogaret, et de Jeanne ADHÉMAR de Monteil de Grignan ; et, en deuxièmes noces, suiv. contrat du 30 nov. 1522[3], Georgette AMALRIC ;
d'où : du 1er lit,

1. Mathurin[5], 1er consul de Manosque, en 1540 ; donna quittance à Honoré TRIBUTHS, son beau-frère, le 12 août 1557[6]; fit son test., le 15 janv. 1573, par lequel il élit sa sépulture au couvent des PP. Observantins de Manosque, et mourut en 1575. Il avait ép., en premières noces, suiv. contrat du 7 août 1539, Madeleine TRIBUTHS, fille de Siméon, sgr de Ste-Marguerite, et de Antoinette BERTRANDI ; et, en deuxièmes noces, en 1559, Anne SALLOMON ;
d'où : du 1er lit,
A. Honoré, sgr du Teil et Ste-Croix, né à Manosque, le 2 fév. 1541, était lieut. de 35 hommes d'armes, en 1570 ; fut poëte, dit-on[7], et mourut en 1617. Il avait ép., en premières noces, avant 1571, Anne-Marthe SAFALIN, des sgrs de Laincel; S. P.; et, en deuxièmes noces, suiv. contrat du 30 juin 1578[8], Louise MONIER[9], fille de Gaspar, sgr du Castellet ;
d'où : du 2e lit,
a. Jean-Louis, né en 1583, ép. *N*... PAGI ; S. P. ;

---

sa femme. A partir aussi de ce degré, nous avons ajouté le résultat de quelques notes recueillies par nous, ayant soin d'en marquer la provenance.

[1] Borel d'Haut. *(loc. cit*, 418), dit qu'on ne lui connait pas de postérité.

[2] Ce détail donné par l'auteur indiquerait que cette famille était alors déjà ancienne *à Manosque*.

[3] Jean Clément, not. à Manosque.

[4] Borel d'Haut. *(loc. cit.*, 419), la nomme Jeanne ALOAT, ce qui est plus probable.

[5] Ce rameau est donné d'après Borel d'Haut. *(loc. cit.*, 420).

[6] Aloat, not. à Manosque.

[7] V. Michaud, *Biog. univ.*, XLI, 116.

[8] Jean-Antoine Bérard, not. à Pignans.

[9] Mourut en 1617, et fut enseveli à Manosque, en l'église du couvent des PP. Observantins.

b. Lucrèce, née en 1579 ;

c. Suzanne, née en 1585, héritière de sa branche, ép., suiv. contrat du 29 déc. 1619, Joseph Garidel, éc. de la ville d'Aix, fils d'Albert et de Lucrèce Combe, sa deuxième femme ;

B. Jean ; S. P. ;

C. Claude ; S. P. ;

et, du 2e lit,

D. Melchior, mourut à Manosque ; S. A. ;

E. Jeanne ; S. A. ;

2. Louis, dont l'article suit ;
3. Antoine, paraît dans des actes des 21 oct. 1544[1] et 12 (ou 15) fév. 1545, et fut tué à la bataille de Moncontour, en 1569 ;
4. Claudine, ép., avant le 12 (ou 15) fév. 1545, Claude de Baudric ;
5. Claire, ép., avant le 4 oct. 1548[2], Louis Martin, de la Bastide-des-Jourdans.

XXVII. Louis du Teil, plusieurs fois consul de Manosque, passa quittance à son frère Mathurin, le 1er nov. 1544[3] ; était mestre de camp ; fit son test., le 25 août 1555, et fut tué par les Vaudois à l'attaque de la vallée d'Angrogne, en 1560. Il avait ép., en 1543, Esprite Sébastiane[4] ;

d'où : 1. Louis, dont l'article suit ;

2. Georges, cap. de milice, meurtri d'une estocade devant la petite porte de N.-D. de Manosque, en 1577 ;
3. Jean (dit le capitaine du Teil), prit part aux guerres de religion dans le parti de Catherine de Médicis ; fit son test., le 18 oct. 1627[5], en faveur de Jean-Pierre du Teil, son neveu, puis, étant veuf, un autre test. olographe, le 18 août 1633, en faveur du même. Il avait ép., suiv. contrat du 6 sept. 1616[6], Louise de Baudric[7], fille d'Antoine et de Jeanne Agnel de Bourbon[8] ; S. P. ;
4. N... (fils ou fille), dont était enceinte Esprite Sébastiane, lorsqu'elle fit son test., le 25 août 1555.

XXVIII. Louis du Teil, 1er consul de Manosque, en 1591, pendant la peste ; fit son test. olographe et périt de la contagion cette même année. Il avait ép.,

---

[1] Claude Ferrand, not. à Manosque.

[2] Gaudemard, not. à la Bastide-des-Jourdans.

[3] Ferrand, not. à Manosque.

[4] Fit son test. en même temps que son mari.

[5] Magnan, not. à Manosque.

[6] Benost, not. à Manosque.

[7] Armes : *coupé au 1er de sable à un ours d'or, au 2e d'or à une bande de gueules.*

[8] Borel d'Haut. se contente de la nommer Agnel. La famille Agnel de Bourbon n'a d'ailleurs pris ce nom qu'à la fin du XVIIIe siècle.

le 21 juin 1579, Marquise BONIFACE[1], fille de Jacques, sgr de [la Molle (Var)], et de Marguerite de PONTEVÈS[2] ;
d'où : 1. Jean-Pierre, dont l'article suit ;
2. Diane ;
3. Marguerite.

XXIX. Jean-Pierre du TEIL, juge royal de Forcalquier, héritier de son oncle le cap. Jean du TEIL. Il avait ép., à Forcalquier, suiv. contrat du 22 juil. 1606, Isabeau GUÉRIN[3], fille de Joseph et d'Anne GASSAUD ;
d'où : 1. Polydore, dont l'article suit ;
2. Louis[4], cons. du Roi et son avocat en la Sénéchaussée au siège de Forcalquier, ép., suiv. contrat du 23 mai 1650, Isabeau BARBEIRAC, fille de Bernardin, éc. ;
d'où : A. Jean-Joseph, né le 16 avril 1663, ép., en 1695, Hélène EYMAR, fille de *N*..., des sgrs du Bignose[5] ;
d'où : *a*. Jean-Pierre, vivait à Forcalquier, en 1753 ; S. P. ;
b. Jean-Joseph, prêtre de l'Oratoire à Paris ;
c. Ursule-Madeleine, ép., en 1731, Jean-Baptiste ARNAUD ;
d. Marie-Anne, ép. *N*... AUBERGIER ;
B. Ange, major dans le régim. Royal-artillerie, chev. de S. L., s'établit en Lorraine, où il ép., suiv. contrat du 11 fév. 1707, Thérèse de la BROSSE ;
d'où : *a*. Jean-Ange, lieut.-col. au corps royal du génie, en 1757, chev. de S. L., fut tué, en 1758, à la bataille de Crevelt. Il avait ép., à Metz, le 20 juil. 1743, Ursule LHUILLIER de Castre[6], fille de Léopold, sgr de Vausel, etc... ;
d'où : Jean-Ange-Antoine, col. au régim. Royal-

---

[1] Transigea, le 11 août 1633 (Magnan, not. à Manosque), au sujet des comptes de la tutelle de son fils, avec Suzanne du TEIL, épouse de Joseph GABIDEL.

[2] Cette filiation est ainsi spécifiée par le bar. du Teil. Borel d'Haut. se contente de dire que cette Marquise BONIFACE était de la famille des bar. de la Môle ; Pithon-C. ne la nomme pas dans sa généalogie des BONIFACE (IV, 395), parmi les enfants de Jacques et de Marguerite de PONTEVÈS.

[3] Borel d'Haut. lui donne pour armes : *de gueules à une colombe essorante d'argent, becquée et membrée d'or*. Ce sont les armes des GUÉRIN, du Castellet, mais rien n'indique que Joseph GUÉRIN, époux de Anne GASSAUD, fût de cette famille.

[4] Ce rameau est donné d'après Borel d'Haut. (*loc. cit.*, 427).

[5] Borel d'Haut. a lu, à tort, *Brignoles* ; mais nous ne trouvons pas d'Hélène dans nos notes sur les EYMAR du Bignose.

[6] Armes : *d'azur à une bande d'argent, chargée de trois olives de sinople*.

inf., chev. de S. L., mourut à St-Diez, en Lorraine ; S. P. ;

b. Jean-Joseph, lieut. au corps royal d'artillerie, mourut des blessures reçues à la guerre en Bohême, en 1742 ; S. A. ;

C. Isabeau, ép., en 1669, Augustin BERLUC, avocat, fils de Pompée et de Suzanne de CODUR ;

D. Hélène, ép. Paul FEAUTRIER, sgr de la Roche ;

3. Joseph, né en 1629, prêtre ;
4. Claire, ép., avant 1636, Ambroise ARCHIAS, éc. de la ville d'Apt ;
5. Marie, ép., en 1639, Jean-Pierre VIAL ;
6. Diane, ép., en 1644, Pierre BERLUC, avocat, fils de Balthasar et de Marguerite d'ASTIER.

XXX. Polydore du TEIL, sgr de Beaumont, juge royal à Forcalquier, ép., suiv. contrat du 2 oct. 1644[1], Hortense SÉBASTIANE, fille de Michel, sgr de Porchères[2], et de Françoise de PÉRIER ;

d'où : 1. Jean-Pierre[3], juge royal à Forcalquier, ép., vers 1675, Anne BOYER[4] ;

d'où : A. François, ép., suiv. contrat du 8 mai 1702, Jeanne EYMAR, fille de Jean-François, des sgrs du Bignosc, et de Catherine GASSAUD ;

d'où : *a.* Jean-François, consul de France à l'île de Candie, en 1754, mourut à Manosque[5], le 30 nov. 1767, et fut enseveli en l'église des R.R. P.P. Observantins. Il avoit ép., en 1728, Françoise RAOUL[6] ;

d'où : *aa.* *N...*, mort en bas âge ;

bb. Thérèse, ép. *Balthasar*-Jean-Jacques GIRAUDON, de la ville de Manosque, avocat[7] ;

cc. Anne, née vers 1733, mourut à Manosque[5], et fut ensevelie le 3 juillet 1780. Elle avait ép. n. Melchior de VAUGRIGNEUSE, consul de France à l'île de Candie ;

---

[1] Fautrier, not. à Forcalquier.

[2] L'auteur croit à tort qu'il faudrait lire *Pourrières*.

[3] Ce rameau est donné d'après Borel d'Haut. (*loc. cit.*, 420).

[4] Borel d'Haut. la dit des sgrs de Bandol, mais n'en donne pas la filiation ; on ne la trouve pas non plus mentionnée dans la généalogie de cette maison.

[5] S. Sauveur.

[6] Borel d'Haut. lui donne pour armes : *d'or à la croix pattée de sable, liserée de gueules ;* ce sont les armes des RAOULX, *alias* RAOUSSET, qui n'ont rien de commun avec les Raoul.

[7] Une de leur fille eut pour marraine, à Manosque (S. Sauveur), le 8 juin 1772, Elisabeth du TEIL.

dd. Suzanne, ép. *N*... BEAUSSIER, consul à Smyrne;

b. Antoine, officier au régim. Bourbon-inf., eut la cuisse cassée à la bataille de Guastalla, en 1734; chev. de S. L., cap. d'une comp. des Invalides, mourut en 1738; S. A.;

B. Joseph, cap. au régim. Bourbon-inf., chev. de S. L., mourut des blessures reçues au siège de Fontarabie, en 1718; S. A.;

C. Antoine, cap. au régim. Bourbon-inf., chev. de S. L.; S. A.;

2. François, dont l'article suit;
3. Augustin, prêtre, doct. en théologie, entra, le 16 mai 1671, au couvent de St-François, à Forcalquier.

XXXI. François du TEIL, sgr de Beaumont, officier au régim. de Picardie-inf., quitta le service, vers 1680, par suite de ses blessures. Il avait ép., en 1685, Anne-Marie de TRIANS[1];

d'où : 1. François, dont l'article suit;

2. Jean-Pierre (dit le chev. de Beaumont), officier au corps royal d'artil., chev. de S. L., mourut des blessures reçues au siège de Fribourg; S. A..

XXXII. François du TEIL, sgr de Beaumont, cap. au corps royal d'artil., chev. de S. L., s'établit à la Côte-St-André, en Dauphiné, et mourut en 1758. Il y avait ép., suiv. contrat du 20 avril 1722, Marguerite de CHAMBARAN[2], fille de Jean et de Jeanne du VACHE;

d'où : 1. Jean-Pierre, dont l'article suit;

2. Alexis (dit le chev. de Beaumont), cap. au corps royal d'artil., tué au siège de Madras, en 1746;
3. Jérôme, cap. d'artil, mourut à Pondichéry des suites de ses blessures, en 1761;
4. Jean, né au château de Pommiers[3], en 1738, entré à 9 ans surnuméraire dans le corps d'artil., était lieut.-col., en 1785, chev. de S. L., devint maréchal de camp, en 1792, général de division, en 1793, et eut sous ses ordres Napoléon BONAPARTE, au siège de Toulon; comr de la lég. d'hon., en 1804, mourut dans sa terre d'Ancy-sur-Moselle, le

[1] Borel d'Haut. (*loc. cit*, 430), la nomme, *probab.* avec plus de raison, TIRANI, et lui donne pour armes : *d'azur à une croix de calcaire avec la lance et l'éponge passées en sautoir, et un serpent entortillé au pied de la croix, le tout d'or enfermé dans une couronne d'épines du même ensanglantées de gueules.*

[2] Armes : *d'or à une bande d'azur chargée de trois cloches d'argent.*

[3] En Dauphiné.

25 avril 1821[1]. Il avait ép., à Metz, suiv. contrat du 9 nov. 1771[2], Marguerite-Louise-Georgin de MARDIGNY[3], fille de Etienne-Georgin et de Barbe-Luce BEYSSER ;
d'où : un fils, mort jeune, et trois filles ; S. P..

XXXIII. Jean-Pierre, bar. du TEIL, sgr de Pommiers-les-St-André, Chars, Rousselières, né au château de Pommiers, en 1722 ; entré jeune dans l'artil., était cap., en 1757, lorsqu'il fut nommé chev. de S. L. ; col. du régim. de la Fère, en 1776 ; comt de l'école d'artil. d'Auxonne, en 1779[4] ; maréchal de camp, en 1784 ; lieut. gén., fut condamné révolutionnairement et exécuté à Lyon, le 22 fév. 1794[5]. Il avait ép., suiv. contrat passé à la Côte-St-André, le 24 janv. 1756, Marie-Madeleine FAY[6], fille de Joseph, sr de Peirault, et de Marie-Fleurie COLLIN de la Marche ;
d'où : 1. Claude-Jean-Joseph-Pierre, né le 3 juil. 1757, chev. de S. L., et col. d'artil. avant la Révolution, mourut au château de Pommiers, après 1820. Il avait ép., en premières noces, suiv. contrat du 12 fév. 1785[7], Angèle de BERBIS[8], fille de Louis ; et, en deuxièmes noces, *N*... LUZY de Pélissac[9] ;
d'où : du 1er lit,
A. Pierre-Parfait, né en 1786, mourut en 1794 ;
B. Henri, né le 21 avril 1788, off. de dragons, en 1810, chev. de la lég. d'hon., mourut d'une blessure reçue à la bataille de Leipsick, en 1813 ;
C. Hugues, né le 30 juil. 1790, mourut en 1859. Il avait ép., suiv. contrat du 24 déc. 1823[10], Antoinette-Charlotte-Eugénie

---

[1] On a de lui : 1. *Manœuvres d'inf. pour résister à la cav. et l'attaquer avec succès*, Metz, 1784, in-8° ; 2. *Usage de l'artil. nouvelle dans la guerre de campagne*, Metz, 1780, in-8°. Son portrait est dans les galeries de Versailles.

[2] Vernières, not..

[3] Armes : *d'argent à l'écureuil de gueules assis sur un escabeau de même, accompagné en chef de quatre larmes aussi de gueules.*

[4] Il y eut sous ses ordres Napoléon BONAPARTE, qui garda toujours de lui un bon souvenir et inscrivit dans son test. un legs de 100.000 fr. en faveur des fils ou petit-fils de son ancien commandant.

[5] Son portrait est dans les galeries de Versailles.

[6] « Branche de la maison FAY de la Tour-Maubourg, venue s'établir en Dauphiné où elle fonda les branches de PEIRAULT et de VIRIEU ». Borel d'Haut. (*loc cit.*, 132), la nomme simplement : Marie-Fleurie-Madeleine PERRAUD (ou PERROT) ; armes : *d'azur au tronc d'arbre arraché d'or ; au chef d'argent, chargé de deux têtes de maure de sable, sourcillées et bandées d'argent.* D'ailleurs, elle n'est pas mentionnée dans la généalogie de la famille FAY de *Peyraud* qui porte pour armes : *de gueules à la bande d'or chargée d'une fouine d'azur.*

[7] Senlet, not. à Auxonne.

[8] Périt sur l'échafaud révolutionnaire à Paris. Armes : *d'azur à la brebis paissante d'argent sur une terrasse de sinople.*

[9] Famille établie au château de Revel, près de Beaurepaire et de Pommiers. Armes : *de gueules au chevron d'argent accompagné de trois étoiles d'or.*

[10] Rolland, not. à Valence.

DESJACQUES de Renneville[1], fille de Jacques-Alexandre, cap.-com[t] au régim. d'Aquitaine-inf., chev. de S. L., et d'Anne de CHANTEMERLE[2];

d'où : *a.* Jules-Henri, off. de caval., chev. de la lég. d'hon.; S. P.;
b. Alexandrine-Anne; S. A.;
c. Anne-Marie; S. A.;

D. Charles-César, né le 10 déc. 1793, maréchal-des-logis-chef dans la garde d'honneur, en 1813; garde du corps du Roi, en 1815; lieut. au régim. des chasseurs à cheval, en 1823; chev. de la lég. d'hon.; démissionnaire, en 1830; com[t] civil à Bougie, en 1838, puis à Bouffarik et Blidah; mourut vers 1860. Il avait ép. Anne-Henriette-Aimée du TEIL, sa cousine germaine, fille de Marie-Césaire et de Marie-Thérèse de WAYDE;

d'où : *a.* Jules, ép. à Blidah, en 1856, *N*... NAYRAL; d'où : une fille;
b. Maurice, sous-off. au 1er spahis; S. A.;
c. Albin, sous-off. au 1er régim. de tirailleurs indigènes; S. A.;
d. Caroline; S. A.;

et du 2e lit,

E. Caroline, mourut à Lyon, le 29 nov. 1855. Elle avait ép., en 1826, Alphonse-Charles-César de LOMBARD, c[te] de Montchalin, off. de cav., chev. de la lég. d'hon.[3];

2. Jean-Michel, né le 16 sept. 1759, cap. au régim. de Saintonge-inf., tué au combat du Berthsheim, près de Haguenau, en Alsace, le 22 déc. 1793; S. A.;
3. Jean-Augustin, né le 19 nov. 1760, off. au régim. Lorraine-inf., mourut en 1788;
4. Marie-*Césaire*, dont l'article suit;
5. Alexandre, né le 9 juil. 1775, off. d'artil., chef d'état-major des gardes nationales de Saône-et-Loire, le 2 oct. 1816; col., le 1er avril 1817; chev. de S. L., le 25 avril 1821, et de la lég. d'hon., le 22 juin 1826; mourut à Paris, le 20 août 1854. Il avait ép., suiv. contrat passé à

---

[1] Armes : *d'azur à deux bourdons d'argent en sautoir.* Supports : *deux pèlerins portant chacun un bourdon.*

[2] Armes : *d'or à deux fasces de gueules, accompagnées de neuf merlettes de même posées 4, 2 et 3.*

[3] D'où : 1. Charles, au château de Louviers, entre Vienne et Beaurepaire (en Dauphiné); S. A.; 2. Joseph, ép., vers 1861, N... de VERNA.

Metz, le 27 juil. 1799, Marie-*Françoise* de JOUSLARD[1], fille de Joseph, v^te^ d'Iversay, col. du régim. de la Sarre-inf., et de Marie de VERTHAMON[2];

d'où : A. Pierre-Alexandre-*James*, bar. du TEIL, né vers 1810, avocat au barreau de Paris, membre du conseil du Cte de Chambord, mourut à Paris, le 24 mai 1875. Il avait ép., à Paris, le 4 juin 1851, Joséphine-*Maria* CHARLES de Nonjon, fille de Charles et d'Eléonore CRÉPIN du Havelt;

d'où : *a.* Pierre-Marie-*Raymond*, né à Paris, le 1er fév. 1852, attaché au ministère des Affaires Étrangères, com^r^ de St-Grégoire-le-Grand, ép., à Paris, le 8 juin 1876, *Louise*-Pauline-Agathe BEAUSSIER[3], fille de Ladislas-Jules, c^te^ de Châteauvert, et de Marie-Pauline GALICHON;

d'où : Ladislas, né le 15 mars 1877, mourut la même année;

b. Augustin-Marie-*Georges* (dit le bar. du Havelt[4]), né à Paris, le 13 avril 1854, off. d'inf., chev. de l'ordre de Pie IX, ép., en 1878, Madeleine-Julie GALICHON, fille de f. Emile-Léonard et de Julie-Adeline GALICHON;

c. Pierre-Marie-*Joseph*, né à Paris, le 5 nov. 1863;

d. Alexandrine-*Marie-Thérèse*, ép., à Paris, le 12 juin 1883, *Henri*-Joseph-Armand MAYNARD de la Claye, fils de f. Joseph-Bonaventure-*Armand* et de f. Suzanne-Berthe CHEVALIER de la Petite Rivière;

B. Aglaë-Eulalie-*Lydie*, ép., le 19 mai 1824, Anatole-Jean-Baptiste de GUILLEBON[5];

C. Lydie-Joséphine-*Clémence*, ép., le 3 juin 1830, *Eugène*-Louis-Joseph, c^te^ de BUISSERET[6], fils de Philippe-Adrien-Louis, s^r^ d'Helfaut, chev. de S. L., et de Louise de CARONDELET de Thumerie;

---

[1] Née vers 1776, mourut, à Paris, le 20 juin 1857. Armes : *d'azur, à deux coquilles d'or en chef et au croissant d'argent en pointe.*

[2] Armes : *écartelé au 1 de gueules, au lion passant d'or ; aux 2 et 3 cinq points d'or équipolés à quatre d'azur ; au 4 de gueules plein.*

[3] L'auteur la nomme à tort *Beausset.*

[4] Par autorisation de relever le nom de son g^d^-oncle maternel.

[5] D'où : 1. Edouard, off. de chasseurs, tué au Mexique ; 2. Valérie, ép. *N...* de GARTEMPE.

[6] Col. au 1er régim. de chasseurs à cheval, chev. de S. L. et de St Ferdinand d'Espagne, com^r^ de la lég. d'hon., mourut à Arzew (Algérie), le 29 juil. 1846 ; d'où : un fils unique, mort en bas âge.

D. *Flavie*, avait ép., en nov. 1830, *N*... RIEUL?-GODARD, m[is] de Bellengreville, fils de *N*... et de *N*... de BELLENGREVILLE ;

6. Eulalie ; S. P. ;
7. Clotilde ; S. P. ;
8. Alexandrine, mourut, à Metz, après 1864. Elle avait ép., à Metz, Paul-Etienne PATRIS[1], fils de François-Bernardin, sgr de Congousse, et de Catherine-Christine de MATHAT.

XXXIV. Marie-*Césaire*, bar. du TEIL, né au château de Pommiers, le 8 déc. 1773, entra dans l'artil., le 8 mars 1788, chef de bataillon d'artil., chev. de S. L., off. de la lég. d'hon., inspecteur général, puis administrateur gén. des Eaux et Forêts, membre de la chambre des députés pour Thionville, reçut, du roi Louis XVIII, le titre de Baron, par lettres enregistrées à la cour de Metz, le 12 mai 1820, et mourut le 24 déc. 1842. Il avait ép., en 1796, Marie-Thérèse de WAYDE[2] ;

d'où : 1. Joseph-*Henri*-Césaire, dont l'article suit ;
2. Anne-Henriette-Aimée, mourut le 12 janv. 1852. Elle avait ép. *Charles*-César du TEIL, son cousin germain, fils de Claude-Jean-Joseph-Pierre et de Angèle de BERNIS, sa première femme ;
3. Eulalie, ép. Antoine-Dominique-Eugène LANTY[3] ;
4. Louise, religieuse aux dames auxiliatrices, mourut à Toulouse, le 10 oct. 1876.

XXXV. Joseph-*Henri*-Césaire, bar. du TEIL, né à Metz, le 23 nov. 1800, un des fondateurs du Jockey-Club, à Paris, mourut à Guatemala[4], le 20 juin 1858. Il avait ép., à Paris, le 24 janv. 1826, Aimée-Louise-Caroline GESTAS de Lespéroux[5], fille de David-Georges-Thomas-Charles et de Marguerite de ESTHOT de la Porte ;

d'où : 1. Joseph-Césaire-*Oscar*, dont l'article suit ;
2. Joseph-Pierre-Marie-*Xavier*, né au château de Mardilly[6], ép., à

---

[1] Originaire du Rouergue, chef de bataillon du génie, chev. de la lég. d'hon., tué au siège de Tarragone, en 1811 ; d'où : Eugénie, mourut à Metz, en 1870. (V. Barrau, *Doc. hist... du Rouergue*, IV, 80).

[2] Veuve de *N*... de VERRY, sgr de Saulny ; d'où : Caroline, ép. Marcilly de LASSUS, chef d'escadron d'artil..

[3] Ancienne famille de Bourgogne ; d'où : 1. Albert, col. d'artil., marié ; 2. Ernest, col. du génie ; 3. Marie.

[4] Amérique centrale.

[5] De la branche des sgrs de Donjeux, en Champagne. Elle était chanoinesse du chapitre de Ste-Anne de Munich, en Bavière, et mourut à Guatemala, le 9 septembre 1879, âgé de 70 ans, Armes : *d'azur semé de fleur de lis d'or, à une tour d'argent*.

[6] Près Courtenay, en Bourgogne.

Paris, le 26 déc. 1858, Georgina-Sara NUNÈS, fille de Georges[1] et d'Elvira NUNÈS ; S. P..

XXXVI. Joseph-Césaire-*Oscar*, bar. du TEIL[2], né au château de Vaux[3], le 22 janv. 1827, alla, en 1851, s'établir à Guatemala et y mourut le 2 mai 1879. Il avait ép., le 12 août 1867, Anne-Marie PALOMO de Rivera-y-Batres ;
d'où : 1. Jean-Henri-Joseph-*Louis*, né le 25 mai 1868 ;
2. Joseph-Fernand-*Jean*, né le 30 oct. 1870 ;
3. Anne-Louise-*Marguerite*, née le 21 nov. 1873.

Borel d'Haut., *Revue histor. de la nob.*, IV, 409 ; *Ann.*, IX, 257 ; XII, 280 ; XVII, 429 ; XXXIII, 179. — Bouillet, *Nobil. d'Auvergne*, VI, 284. — Magny, *Nob. univ.*, II, 189 ; *Livre d'or*, V, 382. — Rivoire de la Batie, 718. — Bar. du Teil, *Généal. histor. de la maison du Teil.*

[La famille du TEIL n'est pas la seule, à ce qu'il paraît, prétendant se rattacher à *Pépin d'Héristal* et à ses ancêtres. Le *Bulletin héraldique de France* vient de publier (n° d'Août 1889), sous ce titre : *Une curieuse filiation,* une série de 52 degrés, tantôt par ligne masculine, tantôt par ligne féminine, rattachant les enfants de Roger du CHALARD et de Marie le CAMUS, actuellement vivants, à *Julius-Avitus Lupus*, consul de Rome, en 232, ajoutant ainsi 9 degrés à la généalogie des du TEIL qui ne remonte pas au dessus d'*Ansbert,* époux de *Blithilde de France.* Il est vrai que M. L. de la Roque, rédacteur de ce Bulletin, dit ne donner cette généalogie qu'*à titre de curiosité,* reproduisant toutefois cette note de son correspondant : « Pour la partie qui est antérieure aux Carlovingiens, elle résulte d'un manuscrit très ancien provenant d'une abbaye, dont la copie entre nos mains remonte au commencement du XVIIe siècle. Je n'ai pas besoin d'ajouter que ce manuscrit cite toutes les sources où les indications qu'il donne ont été prises »].

---

[1] Ancien consul de France à St-Thomas (Antilles), chev. de la lég. d'hon. et de l'ordre de Dannebrog de Danemark.

[2] Auteur du volume que nous venons d'analyser.

[3] Près Metz.

Nous croyons devoir reproduire encore les deux listes suivantes, que le Baron du TEIL donne à la fin de son volume :

LISTE ALPHABÉTIQUE APPROXIMATIVE

des familles françaises ayant une même origine que les ADHÉMAR DE MONTEIL *ou issues de la tige-mère des* FERRÉOL *sans avoir quitté l'Auvergne ou le Languedoc*

ADHÉMAR de Lantagnac............ Vivarais et Languedoc.
AUBUSSON .... Éteints dans les mâles.
APCHIER.......... Auvergne.
BOISSIÈRES ou BUSSIÈRES du Tillet...... Auvergne et Berri.
BOURBON anciens (éteints)........ Bourbonnais et Auvergne.
BLANCHEFORT (éteints)........................
BOURBON, mis del Monte........... Italie.
BELVEZER........... Auvergne et Provence.
BLOT de Chauvigny.. Bourbonnais et Auvergne.
CHABANNES ....
CHAPT de Rastignac ....
CHATEAUNEUF, Randon et Joyeuse.... Languedoc.
COMBORN (éteints).. Auvergne.
CARITAT de Condorcet (éteints)......... Dauphiné.
CULANT et anciens SULLY)........... Bourbonnais.
FAUCHER de Provence. Provence } même famille.
FOUCHER de Careil.. Poitou. }
FOS, vtes de Marseille. Provence.
FORCALQUIER (éteints) Provence.
FONTANGES.......... Auvergne.
GRIMALDY .... Provence.
ISSERPENS.......... Auvergne.
LAINCEL, de Provence, descendant des premiers ctes d'Orange.
LASTIC............. Auvergne.
MADIC (éteints)...... Auvergne.
MERCOEUR (éteints)... Auvergne.
MEVOUILLON .... Provence.
MONTFORT .... France et Angleterre.
MONTLUÇON......... Bourbonnais.
MURAT de Cros..... Auvergne.
PRACONTAL .... Dauphiné.
PESTELS du Teil ou de Monteil.......... Auvergne.
PERTHUIS.......... Provence.
POSQUIÈRES (éteints). Provence et Languedoc.
LA QUEILLE......... Auvergne.
ROCHE-AYMON...... Bourbonnais.
ROCHECHOUARD...... Auvergne.
ROCHEFORT d'Aurouse, Auvergne.
ROUVROY de St-Simon et Hédouville..... Vermandois.
RUINES (éteints)..... Auvergne.
SABRAN............. Provence et Languedoc.
St-FERRÉOL (éteints) Auvergne.
SCORAILLES (éteints). Auvergne.
St-LÉGER anciens...........................
TAILLAC, Teil et Thelis. Auvergne.
TEIL, ctes de la Rochère .... Poitou.
TEIL (de RÉALMONT, ctes du)............ Languedoc.
USSEL (éteints)..............................
VENTADOUR (éteints)..........................
VICHY (éteints)..............................

Les noms éteints ont leur utilité comme renseignements et parce qu'il n'est jamais certain qu'il n'en existe pas une branche sous un nom différent dont la filiation n'a pas encore été recherchée.

BRANCHES COLLATÉRALES DE BAVIÈRE

Sorties de HERNAS, *second fils d'*ANSBERT, *en 580, et frère* (d'après le texte de la généalogie, il faudrait lire *oncle), de S-Arnulf, év. de Metz, et aussi de Clodulf, fils aîné de S-Arnulf, en 620*

Deuxième race royale de Bavière.
Ducs de LORRAINE.............................
MONCADE et PATERNO. Catalogne, Sicile, Naples.
AVESNES........... Flandre, Berri et Auvergne.
Ctes de CHAMPAGNE............................
Ctes de DAMPIERRE... Bourbonnais et Champagne.
Ctes de FLANDRES.............................
CHATILLON-sur-Marne (éteints)..... Champagne.
HABSBOURG ....
FENESTRANGES (éteints)........... Lorraine.
ROCHEFORT d'Ailly............................
Vtes de MONTREUIL-sur-Mer et WIGNACOURT.................. Picardie.
ZERINGHEN (ctes de)................ Allemagne.

Pour compléter autant que possible tout ce qui regarde la famille du TEIL, nous ajouterons que Borel d'Hauterive, dans son article assez détaillé de la *Revue historique*, ne se contentant pas d'avoir donné la descendance directe prouvée depuis le commencement du XVIe siècle, mentionne, en Appendice, comme branches collatérales de la famille du TEIL de Provence, mais sans chercher à les y rattacher :

1° Les TILLIA d'Olonne, du Comtat Venaissin, dont on trouve la généalogie dans Pithon-Curt (III, 404 ; IV, 648), et dans La Chenaye (XVIII, 983) ;

Armes : *d'azur au croissant d'argent au chef du même chargé de 3 croix potencées de sable.*

2° LES TILLIA ou TEIL d'Auvergne, Vivarais, Velay et Picardie, sgrs de Vermières, Prodal, le Chazelet, le Péchier, la Vernède, etc..., dont (fait assez remarquable), le dernier représentant mâle, Hilaire du TEIL, recommanda, en mourant, peu avant 1789, de faire parvenir ses titres et papiers à Jean-Pierre, baron du TEIL, alors chef de la famille ;

Armes : *d'or au tilleul de sinople au chef de gueules chargé d'une fleur de lys d'argent accostée de deux étoiles du même*[1].

---

[1] On trouve dans le *Nobil. de Picardie*, par Nicolas de Villiers, sgr de Rousseville, les preuves généalogiques pour la maintenue de nob. de cette famille. Nous en extrayons la filiation suivante :

Frezard du TEILH, du lieu de Vernières, siège de St-Flour, ép., suiv. contrat passé à Riom, le 22 oct. 1547, Marguerite de LIRE, fille de f. Claude et de Jeanne AYMÉ ;
d'où : 1. Jean, qui suit ;
2. N..., père de N..., père de Gaspard, sgr de la Pénide, cap. major de Montreuil, fit son test., le 7 avril 1685 (N..., not. à Montreuil, élection de Doullens), par lequel il institue pour héritier son neveu issu de germain, Balthazar du TEIL, époux de Alix JOUVE.

Jean du TEILH, vivait le 12 juin 1594 et le 20 avril 1627. Il avait ép., suiv. contrat du 11 déc. 1583, Marguerite de la SALLE, fille de f. Louis et de Françoise de PONS ;
d'où : Jean, qui suit.

Jean du TEIL, éc., sgr dudit lieu et du Breul, passa acte avec son père, le 20 avril 1627 (Jean Fabry, not. à St-Flour ; insinué en la sénéchaussée d'Auvergne) ; fit son test., le 12 août 1650 (Jacques Bardoul, not. à St-Flour), par lequel il lègue à ses enfants Balthazar, Jean, Pierre et Antoinette, et institue pour héritière sa femme. Il avait ép., suiv. contrat du 30 nov. 1634 (François Guéringand, not. à Riom), Louise de la ROCHETTE, fille de f. François, sgr de la Bastide, et de Anne de SABRON ;
d'où : Balthazar.

Balthazar du TEIL, éc., sgr du Pechez (ou Peschier), du Chazelet, etc..., né vers 1635, fut maintenu dans sa nob., avec Pierre du TEIL, sgr du Peschier, Antoine du Teil, sgr de Prodal, Hugues et Jean du TEIL, sgrs de la Vernède, neveux dudit Antoine, suiv. jug. rendu par M. de Fortia, en la généralité de Riom, le 23 mars 1667. Il avait ép., suiv. contrat du 13 fév. 1673 (Louis Trèves, not. en la bar. de Dièvre), Hélipe (ou Alix) JOUVE, fille de Louis (du lieu de Noziers, dioc. de St-Flour) ;
d'où : 1. Gaspar, né vers 1677, lieut. réformé à la suite du régim. de Provence ;
2. Jacques, né vers 1679, lieut. audit régim. ;

3° Les TEIL, ou THEIL, ou DUTHEIL, sgrs de la Rochère, la Lande, etc..., en Poitou.

IV.

MONTBOISSIER

(Titrés) PATRICES ROMAINS, PRINCES DE L'ÉGLISE ET DE COMBRET ;
Mis DE MONTBOISSIER, CANILLAC[1], PONT-DU-CHATEAU[2] ;
C^tes D'ALAIS, DIENNE, HAUTERIVE, LIGNAC, St-CIRGUES[3], St-LAURENT-DE-CHAMPEIX ;
V^tes DE VALERNES[4], LA MOTTE-CANILLAC[1], LA ROCHE-CANILLAC ;
BARONS DE CHATEAUNEUF-DU-DRAC, LA QUEUILLE ;
SGRS D'ANDUSE, ARLENC, AUBUSSON, BAGNOLS, BOISSONNELLE, LANGEAC, LE MONTEIL, LA ROCHE-SAVINE, SAURIERS[5], SUGÈRES[6], etc...[7].

Armes anciennes : *au lion de sable brochant sur un fond d'or semé de croisettes de sable.*
Armes actuelles : *écartelé aux 1 et 4 d'argent, à la bande d'azur accompagnée de six roses de gueules en orle, qui est de* ROGIER de Beaufort ; *aux 2 et 3 d'azur au lévrier rampant d'argent, armé et colleté de gueules à la bordure crénelée d'or, qui est de* CANILLAC ; *sur le tout de* MONTBOISSIER ancien.
Couronne ducale.
Supports : *deux lions.*
Cimier : *un lion issant de sable tenant une épée.*
Devise : *nunquam impune.*

---

3. Hilaire, né vers 1681, cadet au régim. de cav. de Noailles ;
4. Antoine, né vers 1685 ;
5. Louise, née vers 1676.

Armes : comme ci-dessus.
Supports : *deux lions.*
Cimier : *un lion naissant.*

[1] Canton de la Canourgue (Lozère), deuxième des neuf baronnies de Gévaudan, donnant droit de siège, par tour, aux États de Languedoc. En héritant des BEAUFORT-CANILLAC, les MONTBOISSIER firent entrer dans leur maison, non seulement les dépendances de la baronnie de Canillac, mais encore toutes les autres sgries de cette famille et de celle de BEAUFORT.

[2] Auvergne.

[3] Basse-Auvergne.

[4] Vig. de Sisteron (chef-lieu de canton, B.-Alpes). A cette sgrie, étaient jointes celles de Bellafaire (canton de Turriers), la Motte-du-Caire (chef-lieu de canton), les Mées, Mezel (chefs-lieux de canton), Vaumeil (canton de la Motte-du-Caire), etc..., toutes situées en Provence, et actuellement dans le département des B.-Alpes.

[5] Près Brioude.

[6] Canton de Champeix (Puy-de-Dôme). Cette sgrie passa par alliance aux d'AUBUSSON, puis aux BOSREDON.

[7] Canton de St-Dier (Puy-de-Dôme). Cette terre fut achetée par les BOSREDON, en 1727.

[8] Entre autres : Aureille, Chadieu, Chambon, Chassaignes, Chevalblanc, Cusse, Dallet, la Faurie, Guérines, la Jaumette, Lemppe, Malentrat, Mauriac, Mondras, Montrevel, Novacelle, la Roue, St-Amant, St-Bonnet, St-Quentin, St-Remy, Saunade, Sidrac, Talende, Vaux-Méaude, Viscomtat, Yssandolanges, etc...

La maison de MONTBOISSIER[1] tire son nom du château de Montboissier, depuis longtemps en ruines, qui était situé en Auvergne, près Cunlhat[2]. Elle est remarquable par son ancienneté et par l'illustration de ses membres, non moins que par son alliance avec la maison de BEAUFORT-CANILHAC, dont elle a reçu l'héritage, sous l'obligation d'en relever les nom et les armes, ce qui l'a souvent fait confondre avec cette dernière, éteinte pourtant depuis le commencement du XVIe siècle. Courcelles a donné de cette maison une généalogie très étendue[3], que nous allons résumer en y faisant quelques additions[4], et donnant ce que nous avons pu connaître de la continuation jusqu'à nos jours.

I. Hugues-*Maurice*, sgr de MONTBOISSIER, dit *le décousu (dissutus)*, fonda avec sa femme, en 960, sur le mont Piscarien, en Piémont, l'abbaye St-Michel-de-la-Cluse, et la dota de divers prieurés, déjà fondés par lui, en Auvergne. Il avait ép. *Isengarde* ;
d'où : *autre* Hugues-*Maurice*, dont l'article suit.

II. Hugues-*Maurice*, sgr de MONTBOISSIER, en 1045 et 1050. Il avait ép. Alix de POLIGNAC ;
d'où : *autre* Hugues-*Maurice*, dont l'article suit.

III. Hugues-*Maurice*, qualifié prince de MONTBOISSIER, paraît de 1045 à 1080. Il avait ép. Marguerite *N...* ;
d'où : 1. Pierre, dont l'article suit ;
2. Guillaume-*Maurice*, sgr d'Arlenc, vivait, en 1114, avec sa femme Antoinette *N...* ;
d'où : A. Pons, sgr d'Arlenc ;
d'où : *a*. Pierre, sgr d'Arlenc, vivait en 1170 ; S. P. ;
b. Étienne, sgr d'Arlenc, vivait en 1180. Il avait ép. *N...* de POLIGNAC, sœur de Pons ;
d'où : AA. Pons, sgr d'Arlenc, ép. Béatrix de la ROCHE-en-Régnier ;
d'où : Guigonne, dame héritière d'Arlenc, ép. Étienne de VISSAC[5] ;
BB. Étienne, vivait en 1253 ;
d'où : *aa*. Gérard, chan. de Brioude, en 1277 ;

---

[1] En latin : *Mons Buxerius, de Montebuxerio* ou *Montebusserio* (montagne couverte de buis). On lui suppose une origine commune avec la maison de MONTMORIN, en latin : *Montmoris* ou *Montmauris* ; et, de fait, les premiers MONTBOISSIER que l'on connait portaient tous le nom de *Maurice*.

[2] Chef-lieu de canton (Puy-de-Dôme).

[3] *Hist. général. et hérald. des Pairs*, X.

[4] Elles sont placées entre [ ].

[5] Vivait en 1278.

bb. Pierre, chan. de Brioude, en 1282;
cc. Héraclius, chan. du Puy, vivait en 1229;
c. Guillaume, vivait en 1180;
B. Étienne;
C. Giraud;
3. Pons-Maurice, sacré év. du Puy par le pape PASCAL II, mourut à Montboissier, le 20 avril (vers) 1128;
4. Élisabeth, ép., vers 1070, Pons, v^{te} de POLIGNAC[1];
5. Jeanne (*alias* Déave *ou* Déesse), ép. Héraclius, v^{te} de POLIGNAC[2], frère de Pons.

IV. Pierre-*Maurice,* qualifié prince de MONTBOISSIER, parait dès 1101, mourut vers 1115, et fut enseveli dans l'église de Sauxillanges. Il avait ép. Ringarde *N*...[3];
d'où : 1. Othon-*Maurice;* S. P.;
2. Hugues-*Maurice,* sgr de Montboissier;
d'où : A. Poncie, religieuse au monastère de Marcigny;
B. Marguerite, id.;
3. Eustache, dont l'article suit;
4. Héraclius, chan. arch., puis arch. de Lyon, en 1153, légat du pape ADRIEN IV, mourut le 11 nov. 1163;
5. Pons, abbé de Vezelay[4], en 1138, mourut le 14 oct. 1161;
6. Jourdain, abbé de la Chaise-Dieu, en 1146, mourut le 24 nov. 1158;
7. Pierre-*Maurice,* dit le *vénérable,* né vers 1091, abbé de Cluny, le 22 août 1122, célèbre par ses œuvres et ses vertus, mourut le 25 déc. 1158, et fut enseveli au chevet de la grande église de Cluny;
8. Armand-*Maurice,* prieur de Cluny et de Manglieu[5], mourut avant 1157.

V. Eustache, sire de MONTBOISSIER, parait dans des actes de 1141 et 1149. Il avait ép. Héraclée de POLIGNAC[6], fille et héritière d'Étienne, sgr de Roche-Savine;
d'où : 1. Héraclius, dont l'article suit;
2. Hugues, dit de Roche-Savine, sgr de St-Bonnet et de Novacelle, vivait en 1232.

---

[1] Mourut le 23 sept. 1112.
[2] Mourut le 9 juil. 1098.
[3] Cousine du duc de Nevers, se fit religieuse, en 1115, au monastère de Marcigny, où elle mourut en odeur de sainteté, le 24 juin 1134 (ou 1135).
[4] Diocèse d'Autun.
[5] Diocèse de Clermont.
[6] Armes : *fascé d'argent et de gueules.*

VI. Héraclius de MONTBOISSIER, sgr dudit lieu, paraît dans des actes de 1190 et 1224. Il avait ép. Marguerite d'OLIERGUES[1], fille d'Agnon, sgr dudit lieu, et de Béatrix de BAFFIE ;
d'où : 1. Eustache, dont l'article suit ;
2. Armand-*Maurice*, sgr de Roche-Savine, St-Bonnet, Novancelle, la Roue ;
d'où : A. Pierre-*Maurice*, doyen de l'église du Puy, fit son test. en 1270 ;
B. Guillaume-*Maurice*, sgr de Roche-Savine, St-Amant, etc. ;
d'où : *a*. Pierre-*Maurice*, sgr de Roche-Savine, St-Bonnet, fit donation de tous ses biens, en 1311, à Robert VI, c[te] d'AUVERGNE, son cousin, et vivait en 1332. Il avait ép. Gaillarde de la TOUR[2], fille de Bernard ;
d'où : AA. *N*..., femme de Géraud de BUSSIÈRES[3] ;
BB. Bermonde, religieuse à Giac ;
b. Béatrix, mourut vers 1282. Elle avait ép. Guillaume de ROCHEFORT, sgr d'Ally[4] ;
3. Héraclius, chan. de Brioude, en 1256.

VII. Eustache de MONTBOISSIER, sgr dudit lieu, Yssandolanges, etc... ; institua, en 1246, pour tuteur à son fils, Alphonse, c[te] de POITIERS, frère du roi LOUIS IX ; mourut avant juillet 1249, et fut enseveli dans le cloître de l'église de Montpeyroux. On croit qu'il avait ép. Marguerite de MAYMONT ;
d'où : 1. Eustache, dont l'article suit ;
2. Marguerite, ép., vers 1260, Agnon de MAYMONT, sgr d'Oliergues[5], fils d'*autre* Agnon et d'Yseult d'OLIERGUES, dame héritière dudit lieu[6].

VIII. Eustache de MONTBOISSIER, sgr dudit lieu, Aubusson, Boissonnelle, le Monteil, Montrevel, etc... ; prêta hommage, pour Montboissier, à l'Évêque de Clermont, en 1266 ; fit son test., en sept. 1302, par lequel il élit sa sépulture en la tombe de son père, au cimetière de Montpeyroux, fait un legs au roi Philippe-

---

[1] Cousine germaine d'Éléonore de BAFFIE, femme de Robert VI, c[te] d'AUVERGNE, et sœur d'*autre* Agnon d'OLIERGUES, dont la fille, Yseult, dame héritière d'Oliergues, ép. Agnon de MAYMONT. Armes d'OLIERGUES : *de sable à 3 molettes d'éperon d'argent*.

[2] Nièce de Bertrand de la TOUR, chan. de Clermont, qui lui légua diverses terres, en 1280.

[3] Leur fille Marcibile ratifia, en 1316, la donation faite par son aïeul, et, par transaction du 21 sept. 1321, reçut de Robert VII, c[te] d'AUVERGNE, 1.000 l. et une pension annuelle de 140 l. sur Ambert.

[4] Mourut vers 1280.

[5] Mourut vers 1276. Il avait ép., en premières noces, Béatrix de BAFFIE.

[6] D'où : 1. Béatrix, dame d'Oliergues, en vertu du partage qu'elle fit avec sa sœur, le 14 janv. 1276, porta cette sgrie dans la maison de la TOUR D'AUVERGNE par son mariage, en 1275, avec Bertrand de la TOUR, fils de Bernard ; 2. Yseult, dame de Maymont.

le-Bel, instituant pour héritiers ses fils, par ordre de primogéniture, et mourut entre 1304 et 1309. Il avait ép., en premières noces, Alix d'AUVERGNE, fille de Robert, c^te^ de Clermont, dauphin d'AUVERGNE et d'Alix de VENTADOUR ; et, en deuxièmes noces, Tiburge ADHÉMAR[1], fille de Giraudet, des sgrs de Monteil et de Rochemaure ;

d'où : du 1er lit,

1. Dauphine, née vers 1260, ép., vers 1278, Gui de la ROCHE-en-Régnier, sgr dudit lieu[2] ;

et, du 2e lit,

2. Eustache, sgr de Montboissier, Boissonnelle, Cunlhat, Sugères, etc... ; émancipé par son père, en mai 1304 ; fit un 1er test., en 1313, par lequel il élit sa sépulture en l'abbaye de Vauluisant ; et, un 2e test., en 1322, par lequel il élit sa sépulture dans le cimetière de l'abbaye de Montpeyroux, au tombeau de ses ancêtres ;

   d'où : A. Héraclius, mourut avant 1322 ;

   B. Eustache, sgr de Montboissier, mourut après 1340. Il avait ép. *W...*[3] ; S. P. ;

   C. Hugues, chan. du Puy, vivait en 1333 et 1339 ;

3. Héraclius, dont l'article suit ;
4. Alix, ép. Pons de VISSAC, sgr dudit lieu et d'Arlenc[4].

IX. Héraclius de MONTBOISSIER, sgr d'Aubusson, le Monteil, etc... ; fit son test., en 1328, dans lequel il élit sa sépulture au cimetière de Montpeyroux, et mourut avant 1331. Il avait ép., suiv. contrat passé à St-Just[5], en 1307, le mercredi avant St-Barthélemy, apôtre, Agnès de CHASTEL-PERRON[6], fille de Guichard, sgr de la Ferté-Chauderon ;

d'où : 1. Jean, dont l'article suit ;

2. Guillaume, chan. de Brioude ;
3. Dauphine, passa transaction, le 24 juil. 1354, avec son mari, dont elle était séparée. Elle avait ép. Gilles AYCELIN, sgr de Montaigu[7].

X. Jean de MONTBOISSIER, sgr d'Aubusson, Chambon, Mondras, etc... ; transigea avec sa mère, dès 1331, et mourut en 1350. Il avait ép., au mois

---

[1] [Courcelles la dit à tort fille de Lambert, sgr de la Garde, et de Méraude ADHÉMAR de Rochemaure. Il lui donne aussi à tort les armes des ADHÉMAR récents].

[2] Diocèse du Puy.

[3] Nièce de Marguerite AYCELIN de Montaigu, femme de Bertrand de la TOUR d'Auvergne, sgr d'Oliergues.

[4] Vivait en 1322. Ils eurent pour fils Pierre de VISSAC.

[5] Près le château de Maymont.

[6] Vivait veuve le 7 avril 1335. Elle avait ép., en premières noces, Roger AYCELIN, sgr de Montaigu-le-Blain. Armes : *écartelé d'or et de gueules*.

[7] D'où : 1. Gilles, mourut jeune ; 2. Pierre, mourut jeune ; 3. Mascaronne, ép., en 1367, Armand Randon, v^te^ de POLIGNAC.

d'août (vers) 1320 (ou 1330), Jeanne FLOTTE[1], fille de Guillaume, sgr de Revel, chancelier de France, et d'Elips de MELLO d'Espoisses, sa première femme ;

d'où : 1. Louis, dont l'article suit ;

2. Jeanne (*alias* Isabeau), vivait avec son mari, en 1374. Elle avait ép. Pierre de NORRY, sgr dudit lieu[2] ;

3. Marie,
4. Boisserette,
5. Dauphine,
} mineures en 1350.

XI. Louis de MONTBOISSIER, bar. dudit lieu, sgr d'Aubusson, Vaux-Méaude, Viscomtat, Sugères, etc...; mis, en 1350, sous la tutelle de Louis de VISSAC, son oncle à la mode de Bretagne ; transigea, en 1400, avec Nicolas de la ROCHE, son beau-frère ; fit son test., le 23 janv. 1414, par lequel il élit sa sépulture en l'abbaye de St-Michel-de-la-Cluse, instituant héritier son fils Louis, fixant la légitime de ses deux autres fils, et mourut cette même année. Il avait ép., suiv. contrat du 22 oct. 1355, Marthe de la ROCHE-(Aymon)[3], fille de Hugues, sgr de Châteauneuf et de Tournoëlle, et de Dauphine ROGIER de Beaufort[4] ;

d'où : 1. Louis, bar. de Montboissier, sgr d'Aubusson, etc...; mourut avant le 10 nov. 1430. Il avait ép., vers 1420, Alix de VENDAT[5], fille de Guillaume, sgr dudit lieu, et de Philippine de VEAUCE ; S. P. ;

2. Antoine, mourut avant son père ;

3. Jean, bar. de Montboissier, sgr d'Aubusson, etc... ; partagea avec son frère Pierre, le 10 nov. 1430, les biens de leur père et de leur frère Louis, et mourut avant 1439. Il avait ép. Catherine de CHALANÇON-CHASSIGNOLLES[6] ;

d'où : A. Louise, dame héritière de Montboissier, enlevée avec sa sœur, vers 1439, après la mort de leur père, par Gilbert MOTIER, sgr de la Fayette, maréchal de France, qui voulait la donner pour épouse à un de ses fils ; était encore détenue par son ravisseur, le 15 oct. 1448, malgré les réclamations

---

[1] Armes : *fascé d'or et d'azur.*

[2] D'où : 1. Jean, archev. de Vienne, en 1396, puis de Besançon, mourut en 1440 ; 2. Étienne. Armes : *de gueules à la fasce d'argent.*

[On écrit quelquefois *Nourry* ; mais cette famille, originaire d'Auvergne, n'a rien de commun avec les NOURRY d'Orléans, ni avec les NOURRY de Normandie].

[3] Agée de moins de 12 ans. Elle eut en dot 10.000 fl. de Florence. Armes : *d'azur à 3 fasces échiquetées d'argent et de gueules.*

[4] Sœur du pape GRÉGOIRE XI et nièce du pape CLÉMENT VI.

[5] Veuve, en premières noces, d'Agnon (*alias* Agne) de la TOUR d'Auvergne, sgr d'Olliergues, tué, en 1415, à la bataille d'Azincourt. Elle ép., en troisièmes noces, en 1431, Henri de LANGEAC, sgr de Cusse.

[6] Armes : *de gueules à 3 têtes de lion d'or.*

de Louis ROGIER de Beaufort, sgr de Canillac, tuteur de ces deux sœurs, d'Étienne de NORRY, de Jean de NORRY, archev. de Vienne, leurs oncles à la mode de Bretagne, de Jean et Guillaume de MONTBOISSIER, leurs cousins germains, et finit par épouser Antoine MOTIER[1], fils dudit Gilbert, sgr de la Fayette, et de Jeanne de JOYEUSE ; S. P. ;

B. Jeanne, ép. Louis ROGIER de Beaufort, sgr de Canillac, c^te^ d'Alais, v^te^ de Valernes, la Motte-du-Caire, etc...[2] ; S. P. ;

4. Pierre, dont l'article suit ;
5. Jeanne, vivait en déc. 1430.

XII. Pierre de MONTBOISSIER, sgr d'Aubusson, la Faurie, etc..., mourut vers 1438. Il avait ép., en 1425, moyennant dispense de parenté au 3e degré, Jeanne de CHASTILLON[3], fille de Gaucher, sgr dudit lieu[4], et de Jeanne CASSINEL, dame de Survilliers, sa 1re femme ;

d'où : 1. Jean, dont l'article suit ;

2. Guillaume, chan. de St-Julien-de-Brioude, puis de St-Jean-de-Lyon, en 1470, cons. au Parl. de Paris, prévôt de Clermont ; élu év. de cette dernière ville, fut forcé de se désister par le roi Charles VIII ; fit son test., en avril 1490, en faveur de son neveu Jean de MONTBOISSIER, et mourut cette même année.

XIII. Jean de MONTBOISSIER, sgr dudit lieu (après la mort de ses cousines), d'Aubusson, etc... ; ép., en premières noces, Jeanne de GAILLONNEL[5] ; S. P. ; et, en deuxièmes noces, le 4 juil. 1459, Isabeau ROGIER, fille de Louis, c^te^ de Beaufort, sgr de Canillac, etc..., et de Jeanne de NORRY, sa 1re femme ;

d'ou : du 2e lit,

1. Jean, dont l'article suit ;
2. Gilbert, archid. de Clermont, chan. c^te^ de Lyon, le 21 sept. 1483 ;
3. Marc *(alias* Marquis), abbé de St-Seine, prévôt du chapitre de Clermont, le 21 nov. 1528 ;
4. Guillaume, abbé de Thiers, chan. c^te^ de Lyon, en 1471, mourut en 1503 ;
5. Anne, ép., le 31 déc. 1484, Jacques de MONTMORIN[6], fils de Charles, sgr de Montmorin, et de Philippe de LESPINASSE de Changy ;

---

[1] Mourut après 1486.

[2] Il avait ép., en premières noces, Jeanne de NORRY.

[3] Veuve, en premières noces, de Pierre CHOLET, sgr d'Hauterive. Armes de CHASTILLON : *de gueules à 3 pals de vair; au chef d'or.*

[4] Fils d'*autre* Gaucher, sgr de Chastillon et d'Allemande FLOTTE de Revel.

[5] Armes : *d'argent au sautoir de gueules, à la bordure d'azur.*

[6] Fit son test., le 28 avril 1500.

6. Jeanne, ép. Louis des BARRES, sgr dudit lieu[1] ;
7. Isabeau, abbesse de Ste-Marie-de-Fontaines, mourut vers 1525.

XIV. Jean de MONTBOISSIER, bar. dudit lieu, sgr d'Aubusson, etc..., fit son test. en 1519. Il avait ép., suiv. contrat du 18 août 1483 (ou 1493), Marguerite de VIENNE[2], fille de Jean, sgr de Montby, etc..., et d'Anne de VIENNE, dame de Listenois ;
d'où : 1. Jacques, dont l'article suit ;
2. Gilbert, chan., c^te^ de Lyon ;
3. Charles, chan., c^te^ de Lyon, fit son test., le 27 mai 1524, en faveur de son frère Jacques ;
4. Jacqueline, ép. au château de Châteldon, le 8 mai 1513, Renaud [Lourdin] de COLIGNY, bar. de la Motte-St-Jean, [fils de Jacques, sgr de Saligny, et de Isabeau de TERNANT] ;
5. Marguerite, abbesse de Ste-Marie-de-Fontaines, après sa tante Isabeau de MONTBOISSIER, en 1525 ;
6. Françoise, vivait en 1567. Elle avait ép., suiv. contrat du 24 juin 1532[3], François de SOLAGES, [fils de Jean, bar. de Tholet, etc..., et de Julienne de VOISINS de Lautrec].

XV. Jacques de MONTBOISSIER, bar. dudit lieu, sgr d'Aubusson, etc..., puis (comme héritier de Jacques (ROGIER) de Beaufort-Canillac, son grand-oncle et parrain, à la charge pour lui et ses descendants d'en porter le nom et les armes), c^te^ d'Alais, et en cette qualité, 1er bar. né des États de Languedoc, v^te^ de Valernes, [la Motte-du-Caire, les Mées, Mezel, Bellafaire, Vaumeil], sgr de Canillac[4], etc..., mourut vers 1543. Il avait ép., en premières noces, en 1513, Françoise de CHABANNES[5], fille de Jacques, sgr de la Palice, maréchal de France, et de Jeanne de MONTBERON ; et, en deuxièmes noces, suiv. contrat du 17 nov. 1526, Charlotte de VIENNE[6], fille de Gérard, sgr d'Antigny, Ruffey, etc..., et de Bénigne de DINTEVILLE, dame de Comarin ;
d'où : du 1er lit,
1. François, mourut avant son père ;

---

[1] En Bourbonnais.

[2] Vivait le 27 mai 1524. Armes : *de gueules à l'aigle d'or.*

[3] Jean Benezech, not. de la châtellenie d'Alzon.

[4] La succession de Jacques (ROGIER) de Beaufort-Canillac comprenait, en outre, les terres et sgries d'Anduze, Aurouse, Bagnols, Fouillouse, la Garde, Langeac, Lussac, Martres, Monton, la Motte-Canillac, Pont-du-Château, Porcin, Ribedor, la Roche, St-Étienne-de-Valfrancisque, St-Laurent, St-Martial, St-Ureize, la Trinitat, Vayres, Verfeuil, etc...

[5] Armes : *de gueules au lion d'hermine lampassé, armé et couronné d'or.*

[6] Ép., en deuxièmes noces, le 12 fév. 1547, Joachim de CHABANNES, bar. de Curton, dont elle fut la 4e femme.

2. Marc (de *Beaufort-Montboissier)*, m^is de Canillac, c^te d'Alais, v^te de Valernes, sgr d'Anduze, Bagnols, Pont-du-Château, etc...; [prêta hommage pour Valernes et ses terres de Provence, le 8 avril 1543[1]], et mourut vers 1582. Il avait ép., le 3 déc. 1537, Catherine de la QUEUILLE[2], fille et héritière de François, sgr dudit lieu, et de Anne d'ESPINAY ;

d'où : Jean (de *Beaufort-Montboissier)*, m^is de Canillac, c^te d'Alais, v^te de Valernes, sgr d'Aubusson, etc...; échangea le comté d'Alais avec le connétable Henri de MONTMORENCY, contre les terres de St-Cirgue et Sidrac ; ambassadeur à Constantinople ; fut tué devant le château de St-Ouen[3], le 29 avril 1589. Il avait ép., le 14 fév. 1565, Gilberte de CHABANNES[4], fille de Joachim, bar. de Curton, et de Charlotte de VIENNE, sa 4e femme ;

d'où : A. Jean-Timoléon (de *Beaufort-Montboissier)*, m^is de Canillac, c^te de St-Cirgues et de St-Laurent-de-Champeix, v^te de Valernes, etc...; ép., en 1596, Gasparde MITTE[5], fille de Jacques, c^te de Miolans, et de Gabrielle [DUROEL] de St-CHAMOND, sa 1re femme ;

d'où : Jacques-Timoléon (de *Beaufort-Montboissier)*, m^is de Canillac, c^te de St-Cirgues et de St-Laurent, v^te de Valernes, etc...; ép., le 28 avril 1624, Catherine MATEL de Tréfort[6], fille de Ennemon[7], et de Catherine *(alias* Marie) VIGNON[8] ;

d'où : *a.* Charles-Timoléon (de *Beaufort-Montboissier)*, m^is de Canillac[9], etc..., né en 1629, fut maintenu dans sa noblesse en Auvergne, par jug. du 6 mai 1668, et mourut en 1678. Il avait ép., en 1667, Claire-Julie HURAULT-de-l'Hôpital[10], fille de Henri, c^te de Beu, et de Renée de FLECELLES de Bregy ;

---

[1] Arch. B.-du-Rh., Reg. *Hommagiorum*, XVI, f. 37.

[2] Armes : *de sable à la croix engrêlée d'or.*

[3] En Touraine.

[4] Survécut à son mari.

[5] Ep., en deuxièmes noces, Claude de LAUBESPINE, m^is de Châteauneuf ; et, en troisièmes noces, Henri de la CHASTRE, c^te de Nançay. Armes : *d'argent au sautoir de gueules, à la bordure de sable chargée de 8 fleurs de lys d'or.*

[6] Veuve de Claude DAUPHIN, sgr de Montezol.

[7] De la ville de Grenoble.

[8] Ep., en deuxièmes noces, le 16 juil. 1617, François BONNE, duc de Lesdiguières.

[9] C'est lui *probab.* qui vendit la vicomté de Valernes, car Aimé l'ENFANT en prêtait hommage le 30 mars 1673.

[10] Armes : *d'or à la croix d'azur cantonnée de 4 ombres de soleil de gueules.*

d'où : Philippe (de *Beaufort-Montboissier), dit* le prince de Combret, m[ls] de Canillac, etc..., né en 1668, maréchal-de-camp, lieut. gén. en Bas-Languedoc, mourut à Paris, le 29 janv. 1725 ; S. A. ;

b. Pierre-Timoléon, v[te] de Valernes, bar. de Châteauneuf-de-Drac ;

c. Marie, ép., en premières noces, Claude de BREZONS, sgr de la Rochepauliac ; et, en deuxièmes noces, en 1670, Jean-Jacques d'AUBUSSON, [fils de Jean-Georges, sgr de Savignac, et de Catherine de St-CHAMANS] ;

Jacques-Timoléon eut en outre deux enfants naturels :

1. Jean-Timoléon, dit *le bâtard de Beaufort-la-Roche-Canillac,* légitimé par lettres du Roi, de mai 1642 ; ép., suivant contrat du 29 sept. 1647, Marie FLORENT, nièce d'Abraham, sgr de Lavort[1] ;

d'où : A. Abraham-Timoléon, sgr de Lavort, etc..., né en 1650 ; ép., suiv. contrat du 27 avril 1668, Marie de CRÉMEAUX, fille de Jacques et de Claudine RINGAL de St-Pradel ;

d'où : *a.* François-Timoléon, sgr de Lavort, ép., suiv. contrat du 14 sept. 1694, Jeanne de FERRÉOLLES, fille de Guillaume, trésorier de France à Riom, et de Marie ARNOUX ;

d'où : *N...*, religieuse ;

b. Marguerite-Angélique, vivait en 1695. Elle avait ép. Hugues de LASTIC, sgr de Compaing[2] ;

---

[1] Commune de Martres-de-Veyre, canton de Veyre-Monton (Puy-de-Dôme).

[2] Vivait en 1695.

c. Marie, religieuse à N.-D. d'Issoire ;

d. Claude-Marie, ép., suiv. contrat du 28 oct. 1699, Jacques GAUTIER, sgr de Villers et la Boulaye[1] ;

B. Jacques-Joseph, né en 1656 ;

2. Marie, légitimée en juin 1639 ;

B. François, bar. de la Queuille, religieux jésuite, mourut en 1628 ;

C. Charlotte, ép., en premières noces, François de MONTMORIN, [fils de Hector, sgr dudit lieu, et de Anne de St-NECTAIRE] ; S. P. ; et, en deuxièmes noces, en 1623, Gaspard le LOUP, sgr de Montfan[2] ;

D. Marie, ép. Louis de MONTMORIN, sgr de la Bastie, etc.[3], [fils de Jacques, sgr de Montmorin, et de Gilberte de MARCONNAY] ;

E. Françoise, vivait veuve le 23 nov. 1623. Elle avait ép., en premières noces, suiv. contrat du 20 nov. 1592, François du CROS, sgr de Belcastel, etc...[4]; et, en deuxièmes noces, Jacques des ONDES, [fils de Guy, sgr de Salles, et de Jacqueline d'ENTRAYGUES] ;

F. Gabrielle, abbesse de Bonnesaigne[5], mourut en 1651 ;

3. Anne, mourut le 7 janv. 1551. Elle avait ép., en 1536, François-Armand vte de POLIGNAC[6], fils de Guillaume-Armand, et de Marguerite de POMPADOUR ;

4. Françoise, prieure de Courpières, en 1545 ;

et, du 2e lit,

5. François, bar. de Montboissier, sgr d'Aubusson, etc..., mourut en

---

[1] [Originaire de Bretagne, où sa famille avait été maintenue dans sa noblesse, en 1668, se fixa en Auvergne par son mariage, et rendit hommage au Roi, en 1716. Maximilien GAUTIER de la Boulaye assista, en 1789, à l'assemblée de la noblesse de Riom pour l'élection des députés aux États Généraux. Sa famille était représentée de nos jours par ses petits-fils : 1. Gabriel, habitant à Issoire ; 2. Scipion, habitant dans la Hte-Loire, et père de deux fils (Bouillet, *Nobil. d'Auvergne*, III, 142)]. Armes : d'*argent à 3 fleurs de lys d'azur, surmontées en chef de 3 losanges de même.*

[2] V. Bouillet, *Nobil. d'Auvergne*, III, 439.

[3] Mourut en 1622.

[4] Fit son test., le 20 juin 1600 (Barrau, *Docum. hist... du Rouergue*, III, 263).

[5] Mourut assassiné, le 26 avril 1609 (Barrau, *Docum. hist... du Rouergue*, III, 365).

[6] Ordre de Cîteaux, dioc. de Limoges.

[7] Mourut le 21 nov. 1562. Il avait ép., en deuxièmes noces, en 1553, Philiberte de CLERMONT (veuve de Jean d'ANCEZUNE, bar. du Thor).

1575. Il avoit ép., suiv. contrat du 9 janv. 1553, Florie d'APCHIER[1], fille de François, bar. d'Apchier, et de Claudine de CHALENÇON de Rochebaron ;

d'où : Gilberte, dame de Montboissier, Aubusson, Boissonnelle, le Monteil, Hauterive, etc..., ép., le 9 sept. 1572, Jacques de la FIN[2], fils de Jean, sgr dudit lieu, et de Marguerite de SALINS, dame de la Nocle ;

6. Gilbert, abbé de St-Seine, chan. cte de Lyon, doyen de l'église du Puy, transporta ses droits sur l'héritage contesté de son frère François aux enfants de son frère Jean, et mourut le 3 juin 1608 ;

7. Jean, dont l'article suit ;

8. Françoise, mourut le 1er août 1607, et fut ensevelie, près de son mari, en l'église de Barbirey. Elle avait ép., en premières noces, le 5 déc. 1547, Jean de CHABANNES[3], fils de Joachim, bar. de Curton, et de Louise de POMPADOUR, sa 2e femme ; et, en deuxièmes noces, le 1er juin 1558, Philippe de ROCHECHOUART, bar. de Couches[4], fils de Christophe, sgr de Chandenier, la Motte, etc..., et de Suzanne de BLEZY de Couches, sa 1re femme.

XVI. Jean (de MONTBOISSIER) de Beaufort, vte de la Motte-Canillac, sgr du Pont-du-Château, etc...; fit son test., en 1598. Il avait ép., suiv. contrat passé au château de Maumont[5], le 5 juil. 1562, Jeanne de MAUMONT, dame de la Roche[6], fille de Jean, sgr de Maumont, et de Madeleine de COULONGES ;

d'où : 1. Jean-Claude, dont l'article suit ;

2. François, sgr des Martres, etc..., sénéchal de Clermont ; ép., en premières noces, Françoise de MONTMORIN, fille de Jacques, sgr de Lupiat, et d'Anne d'AUZER, sa 2e femme ; et en deuxièmes noces, Marie du PELOUX[7], fille de Nicolas, [sgr de Gourdan], et de Catherine du PIN ;

d'où : du 2e lit,

A. Jacques, sgr des Martres ; S. P. ;

B. François, sgr des Martres, etc..., ép. Marie de RODY de Roques[8] ;

d'où : Jeanne, dame des Martres, etc..., ép., le 14 juil. 1689,

---

[1] Mourut en 1576. Armes : d'or, *au château sommé de 3 tours de gueules, maçonnées de sable, à 2 guidons posés en pal aussi de gueules, mis aux deux côtés de la tour du milieu.*

[2] Mourut en 1616.

[3] Tué à la bataille de Renty, le 13 août 1554.

[4] Mourut le 8 juin 1587. Armes : *fascé, ondé d'argent et de gueules de six pièces.*

[5] En Limousin.

[6] Armes : d'*azur au sautoir d'or, cantonné de 4 tours d'argent, maçonnées de sable.*

[7] Armes : d'*argent au sautoir dentelé d'azur.*

[8] Ép., en deuxièmes noces, Pierre-Jérôme de BROGLIE, cte de Santena.

Charles-Maurice-Amédée de TANE, c^te dudit lieu et de Santena ;

3. Henri (de *Beaufort-Montboissier-Canillac)*, bar. du Pont-du-Château, fut tué au siège de Montauban, en 1621. Il avait ép., en 1599, Perronnelle de CÉBAZAT, dame de Lignac[1], fille de Guillaume, sgr de Blanzac, et de Jeanne de THIERS, dame de Lignac ;

d'où : A. Guillaume (de *Beaufort-Montboissier-Canillac)*, m^is de Canillac, bar. du Pont-du-Château, sgr des Martres, etc... ; lieut gén. des armées du Roi, mourut au Pont-du-Château, en 1664. Il avait ép. Marie-Angélique MARÉCHAL, fille de Jean, sgr de la Grange, et de Jeanne CHESNEL ;

d'où : Guillaume (de *Beaufort-Montboissier-Canillac)*, m^is du Pont-du-Château, etc..., ép. Michelle de RIBEYRE[2], fille de Antoine, sgr d'Homme, et de Marguerite de FAYET ;

d'où : AA. Guillaume-Michel (de *Beaufort-Montboissier-Canillac)*, m^is du Pont-du-Château, etc..., sénéchal de Clermont ; ép., le 23 oct. 1653, Geneviève GEDOYN[3] *(alias* GEDOUIN), fille de Denis, sgr de Monteil-le-Vicomte, et de Marguerite SEIGLIÈRE, dame de Cressac ;

d'où : *a*. Denis-Michel (de *Beaufort-Montboissier-Canillac)*, m^is du Pont-du-Château, sgr de Lignac, etc..., [né vers 1695], sénéchal de Clermont, brigadier de cav., le 1er fév. 1719, mourut [à Paris[4], le 25 août 1760]. Il avait ép. Marie-Geneviève-Françoise FERRAND[5], fille d'Antoine-François, sgr de Villemain, intendant de Bretagne, et d'Anne-Geneviève MARTINEAU ; S. P. ;

---

[1] Armes : *d'argent à 3 chevrons d'azur.*

[2] Armes : *d'azur à la fasce ondée d'argent, accompagnée de 3 canettes du même.*

[3] Armes : *d'azur au besant d'argent surmonté d'une étoile d'or accostée de 2 épis de blé du même, au chef d'or chargé d'une rose de gueules.* [Ép., en deuxièmes noces, Joachim SEIGLIÈRE, sgr de Boisfranc, son oncle].

[4] St-M.-M.-de-la-V.-l'Év..

[5] Armes : *d'azur à 3 épées d'argent garnies d'or rangées en pal, celle du milieu ayant la pointe en haut, à la fasce d'or brochant sur le tout.*

b. Jean-Michel, né vers 1688, mourut en 1700 ;

c. Marguerite, née vers 1684, mourut à Riom, en 1706 ;

BB. Jean, dit le c^{te} de Canillac, né le 11 sept. 1661, lieut. gén. des armées du Roi, le 29 mars 1710, chev. de ses ordres, le 3 juin 1724, mourut à Paris, le 10 avril 1729. Il avait ép., suiv. contrat du 3 fév. 1697, Elisabeth FERRAND[1], [fille d'Antoine, sgr de Villemillau, et de Isabelle le GAUFRE][2] ;

CC. *N...*, religieuse à Ste-Claire, de Clermont ;

DD. Marie-Angélique, ép., suiv. contrat du 10 fév. 1653, Charles-Louis de BEAULIEU, sgr de la Valette et de Montpensier ;

B. Claude (de *Beaufort-Montboissier-Canillac)*, c^{te} de Lignac, sénéchal de Clermont, mourut en 1651. Il avait ép. Anne de MASCON[3] du Cher[4] ;

d'où : AA. Gabriel (de *Beaufort-Montboissier-Canillac)*, c^{te} de Lignac, sgr de Saunade, etc... ; ép., suiv. contrat du 22 juin 1666, Jeanne de MEILLARS[5], fille de Jean, m^{is} de Meillars[6], et de Julie de SALIGNAC de la Motte-Fénélon ;

d'où : *a.* Gabriel (de *Beaufort-Montboissier-Canillac)*, dit le c^{te} de Beaufort, ép. Marie de CISTERNES[7], fille de Pierre, sgr de Vinzelle ;

b. Maximilien, né le 10 août 1674, chan. de la Ste-Chapelle, à Paris, abbé commendataire de N.-D. d'Eu[8], mourut à Paris, le 21 janv. 1742 ;

---

[1] [Née vers 1653], fit héritier René-Antoine le FÈVRE, sgr de la Faluère, son neveu, et Marie-Françoise-Geneviève FERRAND, sa nièce, m^{ise} de Montboissier-du-Pont-du-Château, [et mourut le 25 mars 1731. Elle avait ép., en premières noces, Pierre GIRARDIN, sgr de Vouvray].

[2] [Vers le même temps on trouve : Guillaume-Eustache de MONTBOISSIER ; mourut à Paris (St-Sulp.), le 16 nov. 1719].

[3] Ou Mâcon. Armes : de *gueules à la fasce d'argent accompagnées de trois étoiles d'or.*

[4] Ou, d'après Bouillet, *du Chey (Nobil. d'Auvergne*, IV, 64).

[5] Armes : d'*or à 3 pals de gueules, chargés chacun de 3 étoiles d'argent.*

[6] En Limousin.

[7] Armes : d'*argent à une citerne de sable maçonnée d'argent et chargée en cœur d'une étoile du même* (Bouillet, *Nobil. d'Auvergne*, II, 210 ; St-Allais, *Nobil. univ.*, III, 355).

[8] Ordre de St-Augustin, dioc. de Rouen.

BB. Charles-Alexandre, sgr de Saunade ;
CC. Eustache, chev. de St-Jean-de-Jérusalem ;
DD. Maximilien, chan. de Clermont ;
EE. Jeanne, ép. Gilbert de RIVOIRE, m[is] du Palais[1] ;

C. Gabriel, mourut jeune ;
D. Charles-Alexandre ;
E. Eustache, exempt des gardes du corps ;
F. Maximilien, abbé ;
G. Gilberte, ép., le 20 janv. 1620, Gilbert de RIVOIRE, m[is] du Palais, col. d'inf. ;

4. Gabriel (de *Beaufort-Montboissier-Canillac)*, sgr d'Hauterive, ép., en premières noces, suiv. contrat du 24 nov. 1620, Jacqueline de la MER[2], fille de Maximilien, sgr de Mathas, etc..., et d'Antoinette de SANSAC ; et, en deuxièmes noces, Anne de POLIGNAC de Montravel ; d'où : du 2e lit,

A. Maximilien (de *Beaufort-Montboissier-Canillac)*, c[te] d'Hauterive, sgr de Lempde, etc..., ép., suiv. contrat du 9 juin 1641, Marguerite-Félicité d'AUZON[3], fille et héritière de François, sgr de Montravel, et de Jeanne-Marie de POLIGNAC-Adiac ;

d'où : *a*. Anne-Gabrielle, dame d'Hauterive et de Lempde, mourut en 1719, Elle avait ép., le 7 fév. 1662, Antoine-Henri de MONTAIGU-Fromigières, v[te] de Beaune, [fils de Joachim, m[is] de Bouzols, et de Marie de la BAUME-SUZE] ;

b. Louise, ép., le 17 avril 1662, François de MALRAS[4], fils de Henri, bar. d'Yolet, et de Madeleine du CROC d'Auteyrat ;

c. Isabeau, ép., en 1669, François de DOUHET, sgr de Bousde, etc..., [fils de Pierre, et de Maximilienne-Gasparde du PRAT[5]] ;

B. Une fille vivante en 1665 ;

5. Philippe, reçu chev. de St-Jean-de-Jérusalem en la langue d'Auvergne, le 8 août 1595 ;

6. Marguerite, ép., suiv. contrat du 23 nov. 1594, Bertrand de la BAUME, fils de François, sgr dudit lieu, et de Agnès de JOUGNAC ;

---

[1] V. Magny, *Livre d'or*, II, 170 ; III, 492 ; Rivoire de la Batie, *Arm. du Dauph.*, 619.

[2] Armes : *losangé d'argent et de gueules.*

[3] Armes : *écartelé d'or et d'azur.* Elle avait ép., en premières noces, N... de S. MARTIAL de-Drugeac.

[4] Mourut en 1693.

[5] V. Bouillet, *Nobil. d'Auvergne*, II, 372.

7. Marie, ép. Maximilien de la MER[1], sgr de Mathas.

XVII. Jean-Claude de (MONTBOISSIER) Beaufort-Canillac, v[te] de la Motte-Canillac, sgr de Dienne, etc..., chev. de l'ordre du Roi, lieut gén. de la Basse-Auvergne; ép. Gabrielle de DIENNE[2], fille de Jean, sgr dudit lieu, et de Anne de ROUFFIGNAC[3];

d'où : 1. Gilbert, dont l'article suit;

2. Philippe (de *Beaufort-Canillac-Montboissier*), c[te] de Dienne, etc., ép., en 1646, Marie d'ALÈGRE[4], fille de Gaspard, sgr de Beauvoir, et de Marie d'ESTAING, sa 3e femme;

d'où : Jean-Gaspard (de Beaufort-Canillac), dit le m[is] de Montboissier, c[te] de Dienne, etc..., mourut en août 1714. Il avait ép. Marie-Claire d'ESTAING[5], fille de Jean, m[is] de Saillans, et de Claude de COMBOURCIER, dame du Terrail;

d'où : A. Philippe-Claude (de Beaufort-Canillac), dit le m[is] de Montboissier, né vers 1674, lieut. gén. des armées du Roi, le 1er mars 1738, gouverneur des îles de Ste-Marguerite et de St-Honorat de Lérins, le 14 mars 1754, mourut dans sa terre du Pont-du-Château, le 31 sept. 1765. Il avait ép., suiv. contrat du 8 juin 1711, Marie-Anne-Geneviève de MAILLÉ[6], fille de f. Louis-Joseph, m[is] dudit lieu, et de Louise MAILLIER, dame du Houssay;

d'où : AA. Philippe-Claude (dit le c[te] de Montboissier), né le 21 déc. 1712, lieut. gén., le 10 mai 1748, chev. des ordres du Roi, le 26 mai 1776, député aux États-Généraux de 1789 pour le bailliage de Clermont, mourut à Londres[7], en avril 1797. Il avait ép., en premières noces, le 3 mai 1733, Louise-Élisabeth de COLINS[8], fille unique de Antoine-François-Gaspar, c[te] de Mortagne, et de Charlotte de ROHAN-Guéménée; et, en

---

[1] Veuf d'Antoinette de SANZAC.

[2] Armes : d'*azur au chevron d'argent accompagné de 3 croissants d'or.*

[3] Fille de François et de Gabrielle de THÉMINES.

[4] Armes : de *gueules à la tour d'argent maçonnée de sable accostée de 6 fleurs de lys d'or.*

[5] Armes : d'*azur à 3 fleurs de lys d'or, au chef d'or.* [Née vers 1681], mourut à Paris, le 10 janv. 1770. Elle avait ép., en deuxièmes noces, Joseph DUAEY, sg. de Sauroy.

[6] Armes : d'*or à 3 fasces nébulées de gueules.*

[7] Angleterre.

[8] Armes : d'*argent à la bande de gueules, accompagnée de six tourteaux du même en orle.* Mourut le 31 oct. 1736.

deuxièmes noces, le 26 fév. 1763, suiv. contrat signé par le Roi et la famile royale, le 13 du même mois, Françoise-Alexandrine-Camille de ROCHECHOUART[1], fille de Jean-Louis, sgr de la Brosse, et de Louise-Victoire POCQUET ;

d'où : du 1er lit,

a. Alexis-Léon-Gabriel, né en oct. 1745, mourut au château de Pierre-Encise ; S. P. ;

et, du 2e lit,

b. Louise-Philippine-Camille, née le 5 janv. 1764, mourut en 1768 ;

c. Alexandrine-Marie-Julie-Félicité, née au Pont-du-Château, le 15 déc. 1764, mourut à Paris, le 9 juin 1807. Elle avait ép. [le 13 avril 1777], suiv. contrat du 10 du même mois[2], Charles-Philibert-Marie-Gaston de LEVIS [[3]fils de Louis-Marie-François-Gaston, mis de Mirepoix, et de Catherine-Agnès de LEVIS de Châteaumorand] ;

Philippe-Claude eut, en outre, de Edmée COUPPÉ du Manoir, un fils naturel :

Philippe-Maxime (dit l'abbé de Beaufort), né le 1er fév. 1754, prêtre, attaché à l'église cathédrale d'Orléans, mourut en mai 1826 ;

BB. Charles-Henri-Philippe, dit le vte de Montboissier, né à Paris (St-Paul), le 15 mars 1719, brigadier d'inf., le 17 oct. 1747, mourut de la petite vérole, le 24 fév. 1751. Il avait ép., le 8 fév. 1748, Marie-Charlotte BOUTIN[4], fille de Charles-Robert, sgr de la Coulom-

---

[1] Armes : *fascé, nébulé d'argent et de gueules.* Née le 23 janv. 1741 [mourut le 10 janv. 1820.]

[2] Brichart, not. à Paris.

[3] [Né en 1752, mourut sur l'échafaud révolutionnaire, le 27 mai 1794].

[4] Armes : *d'azur à 2 épées d'argent en sautoir garnies d'or et cantonnées de 4 étoiles du même.*

mière, intendant de Guyenne, et de Renée-Auguste CHAUVELIN de Beauséjour ;

d'où : Charles-Philippe-Simon, m^is [1] de Montboissier, né en oct. 1750, maréchal de camp, le 9 mars 1788, mourut le 1er oct. 1802. Il avait ép., suiv. contrat du 22 janv. 1775, signé par le Roi et la famille royale, Françoise-Pauline LAMOIGNON[2], fille de Chrétien-Guillaume, sgr de Malesherbes, et de Françoise-Thérèse GRIMOD de la Reynière ;

d'où : *a*. Charlotte-Pauline-Christine [née à Paris le 11 août 1777, mourut le 28 avril 1837. Elle avait] ép., le 4 juin 1803, Edouard-Charles-Victurnien COLBERT[3] [fils de René-Edouard, m^is de Maulevrier, et de Charlotte-Jacqueline-Françoise de MANNEVILLE, sa 2e femme] ;

b. Antoinette-Philippine-Léonille [née à Paris le 28 août 1778, mourut à Paris, le 17 mars 1851]. Elle avait ép. Charles-Alexandre-Barthélemy-François de BAERT[4] ;

c. Camille-Eugénie-Charlotte-Ringarde [née le 1er nov. 1780, mourut le 13 mars 1833. Elle avait] ép., le 20 fév. 1805, Joseph-Gabriel de CORDOUE[5], fils de Joseph-Gabriel, m^is

---

[1] Par érection sous ce nom d'une terre qu'il possédait dans l'Orléanais, quoique appelé à la substitution de la vraie terre de Montboissier, en Auvergne, et de celle du Pont-du-Château.

[2] Armes : *losangé d'argent et de sable, au franc canton d'hermine*. [Née le 15 juil. 1758, mourut le 17 avril 1827.]

[3] [Né le 24 déc. 1758, mourut le 2 fév. 1820.]

[4] Député du Loiret.

[5] [Né le 17 oct. 1778, mourut en oct. 1857.]

de Cordoue, et de Geneviève-Claudine le BAULT ;

d. Anne-Charlotte-*Albertine* [née le 15 oct. 1782, mourut au château de Vayres, le 11 déc. 1861]. Elle avait ép., le 2 mai 1809, [Armand-Dominique-Ange-Louis] de GOURGUES, pair de France [fils de Armand-Guillaume-François, m^is de Vayres, et de Agnès-Catherine PINON, sa deuxième femme] ;

e. Alexandrine-Héloïse-Laurette [née le 8 mars 1786, ép. François-Ursin DURAND, c^te de Pisieux] ;

CC. Anne-Élisabeth-Constance, née [à Paris] le 2 avril 1714, mourut en nov. 1752. Elle avait ép., en oct. 1733, François-Alexandre d'ALBIGNAC, m^is de Castelnau, fils de François, m^is de Triadou, et de Louise-Marie du BUISSON de Ressons ;

DD. Marie-Hyacinthe-Ringarde, née le 8 avril 1721, religieuse à Bonsecours ;

EE. Marie-Adélaïde-Victoire, née le 22 mars 1722, religieuse à Bonsecours ;

FF. Marie-Anne-Geneviève, née le 8 janv. 1730, ép., le 21 sept. 1752, Joseph-François-Xavier SEYTRES, fils de Joseph, m^is de Caumont, et de Élisabeth DONIS de Beauchamp;

B. Jeanne-Marie, mourut en 1715. Elle avait ép., le 28 fév.[1] 1701, Charles-Auguste de la FARE[2] [fils de François, bar. de la Salle, et de Anne de CAMBIS d'Alais] ;

3. François, dit le bar. de Beaufort-Canillac, surnommé *le Beau*, tué en duel, en 1645, par [Antoine-Agésilas GROSSOLES], m^is de Flamarens[3] ; S. P. ;

---

[1] Ou, suiv. P. de Courcy, le 3 juin.
[2] Mourut le 3 juin 1718.
[3] [Il fut tué à la bataille du faubourg St-Antoine, en juil. 1652, et Mlle de Montpensier

4. *Autre* François, abbé de St-Seine ;
5. Jeanne, ép., le 8 juil. 1617, Jean-Baptiste de la BARGE, fils de Louis, sgr de la Barge, et de Françoise de MONTMORIN-St-Hérem ;
6. Marguerite, ép., le 9 juin 1620, Philibert de LASTIC[1] [fils de Jean, sgr de Siougeac, et de Madeleine d'ESPINCHAL].

XVIII. Gilbert de (MONTBOISSIER) Beaufort, v^te de la Motte-Canillac, fut tué dans une sortie au siège de Montauban [en 1621]. Il avait ép., en 1618, Claude d'ALÈGRE[2], fille de François, sgr de Beauvoir, et de Madeleine d'ALÈGRE de St-Just ;
d'où : 1. Gabriel, v^te de la Motte-Canillac, etc..., décapité à Clermont, suiv. arrêt des Grands Jours d'Auvergne, en oct. 1665. Il avait ép., le 17 août 1651, Anne de LAUBESPIN[3], fille de François, et de Jacqueline de BENAVENT ;
d'où : Caroline-Françoise, née en 1652, mourut en 1669 ; S. A. ;
2. Gaspar, dont l'article suit ;
3. François, sgr de Mauriac, ép. Anne d'OISILLIER[4], fille de Claude, sgr de Molière.

XIX. Gaspar de (MONTBOISSIER) Beaufort-Canillac, sgr de la Roche-Canillac, etc..., vivait en 1665. Il avait ép., suiv. contrat du 11 juin 1648, Françoise-Marie d'AURIOUSE[5], dame de Cusse, fille de Jean, sgr de Cusse, et de Félicité de POLIGNAC ;
d'où : 1. Ignace, dont l'article suit ;
2. Claude, religieuse en l'abbaye de la Vaudieu ;
3. Jeanne, ép. Claude-Ferdinand c^te de CHAVAGNAC, sgr de Lugarde.

XX. Ignace de (MONTBOISSIER) Beaufort-Canillac, v^te de la Roche-Canillac, etc..., mourut après 1737. Il avait ép. Louise MOTIER de Champetières[6], fille de Louis, bar. de Vissac, et de Marie de PONS, dame du Bouchet ;
d'où : 1. Pierre-Charles, dit le Mis de Canillac, patrice romain, prince de l'église, né en sept. 1694 ; lieut. gén. des armées du Roi, le 10 mai 1748 ; mourut et fut enseveli au château de Chassaignes[7], le 9 août 1778. Il avait ép., en 1730, Angélique-Marguerite de JASSAUD[8], fille d'André-Nicolas [et de Marie-Anne-Madeleine COUSTARD] ; S. P. ;

---

dit, dans ses *Mémoires*, que « son corps fut trouvé dans la même place, où, quelques années auparavant, il avait tué *Canillac* en duel »].

[1] [Mourut le 5 août 1637].

[2] Armes : de *gueules à la tour d'argent, maçonnée de sable, accostée de six fleurs de lys d'or*. Ep., en deuxièmes noces, Jacques GUÉROULT, sgr de la Morinière, neveu du maréchal d'Effiat.

[3] Mourut en janv. 1680.

[4] Veuve, en premières noces, de Gilbert de MONTMORIN, sgr de Montaret.

[5] Armes : *d'or à la fleur de lys de gueules*.

[6] Mourut en 1737. Armes : de *gueules à la bande d'or, à la bordure de vair*.

[7] Près Pauliguet.

[8] Mourut le 29 nov. 1759. Elle avait ép., en premières noces [Charles-Michel-François Anne]-Thomas-Sybille m^is de RONCHEROLLES.

2. Edouard, dont l'article suit ;
3. Claude-François, dit l'*abbé de Canillac* [né le 17 oct. 1699], chan. de Brioude et de Lyon, auditeur de rote, abbé commendataire de Montmajour, en 1735, commandeur de l'ordre du St-Esprit, le 10 juin 1753 [cons. d'État], mourut à Paris, le 27 janv. 1761 ;
4. Marie, religieuse en l'abbaye des Chasses ;
5. Thérèse, abbesse de Lavaudieu, mourut à Brioude, le 28 mars 1768.

XXI. Edouard de (MONTBOISSIER) Beaufort, c^te^ de Canillac, chev. de St-Jean de Jérusalem, en langue d'Auvergne, quitta la croix pour se marier ; fut décoré de celle de S. L. ; mourut à Lavaudieu, le 22 mai 1764, et fut enseveli au château de Chassaignes. Il avait ép., suiv. contrat du 8 avril 1749, Anne-Elisabeth de TROUSSEBOIS[1], fille de Charles, m^is^ de Troussebois, et de Agnès HUGON de Fourchaud ;

d'où : 1. Ignace, c^te^ de Canillac, patrice romain, prince de l'église, sgr de la Roche-Canillac, etc..., né au château de Beaumont, le 6 août 1750 ; mestre de camp d'inf., chev. de S. L.; mourut à Paris, le 12 mai 1812. Il avait ép. Anne-Dorothée de RONCHEROLLES[2] [fille de Claude-Thomas-Sibylle-Gaspar-Nicolas-Dorothée, dit le *chev. du Pont-St-Pierre*, et de Marie-Louise AMELOT de Chaillou] ; S. P. ;
2. Charles, dont l'article suit ;
3. Louise-Agnès-Elisabeth [née vers 1756, mourut à Paris[3], le 19 janv. 1792]. Elle avait ép. D. Vincent de SOUZA, ambassadeur de Portugal.

XXII. Charles v^te^ de MONTBOISSIER-Beaufort-Canillac, patrice romain, prince de l'église, sgr de Talende, etc..., né au château de Beaumont[4], le 17 mars 1753 ; contre-amiral, le 8 juil. 1816 ; com^r^ de S. L., le 28 avril 1821 ; off. de la lég. d'hon., le 30 déc. 1826. Il avait ép., suiv. contrat du 29 avril 1789[5], Elisabeth-Pauline-Marie de la RIVIÈRE[6], fille de Charles-Gabriel, v^te^ de Quincy, et de Marie-Marguerite CHEVALIER [de Montgéroult] ;

d'où : 1. Charles-Maurice-Philippe (m^is^), né à Amiens, le 14 janv. 1794, col. du 23e régim. de ligne, off. de la lég. d'hon. [mourut au château de Chantemesle[7], le 9 sept. 1872]. Il avait ép., le 10 fév. 1824, Bernarde-Caroline-Louise-Stéphanie PRÉVOST de Chantemesle[8], fille de f.

---

[1] Armes : d'*or au lion d'azur lampassé et armé de gueules.*

[2] [Née le 18 mai 1753, mourut après son mari. Armes : d'*argent à deux fasces de gueules.*]

[3] Ste-M.-M.-de-la-ville-l'Ev.

[4] Commune d'Agonges, arrond. de Moulins (Allier).

[5] Boulard, not. à Paris.

[6] Née le 22 août 1771 [mourut le 26 avril 1840]. Armes : de *sable à la bande d'argent.*

[7] Près Châteaudun.

[8] Née le 25 août 1803. Armes : *parti d'azur et de gueules au chevron parti de l'un à l'autre accompagné de trois étoiles d'argent.*

Etienne-François, et de Marie-Alexandrine-Françoise-Charlotte CHOULX de Bussy :

d'où : A. Caroline-*Ringarde*-Marie, née le 9 nov. 1825 [ép., à Paris, le 24 avril 1849, Jacques-Louis-Xavier SIBEUD, fils de Joseph-Armand-Gaspar-Vincent-de-Paule, c^te^ de St-Ferriol, et de Madeleine-Françoise GALLIEN de Châbons] ;

B. [Elisabeth-Ringarde-Héraclée, ép., à Paris, le 8 avril 1856, Louis-Henry-*Manrique* m^is^ de NARBONNE-LARA[1], fils de Jean-Jacques-Joseph, et de Albanie-Guillemette-Madelaine du BARRY-CONTY d'Hargicourt] ;

2. *Héraclius*-Hugues-Augustin, dont l'article suit ;
3. Alexandrine-Marie-Ringarde-Nathalie, née à Soissons, le 14 août 1806 [mourut à Paris[2], le 26 mars 1886].

XXIII. *Héraclius*-Hugues-Augustin (c^te^) de MONTBOISSIER-Beaufort-Canillac, né à Soissons, le 1er mars 1803 ; entré à St-Cyr, en 1820, lieut. au 23e régim. d'inf., en 1826; puis cap. [mourut à Paris, le 21 mars 1850. Il avait ép., en premières noces, à Paris, le 17 janv. 1837, Charlotte-Louise LOMÉNIE[3], fille de Martial-Jacques-Louis, c^te^ de Brienne, et de Antoinette-Jeanne-Isidore DAMAS de Cormaillon ; et, en deuxièmes noces, le 20 mai 1845, Alix-Marie-Louise de WIGNACOURT[4], fille de Adrien-Antoine-Marie (c^te^), et de Charlotte-Marie-Joséphine de CARNIN ;

d'où : du 2e lit,

Pierre-Maurice, dont l'article suit.

XXIV. Pierre-Maurice m^is^ de MONTBOISSIER-Beaufort-Canillac, né à Paris, le 31 mars 1847 ; s.-lieut. au 5e hussards ; ép., à Paris[3], le 20 mai 1869, *Hélène*-Marie-Antoinette-Victurnienne de BEAUVEAU[4], fille de Etienne-Charles-Guy-Victurnien, prince de Craon, et de Berthe-Victurnienne de ROCHECHOUART-Mortemart.]

P. Anselme, IX (*P. de C.*, 1re Part., 639). — Barrau, *Doc. hist... R.*, 1, 738. — Bouillet, *Nobil. d'Auvergne*, I, 54 ; II, 15 ; IV, 204. — La Chenaye, XIV, 120. — Courcelles, *Dict. Univ. de la Nobl.*, I, 93, 132 ; II, 39 ; IV, 471. *Hist. des P.*, X et *Add.*, 11. Milleville, 166. — Morel de V. et Charpin de F., *Recueil de Doc.*, 42.

---

[1] Né le 7 juil. 1825.

[2] Rue du Bac, 97.

[3] Mourut le 12 avril 1844. P. Anselme, IX, (*P. de Courcy*, 1re P.), 641.

[4] Née le 27 sept. 1819. Armes : d'*argent à 3 fleurs de lys de gueules au pied nourri, posées 2 et 1.*

[3] 7e arrondissement.

[4] Née le 29 mars 1848. Armes : d'*argent à 4 lions de gueules armés, lampassés et couronnés d'or, posés 2 et 2.*

V.

ALLEMAN ou ALLEMAND

SGRS DE ALLIÈRES[1], ARBENT[2], BEAULIEU, BECONE[3], CHAMPIER[4], CHAMPS, CHATEAUNEUF-DE-L'ALBENC[4], CHATTE[4], DEMPTEZIEU[1], ECLOSE[1], GIÈRES[1], LAVAL-St-ÉTIENNE[1], LENTIOL[4], LA LEVRATIÈRE[6], MARRIEU[1], LE MOLARD[2], MONTFRIN, MONTMARTIN, MONTRIGAUD[3], PAQUIER (OU PASQUIERS), PUVELIN, REVEL, ROCHECHINARD[3], ROCHEFORT[1], ROCHEPAVIOT, RUINAT, St-GEORGES[1], St-GERVAIS, St-QUENTIN[1], Ste-JALLE[3], SECHILIENNE[1], TAULIGNAN[3], URIAGE[1], VALBONNAIS[1], VAUDE, VOSERIER[1], ETC...

Armes : *de gueules, semé de fleurs de lys d'or, à la bande d'argent brochant sur le tout*[9].
Cimier : *un lion passant, surmonté d'un sauvage tenant un bâton noueux à sa dextre avec ce mot :* Robur.
Supports : *deux sauvages.*
Devises : *Place, Place à Madame ;*
Tot in corde quot in armis.

La famille ALLEMAN (ou ALLEMAND) est une des plus anciennes et des plus illustres du Dauphiné. Elle a produit un grand nombre de branches. Guy Allard en compte jusqu'à vingt[10]. Elles furent toujours très unies entre elles et formaient une fédération puissante, d'où est venu le dicton Dauphinois : *gare la queue des Alleman.* Cette union est du reste bien prouvée par l'assemblée que ceux de ce nom, au nombre de 25, firent, le 1er mai 1455, dans le palais épiscopal de Grenoble, en présence de Sibeud ALLEMAN, alors évêque de cette ville, et où ils résolurent de prendre tous pour armes, celles de la branche de Valbonnais.

---

[1] Isère.
[2] En Bugey (Ain).
[3] Drôme.
[4] Canton de St-Marcelin (Isère).
[5] Hautes-Alpes.
[6] En Lyonnais.
[7] Dioc. de Grenoble.
[8] En Genevois.
[9] Ces armes, qui étaient celles de la branche de Valbonnais, furent adoptées par toute la famille en 1455. Auparavant la branche d'Uriage portait : *d'or à l'aigle éployée* (alias *au griffon) de sable, armée et becquée de gueules (quelquefois : coupé d'or au lion de gueules)* ; celle de Rochechinard : *d'argent au chef d'azur* (alias *d'azur au chef d'argent) au lion de gueules lampassé, armé, villené et couronné d'or, brochant sur le tout ;* celle de Montrigaud : *de gueules au lion d'or ;* celle de Puvelin : les armes de la branche de Valbonnais, en y ajoutant pour brisure : *une étoile d'or en chef de la bande* ; ou encore : *écartelé au 1 et 4,* de Rochechinard, *au 2 et 3,* d'Uriage *(coupé) :* celle d'Arbent : *de sable, au lion d'argent, armé et couronné de gueules ;* etc...
[10] *Diction. du Dauphiné,* I, 21.

Nous ne connaissons aucune généalogie imprimée de la famille ALLEMAN. La Chenaye-Desbois qui en a décrit seulement deux branches, sans en montrer la jonction, déclare les donner *sur un mémoire envoyé*. L'auteur de ce mémoire n'avait fait du reste que copier ce que Le Laboureur en avait dit dans ses *Masures de l'Ile Barbe*, et celui-ci regrettait que Guy Allard n'eut pas mis au jour le travail qu'il avait fait sur cette famille. Il nous parait donc utile de donner ici comme curiosité, *sans en garantir l'exactitude*, la généalogie de la famille ALLEMAN que Guy Allard avait dressée et dont une copie, actuellement à la Bibliothèque Nationale à Paris[1], avait été envoyée à d'Hozier par le Mis d'Aubaïs, en mai 1718, ainsi qu'elle le porte en suscription. Nous aurons soin de mettre entre crochets [ ] les corrections ou additions que nous aurons à y introduire.

Pour compléter ce qui regarde les ALLEMAN, nous donnerons ensuite les sgrs de Châteauneuf-de-Redortier, d'après Mistarlet et Pithon-Curt.

I. ALLEMAN, sgr d'Uriage, mourut en 1007, et fut enseveli dans le monastère de Domène, à une lieue en dessous d'Uriage, dans la vallée de Graisivaudan, ainsi que le porte le cartulaire dudit monastère[2] ;
d'où : 1. Alleman, dont l'article suit ;
2. Pierre, mentionné avec son frère au cartulaire de Domène[2].

II. ALLEMAN, sgr d'Uriage, ép. Vualdrade ;
d'où : 1. Alleman, dont l'art. suit ;
2. Garenton, 3. Odon, } mentionnés au cartulaire de Domène[2].

III. ALLEMAN, sgr d'Uriage, prit l'habit de St-Benoit, au monastère de Domène, du consentement de sa femme et de ses enfants ;
d'où : 1. Odon, dont l'article suit ;
2. Artaud ;
3. Vorencius.

IV. Odon ALLEMAN, sgr d'Uriage, fit donation au couvent de Domène, vers 1100, en y faisant entrer son fils Pierre[3], auquel acte sont mentionnés sa femme, ses autres fils et ses frères. Il avait ép. Suffise ;
d'où : 1. Pons ;
2. Adon ;
3. Odon, dont l'article suit ;
4. Rodolphe ;

[1] Cabinet d'Hozier, 122. Alleman, f° 21.
[2] Article 24.
[3] Article 64.

5. Pierre, religieux bénédictin à Domène.

V. Odon ALLEMAN, sgr d'Uriage et de Champs, acheta de Lantelme, vers 1120, la terre de Champs ;
d'où : 1. Guigues, dont l'article suit ;
2. Otmar, tige des sgrs de Lentiol et Vizille, rapportés plus loin.

VI. Guigues ALLEMAN, sgr d'Uriage et de Champs, prêta hommage à l'évêque de Grenoble, en 1169. On croit qu'il avait ép. Bonne de GROLÉE ;
d'où : 1. Odon, dont l'article suit ;
2. Guigues, sgr de Valbonnais, vivait en 1190. Il avait ép. Marie de GROLÉE, fille[1] de Josselin ;
d'où : A. Guigues, sgr de Valbonnais, ép. Marie de BEAUVOIR, fille de Siboud[2], sgr dudit lieu, et de Sibille de LA TOUR ;
d'où : *a.* Guigues, sgr de Valbonnais, parait de 1262 à 1296 ; fit son test., en mars 1267, en faveur d'Aimé, son frère, avec substitution à l'aîné des ALLEMAN, de la branche de Champs. Il avait ép. Béatrix de LUCERNE ;
d'où : Eléonor, ép. Boniface de MONTBEL [fils de Guillaume, sgr de Frusasque, en Piémont, et de Marguerite de MIRIBEL[3]] ;
b. Aimé[4], sgr de Valbonnais, ép. (?) Agathe de SEYSSEL, S. P. ;
B. Huguette, ép. Philippe de CHAPONAY[5] ;
3. Pierre, mourut en Palestine, vers 1193.

VII. Odon ALLEMAN, sgr d'Uriage et de Champs, mentionné en des actes de juin 1202[6] et de 1206, fit son test en 1215, et partagea ses terres à ses enfants ;
d'où : 1. Odon, dont l'article suit ;
2. Guigues, tige des sgrs d'Uriage, rapportés plus loin.

VIII. Odon ALLEMAN, sgr de Champs, vivait en 1241. [Il avait ép. Sibille d'AIX, dame de Ste-Jalle] ;

[1] [Ou plutôt, sœur de Josselin et fille de Jacques, ainsi que le marque La Chenaye, IX, 877. Armes : *gironné d'or et de sable*].

[2] Fit son test.. le 10 avril 1242 (V. *Généal. de la Tour d'Auvergne*), par lequel il lègue à sa fille Marie.

[3] La Chenaye, XIV, 105.

[4] [Guy Allard mentionne ici, en la traitant de fable, l'opinion qui fait Rodolphe ALLEMAN (frère du bar. de Faucigny), vivant en 1151, père de Aimon, sgr de Valbonnais, dont le fils Antoine (vivant en 1240), aurait eu lui même pour fils Aimé (ou Aimon), époux d'Agathe (ou Anne) de Seyssel ; S. P.].

[5] V. P. Ménétrier : *Art du blason*, généal. CHAPONAY.

[6] V. Ruffi : *Hist. de Marseille*.

d'où : 1. Odon, dont l'article suit ;
2. Jean, tige des sgrs de Séchilienne, rapportés plus loin ;
3. Guillaume, prieur de la Mure ;
4. Pierre, prieur de Commiers ;
5. Humbert, eut de son père le péage de l'Isère ;
6. Gilet, *mistral*[1] des c^tes de VIENNOIS et d'ALBON, était, le 13 août 1292[2], sous la tutelle de sa mère, lorsqu'elle fit hommage, pour lui, à Guigues ALLEMAN, sgr de Valbonnais, et le reconnut homme lige dudit Guigues, par suite de la donation qu'Humbert Dauphin et Anne, son épouse, avaient faite à ce dernier. Il avait ép. Béatrix de JOINVILLE[3], fille de Simon et de Lyonette de GEX[4] ;
d'où : A. Odon, sgr de Ste-Jalle, *mistral* de la ville de Vienne en 1320 [ép. *(probab.)* Catherine BÉRENGER[5], fille de Lambert, sgr de Chapeverse, des sgrs de Pont-en-Royans] ;
d'où : *a.* Gilet, esgr de Ste-Jalle, prêta hommage le 24 avril 1337, et mourut avant le 10 mars 1344[6]. Il avait ép. Etiennette BRANDE ;
d'où : Odon ; S. P. ;
b. Odon, esgr de Ste-Jalle, en rendit hommage le 24 avril 1337 ; hérita de son neveu, Odon ALLEMAN, et fit lui même héritier Hugonin ALLEMAN, son cousin, sgr de Valbonnais. Une autre partie de la terre de Ste-Jalle fut achetée de Raymond des BAUX, prince d'Orange, et d'Anne de VIENNOIS ;
B. Rainaud, parait dans un acte de 1292 et est *(probab.)* le même qui, habitant à la Mure, fit hommage en 1320 ;
7. [Laure[7], avait une obligation garantie sur le château de Foilans, appartenant à Guigues ALLEMAN, comme il parait par une lettre du 27 mai 1295[8], écrite par frère Jean, év. de Valence et de Die, à Sibille, mère de Laure, lui ordonnant de rendre ce château à Guigues ALLEMAN (sgr de Valbonnais, son cousin issu de germain), lorsqu'elle aura été payée. Elle eut de sa mère et de son frère une dot de 3.000 l.,

---

[1] [Charge particulière au Dauphiné et qui avait trait à la justice et aux finances. (V. Guy Allard, *Dict. du Dauphiné*, II, 143).].

[2] Acte fait à Claix (original aux arch., Morin-P., 490).

[3] Armes : *d'azur à 3 broyes d'or au chef d'argent chargé d'un lion naissant de gueules.*

[4] P. Anselme, VI, 698, D.

[5] Courcelles, *Hist. des P.*, IV, BÉRENGER, 19.

[6] Hommage prêté par sa femme, veuve.

[7] Guy Allard la met à tort au degré suivant, comme fille de Guigues, dont elle était la sœur.

[8] Morin-P., 491.

petits coronats de Provence, et ép., suiv. contrat du 15 janv. 1309[1], Jean d'ANCEZUNE, sgr de Sahune[2].]

IX. Odon (ou Eudes) ALLEMAN, sgr de Champs [acquit de Guillaume et Amblar de CLAIX, frères, les terres de Claix[3], Pariset[3] et Varces[3], mouvantes de la sgrie de Sassenage[4]]; fut bailli du Gapençois et de l'Embrunois; reçut hommage en 1282 [et mourut vers 1290]. Il avait ép. Béatrix de JOINVILLE; d'où : 1. Guigues, dont l'article suit;

2. Reynaud, sgr de Champs, par l'abandon que son frère Guigues lui fit de cette portion de son héritage, vivait en 1297. Il fit héritier son frère Aimon;
3. Aimon, tige de la branche de Champs, rapportée plus loin;
4. Odon;
5. Gilles;
6. Jean, chan. de Vienne et prieur de St-Martin-de-Connexe, en 1309.

X. Guigues ALLEMAN, sgr de Valbonnais, Claix, Fontagnieu[4], Le Molard, etc... [fit accord, en 1300, avec son frère Jean; fit cession de la baronnie de Faucigny, en 1303, à Hugues, Dauphin de VIENNOIS, en qualité de procureur de la Dauphine Béatrix]; hérita de la terre de Valbonnais par le décès d'Aimé ALLEMAN, dernier de ce rameau; en fit hommage au Dauphin Humbert, pour lequel il fut témoin et caution en divers actes [et mourut vers 1328]. Il avait ép., en premières noces, Sibille de la PALU[5], fille de Jean, sgr de Richemon, et de Clémence *N...*; et, en deuxièmes noces, Éléonor de ROUSSILLON[6], fille de Guillaume et de Béatrix de la TOUR-DU-PIN[7];
d'où : du 1er lit,

1. Guillaume, dont l'article suit;
2. Guigues, tige des sgrs de Pasquiers, rapportés plus loin;
3. Artaud, abbé de Mantua, assista, le 29 mai 1336, au mariage de sa nièce, Béatrix ALLEMAN;
4. Amédée, prieur de St-Laurent-de-Grenoble et conseiller du Dauphin Humbert II, assista au même mariage, le 29 mai 1336;
5. Odon, commandeur de Veynes, de l'ordre de St-Antoine, assista au même mariage, le 29 mai 1336;

---

[1] [Passé dans le fort de Ste-Jalle, devant Montalin de MONTFERRAND, Rostaing de Ste-JALLE, jurisconsulte, etc..., sous l'autorisation d'Alleman de St-FERRÉOL, prieur de St-Marcel-de-Die (Morin-P., 494).]

[2] Drôme.

[3] Isère.

[4] Au mandement de Varces.

[5] Le Dauphin lui avait promis en dot le château de Gourdans, qu'il ne lui donna jamais.

[6] Cousine germaine de Jean, Dauphin, fille de Humbert de la TOUR-DU-PIN.

[7] Sœur de Humbert de la TOUR-DU-PIN, Dauphin.

6. Marguerite, ép. [en 1280[1]], Albert BÉRENGER de Sassenage [fils de Aimar, bar. dudit lieu] ;
7. Éléonor ;
8. Alix, femme de Fulque de MONTCHENU.

XI. Guillaume ALLEMAN, sgr de Valbonnais, Aubonne[2], etc... ; transigea avec sa belle-mère, Éléonor de ROUSSILLON, le 1er janv. 1329, et mourut au commencement de janv. 1333. Il avait ép. Agnès de VILLARS[3], fille d'Humbert, sgr dudit lieu, de Thoyre, Arbent, Aubonne, Brions, Montelier, Monteux, Montréal, etc... ;

d'où : 1. Humbert, sgr d'Aubonne et Copet, fit son test. en 1350. [Il avait ép. *N*... de JOINVILLE, fille de Guillaume, sgr de Gex, et de Jeanne de SAVOYE[4]] ;

d'où : A. Marguerite, ép. Chabert de MORETEL ;

B. Éléonor [*(alias* Alienor[5]), dame de l'Argentière], prêta hommage, étant veuve, le 25 juillet 1352, pour sa terre de l'Argentière-en-Embrunois. Elle avait ép. Humbert de ROCHEFORT, sgr de Pellafol ;

C. Jacquette ;

2. Hugonin *(alias* Hugues), dont l'article suit ;
3. Jean ;
4. Jeannette ;
5. Béatrix[6], ép., suiv. contrat du 19 (ou 29) mai 1336, Amblar de BEAUMONT[7], sgr de Montfort, fils de Artaud, sgr de Beaumont, et d'Agnès de BELLECOMBE, sa 2e femme.

XII. Hugonin *(alias* Hugues) ALLEMAN, sgr de Valbonnais, Aubonne, Azieu, Claix, Ste-Jalle, etc... [fit procuration, le 23 mars 1349[8], à Raymond BERTRAND, chev., Guigues d'AURIS, damoiseau, Jean d'AURIS, de Varces, etc... pour

---

[1] Courcelles, *Hist. des P.*, IV, BÉRENGER, 21.

[2] Drôme.

[3] Famille de Chabeuil, différente de celle des Ducs de Villars qui avaient pris leurs armes (R. de la Bâtie, 798) : *d'azur à 3 molettes d'or, au chef d'argent, chargé d'un lion léopardé de gueules.*

[4] P. Anselme, VI, 699, B.

[5] D'après Lainé *(Arch. généal.*, VII, MONTEYNARD, 56), Marguerite de ROCHEFORT, fille de cette Alienor, aurait été nièce de Sibeud ALLEMAN, sgr d'Uriage et de Revel, ce qui semblerait indiquer qu'Alienor était sœur de ce Sibeud, et par conséquent ne devait pas être placée comme le marque Guy Allard. Cependant comme on ne connait pas le nom de la femme de ce Sibeud ALLEMAN, il pourrait se faire qu'il eût épousé une ROCHEFORT, ce qui le rendrait ainsi oncle de Marguerite, non par la mère de celle-ci, mais par son père.

[6] Le Laboureur *(Mazures*, II, 240), la dit à tort fille d'Humbert, sgr d'Aubonne, dont elle était en réalité la sœur.

[7] Né vers 1300, mourut en 1374.

[8] Mote et Viron, not. à Claix (Morin-P., 498).

administrer ses biens de Ste-Jalle qui lui étaient advenus par héritage de son cousin Odon ALLEMAN, recevoir hommages, etc... On voit par des lettres de CHARLES, Dauphin (fils du roi de France), données à Paris, le 23 janv. 1357 (V. S.)[1], que Hugues avait reçu le château de Briançon en compensation de celui d'Ermeuse et des services de f. Humbert ALLEMAN, sgr d'Aubonne]. Il fit son test., le 16 sept. 1364[2] [par lequel il institue pour héritier Jean de la BAUME, fils de Guillaume et de Constance ALLEMAN, et, à son défaut, Guigues ALLEMAN, avec substitution au profit de Béatrix, sa sœur, d'Aimar de BEAUMONT, fils de Béatrix, etc..., nommant exécuteurs testamentaires Guigues ALLEMAN, Sibeud Alleman, sgr d'Uriage, Gilet BENOIT, chev., et Pierre d'EYBENS, franciscain. Il avait ép., suiv. contrat du 23 mars 1339 (1338 V. S.)[3]], Sibille de CHATEAUNEUF[4], fille de f. Jaspert, vte dudit lieu ;

d'où : 1. Constance (*alias* Constantine), dame de Bocqueron, fit son test., le 6 août 1376, en faveur de son 2e mari [au préjudice de son fils du 1er lit, Jean de la BAUME, sgr de l'Albergement, maréchal de France et gouverneur de Paris pour les Anglais, ce qui occasionna de grands démêlés terminés par un accord, du 3 mars 1382, aux termes duquel Jean de la BAUME renonça à ses droits sur l'héritage de sa mère, moyennant 10.000 francs d'or[5]]. Elle avait ép., en premières noces, suiv. contrat du 1er juin 1357, Guillaume de la BAUME [de Montrevel[6], fils de Étienne, sgr de Valufin, et de Alix de CHATILLON de Montrevel]; et, en deuxièmes noces, le 2 janv. 1363, François [BÉRENGER] de Sassenage[7] [fils d'Henri, sgr de Pont-en-Royans, et de Huguette de la TOUR-DU-PIN de Vinay] ;

2. Béatrix, transigea sur l'hérédité de son père, avec sa sœur Constance, en 1383. [Elle avait ép. François de BEAUMONT[8]].

---

[1] Morin-P., 499.

[2] A Tarascon, dioc. d'Avignon (Morin-P., 501).

[3] Passé au château de Perpignan, dans la chambre du Roi, en présence de Humbert, dauphin de Viennois, duc de Champsaur, cte de Vienne et d'Albon, qui se rend caution de la dot de Sibille, avec Adémar de POITIERS, cte de Valentinois, Adémar, sgr de ROUSSILLON, Girard, sgr d'ANJOU, Guillaume, sgr de TOURNON, Jean PAGAN, sgr de Mayn, Aymar d'ANJOU, sgr de Montbreton, et Giraud, sgr de CRUSSOL (Morin-P., 497). Le 27 fév. précédent, Hugues ALLEMAN avait passé procuration pour ce contrat à Guillaume ARTAUD, sgr d'Aix et de Bellegarde, suiv. acte passé à Grenoble devant Amblar, sgr de BEAUMONT, Amédée ALLEMAN, prieur de St-Laurent-de-Grenoble, etc... (Morin-P., 495). Guy Allard donne à ce mariage la date du 18 oct. 1344.

[4] Dotée de 10.000 réaux d'or par JACQUES, roi de Majorque.

[5] Courcelles, *Hist. des P.*, IV, BÉRENGER, 31.

[6] Veuf de Clémence de la PALU.

[7] (Pit.-C., IV, 2..). Il ép., en deuxièmes noces, le 1er nov. 1384, Alix de CHALON, fille de Tristan, des ctes d'Auxerre, et de Jeanne de VIENNE (Courcelles, *Hist. des P.*, IV, BÉRENGER, 32).

[8] Vendit à son beau-frère, François BÉRENGER de Sassenage, une partie du château et de la terre de la Bastie-en-Royans (Courcelles, *Hist. des P.*, IV, BÉRENGER, 34).

BRANCHE
DES SEIGNEURS DE PASQUIERS

XI. Guigues ALLEMAN, sgr du Périer, csgr de Cor et de Valbonnais, fils puîné de Guigues et de Sibille de la PALU, sa 1re femme ; transigea, le 9 sept. 1370, sur l'hérédité de son neveu Hugonin, qui fut partagée en trois portions, une à Constance, fille dudit Hugonin, une à Jean de la BAUME, fils du 1er lit de ladite Constance, et une audit Guigues ; il devint ainsi csgr de Valbonnais, et en prêta hommage le 2 avril 1373 ;
d'où : 1. Payen, dont l'article suit ;
2. Isabelle, ép. Guionnet de LORAS[1].

XII. Payen ALLEMAN, csgr de Valbonnais, Château-Bernard, Cor, Miribel[2]; avait sept douzièmes de la terre de Valbonnais, et vivait en 1394. Il avait ép. *N*... de MIRIBEL[3], dame en partie de Miribel et de Château-Bernard ;
d'où : Humbert, dont l'article suit.

XIII. Humbert ALLEMAN, csgr de Valbonnais, Château-Bernard, Miribel, vivait en 1420. Il avait ép. Laurence de Briançon[4], fille de Antoine, sgr de Varces, et de Marguerite de MONTEYNARD ;
d'où : 1. Jean, csgr de Valbonnais, habitait à Pasquiers, où son père avait des biens. Il avait ép. Agathe de LAVAL[5], fille de *N*..., sgr de Masgarny et de Vif ;
2. Humbert, dont l'article suit[6] ;
3. Pierre, vivait à Pasquiers en 1458 ;
4. Raimond, vivait à St-Guillaume-en-Trièves, en 1458.

XIV. Humbert ALLEMAN, sgr de Pasquiers, csgr de Valbonnais, parait en une révision des feux de Pasquiers, en 1458 (ou 1418 ?), et fut tué à la bataille de Montlhéry. Il avait ép. Agnès d'ASPRES, dame de Pasquiers ;
d'où : Jean, dont l'article suit[7].

---

[1] D'où : Guigues, vendit au Dauphin, le 23 août 1400, tous les droits qu'il avait sur les biens de Guigues ALLEMAN, sgr de Valbonnais, son aïeul. [Armes : *de gueules à la fasce losangée d'or et d'azur.*]

[2] Guy Allard dit que les détails de cette branche lui ont été fournis par d'Hozier fils, d'après les notes de son père.

[3] [Armes : *d'or au lion de gueules* (R. de la Bâtie, 410).]

[4] [Armes : *d'azur à la croix d'or.*]

[5] [Armes : *de gueules à 3 roses d'or au chef du même.*]

[6] [Une généalogie mse (*Nouveau d'Hozier*, 107), dit cet Humbert fils et non frère de Jean ci-dessus, époux de Agathe de LAVAL. Cela ferait une génération de plus.].

[7] [Vers ce même temps, on trouve Anne ALLEMAN, des sgrs de Pasquiers, ép. (vers 1475), Guigues de la TOUR-DU-PIN, fils d'autre Guigues, dit le vieux, sgr de Clelles, etc..., et de Antoinette de THEYS (*Tabl. de la Tour-du-Pin*).]

XV. Jean ALLEMAN, sgr de Pasquiers, esgr de Valbonnais, vivait en 1485 ; d'où : 1. Guigues, dont l'article suit ;

2. Jean, esgr de Valbonnais, ép. Guigonne de la TOUR ;
d'où : A. Odette, ép. Claude VALLIEZ[1] ;
B. Claudine, ép. Monet de SALVAING ;
C. Constance, religieuse au monastère des Ayes ;
D. Clémence, ép. n. Claude MARREL ;
E. Guigonne, ép. n. Jean BECTOZ ;
F. Marguerite, ép. n. François FAISAN, cons. au Parlement de Grenoble ;

3. François[2], eut pour apanage des biens au lieu de Vaulnaveys ; les vendit, vers 1520, et se fixa en Lyonnais, à La Levretière, où il ép., le 11 mai 1520, Claudine de ROCHEFORT[3], fille de Charles, sgr de Rochefort, et de Marie PARENT ;
d'où : A. François, sgr de la Levretière, ép., en premières noces, Louise de ROCHEFORT, fille de Antoine, sgr de la Valette, et de Claudine de GASTE ; et, en deuxièmes noces, Anne de la TOUR ;
d'où : du 1er lit,
a. Jean-Ennemond (dit GIRARD), sgr de la Levretière, prit le nom de GIRARD, comme descendant du côté des femmes de la famille GIRARD, de St-Symphorien-le-Château, de laquelle était le cardinal Pierre GIRARD, év. du Puy, dont il eut un legs, et fit son test. en 1637. Il avait ép. Hélène CHOL, fille de n. Claude, sgr de la Juracy, et d'Hélène de CHARPILLAT ; d'où : Claude[4] ;
et du 2e lit,
b. Antoine, fit son test. en 1641. Il avait ép., en 1621, Sébastienne LE GROING[5], fille de René, sgr de Farnay, et de Catherine MAYOSSEN ;

---

[1] D'où : Gaspar et Marquis, vendirent avec leur mère la part qu'ils avaient en la terre de Valbonnais à Claude Alleman, sgr de Champs, qui en prêta hommage, le 25 nov. 1522.

[2] Guy Allard dit que les détails de cette branche lui ont été fournis par Le Laboureur.

[3] Testa en 1540.

[4] [Claude-Louis ALLEMAN, sgr de la Levretière, fut témoin, le 2 mai 1606, au test. de Jacques MITTE de Chevrières, et le 30 janv. 1610, au contrat de mariage de Melchior MITTE de Chevrières (M. de Boissieu, *Généal. de la maison de St-Chamond*, 301, 137).]

Gaspar ALLEMAN, sgr de la Levretière, fut maintenu dans sa noblesse, en 1705. Cette branche s'est éteinte, au siècle dernier, dans la famille REGNAUD de Belleeize (R. de la Bâtie, 9).]

[5] [Armes : *d'argent à 3 têtes de lion arrachées de gueules lampassées et couronnées d'or* (La Chenaye, IX, 869).]

d'où : Gabriel, ép. Virginie GIRARD, fille de n. André et de Louise du COLOMBIER ;

B. Laurent, cohéritier de sa mère ; S. P. ;

C. Antoine ;

D. Françoise;

E. Jeanne.

XVI. Guigues ALLEMAN, sgr de Pasquiers, assista, le 7 sept. 1502, à la donation faite par Guillemette (BÉRENGER) de Sassenage à Claude, son fils. Il avait ép. Laurence de GRANGES ;
d'où : 1. Gérard, dont l'article suit ;
2. Catherine, religieuse à Montfleury.

XVII. Gérard ALLEMAN, sgr de Pasquiers, ép. Catherine MORGES[1], fille de Antoine, sgr de l'Épine, et de Françoise CLARET ;
d'où : 1. André, dont l'article suit ;
2. Claudine, ép. Jean FAURE.

XVIII. André ALLEMAN, sgr de Pasquiers, v^te^ de Clermont-en-Trièves, etc...; chev. de l'ordre du Roi, mestre de camp des suisses en France, mourut de la peste en Allemagne, en 1569. Il avait ép. Gaspard BOMBEIN[2] ;
d'où : 1. Laurent, éc. du Roi, mourut empoisonné ;
2. Charles, tué à la porte du Pont, à Grenoble, lors de la prise de cette ville par Lesdiguières, en 1590 ;
3. Alexandre, dont l'article suit ;
4. Anne, abbesse des Ayes [en 1590] ;
5. Louise, ép. *N*... [BOREL], sgr de Ponsonnas.

XIX. Alexandre ALLEMAN, sgr de Pasquiers, v^te^ de Clermont, bailli d'épée du Viennois et plat pays du Dauphiné, gouverneur de la Savoie et de la Maurienne, mestre de camp de 1.000 hommes de pied ; ép. Jeanne de MONTEYNARD[3] [fille de François, sgr dudit lieu, et de Louise ALLEMAN de Tauliguan[4]] ;
d'où : 1. Louise, religieuse aux Ayes ;

---

[1] [Armes : *d'azur, à 3 têtes de lion arrachées d'or, lampassées de gueules et couronnées d'argent* (La Chenaye, XIV, 562).]

[2] [Elle possédait, comme héritière de sa maison, la Leyde-de-Grenoble et fit son test., le 2 sept. 1593 (Morin-P., 520), par lequel elle élit sa sépulture à N.-D. de Grenoble, ou, si elle meurt aux Ayes, dans l'église de l'abbaye. Armes de BOMBEIN : *fascé d'or et d'azur, à la bande fascée de gueules et d'argent* (R. de la Bâtie, 87).]

[3] [Armes : *de vair, au chef de gueules chargé d'un lion issant d'or.*]

[4] [Lainé, qui donne cette filiation à l'article MONTEYNARD *(Arch. général*, VII, 75), dit à tort, deux pages plus loin, que Jeanne était fille de Louis, esgr de Theys, et de Charlotte de BROTTIN.]

2. Charlotte [eut dans sa dot la leyde de Grenoble]. Elle avait ép. François FLÉARD, sgr de Pressins[1] ;
3. Anne, ép. [suiv. contrat du 15 juin 1628[2]], Guy-Balthasar de MONTEYNARD [csgr de Theys, fils de Marius, sgr de Monteynard, et de Joachine COT (ou COST) de Chastelar] ;
4. Gasparde, ép. François de POBEL, c^te de St-Alban, m^is des Pierres, etc...

BRANCHE

DES SEIGNEURS DE CHAMPS

X. Aimon ALLEMAN, sgr de Champs et de St-Georges, fils puiné d'Odon (*alias* Eudes), sgr de Champs, et de Béatrix de JOINVILLE, fit hommage, en 1309. Il avait ép. *N*... de BRESSIEU[3] ;

d'où : 1. Charles, sgr de Champs, appelé à la succession d'Aimar, sgr de BRESSIEU, par test. du 15 fév. 1332, se signala à la bataille de Varey, en 1325, et mourut en 1333 ; S. P. ;
2. Guigues, dont l'article suit ;
3. Guillaume, csgr de Champs, vivait en 1363 ; S. A. ;
4. Reynaud, sgr de St-Georges, fut à la croisade, en Palestine, avec le Dauphin, qui voulut payer tous les frais de son voyage, et assista à un acte passé par celui-ci, en 1343[4]. Il avait ép. Margaronne de SALVAING, fille d'Aimon, sgr de Boissieu, et de Béatrix de CLERMONT ; S. P. ;
5. Aimon, vivait en 1334 ;
6. Odon, command^r de Limoges, de l'ordre de St-Antoine, transigea, le 25 août 1342, avec Jean de CHATEAUNEUF, chev. du même ordre ;
7. Reynaude.

XI. Guigues ALLEMAN, csgr de Champs, sgr de Laval, fit son test., le 27 sept. 1367, et y nomme ses enfants ;

d'où : 1. Guigues, dont l'article suit ;
2. Antoine, sgr de Commiers, Laval, St-Georges, csgr de Caderousse ; prêta hommage, le 20 déc. 1409 et le 2 nov. 1413 ; [remit divers cens à l'Isle[5], en 1427[6] ; reçut obligation, le 5 avril 1430[7]] ; donna

---

[1] Leur fille Virginie FLÉARD porta, par son mariage, la leyde de Grenoble à la famille de CLERMONT.

[2] Genevel, not. à Grenoble.

[3] [Armes : *de gueules à 3 fasces de vair ; alias fascé de gueules et de vair de six pièces* (R. de la Bâtie, 107).]

[4] [*Chambre des Cptes du Dauphiné* (D. Villevieille, 1, 237.]

[5] Au Comtat Venaissin.

[6] I^n S^a de Magnati, not. à l'Isle-de-Vaucluse (Curel, 119).

[7] Jean Dorian, not. (Curel, 122).

quittance de la dot de sa 2e femme, le 8 mars 1431; [payait une pension à la commune de Châteauneuf, le 10 mars 1433[1]; vendit, le 14 fév. 1436[2], au nom de sa femme Guiotte FLAMENG, à Luquin de RICI[3], sgr de St-Paul, achetant pour Romaine de BOSCHE, la portion de sgrie que ladite Guiotte avait au Vernègues, en pariage avec l'archevêque d'Arles et Bertrand de GRASSE, ainsi que la portion de sgrie du château d'Aurons, indivise entre ladite Guiotte, Guillaume d'ALLAMANON et Pierre de LUBIÈRES]. Il avait ép., en premières noces, Guiotte FLAMENG, fille et héritière[4] de f. Raimond, dit *Bernardi*, doct. ès-lois de la ville d'Avignon; et, en deuxièmes noces, Guiotte d'AGOULT, fille de Reforciat, sgr de Vergons, et de Béatrix BLACAS de Beaudinard; d'où : du 1er lit,

Philippine, ép. Jean MARÉCHAL, sgr de Crest[5], Bouvillaret, La Tour-de-Fresquiers, etc...;

3. Artaud, chan. de St-Barnard-de-Romans, en 1375 et 1411;
4. Reynaude, ép. Pierre BÉRARD[6];
5. Claudine, ép. Aimon de SALVAING;
6. Marguerite, ép. Jean de MONTEYNARD [fils de Raymond, sgr dudit lieu, et de Marguerite de ROCHEFORT de Pellafol, sa 2e femme].

XII. Guigues ALLEMAN, sgr de Champs, St-Georges, Taulignan; prêta hommage, les 25 mars 1376, 20 déc. 1409 et 2 nov. 1413 [et fit dresser un terrier de Taulignan, en 1411 et 1415[7]]. Il avait ép. Marguerite de MONTEYNARD[8], dame de Gières et de Taulignan, fille de Pierre, sgr de Gières, et de Jeanne de BRESSIEU[9], sa 2e femme[10];

d'où : 1. Aimon, dont l'article suit[11];

2. Philippine [mourut vers 1478]. Elle avait ép., en 1440, François [BÉRENGER], bar. de Sassenage [fils de Henri et de Antoinette de SALUCES].

---

[1] Jean Dorian, not. (*Curel*, 122).

[2] Jacques de Brieudes, not. (Curel, 442).

[3] Originaire d'Asti, en Piémont.

[4] [Elle avait un frère, Raimond, mort intestat; S. P..]

[5] Près Montmeillan.

[6] D'où : Antoine et Jean, qui firent donation aux FF. Prêcheurs de Grenoble, les 4 et 5 mai 1450. Cette famille était d'Avallon et s'est fondue dans la maison GUIFFREY du Freney.

[7] Coston, *Hist. de Mont.*, III, 334.

[8] Elle avait ép., en premières noces, Raymond de MONTEYNARD, sgr dudit lieu.

[9] [C'est par elle que Taulignan vint à sa fille et, par celle-ci, aux ALLEMAN.]

[10] [On croit qu'il ép., en deuxièmes noces, Anne de TOURNON; d'où : Marguerite, ép. Louis de TAULIGNAN, fils de Jean, sgr de Puymeras, et de Delphine ASTOUAUD de Mazan (Pit.-C, III, 371).]

[11] [Peut-être faudrait-il placer ici comme son frère : Antoine ALLEMAN de Champs, sgr de Taulignan; ép. (vers 1450), Jeanne de MARCEL, fille de André, sgr de Grammont, et de Jeanne de MONTRIGAUD, sa 2e femme.]

XIII. Aimon ALLEMAN, sgr de Champs, Bécone, Eygaliers, Rochepaviot, St-Georges, Taulignan, etc... [acquit de Pierre de VESC, le 6 juil. 1445, et au prix de 500 fl., les château et sgrie de Bécone, ainsi que la parerie de la Baume-la-Lance[1]; eut un différent avec Gaspard BOLOUBIE, sgr d'Alanson, au sujet duquel fut passé compromis, le 3 août 1448[2], et sentence rendue le même jour, confirmant la sgrie de Bécone à Aimon ALLEMAN, et celle de la Baume-d'Alenc à Gaspard BOLOUBIE; acquit, le 21 sept. 1450, de Guigues de SAUZE, la sgrie d'Eygalières[3], et la revendit, le 6 sept. 1459, à Pierre de CHOMARD[4]; acquit divers droits à Montjoux, par actes des 16 juin 1451[5], 19 oct. 1451[6], 23 oct. 1453[7]; passa transaction, en 1456[8], avec Philippine ALLEMAN, sa nièce, femme de Jean MARÉCHAL, sgr de Montfort; fit dresser un terrier de Taulignan, en 1460[9]]; était lieutenant au gouvernement de Dauphiné lorsqu'en cette qualité il reçut divers hommages en 1463 [et mourut avant le 22 oct. 1494[10]]. Il avait ép. Claire de MENTHON (*alias* MENTON)[11], fille de Henry, grand éc. de Savoye, et de Marie de St-AMOUR;

d'où : 1. Guigues (*alias* Guy), sgr de Champs et Taulignan [acheta, avec la communauté de Taulignan, le 17 nov. 1474[12], de Raimond de VESC et de son fils Pierre, sgr de Comps, etc..., divers droits de pâturage, bûcherage, etc...; fut condamné, avec son frère Henry, par sentence arbitrale du 15 janv. 1478[13], à restituer Bécone à Claude de VESC, sgr de Montjoux, héritier substitué de Pierre] et mourut en 1520; S. P.;

2. Henry, sgr de la Baume [fut condamné, par la même sentence, à restituer audit Claude de VESC la parerie de la Baume-la-Lance];

3. Reynaud, dont l'article suit;

4. Claude, sgr de la Baume, csgr de Champs et de Taulignan; acquit portion de la terre de Valbonnais d'Odette ALLEMAN, veuve de n. Claude VALLIER, et en rendit hommage le 25 nov. 1522; fit échange de quelques biens à Taulignan, le 19 juil. 1523, avec Claude GÉRENTE, et assista, en 1525, à la bataille de Pavie, avec ses fils. Il avait ép. Françoise CHIRIN;

d'où : A. } étaient à la bataille de Marignan, en 1515, et à celle de
B. } Pavie, en 1525;

---

[1] Lacroix, *Arr. de Mont.*, I, 278.

[2] Poerre Berlion, aux écritures de Julien, not. à Nyons (Curel, I).

[3] Arrondissement de Nyons (Drôme).

[4] Lacroix, *Arr. de Nyons*, I, 303.

[5] Jean Aimar, not. à Taulignan (Curel, 31).

[6] Jacques Falconis, not. à Dieulefit id.

[7] Jean Fabri, not. à Valréas id.

[8] Jacques Giraud, not. à Carpentras. Curel, qui cite cet acte à la p. 103 de son recueil, ajoute : *cet acte est essentiel pour la descendance de la famille* ALLEMAN.

[9] Coston, *Hist. de Mont.*, III, 334.

[10] Transaction entre son fils Guigues et Claude de VESC, sgr de Montjoux.

[11] [Armes : *de gueules au lion d'argent, à la bande d'azur, brochant sur le tout* (R. de la Batie, 404).]

[12] Aut. Falconis, not. à Taulignan (Fillet).

[13] Lacroix, *Arr. de Mont.*, I, 279.

C. Agnès, ép., le 23 nov. 1516, Antoine de MONTCHENU, sgr de Châteauneuf-de-Galaure;

5. Marie [eut, en dot, 3.000 fl. de 12 gros, 200 fl. pour ses habits et 400 fl. pour ses joyaux. Elle avait ép., en premières noces, suiv. contrat du 20 déc. 1457[1], Jean ARTAUD, sgr de la Roche-sur-Buis; et, en deuxièmes noces], Antoine de Briançon, sgr de Varces;

6. Antoinette, ép., suiv. contrat du 16 juin 1460, Guillaume de BEAUMONT, sgr de Pellafol [et d'Autichamp, fils de Louis, sgr de la Bâtie-Rolland, et de Louise de GROLÉE de Neyrieu[2]];

7. Marguerite, ép. Jean ARTAUD, sgr de la Roche[3].

XIV. Reynaud ALLEMAN, sgr de Gières, St-Georges, etc... [fut un des arbitres, avec Guigues ALLEMAN, protonotaire du St-Siège, entre les habitants de Taulignan et leur seigneur, le 8 août 1488[4], et] mourut en 1492. Il avait ép., en 1474, Anne de St-GERMAIN;
d'où: François, dont l'article suit.

XV. François ALLEMAN[5], sgr de Champs, St-Georges, Taulignan; assista, le 15 avril 1544, à la bataille de Cérisoles. Il avait ép. [en 1526], Justine de TOURNON, fille de Just, bar. de Tournon, et de Jeanne de VISSAC;
d'où: 1. Philippe, dont l'article suit;

2. Françoise, ép. [en 1536], Laurens [BÉRENGER] de Sassenage[6], [fils de François, bar. de Pont-en-Royans, et de Guicharde d'ALBON de St-Forgeulx];

3. Louise[7], dame de Tautignan, ép. (vers 1540), François de MONTEYNARD [fils de Louis, sgr dudit lieu, et de Madeleine ALLEMAN de Laudun-Albaron-Baux[8]];

4. Jeanne, ép., le 23 août 1551, Claude ANDREVET, bar. de Corsan;

---

[1] Fait à la Motte, en présence de Jean ARTAUD, sgr d'Aix, Jacques de MONTEYNARD, sgr de Chalançon, Raimond de MONTAUBAN, sgr de St-André, Antoine d'ALAUZON, sgr de Rozans, etc... Douaire, en cas de veuvage: le lieu de la Roche-sur-Buis (Morin-P., 506).

[2] Lacroix, *Arr. de Mont.*, I, 175.

[3] [Ce Jean ARTAUD ne serait-il pas le même que celui marqué ci-dessus (d'après les Arch. de Morin-P.), comme ayant ép. Marie ALLEMAN, sœur de Marguerite? ou encore Marie et Marguerite ne seraient-elles pas une même personne?

[4] Arch. municip. de Tauliguan.

[5] [Courcelles (II, Tournon, 17), lui donne pour père et mère François ALLEMAN et Claudine de ROCHEFORT de Cénas, le faisant ainsi du rameau de la Levretière, rapporté ci-dessus à la branche de Pasquier.]

[6] [Mourut en 1575. Il avait ép., en deuxièmes noces, en 1556, Marguerite d'ORAISON.]

[7] [Guy Allard la nomme à tort *Marguerite*. Elle vendit, avec son fils, Charles de MONTEYNARD, le 18 janv. 1596, à Claude-Philibert PERDEYER de Menglon, les place, sgrie, juridiction, etc... de l'Argentière, en Dauphiné, pour 9.666 écus de 50 sols (Arch. Drôme, E, 1413).]

[8] [Leur petite-fille, Jeanne, eut en partage, en 1621, la terre de Tauliguan, et la porta à son mari, François de GROLÉE.]

5. Justine, ép. [suiv. contrat du 26 juin 1555[1], Charles[2]] du PUY [fils d'Aymar, sgr de Montbrun, et de Catherine de PARISOT].

XVI. Philippe ALLEMAN, sgr de Champs, Gières, St-Georges, etc... [lieut. pour le Roi en Dauphiné ; fit son test., le 5 juin 1565[3], en faveur d'Antoine, son fils, et mourut la même année. Il avait ép., à Montélimar, le 6 fév. 1560[4]], Jeanne d'ANCEZUNE[5], fille d'Aimar, sgr de Caderousse, et de Nicole CADART ;
d'où : Antoine [sgr de Champs, St-Gières, St-Georges, Taulignan, etc...; fut, à la mort de son père, sous la tutelle de sa mère, qui, en son nom, fit valoir ses droits sur les biens de la branche de Séchilienne, éteinte en mâles par la mort de Charles ALLEMAN, ce qui engendra un long procès, terminé par une transaction du 16 août 1567[6], suiv. laquelle Bertrand-Rambaud de SIMIANE, bar. de Gordes, gendre dudit Charles, fut tenu de payer à Antoine 7.500 l. ; fit dresser un terrier de Taulignan, en 1571[6] ; commandait une compagnie de reitres français, en 1586[7], et mourut jeune] ; S. P.

BRANCHE
DES SEIGNEURS DE SÉCHILIENNE ET DE LAVAL-S[T]-ÉTIENNE

IX. Jean ALLEMAN, fils puîné d'Odon, sgr de Champs, ainsi qualifié dans une reconnaissance de 1263 ;
d'où : Jean, dont l'article suit.

X. Jean ALLEMAN, sgr de Séchilienne, fit échange de quelques biens en ce lieu avec le dauphin Jean, le 1er janv. 1326, contre des biens à l'Argentière, en Briançonnais ;
d'où : 1. Jean, dont l'article suit ;
2. Guigues ;
3. Falcon, habitait au Pinet, en 1349 ;
4. Pierre, vivait le 26 mars 1354[8] ;

---

[1] Claude Guillot, not. Delphinal, à Taulignan.

[2] Guy Allard le nomme, à tort, *Jean*.

[3] Bérole, not. à Mont. (Coston, *Hist. de Mont.*, II, 231).

[4] Contrat passé chez Jean de POITIERS, en présence de Félix BOURJAC, sénéchal, Sébastien de VESC, sgr de Comps, Antoine de PRACOMTAL, doyen de Ste-Croix, Josserand SEYTRES, sgr de Noveysan (Morin-P , 516).

[5] [Dot : tous ses biens, plus 600 écus de joyaux et 600 écus d'augment ; douaire : le château de Taulignan]. Elle hérita de son fils et testa en faveur de ses neveux, François ADHÉMAR de Grignan et Rostang d'ANCEZUNE Cadart. [Elle avait ép., en premières noces, Hector (Pithon-Curt le nomme *Jean*) de POITIERS, sgr d'Allan].

[6] Coston, *Hist. de Mont.*, III, 334.

[7] Lacroix, *Arr. de Mont.*, II, 153.

[8] [Peut-être ce Pierre est-il le même que Perronet ALLEMAN, sgr de la Baume, dont le fils Jean, ép., le 10 janv. 1328 (Arch. de Condé, D.

5. [*Probab.* Catherine, prieure de Prémol, en 1325[1], fonda un anniversaire pour le repos de l'âme de Jean ALLEMAN, sgr de Séchilienne].

XI. Jean ALLEMAN[2], damoiseau, sgr de Séchilienne, Laval, etc... [reçut hommage au Val-St-Étienne, le 4 des ides de déc. 1306[3] pour une maison audit lieu; était bailli de Viennois et châtelain de Moyran, le 4 avril 1312[4]; fut caution, le 10 janv. 1328[5], pour la dot de 45 l. donnée à Bérengère de MORGES, fille de Guigues, sgr de Gensac, et de Marguerite de TULLINS, en son mariage avec Jean ALLEMAN, fils de f. Perronnet, sgr de la Baume]; rendit compte au Dauphin de son administration comme châtelain Delphinal, le 4 mai 1334; reçut du Dauphin, le 17 juil. 1343, confirmation des échanges faits par son père; [fit son test. à Grenoble, le 13 janv. 1350, en présence de Guigues de COMMIERS, chev., Henry GRASSI et Pierre ALLEMAN, son fils[1], par lequel il élit sa sépulture en l'abbaye de Prémol, institue pour héritier Henry ALLEMAN, son petit-fils, fils de f. Jean, le substitue à son fils Pierre, qu'il substitue lui-même audit Henry, chargeant celui-ci de tout ce à quoi il est tenu envers Raoul de COMMIERS, Didier de CHASSAGNE, chev., Guigues de MORGES, chev., pour le fait de f. Jean ALLEMAN de la Baume et de f. Denise, sœur dudit Jean; fit un codicile, le 28 oct. 1352[5], par lequel, confirmant son susdit test., il lègue à Pierre ALLEMAN, son donné *(sic)*, et à Agathe, sa femme *(sic)*, à Lancelot, aussi son donné *(sic)*, à la nourrice du fils de Henry, son petit-fils, met au nombre de ses exécuteurs testamentaires, Jean de GONCELIN, et mourut, étant vieux[6], avant le 9 sept. 1355[7]. Il avait ép. *Jeanne N...*[8];

d'où : 1. Sibeud, reçut un legs au codicille de Jacques ALLEMAN, sgr de Virieu, du 5 mars 1327; assista, le 10 janv. 1328, au mariage sus-

---

Villevieille, I, 236), Bérengère de MORGES, fille de Guigues, sgr de Gensac, et de Marguerite de TULLINS.]

[1] Arch. de Condé (D. Villevieille, I, 235).

[2] [Nous avons voulu, en plaçant ici ce degré, suivre la filiation indiquée par Guy Allard, qui donne ainsi quatre Jean ALLEMAN, sgrs de Séchilienne, se succédant de père en fils. Mais nous ne serions pas étonné qu'il fallût, pour être exact, ne faire qu'un degré de celui-ci et du précédent où l'on trouve aussi Jean, Guigues (ou Guichard) et Pierre, frères. L'emploi du même prénom *Jean* à chacun de ces degrés rend la filiation de cette branche bien difficile à établir avec sureté.]

[3] Arch. de Condé (D. Villevieille, I, 235).

[4] Arch. de Condé (D. Villevieille, I, 236).

[5] Arch. de Condé (D. Villevieille, I, 240).

[6] Il le dit ainsi dans son codicille du 28 oct. 1352.

[7] Transaction entre Pierre ALLEMAN, sgr de Séchilienne, et son neveu Henry ALLEMAN.

[8] Fit son test., le 21 mars 1337 (Arch. de Condé, D. Villevieille, I, 237), par lequel elle élit sa sépulture en l'église du monastère de Prémol, lègue à Jeannette, fille donnée *(sic)* de Pierre ALLEMAN, à sa fille Éléonor, femme de f. Perronnet CLARETI, à Henry ALLEMAN, fils de Jean, institue pour héritier ses fils Sibeud et Pierre ALLEMAN, qu'elle substitue les uns aux autres, et donne l'usufruit de tous ses biens à son mari. Guy Allard donne pour femme à ce Jean ALLEMAN, *Béatrix d'*ANDUZE, fille de Bermond, sgr de la Voute, et de Béatrix ARTAUD.

mentionné de Jean ALLEMAN de la Baume avec Bérengère de MORGES, et mourut avant le 9 sept. 1355[1]] ;

2. Jean, dont l'article suit ;

3. [Pierre, damoiseau, transigea à Grenoble, le 9 sept. 1355[2], avec son neveu Henry, fils de f. Jean ALLEMAN, sur ce qui lui revenait des successions de ses père et mère et de son frère Siboud, et mourut vers 1362. Il avait ép., en premières noces, Marguerite ALLEMAN[3]; et *(probab.)* en deuxièmes noces, Mayence des GRANGES[4], fille de Lantelme ;

d'où : du 1er lit,

A. Aynarde, eut en dot 750 fl. d'or ; renonça, par acte du 6 mai 1346, passé à Laval, en l'hôtel de Jean ALLEMAN, son aïeul[3], en faveur de son père et de sa mère, à tous les biens dudit Jean ALLEMAN, son aïeul, et renonça à la succession de son père, moyennant une augmentation de dot, le 19 fév. 1350[5]. Elle avait ép., suiv. contrat du 5 mai 1346[6], Guigues de COMMIERS[7] ;

B. Béatrix, reçut de son père sur sa dot, un 1er payement de 400 fl. d'or ; puis, le 27 janv. 1373[8], de son cousin Henry ALLEMAN, un 2e payement de 50 fl., et le 6 oct. 1375[9], des héritiers de ce même Henry, la moitié de 600 fl. d'or, par suite d'accords entre ledit Henry et Guigues de COMMIERS, héritier de f. Pierre ALLEMAN, d'une part, et f. François des GRANGES, d'autre part. Elle avait ép., avant le 19 août 1362[10], François des GRANGES[11] ;

et du 2e lit,

C. Jeannette, renonça, le 18 fév. 1378[12], par acte passé à la

---

[1] Transaction entre Pierre ALLEMAN et son neveu Henry ALLEMAN.

[2] Arch. de Condé (D. Villevieille, I, 241).

[3] Fit son test., le 5 sept. 1348 (Arch. de Condé, D. Villevieille, I, 239), à Laval-St-Étienne, en la maison de Jean ALLEMAN, sgr de Séchilienne, père de son mari, par lequel elle élit sa sépulture en l'abbaye de Prémol, où elle fonde une chapelle, lègue à sa fille Aynarde, femme de Guigues de COMMIERS, et à Béatrix, son autre fille, les instituant héritières pour le reste par égale portion, laissant l'usufruit à Pierre ALLEMAN, damoiseau, son époux.

[4] François et Pierre des GRANGES, ses frères, se reconnurent débiteurs de 530 fl. d'or pour sa dot, le 25 sept. 1361 (Arch. de Condé, D. Villevieille, I, 241).

[5] Arch. de Condé (D. Villevieille, I, 238).

[6] Arch. de Condé (D. Villevieille, I, 240).

[7] D'où : Pierre et Geoffroy de COMMIERS, firent accord, le 20 oct. 1379, pour restituer à Mayence des GRANGES, 310 fl. sur sa dot, et payer à sa fille Jeannette, femme de Jean COMMIERS, 575 fl. d'or, dot à elle constituée (Arch. de Condé, D. Villevieille, I, 244).

[8] Arch. de Condé (D. Villevieille, I, 242).

[9] Arch. de Condé (D. Villevieille, I, 243).

[10] Arch. de Condé (D. Villevieille, I, 241).

[11] Mourut avant le 6 oct. 1375 (Arch. de Condé, D. Villevieille, I, 243).

[12] Arch. de Condé (D. Villevieille, I, 244).

Buxière, en la maison de Pierre des GRANGES, à tous ses droits paternels en faveur des enfants de f. Henry ALLEMAN et de Pierre et Geoffroy de COMMIERS, fils de Guigues, et reçut en dot 575 fl. d'or. Elle avait ép., avant le 20 oct. 1379, Jean de COMMIERS, fils de Hugues, sgr de Greyng[1]] ;

4. Guigard, nommé dans un hommage prêté par son frère et son père[2] ;
5. [Eléonore, eut 20 fl. d'or au test. de sa mère du 21 mars 1337[3]; renonça, le 13 déc. 1344[4], en faveur de Jean, son père, à la succession de son dit père et de Jeanne, sa mère, moyennant une dot de 800 l.. Elle avait ép., en premières noces, Pierre CLARET ; et, en deuxièmes noces, vers 1344, Lantelin des GRANGES ;
6. Denise, fit un codicille, le 1er août 1371[5], par lequel elle lègue pour l'entretien de la chapelle des Onze-mille-vierges, fondée par f. son frère Jean. Elle avait ép. Jean BERRIE ;

Jean ALLEMAN eut en outre deux fils naturels :

A. *(Autre)* Pierre, ép. Marguerite de FRAISSINET *(Fraxeneria)*[6], fille de Guillaume ;
B. Guillaume, fit son test., à Goncelin, le 26 juil. 1346[7], par lequel il élit sa sépulture en l'église de St-Didier-de-Goncelin, lègue à Barthélemy, son fils, et institue pour héritier Pierre ALLEMAN, fils de Jean ;
d'où : Barthélemy].

XII. Jean ALLEMAN, sgr de Séchilienne [assista, le 10 janv. 1328, au mariage de Jean ALLEMAN de la Baume avec Bérengère de MORGES ; fonda, en l'abbaye de Prémol, une chapelle en l'honneur des Onze-mille-vierges, et mourut avant le 13 janv. 1350[8]] ;

d'où : 1. Henry, dont l'article suit ;
2. [Lancelot, tuteur de ses neveux Jean et Henry ALLEMAN, paya en leur nom, le 10 janv. 1381, la somme de 40 fl. d'or, à Jean RAMBERT, procureur de Marie de MIRIBEL, femme de Gaspard de MONTMAJOUR[9]].

XIII. Henry ALLEMAN, sgr de Séchilienne, la Baume, etc... ; confirma les

---

[1] Arch. de Condé (D. Villevieille, I, 241).

[2] Est peut-être le même que Guichard ALLEMAN, sgr de Montdragon, à qui d'Hozier, dans sa généalogie d'AMANZÉ, donne pour femme Béatrix de ROUSSILLON, et pour fille Agnès, qui ép. Jean MITE. Il dit pourtant que ce Guichard était de la branche d'Uriage, où Guy Allard ne le mentionne pas.

[3] Arch. de Condé (D. Villevieille, I, 237).

[4] Arch. de Condé (D. Villevieille, I, 238).

[5] Arch. de Condé (D. Villevieille, I, 242).

[6] Eut en dot 700 fl. d'or qui furent payés à son beau-père, Jean ALLEMAN, suiv. acte passé à Embrun, le 28 juin 1332, délivré aux fils et héritiers de ladite Marguerite, jadis veuve dudit f. Pierre, le 18 mars 1356 (Arch. de Condé, D. Villevieille, I, 236).

[7] Arch. de Condé (D. Villevieille, I, 239).

[8] Arch. de Condé (D. Villevieille, I, 240).

[9] Arch. de Condé (D. Villevieille, I, 245).

privilèges de ses vassaux, le 24 mai 1353 ; [restitua, le 4 mai 1362[1], à Hugues de COMMIERS, sgr du Mas, fils de f. Raoul, sgr du Mas et d'Estables, la somme de 900 fl. d'or, dot de f. Ainarde, sœur dudit Hugues ; paya, le 20 fév. 1372[2], à Mayence des GRANGES, fille de f. Lantelme, veuve de f. Pierre ALLEMAN, damoiseau, 150 fl. d'or ; fit son test. à Grenoble, le 30 juil. 1375[3], par lequel il élit sa sépulture auprès de f. Jean, son père, en l'église de St-Martin-de-Séchilienne ; lègue à Marie, sa fille, religieuse à Prémol ; institue pour héritier, en sa terre de la Balme, son fils Henry, et dans tous ses autres biens, son fils Jean, les substituant l'un à l'autre, et, à leur défaut, appelle Sibeud ALLEMAN, sgr d'Uriage, et Guicharde, fille de lui, testateur, femme de Guigues ALLEMAN, sgr de Champs, et nomme tuteurs de ses enfants lesdits Sibeud et Guigues et Lancelot ALLEMAN ; fonda une chapelle au prieuré de St-Martin-de-Séchilienne et mourut avant le 6 oct. 1375. Il avait ép., en premières noces, Aynarde de COMMIERS[4], fille de Raoul ; en deuxièmes noces, suiv. contrat passé à Grenoble, le 8 janv. 1350[5], Briande de THEYS *(Thesio)*, fille de f. Jean ; et *(probab.)*, en troisièmes noces, suiv. contrat du 13 août 1372[6], Catherine de REVEL[7]] ;

d'où : 1. Jean, dont l'article suit ;

2. [Henry, sgr d'Allières, appelé au test. de son frère Jean, du 20 avril 1419 ;

d'où : *(probab.)* Antoine, eut un legs au codicille de son oncle Jean ALLEMAN, le 27 juil. 1420 ;

3. Guicharde, eut un legs au test. de son frère Jean, du 20 avril 1419. Elle avait ép. Guigues ALLEMAN, sgr de Champs, fils d'Aimon et de *N*... de BRESSIEU].

---

[1] Arch. de Condé (D. Villevieille, I, 241).

[2] Arch. de Condé (D. Villevieille, I, 242), en présence de Guigues ALLEMAN d'Uriage.

[3] Arch. de Condé (D. Villevieille, I, 244).

[4] Reçut un legs, par test. du dernier fév. 1348, de Guillaume RAIMBERT, paroissien de Séchilienne, qui institua pour héritier Henry ALLEMAN, mari de ladite Aynarde (Arch. de Condé, D. Villevieille, I, 239). Armes : *d'argent au sautoir d'azur couronné de quatre quintefeuilles de gueules.*

[5] Arch. de Condé (D. Villevieille, I, 239). Les futurs, autorisés, savoir : le mari, par Jean ALLEMAN, son aïeul, Pierre ALLEMAN, fils dudit Jean, et Henri GRASSI ; et la femme, par François de THEYS, sgr de Tovanc (?), et Guillaume de THEYS, dit *Barachin,* tuteur des enfants dudit f. Jean, son frère ; dot : 1.100 fl. d'or dont furent caution : Eudes ALLEMAN, command[r] de Limoges, Guillaume ARTAUD, sgr d'Aix, Jean BÉRENGER, sgr de Morges, Jean ALLEMAN, sgr de Séchilienne, François de THEYS, sgr de Tavanc, Raoul et Guigues de COMMIERS, Lantelme des GRANGES, Henri Grassi, sgr de Val-Gaudemar, Pierre ALLEMAN, fils dudit Jean, Pierre de THEYS, Pierre ALLEMAN, bâtard dudit Jean, Jean de COMMIERS, etc...

[6] Passé à Allières par Armuet, not., en présence de : Sibeud ALLEMAN, sgr d'Uriage, Revel, la Motte, Raynaud ALLEMAN, chev., etc... (Morin-P., 502).

[7] Dot : tous ses biens. Si elle devient veuve, elle aura le château de la Balme et la moitié de la Mure. Augment de sa dot : 400 fl. Armes : *de gueules à deux fasces engrêlées d'argent.*

XIV. Jean Alleman, sgr de Séchilienne [et d'Olles, esgr de Laval-St-Étienne]; prêta hommage en 1383 et en 1404; [fut nommé gouverneur du bailliage du Vivarais, le 7 mai 1412[1]; reçut, le 6 sept. 1414, obligation de 150 fl. d'or par François de Chateauneuf, sgr de Châteauneuf et St-Quentin[2]; fonda une chapelle de la Vierge en l'église de Laval-St-Étienne : fit son test., allant partir pour la Palestine, le 20 avril 1419[3], par lequel il élit sa sépulture près de son père Henri, en l'église du prieuré de St-Jean-de-Séchilienne; fait sa fille Briande, épouse de Guigues de Commiers, sgr de St-Jean-le-Vieux, héritière des 1.500 fl. d'or de sa dot; lègue à la chapelle fondée par son père ce que lui devaient les héritiers de f. Humbert Alleman de Vizille; ordonne que sa fille Catherine soit chartreusine aux dames de Prémol; lègue à Sibeud, son fils, chanoine à Grenoble; lègue une pension à l'enfant dont sa femme, Guigonne de Commiers, pourrait être enceinte; institue pour héritier en la terre de Laval et dans ce qu'il possède à Ste-Agnès-de-Theys, les Adrets, etc..., son fils Raoul; en sa terre de Séchilienne et toutes autres, son fils Jean; lègue à son fils Henry, qu'il destine à l'ordre de St-Jean-de-Jérusalem; exclut de sa succession ses filles et les filles de ses fils, substituant les mâles de Raoul à ceux de Jean, et voulant dans ce cas que Henry, s'il n'a pas fait profession, ou son fils mâle posthume, s'il en a, soit substitué au lot de Raoul; substitue à sesdits fils, son frère Henry Alleman, sgr d'Allières, et ses descendants mâles; substitue à ceux-ci, Jean Alleman, sgr d'Uriage, et ses mâles, pour la terre de Séchilienne et d'Olle, puis Guy Alleman, sgr de Champs, et Antoine, son frère, tous deux fils de Guigues, sgr de Champs, pourvu toutefois que la substitution d'Uriage, établie en faveur des sgrs de Séchilienne par Guy Alleman, fils de f. Sibeud, sgr de Virieu, soit confirmée, sinon Guy Alleman sera substitué pour la terre de Séchilienne, et Antoine pour celle de Laval-St-Étienne, l'usufruit réservé à sa sœur Guicharde, femme de Guy Alleman, sgr de Champs; enfin, il substitue audits Guy et Antoine Alleman, Barthélemy (*alias* Barrachin) et Pierre de Theys, frères, et Maillard de Theys; fit, le 27 juil. 1420[4], après son retour de Palestine, un codicille par lequel il attribue à son fils Henry la part d'héritage qu'il avait donnée à Raoul, et à Raoul, la part qu'il avait désignée pour Henry; et élit sa sépulture en l'église de St-Vizier-d'Allemond, auprès de sa deuxième femme]. Il avait ép., [en premières noces, le 11 déc. 1385[5], Sibille de Beaumont[6], fille de François, sgr

---

[1] Arch. de Condé (D. Villevieille, I, 240).

[2] Arch. de Condé (D. Villevieille, I, 256). Jean Alleman, sgr de Virieu, fut héritier pour les deux tiers de ce François de Chateauneuf et condamné comme tel, le 20 sept. 1446, à payer à Henry et Guillaume Alleman, fils et petit-fils de Jean, sgr de Séchilienne, la somme de 50 fl. faisant partie de celle ci-dessus.

[3] Arch. de Condé (D. Villevieille, I, 247 et 249).

[4] Arch. de Condé (D. Villevieille, I, 251).

[5] Sentence de l'official de Grenoble du 11 avril 1495 (arch. de Condé, D. Villevieille, I, 263).

[6] Eut en dot 1.800 fl. d'or (arch. de Condé,

de Pellafol, la Frette, etc..., et de Polie de CHABRILLAN; et, en deuxièmes noces, suiv. contrat passé à Grenoble, le 9 août 1415[1]], Guigonne de COMMIERS, fille de f. Raoul, sgr de la Bastide-de-Camprond, et de Catherine BENOIT [codame de Pariset];

d'où : du 1er lit,

1. Jean, dont l'article suit;
2. Henry[2] [csgr de Laval-St-Étienne, reçut procuration de l'Abbé de l'île Barbe, le 26 avril 1435[3]; reçut d'Antoine de CORDON, sgr des Marches, fils de f. Guillaume, donation de tous ses biens, le 14 juil. 1436[4]; reçut procuration de sa sœur Briande, le 1er mai 1438[5], pour poursuivre la restitution de sa dot des mains de Raoul et Jean de COMMIERS, ses enfants; fut caution de la dot de Anne de COMMIERS, fille de Guigues, csgr de St-Jean-le-Vieux, et de Briande ALLEMAN de Séchilienne, au contrat de son mariage avec Claude de COMMIERS, fils de Jean, qui en donnèrent quittance, le 15 juil. 1444[4]; signa le pacte de famille du 1er déc. 1447, dont il sera parlé ci-dessous; fut condamné, le 23 déc. 1448, à une amende, pour avoir blessé à la tête, d'un coup de poignard, un domestique de Raoul de COMMIERS; fut admis, le 17 janv. 1450, avec sa femme et ses enfants, à jouir de l'effet des indulgences accordées aux bienfaiteurs de l'hôpital des Quinze-Vingt. Il avait ép. Jeanne de BEAUMONT, fille de Aimar, sgr de St-Quentin, et de Aimonette ALLEMAN d'Uriage;

d'où : A. Jean, nommé en l'acte du 17 janv. 1450;

B. Henry, moine à l'abbaye d'Ainay, à Lyon; fut transféré, en 1451, à l'abbaye de St-Théoffroy, au diocèse d'Anneey;

C. Georges, nommé en l'acte du 17 janv. 1450;

D. Jacques, nommé en l'acte du 17 janv. 1450;

D. Villevieille, I, 263). Armes : *de gueules à la fasce d'argent chargée de 3 fleurs de lys d'azur.*

[1] Arch. de Condé (D. Villevieille, I, 246). Dot 1.500 fl., legs du père; 500 fl. de la mère, et 150 de François de COMMIERS, doyen de la cathédrale de Grenoble, et Jean de COMMIERS, son frère, abbé de St-Pierre hors des murs de Vienne. Présents : Raoul GILLET et Albert de COMMIERS, frère de l'époux; François de COMMIERS, doyen de Grenoble, Jean de COMMIERS, command[r] de l'ordre de St-Jean de Jérusalem, Hugues de COMMIERS, sgr de *Séapis*, Antoine ALLEMAN, sgr de St-Georges, Henry ALLEMAN, sgr d'Allières, etc...

[2] [Guy-Allard dit à tort qu'il mourut en Palestine, et le marque comme seul frère de Jean, époux de Béatrix de MÉVOUILLON, à qui il donne ensuite pour enfants un autre *Henry* et Siboud, év. de Grenoble. En réalité, ces deux *Henry* n'en forment qu'un, frère de Siboud, et tous deux fils de Jean, mais de sa 1re femme, Sibille de BEAUMONT, et non de la 2e, Guigonne de COMMIERS, seule rapportée par Guy-Allard. Cela résulte spécialement d'une sentence de l'official de Grenoble, du 11 avril 1495 (Arch. de Condé, D. Villevieille, I, 264).]

[3] Arch. de Condé (D. Villevieille, I, 253).

[4] Arch. de Condé (D. Villevieille, I, 254).

[5] Arch. de Condé (D. Villevieille, I, 243).

E. Claude, nommé en l'acte du 17 janv. 1450] ;

F. Charles, sgr de Séchilienne, Laval, St-Jean-le-Vieux, etc...; acheta la terre de Séchilienne de Jacques ALLEMAN, sgr de Montfrin, son cousin [et en solda le prix, le 13 nov. 1494[1]] ; fit son test., le 25 avril 1495, [par lequel il élit sa sépulture au prieuré de St-Martin-de-Séchilienne ; lègue l'usufruit de Laval-St-Étienne à sa femme ; fait des legs à ses deux filles ; lègue St-Jean-le-Vieux et la succession de Pierre ODIBERT à Laurent ALLEMAN, son fils ; Séchilienne et Laval, à son fils aîné, Charles ; leur substituant Jacques ALLEMAN-Albaron, sr de Lers, Guy ALLEMAN, sr de Champs, et Guigues ALLEMAN, sr d'Uriage, puis enfin Jacques de BEAUMONT, son oncle, sr de St-Quentin] ; fut tué à la bataille de Fornoue, le 6 juil. 1495, et enseveli à Grenoble, en l'église des Cordeliers, fondée par ceux de sa maison. Il avait ép. [Marguerite RICHARD de S-Priest[2]] ;

d'où : *a.* Charles, sgr de Séchilienne, Albigny, Bellechambre, Bully, Laval, Lumbin, Orille, la Terrace, etc... ; rendit hommage, le 27 fév. 1517 ; lieut. au gouvernement de Dauphiné, par lettres données à St-Just-sur-Lyon, en 1524 ; [chev. des ordres du Roi] ; mourut avant le 5 juin 1544[3]. Il avait ép. Anne de TAULIGNAN, dame d'Albigny et de la Terrace ;

d'où : *aa.* Laurent ; S. A. ;

bb. Guigonne [fit son test., le 20 (ou 28) mars 1573[4], par lequel elle lègue à sa fille aînée, Laurence de SIMIANE]. Elle avait ép., en premières noces, Guillaume d'ANCEZUNE [fils de Aimar, sgr de Caderousse, et de Nicole CADART ; S. P.] ; et, en deuxièmes noces [en 1551], Bertrand-Rambaud de

---

[1] Arch. de Condé (D. Villevieille, I, 262).

[2] Arch. de Condé (D. Villevieille, I, 262). [Elle eut d'abord la tutelle de ses enfants mineurs à la mort de leur père, mais elle se démit bientôt de cette charge qui fut acceptée par Laurent ALLEMAN, év. de Grenoble, leur oncle, et Claude ALLEMAN, sgr de la Balme, fils de Guy, sgr de Champs, le 10 oct. 1498 (arch. de Condé, D. Villevieille, I, 265) ; reçut en douaire la terre de Séchilienne, le 26 oct. 1498, à la place de celle de Laval-St-Étienne, que f. son mari lui avait attribuée dans son test. (Armes : *d'azur à trois quintefeuilles d'argent*). Guy-Allard nomme la femme de Charles ALLEMAN, Catherine de LAUDUN. Y aurait-il là un 1er ou un 2e mariage ?]

[3] Hommage prêté par sa femme, veuve.

[4] F. Guigues, not. (Pr. de M. MORETON de Chabrillan, 1684).

SIMIANE[1] [fils d'autre Bertrand-Rambaud, bar. de Gordes et Cazeneuve, et de Pierrette de PONTEVÉS-Cabanes] ;

b. Laurent, év. de Grenoble [en 1518, abbé de St-Saturnin de Toulouse ; fit son test., le 14 sept. 1559[2], par lequel il institue pour héritière sa nièce, Laurence de SIMIANE de Gordes[3], et mourut le 5 sept. 1561] ;

c. Madeleine [*(alias* Marguerite), mourut vers 1516[4]. Elle avait ép., le 8 mai 1504, Amblard de BEAUMONT, fils de Aymon, sgr de Montfort, et de Girarde CASSARD] ;

d. Hélène [reçut 400 écus d'or sur sa dot, le 25 oct. 1496]. Elle avait ép., [en premières noces, suiv. contrat dudit jour], Humbert ALLEMAN [fils d'*autre* Humbert, sgr d'Allières, et de Marie GRINDE] ; et, en deuxièmes noces, Georges de St MARCEL d'Avançon ;

G. [Aymar, nommé à l'acte du 17 janv. 1450] ;

H. Laurent [abbé de St-Saturnin (dit *St-Sernin)* de Toulouse], év. de Grenoble [en 1477 ; transféré à Orange, en 1479 ; redevint év. de Grenoble, par bulles données à Rome, le 8 des ides de mars 1483 ; fit son entrée solennelle, le 14 août 1484 ; abbé de St-Martin-de-Miseré ; corrigea le rituel du diocèse ; institua, à Grenoble, la fête de l'immaculée Conception ; fut tuteur des enfants de Charles ALLEMAN, son frère ; paya, pour leur compte, le 8 juil. 1500[5], la somme de 1.600 fl. d'or que leur père devait à Guillaume ARTAUD, sgr de la Roche-sur-Buys ; fut désigné par le Pape pour faire enquête sur les vertus de St François de SALES ; en envoya le procès-verbal, le 1er juin 1516 ; fit son test., en 1518 ; se démit de son évêché, la même année, en faveur de son neveu Laurent ALLEMAN, et mourut peu après] ;

I. Hélène [reçut en payement sur sa dot, 40 fl. et 30 écus, le 2 fév. 1467[6] ; 250 fl., le 13 oct. 1485[7] ; 77 écus d'or et 15 gros,

---

[1] [Mourut en 1578. C'est par l'effet de ce mariage que Guigonne, étant restée la dernière de sa branche, en porta les titres dans la famille de SIMIANE, d'où ils sont venus chez les BOURBON-Condé par les LA TOUR d'Auvergne-Bouillon et les ROHAN-Soubise.]

[2] Pascal, not..

[3] Épouse de Rostaing d'URRE.

[4] P. Anselme, IX *(P. de Courcy, 2me P.*, 261).

[5] Arch. de Condé (D. Villevieille, I, 260).

[6] Arch. de Condé (D. Villevieille, I, 259).

[7] Arch. de Condé (D. Villevieille, I, 261).

le 10 fév. 1490[1]. Elle avait ép. Aimon du TERRAIL [fils de Pierre, sgr de Bayard, et de Marie de BOCSOZEL[2]] ;

J. Catherine, ép. Pierre (*alias* François) de MONTFORT[3] ;

K. [Marie, nommée en l'acte du 17 janv. 1450] ;

3. Sibeud [prieur de St-Donat, chan., doyen du chapitre de Grenoble ; obtint, le 30 juin 1444[4], avec son frère Henry et son neveu Guillaume, fils et héritier de Jean, contre François de BEAUMONT, sgr de la Frette, et Aynard de BEAUMONT, sgr de St-Quentin, le payement de 937 fl., dus sur la dot de f. Sibille de BEAUMONT, leur mère et aïeule ; fit passer accord, en 1447, entre Antoine ALLEMAN, sgr de St-Georges, de la branche de Champs, Aimon ALLEMAN, sgr de Champs, neveu dudit Antoine, Henry ALLEMAN, csgr de Laval-St-Étienne, frère dudit Sibeud, Boniface et Soffrey ALLEMAN, frères, fils de f. Jean, sgr d'Uriage, portant que les filles seraient exclues de l'héritage de leur famille, et qu'à défaut de mâle de leur sang, le dernier se choisirait un héritier mâle étranger, à la charge de porter le nom et les armes d'ALLEMAN[5] ; obtint, pour son frère Henry et pour son neveu Guillaume ALLEMAN, un bref du Pape, donné à Rome le 5 des ides d'août 1448[6], portant permission d'avoir des autels domestiques] ; nommé évêque de Grenoble, vers 1454[7] ; convoqua, le 1er mai 1455, dans son palais épiscopal, tous les membres de la maison ALLEMAN, et leur fit jurer et souscrire des accords par lesquels il fut convenu, entre autres, que toutes les branches de la famille porteraient pour armes, celles de la branche de Valbonnais[8] [donna, le 12

[1] Arch. de Condé (D. Villevieille, I, 262).

[2] D'où : le célèbre chevalier *Bayard*.

[3] [Il est probable qu'ils eurent une fille mariée à Pierre ODEBERT (*alias* ODOBERT), car ce Pierre ODEBERT, faisant son test. en juin 1473, déclare avoir reçu de Pierre de MONTFORT, 300 écus, provenant de la dot de Catherine ALLEMAN, femme de ce dernier ; institue pour héritier, Jacques de BAUX, fils d'Alix ODEBERT, sa sœur, et Amédée de BAUX, leur substituant Charles ALLEMAN, fils d'Henry, en présence d'Aimon et Guigues ALLEMAN, sgrs de Revel.]

[4] Arch. de Condé (D. Villevieille, 255).

[5] Cet acte fut déposé, le 1er déc. 1447, en la chancellerie du Parlement de Grenoble. Laurent ALLEMAN, év. de Grenoble, neveu de Sibeud, en fit extraire, en 1509, une copie authentique sur parchemin, qui vint aux arch. de Condé (D. Villevieille, I, 257).

[6] Arch. de Condé (D. Villevieille, I, 257).

[7] [*Gallia Christiana*, XVI, 252, A. Son prédécesseur mourut en 1450.]

[8] *De gueules semé de fleurs de lys d'or, au bâton d'argent brochant sur le tout.* Étaient présents : 1. Guillaume, bar. d'Uriage ; 2. Antoine, sgr de St-Georges ; 3. Aimon, sgr de Revel ; 4. Henry, sgr de Laval-St-Étienne ; 5. Soffrey, bar. de Châteauneuf ; 6. Aimon, sgr de Champs, Taulignan, Gières, Rochepaviot, Bécone ; 7. Jean, sgr de Séchilienne, chan. de Grenoble ; 8. Sibeud, des bar. d'Uriage ; 9. Guillaume, sgr de Séchilienne, Lers, bar. de Montfrin, Sérignan, Rochefort, Beaulieu ; 10. Boniface, bar. d'Uriage ; 11. Jean, sgr d'Essirier, Cormont, Voserier ; 12. Odon, sgr d'Allières et de Cognet ; 13. Guy, sgr de Marieu ; 14. Louis, fils aîné du sgr de Séchilienne, sgr de Ruinat, St-Gervais, Montrocher. Les autres ALLEMAN de

oct. 1465[1], à l'église cathédrale de Fréjus, 100 fl. de Dauphiné, valant 80 fr. provençaux, à 16 gros chacun, pour 7 chandeliers d'or et pour la bâtisse d'un clocher, que Jean ARDISSON, chan., faisait construire en la cathédrale de cette ville, et mourut le 20 (ou 29) janv. 1477 ;

4. Briande, eut en dot 1.500 fl. qui lui furent assurés, avant mariage, par son père, suiv. acte du 21 fév. 1419[2], portant renonciation à ses droits sur les héritages de ses père et mère, sauf ceux qu'elle avait à prétendre sur l'héritage de Polie, son aïeule maternelle ; 200 fl. en acompte lui furent payés par son père, le 27 fév. 1419[3] ; et encore 100 fl., le 2 juin 1420[3] ; puis 30 écus d'or, le 5 mai 1423[4] ; encore 30 écus d'or, le 1er juil. 1429[4] ; 40 écus, le 4 août 1442[5] ; 200 fl., le 14 juil. 1444[6] ; 100 fl., le 5 avril 1449[7] ; et le solde, le 29 mai 1450[7]. Elle avait ép. Guigues de COMMIERS, sgr de St-Jean-le-Vieux[8] ;

et du 2e lit,

5. Raoul, voulant entrer dans l'ordre de St-Jean-de-Jérusalem, fit donation de tous ses biens, droits et actions à son frère Henry, le 9 fév. 1441[9] ;

6. Catherine, destinée à la chartreuse de Prémol].

XV. Jean ALLEMAN, sgr de Séchilienne, esgr de Laval-St-Étienne ; prêta hommage, les 17 juin 1417 et 14 août 1421 [fit son test., à Séchilienne, le 23 mars 1424[10], par lequel il élit sa sépulture à Séchilienne, assigne un douaire à sa femme, institue pour héritier l'enfant qu'elle porte, si c'est un mâle, lui substituant (si c'est une fille, à laquelle il déclare léguer 2.000 fl.), Henry ALLEMAN, son frère, puis Raoul, son autre frère ; nomme tuteur de son enfant, Sibeud ALLEMAN et ledit Henry, ses frères ; reçut, le 6 oct. 1423[11], d'Avalon RICHARD, donation de la moitié de tous les biens que ce dernier possédait au

---

cette époque qui n'assistèrent pas à la réunion étaient : 1. Jean, sgr de Rochechinard ; 2. Aimon, sgr d'Écloso ; 3. Charles, des sgrs de Rochechinard ; 4. Antoine, prieur de Romette ; 5. Antoine, prieur de Carcassone ; 6. Henry, prieur de Bernin ; 7. Claude, prieur de St-Michel-de-Connexe ; 8. Charles, chan. de Romans ; 9. Claude de Vizille, des sgrs de Rochechinard ; 10. Humbert, des sgrs de Rochechinard.

[Le procès-verbal de cette assemblée avait été transcrit sur un tableau, dans le château de Demptezieu, où il est resté jusqu'après la Révolution. Depuis lors, M. le mis de RIGAUD en a fait l'acquisition, et l'a fait transporter dans son château de Montcarra, où il se trouve encore de nos jours. M. Louis Fochier en a reproduit le texte en traduction (*Recherches historiques sur les environs de Bourgoin*, 1865, in-12, p. 24).]

[1] Arch. de Condé (D. Villevieille, I, 259).
[2] Arch. de Condé (D. Villevieille, I, 249).
[3] Arch. de Condé (D. Villevieille, I, 252).
[4] Arch. de Condé (D. Villevieille, I, 253).
[5] Arch. de Condé (D. Villevieille, I, 254).
[6] Arch. de Condé (D. Villevieille, I, 255).
[7] Arch. de Condé (D. Villevieille, I, 258).
[8] Mourut avant le 1er mai 1438 (D. Villevieille, 254) ; ép. d'où : Anne, Claude de COMMIERS, fils de Jean.
[9] Arch. de Condé (D. Villevieille, I, 254).
[10] Arch. de Condé (D. Villevieille, I, 253).
[11] Arch. de Condé (D. Villevieille, I, 252).

mandement d'Oysans[1], mourut avant le 24 déc. 1443[2]]. Il avait ép. [vers 1424], Béatrix de Mévouillon, fille de Guillaume, sgr de Pomet et de Valberet, sénéchal de Beaucaire, et de Louise Grimaldy, sa 1re femme ;

d'où : 1. François, sgr de Séchilienne, vivait en 1444. Il avait ép. Marie de Cordon[3] ; S. P. ;
2. Guillaume, dont l'article suit ;
3. Jean, chan. de Grenoble.

XVI. Guillaume Alleman (dit *Gorgias)*, sgr de Séchilienne, Beaulieu, Lers[4] [Mévouillon], Montfrin, Rochefort, Sérignan, etc... [obtint sentence, le 24 déc. 1443[5], comme héritier de f. son père Jean] ; vivait en 1455 [et mourut avant le 31 déc. 1485]. Il avait ép. [Clémence de Laudun-Baux]-Albaron[6], dame de Lers [Montfrin, Rochefort, fille d'Albaron, sgr de Sérignan, et de Marcelle Brancas de Villosc[7]] ;

d'où : 1. Louis, sgr de Ruinat, St-Gervais, Montrocher [Lers, Montfrin, Rochefort, etc...; rendit hommage, le 10 fév. 1480, et fit son test., le 13 août 1490] ; S. P. ;
2. Jacques, dont l'article suit ;
3. [Béatrix, reçut pour sa dot 4.000 l. de son frère Louis. Elle avait ép., suiv. contrat passé à Grignan, le 31 déc. 1485, Bertrand Adhémar, sgr d'Aps, Marsanne, etc..., fils de Giraud, bar. de Grignan, et de Blanche de Pierrefort[8] ;
4. Gabrielle[9], ép., en premières noces, Pierre de Chameire, sgr dudit lieu et de la Motte-Dex ; et, en deuxièmes noces, suiv. contrat du 1er fév. 1494, Pontus de St-Amour, sr de Foncraine ;

---

[1] Arch. de Condé (D. Villevieille, I, 261). Après leur mort, il y eut à ce sujet procès entre les fils de Guillaume Alleman, sgr de Séchilienne, lui-même fils et héritier dudit Jean, représentés par Sibeud Alleman, év. de Grenoble, leur oncle, d'une part, et Jean Alleman de Rochechinard, héritier dudit Avalon Richard, d'autre part. Ce procès fut terminé suivant sentence arbitrale prononcée par François Chautarelli, Antoine Arrineti, Michel Casfardi, Antoine d'Avallon et Aimon Alleman, sgr de Champs, le 21 avril 1483, à la requête des héritiers dudit Jean Alleman, sgr de Rochechinard ; Louis Alleman, sgr de Séchilienne, ratifia cette sentence et promit de la faire ratifier à son frère Jacques, ce que ce dernier fit le 11 mai 1487.

[2] Arch. de Condé (D. Villevieille, I, 255).

[3] [Armes : *écartelé d'argent et de gueules* (R. de la Bâtie, 172).]

[4] Dioc. d'Avignon.

[5] Arch. de Condé (D. Villevieille, I, 255).

[6] Constitua, le 13 mars 1459 (Pierre de Blengeriis, not. à Avignon), avec son mari, à sa sœur Colette de Laudun, une dot de 6.000 fl. d'or d'Avignon, de 24 sous la pièce, dans le contrat de mariage de celle-ci avec Claude Flotte, sr de la Roche-des-Arnauds, et obtint d'elle renonciation aux biens de leur père et mère, le 9 juil. 1459 (Pierre de Blengeriis, not. à Avignon, aux écritures de Vignon, en 1784 ; *Curel*, 387) ; fit son test., le 18 oct. 1479, dans lequel elle nomme ses deux fils.

[7] Pithon-Curt. IV, 323.

[8] Lacroix, *Arr. de Mont.*, V, 80, Fillet, *Bulletin de la société... de la Drôme*, XV, 121.

[9] Le Laboureur, *Masures de l'île Barbe*, II, 203.

5. Philippe[1], ép. *N...;*
Guillaume eut en outre un fils naturel ;
Claude, reçut de son frère Jacques ALLEMAN, le 23 nov. 1498[2], la somme de 50 écus de 35 gros pièce, des mains de Laurent ALLEMAN, év. de Grenoble].

XVII. Jacques ALLEMAN [de Laudun-Baux-Albaron], sgr de Séchilienne, Lers, Montfrin, Rochefort, etc...[3] [héritier de son frère Louis ; servit dans l'arrière-ban de la sénéchaussée de Beaucaire, sous Étienne de VESC, qui lui en délivra certificat, le 4 janv. 1491 ; avait, ainsi que Charles ALLEMAN, esgr de Laval et de St-Jean-le-Vieux, fils d'Henry et cousin issu de germain de Jacques, un procès avec Claude de BEAUMONT, sgr de la Frette, et Aymar de BEAUMONT, sgr des Adrets, à la suite duquel intervint une sentence de l'official de Grenoble, du 11 avril 1495[4] ; passa, le 28 nov. 1498[5], obligation de 100 écus royaux à Laurent ALLEMAN, év. de Grenoble, et fit son test., le 5 mai 1505[6]. Il avait ép.[7], à Avignon, dans le palais des Papes, le 13 mai 1492, Marguerite GUILHEM de Castelnau[8], fille de Tristan, sgr de Clermont-Lodève, et de Catherine d'AMBOISE de Chaumont[9] ;
d'où : 1. Louis, mourut en bas âge ;
2. Clément, dont l'article suit ;
3. Charles ; S. A. ;
4. Béatrix (dite *Louise)*, dame de Lers, Montfrin, Rochefort, ép. Bertrand d'ARPAJON, sgr de Montredon, fils de Guy, v[te] de Lautrec, et de Marie d'AUBUSSON[10] ;

---

[1] Le Laboureur, *Masures de l'Ile Barbe*, II, 203.

[2] D. Villevieille, I, 265.

[3] [Il prit en écartelure les armes de sa mère: *d'azur au lambel d'or.*].

[4] On y voit : 1° que Jean ALLEMAN de Séchilienne, époux de Sibille de BEAUMONT, eut pour fils : A. Jean, sgr de Séchilienne, père de Guillaume ; d'où : Louis et Jacques ; ce dernier héritier de son frère Louis, décédé ; S. P. ; B. Sibeud, év. de Grenoble ; C. Henry, père de Charles ; 2° que François de BEAUMONT testa le 18 mai 1417, instituant héritier : A. Artaud de BEAUMONT, son fils, pour le château de la Frette (mandement de la Buxière), père (par Antoinette de la Baume, dame des Échalles et de Tallin), de : *a*. François de BEAUMONT, sgr de la Frette (père de Claude) ; *b*. Artaud, sgr des Échalles et de Tallin ; *c*. Aymar (qui laissa pour héritier ses frères François et Artaud) ; et, *d*. Aimon, mort intestat ; B. Aymar, son autre fils, pour le château des Adrets, père d'Aymar et de Jacques, sgrs de St-Quentin (Arch. de Condé, D. Villevieille, I, 264).

[5] Arch. de Condé (D. Villevieille, I, 265).

[6] Pithon-Curt, IV, 323.

[7] [Guy-Allard se trompe en lui donnant pour femme une GOMBERT, dont il ne marque pas le prénom.]

[8] Mourut au château de Montfrin, le 13 mai 1545, et fut ensevelie, cinq jours après, aux Célestins de Chantilly, près Sorgues.

[9] Assista, le 19 juil. 1529, au contrat de mariage de sa petite-fille Madeleine ALLEMAN.

[10] Leur fils ép. Marguerite de LÉVIS, qui, ayant survécu à ses enfants, hérita de leurs biens (Pithon-Curt, IV, 323).

5. Madeleine, eut en dot 6.000 l. t., une chaîne d'or de 180 ducats, etc... Elle avait ép., à Avignon, suiv. contrat du 19 juil. 1519, passé dans le palais des Papes, en présence de François CLERMONT de Lodève, cardinal légat d'Avignon, son oncle, Louis de MONTEYNARD, sgr de l'Argentières, etc..., fils de Hector, sgr de Chalançon, et de Marguerite de MONTFERRAT ;
6. Catherine, ép., le 19 sept. 1524, Guillaume de la BAUME[1], fils de Pierre, sgr de Suze, et de Françoise ALOYS de Vassieux.

XVIII. Clément ALLEMAN de Laudun-Baux-Albaron, sgr de Lers, Montfrin, Rochefort, etc...; transigea, le 4 août 1508, avec Antoine et Raimond CALVIÈRE, ses vassaux de Montfrin, et mourut en 1530. Il avait ép. Françoise de POLIGNAC[2], fille de Guillaume-Armand, et de Marguerite de POMPADOUR ; S. P..

BRANCHE

DES SEIGNEURS D'URIAGE ET DE REVEL

VIII. Guigues ALLEMAN, sgr d'Uriage, fils puiné d'Odon, sgr d'Uriage et de Champs, paraît dans des actes de juin 1202[3] et d'oct. 1225[4] ;

d'où : 1. Guigues, sgr d'Uriage, fit son test., le 15 des cal. de juil. 1275[5], dans lequel il nomme ses frères Perron et Odon, sa femme et ses enfants. Il avait ép. Alix *N...*;

d'où : A. François, sgr d'Uriage, vivait en 1275. Il avait ép. [vers 1279], Laurette (*alias* Giraudette) ADHÉMAR, fille de Giraud, sgr de Monteil, Rochemaure, etc..., et de Tiburge AMIC de Sabran ;

d'où : *a*. François, sgr d'Uriage, prêta hommage, le 21 avril 1307 ; S. P. ;

b. Jean, prévôt de l'église collégiale de St-André, en 1315 ;

c. Jacques, sgr d'Uriage [après son frère, fit un codicille, le 5 mars 1327[6], par lequel il institue pour héritier Jean ALLEMAN, sgr de Revel, son cousin issu de germain, et lègue à Sibeud ALLEMAN, fils de Jean, sgr de Séchilienne, et mourut peu après] ;

d. Guillaume, sgr du Molard ; S. P. ;

---

[1] Fit son test., le 23 juil. 1550.

[2] Ep., en deuxièmes noces, le 26 sept. 1532, Jean de POITIERS, sgr de St-Vallier.

[3] Ruffi, *Hist. de Marseille*.

[4] Renonciation par André, c^te d'ALBON, au duché de Bourgogne.

[5] Chorier.

[6] Arch. de Condé (D. Villevieille, I, 236).

B. Perronet, moine ;
C. Aimon[1] ;
D. Guionnet ;
E. Catherine, ép. Guillaume ARTAUD, sgr d'Aix ;
F. Bérengère ;
G. Béatrix ;
H. Agnès, chartreuse au monastère de Prémol ;
I. Anglès, chartreuse au monastère de Permagne[2] ;
2. Perron, dont l'article suit ;
3. Odon, moine ;
4. Sicard, témoin le 5 des ides d'avril 1239[3].

IX. Perron ALLEMAN, sgr de Revel ;
d'où : 1. Sibeud, dont l'article suit ;
2. Jacques, chan. de Genève ;
3. Guillaume, recteur de St-André de Grenoble.

X. Sibeud ALLEMAN, sgr de Revel, donna, en 1291, la sgrie de Murianette à l'év. de Grenoble ; prêta hommage, en 1307 ; fit son test., le 1er mai de la même année [reçut, le 29 juin 1309[4], de Odon GUIFFREY, fils de Jean, abandon de tous ses droits sur la succession d'Émeric GUIFFREY, de Morestel, dans le mandement de Revel, et les possessions du cte de Genève, au Graisivaudan, ledit Odon en ayant reçu payement et approuvant diverses ventes faites à Sibeud par Perronet GUIFFREY] ;
d'où : Jean, dont l'article suit.

XI. Jean ALLEMAN, sgr de Revel et d'Uriage, héritier de Jacques ALLEMAN, sgr d'Uriage, son cousin issu de germain ; vit cet héritage confisqué par le Dauphin, mais en reçut restitution, le 21 janv. 1328, et en prêta hommage ;
d'où : 1. Odon, sgr de Revel et d'Uriage, prêta hommage en 1350 ; S. P. ;
2. Sibeud, dont l'article suit ;
3. André, sgr de Molard ;

[1] [C'est peut-être lui qui fut moine à l'Isle Barbe, en 1292, et que Le Laboureur dit fils de François, sgr d'Uriage, et de Giraudette ADHÉMAR. Il serait alors frère, et non fils de ce François ALLEMAN].

[2] Près Tullins.

[3] Du Chesne, *Généal. des Ctes de Valentinois* [le P. Anselme parle (II, 364, B), d'un Sicard ALLEMAN, sgr de St-Sulpice, au dioc. de Toulouse, dont le fils Sicard, marié avec Béatrix de LAUTREC (II, 353, E), eut pour fille Alix (passa transaction, le 15 mai 1282), épouse de Amalric vte de LAUTREC, fils de Sicard et d'Agnès de MAUVOISIN. D'un autre côté, on trouve (Raymond Olivier, not. au comtat Venaissin, *M. de la N. de P.*, 87), un Sicard ALLEMAN, décédé avant le 6 déc. 1283, qui avait ép. Béatrix de MÉVOUILLON.]

[4] Acte passé à Goncelin (Morin-P., 493).

4. Alix (*alias* Alexie), était veuve en 1362. Elle avait ép. Louis de la POYPE, sgr de St-Julien [fils de Guillaume et de Béatrix de PALAGNIN][1].

XII. Siboud ALLEMAN, sgr de [la Motte], Ratier, Revel, Uriage, etc... ; prêta hommage, les 7 janv. 1334 et 22 déc. 1361 [passa transaction, le 10 avril 1374[2], comme tuteur de Aynarde de PORTA-TRIONIA, fille et héritière universelle de f. Boson, avec Gillet, jadis appelé de *Lancio*, actuellement de *Porta-Trionia*, par l'entremise de Jean BERENGER, sgr de Morges, etc...; donna des biens à cens, le 7 nov. 1375[3]; passa transaction, le 3 déc. 1367[4], avec Marguerite de ROCHEFORT, sa nièce[5], fille de Humbert, sgr de Pellafol, et d'Aliénor ALLEMAN et fit son test., le 2 juin 1377. Il avait ép.[6] Jourdaine MORGES] ;
d'où : 1. Guigues, dont l'article suit ;

2. François, religieux de St-Antoine, rendit hommage, en 1415, pour Ratier, dont il avait l'usufruit ;
3. Jean, sgr de Ratier et Revel, prêta hommage, le 18 juin 1375, et fit héritier son frère Guigues ;
4. Isabelle, ép. Jean BÉRENGER, sgr de Gua [*probab.* fils de Rodolphe et de Marguerite de GONCELIN] ;
5. Françoise.

XIII. Guigues ALLEMAN, sgr d'Uriage et de Revel ; fit hommage, les 23 oct. 1377 et 27 mai 1379 ; fit son test., le 28 juil. 1394[7], par lequel il [institue pour héritier son fils Jean, lègue Revel à son fils Guigues et] nomme sa femme. Il avait ép. [suiv. contrat du 4 juin 1383[8]], Anne[9] de CHATEAUNEUF de l'Albenc[10], fille de Bertrand[11] et de *N*... de CLERMONT ;
d'où : 1. Jean, dont l'article suit ;

---

[1] [Le Laboureur, qui donne cette filiation, se trompe en disant que Jean ALLEMAN, père d'Alexie, était fils de François, sgr d'Uriage, et de Giraudette ADHÉMAR. Il donne à ce même Jean un frère, *Aimon*, religieux à l'Isle-Barbe, en 1292, à l'occasion duquel la généalogie de la famille ALLEMAN se trouve dans les *Masures de l'Isle-Barbe*. Nous croyons plutôt, comme nous l'avons marqué ci-dessus, p. 211, que cet *Aimon* est fils de Guigues, sgr d'Uriage, et de Alix *N*...]

[2] Arch. de Condé (D. Villevieille, I, 242).

[3] Acte passé à la Combe-de-Lancey (Morin-P., 503).

[4] Humbert Granet, not. à Grenoble.

[5] V. ce qui a été dit ci-devant, p. 188, au sujet de cette parenté.

[6] Le Laboureur, *Masures de l'Isle-Barbe*, II, 293. Si cette alliance est véritable, elle détruit l'explication proposée par nous ci-dessus, p. 188, de la parenté entre Marguerite de ROCHEFORT et Siboud ALLEMAN ; à moins toutefois que, par un autre mariage, ce dernier eut effectivement épousé une ROCHEFORT.

[7] Morin-P., 534.

[8] Moulinet, *Généal.* MORARD *d'Arces* (arch. Morin-P.).

[9] Le Laboureur la nomme à tort *Agnès*. Elle était sœur de François de CHATEAUNEUF, qui mourut intestat ; S. P.

[10] Armes anciennes : *d'argent au chef de gueules ;* modernes : *d'or à trois potences (ou béquilles de St-Antoine) d'or posées 2 et 1* (alias *d'or à trois potences de sable, au chef de gueules).*

[11] Testa en faveur de Jean et Aimonette ALLEMAN, ses petits enfants.

2. Guigues, sgr de Revel ; S. P. ;
3. Aimon, ecclésiastique, légataire de son père, en 1394, pour 2 500 fl. ;
4. Aimonette [dame de St-Quentin, passa, avec son frère, le 7 août 1425[1], une transaction qui lui attribua pour reste de sa dot le château de St-Quentin. Elle avait ép., suiv. contrat du 5 juil. 1413[2], Aynard de BEAUMONT, sgr des Adrets, fils de François, sgr de la Frette, et de Polie de CHABRILLAN[3]] ;
5. Guigonne, ép. Antoine [de la TOUR, sgr] de Chandieu.

XIV. Jean ALLEMAN, sgr d'Uriage, Châteauneuf-de-l'Albene, la Combe, Lancey, Revel, St-Quentin, etc... ; prêta hommage, le 16 janv. 1400, étant sous la tutelle de Guigues ALLEMAN, sgr de Champs ; assista à la bataille d'Azincourt (1415) ; prêta un nouvel hommage, le 17 juin 1417, où sont rappelés son père, son aïeul et son bisaïeul ; hérita de Châteauneuf par le décès de François de CHATEAUNEUF, frère de sa mère [et en suite de transaction du 7 août 1425, passée[4] avec sa sœur Aimonette, au sujet de cet héritage et de celui de Bertrand de CHATEAUNEUF, leur aïeul] ; fit son test., le 11 mars 1438[5] ; [donna quittance, le 13 oct. suivant[6], à Jean GRINDE, sgr de Miribel, Château-Bernard, etc..., de 500 fl. d'or et 2 écus de France, de 64 au marc, valant 3 fl., pour la dot de sa belle-fille Claudie GRINDE, femme de Soffrey]. Il avait ép., en premières noces, Bonne de CHALANT[7], fille de Boniface, sgr de Fenis, et de Françoise de ROUSSILLON[8], dame de Montbreton ; et, en deuxièmes noces, le 8 déc. 1422[9], Catherine de SAVOYE[10], fille d'Humbert, sgr d'Arvillars, Éclose, Lorme, etc..., et de Catherine des CLEFS[11] ;
d'où : du 1er lit,

1. Guigues[12], csgr d'Uriage, ép. Claudine de GROLÉE, fille d'Imbert et de Béatrix LAURE ; S. P. ;

---

[1] Morin-P., 504.

[2] N..., not. à Grenoble.

[3] D'où : 1. Polie ; 2. Clauda, religieuses à Soyons, cédèrent, le 15 déc. 1475 (sous l'autorisation de Lionette de CRUSSOL, abbesse de Soyons), leurs droits patrimoniaux à Jacques de BEAUMONT, leur frère (Morin-P., 511).

[4] Par les soins de : Antoine de SASSENAGE, v^te de Tallard, Charles de CLERMONT, sgr de Vaulserre ; Humbert de GROLÉE, sgr d'Illins ; Étienne GUILLON, docteur ; et sous l'arbitrage de : Soffrey (MORARD ?) d'Arces, chev. ; Antoine ALLEMAN, sgr de St-Georges ; Eymar de BELLECOMBE, sgr du Touvet ; François de BEAUMONT, sgr de la Frette (Morin-P., 504).

[5] Le Laboureur donne à ce test. la date de 1446 (peut-être en est-ce un autre), et dit qu'il attribuait Uriage à Guigues, fils aîné, et Châteauneuf à Boniface et Soffrey, autres fils.

[6] Passée à Revel, devant n. Jacques BOMPAR, etc... (Morin-P., 505).

[7] Armes : *d'argent au chef de gueules à la cotice de sable brochant sur le tout.*

[8] Fille de Jacques, sgr de Tullins.

[9] Au château de Lorme.

[10] Armes de Savoye : *brisé sur la croix de cinq têtes de léopard de sable.*

[11] Fille de Albert, sgr de Laval.

[12] Le Laboureur dit à tort que Jean n'eut de son 1er lit qu'un fils unique : *Guy*, mort en bas âge.

2. Boniface, sgr de [Châteauneuf], Revel, Uriage, etc... [reçu chan. c^te de Lyon, en 1426 ; quitta l'état ecclésiastique ; fut maître d'hôtel de la Dauphine, et succéda à son frère Soffrey dans la part que celui-ci avait à Châteauneuf. Il avait ép. [en 1440], Claudine d'HOSTUN[1] [fille de Antoine, sgr de la Baume, et de Pauline de BESSEY] ;

d'où : A. [Bonne, reçut de ses oncles Aimon (*alias* Aimé) et Guigues ALLEMAN, 1.060 fl. d'or, à-cpte de sa dot, le 24 fév. 1462. Elle avait ép., suiv. contrat du 25 (ou 29) fév. 1462, Lantelme de MONTEYNARD[2], fils de Raymond, sgr dudit lieu, et de Marie d'ARCES, sa première femme ;

B. Amédée, céda Uriage à Aimé et Guigues ALLEMAN, ses oncles consanguins. Elle avait ép. Gabriel GRINDE ;

C. } D. } trois autres filles[3] ; E. }

3. Soffrey, sgr d'Uriage, Châteauneuf-de-l'Albenc, Tullins, etc... [chambellan du Roi, lieut. et maréchal en Dauphiné ; fit donation, le 17 mars 1468[4], à Jacques BÉRENGER de Sassenage, sgr de Montelier, et à Jeanne de COMMIERS, sa femme, de tout ce que cesdits époux reçoivent des biens par eux acquis de Antoine BOLOMIER, à Montelier; paya, le 1er mars 1469[5], au couvent des Franciscains de Grenoble, 450 fl. d'or, comme procureur de Claudine d'HOSTUN, veuve de Boniface ALLEMAN, sgr d'Uriage, en suite de la donation faite audit couvent par Jacques d'HOSTUN, sgr de Claveson, et Jean, son frère, sgr de la Baume] ; maître d'hôtel du Roi Dauphin ; ambassadeur du roi Louis XI, à Rome [fit son test., le 14 déc. 1462[6], partant pour la Catalogne comme cap. de 100 lances, par lequel il veut que Henri de Champs, son neveu (?), soit traité comme son propre fils ; lègue à Claude de BEAUVOIR, sa femme, les château et mandement de Tullins sa vie durant en viduité ; rappelle le pacte du 19 sept. 1461, entre lui, d'une part, Aimon ALLEMAN, sgr de Revel, et Guigues ALLEMAN, ses frères, pacte rompu par ces derniers en son absence d'Uriage ; lègue Châteauneuf et Tullins à sa fille Louise, Uriage à sa fille Charlotte,

---

[1] Armes : *de gueules à la croix engrêlée d'or.*
[2] V. Lainé (VII, MONTEYNARD, 64), qui n'est pas d'accord avec Pithon-Curt.
[3] Selon Le Laboureur, qui ne les nomme pas, non plus que leurs sœurs. Peut-être une d'elles serait Anne ALLEMAN d'Uriage, que l'on trouve (vers 1484), épouse de Guigues de la TOUR-DU-PIN (*Artef.*, II, 451).
[4] Jante, not. (Arch. de la Drôme, E, 2512).
[5] Acte passé à Tullins, devant François de VIENNOIS, Jean VELLETON, etc...
[6] Gerenton de Jante, not. à Valence (Arch. de la Drôme, E, 2513).

100 écus à Hugues (*alias* Guigues) ALLEMAN, bâtard d'Uriage, son frère naturel]; mourut, en revenant d'Italie, en 1482, à Mortara, et fut enseveli à Grenoble, en l'église des Cordeliers [dans la chapelle et sépulture de ses parents]. Il avait ép., en premières noces, en 1438, Claudine GRINDE[1] [et, en deuxièmes noces, Claude de BEAUVOIR[2]];

d'où : A. Charlotte, dame de Châteauneuf[3], ép. Raynaud du CHATELET, sgr de Châteauneuf, lieut. et maréchal du Dauphiné[4];

B. Louise [eut en dot 10.000 fl., avec augment de 500 fl., outre 500 réaux pour bijoux, provenant des libéralités de Pierre de SEYSSEL, protonot. apostolique, chan. de Belley][5]. Elle avait ép. [suiv. contrat du 2 mars 1474[6], Jean de SEYSSEL], sgr d'Aiguebelette et Castilionnet, en Bugey;

4. Jean, tué à la bataille de Verneuil, en 1424;

et du 2e lit,

5. Aimon, csgr d'Uriage et Revel, fit payement à sa nièce Bonne ALLEMAN, le 12 fév. 1490, et fit son test., le 23 déc. 1484. Il avait ép., le 11 oct. 1452, Antoinette [RICHARD[7], fille de Gillet, sgr] de St-Priest; S. P.;
6. Guigues, dont l'article suit;
7. Sibeud, sr de Revel, prieur de St-Nizier [et de St-Donat][8];
8. Françoise, ép.[9] Antoine de la FOREST;
9. [Guigonne[10];

Jean ALLEMAN avait eu un fils naturel :

Hugues (*alias* Guigues), eut un legs de 100 écus au test. de son frère Soffrey du 14 déc. 1462[11]].

---

[1] [Armes : *d'azur à la bande componnée d'or et d'argent, accompagnée de trois croissants montant de même, les deux de la pointe posées en bande.*]

[2] François de BEAUVOIR, sgr de la Palu, et Amyhen de BEAUVOIR, sgr de Varassieu, ses frères, payèrent 500 écus d'or sur sa dot, le 15 fév. 1461 (Arch. de Condé, D. Villevieille, I, 259). Armes de BEAUVOIR la Palud : *écartelé d'or et de gueules à la bordure de sable.*

[3] Ses successeurs vendirent cette terre à Laurence de MONTEYNARD, dame de Polemieux.

[4] Assista au contrat de mariage de sa belle-sœur Louise ALLEMAN; d'où : 1. Antoine, père de : A. Pierre, père de : *a.* Charles; *b.* François; B. Philibert, père de : Marguerite, ép. François d'ANGLURE, sr de Comblans; 2. Jacques, père de : A. Reinaud; d'où : Claudine, dame de Remiremont; B. Antoine; d'où ; *a.* Philiberte, ép. Josis d'ANGLURES, sr d'Autricourt; *b.* Christine, ép. Maximilien de CHOISEUL.

[5] Représenté par Jean CHABOD, sgr de Lescherène.

[6] Fait à Voiron, chez François de VOUREY, devant Jacques de MONTHEL, Antoine BOLLIER, avocat fiscal de Savoie, Jacques de CLERMONT, sgr de Vausserre; Jacques de BEAUMONT, sgr de St-Quentin; Antoine de GROLÉE, sgr de Serre; Jacques de THEYS, sgr de Sillans, etc... (Morin P., 510).

[7] Reçut un legs au test. de son père du 30 mars 1456 (Arch. de Condé, D. Villevieille, I, 259).

[8] Arch. de la Drôme, E, 2297.

[9] Guichenon (*Hist. de Savoie*), et Le Laboureur disent qu'elle épousa François de VILLETTE (ou VILLOTTE), sgr de Chevron.

[10] D'après Le Laboureur.

[11] Arch. de la Drôme, E, 2513

XV. Guigues ALLEMAN, sgr d'Uriage, Châteauneuf, Molard, etc...; chambellan du Roi, se signala à la bataille de Montlhéry, et fit son test., le 2 mai 1496[1]. Il avait ép. [suiv. contrat du 23 avril 1462[2]], Marie GRINDE [dame du Molard, fille de Jean et de Polie de BRINE[3]];

d'où : 1. Soffrey, bar. d'Uriage, sgr de Châteauneuf, connu sous le nom de *Capitaine Molard* et compagnon de Bayard; lieut. au gouvernement du Dauphiné [fit ériger la sgrie d'Uriage en baronnie, en 1496 *(alias* fév. 1494); passa transaction, le 7 janv. 1497[4], avec ses frères Félix et Louis, par laquelle, en retenant la sgrie d'Uriage, il s'engagea à payer deux tiers des dettes de la succession de leur père]; fit son test., en 1512 [instituant pour héritier ses fils Philibert et Guillaume, leur substituant Félix ALLEMAN, son frère[5]]; fut tué à la bataille de Ravenne, en 1512. Il avait ép., le 18 janv. 1488, Jeanne [RICHARD[6]], fille de f. Louis, sgr de St-Priest, et de Isabeau de FRANCE[7];

d'où : A. Philibert, sgr d'Uriage; S. P.;

B. Guillaume; S. P.;

C. Isabelle [passa transaction, avec Gaspar ALLEMAN, sgr du Revel, son cousin, les 3 juil. et 6 août 1529[8]]. Elle avait ép. François [RICHARD] de St-Priest;

D. Marguerite [parut avec sa sœur à la transaction des 3 juil. et 6 août 1529. Elle avait ép.[9], en 1518[10], Jacques BÉRENGER de Sassenage, sgr de Vouray et la Bâtie-Champrond, fils de Louis, et de Anne de MONTLAUR];

2. Félix, dont l'article suit;

3. Louis, prieur commandataire de Domène et St-Nizier, reçut, en la transaction ci-dessus du 7 janv. 1497, une pension de 300 fl.;

4. Guigonne, abbesse des Haies, ordre de Citaux;

---

[1] Rollin, not. (*Pr. de M. Lacroix de Chevrières*, 1682).

[2] Témoins : Jean de MONTTUEL, cons. delphinal; François de CIZERIN, docteur; Guichard de MORGES; Eynard GUIFFREY; Raymond SAURET, sgr d'Aspremont, etc... (Morin-P., 507).

[3] Dot; le château du Mollard et la maison forte de Seyssins.

[4] Par les soins de Laurent ALLEMAN, év. et prince de Grenoble; François DUPUIS, official de Grenoble; Jean de CHAPONAY, auditeur en la chambres des comptes, et François MARC, doct. en droit (Morin-P., 512).

[5] Morin-P., 515.

[6] Donna quittance, étant veuve, à Lyon, le 1er fév. 1515 (V. S.), à Antoine RICHARD de St-Priest, de la somme de 5.103 l., montant de la dot d'Antoinette RICHARD de St-Priest, femme de Aimon ALLEMAN, sgr du Revel (Morin-P., 513); obtint, le 23 déc. 1527, un arrêt réglant ses droits et ceux de ses filles sur l'hoirie de son mari.

[7] Fille naturelle de Louis XI.

[8] Morin-P., 514.

[9] Guy Allard lui donne pour époux Aimar de BROCHAS.

[10] Courcelles, *Hist. des P.*, IV; *Bérenger*, 43.

5. Marie, ép., en premières noces, le 15 avril 1488, Humbert ALLEMAN, sgr d'Allières ; et, en deuxièmes noces, François d'YSERAND ;
6. Claudine, ép. Antoine COPIER, sgr de Poisieu.

XVI. Félix ALLEMAN, sgr de Revel [la Combe, Lancey, Montemont, St-Jean-le-Vieux], St-Maurice, etc... [eut ces terres en vertu de la transaction du 7 janv. 1497, et fut chargé d'un tiers des dettes de la succession de son père] ; fit son test., le 21 nov. 1524, et vivait encore en 1560. Il avait ép.[1], le 30 juin 1496, Antoinette ALLEMAN, fille de Pierre, sgr d'Allemon ;
d'où : Gaspar, dont l'article suit.

XVII. Gaspar ALLEMAN, bar. d'Uriage, sgr de Montrigaud, Revel, etc... [passa transaction, les 30 juil. et 6 août 1529, avec Jeanne (RICHARD) de St-Priest, sa tante, veuve de Soffrey ALLEMAN, et ses deux filles ; autorisa, le 1er juil. 1547[2], Louis, son fils aîné, à poursuivre l'ouverture en sa faveur de la substitution apposée au test. de Soffrey ALLEMAN, son oncle ; obtint arrêt du Parlement de Grenoble du 24 avril 1559, ouvrant en sa faveur la substitution apposée au test. de Guy (*alias* Guigues) BÉRENGER de Sassenage, du 20 janv. 1412, pour la terre de Seyssins et le château de Montrigaud[3], condamnant Claude de CLERMONT, sgr de Montoison, et Catherine de MÉVOUILLON, à lui rendre lesdits terre et château], et fit son test. le 27 mars 1569. Il avait ép. Marguerite de BOULIERS[4], fille de Louis, vte de Démon, et de Marthe de TRIVULCE ;
d'où : 1. Louis, sgr de Montrigaud et du Molard, fit son test., le 9 juin (ou juil.) 1577, [et mourut peu après[5]] ; S. P. ;
2. Jean-Claude, dont l'article suit ;
3. [Antoine[6], mourut en bas âge] ;
4. Louise, ép. [Charles de BEAUMONT[7], fils de Gaspard, sgr de Pellafol, et de Antoinette de VILLETTE] ;
5. Françoise, [fit son test., le 26 juin 1602]. Elle avait ép. [le 17 janv. 1572[3]], Claude ALLEMAN, sgr de St-Just [fils de Aimar, sgr de Chatte, et de Madeleine de LAIRE] ;

---

[1] Le Laboureur lui donne pour femme Marguerite de BOULIERS, qui était sa belle-fille, femme de Gaspard, dont il n'indique pas l'alliance.

[2] Acte passé à Grenoble devant : Jean ARMUET, sgr de Bonrepos ; Gaspar BRUTIN (ou BROTIN) de Paris (Petit-Paris), en Diois, protonot. apostolique, etc... (Morin-P., 515).

[3] Arch. Drôme, E, 468.

[4] Sœur d'Antoine. MM. de Ste-Marthe la font fille de Philibert, sgr de Mane, qui était en réalité son oncle, frère de son père Louis.

[5] L'inventaire de ses biens fut fait dans sa maison, rue St-Laurent, à Grenoble, le 10 fév. 1581, à la requête de son frère Jean-Claude ALLEMAN, sgr d'Uriage (Arch. Drôme, E, 16).

[6] D'après Le Laboureur.

[7] Guy Allard dit qu'elle ép. Jean-Claude de BEAUMONT, sgr de Miribel, ce qui est impossible, ce dernier étant né seulement en 1656.

6. Mérite[1].

XVIII. Jean-Claude ALLEMAN, sgr d'Uriage, Montrigaud, Revel, etc... ; fit son test., le 9 déc. 1621, par lequel il lègue la terre de Montrigaud à son fils naturel, Jean ALLEMAN, et institue pour héritier son neveu, fils de sa sœur, Gaspar ALLEMAN, sgr de St-Just et de Chatte. Il avait ép., en premières noces, Charlotte-Catherine de la BAUME[2], fille de François, c^te^ de Suze, et de Françoise de LEVIS-Ventadour ; et, en deuxièmes noces, suiv. contrat du 18 nov. 1613 [*alias* 19 nov. 1603], Louise de CLERMONT[3], fille d'Antoine, bar. de Montoison, et de Marguerite de SIMIANE de Gordes ; S. P. ;

[Jean-Claude eut un fils naturel :

Jean ALLEMAN, sgr de Montrigaud et du Bouchet, fut légitimé, suiv. lettres données par le roi Henri IV, en fév. 1609, et fit son test., le 4 sept. 1654, en faveur de ses petits-fils Mathias et Louis ALLEMAN. Il avait ép., suiv. contrat du 3 sept. 1605[4], Isabeau THIVOLLEY, fille de f. Claude, sgr de Miribel, et de Marguerite de POTERLAT (*alias* POULTRETAT) ;
d'où : Jean-Claude, dont l'article suit[5].

Jean-Claude ALLEMAN, sgr de Montrigaud et de la Rivoire ; reçut, de

---

[1] [C'est peut-être la même que Marguerite qui ép., en 1593, Maugud de MONIER, sgr de Melan (veuf, en 1res noces, de Madeleine LAURENT de Septèmes ; et, en 2e noces, de Pierrette de GUYARD), fils de Elzéar et de Laurence de TOURNIER. Artefeuil, qui rapporte cette alliance (II, 149), dit cette Marguerite fille de Gaspard ALLEMAN, sgr d'Uriage, et de Marguerite de BELLIÈVRE d'Hautefort.]

[2] [Née au château de Suze, bapt. le 21 sept. 1564 : parrain, le roi Charles IX ; marraine, Catherine de MÉDICIS, sa mère (Coston, *Hist. de Montél.*, II, 263). Armes : *d'or à 3 chevrons de sable au chef d'azur chargé d'un lion naissant d'argent couronné d'or.*]

[3] [Fit faire, le 11 oct. 1625 (Durand, not.), inventaire des meubles trouvés dans la maison d'Anne-Françoise GUIGOU, femme de Paul de GILLIERS, s^r^ de Rosier, que son défunt mari tenait en location (Arch. Drôme, E, 2320).]

[4] Passé à Uriage (Morin-P., 522). Dot de la future : tous ses biens, plus 700 l. t. de sa mère, et 300 livres d'habillements ; le futur lui donne 600 l. de joyaux et 500 l. de survie, et sa belle-mère, 300 l..

[5] Vers le même temps on trouve :

Charles ALLEMAN, sgr de Montrigaud et Seyssins, cosgr de Parizet, mourut avant le 8 oct. 1634. Il avait ép. Moraude ADVENIER ;
d'où : 1. Louis, sgr de Montrigaud, nomma, avec sa mère, le recteur de la chapelle St-Georges à Seyssins, le 8 oct. 1634 (Morin-P., 528) ;
2. Marie, ép., le 1er août 1644, César ODDE de Boniot, fils de f. Jean et de Judith de JOUVEN ;

Et encore :

Jean-Louis ALLEMAN, sgr de Seyssins et Montrigaud, avait procès, en 1664, contre François de LANGON, fils et héritier de Nicolas, Aimar ALLEMAN, Joseph-Félicien BOFFIN et le syndic de l'abbaye de St-Antoine, en délaissement des biens de Gaspar ALLEMAN, sgr de St-Just, père d'Aimar. Il avait été condamné à mort, par contumace, par le juge de Vellon. Le Proc. gén. du Roi le représentait, un arrêt du 29 avril 1666 avait ordonné que celui-ci prouverait par la coutume du Parl. de Grenoble, que les bâtards nés de père et mère libres, pouvaient être institués à défaut d'enfants légitimes. Un arrêt du 6 mars 1670 déclara ouverte, au profit du s^r^ de Montrigaud, la substitution apposée au test. de Louis ALLEMAN, du 9 juin 1577 (Arch. Drôme, E, 16).

son père donation de la terre de Montrigaud, en 1634, et mourut avant 1659. Il avait ép. Anne de Busson (*alias* Bussond), fille de Jean, avocat consistorial ;

d'où : 1. Mathias, dont l'article suit[1] ;

2. Louis, né le 11 juin 1645, fit son test., le 10 mars 1667, en faveur de son frère Mathias ; S. P. ;

3. Hélène ;

4. } filles.
5. }

Mathias Alleman, sgr de Montrigaud et du Molard, maintenu dans sa noblesse ainsi que son frère Louis, en 1666 ; mourut le 20 déc. 1721. Il avait ép., en premières noces, suiv. contrat du 12 janv. 1685, Marie-Marguerite de Vachon[2] ; et, en deuxièmes noces, suiv. contrat du 8 sept. 1719, Jeanne Chapuis du Fay-de-la-Roche ;

d'où : du 2e lit,

Joseph, dont l'article suit.

Joseph Alleman, sgr de Montrigaud, né à St-Pierre-de-Fétigny, bapt. le 25 août 1721. Il avait ép., suiv. contrat du 28 déc. 1745, Innocente Siland[3] ;

d'où : 1. Amédée, reçu aspirant garde marine ;

2. Jean-Baptiste, fit partie de l'expédition de la Pérouse, en 1785 ;

3. Joseph-Antoine, dont l'article suit[4].

Joseph-Antoine Alleman de Montrigaud, mourut en 1810 ;
d'où : Mathieu-Laurent, dont l'article suit.

Mathieu-Laurent Alleman de Montrigaud, officier de marine, mourut en 1851 ;
d'où : Alexis-Laurent, dont l'article suit.

---

[1] Arch. Drôme, B, 749. On trouve encore à cette époque :

N... Alleman de Montrigaud, mourut avant le 15 sept. 1673. Il avait ép. N... (qui, d'après une enquête faite par Bonardon, not., le 15 sept. 1673 (Morin-P., 527), était fort pauvre, recevait des pensionnaires pour payer son loyer, et faisait travailler ses enfants pour subsister) ;

d'où : 1. Mathias ;

2. Ennemonde ;

3. Louise ;

4. Madeleine ;

5. Marguerite.

[2] Veuve de Christophe de Saillans (Morin-P., 536).

[3] *Alias* Constance Sillaux (R. de la Bâtie, 9).

[4] On trouve vers cette époque : Pierre-François Alleman de Montrigaud, de la paroisse de Pierre-Chatel (dioc. de Grenoble), étudiant la philosophie en Sorbonne, de 1781 à 1783, la théologie à Viviers, de 1784 à 1786, prêtre sacristain à St-Siméon-de-Bressieux, en 1788 (Arch. Drôme, D, 44).

Alexis-Laurent ALLEMAN de Montrigaud, reçu élève à l'école militaire de St-Cyr, s.-lieut. au 14e régim. infanterie.]

BRANCHE
DES SEIGNEURS DE LENTIOL, ROCHECHINARD, VIZILLE, DEMPTEZIEU

VI. Aimar *(alias* Otmar) ALLEMAN, fils puîné de Odon, sgr d'Uriage et de Champs, vivait en 1160 ;
d'où : 1. Odon, dont l'article suit ;
2. Guillaume, éc. du cardinal François de CASSARD, archev. de Tours, qui le mentionne dans son test. de 1237 ;
3. Jean, est témoin, le 13 août 1210, à l'hommage rendu par Adelaïs, princesse de Piémont, au dauphin André.

VII. Odon ALLEMAN, paraît dans des actes de 1226 et 1249 ;
d'où : 1. Otmar, dont l'article suit ;
2. Henry, possédait des biens à Beauvoir, en Royannais, et assista à un échange fait par la dauphine Béatrix, le 6 août 1276.

VIII. Otmar *(alias* Aimar) ALLEMAN, pàssa reconnaissance au Dauphin, en 1262 ;
d'où : Jean, dont l'article suit.

IX. Jean ALLEMAN, sgr de Lentiol, témoin dans un acte de 1296, paraît avoir acquis Lentiol par achat ou alliance ;
d'où : 1. Guichard[1], sgr de Lentiol, prêta hommage en 1338, 1343 et le 2 août 1349. Il avait ép. Fleurie de MONTCHENU[2], fille de Falque et de Anne de ROUSSILLON ;
d'où : Jean, sgr de Lentiol, fut caution, le 13 juin 1350, de Aimar de la TOUR, sgr de Vinay ;
2. Aimar, dont l'article suit ;
3. Jean, sgr de la Baume, héritier d'Henry ALLEMAN, son grand-oncle, rendit hommage en 1339. Il avait ép.[3] [le 10 janv. 1328], Berengère de

---

[1] [Serait-ce lui, qualifié sgr de Vaudragon, et non Guigard, s^r de Séchilienne (V. p. 200), qui aurait ép., en 2es noces, Béatrix de ROUSSILLON ; d'où : Agnès, ép., en 1391, Jean MITTE de Chevrières, fils de Pierre, et de Marguerite de SÉVERAC (Maurice de Boissieu, *Généal. de la maison de St-Chamond*, 78)? Jacques ALLEMAN, sgr de Vaudragon, est qualifié parent des MITTE de Chevrières, en 1395 *(id.*, 77).]

[2] [Armes : *de gueules à la bande engrelée d'argent* (alias *d'or)*.]

[3] [Cette alliance, ainsi placée par Guy Allard, paraît (Arch. de Condé, D. Villevieille, I, 236),

MORGES, fille de Guigues, sgr du Châtelar, et de Marguerite de TULLINS;

4. Pierre, tige des sgrs d'Arbent, rapportés plus loin;
5. Humbert, habitait à la Rochette;
   d'où : A. Jean, } firent hommage au Dauphin, le 18 nov. 1340;
   B. Pierre, }
6. Eléonor, vivait en 1329;
7. Isabeau, ép. Humbert AUBERJON (vers 1331).

X. Aimar ALLEMAN de Beauvoir, maître d'hôtel du Dauphin, paraît dans un acte du 3 avril 1331 et dans le contrat de mariage du 24 mai 1328, entre Jean de FAUCIGNY, fils de Hugues, et Marguerite de CIZERIN, fille d'*autre* Hugues; d'où : Aimar, dont l'article suit.

XI. Aimar ALLEMAN de Beauvoir, sgr de Rochechinard, csgr de St-Nazaire[1] [acquit, en 1340, de Girin CURTET, le château de Rochechinard[2] dont il] prêta hommage, le 31 juil. 1365, et fit son test., en 1387[3];

d'où : 1. Jean, sgr de Vizille, csgr de Rochechinard, prêta hommage avec ses frères, le 27 janv. 1384, et fit son test., le 25 mars 1433. Il avait ép. Falconne BRIE[4];
   d'où : A. Jean, ecclésiastique;
   B. Michel, S. P.;
   C. Albert, mourut avant son père, en 1430. Il avait ép., en 1429, Jeanne ARMUET[5], fille de Artaud, bachelier ès-lois;
      d'où : Claude, csgr de Rochechinard, né posthume;
         d'où : *a*. Jacques;
            Il eut deux fils naturels :
            aa. Colin, châtelain de Claveson, en 1527;
            bb. Pierre, ép. Marguerite de BERNIÈRES, fille de Mathelin, sgr de Laric, et de Anne du PONT;

---

devoir être attribuée à un Jean ALLEMAN, fils de Perronet. Nous avons remarqué ci-devant, p. 197, note 8, que ce dernier serait peut-être Pierre, fils puîné de Jean, sgr de Séchilienne.]

[1] [En Royans (Drôme). Rochechinard y était annexé.]

[2] [Le Dauphin Guigues donna, en 1318, Rochechinard à Girin CURTET. Celui-ci l'ayant vendu à Aimar ALLEMAN, fils de Pierre, sgr de Beauvoir (la filiation donnée par Guy Allard n'est donc pas exacte), et de Guilletuette, le Dauphin Humbert II, dont cette dernière avait été la nourrice, ratifia cette vente, en 1340 (Arch. Drôme, E, 1593).]

[3] [Cette date doit être fausse, car les trois fils de Aimar prêtèrent hommage pour Rochechinard, en 1384].

[4] Fit son test., le 8 oct. 1420.

[5] [Armes : *d'azur à trois heaumes d'argent*.]

b. Jean, S. P.[1] ;
c. Antoine, prieur de Romette ;
D. Coeffière[2], ép. Amédée, bâtard de Viennois, fils naturel de Humbert, dauphin ;
E. Alix ;
F. Marguerite, ép. Aimar de VALLIN ;
G. Jeanne, ép. n. Claude LIONNE ;
2. Pierre, dont l'article suit ;
3. Humbert, habitant à Vizille, prêta hommage en 1384 et 1404, et testa, en 1413, en faveur de son frère Jean ;
4. Benatruc, ép. n. Lancelot RICHARD.

XII. Pierre ALLEMAN, sgr de la Grange, csgr de Rochechinard, prêta hommage pour Rochechinard, en 1384, et fit son test., en 1403. Il avait ép. Ainarde VALLIN[3], fille de Girard ;
d'où : 1. Jean, dont l'article suit ;
2. Aimar ;
3. Charles, tué à la bataille de Verneuil, en 1424 ;
4. Joffrey ;
5. Humbert, tige des sgrs d'Allières, rapportés plus loin.

XIII. Jean ALLEMAN[4], csgr de Rochechinard, etc... [passa transaction, le 20 mars 1464[5], avec les héritiers de Jean CHALVET, notaire] ; hérita de son oncle Jean ALLEMAN, et fit son test., le 4 mars 1466. Il avait ép. Margaronne DUMAS ;
d'où : 1. Aimar, dont l'article suit ;
2. Jean, sgr de la Grange ;
d'où : Florie, dame de la Grange, ép., le 27 sept. 1496, Jean ISERAN, dont les descendants ont gardé la terre de la Grange ;

---

[1] [On trouve vers cette époque : Jean ALLEMAN, de la paroisse de la Motte-de-Crozes (près Tain), ayant tué Antoine BERAACT, fut gracié par Philippe de SAVOIE, gouverneur du Dauphiné ; transigea ensuite avec les parents de sa victime, le 18 mai 1487, et fut condamné le lendemain, par sentence arbitrale, à leur payer 120 fl. (Arch. Drôme, E, 2344).]

[2] [Il est bien difficile d'admettre ici cette *Coeffière*, dont le mari mourut en 1361. Il semble qu'elle devrait être remontée au moins d'un degré et être non pas fille, mais sœur, et peut-être tante de Jean ALLEMAN, époux de Falconne BRIE.]

[3] [Armes : *de gueules à la bande componnée d'argent et d'azur de six pièces.*]

[4] [C'est à ce Jean que remontent les preuves de noblesse faites devant Chérin, pour l'entrée dans les carrosses du Roi. Le Laboureur le dit fils d'Albert (fils de Jean, sgr de Vizille), ci-dessus ; d'après Guy-Allard, il est au contraire son cousin.]

[5] Morin-P., 508.

3. Pierre, sgr d'Allemon, héritier des biens de Vizille [représenta son père dans la transaction mentionnée ci-dessus du 20 mars 1464] ;
   d'où : Antoinette, ép., le 30 juin 1496, Félix ALLEMAN, sgr de Revel, fils de Guigues, sgr d'Uriage, et de Marie GRINDE du Molard ;
4. Antoine[1], év. de Cahors, le 8 fév. 1465 (ou 1466), transféré plus tard à l'évêché de Clermont ;
5. Charles, chev. de St-Jean-de-Jérusalem [commr de Poët-Laval, en 1476[2] ; eut, dit-on, pour prisonnier le prince Zizim, frère du sultan Selim, et le présenta au roi Charles VIII] ; devint grand prieur de St-Gilles ; fit bâtir à Rhodes l'auberge de Provence [et se distingua à la défense de Rhodes, en 1480].

XIV. Aimar ALLEMAN, sgr de Rochechinard, Eclose, Montmartin, etc... [mourut intestat[3]]. Il avait ép., le 26 juin 1442, Jeanne BOCSOZEL[4], fille de Guy, sgr de Montmartin et d'Eclose ;

d'où : 1. Barrachin, sgr de Rochechinard, Demptezieu, etc... ; [acheta, le 20 mai 1484, d'Artaud et Pierre de VILLARS, héritiers de Antoine de CLERMONT, le château de Demptezieu[5]] ; acheta, le 1er sept. 1492[6], de Aimar de POITIERS, sgr de St-Vallier, les terres et sgries de St-Nazaire, Auberive et Flandennes, en Royannais ; fit son test., le 25 août 1494 [par lequel il lègue Rochechinard à son frère Annequin, Chatte à son frère Claude], et mourut en défendant Novarre, en 1498 ; S. A. ;

2. Annequin, sgr de Rochechinard, etc..., mourut en 1496. Il avait ép. [le 10 sept.] 1473, Marguerite[7] de CLERMONT, fille de Claude, sgr de Montoison, et de Jeanne de GROLÉE [sa 1re femme] ;
   d'où : Aimar, sgr de Rochechinard, etc..., reçut des reconnaissances en 1497, et mourut avant le 15 déc. 1504. Il avait ép. Jeanne BÉRENGER de Sassenage[8], fille de Hector, sgr de la Tour-de-Vinay, et de Isabelle de St-GERMAIN ;

---

[1] [*Gallia Christiana*, I, 144, D.]

[2] Lacroix, *Arr. de Mont.*, VII, 123.

[3] D'après Le Laboureur. Cet historien ajoute que ses enfants, pleins de respect pour leur mère, lui déférèrent le choix d'un héritier et que Barachin, l'ainé, désigné par elle, remplit avec tant de zèle son rôle de chef de famille que, pour mieux prendre les intérêts de ses frères et sœurs, il refusa de se marier.

[4] [Armes : *d'or au chef échiqueté d'argent et d'azur de deux traits.*]

[5] Rivoire de la Batie, 8.

[6] P. Anselme, II, 205, A.

[7] [Le Laboureur la nomme à tort Catherine, la disant fille de Antoine. La Chenaye, qui avait copié Le Laboureur à l'art. ALLEMAN, s'est corrigé et a rétabli les véritables noms à l'art. CLERMONT (V, 877) : Marguerite, ép. en 2es noces, N. de BRESSIEU, bar. d'Embrières.]

[8] Ép., en 2e noces, suiv. contrat du 15 déc. 1504, François de VIRIEU-BEAUVOIR, sgr de Faverges (Courcelles, *Hist. des P.*, IV, BERENGER, 20).

3. Jean, dont l'article suit ;
4. Nicolas, sgr de Montmartin ;
   d'où : Monet-François ; S. A. ;
5. Claude, tige des sgrs de Chatte et de Puvelin, rapportés plus loin ;
6. Antoine[1] [grand vicaire de son oncle Antoine, év. de Cahors, abbé de Grammont, fut nommé lui-même év. de Cahors ; prit possession de son siège, le 18 déc. 1477 ; mourut à St-Nazaire[2], en 1493, et y fut enseveli] ;
7. [*Autre* Antoine[3], archidiacre de Cahors ;
8. Talebard, grand archidiacre de la même église ;
9. Charles, chan. de Gap ;
10. Jacques, chan. de Romans ;
11. Aimar, religieux, mourut avant son père] ;
12. Ennemonde, ép. [le 7 déc. 1478], Hugues de MAUBEC, sgr de la Roche [fils d'*autre* Hugues et de Jeanne de MONTLAUR ;
13. Marguerite, dame de la Bretonnière, eut en dot 2.000 écus d'or. Elle avait ép., suiv. contrat du 2 août 1490[4], Charles de CLERMONT, sgr de Gessans, fils de Artaud, sgr de Chatte, et de Marguerite DUROEL de St-Priest] ;
14. Françoise, religieuse à Montfleury.

XV. Jean ALLEMAN, sgr de Demptezieu, constitua, avec sa mère, la dot de sa sœur Ennemonde, le 4 déc. 1478 ;
d'où : 1. Falque, dont l'article suit ;
   2. Marguerite, ép. Charles de CHASTE.

XVI. Falque (*alias* Foulque) ALLEMAN[5], sgr de Demptezieu, Rochechinard, etc..., héritier de son aïeule Jeanne BOCSOZEL et de son père Jean ALLEMAN ; [avait procès, le 6 juin 1516[6], avec François VACHON de Belmont] ; transigea, le 27 mars 1517, avec Hugues de MAUBEC, son oncle (par alliance), [et mourut en 1525]. Il avait ép., en 1508, Françoise [RICHARD] de St-Priest[7], fille de Gabriel [chev. de l'ordre du Roi, et de Anne de la ROUE] ;
d'où : 1. Gabriel, dont l'article suit ;

---

[1] *Gallia Christiana*, I, 145, C.

[2] Drôme.

[3] Cet Antoine et les quatre frères qui le suivent, mentionnés par Le Laboureur, ne sont pas nommés par Guy Allard.

[4] P. Anselme, VIII, 933, A. Guy Allard dit cette Marguerite fille de Jean ALLEMAN, sgr de Demptezieu.

[5] [Le Laboureur dit ce Falque fils de Annequin, qui était son oncle, et ne mentionne ni son père Jean, ni sa sœur Marguerite.]

[6] Jacques Jay, not. (Pr. de M. VACHON, 1698).

[7] [Eut en dot 3.000 écus et de plus, en legs de son père, 500 écus d'or de 35 sous la pièce]. Elle ép., en 2e noces, Claude de MARESTE, sgr de Prissat, en Bugey ; d'où : Claude.

2. Gaspard, tige des sgrs de Montmartin, rapportés plus loin ;
3. [Antoine, cohéritier de sa mère avec son frère Gaspard] ;
4. Marguerite[1], ép. Aynard de BOURGCHENU ;
5. Françoise, ép. François de RUINAT.

XVII. Gabriel ALLEMAN, sgr de Rochechinard, Demptezieu, etc... [vendit Rochechinard à Claude MOSNIER[2], qui en fut investi le 10 fév. 1554]. Il avait ép., le 10 janv. 1529, Antoinette de TORCHEFELON[3], fille de Georges, sgr de Montcarra, et de Marguerite de PALADRU [dame de Montferrat] ;
d'où : 1. Georges [sgr de Verchère, en Dauphiné], réclama, sans succès, l'ouverture en sa faveur d'une substitution apposée au test. de Gabriel [RICHARD] de St-Priest, son aïeul ;
2. Gaspar, dont l'article suit.

XVIII. Gaspar ALLEMAN, sgr de Demptezieu, Crappe, Crassieux, Montcarra, Renevie, etc... [chev. de l'ordre du Roi[4], reçut procuration de sa mère, le 24 juin 1576[5], pour passer transaction, le 30 du même mois[6], sur l'héritage d'Henri de TORCHEFELON, sgr de Montcarra]; fit son test., le 11 février 1601 [et passa autre transaction avec Henri de TORCHEFELON, le 14 mai 1611[7]]. Il avait ép., suiv. contrat du 25 déc. 1558, Françoise de MONTEUX[8], fille de Jérôme, sgr de Miribel, et de Françoise FOURNIER[9] ;
d'où : 1. Vincent, ép. Marguerite de POISIEU[10], fille d'Aimar, sgr du Passage, et de Françoise FLOTTE ;
d'où : Aimar, mourut jeune ;

---

[1] [Le Laboureur ne marque aucune fille à Falque. Guy Allard en ajoute une troisième, Jeanne ; mais, d'après la généalogie des TORCHEFELON, donnée par R. de la Bâtie, 733, nous avons cru devoir rattacher cette Jeanne à la branche de Puvelin, ci-après.]

[2] De Claude MOSNIER vinrent Romain, Alphonse Ier et Alphonse II, sgrs d'Herculais et de Rochechinard (Arch. Drôme, E, 1593). Cette dernière terre passa au XVIIIe siècle dans la famille des BARRAL, m^is de la Bâtie-d'Arvillars (R. de la Bâtie, 44 et 452).

[3] [Héritière bénéficiaire de son frère, Henri de TORCHEFELON, sgr de Montcarra, aux termes du test. de celui-ci, de l'année 1564, transigea à ce sujet avec Gaspar de VALLIN et Benoît de RACHES, sgr de Chabodières. Armes : de *gueules au chef d'azur chargé de 3 bandes d'argent, chacune chargée de 3 moucheturès d'hermine de sable*.]

[4] *Inventaire sommaire des anciennes archives de la maison de la Poype*, n° 430.

[5] Acte passé à Montcarra, devant Balthazar de DISIMIEU et Pierre de FOISSIN.

[6] A Grenoble chez Gaspar BARO, lieut. particulier au Bailliage de Graisivaudan, devant François de CORBEAU, sgr de Vausserre, Antoine d'HURES (URRE), s^r de Charancieu, Claude de RACHES, s^r de Vernatel.

[7] Morin-P., 525.

[8] [Armes : *d'azur au chevron d'argent accompagné de 3 lions d'or, 2 en chef et 1 en pointe*.]

[9] [*Sic*. R. de la Bâtie, 432. Guy Allard la nomme GARNIER.]

[10] [Armes : *de gueules à 2 chevrons d'argent surmontés d'une fasce en devise de même*]. Elle avait ép., en 2es noces, Charles du FAUR, sgr de Menteyer.

2. Pierre, dont l'article suit.

XIX. Pierre ALLEMAN, sgr de Demptezieu, Montcarra, etc...; ép., le 29 nov. 1607, Marie de DORNE[1], fille de Antoine, présid. au Parl. de Grenoble, et de Marie de LADOY ;
d'où : Claude, dont l'article suit.

XX. Claude ALLEMAN, sgr de Demptezieu, Montcarra, etc... ; cap. de chevau-légers, mourut au siège de Turin, en 1640. Il avait ép., le 31 août 1639, Marguerite de SÈVE[2], fille de Pierre, sgr de St-Genis-Laval, 1er présid. au Parl. de Dombes, et d'Hélène de VILLARS ;
d'où : Pierre, dont l'article suit.

XXI. Pierre ALLEMAN, sgr de Demptezieu, le Colombier, cons. au Parl. de Grenoble, [fit son test. en faveur de Pierre-Alexandre de VALLIN, son neveu, fils de Joseph-Melchior, son frère utérin[3]]. Il avait ép., suiv. contrat du 11 août 1663, Eléonor de BERNARD[4], fille unique de Melchior, sgr de Bourg-de-Cize, et de Marie de PASCAL ; S. P..

BRANCHE

DES SEIGNEURS DE MONTMARTIN, VAUDE, CHAMPIER

XVII. Gaspar ALLEMAN, sgr de Montmartin, fils puîné de Falque, sgr de Rochechinard, et de Françoise [RICHARD] de St-Priest, fit son test. le 13 fév. 1598. Il avait ép., le 9 août 1556, Jeanne de VERCORS, fille de Antoine, du lieu d'Etoile ;
d'où : 1. Gaspar, dont l'article suit ;
2. Pierre, s^r de Vaude et Laval, ép., le 5 juil. 1597, Claudine de THOLOSE, fille de Jean[5], et de Jeanne de VAUDE ;
d'où : Antoine, s^r de Vaude, ép. *N*... de MICHALLON ;
d'où : Anne, ép. Jean de MENON, sgr d'Armassières ;
3. Diane, ép., en 1res noces, Georges de GARCIN ; et, en 2es noces, Joffrey BRUNIER, fils de Jean, sgr de Larnage ;

---

[1] [Armes : *d'argent au chevron de gueules, au chef d'azur chargé d'un lambel de 3 pendants d'or.*]

[2] [Armes : *fascé d'or et de sable de six pièces à la bordure componée de sable et d'or*]. Elle avait ép., en 2es noces, Guy PASCAL, s^r de Valencin ; et, en 3es noces, Alexandre de VALLIN, sgr dudit lieu.

[3] Pierre-Alexandre de VALLIN-ALLEMAN, sgr de Demptezieu, Château-Vilain, St-Savin, Vallin, etc... ; représentait cette branche par substitution, en 1727 (R. de la Bâtie, 9).

[4] [Armes : *parti, au 1er d'azur au chevron d'or au chef parti d'or et d'argent* (qui est de BERNARD), *au 2e de gueules à la bande d'or chargée de 3 fers de lance d'azur* (qui est des CIZE).]

[5] [Du diocèse de Vienne.]

4. Jeanne, religieuse à Montfleury ;
5. Bonne, religieuse au monastère de Bons[1].

XVIII. Gaspar ALLEMAN, sgr de Montmartin, [fit un échange, le 9 avril 1589[2], avec Pierre FILLION, cons. au Parl. de Grenoble, et Melchior FILLION, son frère, juge royal à Vienne] ; fit son test., le 18 août 1606 [et parait, avec son fils Gaspar, dans un acte du 14 avril 1615[3]]. Il avait ép., le 15 janv. 1579, Jeanne de CHAMPIER, dame héritière de St-Hilaire, le Bouchet, Vaux, Montgay[4], fille de Vincent et de Antoinette de Longecombe ;
d'où : 1. Gaspar, dont l'article suit ;
2. Madeleine-Marguerite, ép. Claude FENOUIL, sgr de Serezin.

XIX. Gaspar ALLEMAN, sgr de Montmartin, Champier, etc... [parait avec son père dans l'acte précité du 14 avril 1615] et fit son test., le 1er fév. 1639[5]. Il avait ép., le 27 janv. 1615, Jeanne de LORAS[6], fille de Abel, sgr de Montplaisant, et de Marguerite DUPRÉ ;
d'où : 1. Gaspar, sgr de Montmartin, Biol, etc... [fournit les 13 et 23 juil. 1677, un dénombrement pour la terre du Saix, conjointement avec ses cousins de LORAS, comme cohéritiers de Abel LORAS, leur aïeul[7]]. Il avait ép. Marguerite DUPRAT[8], fille de Etienne, auditeur des Comptes, et de Françoise PELISSON ;
d'où : A. Pierre [dit le Cte de Montmartin, sgr de la Mure, Vachères, lieut. du Roi en la province de Dauphiné, mourut le 7 janv. 1713. Il avait ép., en 1res noces, Marie-Anne de SÈVE ; et, en 2es noces, le 2 mai 1697, Catherine-Françoise BRULART[9], fille de Roger, mis de Sillery, et de Claude GODET de Reyneville *(Renneville)* ;
d'où : du 1er lit,
a. Marguerite-Guillemette[10], ép., dans la chapelle du château de Balincourt, le 12 janv. 1715, suiv. contrat du 1er déc. 1714, et dispenses de parenté

---

[1] En Savoie.
[2] Morin-P., 519.
[3] Morin-P., 526.
[4] Elle hérita de Scipion de CHAMPIER, son frère, cap. des 100 gentilshommes de la maison du Roi, époux de Catherine de BRUGES, dame de Montmirail ; S. P.. Armes : *d'azur à une étoile d'or renversée.*
[5] [V. Bibl. Nat., *Cabinet d'Hozier*, 122, f° 2.]
[6] [Armes de LORAS de Montplaisant : *parti, au 1 de gueules à la fasce losangée d'or et d'azur ; au 2 de gueules à la bande losangée d'or et d'azur.*]
[7] R. de la Bâtie, 362.
[8] [Armes : *d'azur à la bande d'or chargée de 3 alérions de sable.*]
[9] Née vers 1672, mourut le 20 sept. 1750. Armes : *de gueules à la bande d'or chargée d'une trainée de 5 barillets de poudre, de sable.*
[10] P. de Courcy, dans sa continuation du P. Anselme (IX, 2e P., (615), la dit fille d'Eléonore de BERNARD de la branche de Demptezieu.

données à Rome aux ides de juil. de cette même année, Claude-Guillaume TESTU, m[is] de Balincourt[1], maréchal de France, fils de Henri et de Claude-Marguerite de SÈVE, sa 1re femme;

et du 2e lit,

b. Anne-Félicité, ép., en 1724, Claude-Gabriel-Amédée de ROCHEFORT d'Ailly[2], fils de Jean-Amédée, c[te] de St-Point, et de Marie CHARRIER de la Roche-Juillé, sa 1re femme].

B. Ennemond[3] [doct. en Sorbonne, chantre du chapitre de Vienne, nommé év. de Grenoble, en 1707, sacré à Paris, le 6 nov. 1708, prit possession de son siège, le 7 mars 1709; mourut à Fontainebleau, le 28 oct. 1719, et y fut enseveli];

C. Joseph;

D. Françoise;

E. Marguerite, religieuse à St-André de Vienne;

F. Charlotte, religieuse à Ste-Colombe;

G. Jeanne, id.;

H. Drevonne;

I. Marie;

2. Claude-Jérôme, dont l'article suit;

3. Marguerite[4], ép. François de REGNAUD, cons. au Présidial de Lyon;

4. Jeanne, religieuse au grand couvent de Ste-Ursule, à Lyon;

5. Claudine, religieuse au petit couvent de Ste-Ursule, à Lyon.

XX. Claude-Jérôme ALLEMAN, sgr de Champier, Vaux, etc..., cap. de cav.; [constitua une pension, le 7 nov. 1671, en faveur du couvent des Chartreux de Silve-Bénite]. Il avait ép., le 12 sept. 1648], Jeanne de CHAPONAY[5], fille de Pierre, ex-bailli de Vienne, et de Madeleine de LORAS;

d'où: 1. Abel, dont l'article suit;

2. Gaspard;

3. Antoine;

4. Gabriel;

5. Pierre;

6. Claude;

7. Pierre-François;

---

[1] Né le 18 mars 1680, mourut le 12 mai 1770.

[2] Né le 8 mai 1691, mourut en janv. 1774.

[3] *Gallia Christiana*, XVI, 257, D.

[4] [La Chenaye (I, 356), la dit, ainsi que ses sœurs, *fille* et non *sœur* de Claude-Jérôme.]

[5] [Armes: *d'azur à 3 coqs d'or, becqués, crêtés, barbés et membrés de gueules.*]

8. Marguerite ;
9. Madeleine ;
10. Anne ;
11. Jeanne ;
12. Eléonore.

XXI. Abel[1] ALLEMAN de Champier, m^is de Vaux, cap. au régim. de Saulx, mourut avant le 22 janv. 1720. Il avait ép., suiv. contrat du 22 mai 1692, Jeanne-Marie de BEAUMONT[2], fille de Guillaume, sgr de St-Quentin, et de Françoise de BERNIÈRE ;
d'où : 1. Jean-Pierre, dont l'article suit ;
2. Pierre, reçu, en 1739, chan. c^te au chapitre de Lyon ;
3. Melchion, chan. et sacristain de St-Chef ;
4. François, chev. de St-Jean de Jérusalem ;
5. Joseph-Abel, reçu, en 1732, chan. c^te au chapitre de Lyon, dont il fut camérier ; [passa à Valence, le 23 juillet 1758[3], sa thèse de baccalauréat ès-droit, et signa, le 5 oct. 1767, des preuves de noblesse pour le chapitre des dames de Neuville[4]].

XXII. Jean-Pierre ALLEMAN de Champier (dit le m^is de Vaux), ép., le 5 déc. 1730, Jeanne BOCSOZEL de Montgontier ;
d'où : 1. Pierre-François, dont l'article suit ;
2. Françoise-Marie, chanoinesse d'Alix.

XXIII. Pierre-François ALLEMAN (dit le m^is) de Champier, né le 22 avril 1735, cap. au régim. Royal-Roussillon, maître de camp de caval., chev. de S. L. ; ép., le 17 fév. 1765, Marie-Madeleine-Judith FYOT de la Marche[5], fille de Jacques-Philippe, c^te de Neuilly, et de Judith THOMAS[6].

BRANCHE
DES SEIGNEURS DE CHATTE & PUVÉLIN

XV. Claude ALLEMAN, sgr de St-Hilaire, csgr de Chatte, Puvelin, etc..., fils puîné de Aimar, sgr de Rochechinard, et de Jeanne de BOCSOZEL ; eut la

---

[1] La généalogie de Guy Allard s'arrête ici. Tout ce qui suit est pris dans La Chenaye (I, 356).

[2] Rachetà, le 22 janv. 1720, pour la somme de 2.000 l., la pension constituée par son beau-père, en faveur des Chartreux de Silve-Bénite (Morin-P., 530).

[3] Arch. Drôme, D, 49.

[4] Morin-P., 531.

[5] [Armes : *écartelé au 1 et 4 d'azur au chevron d'or accompagné de 3 losanges du même ; au 2 et 3 de sable à 3 bandes d'or*.]

[6] [D'après une notice sur la famille ALLEMAN, publiée par J. Quicherat dans la *Revue hist. de la nobl.*, rédigée sous la direction de Borel

sgrie de Chatte par legs de son frère Barrachin et fit son test., le 29 déc. 1530, dans lequel il nomme sa femme et ses enfants. Il avait ép. (vers 1500), Louise de CHATTE[1], fille de Humbert, sgr dudit lieu et de St-Latier, et de Louise de St-GERMAIN d'Apchon ;

d'où : 1. Aimar, dont l'article suit ;
- 2. Jeanne[2] [ép., en 1516, Antoine de TORCHEFELON, sgr de Mornas, fils de Jean et de Jacquette de VALLIN] ;
- 3. Claudine ;
- 4. Phélise, abbesse de Clavas[3] [mourut vers 1563[4]].

XVI. Aimar ALLEMAN, sgr de Chatte, Puvelin, etc... ; fit son test., le 22 mars 1562. Il avait ép., en 1res noces, [suiv. contrat du 28 juil. 1532[5], Agnès d'HOSTUN[6], fille de Louis, sgr de Claveyson, et de Méraude de MONTCHENU[7] ; en 2es noces], en oct. 1542, Madeleine de LAIRE[8], fille de Hugues, sgr de Glandage ; et, en 3es noces, le 17 janv. 1550, Jeanne AUBERJON[9], fille de Jean, sgr de Buissonrond, et de Marguerite MARCHAND ;

d'où : (sans désignation de lit),
- 1. Claude, dont l'article suit ;
- 2. Jacques ;
- 3. Philibert ;
- 4. *Autre* Philibert ;
- 5. [du 3e lit], Marguerite, [fut héritière de sa tante Aimare AUBERJON, par test. du 30 déc. 1552 (à l'incarnation)[10]]. Elle avait ép., en 1res noces,

---

d'Hauterive (I, 350), N. ALLEMAN de Champier, ancien officier de marine, vivait à Paris, vers 1841. R. de la Bâtie dit, de son côté, que le dernier ALLEMAN de Champier vendit ses biens de Dauphiné aux RIVOIRE de la Bâtie et se retira près de Chartres, où il mourut au commencement de ce siècle. Il avait ép., en 1res noces, *N*... de CHAMPCENETZ ; et, en 2es noces, *N*... des ROTOURS (remariée au baron de VIART).]

[1] Eut un legs de 2.000 fl. au test. de son père du 29 déc. 1530. Armes : *de gueules à la clef d'argent mise en bande.*

[2] [Guy Allard ne fait que la nommer. La généalogie des TORCHEFELON (R. de la Bâtie, 734), indique sa filiation et son alliance comme nous les marquons nous-même. Guy Allard les avait appliquées à une fille de Falque ALLEMAN, sgr de Demptezieu. Enfin Le Laboureur (II, 200), la dit fille et non sœur d'Aimar ALLEMAN, du degré qui va suivre.]

[3] Diocèse du Puy.

[4] M. de Boissieu, *Généal. de la maison de St-Chamont*, 56.

[5] Arch. Moulinet.

[6] Née vers 1514.

[7] P. Anselme, V, 262, B.

[8] [Armes : *d'argent au lion de gueules.*]

[9] Armes : *d'or à la bande d'azur chargée de trois hauberts ou cottes de mailles d'argent.*

[10] Milhoud, not. à Romans (Arch. Drôme, E, 2315). Acte passé à Châteauneuf-d'Isère, dans la maison forte de Raymond d'ARCES, sgr de Burlet. Elle se dit fille de f. Jean, éc. de la paroisse de Beaulieu-sur-Vinay ; lègue 20 écus d'or sol à son frère Aimar ; 100 fl. à sa sœur Isabeau, religieuse à Clavas, etc...

Laurent de MURINAIS ; et, en 2es noces, n. Guy-Antoine ROSTAING, du lieu de Chevrières, [fils de Melchior, et de Marie de THEYS[1]] [2] ;
6. Françoise, [ép. François de RUINS[3]].

XVII. Claude ALLEMAN, sgr de Chatte, Puvelin, etc... ; [fit procuration, le 24 avril 1606[4], à Jean ALLEMAN, sr du Bouchet, à Uriage, pour assister au mariage de Aimar ALLEMAN, son fils, sr de Puvelin, et lui donner la moitié de ses biens], et fit son test., le 7 juin 1609. Il avait ép., suiv. contrat du 17 (ou 27) janv. 1572[5], Françoise ALLEMAN[6], fille de Gaspar, bar. d'Uriage, et de Marguerite de BOULIERS ;

d'où : 1. Aimar [sr de Puvelin, reçut en mariage la moitié des biens de son père, sous réserve d'usufruit ; acheta, le 2 nov. 1627, au prix de 1.500 écus (valant 4.500 l. t.), le domaine de Châteaubernard[7], de Joachim REYNAUD de la Bâtie[8]. Il avait ép., vers avril 1606[4], Eléonor de BRON, fille de Antoine, sgr de la Liègue, S. P. ; et, *probab.* en 2es noces, Antoinette de MALLARD[9]] ;
2. Pierre, [prieur de St-Roman et de St-Nizier d'Uriage, afferma, le 22 janv. 1600[10], les dîmes et rentes de St-Nizier] ;
3. Gaspar, dont l'article suit ;
4. Laurence, ép. Claude BLANC, sgr d'Alivet ;
5. Cécile, religieuse à Prémol ;
6. Madeleine, religieuse à Ste-Claire, à Grenoble ;
7. Marguerite, ép. Jean de RUINAT ;
8. Françoise.

XVIII. Gaspar ALLEMAN, bar. d'Uriage, sgr de Puvelin, Chatte, Montrigaud, St-Just, etc... ; [héritier de Claude ALLEMAN, son oncle par alliance, suiv. test. du 9 déc. 1621 ; céda, par échange, en 1630, la terre d'Uriage à Thomas de BOFFIN[11]] ; fit son test., le 29 mai 1658[12], [par lequel il institue pour

---

[1] R. de la Bâtie, 644.

[2] [Le Laboureur (II, 200) lui donne pour époux Aynard de BOURCHENU.]

[3] Le Laboureur, *Masures de l'île Barbe*, II, 200.

[4] Morin-P., 524.

[5] En présence de François de St-MARCEL, év. de Grenoble ; Guillaume de St-MARCEL, archev. d'Embrun ; Jean TRUCHON, 1er présid. au Parl. de Grenoble ; Guillaume de PORTES, présid. au même Parl., etc...

[6] Fit son test., le 26 juin 1602.

[7] Près St-Marcelin (Isère).

[8] Arch. Drôme, E, 1479.

[9] En qualité de veuve et héritière de Aimar ALLEMAN, elle présenta requête au Parl. de Grenoble, en 1637, contre Charles de CLERMONT, csgr de Chatte, bar. de la Brosse, etc..., sénéchal du Puy et gouverneur de la souveraineté de Dombes (Arch. Drôme, E, 284).

[10] Morin-P., 521.

[11] R. de la Bâtie, 8. [Thérèse de BOFFIN ayant ép., le 12 août 1659, François de LANGON, lui porta la baronnie d'Uriage. Madeleine-Jeanne-Françoise de LANGON, dernière de sa famille, fonda, à Uriage, l'établissement thermal si connu de nos jours, et mourut en 1828, veuve du mis de GAUTHERON, laissant la baronnie d'Uriage et le marquisat de Virieu à son parent, Jacques-Louis-Xavier SIBEUD de St-Ferriol].

[12] Chabert, not. à St-Marcelin.

héritiers sa femme et leur fils aîné Aimar]. Il avait ép., suiv. contrat du 22 fév. 1632[1], Guicharde de CHATELAR, fille de Christophe, sr de la Béraudière, et de Madeleine FAURE des Blains ;
d'où : 1. Aimar, dont l'article suit ;
2. [Joseph, sgr de la Béraudière, offi. au service du Roi[2]] ;
3. Marguerite, religieuse au monastère de Verneson, à Valence ;
4. [Louise[3]].

XIX. Aimar ALLEMAN, sgr de Puvelin, la Béraudière, Chatte, St-Just, etc... [prêta hommage au Roi, pour ses terres de Chatte et de Puvelin, le 12 juil. 1645]. Il avait ép., [suiv. contrat du 19 oct. 1659[3]], Françoise de PONAT[4], fille de François, doyen du Parl. de Grenoble, [et de Anne de JOMARRON ;
d'où : Marie-Diane, hérita de son mari et fit son test., le 31 déc. 1724[6]. Elle avait ép., suiv. contrat du 11 fév. 1687[5], Joseph de la BAUME-Pluvinel (dit de TERTULLE[7]), fils d'Antoine, sgr de la Roque, et de Lucrèce-Alexandrine RAFFELIS-Tertulle[8]].

BRANCHE

DES SEIGNEURS D'ALLIÈRES

XIII. Humbert (*alias* Imbert) ALLEMAN, sgr d'Allières, fils puîné de Pierre, csgr de Rochechinard, et d'Ainarde VALLIN, mourut avant le 9 février 1442. Il avait ép. Ainarde de la BAUME[9] ;
d'où : Odon, dont l'article suit.

XIV. Odon ALLEMAN, sgr d'Allières et de Coignes, signa le pacte de famille de 1455 ;
d'où : 1. Humbert (*alias* Imbert), dont l'article suit ;
2. Anne, ép. Guigues de la TOUR.

XV. Humbert ALLEMAN, sgr d'Allières, [Fontaines, etc... ; donna quittance, le 25 oct. 1496[10], de 400 écus d'or en déduction de la dot de sa belle-fille Hélène ALLEMAN de Séchilienne ; fit son test., le 3 avril 1499[11], par lequel il élit sa

[1] [Juvenet, not. à Mirabel.]
[2] Le Laboureur, *Mazures de l'Ile Barbe*, II, 201.
[3] Jean Dupoisle, not. à Clérieux.
[4] [Le 24 août 1624, étant veuve, elle vendit avec François de LANGON, sgr de Montrigaud, la terre de Charaix à n. Laurent THOMÉ.]
[5] Guion, not. à Chatte (Arch. Drôme, B, 917).
[6] Simon, not. à Chatte.
[7] Fit son test., le 10 août 1707 (Simon, not. à Chatte. Arch. Drôme, B, 1149).
[8] On trouve vers cette époque : *N.* ALLEMAN de Puvelin, mariée avec Jean-Baptiste d'URRE-Brotin, fils de Jean, mis de Montanègue, et de Constance COLAS.
[9] Ep., en 2es noces, suiv. contrat passé à Beauvoir, dans la maison des héritiers de son 1er mari, le 9 fév. 1442, François de CHISSÉ.
[10] Arch. de Condé (D. Villevieille, I, 264).
[11] Arch. de Condé (D. Villevieille, I, 266).

sépulture en l'église des Carmes, à Beauvoir, devant la chapelle qu'il y a fondée, dans le tombeau de f. Aynarde de la BAUME, son aïeule, et veut qu'on y transporte Claude ALLEMAN, sa 1re femme ; lègue à Marguerite et Ennemonde, ses filles, à condition qu'elles ne se marieront que du consentement de Marie ALLEMAN d'Uriage, leur mère ; destine Jeanne, son autre fille, au cloître ; lègue à Humbert, son fils bâtard, et à Guigone, sa fille bâtarde, à condition qu'elle épouse Aimon ; institue son héritier universel Humbert, son fils légitime, lui substituant le sr de Séchilienne, à condition qu'il épouse une de ses filles]. Il avait ép. [en 1res noces, Claude ALLEMAN ; et, en 2es noces], le 15 avril 1488, Marie ALLEMAN[1], fille de Guigues, bar. d'Uriage, et de Marie GRINDE ;

d'où : 1. Humbert, dont l'article suit ;

2. Marguerite [du 2e lit], ép. Antoine de GENTON ;

3. Ennemonde [du 2e lit] ;

4. Jeanne ;

5. Antoinette, religieuse à Montfleury ;

[Humbert avait eu deux enfants naturels :

A. Humbert ;

B. Guigonne].

XVI. Humbert ALLEMAN, sgr d'Allières, prêta hommage, en 1541, et fit son test., le 3 janv. 1542, dans lequel il nomme Laurent ALLEMAN, son beau-frère, sa femme, ses enfants, ses sœurs et sa fille naturelle. Il avait ép., [suiv. contrat du 25 oct. 1496[2]], Hélène ALLEMAN[3], fille de Charles, sgr de Laval et de Séchilienne, et de Catherine de LAUDUN [*alias* Marguerite RICHARD de St-Priest] ;

d'où : 1. Claude-Laurent, dont l'article suit ;

2. Philippine, ép., en 1res noces, Jean de St-MARCEL d'Avançon, cons. au parlem. de Grenoble ; et, en 2es noces, suiv. contrat du 29 sept. 1547, Bertrand du VIENNOIS, sgr d'Ansel.

XVII. Claude-Laurent ALLEMAN, sgr d'Allières, ép., en 1550, Blanche du PUY, fille de Aimar, sgr de Montbrun, et de Catherine VALLETTE (dite de Pariset) ;

d'où : Laurent, dont l'article suit.

XVIII. Laurent ALLEMAN, sgr d'Allières, commandait un régim. dans le parti protestant. Il avait ép., [suiv. contrat du 31 mars 1572], Bonne PRUNIER, fille d'Artus, sgr de St-André, et de Jeanne de la COLOMBIÈRE ;

---

[1] Fit son test., le 16 juil. 1502. Elle avait ép., en 2e noces, François d'YSERAN.

[2] Arch. de Condé (D. Villevieille, I, 264).

[3] Ép., en 2e noces, Georges de St-MARCEL d'Avançon.

d'où : 1. Artus ; S. P. ;
2. Pierre ; S. P. ;
3. Jacob ; S. P. ;
4. Laurent ; S. P. ;
5. César, mourut jeune ;
6. Olympe, ép., [suiv. contrat du 5 août 1594], Jean BAILLY, cons. du Parlem. de Grenoble [fils de Georges, aussi cons., et de Isabeau de MURINAIS] ;
7. Bonne, ép. *N*... bar. de DIVONNE ;
8. Esther ;
9. Blanche, ép., en 1res noces, Jacques de MARTINEL, cons. au Parl. de Grenoble ; et, en 2es noces, [en 1619[1]], Samson de PERISSOL, présid. au même Parl.[2], fils de Claude, éc. du lieu d'Orpières, sgr du Poët[3] ;
10. Madeleine ;
11. Catherine, ép. Pierre PECCAL ;
12. *Autre* Madeleine ;
13. Françoise.

BRANCHE

DES SEIGNEURS DE MONTGEFFIN & ARBENC

X. Pierre ALLEMAN, fils puiné de Jean, sgr de Lentiol[4], s'établit en Bugey. Il avait ép. [vers 1340[5]], Pétronille de CHATAR, fille de *N*... et de Sibille d'ARLES ;
d'où : Jean, dont l'article suit.

XI. Jean ALLEMAN, sgr de Montgeffin (ou Montgefon[6]), prêta hommage, en 1373, à Béatrix de CHALONS, dame de Thoire et de Villars [et suivit les Princes d'Anjou dans leurs expéditions à Naples]. Il avait ép., le 2 sept. 1374, Marie de CHATILLON[7], fille de Pierre, sgr du Châtelard, csgr de Châtillon, et de Huguette de CHISSÉ ;

---

[1] Lacroix, *Arrond. de Mont.*, VII, 268.

[2] [C'est par suite de cette alliance que ses descendants brisérent leurs armes de celles des ALLEMAN (Rivoire de la Bâtie, 513), dont ils joignirent le nom au leur] ; d'où : 1. Laurent de PÉRISSOL, sgr d'Allières, Gières, Roissas, présid. au même Parl. [en 1671] ; ép. Justine du PUY, fille de Charles-René, mis de Montbrun, et de Diane de CAUMONT ; [d'où : François-Alexandre, sgr de St-Ange, présid. au même Parl., mourut vers janv. 1709. Il avait ép. Marianne DAVITY ; S. P.] ; 2. Blanche, ép. Gaspar PAPE.

[3] En rendit hommage en 1587.

[4] [D'autres le disent fils de Guillaume, sgr d'Uriage et de Valbonnais, et de Agnès de VILLARS].

[5] Morin-P., 537.

[6] En Bourgogne.

[7] Fit son test., en 1396 (Arch. de l'officialité de Besançon et *Recueil de titres en l'abbaye de St-Vincent à Besançon*, D. Villevieille, I, 246), par lequel elle nomme son père, ses deux maris

d'où : 1. Pierre, dont l'article suit ;
2. Jean, rendit hommage, en 1397, avec Pierre, son frère, au sire de Thoire et de Villars, pour la terre d'Albenc ;
3. Gallois, chan. c^te de Lyon, en 1390, rendit le même hommage, en 1397;
4. Louis, né au château d'Arbenc[1] vers 1385 (*alias* 1392), chan. c^te de Lyon après la résignation de son frère Gallois, abbé de Tournus, év. de Maguelone (en 1418), arch. d'Arles, le 3 déc. 1423, cardinal au titre de Ste-Cécile, le 24 mai 1426, légat du Pape à Bologne, puis auprès de l'empereur Frédéric ; [assista au concile de Bâle et y joua un rôle prépondérant] ; mourut en odeur de sainteté à Salon[2], le 16 sept. 1450, et fut enseveli dans le chœur de sa cathédrale d'Arles. Il a été béatifié par bulle du pape Clément VII, du 9 avril 1527, et une chapelle en son honneur a été érigée en Savoie, dans l'abbaye de Haute-Combe[3] ;
5. [Jeannette].

XII. Pierre ALLEMAN, sgr de Coiselet, ép. Jeannette de GRANDVAL, fille de Girard, sgr de Mornay, et de Renaudine d'ANDELOI ;
d'où : 1. Hugonin, dont l'article suit ;
2. Claude, chan. c^te de Lyon, en 1411 ;
3. Louis, assista, le 6 juil. 1426, à la bataille de Dorny, en Chypre, d'où il échappa seul, avec François de la PALU, sgr de Varambon ;
4. Renaudine, ép. Pierre de GROLÉE, fils de Guy, sgr de St-André-de-Briord, et de Bonne de CHALANT.

XIII. Hugonin ALLEMAN, sgr d'Arbenc, Mornac, Coiselet ;
d'où : 1. Louis, dont l'article suit ;
2. Philiberte, ép. Jacques de CHATAM, sgr de Varey et de Saix ;
3. Marguerite, ép. Guillaume de FULIGNY[4].

XIV. Louis ALLEMAN, sgr d'Arbenc, Coiselet, la Marche, Mornay [chambellan de Louis XI et de Charles VIII, cap. d'escadre] ; servit aux guerres d'Italie ; fit son test., le 18 juil. 1494 [et mourut vers 1496[5]]. Il avait ép. Jeanne du CHATELET, fille de Philibert, et de Louise de GRANDSON ; S P..

---

et partage ses biens, par moitié, entre ses enfants du 1er lit, qu'elle nomme, et l'enfant qu'elle porte du 2e lit. Elle avait ép., en 2es noces, Etienne de TOULONGEON].

[1] Canton d'Oyonnax (Ain).

[2] Bouches-du-Rhône.

[3] V. *Gallia Christiana*, 2e I, 582, c ; 615, c.. Fisquet, *France Pontificale*, Montpellier, 180. Manni, *Della vita e del culto del beato Lodovico Alemanni*, in Firenze MDCCLXXI, in-4°, 103, p. préc. de XVIII p^r tit. déd.(à Frédéric ALAMAN, év. de Pistoie), et portr..

[4] En Bourgogne.

[5] V. Lachenaye, I, 351.

SEIGNEURS DE CHATEAUNEUF-REDORTIER[1]

La généalogie de la famille ALLEMAN, des sgrs de Châteauneuf-Redortier, a été donnée par Pithon-Curt et par Mistarlet.

Pithon-Curt, écrivant en 1743, indique la tradition qui ferait venir cette famille de Florence[2], et mentionne à peine, en la rejetant, l'opinion qui lui assignerait une souche commune avec les ALLEMAN de Dauphiné. Il la dit avec plus de raison originaire simplement de Beaucaire, en dresse la généalogie à partir de 1425, et lui donne pour armes celles qu'elle portait alors : *écartelé au 1 et 4 d'azur à 3 bandes d'or ; au 2 et 3, à 5 points d'or équipollés à 4 d'azur.*

Mistarlet, écrivant en 1782, alors que ces ALLEMAN du Comtat Venaissin avaient pris un certain éclat, les a rattachés, sans hésitation, aux ALLEMAN de Dauphiné et, pour mieux exprimer cette prétention, a placé l'écu ci-dessus des Châteauneuf-Redortier, *en cœur* sur celui des ALLEMAN de Dauphiné.

Quoique nous ne partagions nullement cette dernière opinion, nous plaçons ici la généalogie de cette famille, afin de réunir tout ce que nous avons sur le nom *Alleman*. Nous suivrons le cadre de Pithon-Curt et y ajouterons ce que nous avons pu recueillir ailleurs.

I. *N*... ALLEMAN ;
d'où : 1. Jacques, dont l'article suit ;
2. Taneguy, forma, à Beaucaire, une branche éteinte en la personne de Charlotte ALLEMAN, mariée dans la famille ARNAUD de Prémont[3] ;
3. Rostain, tige des sgrs de Guepéan, rapportés plus loin.

II. Jacques ALLEMAN[4], éc. de la ville de Beaucaire, sénéchal de Nîmes (?),

[1] Commune de Suzette, canton de Beaumes-de-Venise (Vaucluse). Le surnom de *Redortier* vient de la grande quantité de *clématite* (en provençal *redorte*), qui croît dans les environs.

[2] V. L'Hermitte de Souliers : *La Toscane Française*, art. ALLEMAN.

[3] La Roque (*Arm. de Languedoc*, Montp., I, 26), donne un article sur les ARNAUD de Prémont, d'après le m[is] d'Aubaïs ; cette alliance n'y est pas mentionnée.

[4] Pithon-Curt marque ce Jacques en premier degré. Comme pourtant il indique ses deux frères, nous avons cru être plus logique en comptant les degrés à partir du père de ces trois frères, quoique son nom soit inconnu. Mistarlet, de son côté, met ce Jacques au Ve degré et commence ainsi sa généalogie :

I. Antoine ALLEMAN, des sgrs de Champs, éc. de la ville de Grenoble (oncle de Berlion ALLEMAN, chan. de N.-D. de Grenoble) ;
d'où :

II. Claude ALLEMAN, fit son test., au Buis, le 12 janv. 1332 (Jacques Desplan, not.) ;
d'où : 1. François, dont l'article suit ;
2. Pierre, transigea avec son frère François (Guillaume SCOFFERII, not. au Buis).

III. François ALLEMAN, chev. de la ville du Buis, ép., suiv. contrat du 7 mars 1353 (Pierre Seracerii, not.), Agnès de VESC ;
d'où :

passa compromis tant en son nom que pour Rostan, son fils, le 15 nov. 1459[1]. Il avait ép., vers 1425, Jeanne de PERNES[2], héritière de sa branche ;

d'où : 1. Thomas, dont l'article suit ;

2. Guy, protonotaire apostolique, prévôt de l'église métropolitaine d'Embrun, en 1473 ; mourut en 1503 ;

3. Tanequin, paraît dans la quittance du 11 juil. 1463, mentionnée au degré suivant ;

4. Rostan, au nom duquel son père passa le compromis ci-dessus.

III. Thomas ALLEMAN, donna quittance avec son frère Tanequin ALLEMAN, au nom de leur père Jacques, de la dot de sa femme Jeanne de VENASQUE, au père de celle-ci, le 11 juil. 1463[3] ; fut maître des ports de la sénéchaussée de Nîmes, suiv. lettres patentes données à Montpellier, le 6 fév. 1467 ; reconnut, le 29 mars 1506[4], la dot de sa belle-fille Françoise du PUY et mourut intestat. Il avait ép., suiv. contrat du 11 juil. 1463[5], Jeanne de VENASQUE[6], fille de Barthélemy, damoiseau, et de Georgette de SENAS[7] ;

IV. Guigues ALLEMAN, hérita des biens de Bérenger ALLEMAN, son cousin, de la ville de Beaucaire. Il avait ép., suiv. contrat du 6 fév. 1378 (Rodulph Augier, not.), Yssende de GUILLERMI, fille de n. Pons et de Genèbre ;
d'où :

V. Jacques ALLEMAN, damoiseau de la ville de Beaucaire, reçut de son père, le 10 avril 1418 (Jean Richard, not.), donation de tous les biens que celui-ci possédait au Buis. Il avait ép. Simone de MORNAS (fit son test., le 28 mars 1468. Nicolas Imbert, not. à Beaucaire);
d'où :

VI. Thomas, (la suite comme dans Pithon-C.).

[1] Guillaume et Pierre Régis, not. (Curel, 434).

[2] Armes : *d'azur à la croix pattée d'argent adextrée et senestrée d'or* (alias : *au pal d'azur chargé d'une croix pattée d'argent).* V. pour quelques détails sur la famille de PERNES, Pit.-C., I, 27.

[3] Jacques Girard, not. (Curel, 103).

[4] Jacques Joannini, not. à Pernes.

[5] Jacques Girardi, not. à Avignon (Mistarlet).

[6] Fit procuration, le 5 déc. 1478 (Pierre Béraud, not. à Beaucaire), à son mari pour prendre possession des biens à elle laissés par Aiglenie de VENASQUE, sa sœur; donna une maison à nouveau bail à Bédouin, du consentement de son mari, le 3 nov. 1488 (Jean Columbet, not. à Pernes. Curel, 186) ; partagea avec Perrette, son autre sœur, le 17 juin 1485 (Ant. Ceriati, not. à Pernes), les biens de Catherine de SENAS, leur tante, et recueillit l'héritage de ladite Perrette de VENASQUE, de Raymonet de VENASQUE et de Georgette de SENAS. (V. Mistarlet, 27. Il n'est pas d'accord pour ces parentés des VENASQUE et SENAS avec Pit.-C., III, 509, qui de SENAS fait CEVA).

[7] Guinet (*alias* Guillaume) de SENAS, du lieu de Pernes, vivait le 26 mai 1427. Il avait ép. Huguette ARNAUD (fit son test., le 26 mars 1427, aux écritures de Jacques Brici, not. à Pernes ; et un codicille, le 26 mai suiv., aux mêmes écritures [arch. de Barbegal], dans lequel elle nomme son père, son mari, et lègue à sa fille Georgette), fille de Jacques, du lieu de Gordes ;
d'où : 1. Jacques, héritier de son père, mourut avant le 21 fév. 1478. On croit qu'il avait ép. Marguerite de VENASQUE ;
d'où : Huguette, transigea, le 21 fév. 1478 (v. st. ; acte passé à Avignon, aux écritures de Jean Robin, clerc du dioc. de Béziers, citoyen d'Avignon. Arch. de Barbegal), avec Bertrand de AURIOL (*alias* de Ste-MARIE), du lieu de Pernes, tuteur de Pierrette de VENASQUE,

d'où : 1. Claude, dont l'article suit ;

2. Jean, protonotaire apostolique et prévôt d'Embrun, de 1518 à 1526 ;

3. Jeannone, ép., suiv. contrat du 9 avril 1486[1] Jacques de PASTURANE, fils de n. MIFFRE, habitant à Barbentane.

IV. Claude ALLEMAN, sgr de Châteauneuf-Redortier, acheta, en 1540[2], une maison, à Carpentras, de Bertrand de VAIRPONTE, mari de Claudine VERDELIN, qui ratifia cette vente le 13 déc. de la même année[3]. Il avait ép., en 1res noces, suiv. contrat du 4 janv. 1506[4], Françoise du PUY, fille de Rambaud, et de Anne de VASSADEL ; et, en 2es noces, Marguerite de MAULSANG[5], fille de Antoine, damoiseau, et de Agnès du BOUSQUET ;

d'où : du 1er lit,

1. Labeau, dont l'article suit ;

2. Jean, cosgr de Châteauneuf, partagea, le 17 mars 1567, avec son frère Labeau, les biens de leurs père et mère communs. Il avait ép., en 1res noces, suiv. contrat du 15 janv. 1539[6], Jeanne GUAST *(alias* GASQ)[7], fille de Louis, sgr de St-Savournin, et de Jacqueline ROUX de Beauvezet[8] ; et, en 2es noces, suiv. contrat du 10 juil. 1567[9], Jeanne REBOLLI (ROBOLLI ?), fille de Simon et de Madeleine de la PLANE ;

---

fille et héritière de f. Raymonet, du lieu de [illegible], se disant héritière de Jacques, fils et héritier de Guinet et de Huguette ARNAUD. Elle réclamait le tiers de l'héritage dit de *Moriaco,* du chef de f. Barthélemy de VENASQUE, autrefois son tuteur, et père dudit f. Raymonet, et régla cette contestation, le 6 déc. 1479 (même not., id.), avec ledit Bertrand de St-MARIE. Elle avait ép., suiv. contrat du 18 mars 1451, Yves BEUF (Bovis), du lieu de Trets, not. à Arles.

2. Jean, chan. doyen de l'église cathédrale N.-D.-des-Doms à Avignon; fit donation, le 27 oct. 1469 (Guillaume Pichoni, not. à Pernes. Acte passé en la maison de Raymond de VENASQUE. Arch. de Barbegal), à Georgette de SENAS, sa sœur, veuve de Barthélemy de VENASQUE, de tout ce qui lui revenait sur l'héritage de n. Monée, veuve de Victor de MORIACO, chev. du lieu de Pernes ;

3. Georgette, ép., suiv. contrat du 3 mai 1421 (Jean Tholosan, not. à Pernes. Arch. de Barbegal), Barthélemy de VENASQUE (mourut avant le 27 oct. 1469), fils de n. Raymond, du lieu de Pernes;

4. *(Probab.)* Catherine, qualifiée dame d'Eygalières, dans une procuration du 8 nov. 1440 (Louis de Vitriaco, not. à St-Remy. Arch. de Barbegal), où elle est dite femme de Fouque de PONTEVÈS, damoiseau.

[1] Michel de Areis, not. à Beaucaire (Arch. de Barbegal).

[2] Cabrian, not. à Carpentras (Curel, 128).

[3] Cayroni, not. (Curel, 128).

[4] Gaudibert, not. à Malaucène (Preuves de M. Alleman, 1693).

[5] Elle était veuve de Claude de JARENTE. V., pour quelques détails sur la famille MAULSANG, Pit.-C., I, 28 ; II, 163).

[6] Charles de St-Maurice, not. à Pernes (Arch. de Barbegal).

[7] Veuve d'Antoine COMTE, surnommé de CARASSOLE, de la ville de Pernes. Elle reçut un legs au test. de sa sœur Catherine GUAST, femme de Annibal CAPELLIS, du 19 sept. 1554.

[8] Du lieu du Thor (dioc. de Cavaillon).

[9] Jacques Balby, not. à Carpentras.

d'où : du 1er lit,

A. Gaspar, csgr de Châteauneuf, reçut de sa mère une donation de 600 écus d'or, le 13 juin 1545[1]; fit son test., le 28 mars 1583[2], par lequel il lègue à sa femme, à ses filles Jeanne et Catherine, institue pour héritiers ses fils Hercule et Antoine, leur substituant ses filles, et à celles-ci, sa sœur Madeleine. Il avait ép., suiv. contrat du 28 janv. 1570[3], Phelise de SADE, fille de Pierre, sgr de Goult, et de Marie de VITALIS *(alias* VIDAL) ;

d'où : *a.* Hercule, institué cohéritier de son père, paraît être mort sans postérité ;

b. Antoine, csgr de Châteauneuf, ép., le 4 (ou 14) oct. 1595[4], Alexandrine de SIROC[5], fille de Georges[6], csgr de Barbentane, et de Madeleine LOPÈS de Mont-de-Vergues ;

c. Jeanne, ép., suiv. contrat du 6 janv. 1592[7], Pierre de CHAZA, dit de *Grille,* sgr de la Roque-Henri, fils de Jean et de Antoinette RAIMOND de Modène ;

d. Catherine, légataire au test. de son père ;

e. Louise, ép., suiv. contrat du 15 fév. 1604[8], Gaspar

---

[1] Cyprien Baldoni, not. à Monteoux.

[2] Anglesi, not. à Arles (Arch. de Barbegal).

[3] Ant. Nicolay, not. à Arles.

[4] Jean Anglezi, not. à Pernes.

[5] Armes : *losangé d'argent et de gueules, à l'écusson d'or, chargé de 4 losanges d'azur croisés d'or posé en cœur.*

Cosme SIROC était, le 29 juil. 1483 (Margnotti, not. à Tarascon, f° 231), cap. du château de Barbentane, et lieut. du maître des ports dans la juridiction de Pierre de BEAUVAU (Curel).

André SIROC, cap. du château de Barbentane, mourut avant le 8 mars 1540. Il avait ép. Anne *N...* (ép., en 2es noces, Jean de SALLIÈRES, doct. ès-droits, sgr de Sallières. Pit.-C., II, 471) ;

d'où : 1. Jean, constitua avec son frère Pierre, 1.100 fl. de dot à sa sœur Louise, en écus d'or au soleil ;

2. Pierre, vivait à Avignon, le 27 avril 1524 (J. de Villanova, not., f° 239. Curel);

3. Georges, csgr de Barbentane, mourut avant 1595. Il avait ép. Madeleine LOPÈS, fille de Jérôme, sgr de Mont-de-Vergues, et de Cécile ANSELME de Blauvac. (Pit.-C. donne ainsi la filiation de Madeleine LOPÈS, à l'art. Lopès, II, 216, et à l'art. Guyard, II, 471 ; mais à l'art. Alleman, I, 36, il la dit bâtarde du même Jérôme);

d'où : Alexandrine, ép., en 1res noces, suiv. contrat du 4 (ou 14) oct. 1595 (Jean Anglezi, not. à Pernes), Antoine ALLEMAN, fils de Gaspar, csgr de Châteauneuf, et de Phelise de SADE ; et, en 2es noces, suiv. contrat du 23 déc. 1600, Pierre PUGET, fils de Jean, csgr de Chasteuil, et de Catherine de TULLES ;

4. Louise, eut en dot 1.100 fl. d'or pour tous droits paternels et maternels. Elle avait ép., suiv. contrat du 8 mars 1540 (Poncet Bernardi, not. à l'Isle), Reinier GUYARD, fils de Simon, et de Antoinette des ARMANDS.

[6] Lainé, *Arch. génèal.*, IV ; MALZAMET, 6.

[7] Anglezi, not à Pernes. (Pr. de M. Capellis, 1678).

[8] Jean Gibert, not. à Pernes (Pr. de M. Anselme, 1747). Extrait authentique aux arch. de Barbegal.

Fougasse, sgr de Grugières, fils de François, sr de la Barthelasse, et de Pierrette de Merles, sa 2e femme;

B. Madeleine, ép. à Pernes, en 1556[1], Louis Vachères, dit de St-Paul, fils de Jean et de Annette de Bousigues[2] ;

et du 2e lit,

C. Antoine, csgr de Châteauneuf, ép., suiv. contrat du 8 fév. 1592[3], Marguerite de l'Espine, fille de Rainaud, sr du Poët, et de Françoise du Puy ;

d'où : *a*. Esprit, mourut à Carpentras, le 16 juil. 1642. Il avait ép., suiv. contrat du 24 août 1619[4], Françoise Cheilus[5], fille de Barthélemy, sgr de la Tourasse, et de Françoise de Chaza, codame de la Roque-Henri ;

d'où : *aa*. Catherine, ép. à Carpentras, le 1er nov. 1637, suiv. contrat postnuptial du 29 mars 1638[6], Paul Alleman, fils de Jacques, csgr de Châteauneuf, et de Polyxène Vincens de Causans ;

bb. Anne, ép., suiv. contrat du 28 avril 1653[7], Pierre Capellis, fils de André, éc., et de Catherine Guilhens ;

b. Thomas, reçu chev. de St-Jean-de-Jérusalem, suiv. preuves du 30 mai 1616[8] ;

D. Pierre, né à Carpentras, bapt. le 19 nov. 1573[9] ;

E. Claude, né posthume ;

3. Augustin, clerc ;

4. Bitronne, ép. Claude de Ste-Marie, de la ville de Pernes.

V. Labeau (*alias* Labeo) Alleman, sgr de Châteauneuf, acheta, le 30 mars 1546[10], de Jean de Vesc, bar. de Grimaud, la terre et sgrie de Châteauneuf-Rèdortier ; rendit dénombrement pour cette terre au Prince d'Orange, le

---

[1] Gaspar Anglezi, not. à Pernes.

[2] Pit.-C., I, 327.

[3] Olivier Guintrand, not. à Malaucène.

[4] Jean Giberty, not. à Pernes (Preuves de M. Capellis, 1678).

[5] Ep., en 2es noces, Jacques Alleman, beau-père de sa fille Catherine, fils de Esprit, sgr de Châteauneuf, et de Oriane de Giraud.

[6] F. Figuras, not. à Carpentras.

[7] André Perroquetti, not..

[8] Rostain Raimbaud, not. à Arles (Preuves de M. Urre, 1678).

[9] Par., Pierre Giraudi ; mar., Louise Alleman.

[10] Nicolas Rosset, not. à Caromb (Preuves de M. Sobirats, 1686). Il faudrait voir ce titre pour savoir si Labeau fit cette acquisition pour son compte ou pour celui de son père Claude. Pit.-C. dit, en effet, que Claude prêta hommage de cette terre, et Jean, son 2e fils, ainsi que ses descendants sont qualifiés csgrs de Châteauneuf.

19 mai 1556[1], lui en prêta hommage le 10 mars 1560, et fit son test., le 6 juin 1590[2]. Il avait ép., en 1res noces, Claudine de RAINOARD; et, en 2es noces, suiv. contrat du 14 (*alias* 24) nov. 1545[3], Françoise REBOLLIS, fille de Simon, éc., et de Madeleine de la PLANE;

d'où : du 2e lit,

1. Esprit, dont l'article suit;
2. Joseph, sgr du Castelet, csgr de Châteauneuf, né vers 1556; reçu chev. de St-Jean-de-Jérusalem, en 1565, paya son passage, en 1566; quitta la croix pour se marier; passa divers actes, en 1590; mourut à Carpentras et fut enseveli le 6 juil. 1606. Il avait ép. *N*... ASTOAUD, fille de Louis, sgr de Velleron, et de Françoise CHOISELAT de Roaix;
   d'où : Eraste (*alias* Erasme), participa aux actes passés par son père et fut capit. des portes de Carpentras. Il avait ép. *N*...;
      d'où : Jacques, mourut à Carpentras et fut enseveli le 23 oct. 1597;
3. François (*alias* Etienne ou François-Etienne), sgr de Longchamp, de la ville de Carpentras, gentilhomme de la chambre du Roi; fit son test., le 16 avril 1626[4], par lequel il lègue à ses enfants du 2e lit, et institue pour héritier sa 2e femme, Jeanne d'ORLÉANS, leur mère. Il avait ép., en 1res noces, Isabelle de Bus, fille de Bernardin, sgr de Gromelles, et de Richarde GUILHENS de Puylaval; et, en 2es noces, Jeanne d'ORLÉANS[5], fille de Fleury, sgr de Bédouin;
   d'où : du 1er lit,
   A. Madeleine, née à Carpentras, bapt. le 13 juin 1602[6];
   et du 2e lit,
   B. Jean-François, né à Carpentras, bapt. le 31 janv. 1614[7];
   C. Paul-François, né à Carpentras, bapt. le 5 juin 1620[8];
   D. Charles-François, né à Carpentras, bapt. le 28 mai 1623[9];
   E. Louis-François, né à Carpentras, bapt. le 11 janv. 1625[10];
   F. François-Emmanuel, né à Carpentras, bapt. le 13 nov. 1627[11];
   G. Catherine;
   H. Christiane, née à Carpentras, bapt. le 15 septembre 1616[12];

---

[1] La Baume, not. à Orange.
[2] Esprit Balby, not. à Carpentras.
[3] Roman Filioli, not. à Carpentras.
[4] Ch. Salvatoris, not. à Carpentras (Curel, 87).
[5] Fit son test. en même temps que son mari, instituant pour héritier leur fils commun Jean-François.
[6] Parr., Henri Bus de Gromelles; marr., Madeleine ALLEMAN.
[7] Parr., Pierre ANDRÉE.
[8] Parr., Paul de FORTIA, sr des Baumettes; marr., Françoise d'ALLEMAN.
[9] Parr., Jacques d'ALLEMAN; marr., Diane de CRUSSOL.
[10] Parr., François d'ALLEMAN; marr., Louise d'ALLEMAN.
[11] Parr., Pierre de GIRAUD de Soubirats; marr., Jeanne de TOLON.
[12] Parr., Cosme de BARDI, marr., Christiane de CATHELINA.

I. Sibille, née à Carpentras, bapt. le 4 mars 1635[1] ;

4. Hélie (*alias* Elzéar), doct. ès-droits, mourut avant le 18 fév. 1602. Il avait ép., suiv. contrat du 2 août 1580[2], Isabeau de GIRAUD[3], fille de Pierre et de Louise de BRUNELLIS ;

d'où : A. Joseph, né à Carpentras, bapt. le 15 août 1582[4] ;

B. Jacques, né à Carpentras, bapt. le 19 août 1585[5] ;

C. François-Etienne, né à Carpentras, bapt. le 26 mai 1587[6] ; ép. Louise de QUIQUERAN, fille de Balthazar, sgr de Ventabren, et de Eléonore de BOURDIE (*alias* de St-MICHEL) ;

d'où : Louise, ép. Michel de GUAST ;

D. Catherine, vivait en 1634[7]. Elle avait ép. à Carpentras, le 18 fév. 1603, suiv. contrat du même jour[8], François RAIMOND de Mormoiron[9], fils de Laurent, sgr de Modène, et de Françoise GAUTIER de Girenton ;

5. Etienne, eut un legs de 1400 écus d'or au test. de son père du 6 juin 1590 ; mourut à Carpentras et fut ensev. le 30 juin 1595 ;

6. Gabrielle, ép., en 1res noces, suiv. contrat du 22 oct. 1541[10], François

---

[1] Parr., Albert de la RIVIÈRE ; marr., la dame de Venasque.

[2] Mathieu, not. à Carpentras.

[3] *N*... GIRAUD eut pour fils :

1. Guillaume, dont l'article suit ;
2. Antoine, partagea les biens de sa famille avec son frère Guillaume, le 25 janv. 1497 (Pons Raymond, not. à Carpentras);

d'où : A. Guillaume, passa transaction, ainsi que son frère Claude, avec Barthélemy et Léon GIRAUD, leurs communs cousins germains, le 13 avril 1509 (P. Raymond, not. à Carpentras) ;

B. Claude, transigea comme il est dit ci-dessus.

Guillaume GIRAUD fit un échange, le 28 juil. 1495 (Pons Raymond, not. à Carpentras), avec Pons de VALAVOIRE, du lieu de Bollène. Il avait ép. Françoise FERRONE (*alias* SERRONE) ;

d'où : 1. Barthélemy, dont l'article suit ;

2. Léon, transigea ainsi que son frère avec leurs communs cousins germains Guillaume et Claude, le 13 avril 1509.

Barthélemy GIRAUD transigea comme il est dit ci-dessus. Il avait ép. Claudine des ARTAUD ; d'où :

Pierre GIRAUD, ép., suiv. contrat du 21 mai 1537 (Romain Fillioli, not. à Carpentras), Louise de BRUNELLIS, fille de Jean, sgr de la Chaux, et de Antoinette de PATRIS ;

d'où : 1. Jeanne, ép., vers 1577, François de SOUBIRATS, fils de François-Michel et de Léonette des JOUBERTS ;

2. Oriane, née vers 1564, mourut à Carpentras le 30 avril 1599. Elle avait ép., suiv. contrat du 2 août 1580 (François Mathieu, not. à Carpentras), Esprit ALLEMAN, fils de Labeau, sgr de Châteauneuf, et de Françoise de REBOLLIS, sa 2e femme ;

3. Isabelle, ép., le même jour, Hélie ALLEMAN, autre fils de Labeau, sgr de Châteauneuf, et de Françoise de REBOLLIS, sa 2e femme.

[4] Par., Joseph ALLEMAN ; marr., Antoinette GIRAUD.

[5] Parr., Jacques SADOLET ; marr., Anne de...

[6] Parr., Etienne RAYMOND ; marr., *N.* GIRARD.

[7] C'est elle, peut-être, dont on trouve le décès à Sarrian (Vaucluse), le 14 juil. 1642, âgée de 56 ans.

[8] François Figurat, not. à Carpentras.

[9] Mourut le 25 août 1632.

[10] Charles de St-Maurice, not. à Pernes (*Pr.* de M. Seguin, 1693).

COMTE, dit *Cabassole*, fils de Pierre ; et, en 2es noces, François de la JARDINE[1], fils d'*autre* François et de Catherine de NOVARINS ;

7. Louise, ép., suiv. contrat du 13 janv. 1566[2], Jean CHEILUS, csgr de Venasque et St-Didier, fils d'*autre* Jean et de Marguerite VACHÈRES de St-Paul ;
8. Madeleine, ép., en 1res noces, Mathieu de VILLENEUVE, du lieu de Monteux ; et, en 2es noces, Michel GUAST[3], fils de Louis, sgr de St-Savournin, et de Jacquette Roux de Beauvezet ;
9. Jeanne, ép., à Carpentras, Guillaume de GUILLAUMONT, sgr d'Ambonil;
10. Françoise, ép. Pierre PELLEGRIN, de Villeneuve-les-Avignon ;
11. *Autre* Madeleine, religieuse au monastère de Ste-Claire à Avignon.

VI. Esprit ALLEMAN, sgr de Châteauneuf, doct. ès-droits, prêta hommage au Prince d'Orange, le 27 juil. 1595, pour sa terre de Châteauneuf ; 1er présid. au Parl. d'Orange, avant 1595, et cons. au Conseil Privé du Prince de Nassau, par provisions du 25 (*alias* 20) janv. 1600 ; cte Palatin ; mourut à Carpentras, le 20 oct. 1623, et fut ensev. en la chapelle de l'Ange Gardien, dans l'église des FF. Mineurs. Il avait ép., suiv. contrat du 2 août 1580[4], Oriane GIRAUD[5], fille de Pierre et de Louise de BRUNELLIS ;

d'où : 1. Jacques, sgr de Châteauneuf-Redortier, chev. des ordres du Roi, cte Palatin, présid. au Parl. d'Orange, suiv. lettres données à Bruxelles, le 25 janv. 1600, par le Prince Guillaume d'Orange ; prêta hommage au même prince pour sa terre de Châteauneuf, le 8 déc. 1618 ; fit son test., le 26 sept. 1637[6], et encore le 1er août 1639[7], par lequel il institue pour héritier Paul, son fils aîné, et mourut à Carpentras le surlendemain. Il avait ép., en 1res noces, suiv. contrat du 16 oct. 1606[8], Polyxène VINCENS, fille de Henri, sgr de Causans, et de Madeleine SAGNET-ASTOAUD ; et, en 2es noces, à Carpentras, le 1er nov. 1637, Françoise CHEILUS[9], fille de Barthélemy, sgr de la Tourasse, et de Françoise de CHAZA ;

d'où : du 1er lit,

A. Paul, sgr de Châteauneuf-Redortier, né à Carpentras, bapt.

---

[1] Il avait ép., en 1res noces, Anne de VERDELIN; et épousa, en 3es noces, Florie VASSADEL de Vacqueiras.

[2] Gaspar Anglesy, not. à Pernes.

[3] Veuf, en 1res noces, de Gilette FOURNIER.

[4] François Mathieu, not. à Carpentras.

[5] V. ci-dessus p. 242, note 3.

[6] François Figurat, not. à Carpentras (Pit.-C. et Preuves de M. Urre, 1678).

[7] François Figurat, not. à Carpentras (Pr. de M. Alleman, 1693).

[8] Mathieu Bernard et Esprit Pons, not. à Orange.

[9] Veuve d'Esprit ALLEMAN. Ce même jour elle donna Catherine, sa fille du 1er lit, à Paul ALLEMAN, fils du 1er lit de Jacques, en sorte qu'elle devint doublement belle-mère de ce Paul.

le 16 mars 1608[1]; page à la petite écurie du Roi; servit aux guerres de Piémont; fit son test., le 6 déc. (ou sept.) 1655[2], par lequel il institue pour héritier son fils aîné, Louis-François; mourut à Vacqueiras[3], le 10 déc. (ou sept.) 1655, et fut ensev. à Carpentras, dans la chapelle du Bon-Ange du couvent des Observantins. Il avait ép. à Carpentras, le 1er nov. 1637, selon contrat du 27 mars 1638[4], Catherine ALLEMAN, fille d'Esprit et de Françoise de CHEILUS;

d'où : *a*. Louis-François, sgr de Châteauneuf, né à Carpentras, bapt. le 22 mai 1641[5], mourut à Carpentras, le 8 mai 1706. Il avait ép., en 1res noces, suiv. contrat du 31 juil. 1663[6], Ursule-Isabeau VERDELIN[7], fille de Paul et de Gillette de GUAST; et, en 2es noces, à Carpentras, le 18 oct. 1697, Justine du PILHON, fille de Charles, sgr d'Angelle, et de Françoise de REYNIER;

d'où : du 1er lit,

aa. Joseph-Dominique, né à Carpentras, bapt. le 14 mai 1664[8]; S. A.;

bb. Esprit-François, né à Carpentras, bapt. le 17 mai 1674;

cc. Joseph-Hyacinthe, sgr de Châteauneuf, né à Carpentras, le 15 nov. 1675, bapt. le même jour[9]; présenté à Malte[10], le 26 fév. 1691, eut son enquête faite et terminée à Carpentras, le 31 janv. 1692, et fut reçu chev. de St-Jean-de-Jérusalem au grand prieuré de St-Gilles, à Arles, le 6 mai 1693; assista, le 27 avril 1707, au contrat de mariage de François-Elzéar CAPELLIS[11]; fit donation de Châteauneuf-Redortier à Louis-François-Xavier ALLEMAN de

---

[1] Parr., Esprit ALLEMAN; marr., la dame d'Eygalières.

[2] Elzéar des Armands, not. à Carpentras.

[3] Vaucluse.

[4] François Figurat, not. à Carpentras.

[5] Parr., Louis de la TOUR; marr., Françoise CHEILUS.

[6] Pierre Rogier, not. à Carpentras (Pr. de M. Alleman, 1693).

[7] Armes : *d'or à la fasce de sinople chargée d'un oiseau d'or becqué et armé de gueules.*

[8] Parr., Louis-François de VERDELIN; marr., Catherine-Angélique ALLEMAN d'URRE.

[9] Parr., Joseph-François ALLEMAN; marr., Madeleine-Charlotte ALLEMAN.

[10] Pit.-C. dit (I, 33), qu'il fut reçu de minorité en 1681.

[11] Dit le mis de Capellis.

Fenouillet, le 9 oct. 1743[1]; paraît, en 1752, sur la liste des créanciers de la commune de Beaumes-de-Venise, où ses ancêtres avaient des propriétés depuis la fin du XVIe siècle[2] et mourut à Carpentras, le 16 fév. 1760;

dd. Catherine, née à Carpentras, bapt. le 16 nov. 1666[3];

ee. Anne-Marie, née à Carpentras, bapt. le 8 fév. 1668, mourut à Carpentras, le 10 août 1669;

ff. Marguerite-Rose, née à Carpentras, bapt. le 25 avril 1670[4];

gg. Madeleine, née à Carpentras, bapt. le 30 mai 1677[5];

et du 2e lit,

hh. Charles-Joseph-Scipion, né à Carpentras, bapt. le 26 déc. 1699[6], mourut à Carpentras, le 31 juil. 1703;

ii. *N...*, né à Carpentras, bapt. le 24 mai 1702;

b. Jean-François, né à Carpentras, bapt. le 29 juil. 1642[7];

c. Joseph, né vers 1644, chev. de St-Jean-de-Jérusalem, de minorité;

d. Paul, né à Carpentras, bapt. le 14 mars 1645[8], reçu chev. de St-Jean-de-Jérusalem, le 14 mai 1658[9], puis commandeur; mourut à Carpentras, le 12 fév. 1697;

e. Jean-Scipion, né à Carpentras, bapt. le 20 oct. 1649[10];

f. François-Joseph (dit l'abbé d'ALLEMAN), quitta

[1] Jean Bastet, not. à Carpentras (Mistarlet).

[2] Allègre, *Monographie de Baumes-de-Venisse (sic)*, 76, 86.

[3] Parr., Jean-François de VERDELIN; marr., Catherine CHEILUS de la Tour.

[4] Parr., Philippe ALLEMAN; marr., Marguerite RAIMONDI.

[5] Parr., Joseph-François ALLEMAN; marr., Madeleine ALLEMAN.

[6] Parr., Joseph-Scipion du PILLON, chan.; marr., Charlotte de SOUBIRATS.

[7] Parr., François ALLEMAN, sgr de Fenouillet; marr., Anne de ROSTAGNI.

[8] Parr., Paul ALLEMAN de St-Amant; marr., Madeleine ALLEMAN.

[9] Preuves de M. URRE, 1725.

[10] Parr., Scipion ALLEMAN, archid.; marr., Jeanne de TERTULLE d'Aubignan.

l'état ecclésiastique et ses bénéfices, fut fait officier de la garde du Pape, en 1668, et mourut à Carpentras, le 19 oct. 1679 ; S. A. ;

g. Philippe, né à Carpentras, bapt. le 9 juin 1652[1] ; reçu chev. de St-Jean-de-Jérusalem sur preuves du 20 oct. 1659[2] ;

h. Marie, mourut à Carpentras, le 18 août 1643 ;

i. [Catherine]-Angélique, ép. à Carpentras, le 6 oct. 1661, suiv. contrat du même jour[3], Jean-François d'URRE, fils d'*autre* Jean-François, sgr de Mormoiron, et de Madeleine de PANISSE ;

j. Anne, née à Carpentras, bapt. le 28 oct. 1643[4] ;

k. Philippine, née à Carpentras, bapt. le 13 juil. 1646[5];

l. Françoise, née à Carpentras, ondoyée le 13 fév. 1648, bapt. le 13 août suivant, mourut le 22 du même mois ;

B. Etienne, né à Carpentras, bapt. le 22 fév. 1613[6], reçu chev. de St-Jean-de-Jérusalem sur preuves du 7 oct. 1624[7] ;

C. Guillaume, né à Carpentras, bapt. le 6 sept. 1614[8], reçu chev. de St-Jean-de-Jérusalem, en 1632 ; commandeur de Poët-Laval ; mourut de la peste à Malte, en 1676 ;

D. Madeleine, née à Carpentras, bapt. le 23 janv. 1612[9], mourut à Carpentras, le 5 déc. 1687. Elle avait ép., à Carpentras, le 13 déc. 1637, selon contrat postnuptial du 27 janv. 1638[10], Esprit SOUBIRATS, 1er présid. au Parl. d'Orange, fils de Pierre et de Marguerite des SEGUINS ;

E. Catherine, née à Carpentras, bapt. le 6 mai 1617[11] ;

F. *(Probab.)* Anne, née vers 1620, marr., à Carpentras, le 28 oct. 1643, de Anne ALLEMAN, fille de Paul, sgr de Châteauneuf ; mourut à Carpentras, le 12 oct. 1682 ;

2. François, dont l'article suit ;

3. Gaucher, né à Carpentras, bapt. le 11 nov. 1585[12], archid. d'Avignon,

---

[1] Parr., Louis-François ALLEMAN ; marr., Angélique ALLEMAN.

[2] Combe, not. (P.. de M. Urre, 1678).

[3] François Chaulardi, not. à Carpentras.

[4] Parr., Esprit de SOUBIRATS ; marr., Anne ALLEMAN.

[5] Parr., Claude VINCENS de Causans ; marr., Louise de CASTELNAU St-Gervais.

[6] Parr., Etienne ALLEMAN ; marr., Françoise de.....

[7] Preuves de M. Soubirats, 1686.

[8] Parr., l'évêque de Vaison.

[9] Parr., Philippe VINCENS de Causans; marr., Madeleine ALLEMAN.

[10] F. Figurat, not. à Carpentras (Pr. de M. Soubirats, 1686).

[11] Parr., Jean VASSADEL; marr., Catherine (de PONTEVÈS) de Buoux.

[12] Parr., N..., sgr de Mornas ; marr., Jeanne (ALLEMAN) de Châteauneuf.

camérier du pape Paul IV, pensionné de 4.000 l. par le Roi, mourut à Rome ;

4. Paul, sgr de St-Amant, né à Carpentras, bapt. le 17 mai 1590 ; page, puis gentilhomme ordinaire de Henri de BOURBON, prince de Condé, mourut à Carpentras, le 19 juin 1663. Il avait ép., suiv. contrat du 7 août 1625[1], Anne ROSTAGNI[2], fille d'Etienne, éc., et de Argentine de GENTILIS ;

d'où : A. Henri, né à Carpentras, bapt. le 15 déc. 1623[3], mourut à Carpentras, le 19 août 1669. Il avait ép. *N...* CORTI de Caseneuve (dit Antomarie) ;

B. Jean, mourut à Carpentras, le 21 août 1633 ;

C. Françoise, née à Carpentras, bapt. le 15 oct. 1622[4] ;

D. Marguerite-Charlotte, née à Carpentras, bapt. le 5 nov. 1625[5] ; ép., à Carpentras, le 30 avril 1650, suiv. contrat de la veille[6], François des ISNARDS, fils de Horace et de Catherine de BLÉGIERS d'Anthelon ;

E. Marie-Thérèse, née à Carpentras, bapt. le 15 nov. 1627[7] ;

F. Catherine, née à Carpentras, bapt. le 29 mai 1633[8] ; abbesse de la Madeleine, à Carpentras, en 1676 et 1698 ;

G. Charlotte, née vers 1635, mourut à Carpentras, le 7 nov. 1660 ;

H. Angélique, née à Carpentras, bapt. le 3 avril 1639[9] ;

5. Etienne, né à Carpentras, bapt. le 26 juin 1595[10] ;

6. Scipion, né à Carpentras, bapt. le 14 juil. 1597[11], archid. d'Avignon, dès 1623, aumônier du Roi, protonot. apostolique, mourut à Carpentras, le 16 déc. 1666[12] ;

7. Horace, mourut à Carpentras et fut ensev. le 17 avril 1599[13] ;

8. Françoise, née vers 1586, mourut à Carpentras, le 14 août 1643. Elle avait ép., en 1res noces, à Carpentras, le 1er mars 1598, Alcibiade

---

[1] (François Chaulardi, not. à Carpentras). Si cette date donnée par Pit.-C. n'est pas fausse, ce contrat doit avoir été passé 4 ans au moins après le mariage, puisque le bapt. du 1er enfant est du 15 oct. 1622.

[2] Mourut à Carpentras, le 12 fév. 1657.

[3] Parr., Jacques ALLEMAN ; marr., Marguerite d'ARGENTI.

[4] Parr., Etienne ROSTAGNI ; marr., Jeanne ALLEMAN.

[5] Parr., François ALLEMAN ; marr., Marguerite des SEGUINS.

[6] Figurati, not. à Carpentras.

[7] Parr., Jacques de FLORENT ; marr., Flora d'INGUIMBERT.

[8] Parr., François ROSTAGNI ; marr., Catherine ROSTAGNI.

[9] Parr., Scipion ALLEMAN, archid. ; marr., Catherine CHEILUS.

[10] Parr., Etienne ALLEMAN ; marr., Laure de SOUBIRATS.

[11] Parr., Scipion de BRUNELLIS.

[12] Pit.-C. (I, 32), dit à tort 1667.

[13] On trouve vers le même temps : *autre* Horace ALLEMAN ép. Françoise de BENEDICTI ; d'où : Jacques, né à Carpentras, bapt. le 28 juin 1597 (parr., Jacques de BENEDICTI ; marr., Marguerite d'ASTOAUD).

VEROT, doct. ès-droits, fils de Jean et de Jeanne PELLETIER ; et, en 2es noces, à Carpentras, le 16 juin 1624, Paul de la PLANE[1], fils de François et de Louise de PATRIS ;

9. Catherine, religieuse bénédictine au monastère de St-Jean à Cavaillon, fut choisie, avec Marie de RASTELLIS, par Jacques TURRICELLA, év. de Marseille, pour introduire une réforme dans l'abbaye des dames de St-Sauveur, à Marseille, où la règle avait subi de grands relâchements ; fut introduite dans ce couvent en 1611, en fut élue abbesse en 1612, et, après bien des déboires, se vit chassée par une cabale de ses religieuses, le 27 déc. 1637. Elle se retira d'abord à Pernes chez ses parents, puis dans le monastère des religieuses de Ste-Catherine de Sienne, ordre de St-Dominique, à Marseille, où elle mourut en 1644[2] ;
10. Anne, née à Carpentras, bapt. le 3 avril 1589[3] ;
11. Isabeau, née à Carpentras, bapt. le 15 août 1593[4] ;
12. Jeanne, née à Carpentras, bapt. le 12 juil. 1596[5] ;
13. Madeleine, ép., vers 1623, Jacques FLORENT, présid. de la chambre apostolique du comtat Venaissin, fils de Lélio et de Marie BENEDICTI.

VII. François ALLEMAN, sgr de Fenouillet, né à Carpentras, bapt. le 9 avril 1584[6], doct. ès-droits, cons. au Parl. d'Orange, fit son test., le 30 sept. 1650[7]. Il avait ép., à Carpentras, le 24 fév. 1606, selon contrat postnuptial du 28 du même mois[8], Françoise THEYSSON, fille de Quintin, sr des Blachets, et de Geneviève RAFFELIS-Tertulle ;

d'où : 1. Guillaume-François, né à Carpentras, bapt. le 4 août 1611[9] ;
2. Philippe, né à Carpentras, bapt. le 12 mai 1614[10] ;
3. Esprit, dont l'article suit ;
4. Jacques-Charles, archid. d'Avignon, mourut en 1676[11] ;
5. Jacques, né à Carpentras, bapt. le 12 janv. 1626[12] ;

---

[1] Fit son test., le 23 nov. 1657. Il avait ép., en 1res noces, Victoire THEYSSON des Blachets.

[2] Du 26 oct. au 3 nov. V. André, *Hist. de l'abbaye des religieuses de St-Sauveur, à Marseille*, 1863, in-8°, 149 et suiv..

[3] Parr., Paul de VENASQUE ; marr., bar. de MONTFAUCON.

[4] Parr., Joseph ALLEMAN ; marr., Isabelle de GIRAUD.

[5] Parr., Jean-Scipion de FOGASSE ; marr., Jeanne de GIRAUD.

[6] Parr., François de SOUBIRATS ; marr., Jeanne de ROBOLLY.

[7] Eymar, not. à Carpentras (Mistarlet).

[8] F. Figurat, not. à Carpentras (Pr. de M. l'Espine, 1680).

[9] Parr., François de THEYSSON ; marr., Françoise de PATRIS.

[10] Parr., Jean de CASTELLO ; marr., Lucrèce (d'ANCEZUNE ?) de Caderousse).

[11] C'est peut-être le même que le suivant.

[12] Parr., Jacques ALLEMAN de Châteauneuf ; marr., Charlotte de FORTIA.

6. Antoine, né à Carpentras, bapt. le 19 nov. 1630[1] ;
7. Madeleine, ép., à Carpentras, le 13 oct. 1658, Thomas TONDUTY, doct. ès-droits, fils d'Antoine ;
8. Louise, née à Carpentras, bapt. le 17 sept. 1612[2] ;
9. Anne-Charlotte, née à Carpentras, bapt. le 29 août 1616[3] ;
10. Catherine-Charlotte, née à Carpentras, bapt. le 16 avril 1618[4] ; ép., à Carpentras, le 20 nov. 1636, selon contrat du 24 du même mois[5], Guillaume de l'ESPINE, fils de Jacques, sgr du Poët, et de Marguerite de PARISSE ;
11. Floria, née à Carpentras, bapt. le 25 oct. 1619[6] ;
12. Anne-Marie, née à Carpentras, bapt. le 2 oct. 1623[7], mourut à Carpentras, le 1er avril 1626 ;
13. Ursule, née à Carpentras, bapt. le 5 juin 1628[8] ;
14. Gabrielle, religieuse ursuline à Carpentras ;
15. Marie-Thérèse, née à Carpentras, bapt. le 29 janv. 1633[9], mourut à Carpentras, le surlendemain ;
16. Marie-Madeleine, née à Carpentras, bapt. le 1er août 1634[10].

VIII. *Esprit*-François[11] ALLEMAN, sgr de Fenouillet, né à Carpentras, bapt. le 20 sept. 1621[12] ; assista, le 6 juin 1648[13], au contrat de mariage de sa nièce Anne d'ASTOAUD, fille de Pierre, sgr de Velleron, et de Lucrèce de BOUTIN, et passa transaction avec sa mère, le 18 janv. 1653[14]. Il avait ép., suiv. contrat du 29 juin 1638[15], Jeanne-Diane BOUTIN[16], fille de Esprit, sr de Valouze, et de Marie d'AUGIER[17] ;

d'où : 1. Esprit-Joseph, dont l'article suit ;
2. Jean-François, archid. d'Avignon ;

---

[1] Parr., Antoine BERGIN ; marr., Marguerite VIAL.

[2] Parr., Etienne ALLEMAN ; marr., Louise de PATRIS.

[3] Parr., Charles d'INGUIMBERT ; marr., Françoise d'ASTOAUD.

[4] Parr., Jean-Scipion de FOGASSE ; marr., Catherine ALLEMAN.

[5] François Chaulardy, not. à Carpentras (Pr. de M. l'EPINE, 1680).

[6] Parr., Paul DALMAS ; marr., Floria d'INGUIMBERT.

[7] Parr., Scipion ALLEMAN, archid. ; marr., Anne de ROSTAGNI.

[8] Parr., François BLANQUI ; marr., Madeleine ALLEMAN.

[9] Parr., Jean-Jacques de LAUGIER ; marr., Généviève de RAFFELIS.

[10] Parr., François-Esprit ALLEMAN : marr., Madeleine ALLEMAN.

[11] *Sic* aux actes de baptême de ses enfants, etc... A son acte de baptême, il ne porte que *Esprit*.

[12] Parr., Esprit ALLEMAN ; marr., Françoise ALLEMAN.

[13] Gaudibert, not. à Malaucène (Ins. Mars., 1001).

[14] Antoine Amic, not. à Carpentras.

[15] Gabriel Moustier, not. à Malaucène.

[16] Née vers 1617, mourut, à Carpentras, le 11 mai 1703.

[17] Pit.-C. se trompe en nommant Généviève de l'ESPINE d'Aulan, la mère de Jeanne-Diane BOUTIN ; c'était sa belle-sœur.

3. Joseph-François[1] né à Carpentras, bapt. le 16 avril 1661[2] ;
4. Marie-Françoise, ép., à Carpentras, le 30 nov. 1672[3], selon contrat postnuptial du 31 déc. suiv.[4], Jean-Joseph de MAUBEC de Cartoux, fils de Claude-François, sgr de Bouquier, et de Suzanne d'AGOULT de Chanousse ;
5. Jeanne-Françoise, née à Carpentras, bapt. le 14 sept. 1653.

IX. Esprit-*Joseph* ALLEMAN, sgr de Fenouillet, né vers 1649, mourut, à Carpentras, le 5 fév. 1719. Il avait ép., suiv. contrat passé en oct. 1676[5], Marie-Madeleine de SILVECANE[6], fille de Laurent, s[r] de Camaret, et de Catherine de SANDRES de St-Just ;
d'où : 1. Antoine, dont l'article suit ;
2. Louis-François, né vers 1680, mourut, à Carpentras, le 6 fév. 1764 ;
3. Claude-François, religieux à l'abbaye de St-Victor de Marseille ;
4. Ange-Joseph, né vers 1690, chan. de Carpentras, mourut à Carpentras, le 16 mai 1763 ;
5. Diane-Suzanne, née vers 1678, mourut à Carpentras, le 13 nov. 1754 ; S. A. ;
6. *N*..., religieuse à l'abbaye de la Madeleine[7], à Avignon ;
7. *N*..., id..

X. Antoine ALLEMAN, sgr de Fenouillet, né vers 1679, ingénieur du Roi, mourut, à Carpentras, le 24 décembre 1760. Il avait ép., à Carpentras, le 4 fév. 1714, selon contrat du 15 avril suivant[8], Charlotte des ISNARDS[9], fille de Paul-Joseph et d'Yolande MERCIER ;
d'où : 1. *Louis*-François-Xavier (dit le c[te] de Châteauneuf-Redortier), né à Carpentras, bapt. le 15 oct. 1716[10], blessé à la bataille de Guastalla, en 1733 ; reçut de Joseph-Hyacinthe ALLEMAN de Châteauneuf, le 9 oct. 1743[11], donation de la terre et sgrie de Châteauneuf-Redortier, dont il prêta hommage à la cour des cptes de Grenoble, le 5 mars 1765 ; en céda la jouissance à son frère Hilaire-Louis-Jean-de-la-Croix, aux termes d'une transaction passée entre eux, à Grenoble, le 27 août 1783[12], sous les auspices de MM. de SAYVE d'Ornacieux, présid.,

---

[1] Peut-être le même que le précédent.
[2] Parr., Joseph-François de la PLANE; marr., Françoise de THEYSSON, dame de Fenouillet.
[3] *Sic* aux registres paroissiaux de Carpentras ; pourtant, ce même mariage est encore aux mêmes registres de Carpentras, le *7 avril 1691*.
[4] Lachenaye, XIII, 422).
[5] Pierre Monier, not. à Avignon (Mistarlet, 29).
[6] De la ville d'Avignon.
[7] Ordre de St-Bernard.
[8] Fornery, not. à Carpentras.
[9] Née en 1691, mourut le 10 nov. 1733.
[10] Parr., Louis-François ALLEMAN ; marr., Maria-Marguerite de MOY.
[11] Jean Bastet, not. à Carpentras (Mistarlet).
[12] Arch. Millet.

et de MEYRIEU, conseiller au Parl. de Grenoble ; en reprit possession après la mort de celui-ci, et mourut vers 1794 ;

2. Charles, né à Carpentras, bapt. le 6 oct. 1718[1] ;
3. Charles-Ignace-Bruno, né à Carpentras, bapt. le 24 avril 1719[2], lieut. au régim. d'Aunis, chev. de St-Louis, mourut à Carpentras, le 20 mars 1764 ;
4. Joseph-Bernard-Antoine, né à Carpentras, bapt. le 6 nov. 1719, mourut, à Carpentras, le 21 oct. 1724 ;
5. Thomas-Joseph-Privat, né à Carpentras, bapt. le 7 mars 1721[3], mourut, à Carpentras, le 7 oct. 1724 ;
6. Raymond-Ignace-Quirin, né à Carpentras, bapt. le 15 oct. 1723[4], vic.-gén. de St-Paul-trois-Châteaux, député à l'assemblée générale du clergé de France ;
7. Louis-*Charles*-Quintin, né à Carpentras, bapt. le 30 mars 1728[5], cap. au régim. de Béarn, chev. de St-Louis, puis prêtre, mourut, à Carpentras, le 25 sept. 1775 ;
8. Hilaire-Louis-Jean-de-la-Croix, né à Carpentras, bapt. le 20 oct. 1733[6], lieut., puis cap. au régim. d'Aunis, major au régim. de la Marche-Prince, chev. de St-Louis ; colonel du régim. de Saintonge, infant. ; mourut à Châteauneuf, assassiné par son garde, le 10 nov. 1785, et fut enseveli le 13 du même mois au cimetière de l'église prieuriale dudit lieu ;
9. Marie-Thérèse-Yolande, née à Carpentras, bapt. le 22 nov. 1714[7] ;
10. Suzanne-Géneviève-Charlotte, née à Carpentras, bapt. le 8 nov. 1715[8], religieuse ursuline à Caromb ;
11. Marie-Anne, née à Carpentras, bapt. le 27 oct. 1717[9], religieuse ursuline à Pernes ;
12. Cordale (*ou* Cordule)-Françoise-Siffrède, née à Carpentras, bapt. le 23 oct. 1722[10], mourut à Carpentras, le 15 août 1724 ;
13. Elizabeth, née à Carpentras, bapt. le 19 nov. 1724[11] ;

---

[1] Parr., Ignace de GUALTERI ; marr., Jeanne de ROUBAUD.

[2] Parr., Pierre ALLEMAN, jésuite ; marr., Charlotte de ROUBAUD.

[3] Parr., Privat de la PLANE ; marr., Madeleine AUREL de Longchamp.

[4] Parr., Raymond-Ignace de ROCHEDOUBLE ; marr., Diane-Suzanne ALLEMAN.

[5] Parr., Louis-François ALLEMAN ; marr., Charlotte-Suzane ALLEMAN.

[6] Parr., François-Louis-Xavier ALLEMAN ; marr., Suzanne-Charlotte-Géneviève ALLEMAN.

[7] Parr., Joseph ALLEMAN ; marr., Yolande MERCIER.

[8] Parr., Paul-Guillaume des ISNARDS ; marr., Diane-Suzanne ALLEMAN.

[9] Parr., Raymond-Ignace VERROT ; marr., Marie-Anne de REYNIER.

[10] Parr., Louis-Xavier RAINAUD ; marr., Marie-Françoise RAYNAUD.

[11] Parr., Louis-Xavier ALLEMAN ; marr., Charlotte-Géneviève-Françoise ALLEMAN.

14. Claudia-Thérèse-Yolande, née à Carpentras, bapt. le 6 juin 1730[1], religieuse, mourut à Carpentras, le 22 juin 1809;
15. Antoinette-Marie-Françoise, née à Carpentras, bapt. le 2 mars 1732[2], reçut la curatelle d'un fils de sa belle-sœur ARNAUD de Lestang[3] et mourut, à Carpentras, le 31 déc. 1796 (11 niv., an V). Elle avait ép., à Carpentras, le 24 fév. 1761, Henri-Laurent ARNAUD de Lestang[4], fils de Paul[5], et de Rose-Marie PAYAN.

BRANCHE

DES SEIGNEURS DE GUÉPÉAN

II. Rostain ALLEMAN, de la ville de Beaucaire, que l'on croit frère de Jacques, tige des sgrs de Châteauneuf de Redortier, ép. Marcelle de ROCHEMORE, fille de Pierre, de la ville d'Arles[6], et de Sanxiette BERMOND;

d'où : 1. Réginal, doct. ès-droits à Beaucaire, cité comme fils de Rostain dans le test. de Jean MALIER, juge d'Arles, du 13 juin 1468[7]; acheta, avec son frère Jean, le 19 déc. 1477[8], de Jacques et Trophime Boyc, le mas de Montlong[9], que ceux-ci leur revendirent le 16 janv. suivant[8];
2. Jean, dont il est parlé ci-dessus;
3. Nicolas, dont l'article suit.

III. Nicolas ALLEMAN, sgr de Guépéan et du Châtelet-en-Tourraine, valet de chambre de Louis XI et de Louis XII; envoyé, par François Ier, près les cours d'Italie; fit construire le pavillon d'Ardres, en juin 1520, pour l'entrevue de François Ier et d'Henri VIII, et fonda à Châtelleroult un couvent de

---

[1] Parr., Charles-Ignace-Bruno ALLEMAN; marr., Suzanne-Charlotte ALLEMAN.

[2] Parr., Raimond-Ignace de Mor; marr., Marie-Françoise LA BLACHE.

[3] Arch. Drôme, B, 1301.

[4] Lieut.-col. d'artillerie, chev. de S. L.. Leur fille Françoise-Rose mourut, à Carpentras, le 7 nov. 1842, âgée de 80 ans. Elle avait recueilli la terre de Châteauneuf dans la succession de ses parents et la légua à *Amant*-Joseph-Marie ROBERT, m^is d'Aqueria de Rochegude, offic. supérieur, député, qui mourut le 21 mars 1865. Celui-ci vendit cette terre à M. de TOURREAU, dont la veuve (née Claire-Charlotte-Henriette de VACHON, morte à Pontanevaux, commune de la Chapelle-de-Guinchay — Saône-et-Loire — le 17 fév. 1891), l'ayant eue en reprise de dot, la revendit en juin 1870 (Guiol, not. à Sarrians), à Mme A. MILLET (Julia LARCHIER de Courcelles, née à Rouen, fille unique et héritière de Jules LARCHIER, bar. de Courcelles, cousine par son mari du doct. Martial MILLET, d'Orange), qui la possède encore aujourd'hui [notes fournies par M. A. MILLET].

[5] Originaire de St-Paul-trois-Chateaux.

[6] Légataire de Raimonet de ROCHEMORE, son frère, au test. de ce dernier du 10 mai 1459 (Guil. Raymondi, not. à Arles, arch. de Barbegal).

[7] Guil. Raymondi, not. à Arles (arch. de Barbegal).

[8] Jean de Donis, not. à Arles (arch. de Barbegal).

[9] En Camargue.

Minimes, où il fut enseveli. Il avait ép. Catherine NOUVEAU, fille de René, receveur gén. des finances du comté du Maine ;
d'où : 1. François, dont l'article suit ;
2. Françoise, ép. Gautier BERMONDET, sgr de la Quintaine, lieut. gén. en la sénéchaussée de Limoges, fils de Pierre et de Anne PETIOT[1].

IV. François ALLEMAN, sgr de Guépéan, Concressault, etc... ; 2e présid. en la chambre des cptes de Paris ; ép., en 1res noces, en 1530, Claudine SAPIN, fille de Jean, recev. gén. des finances en Languedoc, et de Marie BROSSET ; et, en 2es noces, en 1544, Claudine *(alias* Romaine) de St-OUEN ;
d'où : du 2e lit,
1. Nicolas, sgr du Couldrai, commissaire des guerres, ép. Barthélemy DEZISES ;
d'où : *N*..., mariée avec *N*... SAUNIER, cons. au Parl. de Paris ;
2. Jean, dont l'article suit ;
3. Marguerite, ép. Simon GUÉPÉAN *(alias* GRAPEREAU), sr du Puiselet, un des cent gentilshommes de la maison du Roi.

V. Jean ALLEMAN, sgr de Guépéan, etc..., ép. Philippine SORET ;
d'où : 1. Jacques, cons. maître en la chambre des Comptes de Paris, ép. Marie-Madeleine RIPAULT, fille de Jacques, cons. correcteur aux cptes, et de Madeleine LE JAY ;
d'où : Georges, né le 10 nov. 1577 ; S. P. ;
2. François, dont l'article suit.

VI. François ALLEMAN, sgr de Guépéan, etc... ; présid. au grand conseil, cons. d'Etat, etc... ; mourut avant le 7 juil. 1638[2]. Il avait ép. Charlotte[3] de PRIE, fille de René, bar. de Toucy, et de Jossine de SELLES de Bouzeville ;
d'où : 1. René, dont l'article suit ;
2. Emeric, cons. au grand conseil, etc..., ép. Marie de la MARTILLIÈRE, fille de Pierre, avocat ;
3. Anne, ép. *N*... HOUDAN, sgr du Parc.

VII. René ALLEMAN, sgr de Guépéan, etc... ; cap. des chasses du duc d'Orléans ; ép. Gabrielle d'ORLÉANS ;
d'où : 1. Louis, dont l'article suit ;
2. Achille ; S. P. ;
3. Charlotte.

---

[1] Nadaud, *Nobil. de Limoges*, I, 562.

[2] P. Anselme, VIII, 120, B.

[3] Elle passa une vente, étant veuve, le 7 juil. 1638. Pit-C. la nomme à tort *Anne*.

VIII. Louis ALLEMAN, sgr de Blanchefort, etc... (dit le c[te] de Concressault), cap.-lieut. des gendarmes du Prince de Conti ; ép. Charlotte FAUCON de Ris.

Guy Allard, *Nobil.*, 6; *Diction. du Dauphiné*, I, 22.— Allègre, *Monographie de Baumes-de-Venise*.—Borel d'Haut., *Ann.*, XII, 177 ; *Revue hist. de la Nobl.*, I, 349. — Lachenaye, I, 347. — Chorier, *Nobil. de Dauphiné*, III, 43 ; IV, 101. — L. Fochier, *Recherches histor. sur les environs de Bourgoin*, 10. — Le Laboureur, *Mazures de l'Ile Barbe*, II, 192. — Magny, *Nobil. univ.*, XII. — Mistarlet, 25, 273. — Morin-Pons, 109. — Pithon-C., I, 26 ; IV, 323. — La Poype, *Invent. som. des arch. du château de la Poype*, n° 430. — Rivoire de la Bâtie, 8. — Roman, *Tableau hist. du dép. des Hautes-Alpes*. — D. Villevieille, I, 234.

VI.

MONTDRAGON[1]

SGRS DE MONTDRAGON, MONTAUBAN, CHABRIÈRES, SUZE, LA MOTTE, VILLENEUVE, DERBOUX, CONDORCET, VALRÉAS, BÉCONE, CHANTEMERLE, SOLÉRIEU, CAIRANE, MONTBRISON, VENTEROL, ETC. ;

CSGRS DE LA GARDE-PARÉOL, LA PALUD, St-MARCELLIN, St-ESTÈVE, COURTHEZON, ORANGE, MORNAS, PIERRELATTE, ETC.

Armes : *deux dragons monstrueux ailés, couronnés et affrontés, à face humaine de profil, à la queue terminée en serpent, se rongeant le dos* (d'après un sceau en plomb) ;
Alias : *de gueules au dragon à face humaine d'or, sa barbe, sa griffe et sa queue terminées en serpents, qui se rongent le dos, tenant sa barbe avec sa griffe droite* (Pithon-Curt).

Les sgrs de MONTDRAGON ont occupé, dès le milieu du XIIe siècle, une haute situation. Ils paraissent comme cautions ou témoins de nombreux actes des ctes de Toulouse, du roi Ildefonse, des archevêques d'Arles, etc., mais nous n'avons pu découvrir l'origine de cette ancienne race féodale. Les noms patronymiques n'étaient pas fixés encore d'une façon générale au XIIe siècle, et il existe bien peu de familles qui puissent faire remonter leur histoire au delà de cette époque, par des documents authentiques.

Pithon-Curt est le seul auteur, à notre connaissance, qui ait étudié, au siècle dernier, l'histoire des MONTDRAGON, mais déjà à ce moment leur généalogie devait être assez obscure, puisqu'il n'en donne que quelques frag-

---

[1] Ayant appris que notre excellent ami le Bon du Roure avait de nombreuses notes sur les MONTDRAGON, nous lui avons remis le peu que nous avions nous-même sur cette famille, et il a bien voulu se charger de rédiger le présent article sur lequel, par conséquent, nous n'avons à réclamer aucune part.

ments. Une filiation complète nous paraît impossible à établir, vu le petit nombre de documents découverts depuis, et nous nous contenterons de résumer ici le résultat de nos recherches.

I. Dragonet, paraît, le III des ides de janv. MCLIX (11 janv. 1160), comme fidéjusseur de la donation faite par Raimond V, cte de TOULOUSE, à Raimond, év. de Carpentras, du château de Venasque et de ses dépendances[1]. On le trouve, avec la même qualité, à la publication du test. d'Ermessinde, c^tesse^ de MELGUEIL, le III des nones de nov. (3 nov.) 1186[2], conjointement avec son fils Dragonet : *Drachonetus Drachoneti filius*. Le père et le fils sont encore témoins avec P. de MONTDRAGON, en juin 1189, de l'hommage d'Aymar de POITIERS, c^te^ de Valentinois, à Raimond, c^te^ de TOULOUSE, pour le comté de Diois[3]. Nous ne savons si c'est lui ou son fils Dragonet qui figure sous le nom de *Dragonetus domnus*[4] dans le traité entre Guillaume, c^te^ de FORCALQUIER, et Raimond VI, c^te^ de TOULOUSE, en 1195[5], et dans la transaction entre Guillaume de BAUX, prince d'Orange, et Rambaud de MONTPELLIER, csgr d'Orange, en mars 1203[6]. Cependant nous croyons plutôt qu'il s'agit du fils. Dragonet testa en 1175. Ce testament que nous allons analyser est un curieux spécimen du langage vulgaire de l'époque ; il a été publié dans la *Revue des Sociétés savantes*[7], d'après une charte lacérée. Celle qui se trouve aux arch. des B.-du-Rh. est au contraire bien complète[8]. Voici comment Dragonet, qui s'intitule *lo dons*, fait le partage de ses biens entre ses fils Dragonet, Raimond et Pons : Cairane, Suze, Chabrières, les terres de « Camp-Redon, Josta, San Joan, Jullaiaz (?), San Paul, San Restezun, Estaignol, Baignanet » ; 1/4 de la Garde-Paréol, la Palud, St-Marcellin et St-Estève, sont communs entre Dragonet et Raimond. Les biens de Courthezon, Orange, Causans et Mornas sont indivis entre les trois. La part de Pons de MONTDRAGON *lo tos* (le jeune) comprend toute la sgrie de Montdragon, excepté les terres de quelques tenanciers laissées à ses frères, la Motte, Villeneuve, Derboux, St-Just, 1/3 de Mornas et Pierrelatte. Acte dans l'église Ste-Marie du château de Montdragon, en présence de Guillaume-Hugues de MONTDRAGON et de Geoffroy, son frère. D'après la teneur de ce testament, nous serions disposés à croire que Pons de MONTDRAGON était fils d'un second lit de Dragonet.

Il faut remarquer que Dragonet n'était probab. que co-sgr de plusieurs des

---

[1] Bibl. Nat., F. lat., 6009. *Layette du Tr. des charles*, T. I, p. 82. D. Vaissete (en éd. Privat), T. V, 1232.

[2] Arch. nat., J, 328. D. Vaissete, T. VIII, 323.

[3] *Id.*, *ibid.*, 395.

[4] Et non *Dragonetus*, *Dominicus*, comme l'a imprimé D. Vaissete, *id.*, *ibid.*, 434.

[5] Arch. des B.-du-Rh., B, 297.

[6] *Ibid.*, B, 302.

[7] T. 29, V^e^ série, 2, p. 368 (1870, 2e semestre).

[8] Chartrier de Montdragon, 86.

fiefs ci-dessus mentionnés; nous voyons en effet, qu'en 1178, l'archevêque d'Arles inféoda à Raimond, c^te^ de TOULOUSE, les châteaux de Mornas et Montdragon[1]. De plus, on trouve aux arch. des B.-du-Rh. l'hommage prêté par Guillaume de MONTDRAGON, fils de Dia, pour le fief de Montdragon, le 23 juin 1163[2].

Les enfants de Dragonet *lo dons,* cités dans son test., sont :

1. Dragonet, qui suit;
2. Raimond, sur lequel on n'a aucun détail; il était probab. mort avant 1189, puisqu'il ne paraît pas avec ses frères à l'acte d'hommage du 11 juin 1189, cité plus haut;
3. Pons, dont il sera fait mention ci-après.

II. Dragonet de MONTDRAGON, dit *lo Pros* (le Preux), sgr de Montdragon, Condorcet, etc.; prit, avec son frère Pons, le parti du c^te^ de Toulouse, Raimond VI, contre Simon de MONTFORT, pendant la guerre des Albigeois, et est cité plusieurs fois dans la chronique qui en fait le récit[3]. Il fut gouverneur du jeune c^te^ Raimond VII[4], et combattait à ses côtés, en 1216, au siège du château de Beaucaire, où ce prince repoussa l'attaque de Simon de MONTFORT. L'année suivante, ce dernier s'empara des châteaux de Dragonet, détruisit la tour de Dragonet, située sur le Rhône, prit le château de la Bastide, et obligea Dragonet à se mettre de son parti[5]. La veille des nones de janv. MCCXVI (4 janv. 1217), il figure en tête des témoins de l'hommage prêté par Raimond de ROQUEFEUIL au c^te^ de TOULOUSE. Il est cité encore dans divers actes importants de cette époque : témoin, en juin 1202, à Ste-Euphémie-sur-le-Buech, au mariage d'André, dauphin de Viennois, avec Béatrix de SABRAN, fille de Reynier, dit Claustral, sgr du Castelar[6]; en 1206, à la concession de privilèges faite à la ville d'Avignon par Guillaume, c^te^ de FORCALQUIER[7]; en 1210, le 14 juil., au traité entre le c^te^ de TOULOUSE et Raimond de BAUX, prince d'Orange[8]; caution, le 13 août suiv., de l'accord entre le c^te^ de TOULOUSE et l'évêque de Viviers[9]. Conjointement avec Guillaume, Hugues et Raimond de BAUX, il reçut une lettre du légat MILON, datée du 18 juin 1209, lui enjoignant de cesser

---

[1] D. Vaissete, VI, 76; VIII, 333.

[2] *Livre du Vernègue*, T. II, 835, et *Authentique*, B, 28.

[3] M. Paul Meyer, qui a édité le poème (Société de l'Histoire de France, Paris, 1875-1879, 2 vol. in-8°), avec de nombreuses notes, a confondu généralement Dragonet et son père. Il confond également Raimond de MONTAUBAN, témoin du test. de Dragonet *lo dons*, avec Raimond de MONTAUBAN, fils de Dragonet *lo Pros*.

[4] D. Vaissete, VI, 490, 491. M. Meyer conteste la chose.

[5] *Id.*, *ibid.*, 504.

[6] Arch. des B.-du-Rh., B, 301.

[7] *Ibid.*, B, 303.

[8] Arch. Nat., J, 309. D. Vaissete, VI, 591.

[9] Baluze, *Armoires*, V, 19, f° 134; D. Vaissete VI, 597.

tout commerce avec les hérétiques, d'éloigner les juifs de toute administration publique, etc[1]. Sa femme était *probab.* de la maison de MONTAUBAN.

Nous ne croyons pouvoir mieux faire, pour compléter ces renseignements, que de citer textuellement les analyses de quelques actes faites par M. l'abbé J. Chevalier, dans son *Etude sur les comtés de Valentinois et de Diois*[2] et qui se rapportent à Dragonet de MONTDRAGON. En l'année 1214, Dragonet eut avec les MÉVOUILLON un grand procès au sujet de quelques sgries, dont on lui contestait les droits de propriété ; l'affaire fut heureusement terminée le 1er mai de cette même année, grâce à la médiation de Guillaume de BAUX, qui réussit à faire accepter aux deux parties les conditions d'une paix définitive. Nous avons encore le texte de la sentence prononcée en cette occasion ; on y trouve quelques précieux renseignements pour l'histoire de ces familles illustres. Raimond III de MÉVOUILLON, agissant en son nom et au nom de Saure, son épouse, fille de Guillaume-Jourdain de FAY, sgr de Mezenc, et de Mételine de CLÉRIEU, réclamait à Dragonet et à Raimond de MONTAUBAN, son fils, la moitié du château de Valréas et de ses dépendances, la moitié des châteaux de Montbrison et de Rossieu, la quatrième partie de Cairane, le fief de Guillaume de MIRABEL et quelques autres terres d'une importance secondaire ; ces châteaux et ces domaines, ainsi que l'affirmait Raimond, avaient appartenu à Mételine, sa belle-mère, et Guillaume-Jourdain, son époux, en avait eu l'administration. D'autre part, Dragonet, en son nom et au nom de Raimond de MONTAUBAN, son fils, rappelait que Sibuida, aïeule de ce dernier, était sœur de Raimond II de MÉVOUILLON, père de Raimond III de MÉVOUILLON, partie dans le procès ; que cette dame n'avait jamais rien reçu de l'héritage de ses parents, ni comme dot, ni à aucun autre titre ; il était donc de toute justice, ajoutait-il, de leur abandonner à lui et à Raimond, son fils, comme payement de la dot de Sibuida, les châteaux et les terres dont il s'était mis en possession. Guillaume de BAUX,... après avoir consulté Bernon, évêque de Viviers, Ripert, évêque de Vaison, et D., abbé de Senanque,... donne gain de cause à Dragonet et à Raimond de MONTAUBAN, son fils, les maintenant dans la possession des châteaux énumérés, les obligeant, toutefois, à rendre aux MÉVOUILLON le château de St-Marcellin[3]. Dans des analyses d'actes concernant les ***Montauban***, analyses faites par Chorier, et conservées à la Bibl. de la ville de Grenoble, nous trouvons un résumé du test. de Dragonet (de MONTDRAGON), daté du 18 janv. 1232 (n. s.), dans lequel, après avoir mentionné Dragonette, sa fille, épouse d'Isoard d'AIX, il institue pour son héritier universel Dragonet de MONTAUBAN, fils de feu Raimond, son fils[4]. Quatre ans

[1] Bibl. Nat., F. Doat, XI, f° 14.
[2] Bulletin.... d'archéologie et de statistique de la Drôme, 90e livr., p. 443.
[3] Arch. dép. de l'Isère, B. 3159.
[4] Bibl. de Grenoble, *Ms.* U. 486, f° 65.

plus tard, dans le but sans doute d'empêcher le démembrement de sa baronnie, Dragonet de MONTDRAGON se dépouillait de tous ses biens en faveur de son petit-fils, et lui en faisait une cession pleine et entière par un acte de donation entre-vifs qui porte la date du 18 janv. 1236 (n. s.)[1]. Il mourut peu de temps après. Mentionnons enfin, pour terminer, deux actes où paraît Dragonet. En mai 1215, Guillaume de BAUX, prince d'Orange, céda en fief noble le lieu d'Esclans et son territoire à Dragonet et à Raimond de MONTAUBAN, son fils, qui le possédaient en franc-alleu et reçut d'eux l'hommage et le serment de fidélité[2]. Le IV des cal. de fév. MCCXXV (29 janv. 1226), il engage aux religieuses de St-Pons les 500 sols qu'il percevait annuellement à Alais, sur le vieux péage de Raimond PELET ; dans cet acte il reconnait que feu Guillemette, sœur de Guillaume de SIGNE, avait légué auxdites religieuses 3.200 sols, montant de la dot qui lui avait été reconnue lors de son mariage avec feu Raimond de MONTAUBAN, fils dudit Dragonet[3]. Dragonet avait été podestat d'Arles, de 1223 à 1227.

Dragonet eut pour enfants :

1. Raimond de MONTAUBAN, qui suit ;
2. Dragonette, femme d'Isoard d'AIX, fils de Guillaume ARTAUD, sgr d'Aix, Montmaur, etc., et d'Arnaude d'AIX, fille elle-même d'Hugues et d'Amalberge.

Il paraît que Dragonet de MONTDRAGON s'était remarié avec Vierne de BALADUN[4], dont il eut un fils, Guillaume, qui fit donation, en 1269, au commandeur de Trignan, de tous ses droits audit lieu[5]. Guillaume, en effet, se dit fils de feu Dragonet et de Vierne ; son sceau porte *un demi vol*. En 1229, Vierne de BALADUN confirma à la maison de l'Hôpital de Trignan, la donation que lui avait faite Pons MICHEL de ses droits à Lobi ; l'acte est écrit par Guillaume CARCELLAN, not. public *domini Drachoneti et Wilelmi de Baladuno*, et scellé d'un sceau carré portant d'un côté les armes de Dragonet: *deux dragons affrontés*, et autour : *Sigillum Dragoneti* ; de l'autre côté, les armes de BALADUN : *un demi-vol*, avec sa légende : *S. Wilelmi de Baladuno*[6]. Aucun document, à notre connaissance, ne fait mention de la postérité de Guillaume.

III. Raimond de MONTAUBAN, ép. 1° Guillemette de SIGNE, sœur de Guillaume, comme on le voit par l'acte du 29 janv. 1226, cité plus haut, et n'en eut pas d'enfants ; 2° Randone de MONTCLUS, dont la mère était sœur de

[1] Arch. de l'Isère, B. 3159.
[2] *Ibid.*, *id.*.
[3] Bibl. de Carpentras, *Ms.* de Peiresc, reg. 75, vol. 2, f° 220.
[4] Baladun, aujourd'hui Balazuc, arrond[t] de l'Argentière (Ardèche).
[5] Arch. des B.-du-Rh., Fonds de Malte, Jallès ; prieuré de Trignan, I.
[6] *Ibid.*, *id.*, Lobi.

Raimond de BARJAC, ce dernier fils de Guillaume de RANDON, qui vivait encore en 1196. Raimond de MONTAUBAN paraît en 1218, mais était mort avant 1220. Nous voyons, en effet, qu'il confirma, en 1218, les droits dont jouissaient les Templiers de Jalès sur les terres de sa femme Randone, et entre autres ceux que lui avait concédés R. de BARJAC ; en 1220, Randone, se disant veuve de Raimond de MONTAUBAN, confirma la cession précédente. La charte portait le sceau de Randone, avec la légende : « *S. Randone de Montecluso* », ainsi que le rapporte un *vidimus* de cet acte de l'an 1295. Randone se remaria avec Guigues de CHATEAUNEUF, et les deux époux firent donation, en 1261, à leur fils Guillaume[1] ;

Raimond laissa comme enfants :

1. Dragonet de MONTDRAGON, qui suit ;
2. Bonafos, prieure du monastère St-Césaire de Nyons. Le 2 déc. 1259, Ermessende, abbesse de St-Césaire d'Arles, avait cédé en fief à Barral de BAUX les châteaux de Mirabel, Vinsobres et Nyons[2]. Dragonet de MONTDRAGON, frère de Bonafos, et Raimond de MÉVOUILLON, religieux prêcheur, voyant dans cette cession une atteinte à leurs droits, obligèrent, le 23 juil. suiv., Bonafos à désapprouver cette vente, après l'avoir menacée d'un appel au pape[3].

IV. Dragonet de MONTDRAGON, sgr de Montauban, etc., épousa Almoïs de MÉVOUILLON, fille de Raimond et de Saure de FAY, cousine issue de germain de son père ; aussi lui fallut-il une dispense pour ce mariage, que lui accorda le prieur des Dominicains d'Avignon, délégué du Pape, le 13 décembre 1245[4]. Elle eut en dot : les Piles, Montolieu, Rochebrune, Aulon, St-Marcellin, Roche-St-Secret et Blacons, comme on le voit par une reconnaissance du 18 juin 1252, que lui fit son frère Raimond[5]. En qualité de sgr de Valréas, il fit faire, en 1248, une enquête contre les juifs convaincus de l'assassinat d'une petite fille. On peut voir tous les détails sur ce meurtre rituel dans Elie Berger, *Reg. d'Innocent IV*, introd., p. 218. Le XII des cal. de fév. 1249 (21 janv. 1250), il confirma à Arnaud, prieur de St-Pierre-d'Aulan, les biens appartenant à cette chapelle, et le 29 suiv., Pierre Rascas, not. de Dragonet, scella la charte du sceau seigneurial. Ce document, avec sa bulle en plomb, existe encore dans le fonds de St-Victor, aux arch. des B.-du-Rh., et nous a servi pour la description des armoiries données plus haut. Il mourut en 1278, et avec lui finit cette branche des MONTDRAGON, car il ne laissa que deux filles:

---

[1] Arch. des B.-du-Rh., F. du Temple, 62. Le fief de Randon passa dans la suite aux CHATEAUNEUF, qui en prirent le nom.

[2] Arch. des B.-du-Rh., Ch. de Salon, 154.

[3] Arch. de la Drôme, F. de St-Césaire de Nyons.

[4] Bibl. de Grenoble, *Ms.*, U, 486. J. Chevalier, *loc. cit.*

[5] Arch. de l'Isère, B. 3039 ; *ibid.*, *id.*.

1. Randone de MONTDRAGON, dame de Montauban, hérita de la baronnie de son père. Elle avait ép.: en 1res noces, Raimond-Gaucelin de LUNEL, fils d'autre Raimond-Gaucelin et de Sibylle de MONTPELLIER[1], dont elle eut trois enfants:
   a. Roncelin, qui n'eut pas d'enfants de Béatrix de GENÈVE, sa femme, et testa à Montpellier, le XII des cal. de janv. (21 déc.) 1294[2] ;
   b. Guise, femme de Guillaume de BAUX, fils de Raimond, prince d'Orange, et de Malberjone ;
   c. Raimonde, femme de Pons de MONTLAUR, sgr d'Aubenas et Posquières[3].
   Randone ép., en 2es noces, Raimond-Geoffroy de CASTELLANE, fils de Boniface, dit de Galbert, et de Sibylle de Fos, qui transigea avec les Hospitaliers de St-Gilles, le XIV des cal. d'oct. (18 sept.) 1283, au sujet des terres qui lui venoient de sa femme[4]. Cet acte intéressant a été publié dans les *Documents sur les familles de* BLACAS *et de* CASTELLANE, p. 50. Raimond-Geoffroy avoit fait hommage au dauphin Jean Ier, avec sa femme, le 13 nov. 1278, pour les fiefs de Montauban, Montguers, Ryons, St-Auban, Ste-Euphémie et Vercoirans[5]. Randone était morte avant la fin de l'année 1295[6] et ne paraît pas avoir eu d'enfants de cette union. Son mari se remaria avec Alixende de VOISINS, et testa en 1309 ;
2. Dragonette de MONTDRAGON, mariée, peu après le 30 août 1262, avec Bertrand de BAUX, sgr de Pertuis, fils de Guillaume de Pertuis, de la maison de SABRAN[7], et d'Alasacie de BAUX. Il mourut sans enfants, en 1275, après avoir testé à Lisle, le 13 avril 1274, et à Naples, en 1275. Dragonette ép., en 2es noces, Giraud ADHÉMAR de Monteil, fils d'autre Giraud et de Tiburge AMIC, ainsi qu'il a été dit ci-devant. Dragonette testa le V des cal. de fév. (28 janv.)[8] 1291, à Montélimar, en faveur de son mari. L'original de cet acte est conservé dans les arch. de M. Morin-Pons, à Lyon.

II. Pons de MONTDRAGON, 3e fils de Dragonet *lo dons*, portait le surnom de *lo tos* (le jeune), pour le distinguer de son père. Nous n'avons que fort peu de renseignements sur lui. La concordance des dates, la similitude de prénom, la possession de divers fiefs provenant de l'héritage paternel parmi ses descendants, nous font supposer avec beaucoup de vraisemblance qu'il fut père de :

III. Pons II de MONTDRAGON, cité comme père de Raimond de MONTDRAGON, ce dernier frère d'autre Pons et d'Arnaud. Il eut pour enfants :

---

[1] Les armes des LUNEL étaient parlantes : d'*azur au croissant renversé d'argent*.

[2] Arch. des B.-du-Rh., B. 397 ; Cf. aussi, B. 1088.

[3] Ms. de Brienne, vol. 312.

[4] Arch. des B.-du-Rh., B. 822.

[5] J. Chevalier, *loc. cit.*

[6] Arch. des B.-du-Rh., B. 399.

[7] Et non Bertrand de BAUX, prince d'Orange, comme il a été dit plus haut, p. 18, note 6.

[8] L'inventaire des arch. de M. Morin-Pons porte par erreur la date du 27 janvier.

1. Pons de MONTDRAGON, qui suit ;
2. Raimond de MONTDRAGON, se dit fils de f. n. Pons dans l'acte de vente qu'il fit, le 1er avril 1272, à Pierre MATHIEU[1] ;
3. Arnaud de MONTDRAGON, sgr dudit lieu, fut témoin avec Bertrand AMIC, à Avignon, le XII des cal. de déc. (20 nov.) 1234, de la vente de la moitié du péage sur le Rhône, à Lers, faite par Albaron de LERS, pour le prix de 600 sols[2]. Il testa, le 28 juin 1272[3], en faveur de ses quatre filles et fait mention de sa femme Alix ;
   a. Gaufride, femme d'Arnaud[4] de REDORTIER, sgr de Châteauneuf[4] ;
   b. Béatrix, femme d'Audibert de VERQUIÈRES[4] ;
   c. Raimonde ;
   d. Laurette, femme de Rostaing de SABRAN, csgr de Caumont, fils de Pierre Amic et de Garcende[5] ;
4. Laure de MONTDRAGON, mentionnée au test. de son frère Arnaud.

IV. Pons III de MONTDRAGON, sgr de Montdragon, testa le VIII des cal. de sept. (25 août) 1261[1], à Montdragon, dans la maison de f. n. Pons de MONTDRAGON ; il élit sa sépulture dans le cimetière de St-Jacques, à Montdragon, fait mention de Rixende, sa femme, lègue à ses enfants et leur choisit pour gardien Raimond de Baux, prince d'Orange ; d'où :
1. Raimond, héritier de son père. Nous ne connaissons pas sa postérité. Ce doit être de lui ou d'un de ses trois frères que descendent les sgrs de Montdragon, qui finirent dans la famille d'Albert, vers le milieu du XVIe siècle, et dont on trouve la généalogie dans Pithon-Curt, T. II, p. 278 et suiv. ;
2. Dragonet, qui fut probab. père de :
   a. Porcelette de MONTDRAGON, mariée, le 3 avril 1337, à Raimonet de SABRAN, fils de Guillaume et de Rosseline ADHÉMAR[6] ;
3. Poncet,
4. Elzéar,
5. Alasacie, } tous légataires de leur père.
6. Rossette,
7. Vernone.

---

[1] Arch. des B.-du-Rh., Ch. de Montdragon, XLII.
[2] D. Villevieille, *Tr. gén.*, LX, 42.
[3] Arch. des B.-du-Rh., Ch. de Montdragon, XXXIV.
[4] Pithon-Curt, T. II, 278.
[5] Bon du Roure, *Not. hist. sur une branche de la famille de Sabran*, p. 17.
[6] Archives des B.-du-Rh., Livre Rouge, CCCCXXXVI.

VII.

URRE

S^GRS DE EURRE[1], AIGUEBONNE[2], AURIPLE[3], LA BAUME-CORNILLANE[4], BEAUFORT[5], BRETTE[6], CHAUDEBONNE[6], CLÉON-D'ANDRAN[7], COMERCY[8], CROZE[9], FAUQUEMBERGE[10], GLEYZOLLES[11], GRANE[3], GUISANS[12], GUMIANE[13], LUC-EN-DIOIS[14], LE MERLET[15], MEZERAC[16], MOLLANS[17], MONTANEGUE[18], MONTCLAR[4], MONTÉLEGER[19], LA MOTTE-CHALANÇON[20], NOVEYSAN[21], OURCHES[5], PETIT-PARIS[6], PIERRELATTE[22], PONET[23], PONT-DE-BARRET[24], PORTES[25], PRADELLES[6], PUY-S^T-MARTIN[7], LA SABLIÈRE[26], S^T-GERVAIS[7], S^T-MAURICE[27], S^T-NAZAIRE-LE-DÉSERT[6], SAOU[3], TEYSSIÈRES[24], LA TOUCHE[28], TRUINAS[29], VASSIEU[30], VAUNAVEYS[5], VENTEROL[21], VERCOIRAN[31], VINSOBRE[27], ETC., ETC.

Armes : *d'argent à la bande de gueules chargée en chef d'une étoile d'or* (ou *chargée de trois étoiles d'or*).

Pithon-Curt est celui qui a donné la généalogie la plus étendue de la famille d'URRE. Il lui consacre 48 pages de son *Histoire de la noblesse du Comté*

[1] (Dioc. de Valence). Drôme, canton de Crest-Nord.

[2] (Dioc. de Valence). Drôme, ferme de la commune d'Allex.

[3] (Dioc. de Valence). Drôme, canton de Crest-Sud.

[4] (Dioc. de Valence). Drôme, canton de Chabeuil.

[5] (Dioc. de Die). Drôme, canton de Crest-Nord.

[6] (Dioc. de Die). Drôme, canton de la Motte-Chalançon.

[7] (Dioc. de Valence). Drôme, canton de Marsanne.

[8] En Lorraine.

[9] (Dioc. de Vienne). Drôme, canton de Tain.

[10] En Picardie.

[11] (Dioc. de Die). Drôme, canton de la Motte-Chalançon, commune de Pradelles.

[12] (Dioc. de Die). Drôme, canton de Bourdeaux, hameau de la commune de Bouvières.

[13] (Dioc. de Die). Drôme, canton de la Motte-Chalançon, commune de Pradelles.

[14] (Dioc. de Die). Drôme, chef-lieu de canton.

[15] (Dioc. de Die). Drôme, canton de la Motte-Chalançon. Montagne et château dans la commune de St-Nazaire-le-Désert.

[16] Près Millaud, en Rouergue.

[17] (Dioc. de Vaison). Drôme, canton du Buis-les-Baronnies.

[18] (Dioc. de Die). Drôme, canton de la Motte-Chalançon, commune de St-Nazaire-le-Désert.

[19] (Dioc. de Valence). Drôme, canton de Valence.

[20] (Dioc. de Die). Drôme, chef-lieu de canton.

[21] (Dioc. de Vaison). Drôme, canton de Nyons, hameau de la commune de Venterol.

[22] (Dioc. de St-Paul-trois-Châteaux). Drôme, chef-lieu de canton.

[23] (Dioc. de Die). Drôme, canton de Die, village de la commune de Ponet-St-Auban.

[24] (Dioc. de Die). Drôme, canton de Dieulefit.

[25] (Dioc. de St-Paul-trois-Châteaux). Drôme, canton de Montélimar.

[26] (Dioc. de Valence). Drôme, canton de Loriol, ferme dans la commune de Livron.

[27] (Dioc. de Vaison). Drôme, canton de Nyons.

[28] (Dioc. de St-Paul-trois-Châteaux). Drôme, canton de Montélimar.

[29] (Dioc. de Die). Drôme, canton de Bourdeaux.

[30] (Dioc. de Die). Drôme, canton de la Chapelle-en-Vercors.

[31] (Dioc. de Sisteron). Drôme, canton du Buis-les-Baronnies.

Venaissin et en décrit treize branches, sans pouvoir toutefois les bien rattacher les unes aux autres. Il se reconnaît même si peu sûr de ce qu'il avance, qu'il dit, au bas du tableau généalogique de la famille : « Comme Chorier et Allard, qui ont parlé imparfaitement de la maison d'URRE, ne sont pas d'accord sur les premiers degrés, non plus que sur la jonction des branches, j'ai cru que je ne devais pas les suivre. J'ai donc tâché de concilier l'un et l'autre par les époques de l'existence des anciens URRE, par la possession des terres et par les titres dont j'ai eu connaissance. Au reste, on ne doit pas s'étonner de ne pas trouver toute l'exactitude et la précision nécessaire dans les premiers degrés d'une maison si nombreuse et si divisée. »

Il commet en effet des erreurs que démontre évidemment l'analyse, faite par M. C.-U.-J. Chevalier, dans le *Journal de Die* (3 mai-28 juin 1868), des nombreuses chartes conservées dans les riches archives de M. Morin-Pons. Ce dernier nous ayant, avec sa bienveillance ordinaire, communiqué tous les titres qu'il possède sur la famille d'URRE, nous espérions pouvoir rectifier l'œuvre de Pithon-Curt et compléter celle de M. Chevalier. Malheureusement les branches de cette famille sont si nombreuses, leurs seigneuries si divisées, la distinction si difficile entre des individus contemporains portant souvent même prénom et même nom de seigneurie, que nous n'avons pu parvenir entièrement à notre but. Si quelques degrés peuvent être sûrement rétablis, bien d'autres restent indécis, même dans ce que nous avons trouvé, et sans contrôle pour ce que Pithon Curt avait avancé[1].

Cependant, il nous a semblé utile de mettre au jour ce que nous avions en main d'inédit, afin qu'un autre, plus habile, ou muni de nouveaux titres, puisse s'en servir pour dresser définitivement la généalogie de cette famille. Sauf donc pour les premiers degrés, établis sur les titres des archives Morin-Pons, d'une façon toute différente de ce qu'avait marqué Pithon-Curt, nous suivrons en majeure partie le cadre de celui-ci, sans en prendre aucunement la responsabilité, ayant soin de mettre entre crochets [ ] nos rectifications ou nos additions, indiquant autant que possible les titres sur lesquels nous nous sommes basé et continuant aussi de notre mieux les branches non éteintes à l'époque où Pithon-Curt écrivait.

La maison d'URRE[2] tire son nom de la terre d'Eurre qu'elle possédait déjà au XIIe siècle.

---

[1] Cet auteur cite bien rarement les sources où il a puisé, en sorte qu'on ne peut distinguer ce qu'il avance sur preuves, de ce qu'il marque par seule présomption.

[2] On a pendant longtemps écrit indifféremment *Urre*, *Eurre* et même *Heurre* ; actuellement

I. Guy ou Guyon d'Urre vivait, dit-on, en 1200[1]. Il fut probab. le père de :
1. Guinis, dont l'article suit ;
2. Gention, tige des sgrs du Puy-St-Martin, rapportés plus loin.

II. Guinis d'Urre, csgr d'Eurre, passa transaction, le 7 sept. 1253[2], avec Gention d'Urre, aussi csgr d'Eurre, qui lui prêta hommage pour lui et ses successeurs. Il paraît être mort avant le 17 des calendes de déc. (15 nov.) 1266[3]; d'où : 1. François, dont l'article suit ;
2. Burgondion, approuva la vente que fit son frère François, le 12 janv. 1256, et mourut avant le 15 janv. 1279 ; S. P..

III. François d'Urre, csgr d'Eurre, fit une vente, du consentement de son frère, le 12 janv. 1256, au couvent de St-Félix, de Valence ; concéda diverses franchises à ses vassaux d'Eurre, le 17 des calendes de déc. 1266[3] ; émancipa, le 4 des nones d'août (2 août) 1283[4], son petit-fils François, fils d'Albert, et lui fit donation de tous ses biens, sous réserve de 4.000 sous viennois pour en disposer et de 8.000 sous pour la dot et part héréditaire de Béatrix et Briande, sœurs du donataire, donation ratifiée par Hugues de la Batie, aïeul maternel, et Alix de la Batie, mère du donataire, laquelle lui abandonna tous ses droits sur les châteaux d'Eurre et de la Rochette ; et fit un achat à Ismelle (ou Ismette), veuve de Pierre d'Etoile, le 11 des cal. de mars (19 février) 1294[5] ; d'où : Albert, dont l'article suit.

IV. Albert d'Urre, signa avec son père l'acte de franchise ci-dessus, du 15 nov. 1266, et mourut *probab.* avant le 2 août 1283[6]. Il avait ép. Alix de la Batie, fille de Hugues, sgr dudit lieu ;
d'où : 1. François, dont l'article suit ;
2. Béatrix ;
3. Briande.

V. François d'Urre, csgr d'Eurre, acheta deux pièces de terre, le 11 des calendes de mars 1295 (n. s.), de Ismelle, veuve de Pierre d'Etoile ; passa transaction, en 1310, avec Guillaume d'Urre ; fut témoin, en 1315, à une transaction passée, en son château de la Motte, entre les enfants de

---

Urre est resté le nom de la famille et *Eurre*, celui de la commune. C'est de cette orthographe actuelle que nous nous servirons dès le commencement, sans nous préoccuper de celle employée dans les titres.

[1] C'est à tort que Pit.-C. le fait paraître, en 1250, dans l'accommodement entre Guigues d'Albon et Flotte Béranger, mère et tutrice d'Aimar de Poitiers (C.-U.-J. Chevalier, *Journal de Die*, 1868).

[2] Arch. Morin-P.

[3] Transaction dans laquelle son fils François le rappelle, sans qu'il paraisse y être intervenu.

[4] Pierre de Ays, not. impérial (Arch. Morin-P.).

[5] Pierre de Ays, not. impérial (Arch. Drôme).

[6] Acte ci-dessus où il n'est pas nommé.

Raymond ARTAUD de Montauban ; fit un achat, le 28 nov. 1325[1], et prêta hommage, le 6 août 1332, à l'évêque de Valence pour la csgrie d'Eurre[2] ; d'où : 1. Guinis, csgr d'Eurre, reçut hommage de Pierre d'URRE, csgr

---

[1] Guyonnet Béraud, not. impérial (Arch. Morin-P.).

[2] On trouve à cette même époque :

Pierre d'URRE, sgr du Cheylard (dioc. de Die), châtelain d'Eygluy, transigea, le 1er juin 1315 (Arch. Morin-P.), avec l'abbé de Lioncel ; reçut quittance pour son fils Albert, le 1er fév. 1341, du prieur de Montblaire ; fit son test., le 26 nov. 1341 (Jean Magnan, not. de Die. Arch. Morin-P.), par lequel il élit sa sépulture au cimetière de l'église de N.-Dame de Lioncel (ordre de Citeaux), veut qu'il y ait à son enterrement 50 prêtres, lègue à Albert et Jean, ses fils, et Gensonne et Guillonne, ses filles, et institue pour héritier Pierre, son autre fils ; racheta, conjointement avec son fils Pierre, le 1er avril 1351 (Raymond Salvestre, not.. Arch. Morin-P.), des pensions qu'il avait constituées, avec sa femme, pour fonder des anniversaires à l'abbaye de Lioncel. Il avait ép. Raymonde (nommée comme morte, au test. de son mari ; elle avait pour frères : 1. Bertrand, qui albergea quelques fonds joignant le mandement de Grane, le 13 nov. 1335, et mourut avant le 5 juin 1341 ; 2. Reymond, qui parut, avec Bertrand d'URRE, à l'acte du 5 juin 1341), fille de N... et de Marguerite (passa obligation à sa fille, le 23 sept. 1336); d'où : 1. Pierre, sgr du Cheylard, rendit hommage, le 27 déc. 1345, au cte de Valentinois pour ladite sgrie du Cheylard et pour ce qu'il possédait au mandement d'Eygluy ; et, le 26 fév. 1347, pour ce que sa femme possédait au mandement de Chabrillan ; fit son test., le 5 juil. 1361 (Berton Béranger, not. à Pontaix. Arch. Morin-P.), par lequel il institue pour héritier son fils Guillaume. Il avait ép. Catherine de BRIOU, *alias* BRIOX (qui passa compromis, le 8 avril 1372, étant veuve, avec Eynier du PUY, du lieu de Chabrillan) ; les arbitres étaient : Jean d'URRE et Claude ARBALESTRIER (Pierre Perrin, not. à St-Marcellin. Arch. Morin-P.) ;

d'où : A. Bertrand, stipule dans un acte du 5 juin 1341 au nom de son père Pierre ;

B. Guillaume, sgr du Cheylard et de Saou, csgr de Montclar, héritier de son père ; fut présent, le 23 nov. 1372, à un hommage prêté par Guichard BERLIOZ, chev., de Véronne ; reçut, le 20 fév. 1384, quittance de portion de la dot qu'il avait constituée à sa fille Catherine ; passa compromis, le 27 juin suiv., avec les autres csgrs de Montclar ; fit dresser un inventaire, le 1er juin 1397 ; vivait le 3 déc. 1412, et mourut avant le 14 nov. 1416. Il avait ép. Béatrix N... ;

d'où : *a*. Guillaume, se dit fils de Guillaume, sgr du Cheylard, dans un acte du 14 nov. 1416 (Bertrand Rabot, not.). Il dut mourir peu après sans postérité, car le 16 mars 1419 (acte passé à Crest, en présence d'Antoine d'URRE, habitant à Allex), Pierre d'URRE, sgr du Cheylard, son héritier, vendit à Amédée BERLIOZ tout ce qu'il avait à Véronne et à Saillans ;

b. Garsinde, eut en dot 700 fl. de son père et 100 fl. de sa mère. Elle avait ép., suiv. contrat passé à Upie le 7 juil. 1384, Jacques, bâtard de POITIERS ;

c. Catherine, eut en dot 700 fl.. Elle avait ép., suiv. contrat du 20 janv. 1375, Audebert de ROUSSILLON de Charpey (qui quittança, le 20 fév. 1384 —

d'Eurre ; fut châtelain d'Allex ; passa transaction, le 27 janv. 1311[1], avec Gérin de MONTOISON, pour les biens de Pierre d'AURIOL situés à Aiguebonne et Allex ; acheta, à Allex, divers fonds, les 16 janv. 1320, 5 mars 1326 et 16 août 1327[1], et mourut avant le 10 nov. 1349. Il avait ép. (peut-être) Falcone de BERLION[2] ;

d'où : Burgondion, habitant à Allex, acheta une terre au mandement d'Aiguebonne, le 14 fév. 1341, et une autre, le 21 nov. suiv. ; vendit, le 1er mai 1355, à Charles, Dauphin, fils aîné du roi de France, ce qu'il possédait à Eurre en franc-alleu (vente qui fut ratifiée par lettres du Roi données à St-Germain, le 5[3], dont ledit Dauphin fit donation au cte de Valentinois, par lettres données à St-Germain-en-Laye, le 15 du même mois). Il avait ép. Guillaumette de CHABRILLAN ; S. P. ;

2. Jordanon, dont l'article suit ;
3. Rostain, paraît avec son frère Jordanon à la vente du 17 août 1356.

VI. Jordanon d'URRE, csgr d'Eurre, reçut, le 10 nov. 1349, hommage de Pierre d'URRE, csgr d'Eurre (les deux possédant ensemble la totalité de la sgrie d'Eurre), conformément à la transaction passée, en 1310, entre François, père de Jordanon, et Guillaume, père dudit Pierre, et de la même façon que Pierre d'URRE l'avait fait à François et à Guinis d'URRE ; arrenta, le 13 déc. 1352[1], une grange qu'il avait à Allex ; vendit, avec son frère Rostain d'URRE, le 17 août 1356[4], aux prêtres de l'église de Valence, une pension de 6 fl. d'or à prendre sur le péage de Valence, ou sur la pension de 44 fl. d'or que perçoit ledit Rostain et qu'ont perçu ses prédécesseurs sur ledit péage ; passa tran-

---

Jean Rabot, not. — à Guillaume d'URRE, portion de la dot constituée à sa femme), fils de Pierre ;

2. Albert, religieuse de St-Antoine en Viennois ;
3. Jean, chan. de St-Ruf à Valence ;
4. Gensonne, ép. Jarenton de BLAGNIEUX ;
5. Guillonne, ép. Jacques BERTOIN de Saillans ;

Et plus tard :

Pierre d'URRE, sgr du Cheylard, csgr de Montclar (peut-être fils de Guillaume et de Béatrix ci-dessus), héritier de leur fils Guillaume, est mentionné, le 8 oct. 1431, dans la révision des feux de Montclar (Arch. Isère, cham. des cptes, reg. II, *Liber revisionum*..., cah. 17). Il avait ép. Marguerite d'YZERAN (qui, étant veuve, reçut quittance, le 29 juin 1437, de Béatrix d'URRE, femme d'Eynard REYNARD, sgr de St-Dizier, bourgeois de Die, de tout le mobilier dudit Pierre au Cheylard et à Eygluy) ;

d'où : 1. Béatrix, ép. Eynard REYNAUD ;
2. Marguerite ;
3. Catherine ;

(Arch. Drôme, E. 2130).

[1] Arch. Morin-Pons.

[2] Elle ép. (en 2es noces), le 9 juin 1349, Pierre d'URRE, fils de Guillaume et d'Amphelise de CORNILLON. (V. au degré suivant une note sur la famille BERLION).

[3] Arch. Isère, cham. des cptes. *Liber plurium litterarum*... 123 (Arch. Morin-P.).

[4] Acte passé à Valence par André Champal, not. (Arch. Morin-P.).

saction, le 30 avril 1360[1], avec Dalmas d'URRE, oncle et tuteur de Guillaume, csgr d'Eurre, suivant laquelle, partageant un bien à eux advenu par droit de mainmorte, Jordanon eut un tiers dudit lieu et Guillaume les deux tiers ;
d'où : 1. Guillaume, dont l'article suit ;
2. Aimar, csgr de Divajeu, reçut, le 6 oct. 1382[2], quittance de 60 fl. d'or, complément de la dot de sa fille ; passa transaction sur les droits de sa femme, le 6 fév. 1385, et mourut avant le 25 janv. 1395[3]. Il avait ép. Marguerite de CHABRILLAN[4], fille d'Aimar ;
d'où : Sibylle, ép. Guillaume d'URRE.

VII. Guillaume d'URRE, csgr d'Eurre et de Divajeu, reçut, en 1379, donation des biens situés à Aiguebonne ; passa obligation, le 6 fév. 1385, de 130 fl. d'or dus à Polie de CHABRILLAN, ép. de François de BEAUMONT, pour la moitié lui revenant de 260 fl. restant dus sur la dot constituée à Guillaumette de CHABRILLAN lors de son mariage avec f. Burgondion d'URRE, du lieu d'Allex, dont Guillaume tenait l'héritage, et des autres 130 fl. à Aimar d'URRE, ép. de Marguerite de CHABRILLAN, sœur de ladite Polie ; fit donation, le 6 déc. 1395, à Marguerite CHABRILLAN, sa belle-sœur, femme de son frère Aimar d'URRE ; passa un accensement, le 11 mars 1397 ; nomma, cette même année, un recteur pour la chapelle St-Claude, fondée dans l'église d'Eurre par Jordanon d'URRE et dotée par Aimar d'URRE dans son dernier testament, et assista, en 1419, au mariage de sa fille Béatrix. Il avait ép. Catherine de CHAVANNES[5], fille de Raymond, sgr de Truinas ;
d'où : 1. Jordanon, héritier de sa mère ; S. P. ;
2. Aimar, dont l'article suit ;
3. Amédée, légataire de sa mère ;
4. Rostaing, id. ;
5. Guillemette, légataire de sa mère, ép., suiv. contrat du 15 oct. 1413[6], Antoine de COMMIERS, sgr du Mas, en Graisivaudan ;

---

[1] En présence de Guillaume d'URRE, fils de f. Albert (Arch. Morin-P.).

[2] Arch. Isère, cham. des cptes, protocole Jean Rabot, f° 35 v°.

[3] Date du traité fait par Marguerite de CHABRILLAN, sa veuve, avec Guillaume d'URRE, frère de Jean, au sujet des biens d'Allex, provenus audit Guillaume de l'héritage de Burgondion d'URRE.

[4] Elle transigea, ainsi que sa sœur Polie, femme de François de BEAUMONT de Pellafol, le 17 avril 1375, avec Guigard de BERLION, époux d'Alix de CHABRILLAN et fit, le 6 déc. 1395 (Arnaud Monerie, *alias* Morerii, not. à Saillans, dioc. de Die. Arch. Morin-P.), donation réciproque de ses droits à Guillaume d'URRE, son beau-frère.

[5] Fit son test., le 21 août 1398, par lequel elle institue pour héritier son fils Jordanon et lègue à ses autres enfants.

[6] Galbert, not. (Moulinet, art. BERLION — Arch. Morin-P.).

6. Béatrix, légataire de sa mère, eut en dot 600 fl. Elle ép., le 9 janv. 1419, Raymond de ROUSSAS, du lieu de Suze.

VIII. Aimar d'URRE, esgr d'Eurre et d'Aiguebonne, légataire de sa mère, hérita de son frère Jordanon ; est dit parent au contrat de mariage de Valensole ISTRIER, du lieu d'Aouste, le 13 janv. 1425 ; prêta hommage, en 1428, comme fils et héritier de Guillaume, à l'év. de Valence, en présence d'Antoine d'URRE ; transigea, le 2 janv. 1429[1], sous la médiation d'Antoine d'URRE, châtelain d'Allex, avec Catherine SIMON, pour ses biens d'Allex ; fit un achat à Eurre, le 2 juin 1431 ; est qualifié esgr, *pour la majeure partie,* d'Eurre et d'Aiguebonne, dans l'hommage qu'il reçut au château d'Eurre, le 13 janv. 1450, du chanoine député par les églises cathédrale de St-Apollinaire et collégiale de St-Pierre-du-Bourg, à Valence, pour les biens que ces églises possédaient auxdites sgries, et mourut intestat vers 1460. Il avait ép. Marguerite de BEAUMONT[2] ;

d'où : 1. Jordanon *(alias* Jourdain)[3], sgr de Chaumiane[4] et de Divajeu, présidt en la chambre des cptes de Dauphiné, est dit fils aîné de son père dans la transaction qu'il passa, le 20 nov. 1470[5], avec son frère François, au sujet des difficultés qu'ils avaient à l'occasion de l'héritage de leur père Aimar, dont Jean était héritier, pour les revenus de la baronnie du Luc et pour une somme de 1.000 fl. donnée à François lors de son mariage avec Catherine de BLAON *(alias* BLONE) ; assista, le 19 déc. 1472, à la transaction entre ses frères François et Jean ; passa transaction, le 18 sept. 1486[6], avec François de VIENNOIS, qui lui céda le château de Divajeu ; ambassadeur pour le roi Charles VII auprès du duc de Milan ; vivait encore en 1497. Il avait ép., vers 1460, Jeanne de ST-BENOIT[7], fille de *N...*, sgr de Revillon et de Prémont, et de Perrette DORIA (fille elle-même de Renaudun DORIA, noble

---

[1] Pierre Chapusi, not. à Eurre (Arch. Morin-P.).

[2] Elle fit donation, étant veuve, le 19 déc. 1472, des 300 fl. de sa dot à son fils aîné François d'URRE, du consentement de son frère Artaud de BEAUMONT, sgr de Chantemerle, de ses autres fils Jean, Jordanon, Telmon et Bertrand, et de ses gendres Jean PAPE et Jean CHABERT (Gerente, not. à Crest. Moulinet, art. BEAUMONT).

[3] Pithon-C. ne donne rien de tout ce qui précède. Commençant à ce Jourdain (p. 618), cette branche des sgrs d'Eurre, il déclare n'en pas trouver la jonction, et en donne peu de détails, mentionnant seulement son frère Claude et une sœur Nizette, qualifiée dame de la Touche, qui semblerait mieux placée à la branche des URRE de la Touche, où du reste nous n'avons pas pu la rattacher.

[4] *Calme-medio.*

[5] Jacques de Gerente, not. à Crest. Acte passé au château d'Eurre, à la place du mûrier, devant la tour.

[6] Arch. Drôme, E. 1244.

[7] Armes : *de gueules à la bande échiquetée d'or et de pourpre accostée de deux lionceaux d'or.*

génois, prévôt de Paris, suiv. des mémoires, et de Marguerite de CLAMECY)[1];

d'où: A. François, sgr de Chaumiane, passa transaction, le 17 juin 1506[2], avec Charles des PONTOZ, son cousin, héritier de sa fille Catherine des PONTOZ, d'où étaient venus procès entre ledit Charles et Jourdain d'URRE, père de François, et arrêt du Parl. de Dauphiné en faveur de Charles, par laquelle transaction Charles des PONTOZ fut mis en possession de Truinas, Divajeu, etc..., que détenait Pons d'URRE, cons. au Parl. de Dauphiné (?); fit son test., le 10 mai 1528, en faveur de sa sœur Marguerite; donna procuration, le 18 avril 1531[3], pour le partage des biens de ses père et mère, et mourut avant le 4 oct. 1543[4]. [C'est peut-être lui qui avait ép. Madeleine de BUEIL, laquelle passa un acte, le 1er juin 1527[5], et, étant veuve, fit son test., le 11 août 1534[6], par lequel elle élit sa sépulture dans l'église d'Eurre, en la tombe de son mari, qu'elle nomme, lègue à chacun de ses neveux, fils de son frère sans les nommer, et institue pour héritier Jean de BEAUMONT, sgr de la Bâtie-Rolland];

B. Jean, mourut à la guerre avant 1521; S. P.;

C. Pierre, donna procuration, avec son frère François, le 18 avril 1531; passa transaction, le 4 oct. 1543[7], ainsi que son neveu Jean de BEAUMONT, sgr de la Bâtie-Rolland, avec Jean de GLANE, sgr de Cugy, son autre neveu, gendre de Marguerite d'URRE, ép. de la SALLE, pour le partage des biens de François d'URRE, son frère, par laquelle un quart de la juridiction d'Eurre et le domaine du Moulin furent attribués à Jean de BEAUMONT et Pierre d'URRE, et les autres trois quarts de la sgrie d'Eurre, ainsi que le domaine du Colombier à ladite Marguerite, le moulin, la moitié du Paty, le petit pré et le jardin, restant indivis; S. P.;

D. Marguerite, dame d'Eurre, Aiguebonne et Chaumiane, prêta hommage, le 31 déc. 1544[8], à l'église de St-Apollinaire-de-

[1] Ce sont les indications données par Pithon-Curt.

[2] Zacharie Mononis, not. à Crest (Arch. Morin-P.).

[3] Chion, not. (Arch. Morin-P.).

[4] Partage de sa succession.

[5] Brémond, not. à Eurre (Arch. Morin-P.).

[6] Arch. Drôme. E. 2574.

[7] Par les soins de François MORETON, sgr de Chabrillan, Honorat du PUY, sgr de Rochefort, etc., Gebeaulin et Servières, not. à Crest (Arch. Drôme, E. 1249).

[8] Moulinet, art. BEAUMONT.

Valence, pour trois parties de la sgrie d'Eurre, la quatrième demeurant à Pierre d'URRE, son frère, et à Jean de BEAUMONT, son neveu; fit son test., le 20 mai 1540[1], par lequel elle élit sa sépulture au tombeau de son frère (François) et de f. sa fille Claudine, en l'église de St-Apollinaire, à Eurre; lègue 4.000 l. à Françoise de FOURMERY *(alias* FORMERY), fille du 1er lit de Jean et de Claude de la SALLE; institue pour héritier Jean de GLANE, son petit-fils, pour les biens de Bresse, Bourgogne, Savoie et Paris, et Aimé de GLANE, son autre petit-fils, pour les biens de Dauphiné, Eurre, Aiguebonne, Chemiane, Divajeu, Truinas, Rochebaudin, etc..., avec substitution et à charge de porter le nom et les armes d'URRE; puis un autre test., le 24 mai 1545[2], contenant les mêmes dispositions, sauf que Aimé de GLANE est seul héritier, son frère Jean ayant comme legs les terres ci-dessus[3]. Elle avait ép. Claude de la SALLE[4], cons. au grand conseil, maître des requêtes ordinaire de l'hôtel et lieut. gén. au bailliage de Bresse[5];

---

[1] Guillaume Chion, not. à Valence (Arch. Drôme, E. 2574).

[2] Arch. Drôme, E. 1249.

[3] Ces deux test. analysés sur des copies libres n'en forment peut-être qu'un seul.

[4] Mourut avant le 20 mai 1540 (test. de sa femme).

[5] D'où : Claudine de la SALLE, ép. Jean de GLANE de Vézin, sgr de Cugy, au canton de Vaud, en Suisse, qui fut tué en Piémont à la bataille de Cérisoles, le 14 avril 1544;

d'où : 1. Aimé (qui prit le nom d'URRE en vertu du test. de son aïeule Marguerite d'URRE), sgr de Cugy, Chaumiane, Eurre, Truinas, etc... (v. son article dans Pithon-Curt, III, 619), fut, ainsi que son frère et sa sœur, sous la tutelle de leur aïeule Marguerite d'URRE; fut institué héritier, lui et son frère Jean, au test. d'Ymbert de la PLACE (éc. de Moudon au pays de Vaux, natif de Thelon, habitant à Eurre), du 13 nov. 1549 (Arch. Drôme, E. 2577), par lequel étaient légués 300 écus à Françoise de FOURMERY et Marguerite de GLANE, ses cousines; passa transaction, le 24 sept. 1572 (Ledois et Massart, not. au châtelet de Paris. Arch. Drôme, E. 1252), ainsi que son frère Jean, avec Claude d'ESTAVAYER, gentilhomme de la chambre du Roi, colonel de légionnaires de Picardie et de l'Ile-de-France, leur cousin, portant cession par ledit d'ESTAVAYER de tous ses droits sur les sgries que les GLANE possédaient en Suisse, et à celui-ci par les GLANE de tous leurs droits sur les biens de Claude de la SALLE, leur mère; autre transaction, du 30 juin 1580 (Arch. Drôme, E. 1252), avec Antoine Actenor de GAUBERT, csgr de la Bâtie-Rolland, Jeanne, Diane et Françoise de GAUBERT, sœurs héritières de Melchior de GAUBERT, représentant Jean de BEAUMONT, par laquelle ces derniers lui cèdent, moyennant 2.033 écus d'or sol, tous leurs biens à Eurre; gouv. de Livron; fit son test., le 7 mai 1580, par lequel il institue pour héritier son fils aîné Daniel et lui substitue successivement ses autres fils David, Jean et André. Il avait ép. Antoinette des MASSUES;

d'où : A. Daniel, gentilhomme ordin. de la chambre du Roi, lieut., puis

E. Radegonde, mourut avant le 18 avril 1531. Elle avait ép., suiv. contrat du 10 mai 1498, Claude de BEAUMONT, sgr de la

---

capit. de la comp. de chevau-légers du duc de Vendôme ; fit accord avec son frère André (Arch. Drôme, E. 1253); donna quittance, le 17 avril 1602 (Pinard, not. à Grenoble), de 4.333 écus 20 sols, sur la dot de sa femme, à Abel de BERENGER, frère de celle-ci ; paya, le 26 oct. 1609 (Faure, not. à Eurre. Arch. Drôme, E. 1253), à Mathieu (GIRARD) de Thiranges, 3.070 l. sur la dot de sa sœur Esther, femme dudit Mathieu ; acheta, le 12 déc. 1613, de Gabrielle ODDE de Triors, veuve et héritière de Louis de VILLETTE, s[r] du May, la portion de juridiction que ledit Louis avait à Eurre, pour le prix de 2.000 l. payées par Guigonne d'URRE, veuve de Jacques MORETON, sgr de Chabrillan, montant de l'acquisition faite par cette dernière de la sgrie de Chaumiane (Delolle, not. à Crest. Arch. Drôme, E. 1253) ; fut héritier d'Esther de GLANE, sa sœur, ép. de Mathieu GIRARD, sgr de Thiranges et fut gouv. de Livron ; ses biens furent mis en discussion, et la sgrie d'Eurre fut adjugée pour le prix de 58.500 l. à Jacques d'URRE, sgr de Brettes, Pradelle, etc... Il avait ép. Olympe de BÉRENGER (passa transaction avec Mathieu GIRARD, sgr de Thiranges, son beau-frère ; fut pour héritière Madeleine de BONNE, femme de Charles-Martin, sgr de Champoléon), fille de Giraud, sgr de Morges, et de Georgette de BÉRENGER de Gua ;

d'où : *a.* Daniel, s[r] d'Aiguebonne ;

b. Jeanne (Pith.-C. donne pour père à cette Jeanne, un Antoine, ép. d'Anne de ROCHEBOURG, dont nous n'avons trouvé trace et qui aurait été lui-même fils d'Aimé de GLANE), alors femme de Balthasard MORIER, contestait, en 1654, la donation que Jacques d'URRE, sgr de Brette, avait faite à Jean, son fils, au contrat de mariage de ce dernier avec Françoise de JONY, et mourut (?) le 29 juin 1702 (Arch. Drôme, B. 418). Elle avait ép., en 1res noces, Antoine TINEL (d'où : Jeanne-Angélique, ép. Louis DAUVERGNE, sgr de Longpré) ; et, en 2es noces, Balthasard MORIER, avocat, dont les descendants prirent le nom d'URRE de Glane. On trouve en effet :

François MORIER d'Urre de Glane, petit-fils et héritier de Jeanne, fit requête au sénéchal de Valence pour avoir inventaire des biens qu'elle avait délaissés, ce qui lui fut accordé le 11 sept. 1702 (Arch. Drôme, B. 418) ;

Marie-Charles-César MORIER d'Urre de Glane, fils de François-Isaïe, mineur en 1762, sous la tutelle de Pierre-Aimé MORIER ;

Et encore vers cette même époque : Louis-René d'URRE de Glane, curé de Cléon-d'Andran (Arch. Drôme, B. 1580) ;

B. David, nommé au test. de son père, en 1586 ;

Bâtie-Rolland, fils de Guillaume et d'Antoinette ALLEMAN de Champ[1] ;

F. Michelle, est nommée dans la procuration du 18 avril 1531, comme devant prendre part au partage des biens de ses père et mère. Elle avait ép., en 1res noces, Beraud, bâtard de COLIGNY, dit Andelot, sgr de Broissia, etc...[2], fils naturel d'Estienne de COLIGNY, sgr de Cressia, etc... ; et, en 2es noces, Philibert de la VILLETTE ; S. P. ;

2. François, csgr d'Eurre, d'Aiguebonne, Barri et Soyans, rendit hommage à l'év. de Valence, le 25 juin 1461[3], en présence de Jean et d'André d'URRE; passa transaction, le 19 déc. 1472[4], avec Jean d'URRE, son frère, au sujet de la succession de leur père commun, et, le même jour, reçut de sa mère donation de 300 fl. d'or, dot de celle-ci, plus 100 fl. qu'elle avait eus en augmentation de sa dot; passa procuration à son frère Bertrand, en 1473[5] ; reçut, le 13 nov. 1489, hommage du syndic des chapitres de St-Apollinaire et de St-Pierre, comme son père l'avait reçu en 1450. Il avait ép., suiv. contrat du 18 avril 1455[6], Catherine de BLAON (*alias* BLON ou BLONE), fille de Jean ;

d'où : Louise, eut en dot 400 fl. de revenu annuel pour lesquels elle reçut la terre de Divajeu. Elle avait ép., à Tours, le 19 janv. 1481, Charles des PONTOZ, cons. et maître des requêtes du Roi-Dauphin[7] ;

C. Jean, nommé au test. de son père, en 1580, mourut avant le 22 mai 1607 (accords entre ses frères Daniel et François) ;

D. André, fit accord avec son frère Daniel, le 22 mai 1607 (Destret, not. à Valence — Arch. Drôme, (E. 1253) ;

E. Françoise, ép., en 1589, Jean GILBERT, sgr de Verdun (d'où : Françoise, ép. Henri de GARAGNOL, gouverneur et v.-bailli de St-Marcellin) ;

F. Esther, institua pour héritier son frère Daniel. Elle avait ép. Mathieu de GIRARD, sgr de Thiranges ;

G. (*probabl.*) Louise, ép., suiv. contrat du 1er mars 1598 (Arch. Drôme, E. 2161), Antoine de MONERI, sgr de Portes ;

2. Jean, substitué à son frère Aimé, dans le test. de leur aïeule Marguerite d'URRE, du 20 mai 1510 ;

3. Marguerite, eut un legs de 2.000 l. au test. de son aïeule Marguerite d'URRE, du 20 mai 1510.

[1] D'où : 1. Jean ; 2. François ; représentaient leur mère en 1581.

[2] Il reçut de son père, par test. du 17 sept. 1482, un legs de 100 écus d'or, et se trouvait à la bataille de Pavie, au service de Charles-Quint, en 1524.

[3] Juliani, not. (Moulinet, art. BEAUMONT).

[4] Jacques, Gérente, not.. Témoin : Bernard de BLONE, prieur. Dans cet acte, il est fait mention du contrat de mariage de François d'URRE, du 18 avril 1455 (Arch. Morin-P.).

[5] Arch. Drôme, E. 5455.

[6] Jean de Sala, not. à Valence, et Jean de Vergonassio, not. à St-Pierre d'Ay.

[7] D'où : Catherine, mourut jeune et son père s'en porta héritier.

3. Jean, dont l'article suit ;
4. Telmon, religieux, prieur de Bourbon-Lancy et de N.-D.-d'Andeac, à Grâne, assista, le 19 déc. 1472, à la donation faite à son frère Jean, et mourut avant le 2 nov. 1500[1] ;
5. Bertrand, institué héritier au test. de son frère Claude du 1er fév. 1453;
6. Claude, clerc et diacre de l'église de Die, puis chanoine de l'église collégiale de Crest, fit son test., le 1er fév. 1453[2], par lequel il institue pour héritier son frère Bertrand d'URRE d'Allex, et nomme exécuteur test. Bertrand d'URRE, doyen de l'église cathédrale de Die. Il mourut peu après et n'est pas nommé dans la donation que sa mère fit le 19 déc. 1472 et où elle nomme tous ses autres enfants[3] ;
7. Catherine, ép. Jean PAPE, fils de Guy, sgr de St-Auban, et de Catherine de CIZERIN, sa 2e femme ;
8. *N...*, ép. Jean CHABERT, du lieu de Curzon ;
9. Nisette[4], dame de la Touche, ép. Claude de VESC, sgr de Montjoux et de la Pene.

IX. Jean d'URRE[5], passa investiture, au nom de son frère François, à Jean d'URRE d'Allex, le 22 janv. 1460, pour une terre à Aiguebonne ; transigea, le 19 déc. 1472, avec François d'URRE, son frère, sur l'héritage de leur père commun[6] ; quitta Eurre pour aller habiter Grâne, dont il fut châtelain[7] ; fit son test., le 25 fév. 1514[8], par lequel il élit sa sépulture en la tombe de ses prédécesseurs, au cimetière de N.-D.-d'Andeac, lègue à sa fille Claudine, non mariée, à son autre fille Antoronne, ép. de Gaspard de *Cherlatio* (CHEILUS), à sa femme, l'usufruit de ses biens, et institue pour héritier son fils Claude, lui substituant ses sœurs. Il mourut peu après et avait ép. Marguerite BARDON[9] ;

---

[1] Ducluset, not. à Valence (Arch. Drôme, E. 2558).

[2] En présence de Bertrand d'URRE, doyen, et Jeannon d'URRE, clerc de l'église de Die (Arch. Morin-P.).

[3] Pourtant Pithon-C. dit qu'il assista, en 1498, au mariage de sa nièce Radegonde d'URRE.

[4] D'après Pithon-Curt.

[5] Pith.-C., qui reconnaît ce Jean comme tige des sgrs de Grâné, dit n'en pouvoir trouver la jonction avec les autres d'URRE. Il donne peu de détails sur cette branche et s'arrête au degré de Jacques, ép. de Jeanne de MARSANNE.

[6] En présence de Artaud de BEAUMONT, sgr de Chantemerle, leur oncle, Jean PAPE et Jean CHABERT, leurs beaux-frères, et de Jordanon d'URRE, sgr de Divajeu, leur frère.

[7] A la révision des feux de la paroisse d'Eurre du 30 mai 1474, on ne le trouve pas mentionné, et à la révision des feux de la paroisse de Grâne du 2 juin 1475, il paraît en première ligne.

[8] Artaud Faure, not. à Grâne, chez Antoine et Pierre Pomet (Arch. Morin-P.).

[9] Fit son test., étant veuve, le 26 juil. 1527 (Artaud Faure, not. à Grâne. Arch, Morin-P.), par lequel elle élit sa sépulture en la tombe de ses prédécesseurs, en l'église de N.-D.-d'Andeac, lègue à ses filles, et institue pour héritier son fils Claude. Pith.-C. (III, 596), fait cette Marguerite BARDON femme de Jean d'URRE, sgr de Teissières (qui aurait ép., en 2es noces, Antoinette d'ARBAN), et leur donne bien pour fille Antoinette,

d'où : 1. Claude, dont l'article suit ;

2. Claudine ;

3. Antoronne *(alias* Antoinette, ép. (avant le 25 fév. 1514[1]), Gaspard de *Cherlatio* (CHEILUS), fils de Guillaume et de Jeanne de BARRIÈRE.

X. Claude d'URRE, de Grâne, produisit, le 24 mars 1539, en la chambre des cptes de Dauphiné, le dénombrement des biens nobles qu'il possédait à Grâne; fit son test., le 23 juin 1565[2], par lequel il lègue à ses enfants et institue pour héritier son fils Philibert, lui substituant son autre fils Jean, et mourut avant le 28 août 1566[3]. Il avait ép., suiv. contrat du 23 janv. 1521[4], Marguerite *Caberti* (CHABEUIL)[5], du lieu de Loriol, fille de f. Pierre ;

d'où : 1. Jean[6], dont l'article suit ;

2. Philibert, tige des sgrs de Croze, rapportés plus loin.

XI. Jean d'URRE, sgr de Grâne, donataire par moitié des biens de son père et de tous les biens de sa mère ; transigea, avec son frère Philibert, le 28 août 1566[7], sur l'héritage de leur père commun, et mourut avant le 2 sept. 1584[8]. Il avait ép., suiv. contrat du 18 déc. 1557[9], Françoise de GUILHEM[10], fille de Pascal et de Gabrielle de PASCALIS ;

d'où : 1. Paul, dont l'article suit ;

2. Jeanne, passa quittance, conjointement avec son mari, à Paul d'URRE, son frère, le 14 juin 1600[11]. Elle avait ép. Florent de BEAUMONT.

XII. Paul d'URRE, sgr de Grâne, fut maintenu dans sa noblesse, le 13 août 1641, par jugement de Mr de SÈVE, intend. du Dauphiné. Il avait ép., suiv. contrat du 9 sept. 1615[12], Jeanne de JONY, fille d'Antoine, sgr de Pennes, et de Jeanne d'URRE d'Ourches ;

d'où : Jacques, dont l'article suit.

ép. de Gaspard de CHEILUS. Quant à Jean d'URRE de Grâne, auquel il attribue le même testament, il lui donne pour femme Marie-Marguerite de CHEILUS, fille d'Elzear.

[1] Test. de son père.

[2] Etienne Bertoye, not. à Grâne (Arch. Morin-P.). Le testat[r] s'y qualifie : *Probe homme noble Claude d'URRE, habitant du lieu de Grane.*

[3] Date d'une transaction entre ses fils Jean et Philibert.

[4] Acte passé chez Claude d'URRE. Faure, not. (Arch. Morin-P.).

[5] Dot : 800 fl. et 4 bonnes robes.

[6] Malgré que Jean n'ait pas été l'héritier de son père, on suppose qu'il était l'aîné de Philibert, héritier, parce qu'il s'est marié bien avant lui et qu'il reçut en contrat de mariage la moitié des biens de son père.

[7] Bardine, not. à Grâne.

[8] Transaction passée par sa veuve (Percon, not. à Loriol), avec des créanciers de Philibert d'URRE, frère de f. Jean.

[9] Claude Pissavin, not. à Montélimar (Preuves de noblesse de Paul d'URRE, en 1641). Pith.-C. donne à tort à ce mariage la date de 1541.

[10] Armes : *burelé d'or et de gueules au chef d'hermine.*

[11] Morel, not. (Moulinet, art. BEAUMONT. Arch. Morin-P.).

[12] Marbeau, not. à Montélimar.

XIII. Jacques d'URRE, sgr de Grâne, né vers 1626, exempt des gardes du corps du Roi, premiers gendarmes de France; lieut. de Roi à Valence; cohéritier de Rostaing de JONY, s^r de Barnave, et de Françoise de JONY, veuve de Jean d'URRE de Brette[1] ; fit son test., le 10 mai 1670[2], ainsi que sa femme, en faveur de ses trois fils, instituant pour héritier, Jacques, l'aîné des trois. Il avait ép., suiv. contrat du 16 mai 1646[3], Jeanne de MARSANNE[4], fille de Melchior, sgr de la Lauzière (*alias* Lozière), et de Dimanche VERNET ;

d'où : 1. Jacques, dont l'article suit ;

2. Pierre-*Gabriel*, né à Montélimar, bapt. en juin 1658 ; présenté à Malte, fut reçu chev. de St-Jean-de-Jérusalem au g^d prieuré de St-Gilles, à Arles, le 20 juil. 1675 ;

3. François.

XIV. Jacques d'URRE, sgr de Grâne, habitant à Montélimar, gentilhomme de Mr de SIMIANE, m^is de Gordes ; maintenu dans sa noblesse, en 1668, par Mr DUGUÉ, intend. de la province de Lyon[1] ; lieut. de Roi à Valence, par lettres du 7 nov. 1677 ; mourut en 1725. Il avait ép., suiv. contrat du 15 janv. 1690[2], Jeanne de LATTIER, fille d'Adrien, sgr de Salette, et de Françoise de VESC de Beconne ;

d'où : 1. François, dont l'article suit ;

2. Joseph, né à Montélimar, bapt. le 13 nov. 1698 ; présenté à Malte, le 18 nov. 1712, fut reçu chev. de St-Jean-de-Jérusalem au g^d prieuré de St-Gilles, à Arles.

XV. François d'URRE, sgr de Grâne, héritier de son père, fit son test. en faveur de Pierre-Henri d'URRE, sgr de Mercurol, son cousin, et mourut vers 1761 ; S. P..

BRANCHE

DES SEIGNEURS DE CROZE [7]

XI. Philibert d'URRE, 2e fils de Claude et de Marguerite CHABEUIL, majeur de 14 ans, le 8 juil. 1551, passa ce jour-là, avec l'assistance de son père, reconnaissance des biens qu'il avait à Grane ; fut héritier de son père ; habitait

---

[1] Arch. Drôme, E. 6194.

[2] Louis-François Pellapra, not. à Montélimar.

[3] Richon, not. à Montélimar (Pr. de Malte. URRE, 1675). Dot : 14.500 l..

[4] Armes : *de gueules au lion d'or et un chef de même chargé de trois roses de gueules.*

[5] Les preuves présentées ne remontent, comme la généalogie de cette branche dans Pith.-C., qu'à Jean d'URRE, ép. de Marguerite BARDON.

[6] Pellapra, not. à Montélimar.

[7] Canton de Tain, arr. de Valence (Drôme).

à Croze lorsque, le 30 sept. 1593[1], il fit cession, à Florent de BEAUMONT d'Autichamp, de la portion des cens qu'il avoit au mandement de Grâne, par indivis avec les hoirs de f. Jean d'URRE, son frère[2]. Il avait ép., suiv. contrat du dernier fév. 1568[3], Françoise MOYNEL[4], fille de f. Jean, s[r] de Croze[5], et de Barbe DES ENFANTS ;

d'où : 1. David, dont l'article suit ;

2. Madeleine, légataire de sa mère ;

3. Claudine, id. ;

4. Paule, légataire de sa mère, légataire aussi de son frère David ;

5. *(autre)* Claudine, légataire de sa mère.

XII. David d'URRE, sgr de Croze, habitait à Tain lorsqu'il fit son test., le 30 avril 1639[6], et un autre, le 14 juin 1655[6], par lequel il élit sa sépulture en l'église paroissiale de Croze en la tombe de ses prédécesseurs, lègue à ses enfants, à sa sœur et institue pour héritier son fils Jean. Il avait ép., en 1res noces, suiv. contrat du 1er mars 1598[7], Suzanne VINAY[8] ; et, en 2es noces, suiv. contrat du 3 fév. 1610[9], Madeleine BOUVIER *(alias* de BOVIER)[10], fille d'Aymar, sgr d'Ain ;

d'où : du 2e lit,

1. Jean, sgr de Croze, héritier de son père et de sa mère, officier au service du Roi ; maintenu dans sa noblesse suiv. jugement du 8 mai 1641, rendu par Mr de SÈVE, intend. du Dauphiné ;
2. Jacques, dont l'article suit ;
3. Pierre, légataire de son père ;
4. Catherine, id. ;
5. Madeleine.

---

[1] Bardine, not. à Grâne (Moulinet, art. BEAUMONT. Arch. Morin-P.).

[2] Lesquels cens furent rétrocédés, le 21 mai 1628, par le fils dudit Florent à Paul d'URRE, fils de Jean.

[3] Treynel, not. de Crest (Arch. Morin-P.). Acte passé à Châteauneuf-d'Isère.

[4] Elle fit son test. à Croze, le 18 juin 1586 (Pierre Morel, not. à Tain), par lequel elle lègue à Louis de CYVERAC (CIVRAC ?), son fils aîné, à David d'URRE, son fils, à Madeleine, Claudine, Paule et autre Claudine d'URRE, ses filles, et institue pour héritier son mari Philibert d'URRE, lui substituant leur commun fils David d'URRE. Il paraît qu'elle avait ép., en 1res noces, N... de CYVERAC.

[5] Dioc. de Vienne.

[6] Habrard, not. à Tain.

[7] Courteville, not. à Valence. Acte passé dans la maison du s[r] d'URRE de Croze.

[8] Veuve d'Antoine VERNET, de la ville de Valence.

[9] Reynaud et Poterlat, not.. Acte passé chez Yves de TOURUDES, en présence de Bertrand de CHAST, sgr de Geyssans et la Bretonnière, oncle de l'épouse et de Florimond de BEAUMONT, habitant à Valence, cousin de l'époux.

[10] Fit son test., le 7 oct. 1638 (Bergier, not. à Croze), par lequel elle élit sa sépulture au lieu de Croze, et institue pour héritier Jean d'URRE, son fils, avec jouissance à David d'URRE, son époux. Armes : *de gueules à trois têtes de bœuf d'or, accornées de même.*

XIII. Jacques d'URRE, esgr de Croze, gendarme des gardes du corps du Roi, légataire de son père ; fut maintenu dans sa noblesse, en 1668, suiv. jugement rendu par Mr DUGUÉ, intend. du Dauphiné, et mourut avant le 11 fév. 1693[1]. Il avait ép., suiv. contrat du 28 avril 1652[2], Madeleine de BLANCHELAINE[3], fille de *N*..., sgr de Chamelot[4] ;
d'où : 1. Charles, dont l'article suit ;
2. Henri, capit. au 1er bataillon du régim. du Maine, major d'artillerie, tué à la guerre ; S. P. ;
3. *N*..., capit. de grenadiers au régim. de Monaco ; S. P. ;
4. Jean-Antoine, lieut. d'artillerie au régim. de Richecourt, puis colonel d'artillerie ; parr., le 10 août 1765, de son petit-neveu Pierre-Henri d'URRE ; S. P. ;
5. *N*..., fille.

XIV. Charles d'URRE, sr de Larnage, capit. au régim. de Montferrat ; reçut, le 11 fév. 1693[5], donation de sa mère, alors veuve. Il avait ép., suiv. contrat du 18 fév. 1699[6], Françoise-Marguerite de VINCENT de Mazade ;
d'où : 1. Pierre-Henri, dont l'article suit ;
2. Marguerite-Françoise, ép., à Tain, le 5 mars 1737, Jean BARBIER, doct. en médecine, recteur de l'université de Valence.
3. *N*..., mariée avec *N*... ROBERT du Gardier.

XV. Pierre-Henri (dit le cte) d'URRE, baron de Mercurol, sgr de Chamelot, St-Clément, Blanchelaine, St-Pierre-de-Marnas, etc..., né en 1702 ; acheta Mercurol, le 11 juil. 1753, de Marie-Sophie JAGER, veuve et héritière de Charles-Hugues de LIONNE, au prix de 114.648 l.. Il avait ép., en 1res noces, à Tain, le 15 janv. 1728, Catherine MOSNIER[7] ; et, en 2es noces, Antoinette-Charlotte FLANDY, fille de Jean-Claude[8], et de Catherine de MONIER ;
d'où : du 2e lit,
1. Henri, né à Tain, bapt. le 2 juil. 1762 ;
2. Charles-Xavier, né à Tain, bapt. le 18 juin 1764 ;
3. Pierre-Henri, sgr de Mercurol, né à Tain, bapt. le 10 août 1765[9],

---

[1] Donation par sa veuve à leur fils Charles.

[2] Berger, not. à Tain.

[3] Née vers 1622, mourut à Tain et fut ensevelie le 17 août 1707. Elle était sœur d'Henri de BLANCHELAINE, sgr de Chamelot, et plaidait contre son mari, en séparation de biens, en 1679 (Arch. Drôme, B. 334). Armes : *au 1 et 4 d'argent à la bande crénelée de sable , au 2 et 3 de gueules au lion d'or ; sur le tout d'azur à la fleur de lys d'or.*

[4] *(Alias* Chanelot) maison forte sise à St-Didier-des-Reaux (Ardèche).

[5] Habrard, not. (insinué à St-Marcellin, le 7 avril 1693).

[6] Fournier, not. à Merez *(alias* Meyries).

[7] *(Alias* MONIER), veuve de Fortunat de MONCEL, trésor. de France.

[8] Procureur gén. en la chambre des cptes de Dauphiné. Armes : *d'or au chef d'azur, chargé de 3 besants d'argent.*

[9] Parr., Jean-Antoine d'URRE, colonel au corps Royal d'artillerie ; marr., Catherine de MONIER, veuve de Jean-Claude FLANDY.

institué héritier de son cousin François d'Urre, sgr de Grâne ; vivait en 1787 ;

4. Pierre-Xavier, né à Tain, bapt. le 28 juin 1767, mourut en 1846 ;
5. Charles-Ignace, né à Tain, bapt. le 14 sept. 1768 ;
6. Antoine-Henri, dont l'article suit ;
7. Henriette, née vers 1771, mourut à Tain, le 11 avril 1858. Elle avait ép., à Tain (?), le 22 janv. 1796 (2 pluviôse an IV), Jean-Claude de Révol de Portes, fils de Joseph, chev. de St-Louis, et de Hélène de Riverieulx de Varax.

XVI. Antoine-Henri *(alias* Henri-Alexis), (c^te) d'Urre, né à Tain, bapt. le 4 mars 1770 ; capit. en 1789, membre du conseil gén. de la Drôme, pair de France, en 1827 ; légua son château de Blanchelaine et sa terre de Mercurol à son neveu Joseph c^te de Revol ; mourut au château de Bouconville[1], le 1er juin 1848. Il avait ép., en 1804, Esther des Courtils, fille de Louis-René, c^te de Balleu, et de Cornelie Le Moyne de Bellisle ; S. P..

BRANCHE

DES SEIGNEURS DU PUY-S^T-MARTIN, LA BAUME-CORNILLANE OURCHES, ETC.

II. Gention d'Urre[2], csgr d'Eurre, 2e fils de Guy (ou Guyon), passa transaction, le 7 sept. 1253, avec Guinis d'Urre, csgr d'Eurre, et lui prêta hommage ; est désigné csgr d'Eurre dans un acte de vente de Gontard de Montelier au pitancier de St-Ruf, en avril 1259[3], et dans un autre acte du 6 des calendes de juin 1273 ; passa investiture à divers, le 18 des calendes de fév. 1278 (15 janv. 1279), de certains fonds à Eurre, joignant le bois des enfants de f. Burgondion d'Urre ;
d'où : *(très probabl.)* Guillaume, dont l'article suit.

III. Guillaume d'Urre, csgr d'Eurre, reçut hommage, le 13 sept. 1290[3] (étant sous la tutelle d'Albert Cornillan, sgr de la Baume-Cornillane), de Falconnet Gention, qu'il venait de nommer bailli d'Eurre ; et, encore, le 22 nov. 1291[4], de Johanet Marcel, frère de Pierre Pugnaire, de diverses propriétés

---

[1] Picardie (Aisne).

[2] Aucun acte ne dit expressément ce Gention frère de Guinis et fils de Guy ; mais on peut le supposer en voyant que tous deux, csgrs d'Eurre, paraissent à l'acte du 7 sept. 1253, et stipulent comme sgrs *in totum* dudit lieu. S'ils n'étaient pas frères, ils seraient donc cousins et en tous les cas descendraient d'un premier d'Urre, sgr d'Eurre en totalité.

[3] Arch. Morin-P.

[4] Arch. Drôme.

achetées de Pons d'URRE, damoiseau, habitant à Montélimar; et, le jeudi après la fête de ste Agathe (indic. XI, fév. 1297), d'une maison du lieu d'Eurre; d'accord avec François d'URRE, sgr d'Eurre, céda, le 22 juin (vendredi av. la st Jean-Baptiste) 1302[1], à Hugues de *(Dei-adjutorio)* DIVAJEU, damoiseau, le droit de cuire au four d'Eurre; passa transaction, suiv. compromis du 22 juin 1309, avec François d'URRE, csgr d'Eurre, sous les auspices de Giraud BASTET, sgr de Crussol, qui rendit sa sentence, le 28 juil. 1310, dans la maison d'Ami de CRUSSOL, prévôt de la ville de Valence[2]; obtint donation de Raymond de BAUX, prince d'Orange, le 9 mars 1319; rendit hommage, le 5 nov. 1325, à l'église de Valence; autorisa le mariage d'un de ses vassaux, le 3 sept. 1328; reçut, le 29 juil. 1332, de Mondon d'ALLEX, ratification des ventes faites par Amédée d'ALLEX, père dudit Mondon; institua pour héritier son fils Pierre, et mourut avant le 10 mars 1338. Il avait ép. Amphélie CORNILLAN[3];

d'où : 1. Pierre *(alias* Perronet), csgr d'Eurre, fit enregistrer, en 1322[1], au nom de son père Guillaume, une lettre du Prince d'Orange du 9 mars 1313, promettant que s'il vend le château de Châtillon (en Diois), il réservera un rente de 10 l. sur le péage dudit lieu en faveur dudit Guillaume, pour le récompenser de ses services; rendit hommage, le 1er juil. 1323, à Aimar de POITIERS, cte de Valentinois, pour les biens qu'il avait à Vassieu par sa femme, donnés en dot par Amédée d'ALLEX, csgr dudit lieu, sous réserve de l'hommage dû à l'église de Valence et à François d'URRE; héritier de son père; passa transaction avec son frère Dalmas d'URRE[4], le 10 mars 1338[5], au sujet de cet héritage; prêta hommage à l'év. et au chapitre de Valence, le 30 janv. 1339, et, le 7 juin[6] de la même année, en présence de Dalmas d'URRE, sous réserve de ce qu'il possédait relevant de la directe de François d'URRE, csgr d'Eurre; passa transaction, le 4 août 1339, avec son frère Albert d'URRE, en présence de Gention d'URRE, chan. de St-Ruf, de Dalmas d'URRE et de Pons de St-FERRÉOL; prêta hommage à l'év. de Valence, le 30 juin 1340, pour ce qu'il possédait à Loriol, Crupies, etc...; reçut hommage, le 2 août 1342, pour les biens ayant appartenu à Pons d'URRE, en présence de François et de *(Jancsion)* Gention d'URRE; rendit hommage, le 10 nov. 1349, à Jordanon

[1] Arch. Morin-P..
[2] Arch. Drôme, E. 1240.
[3] Assista au mariage de sa petite-fille, Maradonne d'URRE, le 10 juin (ou juil.) 1348. Armes: *de gueules à la bande d'argent, chargée de 3 corneilles de sable.*
[4] Sous l'arbitrage de Guillaume de CORNILLAN, csgr de Barcelonne et du Puy-St-Martin, et de Mathieu de DIVAJEU, qui étaient exécuteurs testamentaires de Guillaume d'URRE, père desdits Pierre et Dalmas.
[5] Pierre Bourgeois, not. à Crest (Arch. Morin-P.).
[6] Original aux arch. Morin-P..

d'URRE, fils de François, aux termes de la transaction passée en 1310, entre ledit François et Guillaume d'URRE, père de Pierre (en présence de Burgondion d'URRE, chev.), et mourut avant le 23 fév. 1357. Il avait ép., en 1res noces, Guillaumette *(probabl.)* d'ALLEX[1], fille d'Amédée ; et, en 2es noces, suiv. contrat du 9 juin 1349[2], Falconne de BERLION, fille d'Amédée, sgr de Vaunaveys[3] ;

---

[1] Assista, le 10 juil. 1348, au mariage de sa fille Maradonne d'URRE.

[2] Guoteri *(alias* Guiotier), not. impérial. Acte passé à Vaunaveys (Arch. Morin-P.), en présence de Dalmas d'URRE.

[3] La maison d'URRE ayant hérité des biens de celle de BERLION, nous croyons devoir donner ici tout ce que nous avons pu recueillir sur cette dernière famille dans les arch. de Morin-P. et spécialement dans les notes de Moulinet, qui en font partie.

Amédée de BERLION, sgr de Vaunaveys (dioc. de Valence), Ourches, Véronne, etc... ;

d'où : 1. Guigard, sgr de Véronne et d'Ourches, reçut cession de sa sœur Falcone, le 10 juin 1349 ; prêta hommage, le 23 nov. 1372 ; reçut de sadite sœur, le 3 janv. 1379, quittance de sa dot ; fut caution, le 7 juil. 1384, au contrat de mariage de Jacques, bâtard de POITIERS, avec Garcinde d'URRE, fille de Guillaume, sgr du Cheylar. Il avait ep. Alix de CHABRILLAN, dame d'Autichamp (sœur d'Aimar de CHABRILLAN, père de : 1. Polie, ép. François de BEAUMONT, sgr de Pellafol ; 2. Marguerite, ép. Aimar d'URRE, fils de Jordanon. Elle fit avec ses nièces le partage des biens de leur aïeul et père, le 27 avril 1375), fille de Mathieu ;

d'où : A. Aimar, est présent, le 14 avril 1423, à l'hommage prêté par Claude d'URRE, csgr d'Eurre, à Aimar d'URRE, aussi cer d'Eurre ;

B. Amédée, fut caution, le 15 oct. 1413 (Galbert, not.), au contrat de mariage d'Antoine de COMMIERS, sgr du Mas en Graisivaudan, avec Guillemette d'URRE, fille de Guillaume ; acheta, le 16 mars 1421 (Bertrand Rabot, not.), de Pierre d'URRE, sgr du Cheylar, tout ce qui appartenait à ce dernier sur les territoires de Véronne et de Saillans ; fit son test., le 8 août 1441 (Bertrand Rabot, not., Arch. Morin-P.), par lequel il lègue à sa fille Marguerite, à Antoine d'URRE, dit Cornillan, fils de celle-ci (ses biens d'Auriple, Grane, Vex, Loriol, St-Gervais, lui substituant son frère Aimar et à celui-ci son autre frère), à Jean d'URRE, autre fils de Marguerite (ses droits sur l'hérédité de Marguerite de CHABRILLAN), et institue pour héritier Aimar d'URRE, 3e fils de Marguerite (hérédité consistant aux biens de Vaunaveys, Ourches, Véronne, Crest, Clérieu, Gigors, etc...), lui substituant ses frères. Il avait ép., à Crest, suiv. contrat du 14 janv. 1396 (Jean Rabot, not., en présence de Guillaume d'URRE, csgr d'Eurre, fils de Pierre), Gillette de CORNILLAN, fille de Guillaume, sgr de Barcelonne et du Puy-St-Martin ;

d'où : *a.* Françoise, ép., à Montélimar, suiv. contrat du 2 oct. 1423 (Bertrand Rabot, not. Arch. Morin P.), en présence d'Antoine et Claude d'URRE, csgrs d'Eurre), Gillaume de CORNILLAN (Pith.-C., IV, 576, le nomme de GASTE), fils du sgr de la Baume-Cornillane ;

b. Isabelle, ép., avant le 16 oct. 1441, Pierre de CHATELAR (passa transaction, le 16 oct. 1441, avec

d'où : du 1er lit,

A. Albert, damoiseau, reçut donation des biens que son père possédait par sa femme au mandement d'Allex, et, en présence de ce dernier, vu sa pupillarité, en rendit hommage à Henri de VILLARS, év. de Valence, le 30 juin 1340. Il mourut jeune;

B. Mabille, ép., avant le 10 juil. 1348, Jean GILBERT, chev.;

C. Maradonne, eut en dot 900 fl.. Elle avait ép., le 10 juil. 1348[1], Gention de DIVAJEU, fils de Mathieu, chev.;

et, du 2e lit,

D. Guillaume, esgr d'Eurre, né vers 1353, prêta hommage, par Dalmas d'URRE, son oncle et tuteur, le 23 fév. 1357, à l'év.

Antoine de CHATELAR, son frère, au sujet des biens que ce dernier avait reçus en son contrat de mariage), fils de Guillaume;

c. Marguerite, ép. Antoine d'URRE, esgr d'Eurre, fils de Pierre;

C. Charles;

D. Isabelle, ép. Thibaud de MIRABEL, sgr dudit lieu;

E. Marguerite, légua 200 fl. à sa tante Falconne BERLION, et mourut avant le 2 mars 1383 (Reconnaissance du payement de ce legs. Guillaume Cobone, not. à Crest. Arch. Morin-P.);

2. Falconne, eut en dot en son 1er mariage 800 fl. d'or; renonça, le 10 juin 1349, en faveur de son frère Guigard, à tout ce qui pourrait lui revenir sur les héritages de leur père et mère et sur celui de son 1er époux, moyennant le payement de sa dot, qui lui fut payée par son dit frère, suiv. quittance du 3 janv. 1379, en présence de son fils Guillaume d'URRE et de Thibaud de MIRABEL; fit son test., au château d'Eurre, étant veuve, le 21 oct. 1387 (Poncet de Prat, not. à St-Fortunat. Arch. Morin-P.), par lequel elle lègue à Bérengère d'URRE, sa petite-fille, fille de Guillaume, à Isabelle, sa nièce, femme de Thibaud de MIRABEL, institue pour héritier son fils Guillaume d'URRE, auquel elle substitue, en cas de mort sans enfant mâle, Thibaud de MIRABEL, sgr dudit lieu, son neveu, pour une moitié, et, pour l'autre moitié, ses neveux Aimar, Amédée et Charles de BERLION, fils de son frère Guigard. Elle avait ép., en 1res noces, Guinis d'URRE; et, en 2es noces, suiv. contrat passé à Vaunaveys, le 9 juin 1349 (Étienne Griotier, not.. Arch. Morin-P.), Pierre d'URRE;

(d'ou : du 2e lit, Guillaume).

Armes : *d'or au lion de gueules.*

On trouve encore, sans pouvoir les rattacher :

Arnaud BERLION, chev. du lieu de Clérieu, fit son test., le 1er oct. 1311 (Thomas Bajuli, not.), par lequel il institue pour héritier son fils Guillon.

Eustache BERLION, reçut en fief, d'Amblard de BEAUMONT, sgr dudit lieu, des possessions à Lumbin, en 1347.

Jean et Richard BERLION, sont caution de la dot d'Anne de CHATEAUNEUF, fille de Bertrand, sgr dudit lieu, au contrat de mariage de ladite Anne avec Guigues ALLEMAN, sgr d'Uriage, le 4 juin 1383, et au contrat de Hugues ROBERT, le 15 août 1388.

[1] En présence d'Albert et Dalmas d'URRE, frères, Eustachon d'ARMAND et Guillaume, son neveu, Hugues de BELLE, du lieu de Grâne, et Pons, son père, Guillaume, Perronet et Guinis d'URRE.

de Valence, pour tous les biens qu'il possédait à Allex, y compris ceux acquis d'Amédée d'ALLEX, que son père Pierre d'URRE avait donnés à f. son fils aîné Albert ; transigea de même, le 30 avril 1360, avec Jordanon d'URRE, csgr d'Eurre, pour un fonds leur revenant par droit de main-morte, dont deux tiers furent adjugés à Guillaume et un tiers à Jordanon ; sortit de tutelle à 14 ans et reçut les comptes de Dalmas d'URRE, son oncle et tuteur, le 17 nov. 1367, en présence de leurs parents : Guigard de BERLION de Vaunaveys, Dalmas de VESC, csgr de Dieulefit, Guillaume d'URRE, csgr de Teyssières, Jean MEYRES, bourgeois de Valence, et Falconne BERLION, mère dudit Guillaume ; passa transaction, le 21 août 1372, avec Pierre d'URRE, son cousin germain, au sujet de l'héritage de Guillaume d'URRE, leur aïeul commun ; rendit hommage à l'év. de Valence, le 9 juil. 1375, pour les biens dont il venait d'hériter de son oncle Dalmas d'URRE ; assista à Eurre, le 3 janv. 1379, à la quittance que sa mère, Falconne de BERLION, fit de sa dot à Guigard de BERLION, frère de ladite Falconne, et reconnut, le 2 mars 1383[1], que cette dot avait été employée à son profit, ainsi que 200 fl. obvenus à sa mère de Marguerite BERLION, fille dudit Guigard, et autres parapherneaux montant en tout à 1.500 fl. ; reçut, le 31 déc. 1397, de Jean de BERENGER, quittance de la dot de sa fille Bérengère, en présence de Guillaume d'URRE, csgr de Vinsobres, et de Jean, son fils ; prêta hommage, le 30 janv. 1399, à Jean de POITIERS, év. de Valence et de Die, et lui prêta serment de fidélité, le 4 mai 1401. Il avait ép. Sibylle d'URRE, fille d'Aimar ;

d'où : Bérengère, eut un legs au test. de son aïeule Falconne de BERLION, du 21 oct. 1385. Elle avait ép. Jean de BERENGER[2], sgr de Tréminis et Revel, fils de Jean, sgr de Morges, et de Cécile ARTAUD[3] ;

2. Dalmas, csgr d'Allex, prêta hommage, le 19 mars 1340, à l'év. de Valence, pour tout ce qu'il possédait à Allex provenant de ce que

[1] Guillaume Cobone, not. à Crest (original aux arch. Morin-P.).

[2] Il quittança portion de la dot de sa femme à Guillaume d'URRE, père de celle-ci, le 30 nov. 1397, en présence de Guillaume d'URRE, sgr de Vinsobres, et de Jean, son fils.

[3] On trouve vers cette époque : Guillaume d'URRE, ép. Guicharde N... ; d'où : Guicharde, ép., en 1426, Louis TROBAT ; d'où : Claudia, reçut donation de sa mère vers 1446 (acte insinué le 2 déc. 1446. Arch. M.-P.).

Guillaume, son père, avait acquis d'Amédée d'ALLEX, et, le 14 mai suiv., pour tous ses autres biens; reçut, le 2 oct. 1340[1], les 300 fl. d'or que son frère Pierre avait à lui payer, en vertu de la transaction du 10 mars 1338; reçut hommage, le même jour, de ce même frère, pour les biens que ce dernier possédait à Allex, lui venant de Guillaume, leur père commun; était tuteur de son neveu Guillaume d'URRE, le 23 fév. 1357 et le 30 avril 1360; reçut hommage, le 19 mars 1372, de ses vassaux d'Allex, et fit son test., en juil. 1374[2], par lequel il élit sa sépulture en la chapelle Ste-Catherine-d'Allex, lègue à sa femme, à Guillaume, son fils naturel, lègue ses biens d'Allex à son neveu Pierre d'URRE, fils de f. Albert, institue pour héritier son autre neveu Guillaume d'URRE, fils de f. Pierre, les substituant l'un à l'autre et appelant après eux Guillaume, fils dudit Pierre, et mourut avant le 9 juil. 1375[3]. Il avait ép. Gérarde d'AUSTONNE[4]; S. P.;

Dalmas d'URRE avait eu un fils naturel :

Guillaume, légataire de son père;

3. Albert, dont l'article suit;
4. Guillemette, religieuse;
5. Béatrix, religieuse.

IV. Albert d'URRE, csgr d'Eurre, Teyssières, etc...; reçut d'Aymar de POITIERS, c[te] de Valentinois, une terre à Saou, et lui en rendit hommage, le 13 avril 1328; passa transaction, avec son frère Pierre, sur la succession de leur père commun, le 4 août 1339, et en reçut, outre quelques rentes, 182 fl. d'or, moyennant quoi il se chargea de payer les pensions de ses sœurs religieuses; passa à Crest, le 27 déc. 1345, reconnaissance au c[te] de Valentinois, pour la sgrie de Teyssières[5], tant en son nom qu'en celui de sa femme et de leur fils Humberton, et mourut avant le 8 déc. 1349. Il avait ép. Béatrix de LAYE, fille de Humbert, sgr de Teyssières;

d'où : 1. Humberton, csgr de Teyssières, assista, le 30 avril 1360, à la transaction passée entre Jordanon et Guillaume d'URRE, csgrs d'Eurre; prêta hommage, le 8 déc. 1349, au c[te] de Valentinois, pour tout ce que Humbert de LAYE, son aïeul, possédait aux mandements de Auriple, Saou, Soyans, etc..., et généralement pour tout ce qu'il

---

[1] Arnaud Bourgeois, not. à Crest (Arch. Morin-P.).

[2] Jausserau de St-Vincent, not. (charte originale, *ibid.*, *id.*).

[3] Hommage de Guillaume d'URRE, son neveu et héritier, à l'év. de Valence.

[4] Elle donna quittance, le 6 sept. 1375, (Arch. Morin-P.), à Guillaume d'URRE, neveu et héritier de son mari, de partie des legs qui lui avaient été faits par ce dernier.

[5] Pour les cinq-sixièmes seulement, le sixième restant relevant de l'ordre de St-Jean-de-Jérusalem.

possédait en indivis dans l'héritage de son père, et paraît être mort avant le 18 août 1376 ; S. P. ;

2. Pierre, dont l'article suit ;

3. Guillaume, sgr de Teyssières, prêta hommage au c^te de Valentinois, le 18 août 1376[1], pour ses biens à Chabrillan, précédemment reconnus par son frère Humberton d'Urre, et par leur père Albert ; confirma, le 25 oct. 1376, la transaction passée le 21 août 1372, entre son frère Pierre et leur cousin germain Guillaume d'Urre, et fit une acquisition le 6 fév. 1418[2]. Il avait ép. Nizette Gillier[3] ;

d'où : A. Jacques, csgr d'Eurre ; héritier institué de son père au contrat de mariage de celui-ci, passa transaction, le 10 avril 1422, avec son frère Claude, sur l'héritage de leur père commun ; mourut avant le 4 sept. 1467[4] ;

d'où : *a.* Bertrand ;

b. Jean ;

B. Claude, csgr d'Eurre, héritier testamentaire de son père ; prêta hommage, le 14 avril 1423, à Aimar d'Urre, csgr d'Eurre ; fit son test., le 4 sept. 1467[5], dans lequel il nomme ses deux femmes, lègue à son fils François, nomme son frère Jacques, décédé, institue pour héritier André, son fils du 1er lit, lui substitue Bertrand d'Urre, son neveu, fils de f. Jacques, puis Jean, frère dudit Bertrand, puis autre Jean d'Urre, fils de f. Antoine, d'Allex, puis Antoine d'Urre, dit Cornillan, sgr du Puy-St-Martin, frère dudit Jean, puis Aimar d'Urre, dit Berlion, sgr d'Ourches, frère desdits Jean et Antoine, puis Reynier d'Urre, fils de f. autre Jean, csgr de Mollans, puis Guillaume, csgr de Mollans, puis Jean d'Urre, csgr de Teyssières. Il avait ép., en 1res noces, Coquette d'Ambel[6], fille d'Aimar, sgr de Creyers ; et, en 2es noces, Antoinette Durand (qui lui survécut), fille de François, sgr de Châteaudouble ;

d'où : du 1er lit,

a. André, sgr de Vercoiran, reçut quittance, le 4 juin

---

[1] Arch. Isère, Cham. des Cptes. Reg. *liber magnæ formæ*, f° 80 v°.

[2] Jarenton, not. ; acte passé à Manas.

[3] Assista, étant veuve, à la transaction passée entre ses fils, le 10 avril 1422.

[4] Test. de son frère Claude.

[5] Claude de Jante, not. à Valence (Arch. Drôme, E. 2197).

[6] Elle est dite ailleurs fille d'Étienne, sgr de Vercoiran. Peut-être faut-il lire à l'un ou à l'autre endroit : *petite-fille*, au lieu de *fille*. Armes : *d'or au moulin à vent d'argent ailé (ou voilé) de gueules, posé sur une terrasse de sinople.*

1460[1], de Constantin d'AMBEL, fils d'Étienne, en vertu d'une transaction passée entre les héritiers de celui-ci. Il avait ép., suiv. contrat passé à Valréas, le 7 mars 1472, Antoinette ADHÉMAR, fille de Giraud, baron de Grignan, et de Blanche de PIERREFORT ;

d'où : *aa.* Jean, sgr de Vercoiran, fit son test., en 1511[2], en faveur de sa mère, avec des legs à Françoise d'URRE, sa sœur, et à Blanche des MASSUES, fille de celle-ci ;

bb. Françoise, afferma la sgrie de Vercoiran, étant veuve, en 1550[3]. Elle avait ép. Jacques des MASSUES[4] ;

et, du 2e lit,

b. François ;

4\. *(probabl.)* Aymar, tige des sgrs de Montanègue, etc..., rapportés plus loin ;

5\. *(probabl.)*[5] Guillaume, tige des sgrs de Mollans, etc..., rapportés à leur rang.

---

[1] Acte fait au Buis ; Jean Bonhomme, not. (Arch. Morin-P.).

[2] Arch. Drôme, E. 2977. Il paraît avoir fait un autre test., le 22 août 1527, portant sensiblement les mêmes dispositions (Arch. Drôme, E. 2571).

[3] Arch. Drôme, E. 2989.

[4] D'où : 1. Christophe, tué dans une rixe des habitants de Vercoiran avec ceux de Ste-Euphémie (Arch. Drôme, E. 2981) ; 2. François (dit d'URRE), sgr de Vercoiran, Châteaudouble, Ste-Euphémie, demeurant à Châteaudouble, ép., vers 1580, Justine du PUY-MONTBRUN ; 3. Blanche, eut un legs au test. de Jean, son oncle, en 1511.

[5] Rien ne certifie qu'Aimar et Guillaume d'URRE, frères, tige respectivement des sgrs de Montanègue et de Mollans, soient vraiment fils d'Albert. Nous n'avons pas trouvé leur filiation. Toutefois comme nous allons, au prochain degré, rentrer par Pierre d'URRE dans la généalogie dressée par Pith.-C. et que cet auteur ne rattache pas autrement ces deux branches de Montanègue et de Mollans qu'en faisant de leurs auteurs les frères de Pierre, nous avons cru devoir le marquer ainsi, mais sans en prendre la responsabilité.

Voici du reste, succinctement, comment Pith.-C. établit les premiers degrés de sa généalogie :

I. Guyon d'URRE, sgr d'Eurre, en 1200.

II. François d'URRE, signa une charte le 17 déc. 1266 ;
d'où : 1. Albert, qui suit ;
2. Guenis, vivant en 1311, père de :
A. Jourdain, cosgr d'Eurre, ép. Maragde ADHÉMAR de Rochemore, fille de Giraud et de Artaude N... ;
d'où : *a.* Aimar, ép. Marguerite MORETON, fille d'Aimar, sgr de Chabrillan ;
b. Almeric, ép. Walburge N...,
c. Guillaume, ép. Sibylle d'URRE ;
B. Giraud ;
C. Burgondin ;
D. Guillaume ;
E. Artaud ;
F. Jean.

III. Albert d'URRE, sgr d'Eurre, paraît à la charte de 1266 ; tué à la guerre en 1295 ;
d'où : 1. Aimar, qui suit ;

V. Pierre d'URRE[1], csgr d'Eurre, Aiguebonne, etc..., habitant à Saou ; passa transaction, le 21 août 1372, avec Guillaume d'URRE, son cousin germain, fils de Pierre, au sujet de la succession de Guillaume d'URRE, leur aïeul commun ; et, le 3 juin 1417, avec Jean de REMUZAT, de Soyans, frère de Guillaume ; et, déposa, en 1421, en une enquête sur les c^tes de Valentinois. On croit qu'il avait ép. Alix de VILLARS[2] ;

d'où : 1. Antoine, dont l'article suit ;

2. Guillaume, habitant à Taulignan ; fit son test., le 30 août 1418[3], par lequel il élit sa sépulture à Taulignan, dans la chapelle fondée par sa femme, lègue à celle-ci ses biens de Chabrillan, lègue à sa fille, institue pour héritière sa femme, alors enceinte, et lui substitue son père Pierre. Il avait ép. Marie de JARENTE ;

d'où : Guicharde, ép., suiv. contrat du 16 mars 1426[4], Louis TROBAT, de Peyrus[5] ;

3. Bertrand, doyen de l'église cathédrale de Die et prévôt de celle de Valence ; fit son test. olographe, le 10 janv. 1456, par lequel il lègue à Albert d'URRE de Saou, son frère, à Jeannette, sa nièce, fille dudit Albert, à Jacques, son neveu, fils du même et clerc de l'église de Die, à Antoine d'URRE, d'Allex, son autre frère, à Antoine d'URRE, dit Cornillan, sgr du Puy-St-Martin, son neveu, à Aymar d'URRE, dit Berlion, sgr d'Ourches, à Amédée d'URRE, clerc des églises de Die et de Valence, son neveu, fils d'Antoine, et institue pour héritier son

---

2. François, csgr de la Motte-Chalançon, paraît en 1315.

IV. Aimar d'URRE, csgr d'Eurre, sgr de Pierrelatte, ép. Marie de HAUTMONT ;

d'où : 1. Pierre, qui suit ;

2. Albert ;

3. Jourdain, mourut en 1391 ; S. P. ;

4. Rostain, csgr de Bagnols, ép., vers 1340, Louise de SADE, fille de Pierre et de Guillemette du COLOMBIER ;

5. Sibylle, ép. Guillaume d'URRE.

V. Pierre d'URRE, csgr d'Eurre, vivait en 1338 ;

d'où : 1. Guillaume, qui suit ;

2. Bérengère, ép., le 27 avril 1391, Jean BÉRENGER, sgr de Treminis.

VI. Guillaume d'URRE, csgr d'Eurre, sgr de Voirane ;

d'où : 1. Pierre, qui suit ;

2. Aimar, tige des sgrs de Montanègue ;

3. Guillaume, tige des sgrs de Mollans ;

4. Guy.

[1] Nous croyons pouvoir identifier ce Pierre d'URRE avec celui dont Pith.-C. forme son VIIe degré. Il lui donne pour ép. Alix de VILLARS et leur marque seulement trois enfants : 1. Antoine ; 2. Albert, père de Trimon ; 3. Claude.

[2] Pith.-C. la dit d'une famille originaire de Chabeuil et différente d'une autre du même nom en Lyonnais ; cependant il lui donne les mêmes armes que cette dernière.

[3] Henri Balenté, not. à Valréas ; acte passé à Taulignan, en la maison du testateur, en présence de Guillaume de JARENTE, de Taulignan (Arch. Morin-P.).

[4] Jean Jouvencel, not. à Taulignan ; acte passé à Taulignan, en présence de Dalmas d'URRE.

[5] Leur fille, Claudia, reçut donation de sa mère vers l'an 1446 (Arch. Morin-P.

frère Antoine d'URRE d'Allex, lui substituant Jean d'URRE, son neveu, fils dudit Antoine ;

4. Albert, habitait à Saou ;

d'où : A. Telmon (*alias* Trimon), habitait à Saou. Il avait ép., suiv. contrat du 22 mai 1446, Béatrix GOTEFREY (Jotafredy)[1], fille d'Alleman, du lieu d'Onay[2], et d'Isabelle *N*... ;

d'où : *a*. Alise, héritière de sa mère, ép. Jean bâtard DELESTRE ;

b. Catherine, ép. Antoine ARBALESTRIER de Beaufort ;

B. Jacques, clerc de l'église de Die ;

C. Jeannette.

VI. Antoine d'URRE[3], csgr d'Eurre, habitant à Allex ; donna quittance au nom de son père, le 26 juin 1417, à Jean de REMUZAT ; assista, le 4 juin 1422, au mariage de Peronnelle DIAGUE, d'Allex ; passa transaction, le 28 janv.

---

[1] Elle fit son test., à Saou (Jean Reynier, not. de Château-Arnaud), le 8 sept. 1479, par lequel elle élit sa sépulture en l'église de Saou, dans le tombeau d'Albert d'URRE, en la chapelle de St-Blaise, lègue à Amancie, sa sœur, religieuse à St-Just, à Antoine GOTEFREY, son frère, à Antoronne, son autre sœur, ép. d'Antoine de MONTRIGAUD, à son mari Telmon d'URRE, à leur fille Catherine, ép. d'ARBALESTRIER de Beaufort, et institue pour héritier leur autre fille Alise, avec substitution à Jacques DELESTRE, fils de ladite Alise (Arch. Morin-P.).

[2] (Dioc. de Vienne), Drôme, canton de Romans.

[3] Nous croyons pouvoir identifier cet Antoine d'URRE avec celui dont Pith.-C. forme son VIIIe degré. Il le qualifie sgr d'Aiguebonne et du Puy-St-Martin, et cite son test., dont il ne donne que la date vague de 1451, sans en marquer aucune disposition. Il le dit en outre marié deux fois : 1° avec Alix de CORNILLAN ; 2° avec Marguerite BERLION, sans fixer ni la date de ces mariages, ni la filiation de ces deux femmes, et lui donne pour enfants : du 1er lit, Antoine, qui prit le surnom de CORNILLAN et continua la postérité ; et, du 2e lit, 2. Jean, n'ayant eu qu'une fille ; 3. Amédée ; 4. Aymar ; 5. Catherine (qui était en réalité fille d'Aymar d'URRE et de Marguerite de BEAUMONT, comme on le verra plus loin). Nous n'avons pas trace du 1er mariage, que Pith.-C. a probabl. introduit dans sa généalogie, uniquement pour donner une raison au surnom de CORNILLAN, pris par les descendants d'Antoine. Mais comme nous avons trouvé que la mère de Marguerite BERLION était Gillette de CORNILLAN, ce surnom de CORNILLAN s'explique suffisamment sans recourir à la supposition d'une alliance directe, non prouvée. D'ailleurs Antoine, fils de ce même Antoine, et celui que Pith.-C. donne comme ayant pris le surnom de CORNILLAN, parce qu'il était fils du 1er lit, était évidemment puîné de Jean, que Pith.-C. reconnaît fils de Marguerite BERLION, puisque ce dernier avait les biens de la famille, et les légua à ses frères par son test. du 10 mars 1490 ; et, d'un autre côté, Amédée de BERLION, dans son test. du 8 août 1441, qualifie ce même Antoine de son petit-fils. Nous avons donc modifié en ce sens l'article de Pith.-C. et y avons introduit ce que nous avons trouvé par ailleurs.

Cependant on trouve, le 5 mars 1455 (notes brèves de Dejante. Arch. Drôme, E. 2493 et 2508), une transaction entre Antoine d'URRE, au nom de Jean CORNILLAN, son fils, héritier universel de f. Eynard CORNILLAN, et Jean-Félix et ses frères Étienne et Gonnet, ainsi que Gerentonne d'ARLANDE, veuve dudit Eynard, au sujet d'une maison au Puy-St-Martin.

On trouve aussi à cette époque :

Claude d'URRE, ép. Antonie DURAND [qui fit son test., le 13 août 1466 (notes brèves de Dejante. Arch. Drôme, E. 2497), léguant 400 fl. à Claudie, sa fille ; 50 fl. à Guillaume, son fils,

1433[1], au nom de sa femme et de son 2e fils Antoine, avec Guiotti, veuve d'Antoine de Cornillan, sgr de la Baume, et Amédée de Berlion, sgr de Véronne et d'Ourches, ép. de Gillette de Cornillan ; passa accord, le 5 mars 1455[2], au nom de son fils Jean, héritier d'Aymar de Cornillan, avec Gerentone d'Arlande, veuve dudit Aymar, et les frères dudit Jean, au sujet d'une maison et d'une grange au Puy-St-Martin ; vendit, le 22 mai 1450, pour lui et pour son fils Antoine, héritier d'Aymar de Cornillan, leurs biens de Pierrelatte et d'Eurre, à Louis, dauphin de Viennois, cte de Valentinois et Diois[3] ; fit son test., le 29 sept. 1451[4], en faveur de Jean d'Urre, son fils, et mourut avant le 5 août 1463. Il avait ép., en 1res noces, suiv. contrat du 24 janv. 1414, Guiotte de Poitiers, fille naturelle de Louis II, cte de Valentinois ; et, en 2es noces, le 14 déc. 1420[4], Marguerite Berlion, fille d'Amédée et de Gillette de Cornillan ; d'où : 1. Jean, sgr du Ponet, csgr d'Aiguebonne, la Motte-Chalançon, Ourches, Vesc, etc..., héritier de son père ; reçut de sa marraine, Catherine de Reynier, veuve et héritière de Jean Guillier, le 3 fév. 1460, donation de la 4e partie de la juridiction d'Aiguebonne, qu'elle avait en indivis avec François d'Urre ; reçut, tant en son nom qu'en celui de ses frères Antoine et Aymar, cession des biens à Chabeuil ; prêta hommage au Roi, le 26 mars 1468, pour ses terres à Aiguebonne provenant de la donation du 3 fév. 1460 ; vendit un pré, avec Antoine d'Urre, sgr du Puy-St-Martin, et Aymar d'Urre, sgr d'Ourches, ses frères, le 18 fév. 1472[5], à Henri Adam ; acquit, de Gaspard Artaud, la sgrie de Ponet, le 17 mars 1472[6] ; avait, à Livron, une maison appelée la *fleur de lys*[7] ; acheta, avec son frère Antoine, le 22 juin 1479, la terre de la Motte-Chalançon ; reçut une obligation

religieux à St-Ruf ; 25 fl. à son mari ; 10 fl. à André et Jacques, ses fils, et instituant héritier son fils François] ;

d'où : 1. François, héritier de sa mère ;
2. Guillaume, religieux à St-Ruf ;
3. André ;
4. Jacques ;
5. Claudie ;

Et encore : Bertrand d'Urre, doyen de Die, prévôt de Valence, abbé du Bourg-St-Pierre-de-Valence, paya 225 fl., le 22 avril 1452 (Arch. Drôme, E. 2508), à Jérôme de Genas, citoyen de Valence, procur. de François de Genas.

[1] En présence de Jean d'Urre, csgr de Mollans, et d'Aimar d'Urre.

[2] Claude de Jante, not. à Valence (Arch. Drôme, E. 2493).

[3] Arch. Drôme, E. 1241.

[4] *Ibid.*, *id.*, B. 808.

[5] Jean de Prato, not.. Acte passé en la maison dudit Jean d'Urre (Arch. Morin-P., extrait pour Louis d'Urre, sgr de la Sablière, fils dudit Aimar). Il est à remarquer que : 1° Jean est nommé dans cet acte avant Antoine, son frère ; 2° il maria sa fille en 1479 et par conséquent dut se marier lui-même vers 1464, tandis qu'Antoine se maria seulement en 1472. Cela confirme que Jean était l'aîné d'Antoine, contrairement à ce qu'a dit Pit.-C..

[6] Gerenton de Jarente, not. à Valence (Arch. Drôme, E. 2533).

[7] Acte du 28 janv. 1475 (Jean Dupré, not. à Livron. Arch. Morin-P.).

à Allex, le 9 mai 1482[1], en présence d'Étienne d'URRE, pitancier du monastère de St-Ruf; acheta, le 10 mars 1483, avec son frère Antoine, pour le compte de l'hoirie de leur frère Aymar, les biens qu'Antoine de VARCES et Isabelle, sa femme, avaient à Véronne; fit son test., le 10 mars 1490[2], dans lequel il nomme son père et sa mère, élit sa sépulture à Allex où il habite, lègue à sa femme Clairette, à la veuve de son fils Claude, à sa sœur Gillette, veuve, à sa fille Louise et à ses enfants, et institue pour héritier son frère Antoine d'URRE, sgr du Puy-St-Martin, pour ses biens d'Aiguebonne, Allex, Beaumont, Chabeuil, Cléon-d'Andran, Francey, Loriol, Montéléger, Montvendre, Soyans, Tournon, Eurre, Valence et Vesc, et Aymar d'URRE, sgr d'Ourches, pour ceux de Die, Livron, Loriol et Ponet, leur substituant sa fille. Il avait ép., en 1res noces, Claudine de MORGES, fille de Raymond, sgr de l'Espine; en 2es noces, Marguerite d'AMBEL, fille d'Antoine et de Catherine[3]; et, en 3es noces, Clairette *N...*[4];

d'où: A. Claude, mourut avant le 10 mars 1490. Il avait ép., suiv. contrat du 5 janv. 1472[5], Catherine ADHÉMAR, fille de f. Raibaud (dit Baudon), sgr de St-Gervais, et de Béatrix de VESC d'Espeluche; S. P.;

B. Louise, ép., vers 1479[6], Foulques du PUY, fils de Jean, sgr de Montbrun[7];

2. Antoine, dit CORNILLAN, dont l'article suit;
3. Amédée, prêtre;
4. Aymar d'URRE de Berlion, sgr d'Ourches, Ponet, la Sablière, St-Gervais, Véronne, etc...; vendit diverses redevances au profit de l'abbaye de St-Antoine, du consentement de ses frères Jean d'URRE, sgr de Ponet, et Antoine d'URRE, sgr du Puy-St-Martin[8]; fit partage, le 15 juin 1499[9], au nom de sa femme, avec Catherine ADHÉMAR, sœur de celle-ci; fit son test., le 15 janv. 1505[10], par lequel il lègue

---

[1] Arch. Drôme, E. 2533.

[2] Arch. Morin-P..

[3] Ce mariage est mentionné dans un arrêt du gouverneur du Dauphiné du 14 déc. 1472, en faveur d'Antoine d'URRE (*alias* CORNILLAN), sgr du Puy-St-Martin, père de Jean, contre Plaisiane, femme de Louis de MERORIO (Arch. Morin-P.).

[4] Cette troisième femme, nommée dans le test. d'Antoine, n'est pas mentionnée par Pith.-C..

[5] Gerenton de Jante, not. à Valence (Arch. Drôme, E. 2517).

[6] Elle est nommée, comme ayant déjà des enfants, dans le test. de son père du 10 mars 1490; son mari vendit une pension de cinq écus d'or aux syndics de St-Auban, le 5 avril 1511 (Arch. Drôme, E. 2928). Lacroix (*Arrondissement de Nyons*, II, 67), dit qu'ils eurent 32 enfants: 16 garçons et 16 filles. (V. plus loin, p. 293, mariage d'autre Louise d'URRE avec Fouquet du PUY).

[7] D'où: 1. Gabriel; 2. Aimar; 3. Jean, légataires de leur aïeul Jean d'URRE, en 1490.

[8] Moulinet (Arch. Morin-P.).

[9] Acte passé à Upie, en présence de Balthasar

à ses filles, à Giraud et Louis, ses fils, et institue pour héritier André d'URRE, son fils aîné, substituant sesdits fils les uns aux autres, et, après eux, Claude d'URRE, son neveu, et Thiers d'URRE, frère de celui-ci, et mourut avant le 17 oct. 1526. Il avait ép., suiv. contrat du 5 janv. 1572[1], Blanche ADHÉMAR[2], fille de Raibaud *(alias* Baudon), sgr de St-Gervais, et de Béatrix de VESC d'Espeluche ;

d'où : A. André, sgr d'Ourches, fit son test., le 21 mars 1506[3], par lequel il lègue à son frère Jean, à ses sœurs, à Béatrix de VESC, son aïeule maternelle, à Blanche ADHÉMAR, sa mère, institue pour héritier son frère Giraud d'URRE, à charge de remettre à Louis d'URRE, leur frère, les biens de Livron lui provenant d'un legs de leur père, les substituant l'un à l'autre, et, à leur défaut, leur substituant Claude d'URRE de Cornillan, leur cousin, sgr du Puy-St-Martin, et, après celui-ci, Thiers d'URRE, son frère ; S. A. ;

B. Giraud d'URRE de Berlion, sgr d'Ourches, Ponet, csgr de Dieulefit, la Motte-Chalançon, St-Gervais, Pont-de-Barret, etc... ; passa quittance, le 1er avril 1507[4], du consentement de ses curateurs Aimar de GRAMMONT, sgr de Vachères, et Guillaume de St-FERRÉOL et de son frère Jean d'URRE, protonotaire, à Claude d'URRE, dit Cornillan, pour ce que lui devait ce dernier ; acheta du Roi, le 11 déc. 1543, les châtellenie, terre et mandement de Saou pour 4.320 l. ; fit son test., le 24 août 1536[5], par lequel il nomme pour héritier son fils Rostain d'URRE, et mourut avant le 10 juin 1558[6]. Il avait ép. Louise du FAY[7], fille de Jean, sgr de St-Jean-d'Embournay, et de Claudine de RIVOIRE ;

---

et Gaspard d'URRE, d'Allex et de Thiers d'URRE (Protocole de Chayssii, not., f° 56. Arch. Morin-P.).

[1] Dejante, not. (Arch. Drôme, 2517).

[2] Transigea, le 27 avril 1517 (Arch. Morin-P.), au nom de son fils Giraud, avec Charles de VESC, sgr d'Espeluche, du consentement de Félise de GASTE, mère de celui-ci, de Louise ARTAUD, sa femme, de Claude, Louis, Guillaume et Jean de VESC, ses frères.

[3] Morel, not. à Grenoble (Arch. Morin-P.).

[4] Arch. Morin-P..

[5] Jean Repara, not. à Montélimar (Pr. de M. MORETON, 1684).

[6] Transaction entre ses héritiers, son frère Louis, etc...

[7] *Alias* FAYS. Armes : *de gueules à deux fasces d'argent accompagnées de neuf sonnettes du même 3, 3 et 3.* Son mari donna quittance de partie de sa dot, le 4 mars 1542 (Repara, not. à Montélimar. Pr. de M. URRE, 1675). Elle paraît, dans un acte du 10 sept. 1577, comme administreresse testamentaire de la personne et des biens de Jacques d'URRE, son petit-fils, fils et héritier de Rostain, décédé. Elle mourut peu après, puisque, le 21 sept. 1579, la tutelle de ce même Jacques fut donnée à Laurence de SIMIANE, sa mère, veuve de Rostain (Coston, *Bulletin de la Société... d'archéologie de la Drôme*, 1874, 412).

d'où : *a*. Gaspard ; S. A. ;

b. Rostain d'URRE de Berlion, sgr d'Ourches, Ponet, Saou, Véronne, csgr de St-Gervais, la Motte-Chalançon, etc... (connu dans l'histoire de son temps sous le nom d'*Ourches)*, chev. de l'ordre du Roi, gentilhomme ordinaire de sa chambre, col. des bandes du Dauphiné, command[t] en la ville et ressort de Montélimar[1] ; fut blessé dans un combat contre les calvinistes, entre Livron et Romans, le 29 août 1577 ; fit son test., le même jour[2], par lequel il lègue 15.000 l. à sa fille Guyonne ; mourut, à Montélimar, le lendemain[3] et fut enseveli en l'église de Ste-Croix. Il avait ép., le 20 janv. 1571, suiv. contrat du 13 du même mois[4], Laurence de SIMIANE[5], fille de Bertrand-Rambaud, sgr de Gordes, et de Guyonne ALLEMAN de Séchilienne ;

d'où : *aa*. Jacques, fut mis, le 28 sept. 1579, sous la tutelle de sa mère[6], et mourut intestat, à Toulouse, en 1621, en revenant du camp de Montauban ;

bb. Guyonne, dame héritière d'Ourches, etc.., reçut de sa mère donation de 30.000 l. ; acheta, de Daniel de GLANE, dit d'URRE, la sgrie de Chaumiane ; fit son test., le 17 août 1626[7], par lequel elle institue pour héritier son fils Antoine MORETON, et

---

[1] Il reçut du conseil de ville pour son traitement 100 l. par mois et quelques pièces de vin. Il y empêcha tout massacre lors de la *St-Barthèlemy* (v. Coston, *Hist. de Mont.*, II, *passim)*.

[2] Jacques Bodon, not. à Montélimar (Pr. de M. GRAMMONT, 1686).

[3] Lacroix *(Arrond. de Mont.*, VI, 165 ; Coston *(Hist. de Mont.*, II, 380). Pith.-C. dit à tort qu'il mourut après 1596 (v. Coston, *Bulletin de la Société... d'archéologie de la Drôme*, 1874, p. 440 et suiv.).

[4] Chapuy, not. à Grenoble, et Escoffier, not. à Die.

[5] Héritière de Laurent ALLEMAN, év. de Grenoble, son oncle.

[6] Coston, *loc. cit.* Le conseil de famille, assemblé pour la circonstance, se composait de : 1° Gaspard de SIMIANE, sgr d'Evenos, oncle maternel ; 2° Claude de BOLOGNE, sgr d'Alençon ; 3° Antoine de CLERMONT de Montoison ; 4° Claude LATTIER, sgr de Charpy, oncle paternel ; 5° François de VESC, id. ; 6° Antoine de JONY, sgr de Pennes ; 7° Antoine de SASSENAGE, sgr de Montelier ; 8° François de BORNE, sgr de Laugière ; 9° Jean de BANNE, sgr de la Bastie-du-Verre ; 10. Allain SEYTRE, sgr de Noveysan ; 11. Allain de PRACOMTAL, sgr de Château Sablier. Antoine de JONY, fut nommé cotuteur, et Claude de BOLOGNE, curateur.

[7] Poncet, not..

l'appelle à recueillir la succession de Jacques d'URRE, son frère. Elle avait ép., suiv. contrat du 7 janv. 1595[1], Jacques MORETON[2], fils de Sébastien, sgr de Chabrillan, et de Louise du MOULIN ;

c. *Autre* Rostain, chev. de St-Jean-de-Jérusalem ;

d. Honorée, fit donation, le 30 déc. 1581[3], étant veuve, à son fils Claude de LATTIER, guidon de la comp. de Mr de TOURNON, en vue de son futur mariage avec Françoise BERTRAND, dame de Vatellyer. Elle avait ép. Claude de LATTIER, sgr de Chapuy[4] ;

e. Jeanne, fit son test., le 5 nov. 1590[5], dans lequel elle se dit veuve d'Antoine de JONY, lègue 1.000 écus d'or à Toustain de JONY, son fils, institue pour héritier Antoine, son autre fils, lui substituant Toustain. Elle avait ép., suiv. contrat du 16 avril 1572[6], Antoine de JONY[7], sgr de Pennes ;

f. *Autre*[8] Jeanne, ép. François[9] de VESC, sgr de St-Montant, le Teil, etc... ;

C. Jean, chan. de la cathédrale de Valence, abbé d'Aiguebelle, protonot. apost. ; transigea, avec son frère Giraud, le 8 nov. 1518[10], et mourut intestat, à Valence, avant le 10 juin 1558 ;

D. Louis, sgr de Beaufort, la Motte-de-Galaure, St-Dizier, Gigors, la Sablière, etc..., héritier bénéficiaire de Thomas de CLIOU[11] ; reçut quittance, le 14 avril 1553[11], de Guillaume MONNIER, hôte du logis de St-Antoine au faubourg de St-Dizier, et de sa femme, Isabeau CHASTAIGNE, pour ce qu'il leur avait promis en leur contrat de mariage ; passa transaction, le 10 juin 1558[12], ainsi que Françoise d'URRE, sa

---

[1] Bernardin Brisset, not. à Montélimar.

[2] Né le 21 mars 1571, mourut le 7 nov. 1614.

[3] Jean Granjan, not. (Arch. Morin-P.).

[4] Parut à l'acte précité du 10 sept. 1577, et mourut avant le 30 déc. 1581.

[5] Marbaud, not. à Montélimar (Pr. de M. VESC, 1691).

[6] Louis Claudy, not. à la Motte (Pr. de M. URRE, 1675).

[7] Pith.-C. (III, 587), le nomme *Joing* (v. Coston, *Hist. de Montélimar*, II, 353, note 3).

[8] Pith.-C. ne fait qu'une seule personne de ces deux Jeanne, lui donnant de VESC comme 1er mari ; cela ne serait pas possible, puisque Antoine de JONY se maria en 1572 et que François de VESC assista, comme oncle paternel, au conseil de famille de Jacques d'URRE, le 28 sept. 1579.

[9] Pith.-C. le nomme Guillaume et le dit, à l'article de VESC (III, 460), fils d'Aymar et de Gabrielle de LAUBERGE.

[10] Arch. Morin-P..

[11] Acte fait à St-Vallier (Arch. Drôme, E. 2174).

[12] Noyeri, not. à Valence (Arch. Morin-P.).

sœur, les hoirs de Giraud d'URRE, son frère, autre Françoise d'URRE, dame de Vercors, et Marguerite VEYHEN, fille et héritière universelle de f. Catherine d'URRE, comme héritiers *ab intestat* de Jean d'URRE, chan., avec le chapitre de la cathédrale de Valence. Il avait ép., suiv. contrat du 28 fév. 1529[1], Louise de ROUSSILLON[2], fille de f. Gérard[3], sgr de la Motte[4], et d'Antoinette de RÉBÉ[5] ;

d'où : Anne, ép. Nicolas du PELOUX, bar. de Gourdan ;

E. Antoinette, [passa quittance, le 2 juin 1529, à son frère Giraud d'URRE de la dot à elle constituée par f. Aymar d'URRE, leur père]. Elle avait ép. *N*... du PUY-MONTBRUN ;

F. Louise, ép., le 23 oct. 1520[6], Fouquet du PUY[7] ;

G. Catherine, ép. Dalmas du PUY[8] ;

H. *Autre* Louise, ép., le 1er déc. 1496[9], Aymar de CLIOU, habitant à Livron ;

I. Françoise, eut sa dot quittancée par son mari, le 17 oct. 1526, en présence d'Humbert *(alias* Imbert) d'URRE, sgr de la Touche. Elle avait ép. François de PASSIS, sgr d'Aubignan et de Loriol ;

J. Magdelaine, religieuse au monastère de St-Césaire-de-Nyons, eut sa dot quittancée à Nyons, le 23 janv. 1497, en présence d'Aymar d'URRE, esgr de Venterol, Teyssières,

---

[1] (Vieux style). Acte passé à Romans (Raynaudi, not. de St-Marcellin). Présents : Claude d'URRE, sgr du Puy-St-Martin, lieutenant du sénéchal de Provence et Thiers d'URRE, sgr de Portes, frères, tuteurs de la future *(sic,* probabl. il faut lire du *futur)* ; Giraud d'URRE, sgr d'Ourches, Guillaume de LAYNO, sgr d'Establet; Jean de VEILHEN, éc.; Gabriel LAR, châtelain de la Baume-Cornillan, etc... Il est dit dans ce contrat que le mari devra observer la transaction passée le 15 mai 1526 entre fr. Louis de ROUSSILLON, tuteur et oncle paternel de la future, au nom de laquelle il agit, et Aimar de LESTANG, au nom de Marguerite de ROUSSILLON, sa femme, alors vivante, et Claude de LEMPS, au nom de Peronnette de ROUSSILLON, sa femme, et Brian de FAY, sgr de St-Romain, au nom de Benedicte de ROUSSILLON, sa femme, tous cohéritiers ; (grosse originale. Arch. Morin-P.. Moulinet analyse ce titre à l'article MURAT de Lestang).

[2] Armes : *d'or à l'aigle éployée de gueules.* Elle fit requête, le 20 déc. 1560, contre Reynaud, Étienne, Pierre de MONTAUBAN et autres héritiers de f. Jean-François et Jeanne de BONNETON, enfants et hoirs de Louise de MONTAUBAN, en suite de l'arrêt par elle obtenu contre eux devant le Parl. de Grenoble.

[3] Pith.-C. (III, 586), le nomme à tort Gabriel.

[4] Dioc. de Vienne.

[5] Ép., en 2es noces, Pierre de ROCHEFORT, sgr de Valette.

[6] V. ci-dessus, p. 289, autre mariage de Louise d'URRE, fille de Jean, avec Faulques du PUY. Les dates ne permettent pas de la confondre avec les trois mariages du PUY placés ici par Pith.-C. (III, 586).

[7] D'où : Jean, mentionné dans la quittance du 2 juin 1529.

[8] A Caromb, dioc. de Carpentras. Leur fille Françoise ép., suiv. contrat du 12 juin 1565 (Jean Guintrand, not. à Malancène), Raynaud de l'ÉPINE, sgr du Poet, fils de Michel, sgr d'Aulan (Pr. de M. l'ÉPINE, 1680).

[9] Moulinet (Arch. Morin-P.).

etc..., Thiers d'URRE, fils d'Antoine, sgr du Puy-St-Martin, etc... ;

K. Philippine, religieuse ;

5. Gillette, légataire de son frère Jean au test. du 10 mars 1490. Elle avait ép. Florimond de MEYFFREY de Gussans[1] ;
6. Sibylle, ép. Jean ALOYS[2], du lieu d'Aouste.

VII. Antoine d'URRE de Cornillan[3], sgr du Puy-St-Martin, Allex, Auribeau, Beaumont, Chabeuil, Montéleger, Portes, Vassieu, etc... ; [rendit hommage, le 24 sept. 1475[4], à l'év. de Valence pour tous les biens qu'il avait à Mirmande, Loriol, etc..., provenant de l'héritage d'Amédée de BERLION] ; fit son test., le 14 [*alias* 10 ou 19] fév. 1501[5], par lequel il institue pour héritier son fils Claude, avec substitution à l'infini, le chargeant de porter les nom et les armes de CORNILLAN, et lègue la terre de Portes à son fils Thiers. Il avait ép., suiv. contrat du 5 janv. 1472[6], Françoise de VESC[7], fille de Talabard, sgr d'Espeluche, et de Catherine de SALEMARD ;

d'où : 1. Claude, dont l'article suit ;

2. Thiers (ou Thierry), dit Tartarin, sgr de Portes, Aureau [la Baume-Cornillane], Beaumont, Chabeuil, Montéleger, [Plan et Bâtie-de-Baix], Vassieu, [Vinsobres], etc..., capit. des cent archers de la garde-noble de François I ; fit son test. [au château de Burzat, le 17 avril 1545[8], par lequel il lègue à sa femme, à ses deux fils, à ses filles Honorade et Blanche, mariées, Catherine et Louise, non mariées, institue pour héritier son fils Guillaume, avec substitution en faveur de son autre fils Charles, puis de son neveu Louis d'URRE, sgr du Puy-St-Martin, et mourut avant le 17 mai 1579[9]]. Il avait ép. Catherine de CORNILLAN[10], fille d'Albert, sgr de la Baume, qui fit son

---

[1] Mourut avant le 10 mars 1490.

[2] Passa quittance, au nom de sa femme, le 26 nov. 1496 (Jacques Eschafin, not., Arch. Morin-P.), à Jean d'URRE, son beau-frère, stipulant au nom d'Antoine, père de celui-ci.

[3] A partir de ce degré, qui forme le IXe de Pith.-C., nous allons suivre cet auteur en ajoutant ou corrigeant ce dont nous trouverons la preuve.

[4] En même temps que Jean d'URRE pour ce qu'il avait à Allex, Livron, etc..., provenant de Bertrand de VILLARS et Bertrand d'URRE.

[5] Durand, not..

[6] Dejante, not. Delphinal (Arch. Drôme, E. 2517).

[7] Armes : *pallé d'argent et d'azur au chef d'or.*

[8] Pierre Soche, not. (Arch. Morin-P.).

[9] Test. de sa femme.

[10] [Fit son test. à la Baume-Cornillane, le 17 mai 1579 (Tromparent, not. à Crest. Arch. Drôme, E. 2027), par lequel elle élit sa sépulture dans le temple de la Baume, lègue 1.000 l. à Isabeau de FOREST, fille de f. André, sgr de la Jonchère, et de Catherine d'URRE, sa fille ; 100 l. de revenu à Louise de PRIAM, fille de Benoît et de Blanche d'URRE, sa fille ; la terre et sgrie de Plan-de-Baix, acquise du Roi et de Humbert de BERTRAND, sgr de Vatillieu, à Gabriel de FORETS, avec substitution à Isabeau, sœur dudit Gabriel, puis à Ezechiel d'ARBALESTRIER,

test., le 27 sept. 1521[1], par lequel il institue pour héritière sa fille, sous condition de porter le nom et les armes de CORNILLAN ;

d'où : A. Guillaume, sgr de Portes, etc...; fit son test., [au château de la Baume, le 2 avril 1555[2], par lequel il institue pour héritière sa mère à charge de remettre à Charles d'URRE, frère du testateur, lui substituant leurs sœurs Blanche, Catherine et Louise, et son neveu Pierre des ALRICS, fils de René, sgr de Rousset] ;

B. Charles, sgr de Portes, la Baume, le Brusel, Montbreton, etc..., chev. de l'ordre du Roi ; [fit déclarer au Parl. de Grenoble, le 8 avril 1582[3], avec plusieurs habitants de Montélimar, qu'il voulait vivre *selon les prescriptions de la pure doctrine réformée,* et mourut avant le 7 août 1567[4]]. Il avait ép., en 1560, Charlotte de CHALANT[5], dame de Montbreton[6], fille et héritière de Gaspard et de Meraude PALMIER de la Bâtie ;

d'où : Marie *(alias* Mansie), était sous tutelle en 1582[7], et mourut avant le 10 janv. 1612[8]. Elle avait ép., suiv. contrat du 9 avril 1591[9], Jacques de GROLÉE, sgr (dit le c^te^) de Viriville[10] [fils de François et de Sébastienne de CLERMONT] ;

C. Honorade, [mourut avant le 2 avril 1555[11]. Elle avait ép.,

---

fils de Jean et de Louise d'URRE ; 1.000 l. à Marie ARBALESTRIER, sa petite-fille ; 2.000 l. à sa fille Louise, outre sa dot ; 500 l. à Marie d'URRE, fille unique de son fils Charles ; 1.000 l. à Françoise (des ALRICS) de Rousset, femme de Mary de VESC, sgr de Comps, fille d'Honorade d'URRE ; la sgrie de Vinsobres à Pierre des ALRICS, frère de ladite Françoise ; cinq sols à chacun des enfants de f. Honorade, Blanche, Catherine, ses filles, et à ceux de Louise, son autre fille vivante ; légue au ministre de la Baume-Cornillane ; ratifie la donation antérieure de la terre et juridiction de Barcelonne à Gabriel de LACOUR, éc., et institue pour héritier Charles des ALRICS de Rousset, fils d'Honorade d'URRE, avec substitution à Pierre, frère dudit Charles, à la charge de porter les nom et armes des CORNILLAN, sgrs de la Baume].

[1] Bouvier, not..

[2] Michou, not. (Arch. Morin-P.).

[3] Bérole, not. à Montélimar (Coston, *Hist. de Mont.*, II, 242).

[4] Arrêt du Parl. de Grenoble ouvrant après sa mort, en faveur de Louis d'URRE de Cornillan d'Oncieu, la substitution apposée au test. d'Antoine d'URRE du 19 fév. 1501.

[5] V. Pith.-C., III, 584, note.

[6] Fit son test., étant veuve, le 18 sept. 1600 (Trouillet, not.).

[7] Galland, not. à Die (Arch. Drôme, E. 2232).

[8] Test. de sa mère.

[9] De Leuze, not. à Vienne.

[10] [Fit son test., le 10 janv. 1612 (Pierre Sonies, not.. Moulinet, art. MURAT de Lestang), par lequel il élit sa sépulture au tombeau de sa femme, et légue à Sébastienne-Laurence, sa fille, femme de Jacques de LESTANG, sgr de Lantiol. Pith.-C. a donc eu tort (III, 584), de dire qu'ils n'avaient pas eu d'enfants (V. Coston, *Hist. de Mont.*, III, 46)].

[11] Test. de son frère Guillaume.

suiv. contrat du 10 (*alias* 12) janv. 1540[1], René des ALRICS[2], sgr de Rousset[3], fils d'Hector ;

D. Blanche[4], mourut à Crest avant le 17 mai 1579[5]. Elle avait ép. Benoît de PRIAM, sgr de Condillac [fils de Jacques] ;

E. [Catherine, mourut avant le 17 mai 1579[5]. Elle avait ép. (après le 17 avril 1545[6]), André de FORETS, sgr de la Jonchère[7]] ;

F. Louise, ép. Jean ARBALESTRIER [sgr de Beaufort et de Montclar] ;

3. Poncet, chev. de St-Jean-de-Jérusalem en 1501, commandeur d'Aix, puis de la Cavalerie[8], bailli de Manosque en 1545, mourut en 1548 ;
4. Giraud ;
5. Jeanne, ép. Jean de ROUSSILLON, sgr de Sablon ;
6. Isabelle, ép. Antoine-Raimond ARTAUD, sgr de St-Genoux ;
7. Louise, ép. Jean de la TOUR-DU-PIN, de Vinay ;
8. Catherine, ép. Jean-Antoine d'AMBEL ;
9. Perrette ;
10. Béatrix, religieuse.

VIII. Claude d'URRE de Cornillan, sgr du Puy-St-Martin, etc..., un des cent gentilshommes de la maison du Roi, en 1503 ; gouverneur de Gênes ; lieut. de Roi en Provence, en 1512, 1519, etc...[9] ; reçut procuration, le 28 mars 1521[10], de Diane de MONTFORT, barne de Grignan, sa belle-mère, pour prêter serment au Roi des terres qu'elle possédait en Italie ; fut institué héritier de Rostaing de CHEILUS, prieur d'Allex, par test. du 7 juil. 1523[11] ; reçut, comme lieut. de Roi en Provence, hommage au Roi, le 21 nov. 1532, par Antoine et Barnabé MONIER, sgrs de Châteauvieux[12] ; maintint, en 1533, la ville de Manosque dans le privilège d'élire ses consuls ; reçut en donation, de Louis ADHÉMAR de Grignan, son beau-frère, la terre et sgrie de St-Maurice, le 30 oct. 1533[13], sous obligation de la laisser à son fils Louis ; témoin à Grignan, le 4 juil. 1523, à l'érection du sacriste du chapitre de St-Jean ; fit son test., le

---

[1] Pierre Pontier, not. à Chabeuil (Pr. de M. PÉRIER, 1678).

[2] V., pour la famille des ALRICS, Pith.-C., I, 39 ; III, 584.

[3] Canton de Grignan.

[4] Pith.-C. la nomme à tort, *Anne*.

[5] Test. de sa mère.

[6] Test. de son père.

[7] Paroisse de Meymans, commune de Beauregard, canton de Bourg-du-Péage.

[8] En Armagnac.

[9] Pith.-C. dit à tort qu'il fut *lieut. gén. du gouvernement de Provence*, de 1512 à 1533. Le lieut. de Roi commandait en Provence, en absence du gouverneur. Il y en eut plusieurs autres de 1512 à 1533.

[10] Invent. des arch. Morin-P., 179.

[11] Arch. Drôme, E. 2574.

[12] Dioc. de Fréjus.

[13] Jean Sielle (ou Sicolle ?), not. à Marseille.

19 fév. 1537[1], par lequel il institue pour héritier son fils Louis avec substitution de mâle en mâle et mourut vers 1540. Il avait ép., suiv. contrat du 12 sept. 1506[2], Gabrielle ADHÉMAR[3], fille de Gaucher, baron de Grignan, et de Diane de MONTFORT ;

d'où : 1. Louis, dont l'article suit ;

2. Agathe, vivait avec son mari en 1560. Elle avait ép. Aymar de MONTCHENU, sgr de Thodure[4] ;

3. Blanche, fiancée avant 1521 avec Jacques RODULF, sgr de Lirac, ép., [le 27 mai 1527], Jacques RENAUD, [fils de Nicolas, sgr d'Alleins, et de Marguerite QUIQUERAN de Beaujeu[5]] ;

4. Marguerite, née entre le 18 août 1506[6] et le 10 juin 1511[7], reçut un legs de 100 fl. au codicille de son aïeul Gaucher ADHÉMAR de Grignan, du 10 juin 1511[8]. Elle avait ép., en 1res noces, [suiv. contrat du 4 mars 1520[9], Gaspard CLARET, sgr de Truchenu[10] ; et, en 2es noces, Louis de St-MARTIN, de la ville d'Arles].

IX. Louis d'URRE de Cornillan-d'Oncieu[11], sgr du Puy-St-Martin, Allex, Bonlieu, Marsanne, la Motte-Chalançon, Pont-de-Barret, Portes, St-Maurice, etc... ; [vendit la sgrie de St-Maurice pour le prix de 3.000 écus d'or sol à n. Reynier HENRY, sgr de Rosset, et la lui racheta au même prix, le 24 nov.

---

[1] Farsac et Siboud, not. à Crest. [Ce test., d'une longueur extraordinaire, portant substitution jusqu'à Giraud et Louis d'URRE de Berlion, cousins germains du testateur, fut l'occasion, devant le Parl. de Grenoble, en 1708, après la mort de Guichard d'URRE, m[is] d'Aiguebonne, arrière-petit-fils de Claude, d'un procès célèbre entre : 1° Marie d'URRE, sœur dudit Guichard, dame PERRACHON de St-Maurice ; 2° Louis PERRACHON de Varax, Marie-Thérèse et Marie-Anne PERRACHON, fils et filles de ladite Marie ; 3° Françoise d'URRE, dame de BEAUVOIR-Grimoard du Roure de Brisson, et Antoine ESCALIN des Aimars, baron de la Garde, cousins issus de germain de ces derniers ; 4° César RENAUD, m[is] d'Alleins, et Louis de SIMIANE-Claret, m[is] d'Esparron, issus chacun d'une sœur de Claude d'URRE, testateur. On a sur ce procès de nombreux mémoires imprimés, dont plusieurs sont aux archives Morin-P.].

[2] Léonard, not. à Grignan (vol. *Marc*, f° 105. Note de l'abbé Fillet).

[3] Prêta hommage, étant veuve, en 1540, comme tutrice de son fils Louis d'URRE.

[4] [Pith.-C. le marque ainsi (p. 579). Elle n'est pourtant mentionnée dans aucun des mémoires imprimés sur le grand procès dont il est parlé ci-dessus, au sujet de l'interprétation du test. de son père. C'est peut-être parce qu'elle n'eut pas de postérité.

[5] C'est leur arrière-petit-fils César RENAUD, m[is] d'Alleins, qui, en 1709, réclamait les biens de la maison d'URRE, en vertu de la substitution apposée au test. de Claude d'URRE du 19 fév. 1537.

[6] Test. de son aïeul Gaucher ADHÉMAR.

[7] Codicille du même.

[8] Invent. Arch. Morin-P., 170.

[9] N..., not. à Grignan, vol. *Vidère*, f° 201. (Note de l'abbé Fillet).

[10] *(Tribus chenutis)*, habitant à Valréas; d'où : 1. Robert ; 2. Louis, ép. Jeanne de TOLLON-la-Laupie ; d'où : Lucrèce, ép. Antoine de SIMIANE de Truchenu.

[11] Pith.-C. déclare ne pas savoir pourquoi Louis d'URRE et sa postérité ont pris le surnom de d'ONCIEU.

1554[1]; se fit adjuger, par arrêt du Parl. de Grenoble du 7 août 1567, en vertu de la substitution apposée au test. d'Antoine d'URRE du 19 fév. 1501, la terre de Portes et autres biens de Charles d'URRE, sgr de Portes, son cousin, mort sans postérité mâle]; se distingua, en 1567, à la bataille de St-Gilles et, en 1568, au siège de Sisteron dont il étoit gouverneur, ainsi qu'il le fut de Crest, en 1585; lieut. gén. des armées du Roi; lieut. de Roi en Provence en l'absence du gouverneur; fit un 1er test. en 1585, et un 2e, le 6 mars 1592[2], par lequel il élit sa sépulture chez les FF. Mineurs de Valence, lègue à ses enfants puînés et institue pour héritier Antoine, son fils, alors aîné, du 1er lit, et mourut avant le 1er janv. 1595[3]. Il avait ép., en 1res noces, le 27 juin 1548, Antoinette de la BAUME, fille de Guillaume, sgr de Suze, et de Catherine ALLEMAN de Laudun ; et, en 2es noces, suiv. contrat du 14 nov. 1576[2], Geneviève de LHÈRE[4], fille de Claude, sgr de Glandage, et de Philippine de GUIFFRAI de Boutières ;
d'où : du 1er lit,

1. Antoine-Honoré, sgr de Portes, fut tué, le 22 août 1587[5], à la reprise de Montélimar par les protestants ;
2. Antoine, dont l'article suit ;
3. François, reçu chev. de St-Jean-de-Jérusalem en 1582, fut pris et écorché vif par les Turcs de l'île de Rhodes, en 1603 ;
4. Polyxène, ép. Jean-Baptiste ESCALIN des Aimars, fils naturel d'Antoine, sgr de la Garde, dit le cap. *Poulin* ;

et, du 2e lit,

5. Claude, sgr de Chaudebonne, gentilh. ordinaire et favori de *Monsieur*, frère du Roi, fut employé aux négociations qui opérèrent leur réconciliation et se maintint dans l'estime de tous deux[6] ;
6. Rostain-Antoine, sgr d'Aiguebonne, Pont-d'Ain, Treffort, etc... ; fut mis en possession de divers biens à Allex et Aiguebonne, dont inventaire avait été dressé le 12 août 1624[7] ; gentilh. ordinaire de la

---

[1] Silhol, not. à Grignan, f° 312 (note de l'abbé Fillet).

[2] Farsac et Sibeud, not. à Crest.

[3] Inventaire de ses biens (Arch. Drôme, B. 808).

[4] (V. Coston, *Hist. de Montélimar*, II, 378). Elle assista, le 17 juil. 1599, étant veuve, au mariage d'Élie de VERNET avec Alizette de BEAUMONT (Arch. Drôme, E. 1886), dont le contrat fut passé, dans sa maison d'habitation, en présence de François d'URRE, chev. de St-Jean-de-Jérusalem, Claude d'URRE, sgr de Chaudebonne, etc.... Pith.-C. écrit LAIRE : Armes : *d'argent au lion de gueules, armé et langué de sable et une bordure dentelée d'azur.*

[5] Coston, *Hist. de Mont.*, II, 476.

[6] V. MEMOIRE DONNÉ A MONSIEVR D'AIGVEBONNE, ALLANT TROVVER MONSIEVR DE LA PART DV ROY, *Le 9 Septembre 1632. Avec les propositions faictes au Roy par Monsieur de Chaudebonne de la part de Monsieur le 13 Septembre suivant. Et la Responce du Roy à Monsieur, le 15 du mesme mois. Du Bureau d'Adresse, au grand Coq, rue de la Calendre, sortant au marché neuf près le Palais à Paris, le 23 Septembre 1632. Avec Privilege.* (Arch. Morin-P.).

[7] Arch. Drôme, B. 808.

chambre du Roi ; gouverneur de la ville de Saumur ; acheta, le 23 avril 1648, le marquisat de Treffort, de Charles de BLANCHEFORT-Créquy, duc de Lesdiguières ; lieut. du Roi en Provence, en absence du gouverneur ; maréchal des camps et armées du Roi ; cons. d'État, en 1650 ; chev. du St-Esprit, par brevet donné à Paris, le 8 mai 1654 ; mourut à Paris, avant d'être reçu, le 9 mai 1656, et fut enseveli dans le cloître des Augustins[1]. Il avait ép. Huguette LIOTARD, fille de Jean, présid. en la chambre des cptes de Dauphiné, et de Marguerite de la MURE ;

d'où : A. François, baron d'Aiguebonne, [eut, par brevet donné à St-Germain-en-Laye, le 7 sept. 1634, commission de maître de camp d'un régim. de gens à pied, composé de dix compagnies de 100 hommes d'armes chacune, et cap. particulier de l'une d'elles] ; gouverneur de Briançon ; colonel d'infant. ; puis cap. de galères ; fut tué, en sept. 1636, au combat de Vigevano ; S. A. ;

B. Alexandre, dit l'abbé d'Aiguebonne, mourut en 1607 ;

C. Guichard, [dit le m[is] d'Aiguebonne, après la mort de son frère François], sgr du Puy-St-Martin, [St-Maurice, etc... ; chev. de St-Jean-de-Jérusalem ; fit prononcer en sa faveur, par arrêt du Parl. de Grenoble du 13 juil. 1680, l'ouverture du fidéicommis apposé au test. d'Antoine d'URRE, du 19 fév. 1501. Par autre arrêt de la même cour du 14 août 1681, la terre du Puy-St-Martin lui fut désemparée dans l'instance qu'il avait contre Françoise d'URRE, sa nièce à la mode de Bretagne, ép. de Rostain de BEAUVOIR du Roure de Brisson, pour séparation des biens dépendants des fidéicommis de Dalmas et Pierre d'URRE, d'avec ceux du fidéicommis de Jean d'URRE, sis à Allex et Aiguebonne, et estimation desdits biens proportionnellement à la somme de 40.500 l. que chacun desdits biens doit supporter sur le total de ceux donnés en payement à Geneviève de LHÈRE (*alias* LAIRE), par transaction du 7 fév. 1600. Il nomma, le 20 mars 1692, Marie d'URRE, sa sœur aînée, pour recueillir les biens qui lui avaient été substitués ; obtint, le 7 juin 1696, de la chambre des enquêtes du Parl. de Paris, que le s[r] MORETON de Chabrillan rendrait le tiers de la terre de la Motte-Chalançon,

---

[1] Pith.-C. (III, 581), donne l'épitaphe que l'on y voyait encore de son temps.

qui faisait partie de ce même fidéicommis, et mourut à Lyon le 20 janv. 1708[1]] ;

D. Anne-Marie, [née vers 1633, était partie au procès existant encore dans la famille en 1713[2], et où se trouvaient aussi engagés : Louis de SIMIANE, représentant sa 4e aïeule, Marguerite d'URRE, ép. de Gaspard de CLARET ; Antoine ESCALIN des Aimars, représentant son aïeule, Polyxène d'URRE, ép. de Jean-Baptiste ESCALIN, sgr de la Garde ; Louis PERRACHON cte de Varax et ses sœurs ; César RENAUD, sgr d'Alleins, représentant sa trisaïeule, Blanche d'URRE, ép. de Jacques RENAUD, sgr d'Alleins]. Elle mourut le 19 oct. 1724 et avait ép. François de ROSTAING, cte de Bury[3] ;

E. Marie, [demanda, le 30 janv. 1708, l'envoi en possession des biens de son frère Guichard ; obtint, le 28 août 1709, arrêt du Parl. de Grenoble ouvrant en sa faveur la substitution apposée au test. de Claude d'URRE, son bisaïeul, du 19 fév.

---

[1] Demande de mise en possession de son héritage par sa sœur Marie.

[2] Parmi les nombreux *Factums* de ce procès, nous avons eu entre les mains (Arch. Morin-P.) :

1. *Mémoire pour Cezard de Renaud de Cornillon, marquis Dalein, demandeur en ouverture de substitution. contre Françoise d'Urre marquise de Brisson, Marie d'Urre veuve du sieur Perrachon, Marie Thérese et Anne Perrachon, et Louis Perrachon comte de Varax, deffendeurs et demandeurs.* In-f°, 35 p. ;

2. *Mémoire abrégé pour Dame Françoise d'Urre marquise de Brison, demanderesse en ouverture des substitutions aposées dans le testament de Claude d'Urre son trisaïeul, du 19 février 1537 et messire François de Beaumont, marquis de Brison, fils de la dite dame. contre dame Marie d'Urre, veuve de messire Pierre Perachon de s. Maurice, qui prétend être appelée aux mêmes substitutions et messire Alexandre Louis Perrachon, comte de Varax son fils. Et encore contre demoiselles Marie Thérèse, et Marie Anne Perachon de s. Maurice, héritières benéficiaires de défunt messire Guichard d'Urre leur oncle.* In-f°, 16 p. ;

3. *Factum pour dame Marie d'Urre d'Aiguebonne de Cornillon, marquise de Saint Maurice, héritière substituée et remplissant le quatrième et dernier degré de la substitution de Claude d'Urre son ayeul, défenderesse et demanderesse. contre dame Françoise d'Urre Doncieu, marquise douairière de Brison. messire Cæsar de Renaud, chevalier, marquis d'Alins, demandeurs et deffendeurs. Les demoiselles de Saint Maurice, comtesses de Varax défenderesses. et encore contre les sieurs marquis de Brison et comte de Varax intervenans.* In-f°, 19 p. ;

4. *Factum pour demoiselles Marie Thérèse, et Marie Anne Perrachon de Saint Maurice, comtesses de Varax, deffenderesses et demanderesses. contre dame Françoise d'Urre, marquise de Brison. Mre César de Renaud, chevalier marquis d'Alins, et dame Marie d'Urre d'Aiguebonne, marquise de Saint Maurice, demandeurs et deffendeurs. et encore contre les sieurs marquis de Brison, et de Varax, intervenans.* In-f°, 14 p. suivi d'un tabl. généal. ;

5. *Réflexions sur le testament imprimé de Claude d'Urre du 19 février 1537. pour le sieur comte de Varax.* In-f°, 14 p., suivi d'un tabl. généal. ;

6. *Addition aux réflexions sur le testament imprimé de Claude d'Urre, pour prouver que le sieur comte de Varax est appelé et nommé à la substitution de Claude d'Urre par les termes de son testament.* In-f°, 3 p.

[3] Mourut en mai 1666.

1537 ; renonça à cet héritage en faveur de ses filles, qui l'acceptèrent sous bénéfice d'inventaire]. Elle avait ép. Pierre PERRACHON, sgr de St-Maurice, Varax, etc...[1] ;

F. Catherine, religieuse ursuline à Lyon ;

7. Louis, reçu chev. de St-Jean-de-Jérusalem, suiv. preuves des 10 et 15 mai 1600 ;
8. Jeanne-Baptiste, [donna quittance, étant veuve, le 2 mars 1652, à François de SUAREZ, sgr d'Aulan, doyen de la rote apostolique d'Avignon, à cpte d'une pension de 150 écus[2]]. Elle avait ép., [suiv. contrat du 26 janv. 1598[3]], Guillaume de l'ESPINE, [fils d'Hercule, sgr d'Aulan, et d'Antoinette de PANISSE] ;
9. Laurence, ép., suiv. contrat du 16 nov. 1606[4], Marc-Antoine CADENET, sgr de Lamanon, [fils d'Antoine et de Jeanne de CRAPONNE].

X. Antoine d'URRE de Cornillan d'Oncieu, sgr de Portes, Puy-St-Martin, etc... ; [transigea, le 14/19 fév. 1605, au sujet de la terre de Portes, avec Charles des ALRICS, sgr de Rousset, se portant héritier de Marie d'URRE, fille de Charles, sgr de Portes] ; chev. de l'ordre du Roi et son ambassadeur en Savoie. Il avait ép. Baptistine de SIMIANE[5], fille de Louis (des sgrs de Truchenu), sgr de Séderon, et de Françoise de GUILHENS-Puylaval ;

d'où : 1. François-Rostain, dont l'article suit ;

2. Marguerite, [eut en dot 28.000 l.[6]]. Elle avait ép., suiv. contrat du 11 mars 1620[7], Jean-Annet[8] de BARJAC, sgr de Pierregourde, [Châteaubourg, etc..., fils d'Isaac, sgr de Pierregourde, la Morette, Châteauneuf, etc..., et de f. Louise de ROCHEBARON].

XI. François-Rostain d'URRE de Cornillan d'Oncieu (dit le) m[is] de Treffort, sgr de Portes, Puy-St-Martin, etc... ; [reçut obligation des consuls de

---

[1] D'où : 1. Alexandre-Louis ; 2. Marie-Thérèse ; 3. Marie-Anne ; 4. Lucrèce, parurent au procès que fit naître cet héritage et qui s'était joint aux autres procès résultant des diverses substitutions apposées aux test. de Jean, Antoine et Claude d'URRE, des 10 mars 1490, 10 fév. 1501 et 19 fév. 1537, et qui durèrent plus de 130 ans.

[2] Arch. Drôme, E. 1736 (*alias* Marbaud, not. à Crest. *Ibid.*, E. 1252).

[3] Pierre Chion, not. à Allex (Arch. Drôme, E. 1886).

[4] Armand de Croix, not. à Salon, et Pierre Chroz (?), not. à Allex.

[5] (Armes : *d'or semé de tours et de fleurs de lys d'azur).* Veuve, en 1res noces, de Georges VASSADEL, sgr de Vacqueiras.

[6] De 20 sols, dont 17.000 de son père, et 11.000 de sa mère, plus 2.000 l. d'un legs de Mme de LEYSSINS.

[7] [Peyre et Froment, not. à Pierregourde. Témoins : Antoine de SIMIANE, sgr de Séderon ; Louis et François de SIMIANE, frères, sgrs de Truschenu et d'Esparron, du lieu de Valréas ; Claude de GARDON, du Buis ; Henri des ISNARDS, s[r] de Richaudeau ; Louis de BOMPAR, etc... (Arch. Drôme, E. 252)].

[8] Pith.-C. dit à tort *Aimé*.

Châteauneuf-de-Mozenc, en 1646[1], et en poursuivait le payement, en 1647[2]] ; lieut. du Roi en Provence en absence du gouverneur. Il avait ép., [à Orange[3], le 17 mai 1621, suiv. contrat du même jour[4]], Catherine de LARAYS *(alias* la RAYE), fille de Pierre, sgr de Villeperdrix, et de Marie de CHABERT, de la ville d'Orange ;

d'où : 1. [Marie, née à Orange[3], bapt. le 1er mai 1623[5]] ;

2. Françoise, [héritière de son père, sous bénéfice d'inventaire, se fit délivrer par Guichard d'URRE, sgr du Puy-St-Martin, suiv. arrêt du Parl. de Grenoble du 14 août 1681, ce qui revenait des biens de Jean d'URRE, en vertu de la substitution apposée à son test. du 10 mars 1490, à son père François-Rostain, en qui s'était éteint le 4e degré de substitution ; plaidait, en 1682, contre Achard AOUSTE, son créancier ; se disait, le 15 mars 1683[6], étant veuve, créancière de la succession de f. Daniel PISCIS (ou PIXIS), de Crest. Elle avait ép., le 7 nov. 1654, Rostaing de BEAUVOIR-Grimoard du Roure[7], fils de Joachim, baron de Beaumont-Brisson, et d'Isabeau FORTIA d'Urban.

BRANCHE

DES SEIGNEURS DE MONTANÈGUE DU SURNOM DE BROTIN

V. Aimar d'URRE[8], csgr d'Eurre, sgr de Pierrelatte, etc..., fils puîné d'Albert et de Béatrix de LAYE de Teyssières ; transigea avec ses vassaux d'Eurre, le 3 juil. 1424 ; échangea sa sgrie de Pierrelatte avec le Dauphin LOUIS, fils du roi CHARLES VI, contre des fiefs situés à Vaunaveys [et reçut, le 13 janv. 1450[9], hommage du Syndic des chapitres de St-Apollinaire et de

---

[1] Arch. Drôme, E. 5364.

[2] *Ibid.*, E. 5386.

[3] N.-Dame.

[4] Louis Marchand, not. à Orange. Présents : Antoine de SIMIANE, sgr de Séderon, oncle du futur ; Catherine de ROZET, dame de Ste-Colombe, gd-mère de l'épouse ; Marie de LARAYS, sa tante, femme de Barthélemy de RHODES, sgr d'Auriac.

[5] Parr., Barthélemy de RHODES, sgr d'Auriac ; marr., Marie de LARAYS de Salazar.

[6] Arch. Drôme, B. 808.

[7] Mourut avant le 15 mars 1683.

[8] Nous avons indiqué (p. 285, note 5), que nous mettons ici cet Aymar uniquement parce que Pith.-C. le dit frère de Pierre, que nous avons vu être fils d'Albert ; mais Pith.-C., en désaccord avec lui-même, dit d'abord (p. 576), Pierre et Aimar, tous deux fils de Guillaume, tandis que, plus loin (p. 588), il dit Aimar fils de Pierre. Du reste, il reconnaît évidemment ce qu'il avance ainsi comme peu certain, puisqu'au degré suiv. de Dalmas, il dit que celui-ci « est regardé comme le chef de cette branche ». En tout cas, ce degré, qui pour nous est le Ve est pour lui le VIIe, et cette différence de 2 degrés se continuera naturellement pour tout le reste de cette généalogie.

[9] (V. st.). Claude Chapuy, not. à Eurre. *Vidimus* en fut délivré le 13 nov. 1489 (Arch. Morin-P.), par Jacques Gérente, not. à Crest, à la demande de François d'URRE, fils d'Aimar.

St-Pierre-du-Bourg de Valence, pour raison des biens qu'ils possédaient dans les mandements d'Eurre et d'Aiguebonne] ;

d'où : 1. Dalmas, dont l'article suit ;

2. François, baron du Luc[1], [sgr de Truinas, Vaunaveys, etc... ; vendit Vaunaveys à Philibert de CLERMONT pour le prix de 1.200 l.[2] ; donna 2 cloches aux habitants de Dieulefit ; passa transaction avec Pierre de VESC, sgr de Dieulefit] ;

3. Claude[3], csgr d'Eurre, fit son test., le 4 sept. 1467[4], [en faveur d'André, son fils aîné, avec substitution en faveur des mâles et premiers nés de sa maison à l'infini, léguant à ses fils Claude et François et à sa fille Béatrix, femme de Bertrand GUERCI, sgr de Vinsobres. Il avait ép.[5] Coquette AMBEL[6] ;

d'où : A. André ; S. P. ;

B. Claude ;

C. François, csgr d'Eurre, ép. Antoinette d'URRE ;

d'où : Jean, mourut en bas âge ;

D. Béatrix, ép. Bertrand GUERCI, sgr de Vinsobres ;

4. Jacques, tige des sgrs de Brette, rapportés plus loin] ;

5. Polie, ép. Jean GRINDE.

VI. Dalmas d'URRE, sgr de Teyssières, Venterol, etc... ; vivait en 1450 ; d'où : entre autres,

1. Claude, sgr de Teyssières, Venterol, etc...[7] ;

2. Antoine, dont l'article suit.

---

[1] Dioc. de Die. V. sur les possesseurs de cette terre : *Bulletin de la Soc.... archéol. de la Drôme*, 1892, oct., p. 422 ; art. de M. Lacroix.

[2] Arch. Drôme, E. 495.

[3] Pith.-C. indique ce Claude comme tige des sgrs de Brette, mais il paraît bien mal renseigné sur cette branche et en donne une descendance très fautive. Nous avons taché de la rectifier en prenant pour base la *Généalogie de la famille d'Urre et instruction que messire Claude Augustin de Vesc, chevalier, seigneur de Beconne, Balne, les Lance, Urre, Brette, Pradelles et Glaisolles et dame Marie d'Urre, son épouse, baillent pour l'éclaircissement du proces qu'ils ont contre noble Gabriel d'Urre, sieur de s. Romain, au rapport de monsieur le conseiller de Giraud*. P[t] in-f°, 4 p. (vers 1700). Cette généalogie, tout en mentionnant ce Claude, comme nous le faisons ici, avec sa postérité, fait descendre les sgrs de Brette de son frère Jacques, ainsi que nous le marquons, mais elle n'indique pas leur père. Elle marque seulement qu'ils descendaient par plusieurs degrés de Guillaume d'URRE qui fit son test., le 10 oct. 1333, par lequel il fonda une chapelle de Ste-Catherine au bénéfice de laquelle nommait, en 1700, Marie d'URRE, fille de Jean, csgr d'Eurre, et de Françoise de JONY, ép. de Claude-Augustin de VESC.

[4] Artier, not. (Arch. Drôme, E. 1243).

[5] Selon Pith.-C. (598).

[6] Armes : *d'or au moulin à vent d'argent ailé de gueules posé sur une terrasse de sinople.*

[7] Pith.-C. cite de lui un test. de 1467. Mais ce Claude d'URRE, qui fit ce test., était csgr d'Eurre et de la branche de Brette.

VII. Antoine d'URRE ;
d'où : Jean, dont l'article suit.

VIII. Jean d'URRE, sgr de Teyssières, Venterol, etc...; fit son test., le 15 janv. 1487, et mourut peu après. Il avait ép., suiv. contrat du 1471[1], Meinarde *(alias* Menjarde) de Ste-JALLE[2], fille de Michel, csgr de Ste-Jalle et de Vinsobres, et d'Alix ANDRADE ;
d'où : 1. Aimar, dont l'article suit ;
2. Alix, ép., suiv. contrat du...[3], Thomas ALBERT, sgr de Boissargues[4].

IX. Aimar d'URRE, sgr de Teyssières, Venterol, csgr de Noveysan, etc...; fit son test. le 12 sept. 1546[5]. Il avait ép., suiv. contrat du 6 nov. 1504[5], Gilette SEYTRES[6], fille d'Olivier, sgr de Caumont, et de Jeanne GALIENS des Essarts ;
d'où : 1. Georges, dont l'article suit ;
2. Charles, chev. de St-Jean-de-Jérusalem, g^d prieur de St-Gilles, en 1549, mourut en 1560 ;
3. Pierre, év. de Viviers ;
4. Jean, sgr de Teyssières, né vers 1507, substitué aux biens d'Olivier SEYTRES de Caumont, son aïeul, par test. du 1er avril 1508 ; g^d maître de la maison du duc de Lorraine ; mestre de camp de cav. ; fut tué à la bataille du Pont-St-Vincent, le 5 sept. 1587, âgé de 80 ans. Il avait ép. Antoinette ARBAN, fille de Jacques, dit de VILLENEUVE[7], sgr de Beauvoisin[8], Commercy[9] et Esclance[9], et de Philippine AUNEVILLE ;
d'où : du 1er lit,
A. Charles[10], sgr de Teyssières, csgr de Commercy, etc... ; [cons. de Charles III et Charles IV, ducs de Lorraine ; ambassadeur près l'Empereur, le Roi de France et les Ducs de Bavière et de Mantoue ; se retira, vers 1603, dans son

---

[1] Echaffin, not. à Nyons.

[2] [Etait veuve et tutrice de ses enfants, le 4 sept. 1487 (acte déposé chez Guyon, not. à Die, d'après Moulinet, art. MORETON)].

[3] Pierre Sobolis, not. au Pont-St-Esprit (antérieur au 3 juin 1510), Pith.-C., IV, 191.

[4] Veuf, en 1res noces, de Catherine EBRARD, de St-Julien ; et, en 2es noces, de Marthe des PORCELLETS de Maillane. Il donna quittance, le 3 juin 1516 (Pierre Ruffi, not. à Bagnols), à son beau-frère, Aimar d'URRE, de 200 écus d'or, sur la dot de sa 2e femme.

[5] Chabert, not. à Avignon.

[6] Armes : *d'or au lion de gueules à une bande de sable brochant sur le tout chargée de 3 coquilles d'argent.*

[7] Armes : *d'or à 3 pals de gueules.*

[8] Dioc. de Nîmes.

[9] Au duché de Bar.

[10] V. : *Plusieurs remarqces faites par le R. P. Dom Charles de Gondrecour, religieux bénédictin, sur les vies et condeites de messire Charles d'Vrre chevalier seigneur de Thessiers etc... conseiller de son Altesse Charles III duc de Lorraine, et de mes Dames Marie de Marcossey, son espouse, Jeanne et Mahaut d'Vrre ses sœurs Dames d'Espinal et de Sainte Glossine de Mets.* A Toul, chez Claude Vincent, imprimeur et libraire MDCXC. 112 p., in-12 (Livre très rare, aux archives Morin-P.).

château de Commercy, avec sa femme et ses deux sœurs, Jeanne et Mahaut, pour y suivre tous ensemble la règle de St Benoît, ce qu'il exécuta pendant 26 ans ; fit son test. (ainsi que sa femme), le 30 juin 1629 ; mourut au château de Commercy, en odeur de sainteté, le 18 juil. de la même année, et fut enseveli aux grottes de l'abbaye de St-Mihiel]. Il avait ép. Marie de MARCOSSAI[1], fille d'Étienne, sgr de Domp-Julien, et de Claudine de BEAUVAU de Sandancour ; d'où : *a*. Antoinette, ép. Jean de BEAUVAU, sgr de Novian-St-Baussant, fils de Claude [baron de Manonville, et de Jeanne de St-BAUSSANT, sa 2e femme] ;

b. Dorothée, ép. Jean des ARMOISES, sgr de Jauny[2] ;

c. Renée, [mourut la même année que son mari]. Elle avait ép. Jacques de RAIGECOURT, sgr de Morly[3] ;

d. Madeleine, religieuse bénédictine, à Trèves ;

e. *N*..., id. ;

B. Suzanne, ép. Claude de Fontaine, sgr de Cierges[4] ;

C. *N*..., ép. Claude de MONTARBI, sgr de Lartrecey ;

D. *N*..., ép. *N*... de MAULÉON[4], sgr de la Bastide, fils de Jean-Baptiste et d'Antoinette du Châtelet ;

E. Jeanne[5], dame du chapitre d'Epinal, se retira au château de Commercy, pour y former avec son frère Charles et sa sœur Mahaut, une petite communauté bénédictine ;

F. Mahaud, dame du chapitre de Ste-Glossine, à Metz, se joignit à son frère et à sa sœur ;

5. Anne, ép. Antoine de GANDELIN[6] ;

6. Marguerite, ép. *N*... de , fils de Pierre[7].

X. Georges d'URRE, sgr de Noveysan, Petit-Paris, St-Maurice, Truinas, Venterol, etc... ; lieut. général des armées du Roi ; maréchal de camp dans celles du Pape ; [mourut avant le août 1571[8]]. Il avait ép., en 1res noces, en

---

[1] Armes : *d'azur au levrier en pied d'argent colleté et bouclé de gueules*. Elle mourut 4 ans après son mari.

[2] D'où : 1. *N*..., mourut à 7 ans en odeur de sainteté et fut enseveli aux grottes de l'abbaye de S[t]-Mihiel ; 2. *N*..., sgr de Commercy, Jauny, etc... ; g[d] sénéchal de Lorraine.

[3] Au pays messin ; gentilhomme de la chambre, g[d] fauconnier de Monsieur, frère du Roi.

[4] En Champagne. D'où : Charles, général au service d'Espagne, tué à Rocroy en 1643.

[5] Sa sœur Marie ép., le 17 oct. 1614, Jacques de CHOISEUL, baron d'Ambonville.

[6] Pith.-C. la nomme Louise.

[7] V. Pith.-C., III, 590.

[8] Bail passé par Anne BROTIN, sa veuve (Etienne Guamores, not. à Vesc. Arch. Drôme E. 2619).

1555, Marguerite de BROYES[1], fille de Jean, sgr de Nanteuil, et de Marguerite de VILLIERS-St-Paul ; et, en 2es noces, suiv. contrat du 17 avril 1558[2], Anne BROTIN[3], fille héritière de Philibert, sgr de Petit-Paris, Gensac, Guisan, St-Nazaire, et de Catherine THOLLON de Ste-Jalle ;

d'où : 1. Philibert, sgr de Petit-Paris, chev. de l'ordre du Roi ; fait prisonnier par les Huguenots, le 19 août 1547, fut assassiné par eux en fév. 1588. Il avait ép. Catherine THOLLON[4], fille de Marius, sgr de Ste-Jalle, et de Claire de TAULIGNAN ; S. P.[5] ;

2. François, dont l'article suit ;

3. Louis, sgr de Venterol, mestre de camp du régim. de Suze ; mourut au siège de Mornas, contre les Calvinistes, en 1568 ;

4. Claude, sgr de Venterol, chev. de St-Jean-de-J., g^d prieur de St-Gilles, en 1597, commandeur de la Ville-Dieu, en 1637 ; [fit son test., le 26 juil. de cette même année[6], et mourut peu après[7]] ;

5. Jean ;

6. Marguerite, fut instituée héritière de son mari. Elle avait ép. Antoine GROLÉE, sgr de Gerboule.

XI. François d'URRE-Brotin, sgr de Petit-Paris, St-Nazaire, Teyssières, csgr de Vinsobres, etc... ; leva deux régim. pour le parti de la ligue en Provence et se distingua à leur tête en plusieurs combats ; [arrenta Noveysan et Venterol, en 1590[8], au prix de 30 sommées de blé, 80 de méteil, 100 émines d'huile d'olive, 100 barraux de vin, 50 écus, etc...] ; fit son test., le 1er fév. 1622, [et mourut avant 1626[9]]. Il avait ép., suiv. contrat du 13 janv. 1590[10], Catherine de GROLÉE, fille de Laurent, bar. de Mévouillon, c^te de Ribiers et de Bressieu, et de Marguerite de St-MICHEL ;

d'où : 1. Laurent, dont l'article suit ;

2. Bertrand, chev. de St-Jean-de-J., commandeur de Pallières ;

---

[1] Veuve d'Henri de LENONCOURT, baron de Vignory. Armes : *d'azur à 3 broyes d'or posées en fasce.*

[2] Cotárel, not. à Nyons.

[3] Elle vivait encore en 1602 (Guamores, not. à St-Nazaire-le-Désert. Arch. Drôme, E. 2352). Armes : *de gueules à 2 tours carrées et inégales, jointes par un entre-mur ouvert en forme de portail le tout d'argent, maçonné et crénelé de sable.* V. Pith.-C., III, 591.

[4] Mourut avant son mari.

[5] Pith.-C. dit que, lorsque Philibert fut assassiné, il était sur le point d'ép., en 2es noces, Louise de BUDOS, qui depuis ép., en 1res noces, Jacques de GRAMMONT, sgr de Vachères, et, en 2es noces, Henry de MONTMORENCY, pair et connétable de France.

[6] Reybaud, not. (Fonds Veran, à Arles).

[7] Le 27 juil. 1638 (Guamores, not. à St-Nazaire), Laurent d'URRE de Brotin, son neveu, fit procuration à Mr de la FAYE, d'Aigues-Mortes, pour retirer ce qui pouvait lui appartenir, à raison du quint de l'héritage de f. Claude d'URRE, g^d prieur de St-Gilles (Arch. Drôme, E. 2382).

[8] Arch. Drôme, E. 2633.

[9] *Ibid.*, E. 2369.

[10] Chaissy, not. à Avignon, et Etienne Gonzerac, not. à Uzès (Pr. de M. BLAIN, 1692).

3. François, chev. de St-Jean-de-J. ; fut tué, en 1644, au siège de Tarragone, en Espagne ;
4. Antoine, sgr de Venterol, Noveysan, St-Maurice, Tullin, Truinas, Vinsobres, etc...; [eut procès avec son frère Laurent ; fit son test., en faveur de sa femme, le 14 mai 1639[1], et mourut vers 1643[2]]. Il avait ép., [suiv. contrat du 9 août 1635[3]], Louise-Gabrielle de MORGES, [dame de Chastelar[4]], fille de Bertrand, sgr de la Motte-Verdayer, et de Madeleine de GROLÉE ;

d'où : A. Louis-Gabriel, sgr de St-Maurice, Venterol, mis de Bressieu, héritier, sous bénéfice d'inventaire, de sa tante Marguerite de MORGES, mise de Bressieu, csse de Ribiers, dame de la Motte, veuve et héritière test., sous bénéfice d'inventaire, de Louis de GROLÉE de Mévouillon ; [passa transaction, le juil. 1680[1], avec Jacques du PUY de Tournon, sgr de Montbrun ; mourut à Venterol et fut enseveli le 29 mars 1700] ; S. A. ;

B. Antoine-François, maintenu dans sa noblesse par l'intendt de Dauphiné, en 1667 ;

C. Jean, chev. de St-Jean-de-J., mourut en 1647 ;

D. Marie[5], [obtint, le 16 avril 1685[1], jugement du vi-bailli de Graisivaudan, condamnant son frère Louis à lui payer 36.000 l. à elle léguées par Louise de MORGES, leur mère. Elle avait ép., suiv. contrat du 3 avril 1683[6], Cleophas VERDILLON, sr de Châteauredon, fils d'*autre* Cleophas et de Marguerite de MOTTET ;

E. Madeleine, mourut à St-Maurice en août 1661] ;

5. Marguerite, ép. Henri de ROUVILLASC, sgr du Barroux, fils de Louis et de Blanche SEYTRES de Caumont ;
6. Sibylle[7].

---

[1] Arch. Drôme, B. 808.

[2] *Ibid., id.*, B. 122.

[3] Fazende, not. (*ibid.*, *id*, B. 808.

[4] Passa transaction, le 11 août 1636 (Arch. Drôme, B. 808), avec Marguerite de MORGES, dame de la Molle ; fit son test., le 1 sept. 1653 (Long, not. à Nyons. *Ibid., id.*, B. 808) ; obtint, au nom de son fils, un arrêt du Parl. de Provence du 22 mars 1654, contre Catherine de la CROIX de Chevrières, veuve et héritière d'Anne de la BAUME de Suze, cte de Rochefort.

[5] Pith.-C. la nomme Catherine et se contente de dire qu'elle fut mariée en Provence, sans nommer son mari.

[6] Denans, not. à Aups (*Insin.* Draguignan, 1319).

[7] Pith.-C. dit qu'on trouve à cette époque, sans pouvoir les rattacher :

Pierre d'URRE, sgr de Petit-Paris, ép. Sibille de GROLÉE, fille de Laurent, sgr de Mevouillon et Bressieu, et de Catherine d'ORAISON de Beaujeu ;

d'où : 1. François, sgr de Petit-Paris ;

2. Jean, sgr de Venterol.

Et encore : Antoine d'URRE, sgr de Marsanc ; assista, en 1591, au mariage de Jean de GRAMMONT, sgr de Vachères, avec Louise de BUDOS.

XII. Laurent d'URRE-Brotin, sgr de Montanègue, Gumiane, Guisans, Petit-Paris, St-Nazaire, etc...; fit donation à Jeanne de SACCO, sa belle-mère, le 14 juil. 1631[1], et mourut avant 1659[2]. Il avait ép., suiv. contrat du 30 avril 1614[3], Isabeau LIBERTAT[4], fille de Barthélemy, éc., et de Jeanne de SACCO; d'où : 1. Jean-Baptiste (dit le m[is] de Montanègue), sgr de Petit-Paris, etc...; héritier de sa mère; maintenu dans sa noblesse, par jug. de l'intendant de Dauphiné, en 1668; lieut. général au gouvernement de Languedoc, en 1677[5]; [chev. des ordres du Roi; fit son test. olographe, le 2 fév. 1689[6], par lequel il élit sa sépulture à Villeneuve-les-Avignon, chez les Chartreux, ou en Dauphiné, dans la tombe de ses prédécesseurs, ou en Languedoc, en sa chapelle de l'église de Vezenobre; fait des legs pieux; lègue à Mme de FAY, sa belle-mère, sa part de Vezenobre et les biens dont il a hérité de sa femme; veut que, si, à son décès, il a hérité de ladite Mme de FAY, son héritier ép. Anne de CALVIÈRE, fille du baron de Bourcoiran, sans autre dot que 3.000 l. pour ses habits et 30.000 l. que son héritier lui reconnaîtra; si ledit héritier refuse de l'épouser, il donnera quand même ladite somme, et si c'est elle qui refuse, elle ne recevra rien; lègue 6.000 l. à Joseph de ROSSET,

[1] Jaubert, not. à Marseille (*Insin.* Marseille, 1302).

[2] Pith.-C. dit à tort qu'il fit son test. en 1672, car en 1659 (Bertrand, not. à St-Nazaire), Jean-Baptiste d'URRE, son fils, se dit héritier de son père (Arch. Drôme, E. 2422).

[3] Brunet, not. à Marseille (*Insin.* Marseille, 94). Tém. : Gaspard de MORGES, oncle du futur; Robert et Bernard de SACCO, Alphonsine et Marguerite de SACCO, oncles et tantes de la future. Dans les Pr. de M. Blain de Marcel, 1692, la date de ce contrat est portée au 10 janv. 1614, et dans celles de LATTIER, 1683, au 6 avril 1614, ainsi que le marque Pith.-C..

[4] [Fit son test., à la Bâtie-Rolland, écrit de main d'autrui, signé à chaque page par la testatrice, le 28 juil. 1672, et déposé par elle le même jour chez Montel, not. (Arch. Drôme, B. 1195), par lequel elle se dit veuve et héritière, selon inventaire, de son mari; élit sa sépulture selon le lieu où elle mourra : à Montélimar, chez les Visitandines, dans la tombe de son mari, ou à Marseille, dans la tombe de ses père et mère, ou à St-Nazaire, dans la tombe de St-Antoine, ou à Brotin, dans l'église de Ste-Marie; fait divers legs pieux; lègue à ses fils Claude, chev. de Paris, et Jean, chev. de Montanègue, à chacun une pension de 500 l. plus 30.000 l. et le château de Brotin, à Poët-Laval, par égale part; plus audit Jean, son 3e fils, 1.500 l. à elle dues par Pierre de LATTIER, sgr de St-Paulet, et 4.000 l. pour ses charges de guerre; lègue 30 l. à ses filles Claire, religieuse à Ste-Marie de Marseille, et Marguerite, religieuse à Ste-Catherine d'Avignon; lègue 50 l. à François BLAIN de Marcel, baron du Poët, et à Marguerite, sa sœur, femme de Mr de BELLAN, enfants de f. Jeanne d'URRE, sa fille; 300 l. à Ignace BLAIN de Marcel et à Isabeau, sa sœur, femme de M[r] de St-PAULET, enfants de la même; 50 l. à Louis de St-PAULET, fils de ladite Isabeau; 30 l. à Justine et Dauphine BLAIN de Marcel, visitandines à Montélimar, filles de ladite Jeanne d'URRE, et institue pour héritier universel Jean-Baptiste d'URRE, son fils aîné, avec substitution successive en faveur de Claude et Jean, ses autres fils, et de leurs enfants mâles, puis à leurs filles]. Armes : *coupé d'azur et de gueules, le 1er chargé d'une tour d'argent accompagnée de 3 fleurs de lys mal ordonnées d'or; le 2e chargé d'un lion passant d'or.*

[5] Le maréchal de SCHOUBERT lui vendit cette charge pour 80.000 écus.

[6] Déposé chez Mourgier, not. à Villeneuve (Arch. Drôme, B. 1195).

fils naturel de Mr de St-Sauveur et 3.000 l. à Marion ROSSET, sœur dudit Joseph ; 6.000 l. à Marguerite BLAIN du Poët de BELLAN, sa nièce, et, si elle était morte, à son fils aîné ; et institue pour héritier universel Jean-Baptiste d'URRE, son neveu, fils de Jean, son frère, avec substitution à ses enfants mâles, puis successivement aux enfants légitimes de Louis-Gabriel d'URRE, sgr de Venterol, à ceux de Guichard d'URRE d'Aiguebonne, sgr du Puy-St-Martin, à ceux d'Antoine d'URRE de Mollans[1], finalement à ceux de Mr d'URRE de Brette, et à ceux d'URRE de Grâne ; et, pour les biens de sa mère, il élit, à défaut des enfants de son héritier, Ignace BLAIN du Poët, son neveu, avec substitution en faveur de Marguerite BLAIN du Poët, dame de BELLAN, sa nièce, ou ses fils ; et mourut peu après]. Il avait ép., suiv. contrat du 24 avril 1655[2], Isabeau de CALVIÈRE[3], fille d'Abel-Antoine, sgr de Boucoiran, et de Madeleine FAY de Peirault, dame de Vezenobre ; S. P. ;

2. Gaspard, clerc du dioc. de Marseille, reçut résignation en sa faveur du prieuré de St-Nazaire-le-Désert, par Jean RAYNAUD, prieur dudit lieu, suiv. procuration du 25 oct. 1639[4] ;
3. Jean, dont l'article suit ;
4. Pierre, chev. de St-Jean-de-J., tué au siège d'Arras en 1654 ;
5. Claude, dit le chev. de Paris ; fut reçu chev. de St-Jean-de-J. en 1645 ; [eut, le 9 sept. 1661[5], de sa mère, alors veuve, désemparation de la somme de 850 l. pour lui tenir lieu de la pension que son père lui avait léguée] ; prit ensuite la carrière ecclésiastique et fut connu sous le nom d'abbé de Gumiane ;
6. [Madeleine, née à Marseille, ondoyée le 1er fév. 1621, bapt.[6] le 14 mars 1622[7]] ;
7. Jeanne, [mourut avant le 28 juil. 1672[8]]. Elle avait ép., [suiv. contrat du 24 août] 1636[9], Résie-Hector-*Marcel* BLAIN de Marcel[10], [fils de

---

[1] En 1780, tous les premiers appelés à ce test. ayant disparu, cette succession fut délivrée à Joseph-François d'URRE de Mollans, fils de Jean-Joseph-Dominique.

[2] Reboul, not. à Avignon (*insin.* Marseille, 930).

[3] Fit son test. en faveur de son mari (Michel Mourgier, not. à Villeneuve. Arch. Drôme, B. 1195). Armes : *fascé d'or et de sable, l'or chargé de 6 bezans d'argent au chef d'argent chargé d'un sanglier de sable passant sur des flames de gueules* (Pith.-C.).

[4] Guamores, not. à St-Nazaire (Arch. Drôme, E. 2382).

[5] Bertrand, not. à St-Nazaire (*ibid.*, E. 2423).

[6] La Major.

[7] Parr., Léonard SARRON ; marr., Marguerite de SARRON.

[8] Test. de sa mère.

[9] Sausse, not. à Bourdeaux (Pr. de M. BLAIN, 1602).

[10] Ép., en 2es noces, Louise d'HOSTUN.

Louis, baron du Poët, etc..., et de Justine de la Tour-du-Pin-Gouvernet, sa 1re femme ;
8. Claire, [religieuse de la Visitation, à Marseille] ;
9. Marguerite, [religieuse à Ste-Catherine d'Avignon].

XIII. Jean d'Urre-Brotin, sgr de Gumiane, Merlet, Petit-Paris, St-Nazaire, etc...; gouverneur du Pont-St-Esprit ; fit son test., le 13 juil. 1686, en faveur de son fils Jean-Baptiste, [et mourut avant le 2 fév. 1689[1]]. Il avait ép., suiv. contrat du 18 juin 1678[2], Constance Colas[3], fille de Jean-Louis et de Marie Lataud[4] ;
d'où : Jean-Baptiste, dont l'article suit.

XIV. Jean-Baptiste d'Urre-Brotin (dit le mis de Montanègue), sgr de Gumiane, Merlet, Petit-Paris, St-Nazaire, etc..., [né à Poët-Laval, bapt. le 1er août 1678, recueillit la succession de Jean-Baptiste d'Urre, sgr de Montanègue, son oncle, dont l'inventaire fut dressé du 8 mars au 25 juin 1689] ; page de la petite écurie du Roi, en 1694 ; colonel réformé à la suite du régim. de Dauphiné ; brigadier d'infant., le 1er fév. 1719] ; lieut. gén. au gouvernement de Languedoc ; chev. de St-Louis ; mourut à Guisans[5], le 10 déc. 1761[6]]. Il avait ép. [Françoise-Marie] Alleman de Puvelin, fille de
d'où : [Joseph-Constantin, dont l'article suit.

XV. Joseph-Constantin d'Urre-Brotin, cte de Montanègue, né à Montélimar en 1701] ; cap. de cavalerie ; [demandait, le 27 nov. 1736[7], contre son père, l'ouverture en sa faveur du fideicommis mentionné au contrat de mariage du 24 avril 1655 de Jean-Baptiste d'Urre-Brotin, mis de Montanègue, avec Isabeau Calvière de Boucoiran ; mourut à Montélimar, en 1748, avant son père ; S. A.[8]].

---

[1] Test. de son père Jean-Baptiste d'Urre.

[2] André, not. à Montélimar.

[3] V. Pith.-C., III, 595. Armes : *d'or au chêne arraché de sinople, accompagné en pointe d'un sanglier passant de sable.*

[4] Courcelles (*Hist. des Pairs*, II ; Colas, 37), la nomme Lotard.

[5] Commune de Bouvières (*Bulletin de la Société.... de la Drôme*, 1896, p. 280.

[6] Le marquisat de Montanègue qui, depuis plusieurs années, était l'objet de contestations entre divers prétendants y réclamant des droits par héritage et substitution ou par titre de créance, fut vendu, en mai 1761, à la barre du Parl. de Paris et adjugé à Mr Desfourniel pour le prix de 312.100 l..

[7] Arch. Drôme, B. 1194.

[8] Coston, *Hist. de Montélimar*, III, 384.

BRANCHE
DES SEIGNEURS DE BRETTE

VI. Jacques d'URRE[1], fils puîné d'Aimar, csgr d'Eurre, sgr de Pierrelate, etc... ; habitait à Allex, et eut pour fils :

Bertrand, dont l'article suit.

VII. Bertrand d'URRE, habitant à Allex, ép. Guillemette de CLIOU ; d'où : 1. Louis ;

d'où : Thiers (*alias* Thierry), héritier de son père ; réclama l'héritage de Jean d'URRE, fils de François, contre Antoinette d'URRE, veuve de ce dernier, qui s'en étoit emparée, et qui lui fut disputé et enlevé par Balthazar d'URRE, son oncle ;

2. Balthazar, dont l'article suit ;
3. Gaspard ; S. P. ;
4. Jean ; S. P..

VIII. Balthazar d'URRE, sgr de Brette, csgr d'Eurre, etc... ; obtint, le 14 août 1531, arrêt du Parl. de Grenoble ouvrant en sa faveur la substitution apposée au test. de Claude d'URRE, son grand-oncle, en 1467. Il fit son test., le 25 avril 1538[2], en faveur de Bertrand, son fils aîné, avec substitution, et mourut peu après. Il avait ép. Jeanne LEIDET[3], dame de Brette, fille d'Antoine[4] et de Madeleine CAVAILLON[5] ;

d'où : entre autres,

1. Bertrand, dont l'article suit ;
2. Antoine ;
3. Blanche, ép., le 23 fév. 1527, Gabriel ALLARD[6], éc., habitant à Montvendre[7].

IX. Bertrand d'URRE, sgr d'Auribeau[7], Brette, Gleizolles[8], Pradelles, etc... ;

---

[1] Nous présentons la généalogie de cette branche, fautivement établie par Pith.-C., suiv. les données fournies par le *Mémoire* cité ci-dessus (p. 303, note 3).

[2] Bertrand, not. à Crest.

[3] Héritière de Catherine de SAUSAC, son aïeule, dame d'Auribeau, Brette, Gleysolles ; fit son test. le même jour que son mari ; fit une donation, étant veuve, en 1543 (Guillaume Chion, not. à Valence. Arch. Drôme, E. 2575) ; donna tous ses biens à son fils Bertrand, le 2 sept. 1546, sauf l'usufruit des sgries de Brette, Pradelles et Gleizolles, et mourut vers 1553.

[4] Arch. Drôme, E. 1245.

[5] Elle passa transaction, en 1518 (Arch. Drôme, E. 359), ainsi que sa fille et son gendre, avec Joanion PLANEL, dit de *Conche*.

[6] Fit son test. en 1548 (Pith.-C. dit à tort en 1516). Il avait ép., en 1res noces, Cécile DUPÉRIER.

[7] Dioc. de Valence.

[8] Commune de Pradelles, canton de la Motte-Chalançon.

reçut, le 15 mai 1546, de Guillaume de POITIERS, c[te] d'Albon, donation de tous ses droits sur lesdites sgries; passa transaction, avec son frère Antoine, le 5 avril 1565, au sujet des biens de Balthazar, leur père commun, comme ayant été substitués audit Balthazar et ne faisant pas partie de son patrimoine, et en fit partage, le 15 juil. suiv.; fit son test., le 9 août 1579[1], en faveur de son fils Jean. Il avait ép., suiv. contrat du 10 sept. 1546[2], Aymarre de LESTANG, fille d'Antoine;

d'où : 1. Jean, dont l'article suit;

2. Catherine, ép., en 1572, Arnaud FAURE, sgr de la Maison-Forte des Blains.

X. Jean d'URRE, sgr d'Auribeau (*alias* Auribel), Brette, Gleysolles, Pradelles, St-Romain, etc...; donna procuration, le 22 fév. 1626[3], étant âgé et infirme, à Pierre d'ALLARD, son neveu, gentilh. servant du Roi, lieut. de chevau-légers, pour aller à Romans assister au mariage de son fils Jacques et lui faire donation de la moitié de ses biens; fit son test., le 6 janv. 1627[4], par lequel il élit sa sépulture dans la chapelle Ste-Catherine, qu'il a fait réédifier dans l'église paroissiale de Ste-Apollonie, à Eurre; lègue 150 l. de pension à son fils Louis, chev. de St-Jean-de-J., retourné à Malte depuis 3 ans pour continuer ses caravanes; 30 l. à Pierre, Jean, Jacques, André et Louis (GUILHEM) de Pascalis, enfants de Gaspard, sgr de Mazan, et de Gabrielle d'URRE, sa fille; 120 l. aux enfants à naître de Marguerite, son autre fille, femme d'Antoine de VINCENT de Mazade, command[t] une comp. de gens de pieds au régim. de Rambure; 600 l. à Jean d'URRE, son p[t]-fils et filleul, né du mariage de son héritier avec Madeleine de MISTRAL, pour ses études; dispense de comptes sa femme Françoise de MORGES, et institue pour héritier son fils Jacques. Il avait ép., suiv. contrat du 24 oct. 1594[5], Françoise de MORGES[6], fille de Gabriel, sgr de la Motte, et de Guigonne de la COLOMBIÈRE;

d'où : 1. Jacques, dont l'article suit;

2. Louis, reçu chev. de S[t]-Jean-de-J. au g[d] prieuré de S[t]-Gilles, à Arles, suiv. enquête terminée le 28 mai 1605[7]; tué d'un coup de canon, en 1625;

3. Gabrielle, ép., suiv. contrat du 27 déc. 1614[8], Gaspard GUILHEM Pascalis, fils de Fouquet et d'Alexandrine de GUÉRIN.

---

[1] Michel de Tromparent, not. à Crest (Pr. de M. VESC, 1691).

[2] Jean Rivière, châtelain d'Anjou, not. à Vienne (Pr. de M. VESC, 1691).

[3] Astier, not. à Eurre (Arch. Morin-P.).

[4] Fait à Eurre, Astier, not. (Arch. Drôme, E. 1253).

[5] Martin, not. à la Motte (Pr. de M. VESC, 1691).

[6] Sœur de *N*..., chev. de Malte, tué à Messine, âgé de 80 ans ? (Pith.-C., III, 599, dit 24 ans).

[7] Pr. de M. VESC, 1691.

[8] Jacques Piscis, not. à Crest (Pr. de M. GUILHEM, 1723).

XI. Jacques[1] d'URRE, csgr d'Eurre, sgr de Brette, Pradelle, Gleysolles, etc...; acquit, pour le prix de 58.500 l., la terre et château d'Eurre, de la discussion des biens de Daniel de GLANE, csgr d'Eurre[2]; transigea, le 5 juin 1635, sur cette acquisition, avec Olympe de BERENGER, veuve dudit Daniel, et Antoine TINEL, gendre de celle-ci; reçut défense, par arrêt du Parl. de Grenoble du 11 août 1667[3], de faire des levées, chaussées et écluses le long de la Drôme et d'établir des canaux dans le territoire d'Eurre, à l'encontre de Jeanne de GLANE et de Balthasard MORIER, son mari; fit son test. olographe, le 13 août 1680[4], par lequel il lègue 1.000 louis, outre sa dot, à Marie d'URRE, sa p[te]-fille, fille de Jean et de Françoise de JONY, femme de Claude-Augustin de VESC; fit en outre donation, le 5 avril 1681[5], à la même Marie d'URRE, sa p[te]-fille, et à son mari, pour leurs bons soins et voyage à Paris à l'occasion du g[d] procès contre MORIER et sa femme, Jeanne de GLANE, du moulin banal d'Allex, ses terres et prés au même lieu, et, après elle, à Jacques-Marie de VESC, son fils aîné, filleul dudit donateur. Il avait ép., à Romans, suiv. contrat du 24 fév. 1626[6], Madeleine de MISTRAL[7], fille de Laurent, sgr du Gonas et Bagnols, et de Marie THOMÉ, sa 2e femme;
d'où : 1. Jean, dont l'article suit;
2. Jacques;
3. Laurent, chev. de St-Jean-de-J., en 1652.

XII. Jean d'URRE, csgr d'Eurre, sgr de Brette, etc...; reçut, en son contrat de mariage, la moitié des biens de son père, et mourut intestat avant le 23 août 1654[8], sans avoir été émancipé ni autorisé à tester. Il avait ép., suiv. contrat du 30 juin 1647[9], Françoise de JONY[10], fille d'Antoine et d'Emerande de

[1] Pith.-C., intervertissant ce degré, y met Jean (ép. de Jeanne de JONY), qui était le fils et non le père de Jacques, ép. de Madeleine de MISTRAL.

[2] Cette acquisition fut la source de procès qui duraient encore en 1763 et accumulaient des frais énormes. Dès 1759, les MORIER, héritiers de Daniel de GLANE, réclamaient 1.040.828 l., et, de leur côté, les de VESC, héritiers de Jacques d'URRE, réclamaient 338.262 l.. La cause avait passé successivement devant le Parl. de Grenoble, le Conseil, la Chambre de l'Édit de Toulouse, séant à Castres, la Chambre de l'Édit de Paris et la cour. Le dernier arrêt de 1763 confirma la possession d'Eurre sur la tête de Jacques d'URRE et en attribua la possession aux de VESC, ses représentants.

[3] Arch. Drôme, E. 4019.

[4] Pr. de M. VESC, 1691.

[5] Planel, not. et Escoffier-Bayot, lieut. de juge de la csgrie d'Eurre (Arch. Drôme, B. 389).

[6] Pierre Cogne, not. à Romans.

[7] Armes : *de sinople au chevron d'or chargé de 3 trèfles d'azur.*

[8] Lettres royaux données à sa femme, veuve.

[9] Charles Gilbert, not. à Crest (Pr. de M. VESC, 1691).

[10] Elle avait ép., en 2es noces, Charles de BEAUMONT de Miribel. Elle obtint lettres royaux données à Castres, les 23-26 août 1654 (Arch. Morin-P.), où elle est dite veuve de Jean d'URRE, sgr de Brette, et mère de Gabriel d'URRE, relativement à la donation faite par Jacques d'URRE, père dudit Jean, à son contrat de mariage, et que contestait Jeanne de GLANE, femme de Balthasar MORIER; passa procuration à Paul de POURROY, de la ville de Crest, le 15 nov. 1674, pour la représenter au contrat de mariage de sa

CHABERT[1] ;

d'où : 1. Gabriel, s[r] de St-Romain, nommé comme héritier de son père dans les lettres royaux obtenus par sa mère, les 23-26 août 1654[2] ; fit son test., le 14 mars 1714[3], en faveur de Joseph-François RAFFELIS de Tertulle, m[is] de Pluvinel et de la Roque. Il avait ép. Laurence de St-LAURENT[4] ;

2. Laurent ;

3. Marie, dame héritière de Brette ; obtint, le 18 mars 1681[5], au présidial de Valence, contre Jacques d'URRE, son aïeul, un jugem. *(probabl. convenu)*, par lequel ledit Jacques est condamné à lui désemparer la moitié des biens de f. Jean d'URRE, père de Marie, avec restitution des fruits à cette dernière à partir du jour de son mariage, et à payer les intérêts des 5.000 l. constituées par Emerande de CHABERT en mariage, à partir du 3 fév. 1679 ; fit son test., avec son mari, le 3 déc. 1678[6], par lequel elle élit sa sépulture en l'église de N.-D. de la Fistule ; mourut à la Roche-St-Secret et fut ensev., le 2 avril 1722, à Notre-Dame[7]. Elle avait ép., suiv. contrat du 16/27 juil. 1675[8], Claude-Augustin de VESC[9], fils de Pierre, sgr de Bécone, et de Marguerite de MONY, sa 2e femme[10].

BRANCHE

DES SEIGNEURS DE MOLLANS

V. Guillaume d'URRE, esgr de Vinsobres, Teyssières, etc..., fils puîné d'Albert, esgr d'Eurre, et de Béatrix de LAYE ; parut, en 1400, aux démêlés entre les habitants de Dieulefit et l'ordre de St-Jean-de-J.. Il avait ép., en 1res

---

fille Marie d'URRE, avec Claude-Augustin de VESC, sgr de Bécone, et ratifia, le 6 mai 1685 (Moulinet, art. BEAUMONT), la constitution de dot faite en son nom.

[1] Elle mourut *(probab.)*, le 3 fév. 1679, puisque c'est à cette date que la sentence du 18 mars 1681 fait remonter les intérêts de 5.000 l. qu'elle avait constituées en dot à sa petite-fille Marie d'URRE, ép. de VESC.

[2] Ces lettres portent expressément que Gabriel était fils et héritier de Jean, fils lui-même de Jacques.

[3] Raspail, not. (Arch. Drôme, B. 1902).

[4] Elle fit son test., le... 1723, par lequel elle se dit demeurant à Crest, veuve de Gabriel d'URRE, et institue pour héritière Marie-Antoinette-Agathe DUPUY, femme de Jérôme de LATTIER, sa cousine, et lègue à Claudine et Marianne de LERS.

[5] Arch. Drôme, B. 386.

[6] Lacroix, *Arrond. de Mont.*, I, 285.

[7] Après sa mort, les procès sur l'héritage de son aïeul Jacques d'URRE et sur le sien continuèrent entre ses enfants et les MORIER d'Urre de Glane.

[8] Gabriel et Moralis, not. à Valréas.

[9] Mourut avant sa femme.

[10] D'où : Gabriel-Joachim de VESC, père de René-Joseph-Pierre-Augustin de VESC, sgr de Bécone.

noces[1], Antoinette de COMMIEYES *(alias* COMMIERS)[2]; et, en 2es noces[3], Aigline de VENTEROL, codame de Vinsobres;

d'où : du 1er lit,

1. Jean, dont l'article suit;

et, du 2e lit,

2. Dalmas, csgr de Venterol, Teyssières, etc...; vivait en 1417; d'où : Jean;
3. Béatrix, ép., suiv. contrat du 11 nov. 1380, Didier de BÉSIGNAN.

VI. Jean d'URRE, sgr de Mollans, Mirabel, St-Maurice, la Touche, Vinsobres, etc...; [bailli du Graisivaudan; capit. d'une comp. d'hommes d'armes pour laquelle il reçut des gages (390 l. 10 s. par mois), en 1418 et 1428; acquit, en 1425, de Germaine-Romaine BASCHI, veuve de Bernard de SERRES, sa portion de la terre et sgrie de Mollans[4] pour 3.000 fl., et mourut avant le 15 janv. 1458]. Il avait ép., avant 1414, Dragonette de VEYNES (de VENETO)[5], fille et héritière de Rolland, csgr de Mollans[6];

d'où : 1. Guillaume, dont l'article suit;

2. Pierre, csgr de Mollans, [parait, en 1445, à la révision des feux de Mollans, avec ses frères Pierre et Raymond; passa transaction, le 29 juin 1474, avec ses frères Pierre et Rey.ier];
3. Raimond;
4. Reynier, tige des sgrs de la Touche, rapportés plus loin;
5. Louise, ép. Fouquet du PUY-MONTBRUN[7].

---

[1] Pith.-C. donne à ce mariage la date, évidemment fausse, de 1413.

[2] Lacroix, *Arrond. de Montélimar*, III, 101.

[3] Ce 2e mariage et les deux enfants qui en sont issus, sont indiqués dans une généalogie manuscrite aux Arch. Morin-P..

[4] Lacroix, *Arrond. de Montélimar*, II, 324. La terre de Mollans avait été partagée entre Pierre REYNIER et Giraud de MÉDICIS. Pierre REYNIER vendit sa portion, en 1323, au Dauphin Jean, père de Guigues, d'où elle vint à Barthélemy et Augier de MORONCO *(alias* MOROCE), puis à Pierre GROLÉE de Mévouillon, qui la vendit à Bernard de SERRES. L'autre portion de Mollans fut vendue par Giraud de MÉDICIS à Hugues ADHÉMAR de la Garde, en 1323, d'où elle vint aux VEYNES (Arch. Drôme, E. 4280).

[5] Passa procuration à son mari, le 18 avril 1414, pour rendre hommage de ses biens de Veynes, ce que celui-ci exécuta le 2 juil. suiv.; fit donation à son fils Guillaume d'URRE, en 1451 (Arch. Drôme, E. 4280), de la moitié de la sgrie de Mollans, et fit son test. en 1436. Armes : *de gueules à 3 bandes d'or.*

[6] Celui-ci probabl. fils de Guillaume de VEYNES, dit le Forestier, et de Catherine RUFFO, dame de Séchilienne.

[7] Pith.-C. inscrit cette Louise (III, 586), au rameau de Berlion, de la branche du Puy-St-Martin, comme fille d'Aimar d'URRE et de Blanche ADHÉMAR, donnant pour date à son mariage le 23 oct. 1520. Il n'a pas remarqué qu'il avait lui-même, à l'art. RIVIÈRE (III, 70), indiqué à cette même date, en y ajoutant le nom du notaire (Elzeard Ripert, à Carpentras), le mariage de Jeanne du PUY, fille dudit Fouquet et de Louise d'URRE de Mollans. Il avait donc fait évidemment une erreur à l'article d'URRE et nous avons dû, en supprimant cette Louise au rameau de Berlion, la marquer, d'après ce que Pith.-C. a dit avec précision à l'article RIVIÈRE, à la branche de Mollans où lui-même l'avait placée sans indiquer son alliance.

VII. Guillaume d'URRE, csgr de Mollans, Vinsobres, [était cité dans le procès de son frère Reynier, que termina la transaction du 15 janv. 1458; avait avec sa mère un procès commencé dès 1464 et que termina un arrêt du Parl. de Grenoble du 26 nov. 1473; mourut intestat avant 1492]. Il avait ép., en 1451[1], Jeanne de CHABESTAN d'Alauzon[2], fille d'Antoine, sgr de Chabestan; d'où : 1. Jean, dont l'article suit;

2. François, tige de la branche établie à Carpentras;
3. Antoine, prieur de Mollans, transigea avec ses trois frères, le 5 nov. 1498[3], sur leurs droits en l'héritage de leurs père et mère;
4. *Autre* Antoine, chan. régulier de St-Ruf, ordre de St-Augustin.

VIII. Jean d'URRE, sgr de Mollans[4], [fit son test., le 4 juil. 1502[5], par lequel il lègue à sa femme, à ses trois frères, à Alienor d'URRE, sa nièce (fille de François et d'Hélène de LOYRE), ép. de Jean d'AVIGNON, à Germain d'URRE, son fils, et institue pour héritier son autre fils Jean, lui substituant cedit Germain, puis Humbert d'URRE (fils de Reynier), et enfin ladite Alienor]. Il avait ép., suiv. contrat du 13 mars 1482[5], Madeleine *(alias* Marguerite) de THOLLON, fille d'Antoine, sgr de Ste-Jalle, et de Geneviève de GASTE de Luppé. d'où : 1. Jean, dont l'article suit;

2. Germain, [sgr des Baumettes, Cléon-d'Andran, etc...], *(dit* le cap. Mollans), lieut. de la comp. de 50 lances du cte de Tende; cap. de 100 hommes d'armes, etc...; commandt du mont St-Michel; [acheta, le 19 juil. 1533[5], de François de TAULIGNAN, bar. des Barres et Puyméras, et pour le prix de 3.000 écus d'or au soleil, la terre et sgrie de Cléon-d'Andran]; commanda comme lieut. de Roi en Provence, à la place du cte de Tende, en 1536 et 1537; défendit Grasse, en 1537, contre les Espagnols débarqués à Antibes; commanda l'artillerie au siège de Cabrières, en 1541; fit son test., le 6 juin 1542, [par lequel il institue pour héritier Jacques d'URRE, son neveu, et lègue à François et Esprit d'URRE, aussi ses neveux, frères dudit Jacques; fit un autre test., en 1545[7], par lequel institue pour héritier le même Jacques d'URRE et lui substitue François d'URRE, frère de celui-ci]; fut gouverneur d'Auxonne, en 1545, et mourut après 1576[8]; S. A.;
3. Guillaume, tige des sgrs de Mézerac, rapportés plus loin[9];

---

[1] Pierre Raimundi, not..

[2] Mourut intestate avant le 5 oct. 1492. Armes : *écartelé au 1 et 4 d'azur au lion d'or accompagné en chef de 6 étoiles du même; au 2 et 3 coupé de gueules sur argent à 2 roses de l'un en l'autre,* qui est d'Alauzon.

[3] Bertrand Martini, not. au Buis.

[4] Dioc. de Vaison.

[5] Elzéar Enghirant, not..

[6] Lacroix, *Arrond. de Montélimar*, II, 322.

[7] Jugement de nobl. du 29 août 1641.

[8] Lacroix, *Arrond. de Montélimar*, III, 59 à 63.

[9] Ce Guillaume, ses frères qui suivent et sa sœur, donnés ici d'après Pith.-C., ne figurent

4. Philippe ;
5. *Autre* Jean ;
6. Jacques ;
7. Marguerite, ép., en 1549, Faulquet[1] de l'Epine, fils de Michel, sgr d'Aulan, et de Marguerite ARTAUD de Montauban.

IX. Jean d'URRE, csgr de Mollans, sgr des Baumettes, Cléon-d'Andran, etc... ; [avait pris à ferme la terre de Châteauneuf-de-Mazenc, en 1551[2]] ; fit son test., le 15 janv. 1536[3], dans lequel il nomme ses treize enfants[4]. Il avait ép., suiv. contrat du 1512[5], Catherine CHOISELAT[6] (ou CHAUSSELET), fille de Colin et de Marguerite de la PLANE ;

d'où : 1. [Jacques, institué héritier de son père et de son oncle Germain d'URRE, aux test. de celui-ci en 1542 et 1545 ; acheta, en 1565, une maison à Malaucène, où il s'était retiré pendant la peste[7]] ; S. P. ;
2. François, dont l'article suit ;
3. [Philippe, reçu chev. de St-Jean-de-J. en 1537] ;
4. [Jean, reçu chev. de St-Jean-de-J. en 1546] ;
5. [Claude] ;
6. Esprit, [légataire de son oncle Germain d'URRE, au test. de ce dernier du 6 juin 1542, paraît être mort peu après, puisqu'il n'est plus nommé au test. du même Germain de 1545] ;
7. Antoine ;
8. Louise, ép. Jean de VESC, sgr d'Espeluche ;
9. Victoire, ép. Robert de BRUYÈRES, s^r^ de Châteauvieux[8] ;
10. Anne, ép., [en 1605], Gaspard de CASTELLANE, sgr de St-Veran, [fils d'Antoine, des sgrs de Claret, et de Françoise ROLLAND] ;
11. *Autre* Louise ;
12. Catherine ;
13. Françoise, ép. Jean des SEGUINS[9], procur. général du Pape au Comtat Venaissin, fils de Gabriel, csgr des Baumettes, et de Catherine d'AUDRISSI, sa 2e femme ;

---

pas dans le test. de leur père, où l'on trouve mentionnés seulement Jean et Germain.

[1] Lacroix (*Arrond. de Nyons*, 32), le nomme Louis.

[2] Lacroix, *Arrond. de Montélimar*, II, 131.

[3] Antoine Sigaud, not. au Buis.

[4] Pith.-C. ne mentionne que 3 garçons et six filles.

[5] Berne, not..

[6] Armes : *de gueules au demi vol d'argent.*

[7] Lacroix, *Arrond. de Nyons*, II, 35.

[8] Artefeuil dit, à l'article BRUYÈRES (III, 87), que cette Victoire était fille d'Esprit d'URRE, sgr de la Bâtie-Verdun (fils naturel de Jean), et de Jeanne SILVE, et que Robert de BRUYÈRES, qui l'ép. suiv. contrat du 3 août 1663 (Cotharel, not. à Nyons), était veuf de Catherine URGEAS.

[9] Veuf, en 1res noces, de Sibylle BERARD-Labeau.

Jean d'URRE, eut en outre[1] un fils naturel :

Esprit, sgr de la Bâtie-Verdun, ép. Jeanne SILVE.

X. François d'URRE, sgr de Mollans, les Baumettes, Cléon-d'Andran, Mérindol, etc... ; [fut appelé à la succession de Germain d'URRE, son oncle, après la mort sans postérité de son frère Jacques, auquel il avait été substitué ; vit son château pillé et ses titres brûlés, en 1589, par un parti de la religion prétendue réformée[2]] ; fit son test., le 31 (*alias* 6) oct. 1590[3], [par lequel il institue sa femme héritière à charge de transmettre à leur fils Pierre, et nomme pour tuteur à ses enfants François d'URRE, son cousin, habitant à Mormoiron]. Il avait ép., suiv. contrat du 7 noût 1564[4], Claudine de POISIEU[5], fille de Claude, sgr du Passage, et d'Hélène de GROLÉE ;

d'où : 1. François, dont l'article suit ;

2. Pierre[6], sgr de Mollans, les Baumettes, Cléon-d'Andran[7], etc... ; fit son test., le 1612[8], par lequel il institue pour héritier son fils aîné [Aimar[9]], et lègue à Jean et Scipion, ses autres enfants ; vivait encore le 4 juin 1614[10]. Il avait ép., le 3 sept. 1600, Antoinette de GALLIFFET[11], fille d'Alexandre et de Madeleine FERRET ;

d'où : A. Isnard (ou Aimard) ;

B. Jean, sgr de Mollans, Cléon-d'Andran, etc..., cap. d'infant. ; fit son test., le 5 oct. 1639[12], [par lequel il institue sa femme pour héritière, lègue à Isabeau, leur fille, et mourut avant le 16 juil. 1643[13]]. Il avait ép., [suiv. contrat du 7 nov. 1604[12]], Marthe CALIGNON[14], fille d'Alexandre, sgr de Peyrins, et d'Isabelle ROUSSET de la Martrère ;

d'où : *a*. Jacques, cohéritier de son père, fut parr., à Cléon-d'Andran, en 1642[15] ;

---

[1] D'après Pith.-C..

[2] Attestation des consuls de Mollans, datée de 1618, produite au jug. de noblesse du 29 août 1641.

[3] Chanu, not. (*alias* Ginoux, not. au Buis).

[4] Bert, not..

[5] V. sur POISIEU : Pith.-C., III, 602, note.

[6] Pith.-C. le nomme *Jean-Pierre*.

[7] On trouve (Lacroix, *Arrond. de Montélimar*, II, 227), que Pierre d'URRE et sa femme vendirent, le 22 juin 1596, la terre et sgrie de Cléon à Geneviève de l'HÈRE de Glandage au prix de 6.000 écus ; mais cette vente, peut-être à réméré, fut en tout cas bien éphémère, puisque dès 1597 Pierre d'URRE passait des baux de ladite terre.

[8] Topenas, not. à Avignon.

[9] Pith.-C. ne le nomme pas ; à moins qu'il l'ait confondu avec Isnard, qu'il nomme sans rien dire sur son compte.

[10] Arch. Drôme, E. 6203.

[11] Armes : *de gueules au chevron d'argent accompagné de 3 trèfles d'or.*

[12] Ollivier, not. au Buis.

[13] Arch. Drôme, E. 6203.

[14] Ép., en 2es noces, Charles de SIMIANE-Esparron. [Elle avait obtenu, le 29 août 1641, étant veuve, un jug. de maintenue de nobl. pour elle et pour ses enfants]. Armes : *de gueules au lion d'or au chef cousu d'azur chargé de 2 coquilles d'or.*

[15] Arch. Drôme, E. 6253.

b. Jacques, sgr de Mollans, né posthume le 7 août 1640, bapt. le 7 oct. suiv., maintenu dans sa noblesse par jug. du 29 août 1641 ; vendit, en 1653, pour le prix de 61.000 l., sa part de la sgrie de Mollans à Charles de Simiane-Esparron, son frère utérin[1] ; acquit, en 1667, de Marie de Martin de Joyes, femme d'Alexandre, sgr de Lemps, les droits qu'elle avait sur cette même sgrie[2] ; vendit la terre et sgrie de Cléon-d'Andran à Alexandre Sillol, le 7 sept. 1679, au prix de 52.000 l. et 100 louis d'or ; mourut à Mollans et fut ensev. le 28 sept. 1681. Il avait ép., suiv. contrat du 18 nov. 1664[3], Geneviève d'Astier[4], fille d'Esprit, sgr de Cromessières, et de Claudine de Mons-Savasse ;

d'où : *aa*. Jean-Baptiste, sgr de Mollans, cap. de caval., mourut à Bitche, en Lorraine ; S. P. ;

bb. Geneviève, née à Mollans, bapt. le 30 déc. 1673 ;

c. [Isabeau, parut au jug. de nobl. du 29 août 1641] ;

C. Scipion ;

D. Claude ;

E. Marguerite, ép., vers 1640[5], Claude Faure de Bologne, sgr de la Roche-St-Secret, fils de Benoît et de Claire de Bologne ;

4. Aimar ;

5. Paul, chev. de St-J.-de-J. en 1604, mourut en 1625 des blessures reçues au combat de Sarragosse] ;

6. Antoinette, ép. Jean-François de Panisse, bar. de Montfaucon et d'Oiselet, fils de Guillaume et de Lucrèce des Alrics, sa 2e femme ;

7. Hélène, ép. Jean Manent, sgr de Montaut[6] ;

8. Madeleine ;

François d'Urre eut un fils naturel :

Jean, né en 1582, habitant à Chabestan, en Dauphiné, légataire de son père, mourut avant 1634. Il avait ép., suiv. contrat du 7 juin 1604[7], *N*... de Glandevès ;

---

[1] Lacroix, *Arrond. de Nyons*, II, 10.

[2] *Ibid.*, II, 8.

[3] Antoine, not. à Malaucène.

[4] Armes : *d'or à la bande de sable*.

[5] [Leur fille Marie ép., suiv. contrat du 9 mars 1653 (Bourre, not. à Montdragon. *Ins.* Arles, 1048), Étienne de Martin].

[6] D'où : 1. Pierre ; 2. Anne, née au Buis, bapt. le 27 déc. 1601 (parr., Pierre d'Urre, sgr de Mollans).

[7] André, not..

d'où : Arthur, dit de Glandevès, fut condamné comme usurpateur de nobl., le 18 juil. 1668, par Mr François DUGUÉ, intendt de Dauphiné.

XI. [François[1] d'URRE, déshérité, quoique aîné, par son père qui eut voulu le faire entrer dans les ordres religieux ; intenta procès à son frère Pierre au sujet de l'héritage de Jean et de Germain d'URRE, leur aïeul et grand-oncle commun ; une transaction intervint entre eux le 27 août 1614[2], et il mourut intestat. Il avait ép., suiv. contrat du 21 juin 1601[3], Louise de GRUEL-Dussay ;
d'où : 1. François, dont l'article suit ;
2. Paul ; S. P.[4].

XII. François d'URRE, attaqua la transaction passée par son père, le 27 août 1614, comme faite au préjudice de ses droits et de ceux de son frère Paul, et passa une nouvelle transaction à ce sujet, le 31 mai 1652[5], avec le tuteur de Jacques d'URRE, son cousin, encore mineur ; fit son test., le 13 sept. 1664[6], dans lequel il lègue à ses fils et institue pour héritier son fils Antoine. Il avait ép., suiv. contrat du 28 juil. 1645[6], Isabeau de BARON ;
d'où : 1. Antoine, dont l'article suit ;
2. Jacques, légataire de son père ;
3. Germain, id. ;
4. Joseph, id..

XIII. Antoine d'URRE, sgr de Baumettes-lez-Faucon, etc... ; habitant au comtat Venaissin ; attaqua son cousin Jacques d'URRE au sujet des transactions des 27 août 1614 et 31 mai 1652, et en passa une nouvelle avec lui, le 20 mars 1677[7] ; maintenu dans sa nobl. par jug. du 1704 de M. BOUCHU, intendt de la province de Dauphiné. Il avait ép. Cécile de JOUBERT ;
d'où : 1. Jean-Joseph-Dominique, dont l'article suit ;
2. André-Michel.

XIV. Jean-Joseph-Dominique d'URRE ép., à Monteux, le 5 déc. 1713, Marie des JARDINS, fille de Joseph et de Thérèse LEGRAND ;
d'où : 1. Joseph-François, dont l'article suit ;
2. Rose-Cécile, née vers 1726, mourut à Carpentras le 3 mars 1784[8].

---

[1] Ce François n'est pas mentionné dans Pith.-C., non plus que sa postérité.

[2] Pierre Teste, not..

[3] Pierre Paul, not..

[4] On trouve vers ce même temps : Melchionne d'URRE de Mollans, ép. Ardoin de ROCHANS (d'où : Marguerite, née à Mollans, bapt. le 8 oct. 1628).

[5] Giroux, not..

[6] Mosterii, not. à Malaucène.

[7] Pierre Reynaud, not. au Buis.

[8] On trouve à cette époque : Henriette d'URRE-Mollans, ép., vers 1770 (Coston, *Hist. de Montélimar*, III, 64), Barthélemy BARATIER, fils

XV. Joseph-François d'URRE, sgr de Mollans et des Baumettes, m[is] de Montanègue, cap. de caval. dans la légion de Conflans, chev. de St-Louis; résidant aux Pilles, puis à Manas; fit donation, le 17 oct. 1776[1], à Hélène DUMAS, sa gouvernante, femme de Joseph-Benezet CLOZ, fabricant de bas à Malaucène; présenta requête à la sénéchaussée de Valence, pour être mis en possession de l'héritage de Jean-Baptiste d'URRE de Brotin de Montanègue, qui, par son test. du 2 fév. 1689, avait institué pour héritier Jean-Baptiste d'URRE de Brotin, son neveu, avec substitution successive, en cas de décès sans enfants mâles, à Louis-Gabriel d'URRE de Venterol et à ses enfants mâles, puis à Rostan-Antoine d'URRE d'Aiguebonne, sgr du Puy-St-Martin, et à ses enfants mâles, enfin à Antoine d'URRE de Mollans et à ses enfants mâles; il exposait que, la descendance mâle de tous les susnommés s'étant éteinte successivement, il réclamait cet héritage comme petit-fils dudit Antoine d'URRE de Mollans, et fut envoyé en possession le 7 oct. 1780[2]; mourut vers 1795. Il avait ép. Marianne-Françoise-Agathe d'URRE de la Touche, sa parente, fille de....

BRANCHE

DES SEIGNEURS DE MEZERAC & DE FAUQUEMBERGE

XI. Guillaume d'URRE, que Pith.-C.[3] suppose fils de Jean, sgr de Mollans, et de Madeleine TOLLON de Ste-Jalle, ép., suiv. contrat du 7 juil. 1532[4], Eustochie ROQUARD[5], fille d'Étienne, sommelier du roi Charles VIII, et de Marguerite PAPE de St-Auban;

d'où : 1. Jean, dont l'article suit;

2. Marc;

3. Françoise, ép., vers 1560, à Courthezon, *N...* de ROUSSET, s[r] de Casan, fils de Pierre, sgr de St-Sauveur, aux baronnies du Dauphiné.

XII. Jean d'URRE, consul de Courthezon, en 1564, gentilhomme servant du

---

d'autre Barthélemy et de Louise PENAIL; Michel d'URRE, père de Jeanne-Françoise, née à Mollans, bapt. le 6 juin 1729; Marie-Thérèse-Françoise d'URRE, mourut à Mollans et y fut ensev. le 27 sept. 1742.

[1] Bouton, not. (Arch. Drôme, B. 993).

[2] Arch. Drôme, B. 644.

[3] Nous n'avons aucun renseignement particulier sur cette branche ni sur son rameau, les sgrs de Fauquemberge. Nous les donnons, en abrégé, comme Pith.-C. les a présentés avec plus de développements; nous avons pourtant ajouté à ce dernier quelques détails puisés dans le *Nobiliaire de Picardie*, par Nicolas de VILLERS, s[r] de Rousseville.

[4] Raimundi, not. à Bollène.

[5] Veuve, en 1res noces, de Guillaume de RALLIS de Darlin; et, en 2es noces, d'Olivier ISNARD, de la ville d'Orange. Armes : *de gueules au pairle d'or, entrelacé avec un chevron de même.*

Duc d'Uzès, maréchal-des-logis de la Reine, par résignation de son oncle Jacques ROQUARD, du 5 sept. 1570 (*alias* 1566) ; mourut avant 1589. Il avait ép., suiv. contrat du 20 juil. 1563[1], Françoise de CAMBIS[2], fille de Louis, bar. d'Alais, et de Marguerite de PLUVIERS ;

d'où : 1. Marc, héritier de sa mère ;
2. Jacques, dont l'article suit ;
3. Isabelle, ép., *dit-on*, Charles de St-MARTIN ;
4. Jeanne.

XIII. Jacques d'URRE, sgr de Mezerac[3], éc. de la petite écurie du Roi ; prêta hommage pour Mezerac, le 9 mars 1625, et mourut avant le 16 fév. 1638[4]. Il avait ép., suiv. contrat du 8 nov. 1599[5], Marie de LESCURE, dame de Mezerac, fille de Pierre, sgr de Roquetaillade, et de Louise de ROQUEFEUIL ;

d'où : 1. Alexandre, dont l'article suit ;
2. Claude, sgr de Liquignac[6] et Mezerac, lieut.-colonel gentilhomme ordinaire de la chambre du Roi ; s'établit en Boulonnois et assista, le 3 mars 1673, au contrat de mariage de son fils Louis. Il avait ép., suiv. contrat du 10 déc. 1641, Marthe d'OSTOVE de Clanleu, fille de Jacques, sgr de Fauquemberge[7], et de Marie de la CHAUME ;
d'où : A. Claude, vte de Fauquemberge, sgr de Maintenay, Bertron, Val-Clanleu, Boimont, né le 26 sept. 1743, colonel d'infant. ; fut maintenu dans sa noblesse, ainsi que ses frères Louis et François, par jug. rendus par Mr BIGNON, intendt de la généralité d'Amiens, les 4 janv. 1698 et 31 janv. 1699, toutefois avec défense de prendre la qualité de chevaliers et condamnation à 10 l. d'amende pour l'avoir indûment prise[8] ; assista, le 27 juil. 1699, au contrat de mariage de son neveu Claude d'URRE. Il avait ép., en 1res noces, suiv. contrat du 12 nov. 1672[9], Anne-Madeleine le COMTE, vtesse de St-Jean et de Beauvoir[10], fille de f. Charles, sgr de St-Jean, et d'Anne-Louise des CHAMPS de Marcilly ; et, en 2es noces, le

---

[1] Pichon, not. à Arles.

[2] Était veuve, en 1589, lorsqu'elle fit son test. le 14 avril (Bernard, not. à Courthezon). Armes : *d'azur à l'arbre mouvant d'une montagne à 6 copeaux soutenu par 2 lions affrontés, le tout d'or.*

[3] Dép. de l'Aveyron.

[4] Donation par sa femme, veuve, à leur fils Alexandre.

[5] Fieu, not. à Aissène, élection de Rodez.

[6] En Rouergue.

[7] Faubourg de Montreuil, en Artois.

[8] Mais un jug. rendu par Mr de BERNAGE, le 7 janv. 1716, en faveur de Louis, sr d'Hiremot, Catherine WLARD, veuve de François d'URRE, et Guillaume, sr de Bretonal, les confirme purement dans leur noblesse.

[9] Adrien Baron, not. à Rue.

[10] Mourut avant le 18 mars 1701 (contrat de mariage de son fils Claude). Armes : *d'azur à 3 bandes vairées d'argent et de gueules.*

21 oct. 1603, Marie-Gabriel BRIET[1], fille de Gabriel, sgr de Neuvillette, et d'Anne VINCENT ;
d'où : du 1er lit,

a. Claude, sgr de Bettencourt, Arry, Maintenay, etc..., lieut. d'infant. ; cap. de milices garde-côtes ; ép., suiv. contrat du 18 mars 1704[2], Élisabeth-Charlotte le BLOND, fille unique de f. Claude, sr de Brimeu, et d'Élisabeth NACART ;
d'où : *aa.* Claude, né à Maintenay[3], le 8 avril 1707, mourut jeune ;
bb. Catherine-Charlotte, née à Maintenay, le 14 oct. 1708 ;
cc. Marie-Françoise, née à Maintenay, le 23 janv. 1710, bapt. le lendemain ;
b. Charles-Artus ;
c. *Élisabeth*-Charlotte, ép., le 28 mai 1707, Louis de RIENCOURT, sgr de Limières ;

B. Gaspard, sgr de Bertronval, né le 22 mars 1645, cap. d'infant., en 1678 ; ép. Élisabeth de RAMBURES[4], fille de f. Jephté, sgr de Poireauville, et de Madeleine de WILLART, sa 2e femme ;
d'où : *a.* Claude ;
b. Guillaume, sgr de Bretonval, né le 10 avril 1680 ; demeurait à Sainneville[5]. Il ép., suiv. contrat du 27 janv. 1710[6], Marie GOTRO[7] ; S. P. ;

C. Louis, sgr d'Hiremot[8], né le 30 janv. 1649 ; fut confirmé dans sa nobl. suiv. jug. de Louis de BERNAGE, intendt de Picardie, du 7 janv. 1716. Il avait ép., en 1res noces, suiv. contrat du 3 mars 1673[9], Suzanne de RAMBURES, fille de

---

[1] Mourut à Abbeville et fut ensev. en l'église de St-Nicolas, le 27 juil. 1704. Elle avait ép., en 1res noces, Charles de MAUCQUOIS, sgr d'Heudelimont ; et, en 2es noces, Octavien de la VILLENEUVE, gouvernr de Gravelines (Voy. Mis de Belleval, *Nobil. de Ponthieu*, 2e édit., 245). Armes : *de gueules à la croix d'argent chargée de 5 mouchetures d'hermine.*

[2] Lattre et Rault, en Ponthieu. Présents : son père ; Parie-Gabriel BRIET, sa belle-mère ; Élisabeth d'URRE, sa sœur ; Louis d'URRE, sgr d'Hiermont, son oncle ; Marie-Gabrielle DUCHÉ, femme de Louis de GAILLARD, sgr de Boancourt, présidt au Présidial d'Abbeville.

[3] Diocèse d'Amiens.

[4] Armes : *d'or à 3 fasces de gueules.* Fut inhumée, le 11 janv. 1730, dans la chapelle du Rosaire, en l'église de St-Blimont.

[5] Élection de Doullens.

[6] Antoine Lefèvre, not. à St-Valéry ; présents : Louis d'URRE, sgr d'Hiermont, son oncle ; Claude d'URRE de Clanleu, son cousin germain ; Charles ROGER, préposé à la recette de la taille d'Abbeville, beau-père de l'épouse ; Philippe GOTTRO, bourgeois d'Abbeville, son frère.

[7] Veuve d'Adrien AUPAIX.

[8] *Alias* Hyermot, *alias* Hiermont.

[9] Charles le Febvre, not. à Waben, en

Jephté et de Madeleine de WLLART, sa 2e femme ; et, en 2es noces, en 1680, Madeleine de POUQUES, fille de Lamoral, sgr de St-Martin, et de Catherine FOUCAULT ;
d'où : du 1er lit,

a. Claude, né vers 1677, ép., suiv. contrat du 27 juil 1699[1], Anne-Gaspard GUIÉRARD, fille de f. Charles, sr de Lanneville, et d'Anne LESSELINE ;

et, du 2e lit,

b. Marie ;

c. Suzanne ;

d. Madeleine ;

D. François, sgr de Beaurepaire, né le 8 janv. 1651 ; cap. d'infant., en 1678 ; ép., en 1res noces, Louise-Françoise du MEGHEN, fille de Philippe, sgr de Longfossé, et de Marguerite de POUQUES ; en 2es noces, Marie MOUQUE ; et, en 3es noces, suiv. contrat du 26 janv. 1697[2], Catherine WLLART[3], fille de Charles, sgr d'Estrées, et de Jeanne HARCHY, sa 1re femme ;
d'où : du 1er lit,

a. Marie ;

et du 2e lit,

b. François, né à Montreuil, le 18 fév. 1698, bapt. le même jour en l'église de St-Firmin[4] ;

E. Anne, née le 6 mars 1654, ép., suiv. contrat du 22 oct. 1672, Daniel-François de RAMBURES, sgr de Branlicourt, fils de Jephté et de Madeleine de WLLART, sa 2e femme ;

F. Madeleine, assista, le 26 janv. 1697, au mariage de son frère François ;

3. fille ;
4. fille.

XIV. Alexandre d'URRE, sgr de Mezerac, la Cave, etc... ; fit son test., le

---

Ponthieu. Présents : Daniel de RAMBURES, sgr de Branlicourt, et Élisabeth de RAMBURES, ses frère et sœur.

[1] Nacart et Monfort, not. Royaux en Artois. Présents : ses père et mère ; Claude d'URRE, sgr de Clanleu, son oncle ; autre Claude d'URRE, sgr d'Arry, son cousin.

[2] Caudavaine et Martin, not. à Montreuil. Présents : Charles WLLART, sr d'Estrée, père de l'épouse ; François WLLART, sr de Romont, son frère, et Charlotte de TRONVILLE, ép. de ce dernier ; Jacques WLLART, cap. au régim. royal marine, son autre frère ; Charlotte WLLART, dame de Courtenay, sa sœur ; Marie ACARY, veuve de Charles MITHON, sr d'Arseline, sa cousine.

[3] Veuve de Charles de la PASTURE, sr d'Offortun.

[4] Nous croyons, sans pouvoir l'assurer, qu'il ép. Marie-Françoise de QUESDEVILLE, et en eut un fils, colonel du 14e chasseurs en 1792, général en 1793.

9 mars 1651[1]. Il avait ép., suiv. contrat du 27 fév. 1642[2], Marie de PROVENQUIÈRES[3], fille de Jean, sgr de Montjaux, et de Jeanne de LESTANG ;
d'où : 1. Jacques, dont l'article suit ;
2. Jean-Baptiste, ép., suiv. contrat du 5 mars 1685[4], Françoise BERTHIER, fille d'Aman, avocat, et d'Antoinette de GOUDAL ;
d'où : A. Étienne, sgr de Sagnes, né à Lagnac[5], le 5 déc. 1694, ép., suiv. contrat du 9 mars 1728[6], Élisabeth FALVETI[7] ;
d'où : Élisabeth, née à Lagnac le 28 nov. 1731 ;
B. Marie-Anne, ép. Alexandre ROCHEFORT ;
3. Jean-François, légataire de son père.

XV. Jacques d'URRE, sgr de Mezerac, ép., avant 1666, Françoise de PEIREBESSE, fille de Charles, dit du MAZEL[8], sgr de Quintinhat, et de Marie de RETS de Bressoles ;
d'où : Louis, dont l'article suit.

XVI. Louis d'URRE, sgr de Mezerac, confirmé dans sa noblesse par jug. du s[r] de la HOUSSAYE, intend[t] de Montauban, du 20 mars 1699. Il avait ép., suiv. contrat du 3 mai 1692, Jeanne de FREZALS.

BRANCHE

DES SEIGNEURS D'AUBAIS

IX. François d'URRE, 2e fils de Guillaume, sgr de Mollans, et de Jeanne de CHABESTAN d'Alauson ; passa transaction, le 5 oct.[9] 1498[10], avec son frère Jean, par laquelle il lui fut alloué une habitation à Mollans et 1.300 fl. dont il donna quittance, le 12 mars 1512[11] ; mourut avant le 21 déc. 1550[12]. Il avait ép.,

---

[1] Bertrandi, not. à Lessac (élection de Millaud).

[2] Fieu, not. à Aissène.

[3] Armes : *d'argent à la croix dentelée de sable.*

[4] Sebal, not. à Monne.

[5] Dioc. de Rodez.

[6] Vidal, not. à Nantz, en Rouergue.

[7] Veuve de Pierre d'ASSAS de Ginestous.

[8] Armes : *de sinople à deux flambeaux d'argent sur un chandelier à 2 branches de même parti de gueules à la tour d'argent surmontée d'une colombe de même tenant du pied droit un rameau de sinople.*

[9] *Sic*, aux notes de Moulinet (Arch. Morin-P.), Pith.-C. dit novembre.

[10] Bertrand Martin, not. au Buis. Acte passé sous l'arbitrage d'Aimar d'URRE, sgr d'Ourches, François de BÉSIGNAN, sgr dudit lieu, Humbert d'URRE, sgr de la Touche, Antoine d'URRE, prieur de Mollans, et Antoine d'URRE, chan. de St-Ruf, ces deux derniers frères des contractants, etc...

[11] Bertrand Martin, not. au Buis.

[12] Mariage de son fils (Antoine Fabri, not. à Carpentras).

à Carpentras, suiv. contrat du 8 janv. 1504[1], Hélène LOYRE *(alias* LUYRIE)[2], fille d'Eustache et de Catherine SURAGNE ;
d'où : 1. Esprit, dont l'article suit ;
2. Aliénor, ép. Jean d'AVIGNON[3].

X. Esprit d'URRE, habitait tantôt à Carpentras, tantôt à Mormoiron ; [fit son test., le 12 fév. 1578[4], [par lequel il institue pour héritier son fils François, et mourut avant le 4 nov. 1592[5]]. Il avait ép., suiv. contrat du 21 déc. 1530[6], Marguerite THOMASSIS[7], fille d'Antoine, de la ville de Carpentras, et de Catherine MADIER[8] ;
d'où : 1. François, dont l'article suit ;
2. Philbert, mourut à Toulouse ; S. P. ;
3. Sibylle, ép., à Carpentras, Louis CHEILUS, fils de Rostan et de Catherine de POL.

XI. François d'URRE, héritier de son père. Il avait ép., suiv. contrat du 4 nov. 1592[5], Françoise des ROLLANDS de Réauville[9], fille de François[10] et d'Alexandrine GANTELMI ;
d'où : 1. Jean-François, dont l'article suit ;
2. *N*..., mort ; S. A. ;
3. *N*..., id. ;
4. *N*..., id..

XII. Jean-François d'URRE avait ép., le 9 nov. 1621, suiv. contrat du 6 (ou 16) du même mois[11], Madeleine de PANISSE[12], fille de Pierre et de Marie de FORTIA[13] ;
d'où : 1. Jean-François, dont l'article suit ;
2. Esprit, religieux capucin ;
3. *N*..., mort ; S. A. ;
4. *N*..., id. ;
5. *N*..., id..

---

[1] Salami, not..

[2] Mourut avant le 20 fév. 1512, date d'une transaction passée par François d'URRE, son mari, veuf, avec Eustache et Claude LUYRIE, alors en pupillarité et héritiers de Jérôme LUYRIE.

[3] V. pr. AVIGNON (Pith.-C., III, 611).

[4] Esprit Sauvati, not. à Mormoiron.

[5] Mariage de son fils François.

[6] François Guillini, not. de Mormoiron (dioc. de Carpentras). Dot : 450 écus d'or, au soleil.

[7] Armes : *écartelé au 1 et 4, d'argent au lion de gueules ; au 2 et 3, de gueules au lion d'or, tous quatre affrontés.*

[8] Pith.-C. dit *Madri.*

[9] Armes : *d'azur au cor de chasse d'or lié de même à 3 pals alaisés d'argent mouvant du chef.*

[10] De la ville d'Avignon.

[11] François Sauvati, not. à Mormoiron.

[12] Armes : *d'azur à douze épis de millet d'or feuillés de même.*

[13] De la ville de Courthezon, principauté d'Orange.

XIII. Jean-*François* d'URRE, né le 21 juil. 1626, [mourut avant le 28 juil. 1697[1]. Il avait ép., à Carpentras, le 6 oct. 1661], suiv. contrat du même jour[2], Catherine-*Angélique* ALLEMAN, fille de Paul, sgr de Châteauneuf-de-Redortier, et de Catherine ALLEMAN ;

d'ou : 1. Louis-François, dont l'article suit ;

2. Joseph, [né à Mormoiron, bapt. le 16 sept. 1666, présenté à Malte, le 5 fév. 1678, reçu chev. de St-Jean-de-J., au gd prieuré de St-Gilles, à Arles ;

3. Angélique-Rose[3], ép., en 1res noces, [à Avignon[4], le 18 juil. 1697, suiv. articles du même jour, rédigés en contrat le 2 juil. 1698[5]], Bernard-Marie des SEGUINS, [fils de Jean, csgr de St-Roman, et de Marguerite LENOIR, sa 2e femme] ; et, en 2es noces, [à Carpentras, le 15 janv. 1704], Joseph-Louis PUGET-Cabassole-de-Réal[6], sgr de Chasteuil, fils de Paul-François et d'Élisabeth de MILLET ;

4. Madeleine, mourut avant 1723. Elle avait ép., à Carpentras, le 28 avril 1695, suiv. contrat du 30 du même mois[7]], Antoine-Joseph-Balthasar des SEGUINS[8], [fils de César, csgr de Piégon, et de Jeanne de Bus] ;

5. Marie-Catherine, religieuse bernardine à l'abbaye de Ste-Madeleine, à Carpentras ;

6. Anne-Berthe, [née à Carpentras, bapt. le 9 fév. 1676[9], religieuse carmélite à Carpentras] ;

7. Catherine, [née vers 1681, mourut, à Carpentras, le 26 août] 1727 ; S. A..

XIV. Louis-François, (dit le) cte d'URRE, né vers 1662], cap. au régim. du Roi infant., chev. de St-Louis ; [mourut, à Carpentras, le 31 juil. 1725, et fut enseveli à Mormoiron. Il avait ép., à Marseille[10], le 15 mars 1711], suiv. contrat de la veille[11], Geneviève de FORTIA[12], fille de f. Paul, sgr de Pilles, et de f. Geneviève VENTO des Pennes ;

---

[1] Mariage de sa fille Angélique-Rose.

[2] François Chaulardi, not. à Carpentras.

[3] *Sic* à son acte de mariage. Pith.-C. la nomme *Rose-Angélique*.

[4] St-Dizier.

[5] Julien, not. à Vaison (*Insin.* Arles, 1693-1704, fo 1029 vo). Dot : 6.000 l. ; en présence de François de GENEST, évêque de Vaison. Pith.-C., à l'art. SEGUINS, dit à tort que Bernard-Marie des SEGUINS était fils de Catherine de MOY, 1re femme de Jean.

[6] Il avait ép., en 1res noces, N... de MÉVA.

[7] Jean Malatra, not. à Pernes (Pr. de M. ANSELME, 1747).

[8] Ép., en 2es noces, en 1723, Madeleine CHABERT.

[9] Parr., Esprit de SOBIRATS ; marr., Catherine de BETHUNE.

[10] St-Martin.

[11] Reynier Boutier, not. à Marseille (Pr. de M. URRE, 1725).

[12] Née vers 1694, mourut le 8 déc. 1764. Armes : *d'azur à la tour d'or maçonnée de sable posée sur une montagne à 6 copeaux de sinople.*

d'où : 1. Alexandre-Joseph-François, dont l'article suit ;

2. Paul-Aldonce-François, [né à Carpentras, bapt. le 19 mars 1713[1], présenté à Malte, le 9 juin 1725, reçu, suiv. enquête terminée à Carpentras, le 11 août 1725, chev. de St-Jean-de-J. au gr. prieuré de St-Gilles, à Arles, le 12 oct. de la même année] ; page du gr. maître ; enseigne des galères, le 1er avril 1738 ;

3. Louis-François-*Laurent*, né à Carpentras, le 16 sept. 1716 ; chev. de St-Jean-de-J., en 1731 ; lieut. en second au régim. de Picardie, le 11 janv. 1733 ; lieut., le 6 mars 1734 ; blessé à la bataille de Parme ; cap., le 12 sept. 1740 ; cap. de grenadiers, le 24 mars 1757 ; command^t de bataillon, le 18 juil. 1759 ; réformé en 1763 ;

4. Angélique-Geneviève-Françoise, née à Carpentras, bapt. le 24 déc. 1714[2], mourut en bas âge.

XV. Alexandre-Joseph-François (dit le c^{te}) d'URRE, né à Carpentras, le 19 mars 1712, [bapt. le surlendemain[3]] ; lieut. au régim. du Roi infant. ; habitant à Mormoiron ; vendit, le 31 mars 1756[4], la maison qu'il possédait à Carpentras à Bernard-Xavier COTTON, avocat[5]. Il avait ép., en 1res noces, [à Entraigues, le 14 oct. 1732], suiv. contrat de la veille[6], Thérèse-Françoise-Charlotte de SERRES[7], fille de Georges-Marie, sgr d'Entraigues, et de Thérèse SEYTRES de Piévert, sa 2e femme ; et, en 2es noces, dans la chapelle du château d'Aubais[8], le 29 nov. 1741, suiv. contrat de la veille[9], Jacqueline-Marie de BASCHI[10], 2e fille de Charles, m^{is} d'Aubais, et de Diane de ROZEL ;

d'où : du 1er lit,

1. Geneviève-Marie-Paule, [née à Carpentras, bapt. le 12 juil. 1732[11]] ; ép., suiv. contrat du 30 nov. 1748[12], Bertrand-(Bernard ?)-Joseph-Hyacinthe BOUTIN, [fils de Joseph-Guillaume, m^{is} de Valoux, et de Marie-Gasparde-Madeleine de la BAUME-Pluvinel] ;

2. Pierrette-Félicité, mourut [à Carpentras, le 9 nov. 1737] ;

---

1 Parr., Paul-Aldonce-François de THEZAN ; marr., Madeleine d'URRE.

2 Parr., Jacques FABRY, chan. ; marr., Catherine-Angélique d'ALLEMAN.

3 Parr., Alexandre de FORTIA ; marr., Catherine-Angélique d'ALLEMAN.

4 Bertrand, not..

5 [Cette maison, acquise plus tard par Jean-Joseph-Claude-Vincent RAPHEL, avocat, est possédée de nos jours par la famille TRAMIER de la Boissière].

6 Floret, not. à Carpentras.

7 Armes : *d'or au lion de sable couronné, armé et langué de gueules.*

8 Dioc. de Nîmes.

9 Chrétien, not. à Aubais.

10 Née le 10 août 1719. Armes : *d'argent à la fasce de sable.*

11 Parr., Georges-Marie de SERRES ; marr., Geneviève FORTIA de Pilles.

12 Jacquet, not. à Malaucène.

et, du 2e lit,

3. François, né à Carpentras, bapt. le 2 oct. 1742, mourut à Carpentras, le 22 du même mois ;
4. Emmanuel-François, dont l'article suit ;
5. Joseph-Hyacinthe-Antoine-François, né à Carpentras, le 16 janv. 1747, bapt. le 19 du même mois, présenté à Malte, le 14 déc. 1770, reçu chev. de St-Jean-de-J. au gr. prieuré de St-Gilles, à Arles ;
6. Ignace-Casimir-François, né à Carpentras, bapt. le 3 fév. 1748 ;
7. Adelaïde-Françoise, née à Carpentras, le 11 mars 1744, bapt. le 7 janv. 1748.

XVI. Emmanuel-François d'URRE, mis d'Aubaïs, bar. de Capendu, sgr de Junas, Gavernes, Christin, St-Nazaire, Marignargues, Aigues-Vives, Pouvoir, etc..., né à Carpentras, le 17 juin 1745, bapt. le lendemain, cap. de cavalerie. Il avait ép. Théodorine de MAC-MAHON[1], fille de Jean-Baptiste, sgr de Sivry, et de Charlotte LE BELIN d'Eguilly ;

d'où : 1. Maurice-Jacques-François, dont l'article suit ;
2. *Timothée*-Anne-François, habitant à Conques, ép., à Carpentras, le 24 juil. 1811, Henriette-Pulchérie-Aldonce-Louise-Denise-Gabrielle de VENTO[2], fille de Jean-Paul-Louis et de Louise-Antoinette-Josepha-Olympe de la BEAUME-SUZE.

XVII. Maurice-Jacques-François d'URRE, mis d'Aubaïs, né à Aubais, le 6 sept. 1782, bapt. le lendemain[3], chev. de St-Jean-de-J., mourut à Nîmes, le 29 avril 1840. Il avait ép., au Vigan, le 11 fév. 1817, Anne-Louise d'ASSAS[4], fille de Jean-Charles-Marie[5] et d'Élisabeth d'HENAULT[6] ;

d'où : 1. *Émile*-François-Joseph-Emmanuel, dont l'article suit ;
2. Alfred, mourut au château de Christin[7], en 1854 ;
3. Anne-Françoise-*Mathilde*, née à Nîmes, le 30 juin 1827, ép., à Nîmes, le 10 fév. 1850[8], Octave-Armand PIERRE de Bernis, fils de f. Henri-Benoît et d'Alexie-Claudine-Olympe de BARRAL.

---

[1] Armes : *d'argent à trois lions léopardés de gueules armés et lampassés d'azur l'un sur l'autre.*

[2] Née à Carpentras, bapt. le 25 fév. 1790. Armes : *échiqueté d'argent et de gueules.*

[3] Parr., Maurice MAC-MAHON, chev. de St-Jean-de-J., mestre-de-camp de cavalerie, oncle maternel ; marr., Jacqueline-Marie de BASCHI, aïeule paternelle.

[4] Née à Allais, le 12 oct. 1791, mourut à...., le....

[5] Né au Vigan.

[6] Née à Allais.

[7] Près Sommières (Gard).

[8] Témoins : Marie-Madeleine-Joseph-Henri mis de ROQUEFEUIL, ancien offic. de cavalerie, cousin de la future, 50 ans, à Montpellier ; Armand-Marie-Aimé-Léon PIERRE, mis de Bernis, cousin du futur, 40 ans, à St-Marcel d'Ardèche ; Casimir-Marie-Claude mis de VALLONGUE, offic. de cavalerie, 49 ans, à Nîmes ; Jean-Maurice vte de ROCHEMORE, bar. d'Aigremont, ancien offic. supérieur de cavalerie, chev. de St-Louis, offic. de la Légion d'honneur, chev. de 2e classe de l'ordre de St-Ferdinand d'Espagne, 61 ans, à Nîmes.

XVIII. *Émile*-François-Joseph-Emmanuel d'URRE, m[is] d'Aubaïs, né à ....., le....1819 (?), mourut à Nîmes (?), le 20 oct. 1883. Il avait ép., à Paris, le 24 juin 1846, Félicie-Marie-Anne VIGER, fille de Guillaume-Théodore[1], 1er président à la cour de Montpellier, commandeur de la Légion d'honneur, et de..... ;
d'où : 1. Maurice[*], né à....., le.....;
2. Thérèse, née à....., le....., mourut à Pau[*], le.....

BRANCHE
DES SEIGNEURS DE LA TOUCHE

VII. Reynier d'URRE, csgr d'Eurre, St-Maurice, Vinsobres, sgr de la Touche, etc..., fils puîné de Jean, sgr desdits lieux, et de Dragonette de VEYNES; transigea, le 15 janv. 1458[2], avec les procureurs des anniversaires de l'église de Die qui l'avaient fait citer lui et son frère Guillaume d'URRE comme héritiers de leur père Jean ; fit, cette même année, avec son dit frère Guillaume, le partage des biens de leur père commun ; passa, le 31 déc. 1480[4], un accensement comme tuteur de Louise de VESC, fille héritière d'Antoine, sgr de la Touche, femme de son fils Humbert; ménagea, le 25 juil. 1483[5], un accord entre Jean LE MEINGRE, dit BOUSSICAUD, sgr de la Baume-Transit, et les syndics de ladite communauté ; ratifia, le 18 avril 1484[6], avec sa femme et son fils Humbert, mari de Louise de VESC, héritiers d'Antoine de VESC de la Touche et de Perrine LE MEINGRE, une vente faite par f. ledit Antoine de VESC, et fit une vente, le 22 nov. 1486, à Pierre de VESC, sgr de Béconne. Il avait ép., en 1res noces..... ; et, en 2es noces, Perrine LE MEINGRE[7] ;
d'où : du 1er lit, Humbert, dont l'article suit[8].

VIII. Humbert d'URRE, sgr de la Touche, St-Maurice, Vinsobres, etc.... Il avait ép., suiv. contrat du 3 sept. 1475[9], Louise de VESC[10], fille de f. Antoine, csgr d'Eurre et de la Touche, et de Perrine LE MEINGRE ;

---

[1] Né à Sommières (Gard), en 1792, mourut d'une chute de cheval, en août 1849.

[2] Voy. de Coston : *Hist. de Montélimar*, I, 158.

[3] Agée de 14 ans.

[4] Arch. Morin-P..

[5] Lacroix, *Arrond. de Montélimar*, I, 243.

[6] Acte passé au château de la Touche (Arch. Morin-P.). Reynier y est qualifié sgr de St-Maurice, et Humbert, son fils, sgr de la Touche.

[7] Veuve d'Antoine de VESC d'Urre de la Touche (acte du 18 avril 1484).

[8] Pith.-C. ne nomme pas cet Humbert, donnant pour fils à Reynier d'URRE : 1. Jacques, auquel il donne pour enfants : A. Humbert ; B. Catherine, ép. André de POITIERS ; 2. Claude ; et ne parlant pas de leur mère.

[9] Pr. de M. LATTIER, 1683.

[10] Armes : *palé d'argent et d'azur au chef d'or*.

d'où : 1. Humbert, dont l'article suit ;

2. Isabeau, donna procuration, le 1er juin 1536[1], étant veuve, à Claude et Philippe de ROYSSES, ses fils, pour recevoir des hoirs de f. Humbert d'URRE, sgr de la Touche, le restant de sa dot. Elle avait ép. Jean de ROYSSES, du Puy-St-Martin ;

3. *(probabl.)* Nizette[2], [emprunta 10 ducats à Jean de VESC, habitant à Crest][3]. Elle avait ép. Claude de VESC de Montjoux, fils de Rostan et de Dauphine ARNAUD.

IX. Humbert *(alias* Imbert) d'URRE, sgr de la Touche, csgr d'Eurre et de Vinsobres ; vendit, le 23 oct. 1525, la terre et sgrie d'Odefred *(alias* Audefred)[4], à Sébastien ISNARD[5]. Il avait ép., vers 1518, Dauphine BROTIN, fille d'Humbert, sgr de Paris, et d'Isabelle du MONESTIER ;

d'où : 1. Jacques, dont l'article suit ;

2. Claude (dit le cap. de la Touche), gouverneur de la Bussière ; fit son test., le 20 oct. 15..[6], par lequel il lègue aux enfants qui naîtraient de sa femme, et institue pour héritier Arnaud d'URRE, son frère, lui substituant Jacques d'URRE, son autre frère. Il avait ép. Françoise du FRESNE[7] ;

3. Arnaud[8], avait ép. *N...* ;
d'où : A. Humbert ;
B. *N...* ;

4. *(probabl.)* Isabeau.

X. Jacques d'URRE, sgr de la Touche, csgr d'Eurre, etc... ; [fit son test. au château de la Touche[9], par lequel il élit sa sépulture à Vinsobres, lègue à ses filles Charlotte, femme de Jean BERENGER, sgr de Puygiron 20 l. (outre sa dot), Jeanne, 1.800 l., Marguerite, 1.500 l., à son fils Olivier, 1.500, et institue pour héritier son autre fils Imbert, sous réserve de l'usufruit, à Clémence CARITAT, sa femme, et mourut avant le 15 juil. 1560[10]]. Il avait ép., suiv.

---

[1] Marcheyer, not. (Arch. Drôme, E. 216).

[2] Pith.-C. la place sans preuve à la branche des sgrs de Glane. Elle nous paraît devoir plutôt appartenir à la branche des sgrs de la Touche, dont elle portait le nom.

[3] Arch. Drôme, E. 2141.

[4] Commune de Teyssières.

[5] E. de Rozière : *Les Isnards*, I.

[6] Parchemin lacéré aux Arch. Morin-P..

[7] Assigna : Humbert et *N...* d'URRE, frères, fils d'Arnaud ; Humbert d'URRE et Clémence CARITAT, sa mère ; Sébastien de VESC, sgr de Comps, et Henri CARITAT, tous ayant droit à la succession de Claude d'URRE, ainsi qu'il conste d'un arrêt du Parl. de Grenoble. Elle avait ép., en 2e noces, Jean-Jacques CARDIN, du lieu de Sararas (Sarrans ?).

[8] Pith.-C. le dit *Clerc*.

[9] Monteil, not. à Châteauneuf-de-Mazenc (Arch. Drôme, E. 2165).

[10] Test. de sa belle-mère, Marie de VESC.

contrat du 3 août 1544[1], Clémence CARITAT[2], fille d'Olivier, sgr de Condorcet, et de Marie de VESC[3];

d'où : 1. Humbert (*alias* Imbert), institué héritier au test. de son père ;

2. Olivier, dont l'article suit ;

3. Charlotte, [vivait veuve en 1578[4]]. Elle avait ép. Jean BÉRENGER, sgr de Puygiron ;

4. Jeanne, [légataire de son père et de son aïeule Marie de VESC] ;

5. Marguerite, [légataire de son père ; ép., vers 1573[4], Alain CHAPUIS, de la ville de Montélimar] ;

6. Dauphine[5].

XI. Olivier d'URRE, sgr de la Touche, csgr d'Eurre, Vinsobres, etc.... Il avait ép., [suiv. contrat du 13 juin] 1573[6], Catherine de St-MARTIN[7], fille de Louis et de Marguerite d'URRE du Puy-St-Martin ;

d'où : 1. Louis, dont l'article suit ;

2. Guy, csgr de Vinsobres, [est mentionné au cadastre de Châteauneuf-de-Mazenc de 1636[8]] ;

3. Alexandre, chev. de St-Jean-de-J., en 1594, commandeur de Chirolles ;

4. Gaspar, reçu chanoine c[te] de Lyon, en 1598 ;

5. Olivier, [mourut avant le 31 oct. 1664]. Il avait ép. Isabeau de BRUNEL[9] ;

d'où : A. Jean, sgr de la Touche, csgr d'Eurre et Vinsobres, né vers 1646, mourut à Orange[10], le 21 août 1686. Il avait ép., suiv. contrat du 31 oct. 1664[11], Élisabeth LIAUTIER, fille de f. Gilles et de Marie DEYDIER, de la ville d'Orange ;

---

[1] Jean Parat, not. à Orange (Pr. de M. LATTIER, 1683).

[2] Armes : *d'azur au dragon d'or posé en pal armé et lampassé de sable.*

[3] Fit un codicille, le 15 juil. 1560 (Arch. Drôme, E. 2165), dans lequel elle se dit veuve d'Olivier de CARITAT, institue pour héritier Maurice de CARITAT, son fils, lègue à Jeanne d'URRE, fille de f. Jacques, sgr de la Touche, et de Clémence de CARITAT, sa fille, et à Sébastien de VESC, son frère, fils de Pierre.

[4] Berole, not. (Coston, *Hist. de Montélimar*, I, 470, et Lacroix, *Arrond. de Montélimar*, VI, 271).

[5] D'après Pith.-C..

[6] Balthasar Jullien, not. à Valréas (Pr. de M. LATTIER, 1633).

[7] Fit procuration, le 11 août 1597 (Senoul, not. à Châteauneuf-de-Mazenc), pour retirer de Jacques BOCHE, sgr de Vers et Séderon, sénéchal de Beaucaire, héritier de Jeanne de QUIQUERAN, sa tante, ou de Charles LAUGIER, lieut. particulier au siége des Baux, la moitié de 3.500 l. dues à elle et à sa sœur Anne (Arch. Drôme, E. 2180). Armes : *d'azur à la colombe volante d'argent, portant en son bec un rameau d'olivier d'or.*

[8] Arch. Drôme, E. 5327.

[9] [Née à Senez, en Dauphiné, vers 1606, mourut à Orange (Temple des Réformés), et fut ensev. le 7 août 1671]. Armes : *d'or au lion de sable à une fasce de gueules chargée de 3 coquilles d'argent brochant sur le tout.*

[10] Notre-Dame.

[11] Jacques Félix, not. à Orange.

d'où : *a*. Olivier, né à Orange[1], bapt. le 12 sept. 1665[2], mourut en bas âge;

b. Frédéric, né à Orange[1], bapt. le 11 nov. 1666[3], mourut à Orange[1], le 17 janv. 1700;

c. Olivier, né à Orange[1], bapt. le 22 nov. 1668[4];

d. Paul, né à Orange[1], bapt. le 27 fév. 1670[5], mourut à Orange[1], le 6 juil. 1676;

e. Françoise, née à Orange[1], bapt. le 26 nov. 1667[6], mourut à Orange[1], le 11 août 1669;

B. Antoine;

6. Jeanne, ép. François de la FAYOLLE;
7. Clémence, dame de Vinsobres, ép. Laurent ODOARD, sgr de Barcelonne, en Vivarais.

XII. Louis d'URRE, [enseigne de la comp. des gens à cheval de M. du POET; reçut procuration, le 20 août 1609[7], de Françoise des ALRICS, dame de Comps, pour la représenter au mariage de son fils Gedeon de VESC, avec Lucrèce de CHABEUIL]. Il avait ép., suiv. contrat du 17 nov. 1595[8], Catherine de RIVAL (ou RIVAIL), [fille de François[9] et de Françoise d'ARGELIER (ou ARZILLIER)[10]];

d'où : 1 Alexande; S. P.;

2. Louis; S. P.;
3. Honoré; S. P.;
4. Marguerite, [fit son test., avec son mari, le 14 janv. 1666[11], par lequel ils lèguent à leur fils Charles, chev. de St-Jean-de-J., et font héritier leur autre fils Adrien]. Elle avait ép., suiv. contrat du 20 janv. 1619[12], Jean de LATTIER, fils de Charles, sgr de Souspierre, [et de Louise de MORETON];
5. Catherine[13].

---

[1] Temple des Réformés.

[2] Parr., Mr d'URRE; marr., Marie DEIDIER.

[3] Parr., Frédéric de Langes de LUBIÈRES; marr., Antoinette de SILLOL.

[4] Parr., Antoine d'URRE, sgr de Vinsobres; marr., Marguerite de ROUSSAS.

[5] Parr., Paul de PERROTET, sgr de Chavanon; marr., Françoise de VEILLEUX de Berkoffer.

[6] Parr., Paul DURAND, sr de Recommières, Pontaujard, vice-sénéchal de Montélimar, cons. au Parl. d'Orange; marr., Françoise de CARITAT.

[7] Monier, not. à Dieulefit (Arch. Drôme, B. 998).

[8] Jean Devon, not. à Orange (Pr. de M. URRE, 1712).

[9] Il était fils de Gaspard et d'Antoinette de BONNEVAL et s'était marié, suiv. contrat du 6 fév. 1565 (Pierre Fournier, not. à Orange. Pr. de M. LATTIER, 1683).

[10] Elle était fille de Jacques et d'Étiennette PINETI.

[11] Loubier, not. à Châteauneuf (Pr. de M. LA BAUME, 1758).

[12] Genton, not. à Poët-Laval (Pr. de M. URRE, 1712), ou à Châteauneuf (Pr. de M. LA BAUME, 1758).

[13] Cette branche des sgrs de la Touche a dû avoir une suite, car on trouve, à la fin du XVIIIe siècle, Marianne-Françoise-Agathe d'URRE de la Touche, ép. de Joseph-François

Malgré tout ce qui vient d'être exposé sur la famille d'URRE, il est certain que bien des détails ont été omis. Pithon-Curt, après sa longue notice, signalait déjà des fragments qu'il n'avait pu souder.

Nous en avons nous aussi trouvé, et dans des temps bien plus récents, qu'il a été impossible de rattacher à ce que nous savions. Nous croyons utile d'indiquer ici partie au moins de tout cela, afin de faciliter à d'autres la possibilité de reconnaître ce qui nous a échappé.

Jean-Pierre-Louis baron d'URRE, secrét. gén. de la préfecture des B.-du-Rhône, ép. Catherine de la CROPE ;
d'où : 1. Étienne-Lodoïs, né à St-Servin[1], vers 1803, mourut à Marseille, le 9 mars 1826 ;
2. Jeanne-Catherine-Athénais, née à St-Servin[1], vers 1806, mourut à Marseille, le 14 mars 1824.

Étienne-Élisabeth-Marie-Guillaume-Godefroy vte d'URRE, ép. Virginie-Hortence PALATE de Vildé ;
d'où : Charles-Eugène, né à St-Servan[2], le 2 nov. 1831, bapt. le lendemain[3], militaire, mourut à Marseille[4], le 13 mars 1872.

Marie d'URRE, ép. Jean-Louis de SASSENAGE, sgr de Fauconnières ;
[d'où : Claude de SASSENAGE, sgr de Fauconnières, habitant à Montellier[5], ép., à Orange[6], le 28 août 1631, suiv. contrat du 17 du même mois[7], Catherine de LEAL, fille de Geoffret et de Catherine FARENGE].

Anne d'URRE de St-Paul-trois-Châteaux, ép. François de la ROCHE, fils de Nicolas[8], doct. et avocat.

Alexis d'URRE de Plaisance, né vers 1693, mourut à Manas[9] et fut enseveli le 20 avril 1786.

Jacques d'URRE, lieut. de Roi à Montélimar, est présent à un acte du 30 mai 1688[10].

Antoinette d'URRE, ép. Jean PAPE, sgr de St-Auban, fils de Guy et de Catherine de CÉZERIN, sa 2e femme[11].

---

d'URRE, sgr de Mollans, fils de Jean-Joseph-Dominique et de Marie des JARDINS.

[1] Lot-et-Garonne.

[2] Ille-et-Vilaine.

[3] Parr., Charles-Marie MAGON ; ont signé : CODRINGTON, née LE FER ; Mme Ch. MAGON, née CODRINGTON ; Claire d'URRE ; Édouard d'URRE.

[4] Hôpital de la Conception.

[5] En Dauphiné.

[6] Notre-Dame.

[7] Gabriel Deydier, not. à Orange.

[8] Vivait en 1610 (Lacroix, *Arrond. de Mont.*, VII, 446).

[9] Canton de Marsanne (Drôme).

[10] Moulinet, art. PRACOMTAL.

[11] (Lacroix, *Arrond. de Mont.*, I, 103, et Rivoire

François d'URRE, ép. (vers 1540), Jean de VESC, sgr de Nocase[1].

Aymar d'URRE, csgr d'Eurre, ép., en 1424, Marguerite de BEAUMONT[2].

Guillemette d'URRE, ép., suiv. contrat du 15 oct. 1413 (où elle eut en dot 1.000 fl. d'or), Antoine de COMMIERS, s^r du Mas.

Louis-Honoré d'URRE de Plaisance, reçut, le 12 juin 1680[3], donation de tous les biens de Louise, Eugénie et Saljalie des ISNARDS, sœurs, habitant au château de Plaisance, vu leur âge avancé et l'impossibilité où elles sont de gérer leur fortune.

Marie-Thérèse-Françoise d'URRE, mourut à Mollans et fut ensevelie le 22 sept. 1742.

Marie-Madeleine d'URRE, âgée de 75 ans, mourut à Chabeuil[4] et fut ensevelie le 6 janv. 1733.

Honorade d'URRE, dame de Charpey, mourut à Montellier[4], le 10 nov. 1599.

Poncet d'URRE, command^r de St-Jean-de-J. et, en cette qualité, sgr de Ginosservis[5], en 1400.

François d'URRE, csgr d'Eurre, ép. Madeleine de BRUL (?), qui reçut un payement à Eurre, le 1er juin 1527[6].

Claude d'URRE, est témoin, en 1311, au mariage de Guillaume CORNILLAN avec Françoise BERLHE[7].

Césarie d'URRE, ép., vers 1420, Pierre de VESC[8].

Martine d'URRE, ép., en 1res noces, Léon de BRUNIER, baron de Balazuc ; et, en 2es noces (vers 1570), François de BORNE, sgr de Laugères[9], fils de Charles-Barthélemy et de Michèle de LESTRANGE[10].

Bertrand d'URRE, prévôt de l'église cathédrale de Valence, acheta pour le compte de son chapitre, le 14 mars 1454, une maison à Valence, de François de GÉNAS, bourgeois de ladite ville.

---

de la Bâtie, *Arm. du Dauphiné*, 489). Pith.-C. ne parle pas de cette alliance et indique, vers cette même époque (III, 577), Catherine d'URRE, mariée avec Jean PAPE, tige des sgrs de St-Auban, alliance dont il n'est fait aucune mention dans les généalogies de la maison PAPE.

[1] Coston, *Hist. de Mont.*, II, 228, note).

[2] P. Anselme, IX ; P. de Courcy, 2e p., 257.

[3] Prudhomme, not. (Arch. Drôme, B. 800).

[4] Drôme.

[5] Var.

[6] Breman, n[illegible] (Arch. Morin-P.).

[7] Arch. Mor[illegible]..

[8] Courcelles, *[illegible]st. des Pairs*, IV, BÉRENGER, 56.

[9] Lainé, *Arch. g[illegible]al.*, III, BORNE, 5.

[10] Coston, *Hist. de [illegible]ont.*, II, 344, 461.

Jeanne d'URRE, ép. Salomon de REY, correcteur des Comptes à Montpellier [leur fille ép., en 1642, François de GÉNAS, sgr de Puyredon].

Michelle d'URRE, ép., vers 1470, Jean RABOT [dont une fille ép., en 1499, Guillaume de GÉNAS[1]].

N... d'URRE, était prieur curé de Montboucher, en 1790[2].

Jean d'URRE, était abbé d'Aiguebelle, en 1447[3].

Marthe d'URRE, ép. Roger de FAUDRAN. [Leur fils ép. Diane BERTHOLLET, le 30 juin 1611[4]].

François d'URRE, ép., vers 1550, Charles de PONTAIX, maître des requêtes au Conseil du Roi[5].

Antoinette d'URRE, donne à bail ses biens de Montmeiran, vers 1610. Elle avait ép. Aubert de VILLETTE, s^r d'Arbelles[6].

Guillaume d'URRE (*dit* Girfaut), éc., eut un legs au test. d'Eymare ROLLAND, veuve d'Alleman DUPUY de Peyrins, en 1408[7].

Il résulte des accords passés entre Jean d'URRE et Jacques BARTHÉLEMY, au sujet de certains immeubles à eux donnés en mariage, qu'Aigline d'URRE ép., vers 1450, Pierre RAYNIER[8].

Madeleine d'URRE, était veuve de Jean de BEAUMONT, sgr de la Bâtie-Rolland, vers 1530[9].

Guy Allard, 377. — Barrau, *Documents histor. et généal. du Rouergue*, IV, 29. — La Chenaye, I, 165 ; XIX, 295. — Chorier, III, 602 ; IV, 200. — Courcelles, *Dict. univ. de la Nobl.*, II, 414. — Milleville, 254. — Moreri, X, 723. — Pithon-C., III, 574. — Rivoire de la B., *Armor.*, 753. — La Roque, *Armor. de la Nobl. du Languedoc*, I, 191.

[1] Coston, *Hist. de Mont.*, II, 96.
[2] Lacroix, *Arrond. de Mont.*, V, 179.
[3] *Ibid.*, *id.*, VI, 324.
[4] Gollier, not. à Noves (*Insin.* d'Arles, 346).
[5] Arch. Drôme, E. 1752.
[6] *Ibid.*, *id.*, E. 2132-2136.
[7] Latard, not. à Romans (Arch. Drôme, E. 2296).
[8] Arch. Drôme, E. 2498.
[9] *Ibid.*, *id.*, E. 2572.

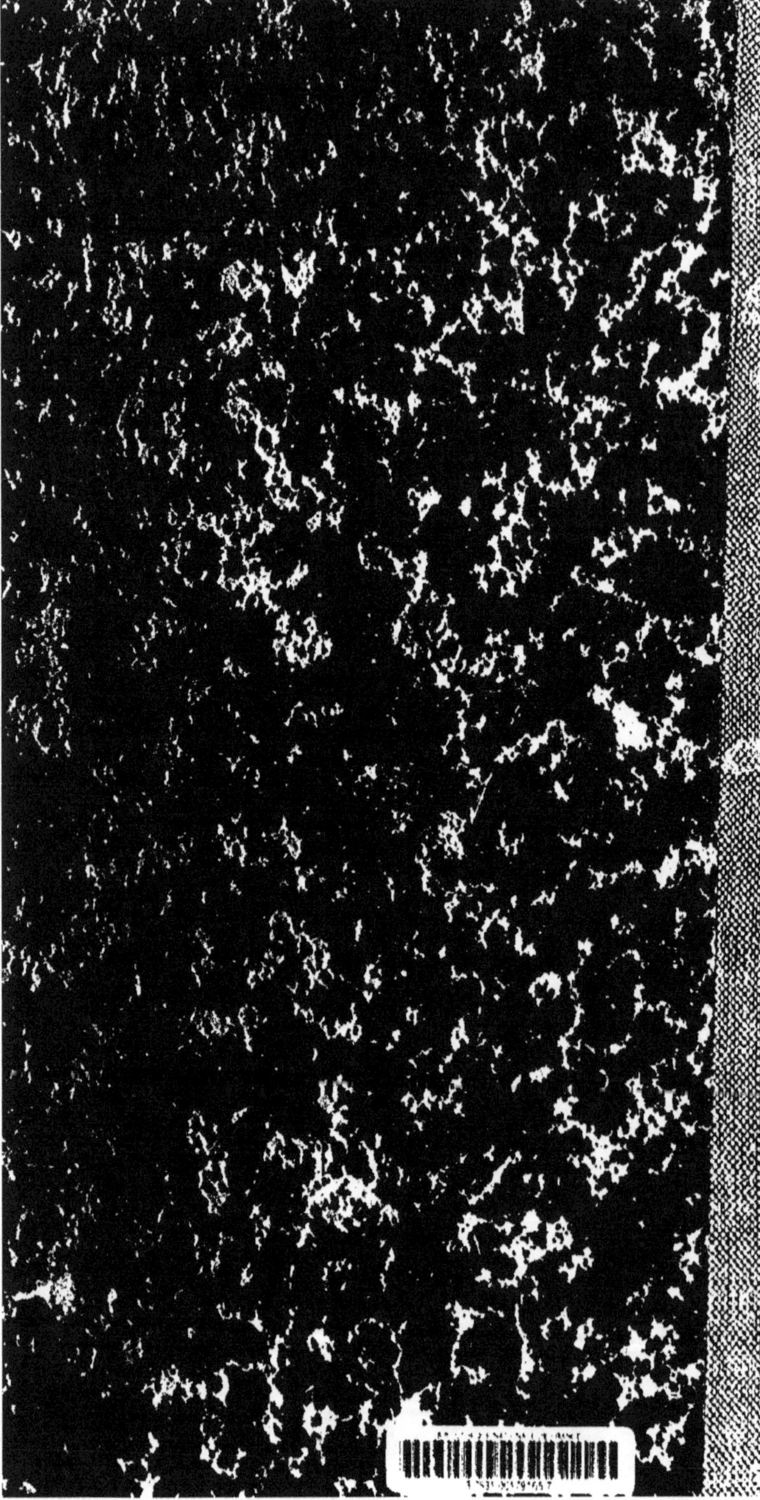

www.ingramcontent.com/pod-product-compliance
Lightning Source LLC
Chambersburg PA
CBHW071345280326
41927CB00039B/1725

* 9 7 8 2 0 1 2 5 7 3 1 2 3 *